Geschichte Berlins
von den Anfängen bis 1945

Autoren:
Laurenz Demps
Ingo Materna (Leitung)
Eckhard Müller-Mertens
Helga Schultz
Heinz Seyer

Bildredaktion:
Wolfgang Gottschalk

Geſchichte Berlins

von den Anfängen bis 1945

Dietz Verlag Berlin 1987

ISBN 3-320-00829-3

Erstes Kapitel

Die geographische Lage Berlins. Ur- und Frühgeschichte

Die naturbedingten Landschaften in und um Berlin

Wenn man mitten im Häusermeer der Großstadt steht, fällt es schwer, sich eine Vorstellung vom Aussehen der ursprünglichen Landschaft auf dem Territorium von Berlin zu verschaffen. Die jahrhundertelange Bebauung hat scheinbar alle alten Formen beseitigt. Lediglich die Spree als wichtige Lebensader durchfließt für jeden sichtbar nach wie vor die Stadt. Doch das geübte Auge vermag im Zentrum außer der Spree noch mehr von der Urlandschaft zu entdecken, insbesondere fallen die relativ markanten Übergänge von der Spreetalniederung zu den Hochflächen des Barnim im Norden am Prenzlauer Berg und des Teltow im Süden auf.

Anders ist die Situation in den Außenbezirken zu beurteilen, sind doch beispielsweise rund drei Viertel des Stadtbezirks Köpenick mit Wald und Wasser bedeckt. Wenn es um das Gesamtbild vom einstigen Aussehen der Berliner Landschaft vor der Stadtgründung geht, dann empfiehlt sich eine Exkursion in die Gegend zwischen Erkner und Fürstenwalde. Hier kann man noch relativ ungehindert auf das breite und offene Berliner Urstromtal mit der weiten Talaue und den nördlich und südlich anschließenden flachwelligen Hochflächen beziehungsweise Platten schauen. Dieses Gebiet mit Spree und Dahme, mit Müggelsee und Seddinsee ist gemeint, wenn der Berliner stolz von der schönen Umgebung seiner Stadt spricht. In der Spreeaue findet man auch einige alte Wasserarme, die als Altwässer noch jetzt offen und von der mäandernden Spree abgeschnitten sind. Im Zentrum von Berlin sind diese Spreearme und Altwässer nur noch auf historischen Plänen nachweisbar, wenn man von dem Spreearm, der die heutige Fischerinsel umgibt, einmal absieht.

Die naturbedingten Landschaften in und um Berlin entstanden durch Jahrtausende zurückliegende Vorgänge, die mit der eiszeitlichen Vergletscherung eng verknüpft sind. Das Eis führte umfangreiche Gesteinsmaterialien aus dem hohen Norden mit sich und lagerte sie entweder als Endmoränen während bestimmter Stillstandslagen des Eisrandes oder im Untergrund der Gletscher als Grundmoränen ab. Die Gesteine wurden durch den Druck des Eises teilweise zu feinem Geschiebemergel zerquetscht. Beim Abschmelzen führten die Schmelzwässer Kiese und Sande heran und lagerten sie als Sanderflächen ab. Die meisten Ablagerungen im Berliner Gebiet gehören der letzten Eiszeit, der sogenannten Weichseleiszeit, an. In einer Etappe des Eisrückgangs, dem sogenannten Frankfurter Stadium, schufen die Schmelzwässer das Berliner Urstromtal, in dem auch die heutige Spree fließt. Ebensolche ostwestlich verlaufenden Urstromtäler sind das Eberswalder und das Baruther Urstromtal. Verbunden wurden diese Haupttäler durch nordsüdlich verlaufende Schmelzwasserrinnen. So bietet sich heute das Bild der Landschaft im Berliner Raum als Land von Platten und Talniederungen, von Seen und Rinnen dar. Durch diese Vielfalt wird seit langem der Reiz der Berliner Umgebung bestimmt.

Für das Stadtgebiet von Berlin sind drei Hauptlandschaftsformen bestimmend: das Berliner Urstromtal sowie die Hochflächen des Barnim und des Teltow. Letztere sind wieder durch Fließe, Niederungen beziehungsweise Seenrinnenketten in Einzellandschaften aufgegliedert. Das Berliner Urstromtal verengt sich von 10 bis 15 Kilometern im Zentrum von Berlin auf rund 4 Kilometer. Diese Stelle bildete also eine naturgegebene Paßsituation. Die das Berliner Urstromtal begrenzenden Hochflächen von Teltow und Barnim tragen ihre Landschaftsnamen seit dem Mittelalter. Liegt die Talaue bei ungefähr 35 Meter Normalnull, steigen die Hochflächen auf 50 bis 60 Meter oder mehr an. Die Müggelberge mit 115 Meter Höhe ragen daraus hervor.

Die Stadtbezirke Pankow, Prenzlauer Berg, Weißensee, Hellersdorf, Hohenschönhausen, Marzahn oder Lichtenberg liegen bereits auf der Barnim-Hochfläche. Am Weinbergsweg kann man den Anstieg vom Urstromtal zur Hochfläche am besten wahrnehmen. Ebenso augenfällig empfindet man den Anstieg zum Teltow, wenn man beispielsweise die Falkenberge unweit von Grünau erklimmt.

Barnim und Teltow sind in ihren Berliner Anteilen keine wasserarmen Hochflächen, sondern weisen durch Täler wie die der Panke, Wuhle, der Erpe oder der Bäke mannigfache Innengliederung auf, sind dadurch seit der ur- und frühgeschichtlichen Zeit für den Menschen siedlungsfreundlich.

Für die Besiedlung und die Wirtschaft sind die Bodenarten wichtig. Die natürliche Vegetation der sandigen und kiesigen Teile der Hochflächen hebt sich deutlich von den fruchtbareren Grundmoränengebieten ab. Sande und Kiese bieten dem Wald günstige Standorte. Der Geschiebemergel ist von guter Bodenqualität und daher für die Landwirtschaft von wesentlicher Bedeutung. Für die Viehwirtschaft konnten die Wiesen und Weiden der Spreetalniederung genutzt werden. Die Spreeaue wird von Sandflächen eingenommen, die nur von vermoorten Abschnitten unterbrochen sind. Sowohl in der Spree als auch in der Dahme befinden sich eine Reihe von Talsandinseln (beispielsweise Liebesinsel und Kratzbruch bei Stralau oder die Rohrwallinseln im Stadtbezirk Köpenick), die durch ihre Lage einen natürlichen Schutz boten und daher seit ur- und frühgeschichtlicher Zeit besiedelt worden sind. Am Spreeübergang im Zentrum lagen vier solcher Talsandinseln (eine auf Köllner und drei auf Berliner Seite), die von ovaler oder nierenförmiger Gestalt waren. Sie sind längst verwischt, aber auf der ältesten geologischen Karte aus dem Jahre 1879 glücklicherweise noch festgehalten. Für die Überquerung der Spree und für die Anfänge von Berlin und Kölln haben diese Inseln immense Bedeutung gehabt. Sie erwiesen sich als die ursprünglichen Siedlungskerne. Nur hier konnte man seinerzeit aufragende Steinbauten wie die Kirchen oder das Rathaus im Mittelalter errichten.

Die beschriebene natürliche Gliederung des Berliner Raumes in Täler und Hochflächen sowie die zahlreichen Seen und der dadurch bedingte Fischreichtum, die Wälder des Barnim und des Teltow mit dem Wild, der Wechsel von guten und minderen Böden boten dem ur- und frühgeschichtlichen Menschen insgesamt ein günstiges geographisches Milieu. Das trifft sowohl für

Jäger, Sammler und Fischer als auch für Pflanzenbauer und Viehhalter zu.

Die Eiszeit hatte im Berliner Raum etwa vor 10 000 Jahren ihr Ende gefunden. Die Bewaldung begann allmählich einzusetzen, nachdem zunächst die eisfrei gewordenen Gebiete den Charakter einer tundrenartigen Landschaft angenommen hatten, die von riesigen Rentierherden durchstreift wurde. Durch die nachfolgende Bewaldung des Barnim und des Teltow machten sich Rothirsch, Reh, Wildschwein und andere Tiere heimisch; in den Seen und Flüssen siedelten sich zahlreiche Fischarten an.

Der Berliner Raum zählt nicht zu den Primärgebieten der frühesten Menschheitsgeschichte. Der Urmensch wanderte hier erst ein, als die biologische Entwicklung abgeschlossen, die menschliche Stammesgeschichte schon längere Zeit beim Neanthropus beziehungsweise Jetztmenschen angelangt war. Ebensowenig kann der Berliner Raum zu denjenigen progressiven Gebieten der Erde gerechnet werden, in denen die entscheidenden qualitativen Veränderungen der sozialökonomischen Entwicklung zuerst erreicht wurden. Vielmehr verharrten beispielsweise die Jäger-, Sammler- und Fischergemeinschaften hier noch mehrere Jahrtausende bei ihrer aneignenden Wirtschaftsweise, als sich bereits anderswo die agrarische Revolution der Produktivkräfte vollzogen hatte. Ebenso verhielt es sich später bei der Einführung der Bronze- und Eisentechnologie. Es dominierten fast für den gesamten ur- und frühgeschichtlichen Zeitraum die urgesellschaftlichen Produktionsverhältnisse mit Gemeineigentum am Hauptproduktionsmittel, dem Grund und Boden. Erste Anzeichen der Zersetzung der Urgesellschaft machten sich hier gegen Ende der Bronzezeit bemerkbar, wurden aber erst bei Germanen und Slawen klar sichtbar. Die ur- und frühgeschichtliche Besiedlung auf dem Territorium Berlins ist insgesamt eingebettet in die Entwicklung zwischen Mittelgebirge und Ostsee und hat daran einen nicht unwesentlichen Anteil.

Die ältesten Spuren
menschlicher Besiedlung im Jungpaläolithikum
(9. Jahrtausend v. u. Z.)

Die ältesten eindeutigen Spuren der Anwesenheit von Menschen im Berliner Raum gehören in das 9. Jahrtausend v. u. Z.[1], als nach einem erneuten Kälteeinbruch in der sogenannten Dryaszeit die letzte Vereisungsphase endgültig beendet war. In dieser Zeit begannen kleinere Menschengruppen die märkische Tundrenlandschaft zu durchstreifen und haben so ihre Spuren bei der Jagd auf Rentiere hinterlassen. Im Jahre 1953 kam es noch einer gehörigen Überraschung gleich, als man bei Biesdorf zwei Stielspitzen aus Feuerstein fand, die ehemals an der Spitze von Pfeilen steckten und in das 9. Jahrtausend v. u. Z. zu datieren waren. Es konnte allerdings nicht geklärt werden, ob es sich bei der Fundstelle um einen echten Rastplatz der altsteinzeitlichen Jäger handelte oder ob die Pfeilspitzen bei einem vorübergehenden Aufenthalt während der Jagd verlorengegangen waren. Einige Jahre später gelang es, einen Rastplatz aus dieser Zeit eingehend zu untersuchen. In den Jahren 1957–1961 bargen die Ausgräber am Tegeler Fließ im Norden Berlins typische Feuersteingeräte der Rentierjäger wie Stielspitzen, Rundschaber, Klingenschaber und kleine Feuersteinmesserchen. Mehrfach mußten Jäger hier ihre Zelte aufgeschlagen haben, um den Rentierherden aufzulauern, die regelmäßig das Tegeler Fließ passierten. Die Funde zeigen,

---

1 Theoretisch besteht die Möglichkeit, daß in den Zwischeneiszeiten vor dem letzten Glazial eine menschliche Besiedlung des Berliner Gebietes stattgefunden hat. Die letzte Eiszeit hat diese möglichen Besiedlungsspuren aber wieder gänzlich verwischt. Die Forschung diskutiert auch über Knochen- und Steingeräte aus der letzten Eiszeit, die aus 55 000 Jahre alten Schichten (sogenannter Rixdorfer Horizont) in über 10 Meter Tiefe stammen und zusammen mit Knochen von Mammut, Wollhaarnashorn, Ren, aber auch Riesenhirsch gefunden wurden. Doch diese Schichten wurden von der letzten Vereisung erfaßt und vielfach umgelagert. Somit ergibt sich die Frage, ob diese Funde als originale Sachzeugen der Berliner Urgeschichte zu werten sind oder ob sie gar von weit her stammen. Zudem ist der Artefaktcharakter dieser wenigen Stücke nicht über alle Zweifel erhaben.

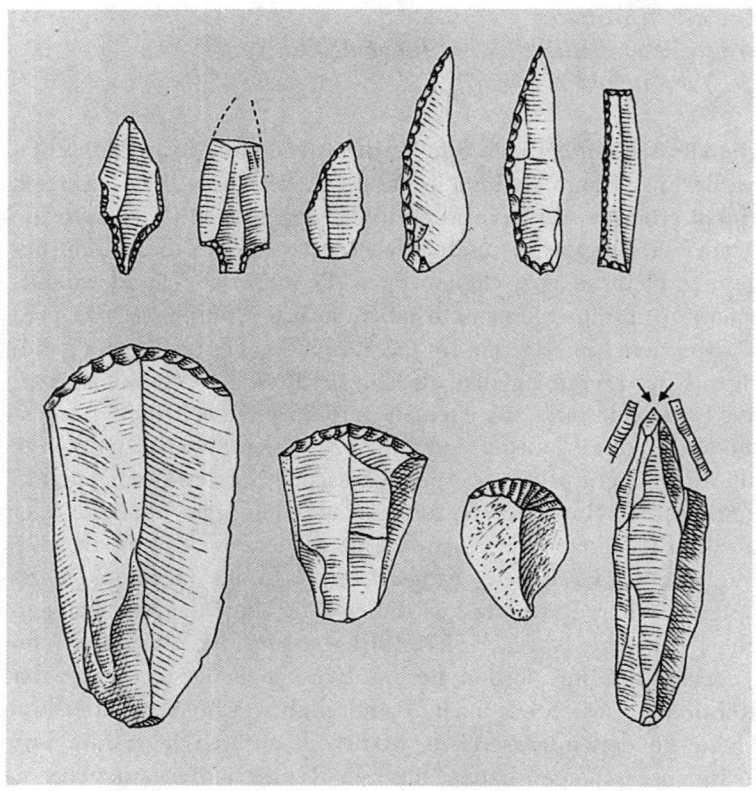

Werkzeuge aus dem Jungpaläolithikum, 9. Jahrtausend v. u. Z.,
vom Siedlungsplatz am Tegeler Fließ

daß die Jagd auf das Ren und wahrscheinlich auch das Sammeln
von Gräsern, Wildfrüchten, Wurzeln die Existenzgrundlage der
kleinen Jägergemeinschaften bildeten. Zwar bestand keine dauerhafte Seßhaftigkeit, doch konnte auf Grund des Phänomens der
regelmäßigen »Rentierwanderung« eine festere Bindung im Territorium entstehen, die saisonweise anhielt. Der Bau von Vorrats-
gruben und die Anlage von Herdstellen beweisen, daß man sich
nicht nur in den Tagen des Durchzugs der Rentiere hier aufhielt.

Die menschliche Besiedlung dürfte im 9. Jahrtausend v. u. Z. noch recht dünn gewesen sein. Einzelfunde von Schmöckwitz und Lübars weisen aber auf die Möglichkeit der Entdeckung weiterer Rastplätze hin.

Die mittelsteinzeitlichen Jäger, Sammler und Fischer (8 000–3 000 v. u. Z.)

Mit Beginn der Nacheiszeit änderten sich die objektiven Existenzbedingungen der Menschen grundlegend. Das wärmere Klima, das umfangreiche Nahrungsreservoir in den dichten Wäldern gestatteten den Siedlungskollektiven, die Produktivität der Jagd wesentlich zu erhöhen, aber auch die neuen Möglichkeiten der Sammelwirtschaft besser auszunutzen. Der Fischfang an Seen und Flüssen erlangte erstmals größere wirtschaftliche Bedeutung. Durch die Jagd auf Standwild und durch den Fischfang waren längere Aufenthalte an den Lagerplätzen keine Ausnahmen mehr.

Wenn für die Mittelsteinzeit auch noch keine dauerhafte Seßhaftigkeit charakteristisch ist, kehrte man doch über mehrere Jahrtausende hinweg immer wieder an die angestammten Plätze zurück. Die Siedlung bei Schmöckwitz ist dafür ein kennzeichnendes Beispiel.

Die mittlere Steinzeit zeichnet sich im Bereich der Geräteherstellung durch eine Neuerung aus, nämlich durch die massenhafte Herstellung von sehr kleinen Steingeräten, die als Spitzen, Widerhaken und Schneiden bei Speeren und Pfeilen dienten. Der Fischfang erforderte spezielle Werkzeuge. Fischspeere mit gekerbten Knochenspitzen, Angelhaken und Netze kamen auf. Erstmals stellte man Beile und Äxte aus Feuerstein, Felsgestein und Hirschgeweih her.

Aus diesem letzten Abschnitt der aneignenden Produktionsweise kennen wir auf dem Territorium Berlins schon über 100 Fundstellen. Es muß jedoch betont werden, daß in das ältere

Mesolithikum (7. Jahrtausend v. u. Z.) nur wenige Funde zu stellen sind, wie durchlochte Geweihäxte – geborgen in Berlin-Mitte – oder bestimmte Knochenspitzen. Die Masse der Funde fällt in den jüngeren Abschnitt der mittleren Steinzeit, als die zahlreichen Dünenzüge um den Müggelsee, entlang von Havel, Spree und Dahme, am Malchower See oder bei den Fischteichen von Buchholz immer wieder als Rastplätze aufgesucht wurden. Zwischen 5000 und 3000 v. u. Z. herrschte hier ein Klimaoptimum (sogenanntes Atlantikum) mit höheren Durchschnittstemperaturen als heute. Auf allen Fundplätzen kann man immer noch Feuersteingeräteinventar wie Beile, Schaber, Kratzer, Bohrer, Stichel, Klingen, Pickel sowie Kleingeräte (sogenannte Mikrolithen) finden. Die Feuersteingeräte dienten den verschiedensten Zwecken während des Arbeitsprozesses. In dieser Zeit kam erstmals neben Feuerstein und Knochen auch Felsgestein als Werkstoff auf. Eine walzenförmige Beilform wurde aus Felsgestein hergestellt, und zwar durch Picken, noch nicht durch Steinschliff.

Im Berliner Gebiet sind aus der Mittelsteinzeit einige Funde oder Fundkomplexe geborgen worden, die von überregionaler Bedeutung sind. Es handelt sich um Funde aus dem kultisch-religiösen Bereich, und zwar von Biesdorf und Schmöckwitz.

In den kultischen Äußerungen spiegeln sich reale Prozesse der den mittelsteinzeitlichen Menschen umgebenden und beschäftigenden Natur im Arbeitsprozeß wider. Die Hirschmaske, der bedeutungsvolle Fund von Biesdorf (etwa 7./6. Jahrtausend v. u. Z.), dürfte unmittelbar während der Jagd als Tarnung getragen worden sein. Felsbilddarstellungen sowie jagdmagische Praktiken bei subrezenten Jägervölkern deuten aber darauf hin, daß die Hirschmasken auch zu magischen Tänzen, die das Jagdglück beschwören sollten, getragen worden sein könnten. Über Vorstellungen von der Totenverehrung und dem jenseitigen Leben geben drei Bestattungen von Schmöckwitz Auskunft, die die ältesten Menschenfunde vom Berliner Gebiet darstellen. Die Toten waren zerstückelt in Gruben inmitten der Siedlung beigesetzt

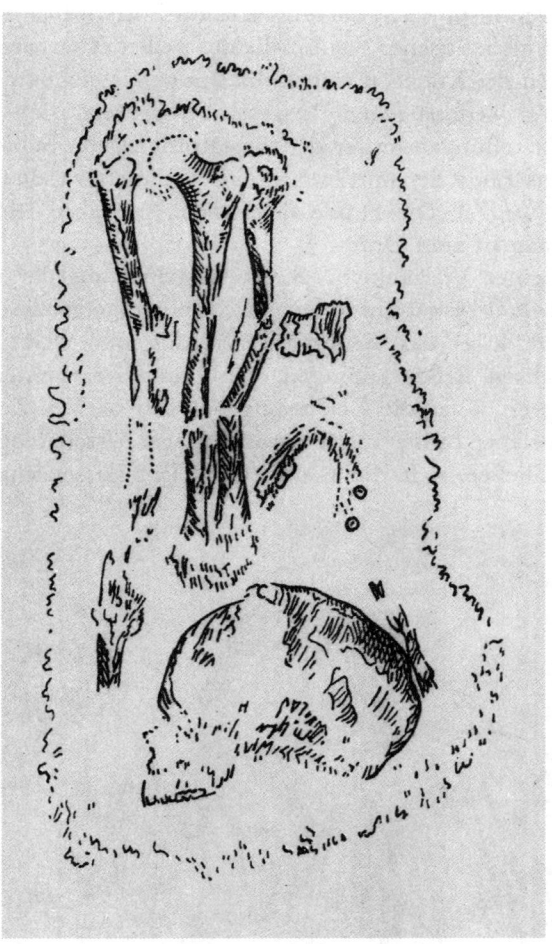

Grab von Schmöckwitz aus der Mittelsteinzeit,
4. Jahrtausend v. u. Z. Diese Teilbestattung
mit Spuren von kultischem Kannibalismus
ist der bisher älteste Menschenfund
auf Berliner Boden

worden. Brandspuren sowie Hinweise auf Entfernung der Weichteile sind als kultischer Kannibalismus gedeutet worden. Außerdem waren die Knochen rotgefärbt, um dem Leichnam die »Lebenskraft« wiederzugeben. Insgesamt verbergen sich differenzierte Vorstellungen hinter den Bestattungen von Schmöckwitz, die an das Ende der mittleren Steinzeit datiert werden (4. Jahrtausend v. u. Z.). Die Funde fielen noch im Jahre 1945 einem Bombenangriff zum Opfer.

Trotz einer Vielzahl von Siedlungsstellen aus der mittleren Steinzeit fand bisher auf keiner Fundstelle eine größere Ausgrabung statt. Über das Siedlungswesen, das innere Gefüge, über naturwüchsige Arbeitsteilungen, den Grad der erreichten Saisonseßhaftigkeit, über die Behausungen (Hütten oder Zelte) usw. läßt sich daher bisher kaum etwas aussagen. Archäologisch-kulturell schließen sich die materiellen Hinterlassenschaften der

Rekonstruktionsversuch mittelsteinzeitlicher Hütten von Jägern und Sammlern nach Grabungsfunden von Jühnsdorf

Mittelsteinzeit vom Berliner Territorium den Fundkomplexen aus den übrigen Landschaftsteilen Brandenburgs an. Nach einem Fundplatz südlich Berlins wurde für die materielle Kultur der späten Jäger- und Fischerbevölkerung der Begriff Jühnsdorfer Gruppe geprägt.

Die Stämme der Feldbauern und Viehhalter in der jüngeren Steinzeit (3. Jahrtausend bis um 1800 v. u. Z.)

Die Durchsetzung der agrarischen Produktion und der dauerhaften Seßhaftigkeit war ein sehr wichtiger Schritt in der Geschichte der Menschheit. Diese Umwälzung in der Geschichte der Produktivkräfte, die Erzeugung von Nahrungsmitteln aus angebauten Nutzpflanzen und die Haltung und Züchtung von Haustieren, die Bewirtschaftung der Äcker und Weiden, was eine ganz neue Qualität des Arbeitsprozesses erforderte, vollzog sich im Berliner Raum erst zu Beginn des 3. Jahrtausends v. u. Z. Die bäuerliche Wirtschaftsform wurde hierher aus weiter südlich gelegenen Räumen übertragen. Denn im südlichen Mitteleuropa einschließlich der heutigen Südbezirke der DDR konnten Pflanzenanbau und Viehhaltung schon im Verlaufe des 5. Jahrtausends v. u. Z. Fuß fassen. Es vergingen also noch über 1000 Jahre, ehe die bäuerliche Wirtschaft ins Spreemündungsgebiet gelangte. Die archäologische Forschung hat die älteste Akkerbaukultur zwischen Elbe und Oder und darüber hinaus nach der vorherrschenden Gefäßform als Trichterbecherkultur bezeichnet, die vom südlichen Mitteleuropa bis nach Skandinavien verbreitet war. Die Herstellung von Tongefäßen, Steinschliff und -bohrung, Spinnen und Weben, gestiegene handwerkliche Fertigkeiten allgemein sind neben der Landwirtschaft die hauptsächlichen Kennzeichen der Jungsteinzeit. Die landwirtschaftliche Produktion beruhte auf dem Anbau von drei Weizenarten (Einkorn, Emmer, Saatweizen), Gerste und Rispenhirse sowie auf der Haltung und Züchtung von Rindern, Schafen, Ziegen und Schweinen.

Vom Berliner Gebiet können bisher etwa 250 Fundplätze der Jungsteinzeit zugewiesen werden, wobei ein Großteil nur Einzelfunde von Feuerstein- oder Felsgesteinbeilen und Felsgesteinäxten darstellen.

In der Siedlung der Trichterbecherkultur von Britz wurde in den Jahren 1932–1934 ausgegraben, wenn auch nur in begrenztem Umfang. Immerhin wurde dadurch ein Einblick in eine dörfliche Siedlung ermöglicht. Leider kamen keine klaren Hausbauten zutage. Doch standen auch hier wie im übrigen Brandenburg rechteckige Pfostenbauten aus Holzgerüst, Flechtwerk und Lehm, die gegenüber den leichten Schilfhütten der Jäger einen weit besseren Schutz boten und der seßhaften Lebensweise entsprachen. An Haustierresten fanden sich in Britz Rind, Schwein und Pferd, an Nutzpflanzen Emmer, Spelzweizen und Nacktgerste. Die zur Mehlherstellung notwendigen Quetschmahltröge mit den zugehörigen Reibesteinen liegen in mehreren Exemplaren vor, wodurch Vorstellungen von der Nahrungsmittelzubereitung vermittelt wurden. Der Formenvorrat an Haushaltskeramik reicht von Bechern, Henkelkrügen, Amphoren zu Schalen. Flache Tonscheiben dienten als Backteller. An Geräten entdeckten die Ausgräber in Britz geschliffene Steinbeile, Pfeilspitzen, Schaber und Messer.

Die Gräber der Verstorbenen aus der Britzer Siedlung konnten bisher nicht ermittelt werden, wohl aber fand sich zufällig 1934 ein Einzelgrab bei Ausschachtungen in Rudow. Das Skelett im einfachen ungeschützten Erdgrab hatte sich allerdings nicht erhalten. Nur eine vierhenklige Amphore, die dem Toten als Beigabe ins Grab gelegt worden war, gelangte ins Museum. Obwohl in neuerer Zeit weitere Fundplätze der Trichterbecherkultur entdeckt wurden, muß die Zahl der Gräber und Siedlungen aus diesem Abschnitt der Jungsteinzeit als gering bezeichnet werden. Zahlreiche Feuersteinbeile sowie Streitäxte aus allen Teilen Berlins vermitteln allerdings den Eindruck, daß sich dahinter mögli-

Quetschmahltrog und Reibestein sowie Tongefäß der
ältesten Ackerbaukultur, erste Hälfte des 3. Jahrtausends v. u. Z.,
gefunden in Britz

cherweise doch Gräber- und Siedlungsfunde verbergen. Dennoch darf davon ausgegangen werden, daß die Besiedlung in und um Berlin zur Zeit der frühen Ackerbaukulturen in der ersten Hälfte des 3. Jahrtausends v. u. Z. nicht sehr dicht war. Entscheidend für die weitere Entwicklung war jedoch, daß sich die agrarische Produktion an Havel und Spree zu Beginn des 3. Jahrtausends v. u. Z. durchzusetzen begann.

Im Verlaufe der Jungsteinzeit stieg die Besiedlungsdichte merklich an. Es wird angenommen, daß sich die ökonomische Struktur wenn auch nicht generell, so doch zugunsten der stärkeren Hinwendung zur Viehzucht verschob. Das geschah möglicherweise im Ergebnis der aktiven Anpassung an die physiographischen Bedingungen der norddeutschen Tiefebene. Die wesentlichen Aufgaben in der Produktion begann wahrscheinlich der Mann zu übernehmen, da mit der Einführung des von Rindern gezogenen Hakenpfluges die Frau hauptsächlich in den hauswirtschaftlichen Bereich zurückgedrängt wurde. Im Verlaufe der zweiten Hälfte des 3. Jahrtausends v. u. Z. dürfte der Mann sozial und rechtlich an die Spitze der patriarchalischen Familie

19

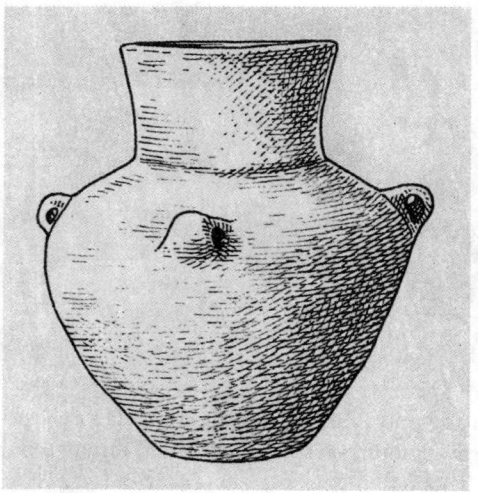

Tonamphore der ältesten Ackerbaukultur,
erste Hälfte des 3. Jahrtausends v. u. Z.,
gefunden in Rudow

getreten sein. Durch die vorrangige Viehhaltung sowie durch die
sich aus dem Pflugbau ergebende merkbare Intensivierung des
Pflanzenanbaus mag es den Siedlungsgemeinschaften erstmals
gelungen sein, ein nennenswertes, über den Eigenbedarf hinaus-
gehendes Mehrprodukt zu erwirtschaften. Der erzielte Über-
schuß war eine Voraussetzung dafür, daß sich ein Produktions-
austausch entwickeln konnte. Die jungsteinzeitlichen Funde vom
Berliner Gebiet spiegeln unter anderem die Kontakte zum Mit-
telelb-Saale-Gebiet wider, von wo auch die agrarische Produktion an Havel und Spree vermittelt worden sein dürfte.

Archäologisch-kulturell reihen sich die Gräber, Siedlungen
und Einzelfunde aus der zweiten Hälfte des 3. Jahrtausends
v. u. Z. vom Berliner Boden mehreren in den brandenburgischen
Bezirken verbreiteten archäologischen Kulturgruppen zu, nämlich der Havelländischen Kultur, der Kugelamphorenkultur, der
Einzelgrabkultur, der Schnurkeramik und der Oderschnurkera-

mik. Diese Kulturen sind jeweils nach typischen Elementen der materiellen Hinterlassenschaften benannt. Zahlenmäßig stehen die Funde der Kugelamphorenkultur, die eine großräumig von Ost- bis Mitteleuropa verbreitete Kulturerscheinung darstellt, mit 33 Fundplätzen an der Spitze. Die Gräber vom Grunewald sowie von Rudow enthielten die typischen Kennzeichen der Kultur wie Kugelamphore, weitmündige Schale, Näpfe oder dünnblattige Feuersteinbeile, die den Toten als Beigaben mitgegeben wurden. Das Grab aus Friedrichsfelde enthielt außerdem einen Bernsteinanhänger. Besondere Erwähnung verdient das einzige Grab der Oderschnurkeramik von Köpenick, weil es sich um eine in dieser Zeit noch seltene Brandbestattung handelt.

Das Vorherrschen der Viehhaltung spiegelt sich im Kult wider. Die kultischen Anschauungen änderten sich insofern, als nun agrarische Kulte zur Beeinflussung der Fruchtbarkeit der Felder und Haustiere (zum Beispiel Bestattung und Opferung von Rindern auf bestimmten Kultplätzen oder bei den Gräbern) in den Vordergrund traten. Bei der Kugelamphorenkultur läßt sich dies am besten beobachten. Als weitere Opfertiere konnten Schaf, Ziege, Hausschwein und Hund nachgewiesen werden.

Zusammenfassend kann festgehalten werden, daß in der jüngeren Steinzeit auf der Basis der Agrarproduktion die gesamte Lebensweise eine höhere Stufe erreichte. Die Bauernbevölkerung erwarb ein Lebensniveau, das auch in der Bronze- und Eisenzeit nur graduell übertroffen wurde. Mit Recht wird dieser Abschnitt als die Blütezeit urgesellschaftlicher Produktionsweise herausgestellt. Die Bewohner der Britzer Siedlung hatten hieran ebenso Anteil wie die von Köpenick oder Friedrichsfelde, die Generationen später lebten.

Die Erwirtschaftung eines Mehrproduktes, der Übergang zur Produktion auf patriarchalischer Familienbasis, der Pflugbau mit der Zugkraft der Rinder, die Vorratswirtschaft, die zunehmende Spezialisierung bei den Produzenten, Austauschbeziehungen, der Anfang kriegerischer Auseinandersetzungen und anderes mehr bargen am Ende der Steinzeit schon Tendenzen, die in den Be-

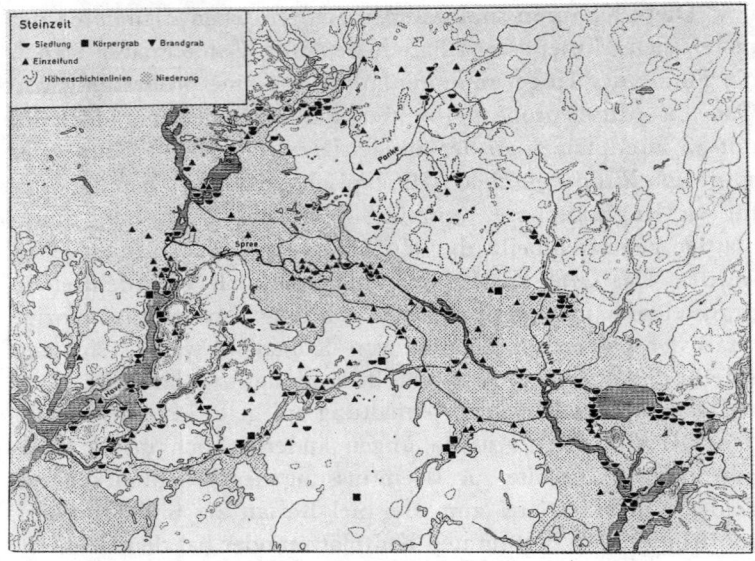

Materielle Hinterlassenschaften der steinzeitlichen Jäger,
Sammler und Fischer sowie Viehhalter und Pflanzenbauern,
9. Jahrtausend bis 1800 v. u. Z.

ginn der Auflösung der urgesellschaftlichen Produktionsverhältnisse einmündeten. Diese Fortschritte in der Entwicklung der
Produktivkräfte werden durch die zahlenmäßig begrenzten Fundkomplexe vom Berliner Gebiet noch nicht im vollen Umfang re-
flektiert, sondern nur im Verein mit den Funden in den übrigen
Räumen der jungsteinzeitlichen Kulturgebiete der norddeutschen Tiefebene.

Die Stämme der Pflugbauern, Viehhalter und Bronzemetallurgen in der Bronzezeit (1 800–600 v. u. Z.)

Bereits gegen Ende der Steinzeit hatte erstmals das Kupfer vereinzelt Eingang im nördlichen Mitteleuropa gefunden, ohne aber wirtschaftliche Bedeutung zu gewinnen. Die ersten kupfernen beziehungsweise bronzenen Metallgegenstände waren auf dem Wege des Austausches von Süden nordwärts gelangt. Ehe im norddeutschen Tiefland einschließlich des Elbe-Havel-Spree-Gebietes der neue Werkstoff zur Herstellung von Gebrauchsgütern und damit die Ablösung des Steins sich durchsetzte, vergingen noch Jahrhunderte, eine enorme Zeit, wenn man bedenkt, daß im östlichen Mittelmeerraum beispielsweise schon im 3. Jahrtausend v. u. Z. die Bronzemetallurgie verbreitet war. Die Datierung des Beginns der Bronzezeit im heutigen Norden der DDR in die Zeit um 1 800 v. u. Z. ist trotz einiger hervorragender Bronzefunde nur bedingt zutreffend. Denn die Bevölkerung im Berliner Raum und weiter nördlich verharrte in der frühen Bronzezeit um 1 800 v. u. Z., als im Mittelelb-Saale-Raum mit der Aunjetitzer Kultur die Metallerzeugung und -verarbeitung endgültig ihren Einzug gehalten hatte, noch im jungsteinzeitlichen Kulturmilieu. Es war der hiesigen Bevölkerung in der frühen Bronzezeit aber gelungen, von den Aunjetitzer Stämmen eine Reihe von Bronzegegenständen auf dem Tauschwege zu erwerben, da offensichtlich ein Bedürfnis hierfür entstanden war. Daß gerade diese Gegenstände bewußt in der Erde deponiert worden sind, ist gewiß kein Zufall, wenn auch der unmittelbare Anlaß noch verborgen ist. Solche Depotfunde kamen in Schmöckwitz (sogenannte Stabdolche), auf der Pfaueninsel bei Zehlendorf (sechs Halsringe, je zwei Bein- und Armringe sowie zwei Fingerspiralen) oder in Lichtenrade (zwei Zierscheiben, acht Spiralringe, eine Armmanschette, zwei Spiralen) ans Tageslicht. Der Besitz solcher Bronzegegenstände allein vermochte aber nicht die gleichen ökonomischen und sozialen Veränderungen wie im jetzigen Süden der

23

DDR zu bewirken, wo die frühbronzezeitliche Metallurgie nicht nur zu einem wirtschaftlichen Aufschwung führte, sondern deutlich sichtbare Zersetzungserscheinungen der Urgesellschaft oder gar militärdemokratische Verhältnisse sowie keimhafte Formen der Warenproduktion nach sich gezogen hatte. Funde aus dem 17. und 16. Jahrhundert v. u. Z. fehlen bisher sogar völlig.

An Havel und Spree hielt sich auch während der älteren Bronzezeit der Umfang der Bronzeverarbeitung in Grenzen. Dem 15./14. Jahrhundert v. u. Z. können vom Berliner Raum nur etwa ein Dutzend Fundplätze zugewiesen werden, die verallgemeinernde Schlußfolgerungen kaum zulassen. Allerdings ragt der große Bronzefund von Spandau hervor, der sich aus 19 Bronzewaffen zusammensetzt (Schwerter, Dolche, Lanzen, Beile) und als Opferfund gedeutet wird. Der Fund läßt kulturelle Verbindungen sowohl ins nördliche Mitteleuropa als auch ins Donaugebiet erkennen.

Erst die einschneidende Änderung zu Beginn der jüngeren Bronzezeit am Ende des 13. Jahrhunderts v. u. Z., die mit den gesamtmitteleuropäischen Ereignissen der sogenannten Urnenfelderbewegung in Verbindung stand, brachte einen Höhepunkt der Bronzezeitkultur; für diesen Zeitabschnitt lassen bisher mehr als 200 Fundplätze auf eine dichte Besiedlung des Berliner Gebietes schließen. Inzwischen hatte sich die Bronze als neuer Werkstoff voll durchgesetzt. Gußformen, zum Beispiel aus dem Bronzefund von Spindlersfeld, belegen die örtliche Verarbeitung und die Beherrschung der mit dem Bronzeguß verbundenen Spezialkenntnisse. Der entscheidende technische Fortschritt der Bronzemetallurgie bestand darin, daß die Bronze in beliebige Formen gegossen werden konnte. Bronze konnte vielseitig eingesetzt werden und ermöglichte eine wesentliche Erweiterung des Produktionsfeldes. Die Schwierigkeit für die hiesigen Bronzegießer bestand nur in der Rohstoffbeschaffung aus südlichen Gebieten. Sie waren über Jahrhunderte von den Rohstoffquellen im südlichen Mitteleuropa abhängig. Die Funde lassen in der Tat auf intensive Kontakte schließen und darauf, daß der Metallbedarf weitgehend hatte gedeckt werden können. Dennoch waren die Siedler zeitweise gezwungen, auch noch Knochen, Stein und Horn zur Geräteherstellung einzusetzen.

Die materielle Kultur der jüngeren Bronzezeit Berlins ist von einer Burganlage, zahlreichen Gräbern, Siedlungen, Depot- und Einzelfunden aus allen Stadtbezirken bekannt, wobei sich um Buch noch ein Dichtezentrum heraushebt. In dieser Siedlungskammer befand sich auch die Siedlung, die vor dem ersten Weltkrieg ausgegraben wurde und fast 100 Hausgrundrisse umfaßte. Es handelte sich um kleine, etwa 20 Quadratmeter große Rechteckbauten. Mit nur 5 Hausgrundrissen war die Lichterfelder Siedlung wesentlich kleiner. Entsprechend der Größe der Siedlungen legte man die Gräberfelder an. Mit über 230 Bestattungen stellt die Nekropole von Rahnsdorf den weitaus größten Komplex dar. Man übte ausnahmslos Brandbestattung, wobei

Rekonstruktionsversuch einer Dorfsiedlung der jüngeren Bronzezeit, etwa 9./8. Jahrhundert v. u. Z., mit Häusern vom Typ Buch

die Knochenreste in Urnen zusammen mit Beigaben und einzelnen Beigefäßen der Erde anvertraut wurden.

Den besten Einblick in den Formenvorrat an Bronzegerät und Schmuck vermitteln die etwa ein Dutzend Depotfunde. Obwohl aus bestimmten Gründen (meist kultischen) niedergelegt, spiegeln sie den Bestand an Gebrauchsgütern und an Gegenständen aus dem Bereich der geistigen Kultur am besten wider. So fällt der Bronzefund von Spindlersfeld (35 Einzelstücke) insbesondere durch seine Radsymbole (Sonnenräder) und stilisierten Menschenfigürchen auf, der Malchower Fund durch seine Sicheln, der Karower durch seine zahlreichen Lanzenspitzen, der Staakener durch seine importierten Bronzetassen, um nur einige wichtige Beispiele zu nennen. Die Sitte, Bronzegegenstände niederzulegen, hielt sich bis zum Ende der Bronzezeit (7./6.Jahrhundert v. u. Z.), wie die Funde vom Wannsee (Wendelringe) und Zehlendorf-Pfaueninsel (Hohlwulst- und Nierenringe) bezeugen.

Betrachtet man die materiellen Hinterlassenschaften der jüngeren Bronzezeit von Berlin insgesamt, so tragen diese unzweifelhaft den Stempel der Lausitzer Urnenfelderkultur. Die Forschung rechnet daher auch mit direkter Zuwanderung von Bevölkerungsteilen aus dem sächsisch-lausitzischen Raum und erklärt damit die starke Besiedlungsdichte. Andererseits sind lokale Besonderheiten in der materiellen Kultur im unteren Spreegebiet sichtbar. In Anlehnung an den Fund von Spindlersfeld trug man dieser regionalen Sonderentwicklung mit dem Begriff Spindlersfelder Gruppe der Lausitzer Kultur Rechnung.

Obwohl von den Berliner Bronzefunden noch nicht so deutlich ablesbar, wird die sozialökonomische Entwicklung einen ähnlichen Stand wie in den Nachbargebieten erreicht haben. Die materielle Kultur, insbesondere die Bronzefunde vom Berliner Raum mit ihren auf weitreichende Handelsverbindungen hindeutenden Gegenständen, vermittelt den Eindruck, daß die hiesige Bronzezeitbevölkerung durchaus an der Gesamtentwicklung im nördlichen Mitteleuropa Anteil hatte. Im Bereich der Nahrungsmittelproduktion waren gegenüber dem Endabschnitt der

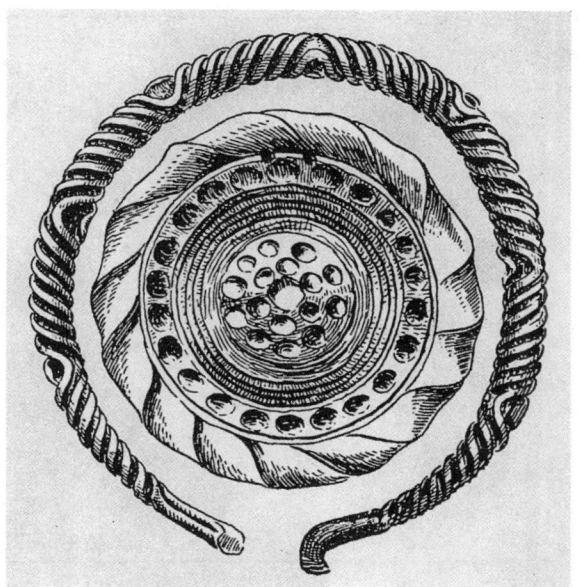

Reichverzierter Teller der jüngeren Bronzezeit,
9./8. Jahrhundert v. u. Z., gefunden in Köpenick

Jungsteinzeit keine wesentlichen Veränderungen der Produktivkräfte eingetreten. Ackerbau und Viehhaltung sicherten die Existenz der Siedlungsgemeinschaften. Die Weiterentwicklung der
Produktivkräfte vollzog sich hauptsächlich in der Metallproduk-
tion und war mit einer wesentlichen Verbesserung der Gebrauchsgüter verbunden. Die komplizierten Produktionsprozesse
des Schmelzens, Gießens und Formens erforderten eine Speziali-
stenproduktion. Es war eine neue Erscheinung im Prozeß der
weiteren Arbeitsteilung, daß die Metallurgen zeitweilig von der
Nahrungsgüterproduktion freizustellen waren. Die Keime gesell-
schaftlicher Arbeitsteilungen konnten sich herausbilden. Außerdem zwang das Fehlen der Rohstoffe zur Intensivierung des
Tauschhandels, setzte bestimmte Organisationsformen und Organisatoren voraus. Die Anlage von Burgen (möglicherweise eine

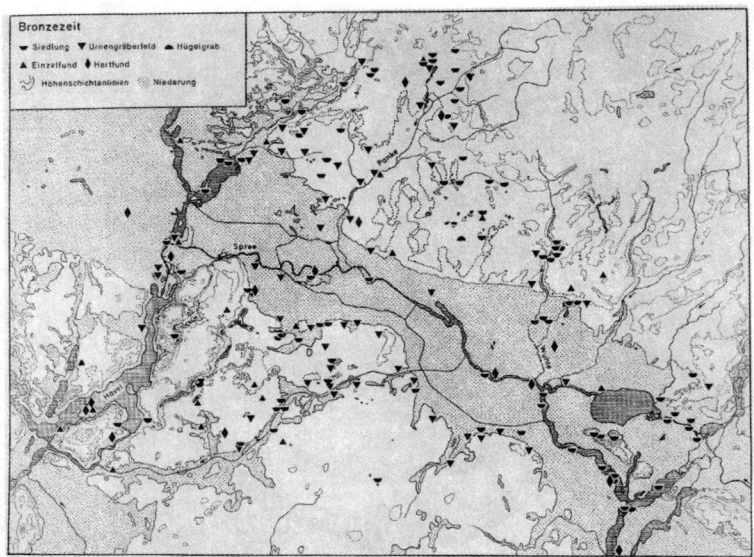

Materielle Hinterlassenschaften der bronzezeitlichen Pflugbauern,
Viehhalter und Bronzemetallwerker, 1800–600 v. u. Z.

solche bei Blankenfelde) und die ungleiche Ausstattung der Gräber mit Beigaben deuten auf soziale Unterschiede hin. Eine soziale Führungsschicht darf für die Bronzezeit vermutet werden.
Die materiellen Hinterlassenschaften der Bronzezeit vermitteln
im großen und ganzen jedoch den Eindruck von noch intakten
urgesellschaftlichen Produktionsverhältnissen.

*Germanen an Havel und Spree in den Jahrhunderten
vor und nach Beginn unserer Zeitrechnung
(6. Jahrhundert v. u. Z. – 6. Jahrhundert u. Z.)*

Ein abermaliger wichtiger Einschnitt in den ökonomischen und
sozialen Grundlagen der urgesellschaftlichen Stammesgruppen
vollzog sich seit der Mitte des 1. Jahrtausends v. u. Z. Die Einfüh-

rung der Eisentechnik und die daraus resultierenden technischen Errungenschaften bedeuteten nicht nur eine Bereicherung der Produktivkräfte, sondern zogen in der Folgezeit auch weitere Fortschritte in der sozialökonomischen Entwicklung nach sich. Schon die Tatsache, daß die Stämme nördlich der Mittelgebirge mit dem Raseneisenstein seit Jahrhunderten erstmals wieder über eine einheimische Rohstoffquelle verfügten, war von wesentlichem Einfluß, weil die Siedlungsgemeinschaften auch bezüglich der Eisenproduktion autark wirtschaften konnten. So findet man bei allen einigermaßen umfänglichen Ausgrabungen Hinweise auf Eisengewinnung und -verarbeitung (Schlacken, Schmelzofenüberreste, sogenannte Ofensauen).

Die Erfindung der Eisenmetallurgie auf der Grundlage der terristischen Eisenerze war für die Steigerung der Arbeitsproduktivität von epochemachender Bedeutung (»eisenzeitliche Revolution der Produktivkräfte«). Engels formulierte, daß das Eisen »der letzte und wichtigste aller Rohstoffe« war, »die eine geschichtlich umwälzende Rolle spielten«[2]. Die Kenntnis der Eisentechnik gelangte aus Vorderasien (hier bereits im 2. Jahrtausend v. u. Z. bekannt) auf lange bestehenden Wegen des Austausches über Balkan und Mittelmeer nach Mitteleuropa. Von einer voll ausgebildeten Eisenzeitkultur kann man im Berliner Raum erst vom 6. Jahrhundert v. u. Z. an sprechen. Die bodenständige Eisenproduktion barg zwar grundsätzlich die Möglichkeiten für den schnellen Fortschritt der Produktivkräfte in sich. Da aber offensichtlich den Siedlern die Beherrschung der technischen Prozesse zur Gewinnung des schmiedbaren Eisens für geraume Zeit größere Schwierigkeiten bereitete, unterblieb eine rasche Steigerung der Produktivität. Womöglich war die ältere vorrömische Eisenzeit (6.–4. Jahrhundert v. u. Z.) im norddeutschen Tiefland gar eine Etappe der Stagnation in der sozialökonomischen Entwicklung, weil jedenfalls die Gräber recht gleichförmig und beschei-

---

2 Friedrich Engels: Der Ursprung der Familie, des Privateigentums und des Staats. In: Karl Marx/Friedrich Engels: Werke, Bd. 21, S. 158.

den mit Beigaben ausgestattet wurden. Auf alle Fälle war vom 6. bis 3. Jahrhundert v. u. Z. die Quantität des mittels der sogenannten Rennöfen gewonnenen Eisens relativ gering, so daß man gezwungen war, sich mit kleinen, wenig materialaufwendigen Eisengegenständen zu begnügen. Erst im 2./1. Jahrhundert v. u. Z. zeichnete sich ein ökonomischer Umbruch ab. Nunmehr konnten die Eisenschmiede Gebrauchsgüter herstellen, die größere Eisenmengen beanspruchten. Ein Beispiel aus dem Bereich der Trachtgegenstände mag dies illustrieren. Die Gürtelhaken, die als Grabbeigaben vorkommen, wogen zu Beginn der Eisenzeit (6./5. Jahrhundert v. u. Z.) durchschnittlich nur 3 bis 5 Gramm. Dagegen beanspruchten die Gürtelhaken des 1. Jahrhunderts v. u. Z. immerhin 60 bis 80 Gramm. Diese im Bestattungswesen widergespiegelte bedeutende Steigerung der Eisenproduktion dürfte den tatsächlichen Verhältnissen entsprechen.

In den fünf Jahrhunderten vor Beginn unserer Zeitrechnung waren in weiten Teilen des norddeutschen Tieflandes bezüglich der materiellen Kultur Übereinstimmungen und Ähnlichkeiten entstanden, die kontinuierlich bis um die Wende unserer Zeitrechnung zu verfolgen sind, als nach den Berichten römischer Autoren hier Germanen wohnten. Die Gemeinsamkeiten betrafen Siedlung, Lebensweise, handwerkliche Tätigkeit, kultische Gewohnheiten usw. Wahrscheinlich wurde die übergreifende ethnische Bezeichnung Germanen ursprünglich von Römern benutzt, bald aber von den zwischen Rhein und Oder wohnenden Stämmen akzeptiert, weil das Bewußtsein der Gemeinsamkeit in Kultur und Lebensweise sich schon über mehrere Jahrhunderte hatte ausprägen können. Dem archäologisch-kulturellen Tatbestand dieser Gemeinsamkeiten hat die Forschung schon um die Jahrhundertwende mit dem Begriff Jastorfkultur Rechnung getragen. Der um die Mitte des 1. Jahrtausends v. u. Z. einsetzende Prozeß der Ethnogenese der Germanen war eine wirtschaftliche, kulturelle, religiöse und nicht zuletzt sprachliche Integration zahlreicher Sippen und Stämme auf der Grundlage historisch gewachsener Beziehungen. Es ist sicher kein Zufall, daß das Ver-

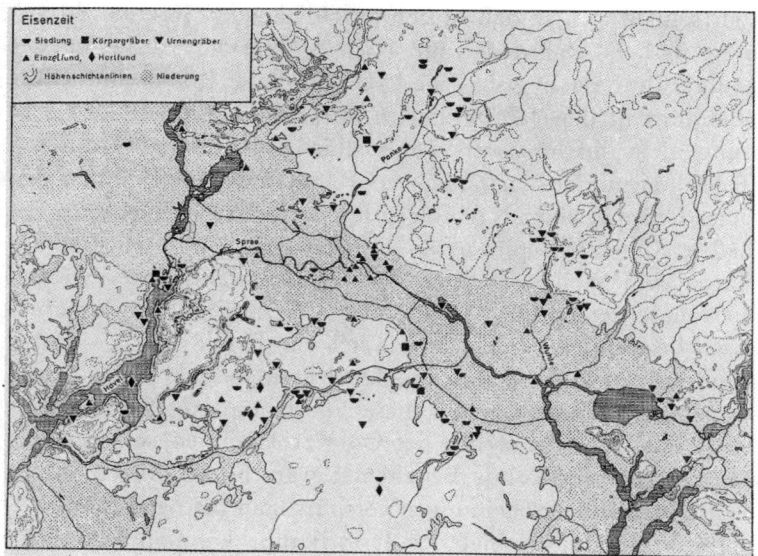

Materielle Hinterlassenschaften der Germanen,
6. Jahrhundert v. u. Z. bis 6. Jahrhundert u. Z.

breitungsgebiet der Jastorfkultur in weiten Teilen mit dem Raum
identisch ist, in dem sich die erste germanische Lautverschiebung
vollzog. Die sprachliche Distanz mag im Mittelgebirgsvorland
besonders deutlich empfunden worden sein, wo etwas früher
als das germanische sich das keltische Sprachgebiet herausbildete.

Die Landschaften um Berlin waren in den Jahrhunderten vor
Beginn unserer Zeitrechnung Teil dieses archäologisch-kulturell
verwandten Raumes, der von Südskandinavien bis zur Mittelge-
birgsschwelle und von Niedersachsen bis nach Westpommern
reichte. Die 55 Fundplätze vom Berliner Stadtgebiet bilden die
direkte Fortsetzung des dicht besiedelten Havellandes, das sei-
nerseits wieder räumlichen Kontakt zum Kerngebiet der Jastorfkultur um mittlere und untere Elbe hatte. Noch innerhalb der
Stadtgrenzen dünnt die Besiedlung etwa in Höhe des Müggelsees

31

sehr schnell aus, so daß in den anschließenden Kreisen Strausberg und Fürstenwalde nur noch vereinzelte Ausläufer der
Jastorfkultur nachweisbar sind. Das östliche Brandenburg war
allerdings in den Jahrhunderten vor Beginn unserer Zeitrechnung nicht siedlungsleer, war vielmehr zur älteren Jastorfzeit
(6.–4. Jahrhundert v. u. Z.) von den Trägern der sogenannten Göritzer Gruppe, einer Nachfolgegruppe der Lausitzer Kultur, besiedelt. Einige Fundplätze der Göritzer Gruppe überschritten um
Karow und Weißensee auch die Berliner Stadtgrenze. Müssen
die Funde der Göritzer Gruppe als wahrscheinlich nichtgerma-
nisch bezeichnet werden, lassen sich die Funde des 3.–1. Jahrhunderts v. u. Z. im Bezirk Frankfurt germanischer Bevölkerung
zuweisen. Allerdings geben diese Fundkomplexe deutlich Einflüsse aus Gebieten östlich der Oder zu erkennen, wo die sogenannte Przeworskkultur beheimatet war. Einwirkungen dieser
östlichen Kulturerscheinungen verspürt man bis nach Berlin.

Im Verbreitungsgebiet der Jastorfkultur konnten zahlreiche
Regionalgruppen herausgearbeitet werden, die lokale Eigenarten
der materiellen Kultur widerspiegeln. Diese Gruppen entstanden
im Zuge der territorialen Entwicklung von länger beieinander
wohnenden Bevölkerungsgruppen. Die Berliner Funde schließen
sich der Mittelelb-Havel-Gruppe der Jastorfkultur an. Diese
Gruppe ist gekennzeichnet durch eine Reihe von Elementen der
materiellen Kultur, hebt sich als geschlossenes Siedlungsgebiet
auf der Gesamtverbreitungskarte der Jastorfkultur heraus.
Schwierigkeiten bereitet es der archäologischen Forschung, den
historischen Hintergrund archäologischer Gruppierungen zu erschließen. Vor allem hat eine voreilige ethnische Interpretation
in die Irre geführt. Dennoch darf man annehmen, daß die Mittelelb-Havel-Gruppe für die Geschichte der germanischen
Stämme eine große Bedeutung besessen hat, insbesondere für die
Vorgänge, die mit der Konsolidierung der Sueben in Zusammenhang stehen. Bereits im Jahre 5 unserer Zeitrechnung wurden
die Semnonen, die sich selbst für den ältesten und edelsten der
Suebenstämme hielten, erstmals in antiken Quellen genannt. Die

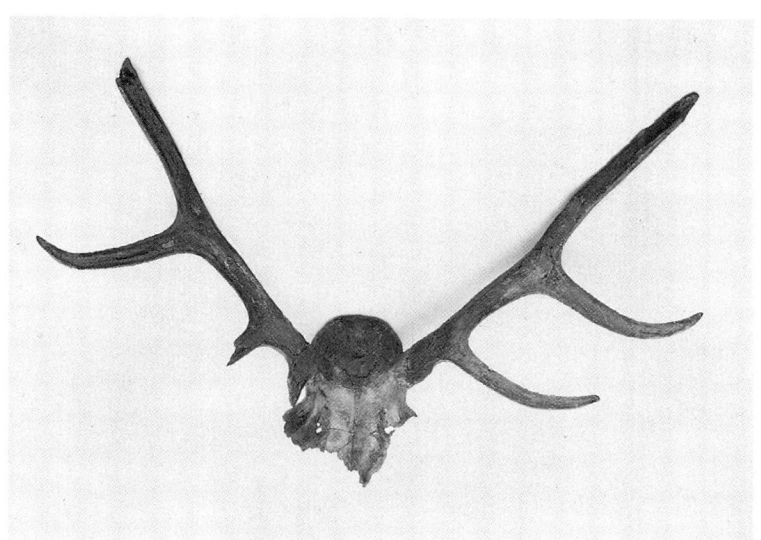

1 Hirschmaske von Biesdorf,
Mittelsteinzeit, etwa 7./6. Jahrtausend v. u. Z.
Die Maske diente zu kultischen Zwecken und zur Tarnung
bei der Jagd

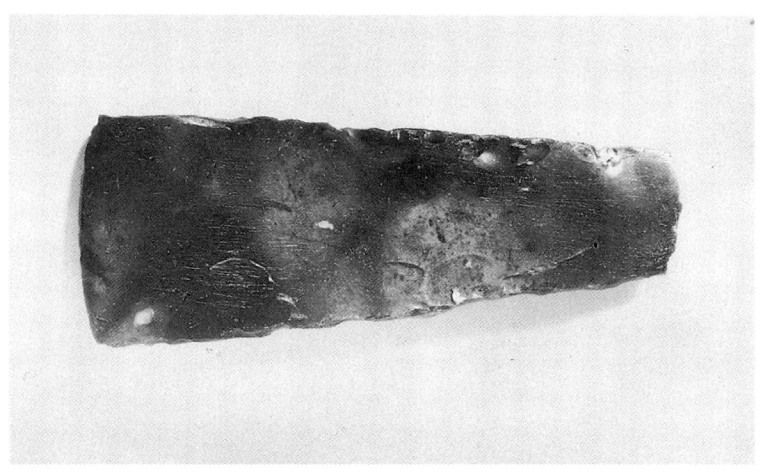

2 Feuersteinbeil von Buch, jüngere Steinzeit, 3. Jahrtausend v. u. Z.

3 Kugelamphoren der Jungsteinzeit, 3. Jahrtausend v. u. Z.
Grabfund von Friedrichsfelde

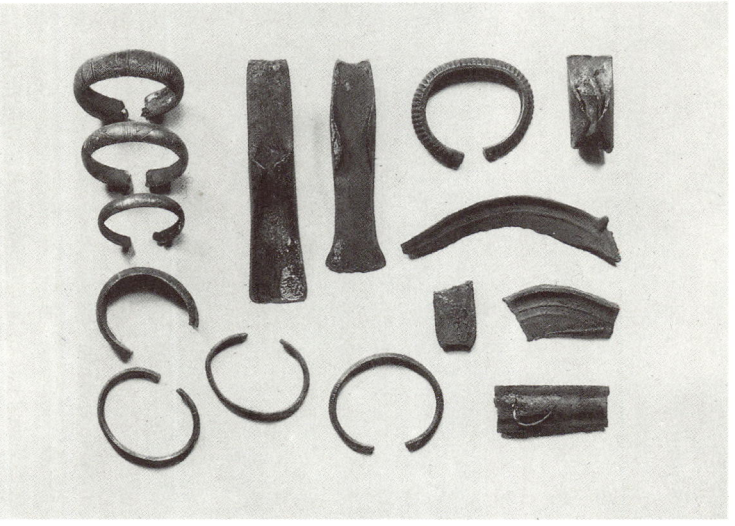

4 Bronzedepotfund von Kaulsdorf mit Armringen, Beilen und Sicheln,
jüngere Bronzezeit, 12. Jahrhundert v. u. Z.

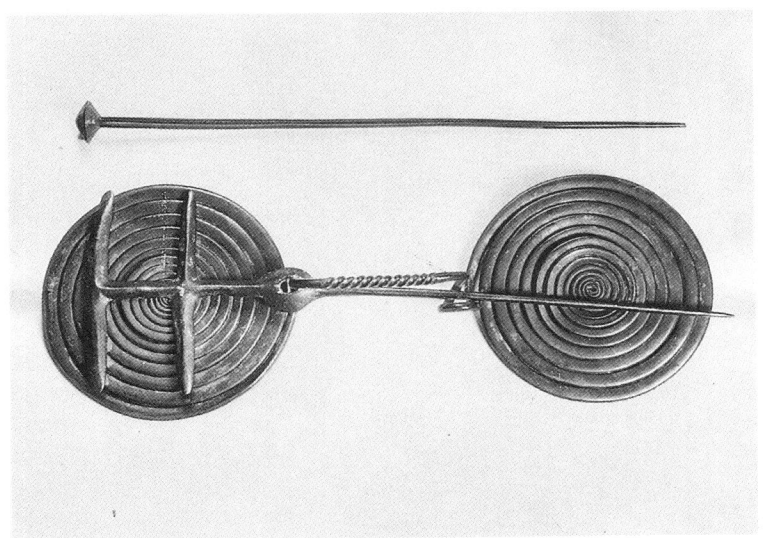

5 Bronzefibel und -nadel von Karolinenhof,
jüngere Bronzezeit, 12. Jahrhundert v. u. Z.

6 Beigefäße vom Urnenfeld Rahnsdorf,
jüngere Bronzezeit, 9. Jahrhundert v. u. Z.

7 Frühgermanischer Gußtiegel für kleine Bronzegegenstände
und Bronzeanhänger von Marzahn,
vorrömische Eisenzeit, zweite Hälfte des 6. Jahrhunderts v. u. Z.

36

8 Frühgermanisches Gefäßdepot von Marzahn, 1. Jahrhundert v. u. Z.
Die Tongefäße waren vermutlich mit agrarischen Opfergaben gefüllt

9 Grundriß eines eingetieften spätgermanischen Hauses von Marzahn,
4. Jahrhundert

10 Spätgermanische Holzschale von Marzahn, 5. Jahrhundert

11 Holzkeule und ruderblattartiges Gerät
aus dem frühslawischen Brunnen von Marzahn, 6./7. Jahrhundert

12 Spätgermanischer
goldener Anhänger
von Rosenthal,
erste Hälfte
des 6. Jahrhunderts

13 Spätgermanischer und darüber liegender frühslawischer Brunnen
von Marzahn, 5. und 6./7. Jahrhundert

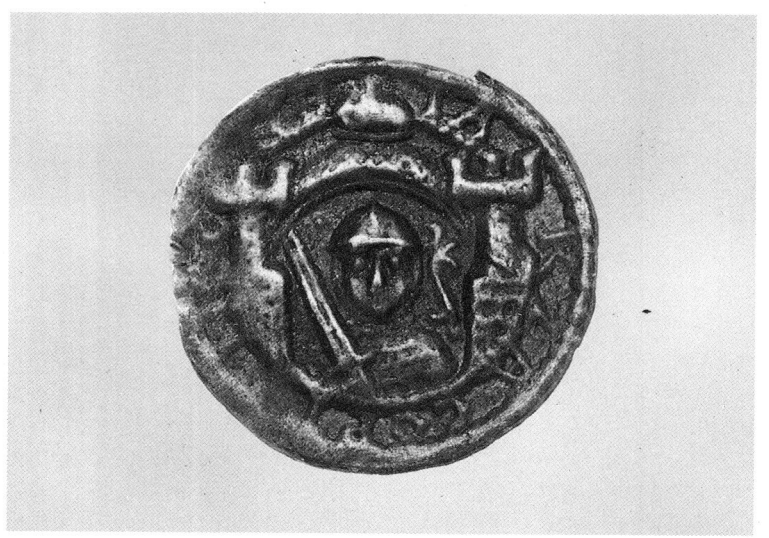

14 Spätslawischer Brakteat des Sprewanenfürsten Jaxa von Köpenick, Mitte des 12. Jahrhunderts, Silber, Durchmesser 2,7 cm

15 Eckverband eines spätslawischen Blockhauses von Köpenick, erste Hälfte des 12. Jahrhunderts

Angaben in der »Germania« des Tacitus (Kapitel 39) erwecken den Eindruck, als lebten die Semnonen schon seit Generationen in ihrer Heimat. Der Vorgang der Herausbildung der Semnonen als Einzelstamm, die im Havel-Spree-Gebiet einschließlich Berlins siedelten, könnte noch im 2./1. Jahrhundert v. u. Z., also im Schlußabschnitt der Jastorfkultur, eingesetzt haben. Für die Version vom Semnonenheiligtum auf den Berliner Müggelbergen, wie es das Gemälde des Malers Karl Blechen (»Semnonenlager in den Müggelbergen«) oder das bekannte Gedicht Theodor Fontanes »Auf der Kuppe der Müggelberge. Semnonen-Vision« suggerieren, gibt es keine archäologischen Beweise. Vielmehr verliefen Grabungen des Märkischen Museums unter Leitung von Albert Kiekebusch negativ.

Die germanische Besiedlung des Berliner Raumes setzte sich in den Jahrhunderten nach Beginn unserer Zeitrechnung kontinuierlich fort, obgleich die Besiedlungsdichte in den einzelnen Jahrhunderten nicht unerheblich schwankte. So widerspiegelt sich im Besiedlungsbild in der zweiten Hälfte des 2. Jahrhunderts der Abzug semnonischer Stammesteile.

Die materiellen Hinterlassenschaften bringen zum Ausdruck, daß im 1./2. Jahrhundert Berlin ganz dem Elbe-Havel-Gebiet (Elbgermanen) zugehörte und dessen östlicher Ausläufer war. Hingegen kann das archäologische Fundmaterial im ostbrandenburgischen Seen- und Heidegebiet, wozu noch der Osten Berlins zu zählen wäre, mit burgundischer Siedlungstätigkeit in Verbindung gebracht werden.

Im 3./4. Jahrhundert nahm die langsame Ausdünnung der germanischen Besiedlung an der Spree ihren Fortgang, wenngleich hier Funde germanischen Ursprungs noch aus der Mitte des 6. Jahrhunderts gemacht wurden. Gegenüber der römischen Kaiserzeit ist in der Völkerwanderungszeit ein eklatanter Rückgang der Besiedlung zu verzeichnen. Die Masse der germanischen Bevölkerung dieses Raumes wurde mit in den Strudel der Völkerwanderung gerissen und beteiligte sich am Einbruch in das untergehende Römerreich.

Die gesellschaftliche Entwicklung bei den Germanen verlief in den Jahrhunderten nach Beginn unserer Zeitrechnung im wesentlichen weiterhin im Rahmen gentiler Produktionsverhältnisse. Seit Beginn unserer Zeitrechnung bildeten sich allmählich und in der Folgezeit verstärkt Bedingungen heraus, die zur Überwindung des gentilen Stammeswesens führten. Zu diesen gehörte die feste Etablierung eines Stammesadels, die Bildung von Sondereigentum an Grund und Boden in der Hand einzelner Familien, die persönliche Aneignung der landwirtschaftlichen Erträge, damit die Entstehung von Reichtumsunterschieden, die Vermehrung kriegerischer Aktionen und anderes mehr. Zu diesen militärdemokratischen Verhältnissen gehörte schließlich noch als wichtiges Element, das wesentlich zur Zerstörung gentiler Lebensweise beitrug, das Gefolgschaftswesen. Diese gesamtgermanische Entwicklung ist wegen der zunehmenden Siedlungsausdünnung des 4.–6. Jahrhunderts im Berliner Raum bisher nicht im vollen Umfang faßbar. Das bereits dem 1. Jahrhundert angehörende Körpergrab aus Rudow, das in antiker Zeit ausgeraubt wurde, gehörte zu den Gräbern für sozial höhergestellte Personen des Semnonenstammes. Antike Quellen sprechen sogar von einem »Königtum« der Semnonen. In der jüngeren Völkerwanderungszeit (5./6. Jahrhundert) stand der Berliner Raum zwar unter dem Eindruck des Thüringer Königreiches, lag aber wahrscheinlich etwas abseits vom gesamtgermanischen Geschehen. Vermutlich geht dies wenigstens zum Teil auf die ausgedünnte Besiedlung zurück.

Sprewanen und Heveller – slawische Stämme vom 6. bis 12. Jahrhundert

In den durch die germanische Abwanderung dünn bewohnten Berliner Landschaften begannen sich seit dem 6./7. Jahrhundert slawische Siedlergruppen niederzulassen, die das Land wieder für Bodenbau und Viehhaltung erschlossen, im weiteren Verlauf

Handel und Handwerk entfalteten, Burgen bauten und schließlich politische und ökonomische Mittelpunkte schufen.

Die sozialökonomische Entwicklung der einwandernden Slawen war bestimmt vom Prozeß des Übergangs von der späten, in Auflösung begriffenen Urgesellschaft zu feudalen Produktionsverhältnissen, was mit erheblichen Auseinandersetzungen zwischen den einzelnen Schichten einherging.

Die slawische Besiedlung war insgesamt mit einem Landesausbau verbunden. Doch spielte am Beginn der slawischen Einwanderung auch eine wichtige Rolle, daß einige der spätgermanischen Siedlungskammern noch erhalten waren. Nicht zufällig ließen die einwandernden Slawen sich dort nieder, wo schon vorher germanische Siedlung bestand. Als Beispiel für diesen Vorgang können die Fundstellen im Marzahner Wuhleeinzugsgebiet gelten. An mehreren Fundplätzen konnten frühslawische neben spätgermanischen Siedlungsobjekten nachgewiesen werden. An dem einen Fundplatz war ein frühslawischer Kastenbrunnen sogar direkt auf eine germanische Brunnenanlage gebaut worden, ein bisher einmaliger Befund. Die naturwissenschaftlichen Untersuchungsergebnisse unterstützen die Wahrscheinlichkeit der unmittelbaren germanisch-slawischen Kontakte in der Marzahner Siedlung.

Im weiteren Verlauf taucht germanisches Kulturgut (Kumpfgefäße) nur noch sporadisch auf, weil wahrscheinlich die spätgermanische Restbevölkerung durch die Slawen assimiliert wurde.

Die Einwanderung slawischer Bevölkerung, die zunächst in kleinen Gruppen erfolgte, begann womöglich noch im 6. Jahrhundert zunächst zögernd, verstärkte sich bald aber immer mehr. Zwei Herkunftsrichtungen wurden erschlossen. Die eine Richtung dürfte aus Böhmen über die mittlere Elbe in die brandenburgischen Landschaften verlaufen sein, eine andere über die Oder westwärts aus dem Weichselraum.

Der älteste slawische Fundniederschlag ist archäologisch hauptsächlich durch eine unverzierte Keramik erkennbar, wobei s-förmig geschwungene Töpfe unterschiedlicher Variation und

Größe dominieren. Da die materiellen Hinterlassenschaften sowie die Siedlungsweise im Berliner Raum stärker nach Osten tendieren, kommt der Einwanderungsrichtung aus diesem Bereich wohl die größere Bedeutung zu. Für die östliche Herkunft der meisten Siedler spricht beispielsweise die Siedlung in Gehöften mit ebenerdigen Blockhäusern im Gegensatz zu dem Gebiet mit eingetieften Bauten an der mittleren Elbe.

Aus den urkundlichen Quellen erfahren wir erst zum Jahre 789 von der vollzogenen slawischen Landnahme in den brandenburgischen Landschaften, als eine friesische Flotte havelaufwärts gefahren war, um sich mit dem Landheer Karls des Großen zu vereinigen. Die Unternehmung war gegen die slawischen Wilzen gerichtet.

Die slawischen Siedler im Berliner Raum gehörten hauptsächlich zwei Stämmen an. Die archäologische Fundkarte läßt die Siedlungsgebiete zum Teil deutlich erkennen. Diese sind überwiegend mit schriftlich überlieferten Stämmen in Verbindung zu bringen. Die Siedlungsgebiete lehnten sich an die größeren Talränder an. Sümpfe oder große Wälder bildeten natürliche Grenzen. Durch dichte Besiedlung hebt sich das Siedlungsgebiet der Sprewanen heraus (im Jahre 948 als Zpriauuani genannt), das sich vom Barnim, dem Ost-Teltow bis in das Zossen-Teupitzer Land erstreckte. Eine Urkunde des Jahres 965 verlautbart, daß der Gau Sprewa auf beiden Seiten der Spree lag. Den Mittelpunkt des Sprewanenstammes bildete die Burg auf der Schloßinsel Köpenick.

Ein zweites bedeutendes Siedlungsgebiet der Slawen stellte das Havelland dar. Hier wohnte der mächtige südliche Lutizenstamm, die Heveller (der »Bayrische Geograph« nennt sie Hehfeldi) oder auch Stodorane (nach Thietmar von Merseburg) auf Grund der Selbstbezeichnung. Hauptort der Heveller war Brandenburg; Potsdam und Spandau markierten die östlichen wichtigen Burgorte. Die wenigen slawischen Siedlungen in der Zone zwischen den Hauptstämmen auf Berliner Territorium können ethnisch eindeutig nicht zugewiesen werden. Das betrifft zum

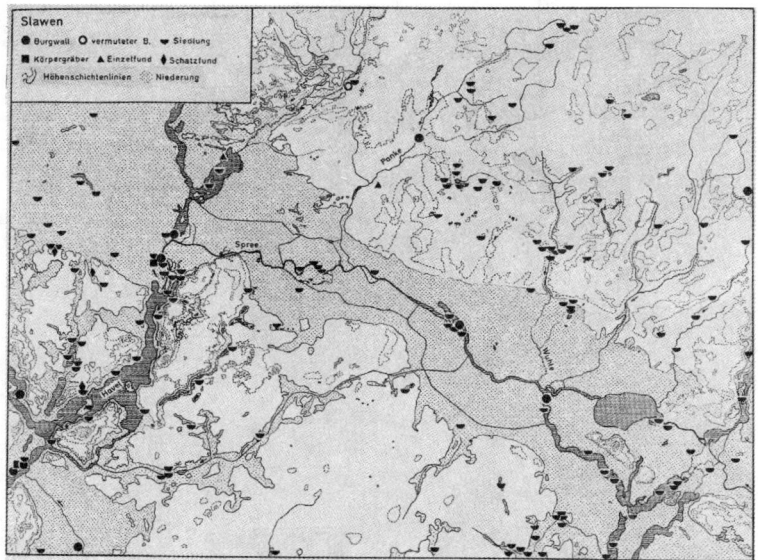

Materielle Hinterlassenschaften der slawischen Stämme
der Heveller und Sprewanen, 6.–12. Jahrhundert

Beispiel auch die Siedlungskammer am Panketal mit der Burg
Blankenburg. Daß die Grenzzone nicht absolut siedlungsleer
blieb, bestätigte sich neuerdings durch die Entdeckung einer
frühslawischen Siedlungsschicht im Stadtkern von Berlin (Post-
straße/Ecke Rathausstraße).

Die Namen der slawischen Stämme beziehen sich auffälliger-
weise auf heimische Flüsse mit germanischen Namen, was dafür
spricht, daß die Einwanderung der Slawen sich nicht in festge-
fügten Stammesgruppen, sondern in kleineren Einheiten vollzog.
Im 8. Jahrhundert mag der Zusammenschluß zu Stämmen aber
bereits abgeschlossen gewesen sein. Im 9./10. Jahrhundert haben
im slawischen Gebiet Burgbezirke (civitates) bestanden, die
wahrscheinlich die kleinsten gesellschaftlichen Mittelpunkte für
5 bis 20 Siedlungen darstellten. In Mahlsdorf und Kaulsdorf
konnten Slawensiedlungen vollständig ausgegraben werden.

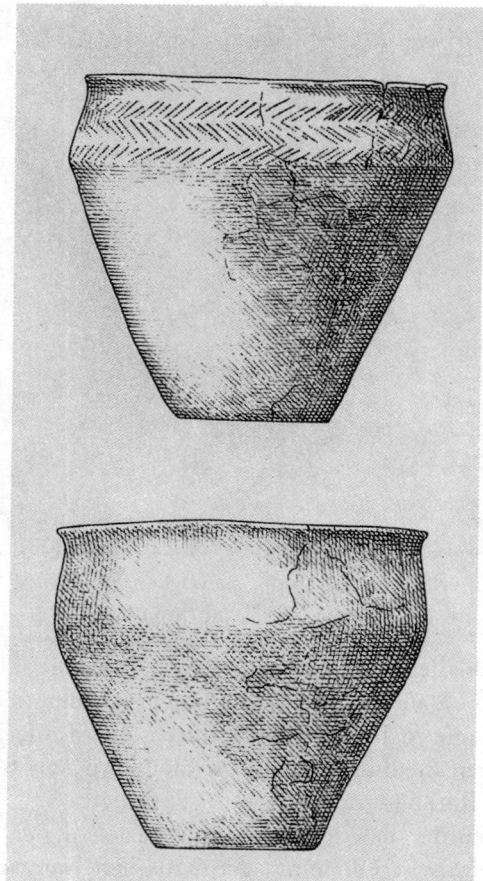

Altslawische Tongefäße aus der Burg A
von Blankenburg, 8. Jahrhundert

Mehrere solcher Burgbezirke bildeten das Gebiet eines Stammes.
Solche Stammesburgen – Mittelpunkte wie Köpenick – legte
man meist an den verkehrsgünstigsten und wirtschaftlich bedeutenden Punkten an. So lag die Burg Köpenick am Zusammen-
fluß von Spree und Dahme.

Seit dem 10. Jahrhundert begannen die Versuche zur Unterwerfung der Slawen an Spree und Havel, die vom deutschen, etwas später auch vom polnischen Feudalstaat unternommen wurden. Als im Jahre 948 das Bistum Brandenburg gegründet wurde, gehörten zu den zehn slawischen Gauen der Diözese auch Heveller und Sprewanen. Doch archäologisch schlug sich diese kurze Spanne frühdeutscher Herrschaft in Siedlungen kaum, allenfalls in den Burgen nieder, da der große Slawenaufstand von 983 die vierzigjährige deutsche Oberhoheit beendete. Die polnischen Expansionen in die Mittelmark und gen Brandenburg erfolgten 991 und 992. In diesem Zeitraum kam es zu einem großzügigen Ausbau der Burg Köpenick. Die spätslawische Burg Köpenick als wirtschaftliches und politisches Zentrum trug nunmehr stadtartigen Charakter, in der ein wohl von der polnischen Zentralgewalt abhängiger Fürst residierte. Als einziger slawischer Fürst ist allerdings nur Jaxa de Copnic namentlich überliefert, der auch Münzen prägen ließ. Aus den Schriftquellen erhellt, daß dieser Jaxa Erbansprüche auf das Hevellerfürstentum erhob und wahrscheinlich im Jahre 1153 die Brandenburg eroberte, diese aber bereits 1157 wieder an Albrecht den Bären aus askanischem Haus verlor. Das Köpenicker Fürstentum vermochte sich jedoch noch einige Jahrzehnte zu behaupten.

Zweites Kapitel

Die Entstehung Berlins. Die mittelalterliche Stadt

Die mittelalterliche Doppelstadt Berlin-Kölln: äußere Gestalt, Bevölkerung und soziale Gliederung

Am 28. Oktober 1237 einigten sich die askanischen Markgrafen und der Bischof von Brandenburg in ihrem Streit um den Kirchenzehnten. Zeuge des von Beauftragten des Papstes vermittelten Vergleiches war neben anderen Geistlichen und Rittern der Pfarrer Simeon von Kölln. Am 26. Januar 1244 bezeugte Simeon, jetzt als Propst von Berlin, eine weitere Übereinkunft der Askanier mit dem Brandenburger Bischof. In diesem politischen Zusammenhang – der Auseinandersetzung zwischen den Markgrafen und den Bischöfen von Brandenburg um Herrschaftsrechte in den neu gewonnenen Gebieten östlich von Havel und Nuthe, eingeschlossen der Berliner Raum – erschienen 1237 Kölln, die Schwesterstadt Berlins, und 1244 Berlin selbst erstmals in der urkundlichen Überlieferung.

Berlin, welches in den Urkunden oftmals auch Altberlin genannt wurde, und Kölln stellten bis zum Beginn des 18. Jahrhunderts zwei selbständige Städte dar. Als solche bildeten sie, durch die Spree getrennt, aber einander gegenüberliegend, eine mittelalterliche Doppelstadt. Der Name Berlin wurde erst nach der Bildung einer einheitlichen Stadtgemeinde im Jahre 1709 aus Berlin und Kölln sowie den drei Neustädten, die im Zuge der Stadterweiterung im 17. Jahrhundert hinzukamen, auf die nunmehrige Gesamtstadt ausgedehnt. Im Allgemeinverständnis ist es aber üblich geworden, bereits die mittelalterliche Doppelstadt Berlin-Kölln einfach als Berlin zu begreifen.

Die Doppelstadt lag an der Stelle, wo sich das Urstromtal der Spree zwischen den Hochflächen des Barnim und des Teltow von 10 bis 15 Kilometer auf etwa 4 Kilometer verengte. Berlin befand sich auf der nordöstlichen, Kölln auf der südlichen Seite des Hauptlaufes der Spree; beide Städte waren von natürlichen oder künstlichen Spreearmen umflossen. Im modernen Stadtplan stellt sich das mittelalterliche Berlin ungefähr auf der Fläche dar, die von der Spree und der Stadtbahntrasse zwischen den

Zweites Kapitel

Bahnhöfen Marx-Engels-Platz und Jannowitzbrücke umgeben ist. Es umfaßte 47 Hektar beziehungsweise 1 140 mal 510 Meter. Kölln mit etwa 23 Hektar beziehungsweise 800 mal 370 Meter füllte den Umkreis von Spree, Kupfergraben und Südseite des Marx-Engels-Platzes aus. Berlin und Kölln waren durch den Mühlendamm und die Lange Brücke, heute Rathausbrücke, verbunden. Auf oder an letzterer stand das gemeinsame Rathaus der Doppelstadt. Der Mühlendamm war aufgeschüttet. Er diente dem Stau der Spree, der Wasserregulierung und dem Betrieb der großen landesherrlichen Wassermühlen.

Das Gefälle der von Norden und Süden in den Stadtbezirk Mitte führenden Magistralen veranschaulicht die Lage Berlins zwischen den Hochflächen des Barnim und des Teltow bis heute. Die Sandkuppen im mittelalterlichen Stadtgebiet sind nicht mehr sichtbar. Sie wurden durch die Kulturschichten der Neuzeit überlagert und eingeebnet, so daß zum Beispiel die im Mittelalter hochgelegene Marienkirche heute in einer Bodenvertiefung zu stehen scheint.

Die Doppelstadt war von einer Stadtmauer umgeben. Sie bestand aus Feldsteinen, einem Aufsatz von Ziegelmauerwerk, war mehr als sechs Meter hoch, wurde durch Türme und Weichhäuser verstärkt und war durch fünf Tore passierbar. Eingang und Ausgang der Spree waren jeweils durch eingerammte Pfahlreihen versperrt und einen als Durchlaß im Wasser schwimmenden Baum verschließbar. Als man sich in Berlin im 15. Jahrhundert gegen Angriffe mit Kanonen schützen mußte, wurden vor der Stadtmauer und den Spreearmen noch Wälle aufgeworfen und äußere Wassergräben angelegt. Reste der Stadtmauer haben sich zwischen Waisen- und Littenstraße erhalten.

Der Verlauf der Stadtmauer, der planmäßige Stadtgrundriß, die Lage der öffentlichen Gebäude sind auf dem ältesten Berliner Stadtplan, dem Memhardtschen Plan von 1650, gut zu erkennen. Auf der Köllner Seite ist das kurfürstliche Schloß mit Garten für die Zeit 1300–1450 sowie die Schleusenanlage von 1550 hinwegzudenken. Das Schloß wurde ab 1443 erbaut. Bis

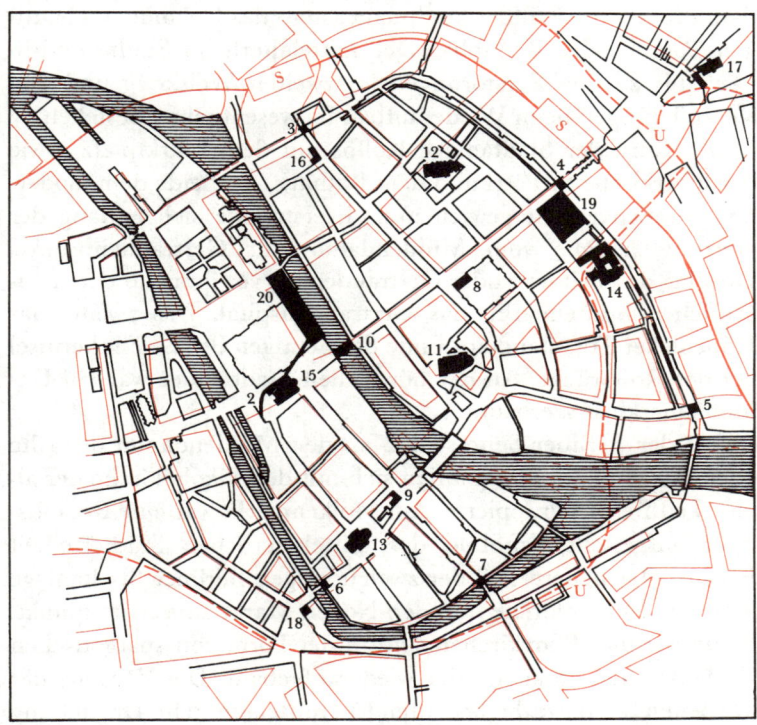

1 Rest der mittelalterlichen Stadtmauer
2 Teil der Köllner Stadtmauer,
  welcher in der Mitte des 15. Jahrhunderts im
  Zuge des Schloßbaues abgerissen werden mußte
3 Spandauer Tor
4 Oderberger oder Georgentor
5 Stralauer Tor
6 Teltower oder Gertraudentor
7 Köpenicker Tor
8 Berliner Rathaus
9 Köllner Rathaus

10 Gemeinsames Rathaus von Berlin und Kölln
   auf oder an der Langen Brücke
11 Nikolaikirche
12 Marienkirche
13 Petrikirche
14 Franziskanerkloster
15 Dominikanerkloster
16 Heiliggeistspital
17 Georgenhospital
18 Gertraudenhospital
19 Markgräflicher Hof
20 Kurfürstliches Schloß

Die Lagebeziehung
zwischen dem modernen Straßennetz
und dem historischen Stadtkern vor dem Straßendurchbruch
am Ende des 19. Jahrhunderts und der Zerstörung
durch den zweiten Weltkrieg

53

dahin führte die Köllner Stadtmauer über das Gelände des heutigen Palastes der Republik. Der mittelalterliche Stadtgrundriß
blieb bis zu den Zerstörungen im zweiten Weltkrieg und den
Veränderungen beim Wiederaufbau im wesentlichen bestehen.

Der Kern der Stadtanlage Köllns mit dem Marktplatz sowie
der Pfarrkirche St. Petri und dem Rathaus, die beide dem modernen Straßenverkehr gewichen sind, erstreckte sich entlang der
Gertraudenstraße vom Mühlendamm zur Gertraudenbrücke.
Dort lag das Teltower oder Gertraudentor, vor ihm, auf dem neu-
zeitlichen Spittelmarkt, das Gertraudenspital. Das zweite, das
Köpenicker Tor, stand am Ende der heutigen Straße Fischerinsel
bei der Roßbrücke. An der nördlichen Stadtmauer war ein Dominikanerkloster erbaut.

Auf der Berliner Seite schloß an den Mühlendamm der Alte
oder Molkenmarkt an, um den sich mit der Nikolaikirche der ältere Teil Berlins gruppierte. Am Molkenmarkt war eine Rolands-
figur aufgestellt, Sinnbild der mittelalterlichen Städtefreiheit
Berlins. Der neuere Teil der zweigliedrigen Berliner Stadtanlage
hatte die Marienkirche und den Neuen Markt zum Mittelpunkt.
Beide Berliner Pfarrkirchen sind in der Form von spätgotischen
Hallenkirchen erhalten oder wiederaufgebaut. Die Vorhalle der
Marienkirche birgt die bedeutendste mittelalterliche Darstellung
des Totentanzes in Norddeutschland, ein im 15. Jahrhundert ent-
standenes Wandgemälde, auf welchem die Vertreter aller Stände,
jeweils von Toten angeführt, einen Reigen tanzen. Ebenfalls
noch heute steht die spätgotische Backsteinkapelle des Heiliggeistspitals in der Spandauer Straße. Vom Spandauer Tor, etwa
bei der Einmündung der heutigen Burgstraße gelegen, führte die
Spandauer Straße am Neuen Markt vorbei zum Molkenmarkt,
von diesem die Stralauer Straße zum Stralauer Tor an der Einmündung der heutigen Littenstraße. Das Berliner Rathaus stand
an der Stelle, wo im 19. Jahrhundert das heutige Rote Rathaus errichtet wurde. Dort kreuzten sich die beiden Hauptstraßenzüge
des mittelalterlichen Berlin, die Spandauer Straße mit der Oderberger, heute Rathausstraße. Diese führte von der Langen

54

Brücke zum Oderberger oder Georgentor, welches kurz vor der heutigen Stadtbahnbrücke stand. Vor diesem, nördlich des späteren Alexanderplatzes, lag das Georgenspital. Vom Berliner Rathaus blieb die Gerichtslaube bewahrt. Sie wurde 1871/1872 in veränderter Form im Schloßpark Potsdam-Babelsberg neu aufgestellt. Zwischen der nordöstlichen Stadtmauer und der Klosterstraße schließlich befanden sich ein markgräflicher Hof, das Hohe Haus, und ein Franziskanerkloster, das Graue Kloster. Die als Ruine gesicherte Klosterkirche war das bedeutendste Bauwerk der Backsteingotik in Berlin.

Gewerbebauten, Werkstätten und Verkaufsanlagen sowie Häuser aus dem Mittelalter sind nicht stehengeblieben. Die Häuser waren meist aus Holz und Lehm gebaut und mit Stroh bedeckt. Doch gab es auch eine Vielzahl von Steinhäusern mit Ziegeldächern.

Vor den Mauern dehnten sich die Gemarkungen von Berlin und Kölln, die zu den Städten gehörten, aus: Gartenland, Feldfluren – die Berliner umfaßte 120, die Köllner mindestens 42 Ackerhufen –, nicht in Ackerhufen gegliederte landwirtschaftliche Nutzflächen, »Kaveln«, Viehweiden und Waldungen. Die Grenze der Berliner Gemarkung und damit die Stadtgrenze ist ungewiß. Zur Groborientierung kann auf den Verlauf der Ringbahntrasse zwischen den Bahnhöfen Ostkreuz und Wedding verwiesen werden. Die Köllner Gemarkung endete etwa am heutigen Landwehrkanal.

Die Bevölkerungszahl von Berlin-Kölln wird für das Mittelalter grob auf 6 000 bis 7 000 geschätzt. Danach gehörte die Doppelstadt zu den größeren deutschen Mittelstädten. Dem Wirtschaftstyp nach verkörperte sie die mittlere Handels- und Gewerbestadt. Ähnliche Positionen unter den märkischen Städten nahmen Stendal, Brandenburg und Salzwedel wie Prenzlau, Perleberg und Frankfurt (Oder) ein. Mittelalterliche Großstädte gab es in der Mark und überhaupt im nordostdeutschen Binnenland nicht. Die nächstgelegenen waren Magdeburg, Rostock und Lübeck.

Für die soziale Schichtung der Bürger- und Einwohnerschaft war charakteristisch, daß die einzelnen Berufsgruppen in sich differenziert waren, so daß sich Kaufleute, Handwerker und Krämer jeweils mehreren Vermögensgruppen und Bürgerständen zuordneten. Die ältesten Satzungen des Rates wurden von diesem allein erlassen. In Satzungen der Jahre 1288–1311 trat neben den Ratsherren die Gemeinheit der Bürger oder Bürgergemeinde in Erscheinung. Diese wurde in Urkunden des 14. Jahrhunderts in Gewerke und gemeine Bürger gegliedert, wobei mit letzteren die nichtzünftigen Inhaber des Bürgerrechts gemeint waren. Seit dem Ende des 14. Jahrhunderts wurde die Ständeformel »Ratsherren, Viergewerke und gemeine Bürger« maßgeblich. In dieser Formel wurden auch die Angehörigen der minderen Zünfte zu den gemeinen Bürgern gerechnet. Hinzu kamen die städtischen Unterschichten, die das Bürgerrecht nicht oder eingeschränkt besaßen.

Die Ratsherren repräsentierten das Patriziat, reiche Kauf- und Geldleute sowie Bürger, die hohe Einkommen aus landesherrlichen Ämtern und feudalem Grundbesitz bezogen. Sie bildeten den Kern der relativ kleinen Oberschicht von reichen und wohlhabenden Steuerzahlern, die insgesamt nicht mehr als 10 bis 15 Prozent der Bevölkerung ausmachten.

Die Gewerke und die gemeinen Bürger standen für die städtischen Mittelschichten. Die erste Stelle nahmen die nichtpatrizischen Kaufleute, Zunftvorsteher und zünftigen Handwerksmeister sowie reichen Krämer ein. Von den Zünften wiederum gewannen in diesem Kreis die Viergewerke der Bäcker, Fleischer, Schuhmacher und Tuchmacher einen politischen Vorrang. Als gemeine Bürger wurden seitdem einerseits die übrigen Zunfthandwerker, andererseits die nichtzünftigen Handwerker, armen Krämer, Kleinhändler, Altwarenhändler und Höker begriffen. Sie mußten ihrem Einkommen oder Vermögen nach in der Lage sein, ein städtisches Hausgrundstück zu besitzen und zu unterhalten. Das Magdeburger Stadtrecht forderte den Besitz eines solchen als Bedingung für das Bürgerrecht.

Es ist wahrscheinlich, daß eine größere Anzahl von Bürgern der Doppelstadt hauptsächlich oder ausschließlich der Landwirtschaft als Gewerbe nachging. Dafür spricht die Ausstattung Berlins und Köllns mit Feldfluren im Ausmaß von mehr als 160 Hufen Land. Ihre Bewirtschaftung unterschied sich sicher nicht vom dörflichen Betrieb. Ein regelrechter Ackerbürgerstand und Ackerbürgergenossenschaften, Wröhen oder Wrühen, sind in Berlin-Kölln jedoch erst in der frühen Neuzeit nachweisbar.

Zu den städtischen Unterschichten rechneten zunächst die Gesellen. Sie waren in ihren Arbeits- und Einkommensverhältnissen durchaus unterschiedlich gestellt. Bereits im 14. Jahrhundert gab es in Berlin einen lebenslänglichen Gesellenstand erheblichen Ausmaßes. Das eigentliche Plebejertum bildeten Lohnknechte und Tagelöhner, Träger, Karrenführer, Schiffsknechte, Handlanger sowie Diener, Dienstknechte und -mägde. Sie wohnten in Buden oder lebten als Einmieter und Hausgenossen. Dazu kamen Bettler, Kranke und Invaliden. Die städtischen Unterschichten, die Besitzlosen oder nahezu Vermögenslosen, übertrafen zahlenmäßig die breiten Mittelschichten erheblich und machten mehr als die Hälfte der Berliner Bevölkerung aus.

Eine zahlenmäßig kleine, aber einflußreiche Gruppe bildeten die Personen geistlichen Standes. Der Propst und die Pfarrer gehörten zum oberen Klerus, die Vikare, Kapläne und Altaristen zur niederen Geistlichkeit. Daneben standen die Mönche der beiden Bettelordensklöster und das Hospitalpersonal.

Als städtische Randgruppe waren auch in Berlin Juden ansässig. Sie waren vor allem in der Geldleihe und im Pfandgeschäft tätig. Auch übten aus religiösen Gründen jüdische Fleischer ihr Handwerk aus. Juden lassen sich in Berlin zuerst 1295 nachweisen. Der Landesherr übereignete sie um 1320 dem Rat. In der zweiten Hälfte des 15. Jahrhunderts konnten Juden in Berlin das Bürgerrecht erwerben.

Die Anfänge Berlins und Köllns
als Kaufmannsniederlassung und Fernhandelsstützpunkt
um die Wende des 12. zum 13. Jahrhundert

Die erste urkundliche Erwähnung Köllns 1237 und die Berlins 1244 bezeugen das Vorhandensein der Köllner Pfarrkirche, der Petrikirche, wie einer mit der Propstei Berlin verbundenen Kirche, welche keine andere gewesen sein dürfte als die älteste Berliner Pfarrkirche St. Nikolai. Sie läßt jedoch offen, ob Berlin und Kölln zu dieser Zeit bereits Stadtrecht besaßen und voll ausgebildete Städte darstellten. Als Stadt im Rechtssinn läßt sich Berlin nicht vor 1251 beziehungsweise 1253 nachweisen, als es sein Stadtrecht an Frankfurt (Oder) übertrug. Kölln ist sogar erst 1261 als Stadt belegt.

Die Frage, wann und wie Berlin und Kölln tatsächlich entstanden und Städte wurden, hat die Stadtgeschichtsforschung rege beschäftigt. Auch die noch vor dem ersten Weltkrieg gebildete und bis in die Mitte der fünfziger Jahre herrschende Meinung gehört heute der Forschungsgeschichte an. Sie besagte: Berlin und Kölln wurden von den Markgrafen Johann I. und Otto III. von Brandenburg um 1230 direkt als Städte gegründet und aus wilder Wurzel in einem Siedlungsakt aufgebaut, ohne daß es eine Vorstufe, eine nichtagrarische vor- oder frühstädtische Vorgängersiedlung im Berlin-Köllner Stadtgebiet gegeben hat. Die Aufarbeitung des slawischen Fundmaterials bestätigte diese Auffassung zunächst in einem wesentlichen Streitpunkt. Das Fehlen jeglicher Spuren slawischer Burgwallanlagen oder Vorburgsiedlungen wie überhaupt spätslawischer Keramik in und um Berlin und dessen Lage in einer Grenzzone slawischer Stammesgebiete schlossen entsprechende slawische Siedlungen an dieser Stelle aus. Die Ausgrabungen der letzten Jahrzehnte in den historischen Stadtkernen erbrachten für Berlin und Kölln wie für die beiden anderen Städte des Berliner Raums, Köpenick und Spandau, dann aber weiterführende und umstürzende Ergebnisse.

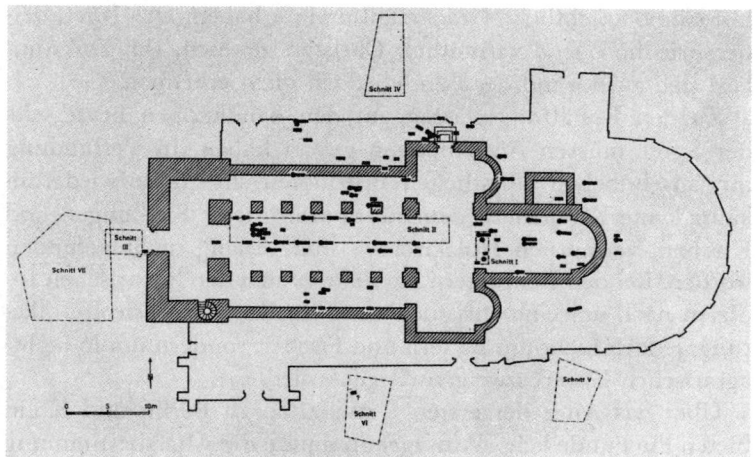

Grundriß der romanischen Basilika (schraffiert)
und der gotischen Nikolaikirche zu Berlin mit Einzeichnung der Lage
aller ermittelten vorstädtischen Gräber und der Suchschnitte
der Grabungen von 1980 bis 1982

Die Ausgrabung in der kriegszerstörten spätgotischen Nikolaikirche förderte zunächst die Reste von zwei Vorgängerbauten
zutage, einer frühgotischen Backsteinkirche und einer spätromanischen Feldsteinbasilika. Unter dieser ältesten Anlage der Nikolaikirche stießen die Ausgräber auf einen Friedhof, der von ihr
geschnitten wurde. Aufgefunden wurden 95 Skelette, davon die
Mehrzahl unter der Basilika. Die Toten waren in gezimmerten
rechteckigen Särgen, ohne Beigaben und in Ost-West-Ausrichtung
beigesetzt worden. Die Bestattung hatte in gewachsenem Boden
stattgefunden. Es gab also dort keine frühere Siedlung.
Ganz ähnliche Entdeckungen erbrachten die Ausgrabungen
auf dem Köllner Petriplatz. Auch hier wurden die Fundamente
einer spätromanischen Feldsteinkirche geborgen, der ältesten Petrikirche. Unter dieser stießen die Archäologen ebenfalls auf
einen Friedhof, der sich über das Petrikirchengelände erstreckte.
Nach Belegung und Ausdehnung dürfte auch der Köllner Fried-

59

hof eine beträchtliche Gräberzahl umfaßt haben. Die Toten beider Friedhöfe sind vermutlich Christen gewesen. Ihr Volkstum läßt sich auf Grund der Funde jedoch nicht erkennen.

Zu den Bestattungsplätzen auf den Sandkuppen beiderseits der Spree müssen Ansiedlungen gehört haben. In Verbindung mit ansehnlichen christlichen Friedhöfen sind diese wiederum kaum ohne Kirchen zu denken. Spuren dieser Siedlungen und Kirchen, vermutlich Holzkirchen, sind bislang nicht gefunden worden. Bei den Bewohnern handelte es sich den historischen Indizien nach um eine christliche und im Kern ortsfeste Bevölkerung, jedoch nicht um Bauern und Fischer, sondern um in nichtagrarischen Erwerbszweigen tätige Ansiedler.

Über das Alter der ersten Ortschaften zu Berlin und Kölln bieten die Funde keine Aussage. So mußte die Altersbestimmung von den Ersterwähnungen des Pfarrers von Kölln und des Berliner Propstes ausgehen, welche auf das Vorhandensein der Kirchen St. Petri und St. Nikolai weisen, und sich dann an deren bau- und kunstgeschichtliche Altersmerkmale halten. Auf Grund des Baumaterials, der Mauertechnik und des Baustils datieren beide Kirchen in die erste Hälfte des 13. Jahrhunderts. Beide Bauwerke waren 1237 und 1244 so weit errichtet, daß Gottesdienste abgehalten werden konnten. Werden für die Bauzeit mindestens zehn Jahre, für die Belegungsdauer des Berliner Friedhofes mindestens zwanzig, des Köllner mindestens zehn Jahre veranschlagt, so reichten die vorstädtischen Ansiedlungen zu Kölln und Berlin in die Zeit vor 1220 zurück. Ihr Mindestalter müßte noch höher angesetzt werden, wenn mit einer Ruhezeit zwischen letzter Grablegung und Baubeginn sicher zu rechnen wäre. Der Zeitpunkt, von dem an frühestens mit der Erstansiedlung gerechnet werden kann, verliert sich in der zweiten Hälfte des 12. Jahrhunderts.

Der neue Zeitansatz – vor 1220, vielleicht auch in die zweite Hälfte des 12. Jahrhunderts zurückreichend – bedeutet nicht nur ein höheres Alter der ersten Ortsgründung von Berlin-Kölln. Er sagt vor allem, daß sich die geschichtlichen Anfänge Berlins bereits in der Frühphase der hochmittelalterlichen, mit der Entfaltung der Feudalgesellschaft verbundenen zweiten Etappe der deutschen Ostexpansion zwischen mittlerer Elbe und Oder beziehungsweise im Berliner Raum vollzogen. Die Landesgliederung wurde noch durch die slawischen Stammes- und Herrschaftsgebiete bestimmt, so daß das Hevellerland mit der Havel als Achse und dem Mittelpunkt Brandenburg sowie das Sprewanenland mit dem Spree-Dahme-Rückgrat und Köpenick als Zentrum die Bezugsräume des militärischen und territorialpolitischen wie des Siedlungsgeschehens darstellten. Nicht nur die umfassende Aufsiedlung der Barnim-Hochfläche, sondern auch die der Hochfläche des Teltow hatten noch nicht eingesetzt. Der Landstrich, auf dem frühestens in den siebziger Jahren des 12. Jahrhunderts, jedoch vor 1220 als erste Ansiedlungen Berlin und Kölln entstanden, war weiterhin Grenzzone. In der Expansionspolitik der askanischen Markgrafen von Brandenburg, der Erzbischöfe von Magdeburg, der wettinischen Markgrafen von Meißen sowie der Pommernherzöge, welche bei der Ausdehnung und dem Ausbau ihrer Territorialherrschaften rivalisierten und konkurrierten, erschien er zunächst als Randgebiet.

Die askanische Expansionslinie berührte den Berliner Raum an der Stelle, wo am Einfluß der Spree in die Havel Spandau liegt. Dieses gehörte zum Hevellerfürstentum, welches die Askanier beherrschten, seit Albrecht der Bär 1157 den Fürsten Jaxa von Köpenick besiegt und die Mark Brandenburg gegründet hatte. Ihr Machtanspruch war auf den Odermündungsraum zwischen Peene und unterer Oder gerichtet. Die Kriegszüge gingen zunächst über die Linie Havelberg–Müritzsee–Peene. Seit dem Ende des 12. Jahrhunderts faßten die Askanier an der oberen Havel und in der Finowniederung Fuß. Dort erbauten sie 1214 die Burg Oderberg.

Im Osten wurde der Berliner Raum von der Expansionspolitik der pommerschen Greifen und der meißnischen Wettiner betroffen. In ihren Kriegen wurde die großräumige Köpenicker Burg auf der heutigen Schloßinsel zerstört. Wann und wie das Fürstentum Jaxas von Köpenick nach 1157 sein Ende fand, ist unbekannt. Infolge der Auflösung in Teilfürstentümer und der Machtkämpfe zwischen den Piastenherzögen vermochte der polnische Staat dem von ihm bis dahin abhängigen Sprewanenfürstentum keinen Rückhalt mehr zu geben. Des Sprewanenlandes bemächtigten sich, vielleicht als Erben oder als nunmehrige Schutzherren Jaxas, zunächst die Pommernherzöge. Nach 1180, spätestens 1209 erschienen die Wettiner als Herren des Sprewanengaues. Wie die Magdeburger Erzbischöfe, trachteten sie, Burg und Land Lebus zu erobern. Letztere strebten nach einer Landverbindung zum Lebuser Bistum über das von ihnen beherrschte Nuthe-Nieplitz-Gebiet südlich des Berliner Raumes, wobei möglicherweise eine erzbischöflich-magdeburgische Expansionslinie über den westlichen Teltow und den mittleren Barnim lief.

Unter den rivalisierenden Fürsten vollzog sich ein von ihnen geförderter Landesausbau durch slawische Siedler und deutsche Einwanderer. Sie suchten zunächst die Eroberungslinie durch Festsetzung in den slawischen Siedlungsgebieten und -kammern zu sichern, dann durch Siedlung Landesherrschaft auf den Hochflächen des Teltow und des Barnim zu begründen und zu befestigen. Es war kennzeichnend für die neue Etappe der Ostexpansion, daß es den erobernden deutschen Feudalgewalten wie auch slawischen Fürsten gelang, die bäuerlich-dörfliche und gewerblich-städtische Siedlungsbewegung, welche mit den Entfaltungsprozessen der Feudalgesellschaft einherging, für ihre Territorialpolitik zu nutzen. Zur Rodung und zum Landesausbau, für die auch die ansässigen slawischen Kräfte eingesetzt wurden, zogen die Askanier und Wettiner, Magdeburger Erzbischöfe und Pommernherzöge in großer Zahl deutsche Ansiedler heran.

Die erste Siedlungswelle erfaßte die Randzonen des Teltow und des Barnim und folgte den sie durchschneidenden Rinnen und Senken. Im Berliner Raum stellten sich zu den wenigen und in größeren Abständen dort vorhandenen slawischen Dörfern, wie sie auf dem Teltow zum Beispiel in den heutigen Ortslagen von Giesensdorf, Lankwitz und Britz, auf dem Barnim unter anderem bei Buch, Malchow, Marzahn und Kaulsdorf nachgewiesen sind, neue Kleinsiedlungen. Eine solche Dorfanlage wird seit 1967 am Krummen Fenn auf der alten Feldmark von Zehlendorf ausgegraben. Die Ergebnisse der Flächengrabung lassen in Verbindung mit anderen Funden erkennen, daß für die Ansiedlung noch vor oder um 1200 slawische und deutsche Bauern herangezogen wurden. Die Dörfer wurden hufeisenförmig angelegt und an Gewässer angelehnt. Die Wirtschaft war viehzuchtbetont, wozu sich die Eichen-Buchen-Linden-Wälder anboten. Unter den Pflug genommen waren ertragsarme Sandböden. Sie wurden mit Hakenpflügen bearbeitet. Die Feldgrundstücke lagen hinter den Höfen. Am Krummen Fenn wurden bisher 10 freigelegt, wobei insgesamt mit etwa 16 Bauernhöfen gerechnet wird. Ähnliche Siedlungen sind vermutlich im Bereich der Grunewaldrinne und des Bäketals, des heutigen Teltowkanals, sowie am Tegeler Fließ, am nördlichen Spreerand zwischen Spandau und der Pankemündung und die Panke aufwärts entstanden.

Markt- und Stadtgründungen auf dem Teltow und dem Barnim sind in dieser Zeit nicht erfolgt. Die städtische Entwicklung im Berliner Raum setzte in den militärischen und politischen Zentren der askanischen und wettinischen Landesherrschaft, in Spandau und Köpenick, an. Dazu kamen die ersten Ortsgründungen zu Berlin und Kölln im Spreetal. Die Askanier hatten die Spandauer Hevellerburgen 1157 übernommen und nach 1170 eine neue Burg auf dem Gelände der heutigen Zitadelle erbaut. Spandau erhob sich als eine askanische Hauptburg mit dem Sitz eines Vogtes. Im Bereich der heutigen Altstadt entstand vor 1200 eine erste deutsche Kaufmannsniederlassung. Sie wurde später zu einer planmäßigen Stadtanlage erweitert. Es entstand die Nikolaikirche als spätromanische Feldsteinbasilika mit vorgelegtem Westwerk. Die slawische, nach 1200 nicht mehr bestehende Vorburgsiedlung mit Handwerkern und Marktverkehr, auf dem Burgwall etwa 1,5 Kilometer südlich der Spandauer Altstadt gelegen, wurde vermutlich in die neue deutsche Stadtanlage verlegt.

In Köpenick legten die Wettiner im ersten Drittel des 13. Jahrhunderts eine neue Befestigung an. Das kann auf dem alten Grundriß geschehen sein. Doch scheint eine neue Burganlage, die sich auf den Norden der Schloßinsel beschränkte, wahrscheinlicher, während etwa im Zuge der heutigen Straße Alt-Köpenick bereits damals, also in wettinischer Zeit, die später wohl mit magdeburgisch-brandenburgischem Recht bewidmete Stadt Köpenick mit der Laurentiuskirche ihren siedlungsmäßigen und wirtschaftlichen Anfang nahm.

Unter wessen Schutz und Herrschaft die nichtagrarischen Ansiedlungen in der Ortslage der späteren Städte Berlin und Kölln erfolgten, muß offenbleiben. Gewiß ist am ehesten an die Askanier zu denken. Auch wurde unlängst der Magdeburger Erzbischof ins Auge gefaßt. Letztlich jedoch ist unbekannt, wer in den Jahrzehnten um 1200, gegebenenfalls wechselnd, die politische Kontrolle oder Herrschaft über den Grenzraum zwischen Spandau und Köpenick tatsächlich ausübte. Sicher erscheint jedoch, daß die Ortsgründung nicht von dem betreffenden Askanier oder anderen Fürsten als strategisch-territorialpolitische Maßnahme bewerkstelligt wurde. Für die Zeit vor 1220 ist eine strategisch-grenzsichernde Funktion oder die Funktion auf einer territorialpolitischen Expansionslinie für Berlin nicht erweisbar. Zu den nötigen Bedingungen hätte eine Burg gehört. Eine solche hat es in Berlin nicht gegeben. Es gibt keinen Nachweis, daß die vordringende deutsche Fürstenmacht ihre Expansionspolitik im Havel-Spree-Gebiet in frühdeutscher Zeit irgendwo auf einen unbefestigten, aus wilder Wurzel angelegten Platz gestützt hätte.

Unter den Umständen der ersten Siedlungswelle und Frühphase des Landesausbaues erscheint es auch fraglich, daß die nichtagrarische Ansiedlung am Spreeübergang abseits einer Fürstenburg von landesherrlicher Seite als Stützpunkt für den Landesausbau unternommen wurde.

Die Initiative für die Ansiedlung ist vielmehr bei Kaufleuten zu sehen, die ihren Rückhalt in den Handelsbeziehungen des niederrheinisch-westfälischen Bürgertums hatten. Als dritter Träger der hochmittelalterlichen Ostexpansion stieß dieses nicht nur längs der Ostseeküste, sondern auch auf einem binnenländischen Expansionsfächer vor. Auf den verstärkten Fernhandelslinien errichtete es neue Stützpunkte, Niederlassungen und Städte.

Durch den Berliner Raum führten seit alters Fernhandelsverbindungen, die als Verkehrsadern bei der Ausweitung und Intensivierung des Fernhandels im 12.Jahrhundert von außerordentlicher Bedeutung waren. Das waren die von der Elbe-Havel-Spree gebildete Wasserverbindung sowie die Landstraße Magdeburg–Posen–Gnesen. Sie setzte sich westwärts nach Westfalen und zum Niederrhein sowie an die Nordsee, ostwärts nach Osteuropa fort. Diese Handels- und Heerstraße gehörte zu den wichtigsten West-Ost-Verbindungen des nördlichen Mitteleuropa zwischen Rhein und Weichsel. Von Magdeburg kommend, verzweigte sich der Landweg zwischen Brandenburg und Köpenick in zwei Züge, von denen der eine über Potsdam das Bäketal, der andere über Spandau in weiterer Verzweigungen südlich und nördlich der Spreeniederung entlanglief. Die Wegeführung ist im einzelnen unbekannt. Es gibt Anhaltspunkte für einen slawenzeitlichen Spreeübergang bei Stralau. Bis ins 12.Jahrhundert wurde von den beiden Spreetalrandwegen besonders der südliche genutzt. Für ihn gab es in Spandau eine Havelbrücke. Vermutlich verlagerte sich der Handelsverkehr seit der zweiten Hälfte des 12.Jahrhunderts auf die nördliche Route. Daraus mag sich eine neue Bedeutung der Berliner Ortslage ergeben haben.

Vor diesem Hintergrund und im Gesamtzusammenhang ergibt sich der Schluß, daß die ersten Ortsgründungen zu Berlin und Kölln durch Kaufleute des niederrheinisch-westfälischen Bereiches erfolgten. Im Zuge der Erweiterung und Intensivierung des Fernhandels legten sie einen Fernhandelsstützpunkt in der Verengung des Spreetals zwischen den Hochflächen des Teltow und des Barnim und am Spreeübergang an, an der Stelle, wo sich das Landstraßenbündel Magdeburg–Posen–Gnesen und der Elbe-Havel-Spree-Wasserweg in etwa berührten, die Landroute möglicherweise gegabelt war und die Spree kreuzte.

Es muß eine unternehmende, in weitreichenden Handelsbeziehungen stehende, selbständig handelnde und wagemutige Fernhändlergruppe gewesen sein, die sich in einem weitgehend unbesiedelten Landstrich und politischen Grenzraum sowie ungeschützt von einer Burg niederließ. Ihr mochte unter Umständen gerade daran gelegen sein, frei von der herrschaftlichen Einwirkung einer Burg zu sein. Bei ihrer Niederlassung bestand gewiß auch ein Verhältnis zu den frühdeutschen Ansiedlungen im Berliner Raum, der ersten Siedlungswelle, und den territorialfürstlichen Aktionen, Herrschaft auf dem Teltow-Barnim zu begründen. Die Kaufmannsniederlassungen wurden unter den Schutz und die Herrschaft des Territorialherren genommen. Sie werden nach innen genossenschaftlich organisiert gewesen sein und mögen genossenschaftliche Kaufmannskirchen gehabt haben.

Die Errichtung von Gründungsstädten zu Berlin und Kölln und der Erwerb des Stadtrechts in der ersten Hälfte des 13. Jahrhunderts

Als Kaufmannsniederlassung und Fernhandelsstützpunkt trat Berlin um die Wende des 12. zum 13. Jahrhundert in die Geschichte ein – abseits und frei von einer Fürstenburg. Dieser ersten Stufe seiner Stadtentwicklung folgte eine zweite, auf der Berlin und Kölln als frühstädtische Siedlungen oder, jedenfalls in ökonomischer und topographischer Hinsicht, bereits als Städte erschienen. Daß die erforderlichen Gründungs- und Siedlungsakte vor 1237 beziehungsweise vor 1244 erfolgt sein müssen, bezeugen die bei den Stadtkerngrabungen aufgedeckten Fundamente von St. Nikolai zu Berlin und St. Petri zu Kölln. Die Länge der ersten Nikolaikirche betrug 56 Meter. Sie wurde aus behauenen Feldsteinen in spätromanischem Stil gemauert. Sie erhielt ein dreischiffiges Langhaus mit einem Querschiff. Vorangestellt erhob sich ein Westwerk, ein Turm in mächtiger Breite, während die Basilika nach Osten mit einem langgestreckten

Chor und drei Apsiden schloß. Von der in Kölln gebauten ersten Petrikirche sind nur wenige Reste überliefert. Die Grundmauern mit einer Dicke von über 1,20 Metern zeugen von einer ebenfalls stattlichen Größe. Beide Kirchen hatten das Ausmaß von Stadtkirchen. Sie bezeugen eine städtische Größenordnung der zugehörigen Siedlungen. Diese müssen im Bau gewesen sein, als der Grundstein für ihre Pfarrkirchen gelegt wurde. Die Grundsteinlegung aber fand nach der Erwähnung des Pfarrers von Kölln 1237 und des Berliner Propstes 1244 spätestens in den frühen dreißiger Jahren des 13. Jahrhunderts statt.

Diese zweite Stufe der Stadtentwicklung Berlins umfaßte nicht einfach den Ausbau der bestehenden Kaufmannsniederlassungen. Vielmehr ist an eine Umgestaltung und Neuanlage zu denken, denn die neuen Pfarrkirchen wurden auf den Friedhöfen der Altsiedlungen gebaut. Die städtischen Kernsiedlungen zu Kölln und Berlin erhielten jetzt die bleibenden Grundrisse, wie sie auf dem Memhardtschen Plan von 1650 zu betrachten sind. Sie erstreckten sich über die beiden südlichen Talsandinseln links und rechts der Spree beziehungsweise ihres Hauptlaufes, Kölln in Rippenform mit der Petrikirche und einem auf den Spreeübergang ausgerichteten Straßenmarkt, Berlin mit radial um die Nikolaikirche laufenden Straßen und dem ebenfalls als Straßenmarkt gestalteten und auf die Spree ausgerichteten Molkenmarkt.

Der Stadtgrundriß läßt erkennen, daß der zweiten Stufe der Stadtentwicklung in Berlin eine dritte folgte. Von der Besiedlung auf der Berliner Seite wurde jetzt auch die dritte, die nördlichste Sandkuppe zum Barnim hin erfaßt. Abermals handelte es sich um keinen bloßen Ausbau. Zu der Siedlung um St. Nikolai wurde ein neuer Stadtteil gestellt. Er wurde nach dem Planschema der hochmittelalterlichen Stadtanlage errichtet, erhielt eine zentrale Marktanlage, den Neuen Markt, eine mit ihm verbundene eigene Pfarrkirche, die Marienkirche, sowie ein Parallelstraßensystem. Die Gründung des neuen Stadtviertels muß vor der Mitte des 13. Jahrhunderts erfolgt sein, da bereits zu dieser Zeit an seinem nordöstlichen Rand ein Franziskanerkloster erbaut wurde.

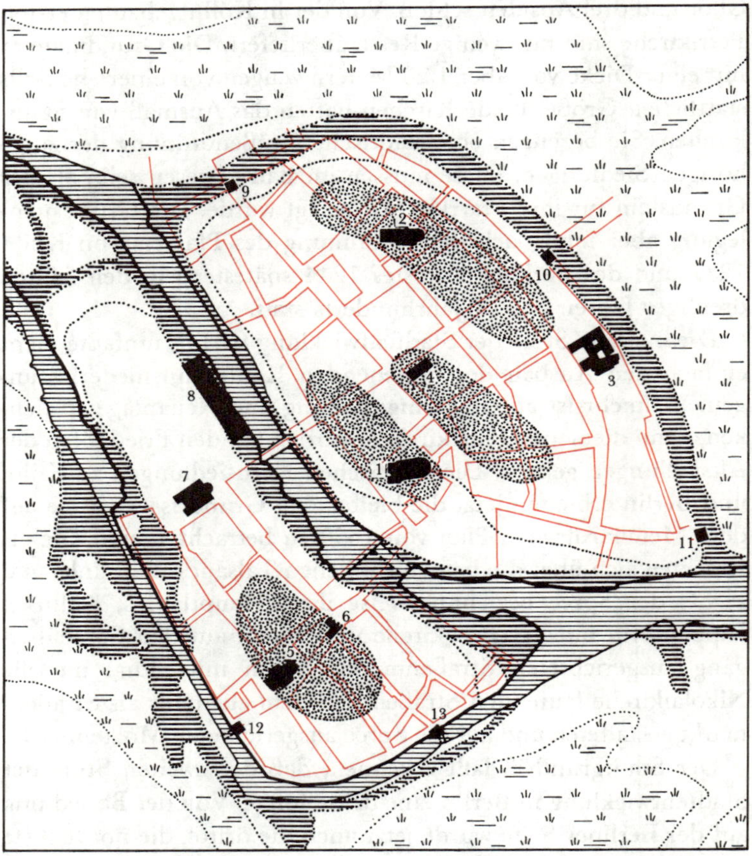

1 Nikolaikirche	11 Stralauer Tor
2 Marienkirche	12 Teltower oder Gertraudentor
3 Franziskanerkloster	13 Köpenicker Tor
4 Berliner Rathaus	
5 Petrikirche	Talsandinsel
6 Köllner Rathaus	
7 Dominikanerkloster	Niederung
8 Kurfürstliches Schloß	
9 Spandauer Tor	Altes Gewässer
10 Oderberger oder Georgentor	Wasserlauf der Neuzeit

Geologischer Untergrund und mittelalterlicher Stadtgrundriß
von Berlin-Kölln

Der Bau dieser städtischen Siedlungen im Überschwemmungsgebiet erforderte die Regulierung der Spreegewässer. Zu diesem Zweck wurde ein großes Wehr, der Mühlendamm, errichtet, welcher zugleich der festen Verbindung Berlins und Köllns und dem Betrieb von Wassermühlen diente. Als Stadtbefestigung sind in dieser Zeit Holzpalisaden und vorgelegte Gräben anzunehmen.

Die Errichtung der frühstädtischen Siedlung zu Kölln wie der Berliner Nikolaisiedlung und des Stadtteils um die Marienkirche waren mit der vollständigen Aufsiedlung der bis dahin der Siedlung nur am Rande erschlossenen Grundmoränenplatten und Waldgebiete des Teltow und des Barnim verbunden, wie sie in der zweiten Phase des Landesausbaues vonstatten ging. Im feudalen Streben, mittels Landesausbau Grundrente und andere Einkünfte, Herrschaft und Lehen zu gewinnen, drangen die Askanier und Wettiner, möglicherweise auch die Magdeburger Erzbischöfe, nach der Frühphase des Landesausbaues in den ersten Jahrzehnten des 13. Jahrhunderts auf die kaum besiedelten Hochflächen vor, wo sie in der Folge konkurrierten und in Konflikt gerieten. Zugleich wurden der Teltow und der Barnim voll von der bäuerlichen und gewerblichen Siedlungsbewegung ergriffen. Grundherrliche Leiter und Organisatoren der planmäßigen Dorfgründungen waren in erster Linie Adlige und Ritter, die als Vasallen oder Ministerialen in askanischen, magdeburgischen oder wettinischen Diensten standen. Auf dem Teltow wurde auch der geistliche Ritterorden der Templer tätig, der südlich von Berlin eine Komturei mit den Dörfern Tempelhof, Mariendorf und Marienfelde einrichtete. Auf dem Barnim waren sodann das askanische Kloster Lehnin und das magdeburgische Kloster Zinna am Werke. Die Bauern kamen auf verschiedenen Wegen aus den benachbarten ostsächsischen, brandenburgischen und mittelelbischen Gebieten, darunter Ansiedler niederländischer Herkunft. Die Bereiche des askanischen, wettinischen und wohl auch magdeburgischen Landesausbaues auf dem Teltow und dem Barnim lassen sich nicht eindeutig abgrenzen. Es muß mit sich verschie-

benden und wechselnden Verhältnissen der Herrschaft oder Vorherrschaft über diese Räume gerechnet werden. Auch sind für
bestimmte Vasallen- oder Ministerialengeschlechter Lehns- und
Dienstverhältnisse mit mehreren und wechselnden Fürsten zu be-
rücksichtigen.

Die zunächst strichweise Gründung von Angerdörfern mit
Hufengewannfluren setzte im Teltow bald nach 1200, im Barnim
erst in den dreißiger Jahren des 13. Jahrhunderts ein. Der Höhepunkt des Landesausbaues lag in jenem nach 1220, im Barnim in
der Mitte des 13. Jahrhunderts. Da eine Reihe der Barnim-Dörfer
von Bauern aus dem Teltow angelegt wurde, also auch eine Bin-
nenwanderung vom Teltow in den Barnim vor sich ging, kann
bei den Höhepunkten der Siedlung südlich und nördlich von
Berlin ein Abstand von mindestens einer Generation angenommen werden.

Der Landesausbau war ein komplexer Vorgang. Hand in
Hand mit der Anlage von Dörfern ging die Gründung von
Marktflecken und gewerblichen Nahmarktstädten vonstatten. Im
Zuge der flächenhaften Besiedlung wurden die großen Wälder
gerodet, die Hochflächen mit planmäßig angelegten Hufengewanndörfern überzogen. Auch die neuen Marktorte und Städte
wurden nach einem Planschema errichtet, zum Beispiel in der
Nähe Berlins die Städte Teltow, Bernau, Altlandsberg und
Strausberg oder die Marktflecken Blumberg, Werneuchen, Bei-
ersdorf und Heckelberg, die sich von Berlin in regelmäßigen Abständen in einer Reihe über den Barnim erstreckten. Auf den
schweren und fruchtbaren, bis an die Oberfläche anstehenden
Lehmböden wurde der Schwerpunkt in der Landwirtschaft auf
einen intensiven Getreideanbau gelegt. Die Dreifelderwirtschaft
und der bodenwendende Räderpflug mit eiserner Pflugschar kamen zur Anwendung. Die spätslawischen und frühdeutschen
Siedlungen wurden vielfach nach diesem Muster umgestaltet,
mitunter zu neuen Ackerflächen auf Lehmboden verlagert oder
auch zusammengelegt. Auf diese Weise wurden Dörfer der ersten
Siedlungsetappe aufgegeben.

In diesen Prozessen der flächenmäßigen Ansiedlung und Durchsetzung entfaltet-feudaler Verhältnisse auf dem Teltow und dem Barnim entstanden im Berliner Raum die für ihn charakteristischen mittelalterlichen Dörfer. Sie bestanden als Gemeinden fast alle bis 1920 und sind meist heute noch im Stadtbild erkennbar. Zu ihnen gehörten die Dörfer, welche den heutigen Berliner Stadtbezirken ihren Namen gaben. Das waren auf dem Teltow Zehlendorf, Steglitz und Schöneberg – auf einer vom Bäketal nach Kölln führenden Linie –, ferner Tempelhof und Wilmersdorf, auf dem Barnim Pankow, Weißensee, Lichtenberg und Marzahn sowie Reinickendorf. Auch im Berliner Raum wurden im Zuge des entfaltet-feudalen Landesausbaues spätslawische Dörfer und solche der frühdeutschen Siedlungsphase aufgegeben. Als Beispiel sei die Pankeniederung angeführt, wo spätslawische Siedlungen in der Nähe von Buch, das frühdeutsche Dorf Wedding und eine Siedlung des 13. Jahrhunderts an der Pankemündung verschwanden. Dafür entstand entlang der Panke in Höhenlage eine Kette von Hufengewanndörfern: Pankow, Blankenburg, Karow, Buch. Die Bauern der aufgegebenen slawischen Dörfer in der Ortslage von Buch dürften an der Gründung des Hufengewanndorfes Buch in Straßenangerform zumindest beteiligt gewesen sein. Auf slawische Siedler läßt der 1375 und noch 1412 überlieferte Ortsname Wendisch Buch schließen. Die Umwandlung eines Dorfes der ersten Siedlungsphase in ein Angerdorf läßt sich für Lankwitz belegen, die Siedlungsverlagerung von Sandböden auf Lehmboden in der Zehlendorfer Feldmark, wo die frühdeutschen Ansiedlungen am Krummen Fenn und Tränkepfuhl in Hufeisenform aufgegeben und im Angerdorf Zehlendorf zusammengefaßt wurden.

Im Verhältnis zu den neuen Dörfern wuchsen den älteren Kaufmannsniederlassungen und Fernhandelsstützpunkten zu Kölln und Berlin zweifellos die Funktionen zentraler Nahmärkte und Gewerbeorte zu, wie sie die auf dem Teltow und dem Barnim zusammen mit den Dörfern gegründeten Städte Teltow und Mittenwalde, Bernau, Altlandsberg und Strausberg erfüllten.

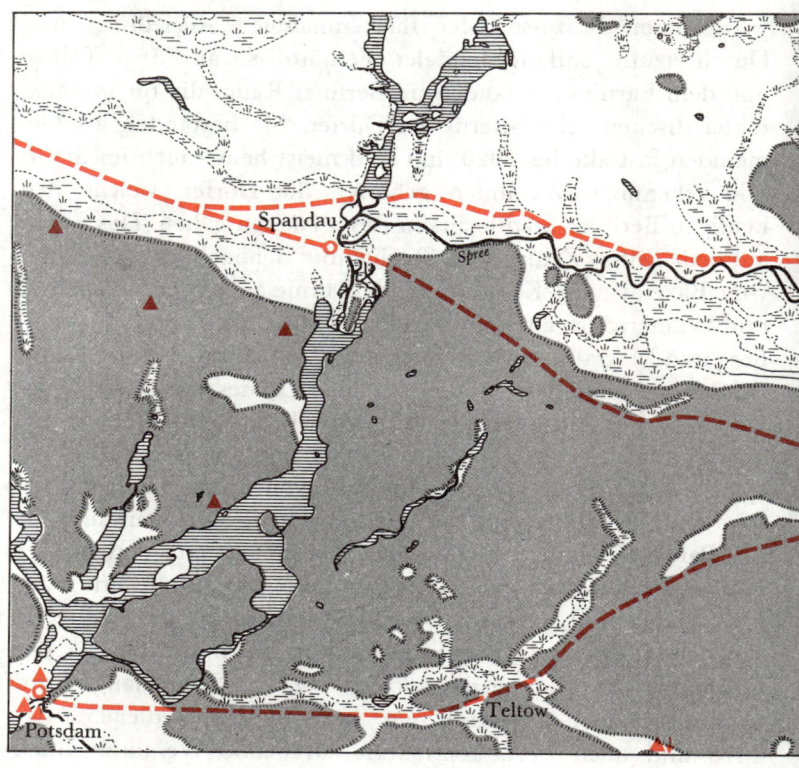

Die durch den Berliner Raum in Verzweigungen laufende
spätslawisch-frühdeutsche Heer- und Handelsstraße
Magdeburg–Brandenburg–Köpenick–Lebus

Das war für die Ausprägung eines städtischen Charakters wichtig
und unerläßlich. Maßgeblich für die besondere Stadtentwicklung
Berlins, für die Entwicklung vom Fernhandelsstützpunkt zum
Fernhandelszentrum, waren jedoch die neuen Fernhandelsmöglichkeiten, wie sie sich aus dem Landesausbau und dem Warenverkehr auf entfaltet-feudalem Niveau ergaben.

Einerseits die Anwendung des landwirtschaftlichen Fortschritts, der sich in der Hufengewannverfassung, der Dreifelder-

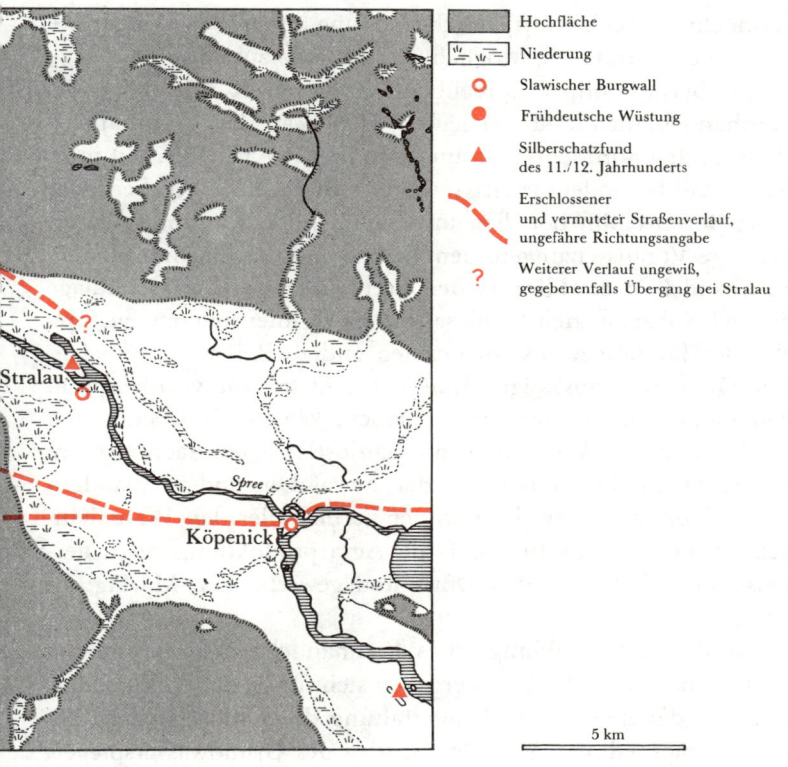

Hochfläche

Niederung

○ Slawischer Burgwall

● Frühdeutsche Wüstung

▲ Silberschatzfund
des 11./12. Jahrhunderts

Erschlossener
und vermuteter Straßenverlauf,
ungefähre Richtungsangabe

? Weiterer Verlauf ungewiß,
gegebenenfalls Übergang bei Stralau

5 km

wirtschaft und dem Bodenwendepflug sowie der Bewirtschaftung schwerer Böden ausdrückte, andererseits die günstige Lage der Bauern – sie besaßen ihre Wirtschaften zu Erbrecht, ihre Abgaben waren fixiert, sie waren frei von Frondienst und an der Produktion von Marktgetreide interessiert – bedingten eine hohe Produktivität der landwirtschaftlichen Arbeit. So erschienen der Teltow und der Barnim von vornherein als Getreideüberschußgebiete, die größere Mengen von Korn für die Ausfuhr anzubieten

73

vermochten. Auch eröffneten die Rodung der großen Wälder wie der Waldreichtum die Möglichkeit, Bauholz auszuführen.

Am Berlin-Köllner Spreeübergang hatten Kaufleute bereits Fernhandelsstützpunkte errichtet. Hier war die Verbindungsstelle zu den norddeutschen und flandrischen Märkten mit ihrer Nachfrage besonders nach Getreide und Bauholz gegeben. Der Platz Berlin-Kölln bot dem unternehmenden Kaufmann damit günstige Voraussetzungen, den Teltow und den Barnim für den Fernhandel zu erschließen, den Fernhandel auf der Grundlage des sich vollziehenden Landesausbaues zu intensivieren, entsprechende Handelsgewinne zu machen und zu Reichtum zu gelangen. Die bereits ansässigen Kaufleute dürften von vornherein in den Landesausbau eingegriffen haben. Weitere Kaufleute vom Niederrhein, aus Westfalen und dem ostfälischen Sachsen wanderten zu. In Beziehungen zu den Seestädten und zu Flandern stehend, organisierten die Berliner Fernhändler den Warenhandel, nahmen sie Einfluß auf die Agrarproduktion, möglicherweise auch Anteil an den Dorf- und gewerblichen Marktgründungen.

Für die Herausbildung eines Fernhandelszentrums und die Konzentration des Verkehrs ergaben sich für Berlin-Kölln außerdem aus der natürlichen Umgestaltung des Landschaftscharakters Vorzugsbedingungen. Der Anstieg des Grundwasserspiegels infolge klimatischer Veränderungen wandelte die Spreeaue in eine unwegsame Bruch- und Sumpfniederung, die ständig jahreszeitlichen Überschwemmungen und Veränderungen der Wasserläufe unterworfen war. Die Anlage von Wassermühlen und Stauwerken mag diese Situation noch verschärft haben. Unter diesen Bedingungen war das Urstromtal der Spree allein bei der Berliner Verengung leicht zu passieren. Diese gewann einen ausgesprochenen Paßcharakter.

Auch die Entwicklung Berlins von einer Kaufmannsniederlassung zu einer mehrgliedrigen Gründungsstadt vollzog sich ohne die herrschaftliche Einwirkung und ohne den Schutz einer landesherrlichen Burg. Die Bürgerschaft handelte entsprechend frei und auf sich gestellt. Für die unlängst geäußerte Ansicht, daß der unbefestigte Hof der Askanier zu Berlin, der zuerst 1261 erwähnt wird, in die Zeit vor 1220 zurückreicht, ursprünglich den Charakter einer askanischen Sperrfestung hatte, außerhalb Berlins lag und erst infolge der Erweiterung um die nördliche Sandkuppe in die Stadt einbezogen wurde, fehlt der Quellenbeweis, auch widersprechen ihr die gegebenen Vergleichsumstände.

Wie das Verhältnis der Bürger und Ansiedler zu der das Stadtgebiet beherrschenden Fürstengewalt, dem Orts- oder Stadtherrn, vor der Stadtrechtsverleihung gestaltet war, bleibt verborgen, ebenso, wann und zu welchen Zeitpunkten sie Zoll-, Markt- und Stadtrechtsprivilegien erhielten. Wahrscheinlich besaßen die Siedlungen bereits vor der förmlichen Stadterhebung bestimmte Selbstverwaltungsrechte. Die abschließende Privilegierung gemäß dem deutschen Recht, die Verleihung beziehungsweise die Bestätigung des magdeburgisch-brandenburgischen Stadtrechts und die Ausstattung mit einer Feldmark erfolgte sicher im Zusammenhang mit der Gründung des neuen Stadtteils mit der Marienkirche und seitens der askanischen Brüder Johann I. und Otto III., die 1220, etwa sieben und sechs Jahre alt, Markgrafen wurden und bis 1257 gemeinsam regierten. Vermutlich wurde Kölln in die rechtliche Privilegierung einbezogen, da beide Städte einen gemeinsamen Stadtschulzen und ein gemeinsames Stadtgericht hatten.

Seit wann die Askanier das Stadtgebiet des mittelalterlichen Berlin beherrschten, ist ungewiß. Da verschiedene Fürsten in der zweiten Hälfte des 12. Jahrhunderts und danach im Berliner Raum operierten, kann nicht ausgeschlossen werden, daß Berlin und Kölln gegebenenfalls ihre Anfänge unter anderer als brandenburgisch-askanischer Herrschaft nahmen. Auf Grund der Indizien für einen magdeburgischen Siedlungsstreifen quer durch den Berliner Raum wurden beide Orte unlängst als magdeburgische Gründungen angesprochen.

Die Askanier hatten im Nordwest-Barnim und im Havel-Finow-Gebiet nach 1200 ihre Landesherrschaft aufgerichtet. Dafür

standen die Burgen Bötzow, Liebenwalde, Biesenthal und Oderberg. Auch wollten sie um 1210 hier eine eigene Stiftskirche
gründen. In diesem Zusammenhang können die Askanier eine
Verbindungslinie durch die Pankeniederung mit ihren frühdeutschen Dörfern und der slawischen Siedlungskammer um Blan-
kenburg/Blankenfelde nach Biesenthal hergestellt haben. Im Teltow ist askanische Herrschaft für diese Zeit bis zur Grunewaldrinne nachgewiesen, im Nordwest-Teltow darüber hinaus als
möglich anzusehen. Die Tempelritter, die vermutlich damals auf
dem Teltow erschienen, können von den Askaniern gerufen worden sein, ein weiteres wettinisches Vordringen abzublocken. Das
war die Zeit, von welcher an mit der Gründung des frühstädtischen Kölln und der Berliner Nikolaisiedlung zu rechnen ist und
die flächenhafte Besiedlung der Teltow-Platte von verschiedenen
Seiten im Gange war.

Die Anlage Köllns mit der Petrikirche und der Nikolaisiedlung Berlin im ersten Drittel des 13. Jahrhunderts dürfte mit dem
Landesausbau auf der Teltow-Hochfläche korrespondiert haben.
Der Teltow gewann nach 1200 beziehungsweise in den zwanziger
Jahren des 13. Jahrhunderts für die Kaufmannsniederlassungen
und Fernhandelsstützpunkte zu Kölln und Berlin Bedeutung als
neues Einzugsgebiet von Fernhandelsgütern, vor allem von Korn
und Holz. Ebenso ergab sich vornehmlich aus dem Teltow eine
neue Nachfrage nach fremden Waren. Auch stellte sich mit den
Teltow-Dörfern ein Nahmarktverkehr her. Nicht zuletzt wird der
Fernhandel über den Teltow mit den askanischen und magdeburgischen Gebieten an der mittleren Elbe wesentlich zugenommen haben, mit Straßenzügen von Berlin-Kölln auf Saarmund
und Potsdam–Brandenburg.

Wenn die Askanier die Pankelinie und die Linie Potsdam–
Bäketal–Tempelhof in den ersten Jahrzehnten des 13. Jahrhunderts tatsächlich beherrscht haben, ist mit Sicherheit an die
Gründung Köllns mit St. Petri und Berlins mit St. Nikolai in Verbindung mit einer askanischen Landesherrschaft zu denken, wie
das bereits für die Kaufmannsniederlassungen zu Berlin und

Kölln wahrscheinlich ist. Das mußte keinen förmlichen Gründungsakt einschließen. Regelrechte Stadterhebungen seitens der Askanier sind überhaupt erst seit der Mitte der vierziger Jahre überliefert.

Nach dem Zusammenbruch der dänischen Vormacht im Ostseeraum 1227 griffen die Askanier erneut nach Pommern. Eine zentrale Rolle dachten sie offenbar Spandau zu. Die Stadt erhielt 1232 die gleiche Zollfreiheit wie Stendal und Brandenburg und wurde als Stadtrechtsvorort ausersehen. Östlich des Berliner Raumes entstand eine neue politische Situation durch den Machtaufstieg des polnisch-schlesischen Herzogs Heinrich I., der Bärtige (1201–1238). Dieser bedrängte ebenfalls die Pommernherzöge, schlug die wettinische und Magdeburger Expansion in das Land Lebus zurück und gewann möglicherweise Macht über die wettinisch, gegebenenfalls auch magdeburgisch beherrschten Teile des Teltow und des Barnim.

In dieser Machtkonstellation dürften sich die Pommernherzöge mit den Askaniern verständigt haben. Im Rahmen der Übereinkünfte, die wahrscheinlich in der Mitte der dreißiger Jahre des 13. Jahrhunderts geschlossen wurden, verzichteten sie auf ihre Herrschaftsansprüche über das Sprewanengebiet, was ein Chronist der Zeit um 1280 mißverstehend als Abtretung des Barnim-Teltow begriff. Bald darauf einigten sich die Markgrafen mit dem Bischof von Brandenburg über den strittigen Bezug des Zehnten in den askanisch beherrschten Teilen des Teltow-Barnim.

Aus dieser Zeit stammt die erste urkundliche Erwähnung Köllns–Berlins. Der Ort zeigte sich bei seinem Eintritt in die schriftliche Überlieferung an die askanische Politik im Teltow-Barnim gebunden. Der Pfarrer Simeon von Kölln spielte eine politische Rolle im Gefolge der Markgrafen, die Berlin nach Beendigung des Zehntstreits 1237 zum Sitz eines Propstes erhoben.

Die für die Territorialherrschaft über den Berliner Raum entscheidenden Kämpfe brachen nach dem Tode Heinrichs des Bärtigen 1238 aus. Der Erzbischof von Magdeburg erneuerte den Angriff auf Lebus. Die Askanier bemächtigten sich der Burgen

Nachricht über die Gründung Berlins
durch die Markgrafen Johann I. und Otto III.
in einer Abschrift vom Anfang des 14. Jahrhunderts
nach der verlorenen Markgrafenchronik

cias ꝓpauerūt. Berlin. spā-
dech. vrankenvorde. nouū
angermūde. stolp. luckewal-
de margarde. Nouā Bran-
denburch ⁊ alia loca plurima
erstruxerūt ⁊ sic deserta ad
agros reducentes bonis om-
bus habundauerūt. Diui-
nis ⁊ officiis ⁊ in capella
nos plures tenuerunt. fra-
tres ꝓdicatores. Minores ⁊
monachos cist. ordinis. in
suis ūnis locauerūt. Con-
stabulū magd. archiūn sup pla-
nam fluuiūm anno. d. cc.
xxx. cū adhuc eēnt iuue-
nes ꝓstruxerūt anno dūi
d. cc. xxxi. in festo penteco-
tes. Brand milites extr̄c-
facti. Postea ano dūi. d. cc.
xl. de willebrando o magd
archio ⁊ reynardo halbsta-
densi epo sup flumū qui by-
ca dicit ducibus exercitibus
johes marchio oddone fr̄e
suo resistente. marchioni
musnēt. henrico. nyptibus
oddewalde. gloriosissime trium-

phauit. ⁊ capto halbstadensū
epo ⁊ baronibus militibus ⁊ ar-
migeris magd archie vix
effugit. Tunc uallantes ciui-
tatem ⁊ castrū calue fundit-
destruxerūt. Dein post anos
iii. idem archis willebrand.
⁊ marchio musnēsis henric.
militū exercitu copioso ꝓpe bra-
denis ꝓiecit. Cui otto marchio. johes alibi occupato.
occurrit ⁊ cū eo strēnue ⁊
firm inter brand ⁊ plawe
⁊ nacto triūpho cepit plures.
Alij fugerunt. ⁊ tanto impetu
pontē plawe trūsiuerūt q
ponte fracto plures se in
obula submerserūt. Hec
⁊ hiis similia ipis euentibus
pace int marchioem musnē-
sem ⁊ magd archin resūp-
ta. fama ⁊ gla daruerūt.
Anno aūt dūi. d. cc. lvii.
pax filios ⁊ concordie ꝓui-
dere volentes. terrā suam
inter se diuiserūt ⁊ psente
dūo hedenrico culmensi
epo ordinis ꝓdic ⁊ alijs re-

Köpenick und Mittenwalde, der wettinische Markgraf von Meißen verlangte ihre Rückgabe. Es kam zum Krieg des Meißner
Markgrafen und des Erzbischofs von Magdeburg mit den Bran-
denburgern, der 1240–1245 im Teltow und im Barnim, im Havelland und in der Altmark geführt wurde. In seinem Ergebnis
gingen die wettinischen und gegebenenfalls magdeburgischen
Herrschaftsanteile und -ansprüche am Berliner Raum endgültig
zugrunde. Der Teltow und der Barnim gelangten in voller Ausdehnung an die Mark Brandenburg.

Das war ein neuer politischer Umstand für die weitere Stadtentwicklung Berlins. Ein mit ihm verbundener ökonomischer trat
hinzu: Der Landesausbau auf dem Barnim nahm den entscheidenden Aufschwung und erfaßte diesen in der Jahrhundertmitte
in vollem Ausmaß. Dieser Prozeß und die Herstellung eines
übergreifenden territorialen Zusammenhanges eröffneten dem
Berliner Fernhandel neues Terrain und neue Routen. Vermutlich
jetzt wurde der Fernhandelsanschluß an die südliche Ostsee voll
hergestellt, mit Verkehrsverbindungen zum Odermündungsraum
über Oderberg und Wriezen. Für diesen Anschluß war nicht nur
die politische Bahnung durch die Askanier erheblich. Hinter ihm
ist besonders die Entwicklung des Ostsee- und Oderhandels und
der pommerschen Seestädte zu sehen. Stralsund, Stettin und
Greifswald erhielten 1234, 1243 und 1250 Stadtrecht. In diesem
Prozeß beziehungsweise in seiner Eröffnungsphase, wahrscheinlich in der Mitte der vierziger Jahre, wenn nicht bereits nach den
Verträgen mit den Pommernherzögen, jedenfalls vor 1253 wird
die Erweiterung Berlins durch den planmäßig angelegten Stadtteil mit dem Neuen Markt, der Marienkirche und der auf Oderberg weisenden Straße erfolgt sein, wird Berlin die volle rechtliche Privilegierung gemäß dem deutschen Recht durch die
Markgrafen Johann I. und Otto III. erfahren haben.

Der von den Markgrafen für Berlin und Kölln gemeinsam eingesetzte Schulze Marsilius wird 1247 erstmals erwähnt. Er vertrat
die unternehmenden Fernhändler, unter deren Führung und in
deren Handelsinteresse die Doppelstadt an der Spree angelegt

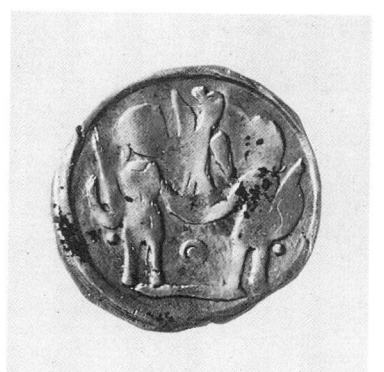

16 Denar der Markgrafenbrüder Johann I. und Otto III.,
zwischen 1225 und 1266, Silber, Durchmesser 1,6 cm

17 Denar »Ewiger Pfennig« der Stadt Berlin, nach 1369,
Silber, Durchmesser 1,5 cm

18 Kölln wird erstmals in einem Vertrag
vom 28. Oktober 1237 über den brandenburgischen Zehntstreit
genannt, welcher in die Gesamturkunde
vom 28. Februar 1238 über dessen Beendigung eingefügt ist.
Darin wird ein Pfarrer Simeon von Kölln als Zeuge aufgeführt

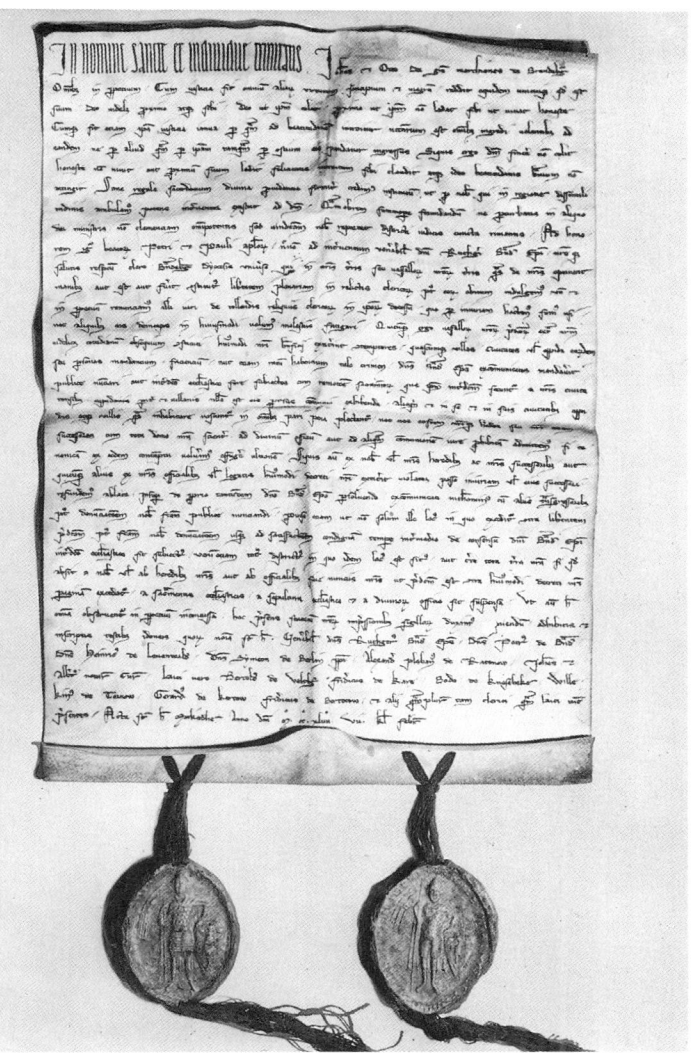

19 Urkunde vom 26. Januar 1244,
in der erstmals Berlin erwähnt wird.
Simeon wird hier als Propst von Berlin bezeichnet

20 Nikolaikirche mit Fleischerscharren in der Poststraße.
Bleistiftzeichnung von Johann Heinrich Hintze, 1827

21 Nikolaikirche. Im Vordergrund Apsisbogen
der spätromanischen Basilika. Aufnahme um 1957

22 Kaufmannswaage aus Hellersdorf, Bronze, 13. Jahrhundert

23 Grabplatte des 1308 verstorbenen Konrad von Belitz.
Älteste erhaltene Darstellung eines Berliner Bürgers.
Ursprünglich in der Franziskanerklosterkirche, seit deren
Zerstörung im zweiten Weltkrieg im Märkischen Museum.
Aufnahme um 1935

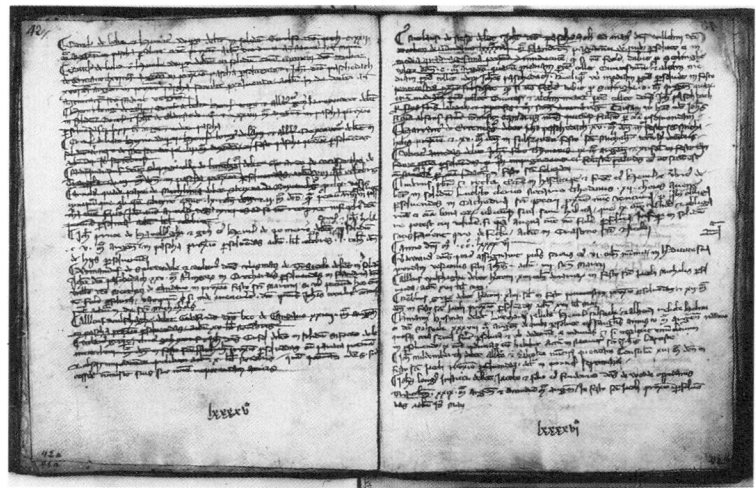

24 Doppelseite aus dem Hamburgischen Schuldbuch,
wonach die Berliner Kaufleute Konrad von Belitz, Heinrich Wipert,
Heinrich Lange und Albert Kregenfus im Jahre 1295
in Hamburg bei Handels- und Kreditgeschäften auftraten

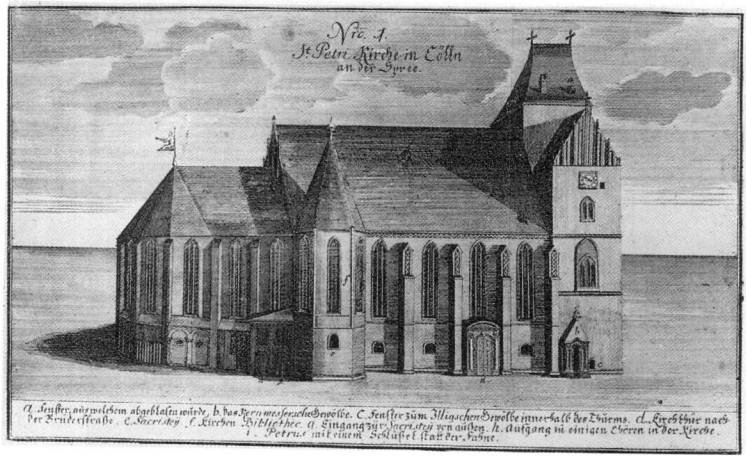

25 Die Petrikirche zu Kölln in ihrer mittelalterlichen Gestalt.
Kupferstich von Johann David Schleuen, 1730

wurde, und war, falls er nicht bereits einen Vorgänger im Schulzenamt hatte, selbst leitend an der Gründung Berlins beteiligt. Er wird aus dem niederrheinisch-westfälischen Raum gestammt haben. Alle näheren Angaben über die Herkunft seiner Familie aus Köln am Rhein oder Soest in Westfalen sind Legende. Doch wird das rheinische Köln der Spreestadt gleichen Namens seinen Namen, Colonia, gegeben haben. 1253 bezeugte Marsilius die Verleihung des Berliner Stadtrechts durch Markgraf Johann I. an Frankfurt (Oder). Der Rat von Berlin aber teilte kurz darauf der Oderstadt den Inhalt seines, das heißt des magdeburgisch-brandenburgischen Stadtrechts mit. Die Entstehung der mehrgliedrigen Fernhandelsstadt Berlin in drei Gründungs- und Aufbauakten war endgültig abgeschlossen.

Handel, Handwerk und Marktverkehr.
Der Aufstieg von Berlin-Kölln
zum führenden Fernhandelsplatz an der Spree
und seine Rolle im hansischen Wirtschaftssystem

Die Grafen von Holstein räumten märkischen Kaufleuten bereits 1236 Zollvergünstigungen in Hamburg für die Ausfuhr ihrer Waren nach Flandern ein. Da die »Kaufleute vom Meere« diese günstigen Zollsätze der Binnenländer umstießen, erließen die Grafen zwischen 1254 und 1263 eine neue Zollrolle für die Kaufleute der Markgrafen von Brandenburg. Sie bezeugt, daß diese mit ihren Waren über Hamburg nicht nur nach Flandern, sondern auch nach England reisten. Für den Warenverkehr durch Holland erlangten sie 1252 Zollfreiheit und wurden dabei den Lübeckern gleichgestellt. Bei diesen Kaufleuten aus der Mark wurde in erster Linie an Salzwedeler und Stendaler Bürger gedacht. Es kann jedoch unterstellt werden, daß Berliner Kaufleute oder in Berlin ansässig werdende Fernhändler von vornherein in Hamburg tätig und an der Flandernfahrt beteiligt waren.

Daß dies am Ende des 13.Jahrhunderts bereits in herausragender Weise geschah, belegt das Hamburgische Schuldbuch. Es verzeichnet vornehmlich für die Zeit von 1288 bis 1308 Schulden, das heißt kreditierte Forderungen in Geld oder Waren, die sich bei Geschäftsabschlüssen in Hamburg ergaben. Nach Gent und Utrecht sowie Lüneburg wird Berlin am häufigsten im Schuldbuch genannt. 7,3 Prozent aller Eintragungen betrafen Berliner Kaufleute. Ihre Geschäftspartner waren vornehmlich Hamburger, die meist im Zwischenhandel mit den Niederlanden standen. Daneben tätigten Berliner auch direkte Abschlüsse mit Genter und Utrechter Kaufleuten.

Die Berliner Handelsumsätze in Hamburg waren auffallend hoch. Der Durchschnitt ihrer Schuldsummen lag bei 50 Mark Silber. Abschlüsse über 100 Mark Silber bildeten keine Seltenheit. 1288 ließen Berliner Kaufleute zusammen mit einem Hamburger an einem einzigen Tag Schuldsummen in Höhe von 481 Mark Silber eintragen. Die höchste Gläubigersumme betrug 480 Pfund Pfennige. Sie hatte der Hamburger Johannes Grove dem Berliner Thilo von Hameln zu zahlen, der zwischen 1288 und 1311 zwölfmal in Hamburg war. Zum Vergleich sei angeführt, daß Berlin 1375 dem Markgrafen eine Jahressteuer, die Urbede, von 150 Mark Silber zahlte und als Jahreszins für den Berliner Zoll 100 Mark Silber entrichtete. Die Schulden von insgesamt mehr als 1242 Mark Silber, welche die Berliner Kaufleute Konrad von Belitz, Heinrich Wipert, Albert Kregenfus, Heinrich Lange und Johannes von Rode allein in den Jahren 1295–1297 eintragen ließen, entstanden aus Geschäften mit Genter Kaufleuten und Hamburger Ratsherren. Von dem Genter Pot hatten sie 52 Tuche für 343 ½ Mark Silber gekauft und dafür die Lieferung von Wagenschott, zu Brettern versägtem Eichenholz, versprochen. Sie befanden sich außerdem mit Kaufleuten aus Utrecht in Geschäftsverbindung. Von einem dieser großen Berliner Fernhändler, von Konrad von Belitz, der 1308 verstarb, ist eine bildliche Darstellung überliefert; sie ist seinem Grabstein eingemeißelt.

Nach dem Hamburgischen Schuldbuch nahm Berlin im Handel mit Hamburg um 1300 unter den märkischen Städten an der Mittelelbe und ihren Nebenflüssen eine überragende Stellung ein. Im Handelsgeschäft mit Hamburg auf Kredit stand es weit an der Spitze. Die Städte der Mittelmark, Altmark und Prignitz erreichten insgesamt nur 50 Prozent der für Berlin eingetragenen Summen.

Ein Verzeichnis der gehandelten Waren bieten die Hamburger Zollrollen. Sie nennen als märkische Ausfuhrgüter nach Flandern an erster Stelle Roggen und Weizen, sodann waldwirtschaftliche Produkte, Holz, Pottasche und Wachs, ferner Leinwand. Welche Bedeutung die Berliner Kornausfuhr hatte, belegt die Nachricht, daß Berliner Roggen als besondere Sorte in Hamburg gehandelt wurde. Als Einfuhrgüter erscheinen Tuche und Metalle, Kupfer, Blei, Zinn und Eisen. Heringe und Heringstran, die in Hamburg oder Lübeck gekauft wurden, brachten Märker sowohl nach Flandern wie in die Mark. Kauften die Märker für ihre in Hamburg verzollten Waren in Flandern Tuch, so blieb dieses bei der Rückfahrt zollfrei. In Hamburg gekaufte Waren durften sie in der Mitte des 13. Jahrhunderts mit Ausnahme von Pferden, Rindern und Schweinen überhaupt zollfrei ausführen. Im 15. Jahrhundert galt dieses Zollprivileg nicht mehr. Vom Zoll frei blieben allein Waren, die Märker in Hamburg für ihr Korn eingetauscht oder für das aus Kornverkäufen erzielte Geld gekauft hatten.

Hamburg und die Niederlande bildeten sowohl der Zeit wie der Bedeutung nach die erste Haupthandelsprovinz Berlins. Vermutlich hatte das hansische Kontor in Flandern noch 1466 Berliner Angehörige.

Die zweite große Fernhandelsverbindung der Berliner Kaufleute bestand mit Stettin und den anderen pommerschen Seestädten, wobei die Handelsreisen nicht in den Seehäfen enden mußten, sondern wie in Hamburg über das Meer führen konnten. Es bleibt offen, ob Fernhändler aus Berlin auf den Messen in Schonen erschienen, wo der Hering angelandet, eingesalzen und verkauft wurde, ob sie, wie die Frankfurter Kaufleute, über Stettin und Stralsund nach Flandern fuhren. Doch spricht nichts dagegen, daß auch Berliner zu den märkischen Kaufleuten gehörten, für die pauschal eine erhebliche Warenausfuhr von Stettin wie von Rostock, Stralsund, Greifswald und Anklam über die Ostsee bezeugt ist. Das Hauptausfuhrgut war Getreide, während die Berliner über den Odermündungsraum vor allem Salzheringe, Stockfische und andere Seefischprodukte in die Mark brachten.

Salzheringe, Stockfische und andere haltbar gemachte Seefische wurden von Berliner Kaufleuten offenbar nicht nur in der Mark verkauft, sondern in wesentlichem Umfang in den mittelelbisch-sächsischen Raum weitergeführt. Berlin gehörte zu den Städten, bei denen sich der Leipziger Stadtrat 1467 über ein zu kleines Maß der Heringstonnen beklagte. In den Berliner Handelsverkehr mit den mittelelbisch-sächsischen Territorien geben die Zollrollen für Saarmund und Trebbin Einblick. In der Urkunde, die Berlin 1365 die Zollfreiheit in Saarmund bestätigte, wurden folgende Waren namentlich als zollfrei aufgeführt: zuerst Heringe, Stockfische sowie andere gesalzene und ungesalzene Fische, dann Tuch, ferner Waid, Wein, Mühlsteine und Talg. 1435 mußten die Bürger von Berlin und Kölln bei der Durchfahrt in Saarmund und Trebbin Zoll entrichten. Betroffen waren gefärbte und ungefärbte Tuche, Barchent und Leinwand; Pfeffer; Bleie, Hechte, Aale und Störe; Heringe und Stockfische; Flachs und Hanf, Wolle, Leder, Talg, Honig; Eisen, Stahl und Kleineisenwaren. Doch sollte ein Tuchhändler mit seinem zum ellenweisen Verkauf bestimmten Tuch, dem Schneidegewand, zollfrei bleiben, desgleichen ein Krämer oder Kesselführer, der mit Krämereiwaren, Kesseln und Töpfen auf die märkischen Jahrmärkte fuhr.

Den Einblick in den Berliner Fernhandel vervollständigt das Berliner Stadtbuch. Es bietet ein umfassendes Verzeichnis der Waren, die am Ende des 14. Jahrhunderts nach Berlin eingeführt, dort verkauft und verzollt wurden. Außerdem nennt es die Handelsgüter, welche auf der Durchfahrt von fremden Kaufleuten

für einige Zeit in Berlin zum Verkauf bereitgestellt werden mußten und damit dem Marktzwang, der Niederlage oder dem Sta-
pel, unterworfen waren. Das Berliner Stadtbuch unterstreicht die
Bedeutung der Einfuhr von Salzheringen, Bücklingen wie von
getrockneten Seefischen. Es verdeutlicht zum anderen, welche
Rolle dem Import von Metallen, Kleineisenwaren und Waffen
zukam. Genannt werden Schwerter, Panzer, Helme, Harnische,
Arm- und Beinschienen. Die Metallwaren wurden wie das fland-
rische Tuch und der Hering zunächst über die Nord- und Ost-
seeverbindungen eingeführt. Wohl erst im 15. Jahrhundert gewann der Bezug von Metallen, Eisenwerk und Waffen aus dem
mitteldeutschen Gebiet erhebliche Bedeutung. Einfuhrgüter von
Rang waren ferner Gewürze, Wein und Pelzwerk. Aus dem mitteldeutschen Raum wurden Mühl- und Schleifsteine sowie Waid
herangeschafft. Erhebliche Bedeutung hatte schließlich der Handel mit Leinwand, die zunächst vornehmlich in den Dörfern ge-
webt wurde. Wie weit die zur Ausfuhr kommende Leinwand der
eigenen Berliner Produktion entstammte, ist unersichtlich. Jedenfalls wurden große Partien Leinwand von außerhalb in die
Stadt gebracht und auf dem Berliner Markt verkauft.

Der Hauptverkehr mit Hamburg erfolgte über den Wasserweg
Spree, Havel und Elbe. Von der Unterelbe war über die Streck-
nitz auch Lübeck zu erreichen. Der Landweg nach Hamburg,
Lübeck und Rostock ging durch das Spandauer Tor. Hauptsächlich wurde die Straße über Brandenburg und Rathenow benutzt,
die von Brandenburg über Plaue nach Magdeburg weiterführte.
Der Verkehr über Land mit den pommerschen Seestädten wie
dem Oderraum ging durch das Oderberger Tor und über den
Barnim. Der Landweg nach Stettin war zunächst über Niederfinow gelaufen, bis 1317 der Markgraf den Weg über Eberswalde
vorschrieb. Für den bevorzugten Wasserverkehr mit und über
Stettin wurden die Waren in Oderberg, Niederfinow und Eberswalde auf Oderschiffe beziehungsweise von der Oder her auf
Fuhrwerke umgeschlagen. Auch wurde der Wasserweg spreeauf-
wärts vom Berliner Mühlendamm bis Fürstenwalde benutzt, wo

der Umschlag auf Fuhrwerke stattfand. In Wriezen konnte ein neuer Umschlag auf den Wasserweg nach Stettin erfolgen. Der Landverkehr mit dem meißnisch-sächsischen Raum führte durch das Teltower Tor über den Teltow, wobei die Straßen über Saarmund und Trebbin zum Elbübergang Wittenberg hauptsächlich genutzt wurden.

Zur Beförderung ihrer Waren auf dem Wasserwege benutzten die Berliner Schiffe mit geringem Tiefgang, die durch Staken, Treideln oder Segeln fortbewegt wurden: vierkantige Prähme, die 10 bis 15 Tonnen laden konnten, nach hinten schmaler werdende Prähme, kleinere Schiffe mit einem Ladebord, schließlich kleine und kleinste Kähne. Auf den Landwegen wurden die Handelsgüter mit schweren Planwagen befördert, die von einem oder zwei Gespannen gezogen wurden. Ein Zugpferd vermochte 20 bis 30 Zentner zu ziehen. Außerdem waren zweirädrige Kastenwagen und Karren im Gebrauch, die mit 20 bis 35 Zentnern beladen werden konnten, sowie Packpferde, die höchstens 9 Zentner trugen.

Das Tätigkeitsfeld des vollgültigen Kaufmanns war der Fernhandel, der Verkehr mit Waren, die entweder aus Gebieten stammten oder in Länder ausgeführt wurden, welche sich hinsichtlich der Produktion, der Naturvorkommen und der geographischen Lage wesentlich von der Mark Brandenburg unterschieden, der Großhandel mit und zwischen diesen Ländern und Gegenden. Der Einzelvertrieb der eingeführten Fernhandelswaren in der Mittelmark wurde nicht nur von den großen Fernhändlern, sondern auch von kleinen Kaufleuten und Gewandschneidern, von Krämern und Hökern besorgt. Der Nah- und Binnenhandel mit einheimischen Erzeugnissen für den einheimischen Verbrauch wurde von Kleinhändlern geführt, sofern im Nah- und Binnenbereich Bauern und Handwerker nicht direkt an den Verbraucher verkauften. Eine Ausnahme machte der meter- oder ellenweise Verkauf von Tuch, der Gewandschnitt, welcher in Berlin bis zum Ausgang des Mittelalters den Kaufleuten vorbehalten war. Die Tuchmacher durften die von ihnen hergestellten Tuchballen nur im Ganzen verkaufen, wobei als Käufer allein Kaufleute in Frage kamen, die als Tuchhändler auch Gewandschneider genannt wurden. Die Berliner Fernhändler kauften ihre Ausfuhrgüter keineswegs allein und wahrscheinlich nicht einmal vornehmlich auf dem Berliner Markt. Getreide, Holz und andere waldwirtschaftliche Produkte sowie Leinwand wurden in großem Umfang, vermutlich weit überwiegend in den Dörfern, in Marktflecken und kleineren Städten aufgekauft.

Der Berliner Handel wurde durch die bestehenden Binnen- und Grenzzölle, Geleitsgelder und Niederlagen beschwert. Die Straßen waren unsicher, Raub und Plünderung eine häufige Erscheinung. Das Geleitsgeld war zunächst eine Abgabe an den Landesherren für den Schutz auf den Straßen, woraus ein Straßenzoll wurde. Die oft in Gemeinschaft reisenden Kaufleute mußten sich selbst schützen. Ebenso entwickelte sich die Niederlage zu einem Durchgangszoll. Niederlagen von besonderer Bedeutung für Berlin bestanden in Oderberg, Eberswalde und Frankfurt (Oder). Die Zoll- und Geleitstellen waren wie die Niederlagen nicht zu umfahren, da die Straßen durch die Landesherren vorgeschrieben waren, also Straßenzwang bestand. Die Berliner und Köllner Kaufleute und der Rat der Doppelstadt haben sich von vornherein um Vergünstigungen für ihren Handel bemüht und eine entsprechende Privilegienpolitik betrieben. Erste Zollfreiheiten und Handelsrechte wurden vermutlich bereits vor der förmlichen Stadterhebung erworben.

Im Nord- und Ostseeraum nahmen die Berliner Kaufleute an den Privilegien der hansischen Kaufleute und des Städtebundes der Hanse teil. Dementsprechend wurde Berlin zu den Pflichten herangezogen, die allen großen Hansestädten oblagen. Mit der niederrheinisch-niederdeutschen Handelsexpansion und den hansischen Handelsbeziehungen von Anfang an verbunden, entwickelten sich Berlin und Kölln von Anbeginn als Hansestädte und waren an der Ausbildung der Städtehanse beteiligt. Erstmals bezeugt ist ihre Mitgliedschaft durch das Rostocker Verzeichnis von 1358. Außer Berlin waren in der Mittelmark Brandenburg und Frankfurt (Oder) Mitglieder der Städtehanse. Berlin blieb bis 1518 Hansestadt.

Anders als der Fernhandel hatte das gewerbliche Handwerk in der mittelalterlichen Doppelstadt Berlin-Kölln keine übergreifende, sondern eine lediglich örtliche Bedeutung. Die Bäcker, Fleischer, Schuhmacher (zusammen mit den Lohgerbern) und Tuchmacher sowie die Schneider, Kürschner und Schuhflicker waren sowohl in Berlin wie in Kölln in Zünften zusammengefaßt. Ihre Zünfte, sie wurden Gilden, Gewerke oder Innungen genannt, waren bereits in der zweiten Hälfte des 13. Jahrhunderts voll ausgebildet. Nachrichten über weitere Zünfte liegen mit Ausnahme der Leineweberzunft aus der Zeit vor 1500 nicht vor. Die Berliner Leineweberzunft wurde 1452 errichtet. Die Bader, die außerhalb der eigentlichen Handwerker zu sehen sind, erhielten 1462 Innungsvorschriften. Auch in den anderen großen Städten der Mark gab es nur die in Berlin und Kölln nachgewiesenen Handwerkerzünfte. Allein in Brandenburg und Prenzlau kamen Brauer- und Schmiedezünfte hinzu. Es ist darum sicher, daß in Berlin bis zum Ende des 15. Jahrhunderts ausschließlich für die genannten Gewerke Zünfte bestanden.

Neben den Handwerkerzünften gab es in Berlin eine Gilde der Kaufleute. Sie wird 1327 und 1345 bei der Ausstattung eines Altars in der Petrikirche erwähnt. Es bestanden jedoch keine getrennten Kaufmannsgilden, vielmehr waren die Kaufleute zu Berlin und Kölln in einer Gilde zusammengeschlossen. Sie wurde auch Gewandschneidergilde genannt. 1344 erscheint eine Schiffergilde, vermutlich eine Vereinigung seefahrender Berliner Kaufleute.

Die vom Rat bereits in den achtziger Jahren des 13. Jahrhunderts erlassenen Zunftordnungen stellten die Zünfte grundsätzlich unter die Gewalt und Aufsicht des Rates. Das Organ der Zünfte war die Zunftversammlung, die Morgensprache, zu der jeder Meister zu erscheinen hatte. Der Zunft standen zwei Innungsmeister vor, die entweder vom Rat eingesetzt oder von den Zunftgenossen gewählt wurden. Die Zünfte hatten teils eingeschränkte, teils volle Selbstverwaltung und Gewerbegerichtsbarkeit. Die Entscheidung in grundsätzlichen Fragen lag beim Rat. Auch wurde vor diesem die Mitgliedschaft in einer Innung erworben. Der Eintritt in die Zunft setzte das Bürgerrecht voraus. Ein Hauptpunkt in den Ratsvorschriften für die Zünfte betraf die Versorgung der Stadt mit Erzeugnissen in geforderter Qualität. Gegen minderwertiges Brot, Fleisch und Tuch wurden einschneidende Strafen verhängt. Zugleich wurde die ausreichende Versorgung unter Strafandrohung gefordert. Ein zweiter Hauptpunkt war die Durchsetzung des Zunftzwanges und die Festlegung der Eintrittsgebühren. Unter weiteren Punkten waren die Gebote an die Zunftmitglieder wichtig, den Innungsmeistern gehorsam zu sein und sich durch Vorkauf oder Abwerbung nicht die Rohstoffe und Gesellen streitig zu machen.

Über die Tätigkeit der nichtzünftigen Handwerker liegen nur wenige Zeugnisse vor, die zudem zufälliger Art sind, so für Zimmerleute, Seiler, Walker, Ziegler und Töpfer wie einen Uhrmacher und einige andere. Daß in Berlin tatsächlich eine Vielzahl von Handwerkerberufen vertreten war, erweist für die zweite Hälfte des 15. Jahrhunderts das älteste Berliner Bürgerbuch, das seit 1453 geführt wurde. An zünftig nicht organisierten Handwerkern, die jedoch das Bürgerrecht erwarben oder besaßen, nennt es unter anderen in den Metallgewerben Goldschmiede, Kannengießer, Kesselflicker, Kleinschmiede, Kupferschmiede, Messingschläger, Nagelschmiede, Panzermacher, Rotgießer, Scheidenmacher und Schmiede, in den Bekleidungs- und Ledergewerben Beutler, Gürtler, Holzschuhmacher, Hutmacher, Pergamentmacher, Sattler, Senkler, Täschner und Tuchscherer. Für die Baugewerbe werden Glaser, Lehmarbeiter, Maler, Ziegler und Zimmerleute, für die Hausrat und Wirtschaftsgeräte produzierenden Gewerbe Korkenmacher, Radmacher, Seiler, Stellmacher und Tischler angeführt.

Die noch durch andere Gewerbe zu vermehrende Liste erweist: In Berlin waren die für eine mittelalterliche Stadt mittlerer Größe charakteristischen Handwerker sämtlich vorhanden. Doch waren die vielen aufgeführten Berufszweige, für die es keine Zünfte gab, durchweg nur durch eine geringe Zahl von Handwerkern vertreten. Keine der genannten Berufsbezeichnungen taucht in den Bürgerverzeichnissen 1453–1499 im Berliner Bürgerbuch öfter als viermal auf. Demgegenüber wurden seitens der Zunfthandwerke 35 Bäcker, 70 Fleischer, 11 Leineweber, 20 Kürschner, 48 Schneider, 81 Schuhmacher und 24 Tuchmacher eingetragen. Die Zahlen sind unvollständig, da viele der verzeichneten Bürger ohne Berufsbezeichnung erscheinen. Sie erweisen jedoch eindeutig, daß es außerhalb der Zünfte in Berlin keine Handwerke von Rang, von überlokaler Bedeutung oder gar im Ausmaß eines Exportgewerbes gab. Darüber hinaus kommt Zweifel auf, ob die nichtzünftigen Handwerke insgesamt Berlin überhaupt in ausreichendem Maße mit notwendigen Gebrauchsgütern versorgen konnten. Das betrifft in erster Linie die metallverarbeitenden Gewerbe, deren Produkte in erheblichem Umfang von der Doppelstadt eingeführt wurden. Es fehlte sogar ein bedeutendes Braugewerbe, wie es sich in vielen auch kleinen märkischen Städten fand, die Bier aus der Mark ausführten. Allein die Tuchmacherei und die Schuhherstellung arbeiteten über den Bedarf der Doppelstadt und ihrer Umgebung hinaus. Berliner Schuhmacher zogen mit ihren Schuhen, Gewandschneider mit in Berlin erzeugten Tuchen, später auch Berliner Tuchmacher selbst auf die märkischen Jahrmärkte. Die Frankfurter Schuhmacher beschwerten sich 1444 über die Berliner Konkurrenz auf dem Frankfurter Jahrmarkt. Für beide Handwerke gab es bereits im 14. Jahrhundert Gesellenorganisationen in Berlin.

Die Berliner Handwerksmeister arbeiteten mit ihren Familien, vielfach, jedoch nicht durchgängig mit Gesellen. Sie standen durchweg Kleinbetrieben vor, wobei das Wohnhaus zugleich Werkstatt war. Auch verkauften sie im täglichen Marktverkehr im Hause, unter der Verdachung der Fenster. Der Verkauf erfolgte in der Regel an die Verbraucher. Ausnahmen machten vor allem Tuch und Leinwand sowie die genannten Kramwaren, die von Händlern erfaßt wurden. Die Produktion war auf den Ge-

winn eines angemessenen Lebensunterhaltes und den andauernden Bestand des Kleinbetriebes ohne eine grundsätzliche Erweiterung abgestellt. Dieses Produktionsziel entsprach dem gegebenen Stand der handwerklichen Produktivkräfte, ihrem Zuschnitt
auf die Handarbeit. Etwaige Produktionsausweitungen über den
kleinen Handwerksbetrieb hinaus ließ die Zunftordnung nicht
zu.

Größere und aufwendigere gewerbliche Einrichtungen wurden
von der Stadt oder von Berufsgruppen gemeinschaftlich betrieben. Ebenfalls befanden sich die festen Markt- und Verkaufseinrichtungen außerhalb der Häuser im Eigentum der Stadt. So gab
es sowohl in Berlin wie in Kölln am Stadtrand einen städtischen
Schlachthof, den Wursthof. Nach dem Köllner Fleischerstatut
von 1333 wurden diese durch besondere, von den Innungsmeistern ausgeloste Wurstmacher betrieben, die dazu Knechte in
Lohn nahmen. Die Fleischer schlachteten im Wursthof und im
eigenen Hause, wobei der Wurstmacher mannigfache Dienste
beim Beschaffen von Schlachtvieh, beim Schlachten und beim
Einsalzen sowie anderer Art leistete. In Berlin gab es um 1390
46 Fleischer und 3 Wurstmacher mit ihren Gesellen, Lehrlingen
und Knechten. In der Nähe des Berliner Wursthofes befanden
sich städtische Einrichtungen für die Tuchmacher, ein Walkhaus
und Tuchrahmen zum Trocknen der gewaschenen Tuche, auch
gemeinschaftliche Betriebsstätten anderer Gewerbe, etwa Gerb-
häuser, die es indes auch vor den Toren der Stadt gegeben haben
wird. Neben den Kornmühlen auf dem Mühlendamm, die im
landesherrlichen Eigentum verblieben, gab es in Berlin und
Kölln jeweils eine Säge- und eine Walkmühle. Außerhalb der
Stadt unterhielt der Berliner Rat zwei, der Köllner eine Ziegelei.
Die Ziegelhöfe wurden auch zum Kalkbrennen benutzt. Die Zie-
gel wurden in eigenen Ziegelscheunen getrocknet, der Kalk in
besonderen Kalkscheunen verwahrt. Die Rohstoffe, Lehm, Zie-
gelerde, Sand, Kalkstein und Brennholz, wurden von Stadtknechten mit Fuhrwerken und Prähmen über weite Wege, Kalkstein zum Beispiel aus den Rüdersdorfer Bergen, herangeschafft.

Den städtischen Zieglern oblag die Sorge für die rechtzeitige und ausreichende Zufuhr und die Herstellung der Mauersteine. Der Rat setzte die Löhne und Preise fest, überwachte die Produktion und den Verkauf. Ferner besaßen die Räte zu Berlin und Kölln jeweils eine Stadtschmiede.

Als feste Verkaufseinrichtungen bestanden sowohl in Berlin wie in Kölln ein Kaufhaus und ein Kramhaus mit Warengewölben und -kammern der Kaufleute und Krämer, sodann feste Verkaufsstätten im Freien, Buden und überdachte Marktstände zum Verkauf von Brot, Fleisch und Schuhen, Scharren oder Bänke genannt. In Berlin standen im 15. Jahrhundert 30 Fleischerscharren, in Kölln 1 eigenes Schuhhaus. Dazu kamen Marktbuden für andere Gewerbe und Händler. Außer den großen Marktplätzen gab es in beiden Städten besondere Fischmärkte, in Berlin einen eigenen Holzmarkt. In der Gegend der Marktplätze waren in Berlin 90, in Kölln 79 vom Rat gegen Zins überlassene Marktbuden errichtet. Die Marktplätze und festen Verkaufseinrichtungen befanden sich im 13. Jahrhundert in vielen märkischen Städten zunächst im Eigentum des Markgrafen. Ob das auch in Berlin der Fall war, ist unbekannt. Sie erscheinen im 14. Jahrhundert jedenfalls im Eigentum der Doppelstadt. Die Kammern und Scharren wurden den Kaufleuten und Handwerkern vom Rat zu Erbrecht überlassen. Dafür hatten sie einen meist vierteljährlichen Zins, das Stättegeld, an die Stadt zu zahlen. Zu den Wochen- und zu den Jahrmärkten wurden außerdem bewegliche Stände und Verkaufstische aufgestellt, Zelte aufgeschlagen, fand ein Verkauf vom Wagen und aus Körben, Kiepen, Säcken und anderen Behältnissen statt. In allen diesen Fällen war für den Standplatz ebenfalls Stättegeld an den Rat zu entrichten.

Aus folgender Übersicht geht hervor, wer die Fleischverkaufsstände in Berlin gegen Zins besaß.[1]

---

1 Das Verzeichnis ist dem Berliner Stadtbuch entnommen, der Schrift nach stammt es aus dem ersten Viertel des 15. Jahrhunderts. Die Korrektur unter II entspricht der Quelle. Der Zins betrug vierteljährlich 6 Schillinge und 5 Pfennige.

I	IV	VII	X	XIII
Nycamer	Clawus Bisdal	Prefectus de Malcho	Henrik Molner	Jacob Raven

II	V	VIII	XI	XIV
~~Perwenitz~~ Jacob Raven	Jan Tuchyn senior	Wilken Honow	Henrik Bernow	Peter Lysen

III	VI	IX	XII	XV
Peter Juris	Jan Tuchin iunior	Peter Cysix	Arnd Cycstorp	Henning Dene

XVI	XIX	XXII	XXV	XXVIII
Otto Vogelstorp	Liborius Botel	Peter Venstermeker	Coppyn	Hans Werkmeister

XVII	XX	XXIII	XXVI	XXIX
Domes Heideken	Crummel	Michil Venstermeker	Kopenik	Thewus Deggels

XVIII	XXI	XXIV	XXVII	XXX
Jacob Bisdal	Bandkow	Jacob Duosow	Hans Mewes	Nodruf

Wochenmarkt wurde in Berlin am Dienstag, in Kölln am Freitag gehalten. Die Berliner Jahrmärkte fielen auf den 1. Mai, 14. September und 1. November, während in Kölln am 10. August und 11. November Jahrmarkt war. Die Jahrmärkte waren weitgehend offen für stadtfremde Handwerker und Kaufleute, sie zogen viele Gäste an. Die Teilnahme an den Wochenmärkten war durch die Zunftordnung eingeschränkt. Auf den Wochenmärkten boten die Berliner und Köllner Handwerker ihre Erzeugnisse, die Bauern und andere ländliche Produzenten der Umgebung Getreide, Gemüse und Obst, Flachs, Hanf und Hopfen,

Wolle, Vieh und Geflügel, Butter, Käse, Schmer, Talg, Eier, Wachs wie andere pflanzliche und tierische Produkte feil. Doch nicht nur einheimische Erzeugnisse, auch die bekannten Fernhandelsgüter gelangten durch die eingesessenen Kaufleute und Krämer zum Verkauf. Außer diesen erschienen auch auswärtige Krämer und Kleinhändler mit Leinwand, Brot, Kleineisenwaren, Hausgerät und Wirtschaftsartikeln sowie mit Rohstoffen für das Textil- und Ledergewerbe. Neben dem Einzelverkauf gehörte auch der Großhandel zwischen eingesessenen und fremden Kaufleuten sowie der Großabsatz von Kaufleuten an Krämer zum täglichen Marktgeschehen. Zudem waren die durchreisenden Kaufleute mit ihren Waren dem Marktzwang unterworfen. Der ständige Marktverkehr ging damit entscheidend über die Versorgung mit Gütern des täglichen Bedarfs hinaus. Im Grunde waren, bei jahreszeitlichen Schwankungen, die wesentlichen Landesprodukte und Fernhandelsgüter in der Doppelstadt im ständigen Angebot. Der Rat steuerte durch seine Abgaben- und Zollpolitik den Markt zugunsten der Stadt, der Berlin-Köllner Kaufleute und Handwerker. Je nach dem eigenen Handels-, Versorgungs- und Gewerbeinteresse wurden zum Beispiel die Stättegelder für einheimische und fremde Marktbenutzer oder die Zollsätze für einzelne Waren und Verkäufer sehr unterschiedlich bemessen, wurden auch Zollfreiheiten bei der Einfuhr eingeräumt oder hohe Durchfuhrzölle erhoben.

Insgesamt läßt sich für die Doppelstadt an der Spree ein ausgedehnter und umfangreicher Fernhandel feststellen. In ihn gingen die Erzeugnisse des Berliner Handwerks jedoch nicht ein. Dieses produzierte für den innerstädtischen Bedarf und die ländliche Umgebung. Eine Reihe von handwerklichen Gewerbeerzeugnissen, die in Berlin nicht hinreichend oder überhaupt nicht hergestellt wurden, wurde eingeführt. Der Marktverkehr hatte erhebliche Bedeutung und läßt Berlin und Kölln als einen hauptsächlichen Warenumschlagplatz in der Mark erscheinen.

Die Richtungen und die Gegenstände des Berliner Fernhandels machen augenfällig, daß Berlin Bestandteil des hansischen

Wirtschaftssystems war. Die nordwesteuropäische Handelsexpansion, auf deren binnenländischem Fächer Berlin entstanden war, hatte in der hochentwickelten flandrischen Tuchweberei ihren produktionsmäßigen Rückhalt gefunden. Die Niederlande wurden zu dem für die Nord- und Ostseeländer entscheidenden Produktionsgebiet für Qualitätstuche. Der dichtbevölkerte niederländische Raum mit seinen Tuchgewerbezentren vermochte sich aus der eigenen Agrarproduktion nicht hinreichend zu ernähren. Er war wie England auf Getreidezufuhren angewiesen. Bei schwierigen Produktionsbedingungen stellte sich auch Nordeuropa in dieser Zeit als Getreidemangelgebiet dar. Das betraf insbesondere Norwegen, Schonen und Schottland. Die Konzentration auf die notwendige Kornerzeugung hielt die Bevölkerung davon ab, die natürlichen Reichtümer der umgebenden See auszunutzen, sich dem Fischfang und der Fischkonservierung zu widmen. Getreideüberschüsse wurden im östlichen Mitteleuropa, in Mecklenburg, Pommern, Brandenburg, Polen und Preußen, erzielt, wo sich eine für die damalige Zeit hochproduktive Landwirtschaft entwickelte. Auf diesen Grundlagen wurde von den Fernhändlern, von den Hansekaufleuten, ein entsprechender Warenaustausch organisiert. Er führte zur wirtschaftlichen Verflechtung der Nord- und Ostseeländer, zur Herausbildung des hansischen Wirtschaftsraumes, in welchen das nordwesteuropäische Tuchgewerbe hochwertige und wohlfeile Tuche, der skandinavische Fischfang Salzheringe, Stock- und Klippfische, das östliche Mitteleuropa Getreide, Bauholz und Produkte der Waldwirtschaft einbrachten. Entscheidend dafür war, daß die Hansekaufleute nicht nur den Warenhandel entwickelten, sondern auf die Produktion einwirkten, sie stimulierten und gewisse Bereiche auch organisierten. Hansekaufleute verschifften Getreide an die norwegischen Gestade und schufen damit die Voraussetzungen für die norwegische Fischerei auf Kabeljau und die Herstellung von Klipp- und Stockfischen. Die Hansekaufleute organisierten aber auch die Heringsfischerei und das Einsalzen der Heringe, Zentrum dafür wurde Schonen. Salzheringe, Stock- und Klippfische gehörten zu den wichtigsten Nahrungsmitteln des Mittelalters. Es handelte sich dabei nicht um Fisch schlechthin, sondern um haltbar gemachten Fisch, der sich über weite Strecken transportieren ließ. Das aber bedeutete eine wesentliche Ergänzung der Nahrungsmittelversorgung des Binnenlandes.

In der Teilhabe an diesen Prozessen bestimmte sich die wirtschaftliche Funktion des mittelalterlichen Berlin. Es erschien als ein zentraler Ort im hansischen Wirtschaftssystem. Zusammen mit Brandenburg an der Havel und Frankfurt an der Oder spielte die Doppelstadt an der Spree eine Hauptrolle, die Mittelmark und angrenzende mittelelbische Gebiete mit dem Nord- und Ostseeraum wirtschaftlich zu verflechten, den Raum zwischen mittlerer Elbe und Oder auf hansischen Grundlagen wirtschaftlich zu entwickeln, die Tendenzen der Vereinheitlichung des Marktes in Deutschland zu fördern. Berlin war eine märkische und zugleich eine hansische Fernhandelsstadt von überlokaler Bedeutung und territorialer Zuständigkeit. Für sie war charakteristisch, daß sie sich einerseits nicht auf ein eigenes städtisches Exportgewerbe stützen konnte, daß sie andererseits nicht eine bloße Zwischenhandelsfunktion erfüllte; denn Berlin hatte in seinem hochproduktiven agrarischen Umland einen eigenen Produktionsrückhalt.

Die Herausbildung des Patriziats
und der Zünfte in Berlin
und die Erringung bürgerlich-städtischer Autonomie
(1253–1324)

Die Stadtentwicklung Berlins konnte sich auf die Errungenschaften der städtebürgerlichen Kommunebewegung vom 11. bis zum 13. Jahrhundert gründen. Durch die Verleihung des Magdeburger Stadtrechts fielen der jungen Stadt von vornherein Rechte und Freiheiten zu, welche die Bürger der älteren deutschen Städte im Kampf mit ihren feudalen Stadtherren durchgesetzt hatten. Der Status einer Bürgergemeinde, die Selbstverwaltung und die Ratsverfassung bedeuteten jedoch noch keine volle städtische Autonomie. Neben dem vom Markgrafen eingesetzten Stadtschulzen stand zwar ein Stadtrat an der Spitze der Stadtgemeinde, doch oblag es dem Schulzen, die vom alten Rat gewählten neuen Ratsherren jeweils zu bestätigen und einzusetzen. Der städtische Grund und Boden blieb Eigentum des Markgrafen. Für den Besitz oder die Nutzung der Baugrundstücke, des Marktes mit seinen Verkaufseinrichtungen und der Feldmark hatte die Bürgerschaft Grundzinse und Marktabgaben an den Landesherrn zu leisten. Die Bürger waren dem landesherrlichen Vogteigericht unterstellt, welches für alle Strafsachen mit Lebens- und Leibesstrafen sowie Klagen um Grundeigentum und die Freiheit einer Person zuständig war. Die Kompetenz des für Berlin und Kölln gemeinsamen Stadtgerichts war auf niedere, durch Geldleistungen und Bußen zu ahndende Streit- und Straffälle beschränkt. Stadtrichter war der Schulze. Er saß dem von sieben Schöffen, vier aus Berlin, drei aus Kölln, gebildeten Stadtgericht vor, verkündete und vollstreckte das von den Schöffen gefundene Urteil. Neben seiner Tätigkeit als Stadtrichter hatte der Schulze die markgräflichen Einkünfte in der Doppelstadt einzuziehen. Der Schulze trug sein Amt, das Schulzenamt, vom Markgrafen zu Lehen. Für seine Amtsführung hatte er festen Anteil an den landesherrlichen Gerichtsgefällen, Grundzinsen und Marktabgaben in Berlin und Kölln. Jedoch war der Schulze kein markgräflicher Dienstmann. Er gehörte dem Kreis der bei der Gründung führenden bürgerlichen Unternehmer an. Damit befand sich der Schulze in einer Doppelstellung. Er war einerseits landesherrlicher Amtsträger in der Stadt, andererseits Interessenvertreter der kaufmännisch-unternehmerischen Führungsschicht Berlins gegenüber dem Landesherrn.

Das Bestehen der Ratsverfassung um 1250 dokumentiert nicht nur, daß die Verwaltung Berlins frühzeitig bei einem bürgerlichen Ratskollegium lag, sondern zugleich, daß bereits damals die Stadtregierung von wenigen Ratsgeschlechtern ausgeübt wurde.

Ältestes Berliner Stadtsiegel,
um 1270,
mit brandenburgischem Adler,
aber noch ohne Bär

Berliner Stadtsiegel
um 1280, mit zwei Bären,
brandenburgischem Adler
und markgräflichem Helm

Nach der Mitteilung des Berliner Stadtrechts von 1253 saß der Rat ein Jahr im Amt. Der neue Rat wurde nicht von der Bürgergemeinde, sondern vom alten Rat gewählt. Dieser nahm an wichtigen Beschlüssen des neuen Rats teil, um nach Jahresfrist wieder an dessen Stelle zu treten. Die Wiederwahl war üblich, die gewählten Ratsherren blieben meist auf Lebenszeit in ihrer Würde. Beim Tode eines Ratsmitgliedes wählten die übrigen aus ihren Familien, aus den Ratsgeschlechtern, einen Nachfolger. Der Berliner Rat bestand aus zwölf Ratsherren, davon zwei Bürgermeistern, der Köllner hatte sechs Mitglieder einschließlich eines Bürgermeisters. Als Mitglieder des Rates oder als Angehörige von Ratsgeschlechtern lassen sich die im Hamburgischen Schuldbuch erscheinenden Berliner Fernhändler sowie andere im Handel erfolgreiche Kaufleute nachweisen, ebenfalls die später in Geldgeschäften mit den Markgrafen feststellbaren Berliner Bürger, schließlich Bürger und Kaufleute, welche feudale Grundrenten auf dem Lande zu eigen oder zu Lehen besaßen. Sie, reiche Fernhändler, Finanzleute und Lehnbürger, beziehungsweise die kaufmännisch-unternehmerischen Führungskräfte stellten von Anfang an die städtische Führungsschicht dar.

Siegel der Stadt Berlin,
1338–1448, über dem Bären
am Halsband ein Schild
mit brandenburgischem Adler

Ältestes Siegel von Kölln,
zwischen 1321 und 1335,
mit brandenburgischem Adler

Sie konstituierte sich in Verbindung mit der vollen Herstellung
der Autonomie bis zu Beginn des 14. Jahrhunderts als Patriziat,
welches das Stadtregiment oligarchisch ausübte.

Die wichtigsten Handwerker – Bäcker, Fleischer, Schuhmacher und Tuchmacher – waren in Berlin bereits in der Mitte des
13. Jahrhunderts gewerksmäßig zusammengeschlossen. Die Innungen oder Gewerke, wie die Zünfte in Berlin genannt wurden,
standen unter der Gewalt und Aufsicht des Rates; ohne seine Erlaubnis Zünfte zu bilden war den Handwerkern durch das Stadtrecht verboten. Die Innungsbriefe des Berliner Rates für die
Kürschner, Schuhmacher, Schuhflicker, Schneider und Tuchmacher aus den achtziger Jahren des 13. Jahrhunderts lassen darauf
schließen, daß die Errichtung der Zünfte nicht ohne Auseinandersetzungen zwischen dem Rat und den Handwerkern wie auch
zwischen diesen selbst vonstatten gegangen ist. Der Rat setzte
seine Herrschaft durch. So stellt der Schuhmacherbrief von 1284
fest, daß sich der Rat mit dem Schuhmachergewerk und dessen
Innungsmeistern in der Weise geeinigt habe, daß die Schuhmacher die Innung von der Stadt Gnade haben sollten, daß die
Ratsherren volle Gewalt über das Gewerk haben, an den Zunft-

versammlungen teilnehmen und der Rat Fremde auch gegen den Willen der Innungsmeister zulassen könne. Die Zünfte setzten ihrerseits die Rechte durch – so die Schneider 1288 –, die in der Stadt Brandenburg, dem Vorort des magdeburgisch-brandenburgischen Stadtrechts, für die Handwerker galten.

Vermutlich ist es auch in Berlin zu Kämpfen zwischen den Kaufleuten und den Tuchmachern um den Einzelverkauf des Tuches nach Ellen, den Gewandschnitt, gekommen, doch haben diese in der spärlichen Überlieferung keine Spuren hinterlassen. Die in Gilden organisierten Kaufleute des hansischen Bereichs beanspruchten den Gewandschnitt allein für sich, was den Ausschluß der Tuchmacher vom Kleinverkauf bedeutete, die ihr Erzeugnis dann nur ballenweise an Kaufleute absetzen konnten. In andauernden Kämpfen mit den Tuchmachern setzten die Kaufleute der größeren märkischen Städte mit Hilfe markgräflicher Privilegien das Gewandschnittmonopol bis zum Beginn des 14. Jahrhunderts durch. Das geschah zuerst in Stendal 1231, außerhalb der Mark, im benachbarten Magdeburg bereits 1183. Der Ausschnitt von Tuch wurde allein den Mitgliedern der Kaufmannsgilde gestattet. Der Gewandschnitt hatte so große Bedeutung für die Kaufleute, daß die Kaufleutegilden, so in Berlin und Kölln, auch Gewandschneidergilden genannt wurden.

Die Räte der Doppelstadt führten eine entschiedene Politik, für ihren Handel und Marktverkehr Privilegien zu erhalten und die eigene Zuständigkeit für die städtischen Angelegenheiten im Territorialstaat auszubauen und zu verstärken. Sie konnten dafür die wachsenden städtischen Geldmittel einsetzen, welche die günstige Wirtschaftsentwicklung Berlins und Köllns zur Verfügung stellte. Dem steigenden Geldbedarf der deutschen Territorialfürsten stand auch in der Mark Brandenburg ein finanzielles Defizit gegenüber. Es führte zu immer neuen Steuerforderungen der Askanier, die auf den Widerstand der Städte und der Ritterschaft stießen. Die Finanzkalamität nötigte den Landesherrn, feudales Grundeigentum, landesherrliche Einkünfte und Hoheitsrechte zu verkaufen, als Lehen auszugeben oder zu verpfänden. Berlin und Kölln erwarben bis 1298 den landesherrlichen Grundstücks-, Hufen- und Marktzins. Damit wurde das feudale Grundeigentum beseitigt und städtebürgerliches Privateigentum am städtischen Grund und Boden hergestellt. Die Abgaben zog künftig der Rat ein. Sie stellten von da an eine städtische Grund- und Marktsteuer dar. Eine Bestätigung der Rechte und Freiheiten Berlins von 1317 zeigt, daß die Doppelstadt bis dahin die Befreiung vom Vogteigericht erlangt hatte. Das Stadtgericht wurde für alle Streit- und Straffälle zuständig und zum alleinigen Gerichtsstand der Berliner Bürger erhoben.

Bereits vor 1251 hatte Berlin für seine Bürger die gleiche Zollfreiheit innerhalb der Mark erworben, wie sie die Bürger der Stadt Brandenburg besaßen. Die Stadt löste den vom Landesherrn zu Berlin geforderten Zoll, den Herrenzoll, durch eine Jahresabgabe ab. 1298 kaufte Berlin den landesherrlichen Zoll, der in Köpenick von allen Holzflößen und Schiffen, die zwischen Berlin und Fürstenwalde verkehrten, zu zahlen war. 1317 erwirkte es die Befreiung von der Niederlage in Oderberg. Der Zeitpunkt ist ungewiß, wann Berlin selbst das Recht erwarb, in der eigenen Stadt die Niederlage aller durchgehenden Waren zu fordern.

1307 vereinigten sich Berlin und Kölln in Hinsicht auf die übergreifenden politischen und militärischen Fragen zu einer Bundesstadt. Ein aus den Räten beider Städte gebildeter Gesamtrat wurde zuständig für die Beziehungen zum Landesherrn, zu den anderen Städten und Ständen, für den Erwerb und die Verteidigung der städtischen Rechte und Freiheiten, für Bündnisse und die Kriegführung. In den inneren Angelegenheiten blieben die volle Selbständigkeit beider Stadtgemeinden und jeweilige Zuständigkeit des Rates von Berlin beziehungsweise von Kölln bestehen. Für die Rats- und Schöffenwahlen waren damals ausschließlich die Ratsherren von Berlin und Kölln zuständig. Von einer Bestätigung durch den Schulzen verlautete nichts mehr. Das Schulzenamt war nunmehr voll in die städtebürgerliche Selbstverwaltung integriert. Zum Ausdruck der Vereinigung von 1307 wurde auf oder an der Langen Brücke, der heutigen Rathausbrücke, die Berlin und Kölln verband, ein gemeinsames Rathaus errichtet.

In der Abwehr der ständigen Steuerforderungen der Markgrafen formierten sich die Städte, der Adel und die Ritterschaft der einzelnen Landesteile als politische Stände. Sie erzwangen 1280–1282 Verträge über die Zahlung einer ordentlichen Jahressteuer, die Bedeverträge, die ein Steuerbewilligungs- und Widerstandsrecht der Stände einschlossen. Berlin nahm an dieser Bewegung nicht nur teil. Als auf Grund der Steuerfrage 1280 erstmals ein märkischer Landtag zusammentrat, war Berlin der Versammlungsort. In Berlin wurde auch der erste märkische Städtebund von 1308/1309 geschlossen. Die Städte der ottonischen Linie befürchteten Gewalttaten, als Markgraf Waldemar die auf verschiedene askanische Linien geteilte Mark wieder zu vereinigen trachtete und sich 1308 der ottonischen Landesteile bemächtigte. Berlin-Kölln, Frankfurt (Oder), Neustadt Brandenburg, Salzwedel und andere Städte einigten sich zu Berlin, jede Gewalttat und jedes Unrecht gemeinschaftlich abzuwehren, von den Städten geächtete Verbrecher gemeinsam zu verfolgen, den eigenen bürgerlich-städtischen Gerichtsstand vereint zu verteidigen. Markgraf Waldemar bekräftigte nicht nur die Rechte und Freiheiten der verbündeten Städte. Er ordnete die Auslieferung gefangener Verbrecher an und verlieh Berlin-Kölln 1317 das Recht, straffällige markgräfliche Vasallen, die auf frischer Tat innerhalb des Stadtgebiets ergriffen wurden, vor das Stadtgericht zu stellen, das heißt selbst zu richten.

Das Erfordernis, sich gegen fürstliche Übergriffe zu verteidigen, stellte sich erneut und verschärft, als nach dem Tode Markgraf Waldemars und dem Aussterben der brandenburgischen Askanier 1319–1324 Erbfolgekriege die Mark zerrissen. An ihnen waren die Nachbarfürsten sowie die Wittelsbacher beteiligt, nachdem König Ludwig der Bayer 1323 seinen Sohn Ludwig den Älteren mit Brandenburg belehnt hatte. Darauf wurde die Mark in den 1323 neu ausgebrochenen Kampf zwischen Papsttum und

Kaisertum hineingezogen, da der Papst König Ludwig mit allen Mitteln zu stürzen suchte. Eine städtebürgerliche Bewegung für die Sicherheit und die territoriale Einheit des Landes erhob sich, die ihren Mittelpunkt wieder in Berlin hatte. An der Spree beschlossen die Städte der Mittelmark und Niederlausitz 1321 und 1323, nur gemeinsam einen Erb- und Landesherrn anzuerkennen, gemeinsam die innere Unsicherheit zu bekämpfen und Verbrecher zu verfolgen. Berlin ergriff nachdrücklich für den vom König eingesetzten neuen Landesherrn Partei, da das »bessere Recht«, das Reichsrecht, auf seiner Seite stand. Als Propst Nikolaus von Bernau, Parteigänger des Papstes und Gegner der Wittelsbacher, 1324 in Berlin die päpstlichen Befehle gegen König Ludwig und die Bedrohung seiner Anhänger mit dem Kirchenbann verkündete, wurde er von den Berlinern erschlagen. Die Papstkirche antwortete mit dem Bann, der zwanzig Jahre über Berlin verhängt blieb. Zum Zeichen der Sühne wurde vor der Marienkirche ein Steinkreuz errichtet. Es zeugt noch heute, daß sich Berlin gegenüber den dynastischen Erbansprüchen und der aggressiven päpstlichen Politik 1324 an das Reichsrecht, an das deutsche Königtum und seine Entscheidung hielt, daß sich die Bundesstadt an der Spree der antikurialen Volksbewegung in Deutschland zuordnete.

Die Bürgergemeinden zu Berlin und Kölln hatten bis 1317 in vollem Maße bürgerlich-städtische Autonomie im Territorialstaat und in der Feudalgesellschaft erlangt. Zu einer Bundesstadt vereint und im Glanz der mittelalterlichen Städtefreiheit, begann sich Berlin-Kölln bereits in den ersten Jahrzehnten des 14. Jahrhunderts als ein politischer Mittelpunkt der Mark Brandenburg zu erheben.

Berlin im Zeichen der mittelalterlichen Städtefreiheit:
Zunftbewegung, Städtebünde und Kampf um den Landfrieden
(1325–1414)

Im Jahre 1346 erhoben sich in Berlin und in Kölln Zunfthandwerker und andere oppositionelle Kräfte gegen die patrizische
Ratsherrschaft. Mit dem Berliner Aufstand sowie Zunfterhebun-
gen in Stendal und Perleberg erreichten die innerstädtischen
Auseinandersetzungen in der Mark Brandenburg in dieser Zeit
einen Höhepunkt. Die in den deutschen Städten seit den dreißiger Jahren des 14. Jahrhunderts verstärkt geführten Auseinandersetzungen zwischen den städtischen Mittelschichten, der bürgerlichen Opposition, und dem herrschenden Patriziat betrafen
auch in Berlin die Beteiligung der Handwerker am Stadtrat, die
Mitbestimmung und Selbstverwaltung der Zünfte sowie die Fi-
nanz- und Steuerpolitik des Rates. Die Spannungen zwischen Patriziat und Zünften dürften sich in den vierziger Jahren des
14. Jahrhunderts besonders durch die Finanzgeschäfte Berliner
Patrizier mit Markgraf Ludwig zugespitzt haben. Den Anstoß zur
offenen Erhebung schließlich gab der Stendaler Aufstand von
1345.

Von einer plebejischen Opposition 1346 in Berlin verlautete
nichts. Aufmerksamkeit verdient, daß in Berlin und in Kölln bereits 1331 Verbände der Tuchmachergesellen in Erscheinung traten. Der Rat erließ Polizeivorschriften für sie, ausgerichtet, die
Gesellen organisiert in ihren Arbeits- und Lebensverhältnissen
zu disziplinieren, und auferlegte ihnen die Sorge für die Beerdigung verstorbener Gesellen. Offenbar spielte das lebenslängliche
Gesellentum im Textilgewerbe bereits in dieser Zeit eine erhebliche Rolle in Berlin.

Der Aufstand gab dem wittelsbachischen Markgrafen Ludwig
Gelegenheit, Berlin als politischen Mittelpunkt der ständischen
Bewegung in seine Abhängigkeit zu bringen. Er hatte 1345 in
Berlin eine entschiedene Zurückweisung erfahren. Ein erster ge-
samtmärkischer Landtag hatte seine neue Steuerforderung abge-

lehnt, ein Bündnis und nötigenfalls bewaffneten Widerstand gegen diese beschlossen. Der Wittelsbacher stellte sich auf die Seite der Berliner Handwerker und verhalf ihnen zu einer Beteiligung ihrer Zünfte am Rat. Die in dieser Situation maßgeblichen Kräfte Berlins willigten ihrerseits in eine Beschränkung der politischen Selbständigkeit Berlins ein. Der Rat, die Gemeinde und die Gewerke verbrieften, daß von nun an für alle Zeit die Berliner Gewerke durch vier, die Köllner durch zwei dem Markgrafen genehme Zunftmeister im Rat vertreten sein sollten. Sie mußten andererseits in den Bau einer Zwingburg einwilligen, auf das Bündnisrecht und die freie Ratswahl verzichten sowie die landesherrlichen Schulden erlassen.

Der Bruch der Berliner Autonomie bestürzte und empörte die märkischen Städte. Nach dem Tode Kaiser Ludwigs des Bayern verbanden sie sich in ihrer Mehrzahl mit den askanischen Fürsten von Sachsen-Wittenberg und Anhalt, dem Erzbischof von Magdeburg sowie König Karl IV. gegen den Fortbestand der Wittelsbacher Herrschaft über Brandenburg. Ein jahrelanger Krieg entbrannte. Die märkischen Städte und Nachbarfürsten bedienten sich dabei eines Mannes, der sich als Markgraf Waldemar ausgab. Er sei 1319 nicht verstorben, sondern nach Palästina gepilgert und jetzt heimgekehrt. Karl IV. erkannte den falschen Waldemar feierlich an. Bevor der Gegenmarkgraf Ende August 1348 die Mark überhaupt betrat, hatten sich ihm 25 märkische Städte angeschlossen. Berlin-Kölln und Frankfurt (Oder) hielten an den Wittelsbachern fest. Ein vereintes Heer der Nachbarfürsten zog mit dem falschen Waldemar alsbald gegen die Spreestädte. Die Waffenhilfe Markgraf Ludwigs kam zu spät. In Berlin brachen Kämpfe aus, die Stadt fiel, das Patriziat stellte seine Alleinherrschaft wieder her und huldigte dem falschen Waldemar. Die Anhänger Markgraf Ludwigs wurden verfolgt und gerichtet. Doch mußte Berlin politisch zurücktreten. Nicht hier, sondern im benachbarten Spandau versammelten sich 1349 35 märkische Städte, die Treue zum falschen Waldemar zu bekräftigen und die Erbfolge der askanischen Anhaltiner anzuerkennen.

Auch nachdem Karl IV. den falschen Waldemar verworfen und die Wittelsbacher 1350 neu mit der Mark belehnt hatte, blieben viele Städte abtrünnig, die letzten bis 1355. In die Entscheidungen der regierenden Räte für die Askanier oder Wittelsbacher haben die Gegensätze zwischen Patriziat und Zünften wahrscheinlich wesentlich hineingewirkt. Karl IV. selbst hat sich wiederholt direkt an die Zunftmeister und gemeinen Bürger gewendet, womit die Gewerke und die Gemeinde als politische Kräfte ausgewiesen wurden. In Berlin war die Lage unsicher geblieben. Offenbar ging der Rat 1349 auf einen Vergleich mit den Wittelsbachern ein. Er versprach, ihnen gehorsam zu sein, falls der König für sie entschiede. Doch hielt sich der Rat tatsächlich an die Askanier. Mit schweren Vorwürfen gegen den Rat von Berlin-Kölln wendeten sich die Wittelsbacher darauf an die Bürgerschaft, was jedoch nichts ausrichtete. Im Sommer 1351 erzwang Ludwig der Ältere durch eine Belagerung Berlins neue Verhandlungen. Der Markgraf bekannte sich schuldig an dem Zerwürfnis, stellte die Bundesstadt in allen Rechten und Freiheiten wieder her und bekräftigte diese. Von Karl IV. seit Jahr und Tag gemahnt, schloß der Rat auf dieser Grundlage Frieden mit den Wittelsbachern. Der Landesherr war in die Schranken verwiesen. Das märkische Städtebürgertum hatte in den Fragen der verletzten Autonomie in vollem Umfang über die Fürstengewalt gesiegt.

Wieder im festen Besitz der Mark Brandenburg, verstanden es die Wittelsbacher nicht, ihre Landesherrschaft zu stabilisieren. Auch ließ Karl IV. nicht von seiner Politik ab, die Mark für seine Hausmacht zu erwerben. 1363 schloß er einen Erbvertrag mit den Wittelsbachern und ließ sich von ihnen die zeitweilige Landesverwaltung übertragen. Berlin trat in diesen Jahren wiederum verstärkt als Versammlungsort der mittel- und gesamtmärkischen Stände hervor. Es setzte sich für die Wiederherstellung der territorialen Einheit und die Neuordnung des zerrütteten Münzwesens ein, brachte Geld zur Einlösung verpfändeter Landesteile und zur Abwehr drohender nachbarfürstlicher Angriffe auf. Zusammen mit anderen Städten erwarb die Bundesstadt die Münze des Berliner Münzbezirks, wobei das Kaufgeld für die Auslösung verpfändeter märkischer Städte bestimmt wurde. Berlin spielte eine führende Rolle, als die Stände 1368 die Entfernung landfremder Statthalter und Räte und die Teilnahme märkischer Herren und Städte an der Landesregierung erzwangen. Ebenso trat es führend bei der Abwehr der Eingriffe Karls IV. hervor, der 1371–1373 – durch einen langen Waffenstillstand unterbrochen – sogar Krieg gegen die Mark führte. Ein Berliner Truppenkontingent kämpfte verlustreich gegen den mit dem Kaiser verbündeten Erzbischof von Magdeburg. Diese Politik wurde von den Bürgermeistern Tile Wardenberg und Albert Rathenow durchgesetzt, wobei es über die Haltung gegenüber Karl IV. zum Streit im Berliner Rat kam. Nachdem Karl 1373 die Mark schließlich durch Kauf für das Haus Luxemburg erworben hatte, ließ er seine Gegner aus dem Berliner Rat entfernen.

Karl IV. hat sich in Brandenburg wie in Böhmen und anderen Ländern der luxemburgischen Hausmacht nachdrücklich um die Finanzverwaltung, den Landfrieden und die Auslösung verpfändeter Landesteile bemüht. Als Unterlage für die Verwaltung ließ er die Rechte und Einkünfte des Markgrafen und den tatsächlichen Besitzstand in den Dörfern schriftlich erfassen und in einem Landbuch aufzeichnen.

Bereits am Ende des 13. Jahrhunderts hatten Berliner Bürger Grundrenten, Liegenschaften und Gerichtseinkünfte auf dem Lande erworben, meist in Form von Lehen. Im Verlauf des 14. Jahrhunderts erfolgte eine mehrfache Vermehrung. Doch läßt erst das Landbuch erkennen, in welchem Umfang Berliner Bürger tatsächlich Feudalgut besessen haben. 1375 hatten 41 Berliner Bürgerfamilien in 94 Dörfern des Berliner Raumes und der weiteren Umgebung Lehns- oder Eigenbesitz an Bauernwirtschaften und Kossätenstellen. Sie bezogen von den betreffenden Bauern und Kossäten Abgaben in Getreide, anderen Agrarprodukten und Geld, die einen Wert von jährlich mehr als 600 Mark Silber darstellten. Berliner Bürger besaßen darüber

Seite aus dem Landbuch der Mark Brandenburg von 1375,
enthaltend Dörfer des Berliner Raumes mit ihren Abgaben-
und Herrschaftsverhältnissen

hinaus für eine große Anzahl von Dörfern, Höfen und Hufen die Gerichtsrechte und -gefälle wie den Wagendienst. In einigen Dörfern gehörten ihnen Ritterhöfe, die als Eigenwirtschaften betrieben wurden, und das Kirchenpatronat. Dazu kam ansehnlicher Besitz des Berliner Rates an Feudalgut und Herrschaftsrechten. Im Umkreis von 10 Kilometern übertraf der Lehnsbesitz der Bürger und des Rates den ritterschaftlichen und markgräflichen Besitz um das Doppelte, im Umkreis von 11 bis 20 Kilometern noch um einiges.

Berliner und Köllner Bürgerfamilien mit Lehnsbesitz
in den Dörfern des Berliner Raumes
und der weiteren Umgebung Berlins
mit den aus diesen bezogenen Einkünften im Jahre 1375[2]

Name	Höhe der Einkünfte in Mark Silber
Rike	68
Hönow	66
Ronnebom	50
Trebitz	47
Brugge	44
Rode	27
Dobler	23
Aken	20
Glasow	20
Sunde	20
Litzen	18

2 Die Einkünfte bestanden in erster Linie aus Abgaben von Bauern. Sie wurden in Getreide (Naturalrente) und Geld (Geldrente) geleistet. Die Durchschnittsabgabe der Bauern des Teltow und des Barnim von der Hufe machte 11,5 oder 15 Scheffel Getreide (= 460 oder 600 Kilogramm) sowie 5 oder 6 Schillinge (= 60 oder 72 Pfennige) aus. In Geld umgerechnet waren das insgesamt 0,39 oder 0,45 Mark Silber durchschnittlich je Hufe.
Eine Mark Silber stellte ein Gewicht von etwa 233,85 Gramm Silber dar. Aus ihr wurden in der Mark Brandenburg in der zweiten Hälfte des 14. Jahrhunderts 480 Pfennige ausgeprägt. Ein Pfennig besaß ein Feingewicht von etwa 0,5 Gramm Silber. Eine Mark (oder zwei Pfund) Silber entsprach nach den Wertangaben des Landbuchs von 1375 1 920 Kilogramm Roggen oder Gerste oder 3 840 Kilogramm Hafer oder 1 280 Kilogramm Weizen.

Name	Höhe der Einkünfte in Mark Silber
Rathenow	18
Storkow	17
Bever	17
Belitz	16
Hoge	12
Blankenfelde	12
Wardenberg	10
Landsberg	9
Sandow	9
Helmsuwer	8
Flugge	7
Kregenfus	7
Rutger	6
Hans	5
Bartholomäus	5
Weitere 15 Familien mit insgesamt	46

Als Berliner Lehnbürger sind meist Angehörige der Ratsgeschlechter, Kaufleute und Finanzmänner faßbar. Vielfach legten diese Handelsprofite beziehungsweise Handelskapital in Grundrenten an oder erlangten feudale Güter und Rechte durch Finanzgeschäfte mit dem Markgrafen und dem Adel. Ferner erwarben Kaufleute Besitz an Grund und Boden wegen der bäuerlichen Kornabgabe, um auch auf diesem Wege Getreide für die Ausfuhr zu erfassen. Bei der starken Mobilität des bürgerlichen Lehnsbesitzes wurde feudale Grundrente seitens der bürgerlichen Inhaber immer wieder in Handelskapital zurückverwandelt. Dazu kam die nicht unbeträchtliche Ausstattung von Altären und Stiftungen zu geistlichen Zwecken seitens der Zünfte und Gilden wie einzelner Kaufleute und Handwerker mit Grundrenten.

Das Landbuch bezeugt einen tiefen Einbruch Berlins in die grundherrlich-feudale Welt im Verlauf des 14. Jahrhunderts. Bürger und Rat hatten die Berliner Positionen weit über die

Stadtgrenzen hinausgeschoben. Sie dominierten in den angrenzenden Landschaften und waren den ansässigen Rittern auch auf Grund feudaler Beziehungen überlegen. So wurde die mit Berlin durch Arbeitsteilung und Nahmarktverkehr verflochtene ländliche Umgebung nicht allein durch den Berliner Markt wirtschaftlich beherrscht. Sie war auch durch feudale Strukturen an die Stadt und das herrschende Patriziat gebunden. Die Lehnbürger und der Rat im Besitz von Lehngut erschienen als Quasi-Feudalherren. Hieraus resultierte eine Interessenannäherung zwischen dem Berliner Patriziat und der Ritterschaft des Barnim, des Teltow und des Havellandes. Bereits bestehende Beziehungen, auch verwandtschaftliche, wurden verstärkt und erweitert. Dieses Verhältnis mag nicht ohne Bedeutung gewesen sein, wenn Berlin in der ständischen Bewegung wiederholt an der Spitze der lokalen Ritterschaft erschien.

Im Berliner Raum, das heißt auf dem Stadtgebiet Groß-Berlins von 1920, lagen 1375 neben der Doppelstadt Berlin-Kölln die Burgen und Städte Köpenick und Spandau sowie 53 Bauern- und einige Fischerdörfer. Für fast sämtliche Bauerndörfer, 25 auf dem Barnim, 20 auf dem Teltow und 2 im Havelland, bringt das Landbuch Angaben über die bestehenden Abgaben- und Herrschaftsverhältnisse. Die Landausstattung dieser 47 Dörfer betrug etwa 2 200 Hufen. Sie bewegte sich für das einzelne Dorf von 13 bis 104 Hufen, wobei zu den meisten Dörfern 39 bis 68 Hufen gehörten. Die Hufen konnten von Dorf zu Dorf verschieden groß sein. Als gängige Größe werden 7 bis 8 Hektar angenommen, doch schwankten die Maße zwischen 2,5 und 15 Hektar. Fast 80 Prozent des Hufenlandes war an Bauern verliehen. Sie mußten von den Hufen Abgaben leisten: den Grundzins an die Grundherren, den in eine feste Abgabe umgewandelten Kirchenzehnten (Pacht) und die Landessteuer (Bede). Pacht und Bede wurden ursprünglich vom Markgrafen erhoben. Die Abgaben waren fixiert und wurden in Getreide und Geld entrichtet. Von Frondiensten waren die Bauern frei. Sie wurden allein von dem erst im Jahre 1360 gegründeten Dorf Rixdorf gefordert. Die Dorf-

Zweites Kapitel

Dörfer des Berliner Raumes im Landbuch der Mark Brandenburg von 1375

Name	Gesamtzahl der Hufen	Hufen im Besitz des Dorfschulzen	Hufen im Besitz des Pfarrers und der Dorfkirche	Zu Ritterhöfen gehörige und von Rittern bewirtschaftete Hufen	An Bauern gegen Natural- und Geldabgaben verliehene Hufen	Kossätenstellen
Altglienicke	49	–	4	32	13	12
Biesdorf	62	4	5	–	53	24
Blankenburg	42	–	4	8	30	24
Blankenfelde	54	–	5	–	49	24
Bohnsdorf	25	2	–	8	15	1
Britz	58	–	4	31	23	14
Buch	40	–	4	4	32	22
Buchholz	52	–	5	8	39	32
Buckow	53½	5	2	10	36½	15
Dahlem	keine Angaben					
Dalldorf (Wittenau)	39	–	4	–	35	12
Falkenberg	52	–	4	10	48	8
Gatow	50	–	4	–	46	4
Giesensdorf	50	–	3	–	50	5
Heiligensee	61	6	4	10	41	23
Heinersdorf	36	–	4	–	32	9
Hellersdorf	25	–	3	9	13	9
Hermsdorf	keine Hufenverfassung					
Hohenschönhausen	58	–	7	–	51	9
Karow	42	–	4	6	32	14
Kaulsdorf	40	–	4	4	32	13
Kladow	46	–	8	–	38	4
Lankwitz	33	–	4	–	29	4
Lichtenberg	44	–	4	14	26	17
Lichtenrade	67	–	5	–	62	7
Lichterfelde	39	–	3	–	36	6
Lietzow	13	–	–	–	13	6
Lübars	28	–	4	–	24	6
Mahlsdorf	50	–	4	5	41	19
Malchow	52	–	4	–	48	28

Name	Gesamtzahl der Hufen	Hufen im Besitz des Dorfschulzen	Hufen im Besitz des Pfarrers und der Dorfkirche	Zu Ritterhöfen gehörige und von Rittern bewirtschaftete Hufen	An Bauern gegen Natural- und Geldabgaben verliehene Hufen	Kossätenstellen
Mariendorf	48	–	3	–	45	3
Marienfelde	52	–	3	–	49	9
Marzahn	52	–	5	–	47	?
Niederschönhausen	48	–	4	10	34	?
Pankow	42	–	4	30	8	22
Pichelsdorf	Fischerdorf					
Rahnsdorf	Fischerdorf					
Reinickendorf	keine Angaben					
Richardsdorf (Rixdorf-Neukölln)	25	–	–	–	25	4 (Frondienste der Bauern)
Rosenfelde (Friedrichsfelde)	104	7	6	–	91	26
Rosenthal	72	–	4	–	68	16
Rudow	64	–	5	39	20	16
Schmargendorf	42	–	–	11	31	11
Schmöckwitz	Fischerdorf					
Schöneberg	53	–	3	22	28	13
Schönow	43	4	2	–	37	5
Staaken	keine Angaben					
Steglitz	keine Angaben					
Stolpe	16	3	–	–	13	–
Stralau	keine Angaben					
Tegel	32	–	4	–	28	–
Tempelhof	50	–	–	–	50	5
Wartenberg	53	–	4	–	49	8
Weißensee	68	8	6	–	51	9 (mit 3 Hufen)
Wilmersdorf	52	–	3	29	20	8
Zehlendorf	50	3	4	–	43	11

gemeinde war verpflichtet, zur Landesverteidigung einen Heerwagen zu stellen. Dieser Wagendienst, die Pacht und die Bede sowie die landesherrlichen Gerichtsgefälle in den Dörfern waren von den Markgrafen bis 1375 weitgehend veräußert worden. Als Besitzer oder Eigentümer der bäuerlichen Abgaben, der Gerichtsgefälle und des Wagendienstes erschienen in dieser Zeit in erster Linie Berliner Bürger sowie in den Dörfern ansässige Ritter. Dazu kamen Besitz- und Herrschaftsanteile schloßgesessener Herren und geistlicher Institutionen. Es herrschte eine weitgehende Zersplitterung der Feudalrente und Gerichtsherrschaft. In den meisten Dörfern erschienen mehrere Grund- und Gerichtsherren, auch verteilten sich die Abgaben der einzelnen Hufen an Zins, Pacht und Bede an verschiedene Empfänger. Eine im wesentlichen ungeteilte Grundherrschaft über mehrere Dörfer, wie sie im 13. Jahrhundert im Berliner Raum der Markgraf, der Templerorden und eine Reihe von Herren und Rittern innehatten, wies 1375 allein noch das Spandauer Nonnenkloster auf. Auf wie viele Bauernstellen sich die etwa 1 700 Bauernhufen verteilten, ist nicht bekannt. Doch läßt sich davon ausgehen, daß die Zahl der Bauernwirtschaften im Berliner Raum weder wesentlich über 1 700 noch wesentlich unter 570 lag. Außer den Hufenbauern waren in den Dörfern Kossäten abgabepflichtig. Das waren Kleinbauern und Landarbeiter, die in der Regel einen Katen und Gartenland oder ein kleines Ackerstück außerhalb der Hufengewanne gegen Zins in Geld und Hühnern besaßen. Für ihren Lebensunterhalt mußten sie Landarbeit auf den Höfen der Ritter und Hufenbauern leisten. Im Berliner Raum gab es 1375 etwa 540 Kossätenstellen. Über das nicht unbeträchtliche Gesinde der Bauernwirtschaften und Ritterhöfe sagt das Landbuch nichts. Fast in jedem Dorf gab es einen zinspflichtigen Dorfkrug.

Von den Berlin umgebenden Dörfern waren – gemäß den Angaben des Landbuches – 27 reine Bauerndörfer. In 14 lag ein Ritterhof, in 6 Dörfern gab es mehrere Ritterhöfe. Zu den Ritterhöfen gehörten 300 abgabenfreie Hufen, also 14 Prozent des gesamten Hufenlandes. Die Ritterhöfe waren 4 bis 16 Hufen groß, die Größe der meisten betrug 8 bis 10 Hufen. Für den Besitz der Ritterhufen hatten die meist in den Dörfern ansässigen Ritter oder Knappen dem Markgrafen Vasallendienste zu leisten. Einige Ritterhöfe waren von ihnen an den Rat und an Bürger von Berlin verkauft worden. In der Regel erschienen die Ritter 1375 nicht als Dorfherren. Der grund- und gerichtsherrliche Besitz, den sie in ihrem Dorf und eventuell auch in dem einen oder anderen Nachbarort hatten, bestand mit Ausnahmen nur aus Anteilen. Manchmal besaßen sie überhaupt nicht mehr als ihre Ritterhufen. Für ihre Bearbeitung mußten die Ritter Gesinde und Kossäten in Dienst und Lohn nehmen, da die Bauern keinen Frondiensten unterworfen waren.

In den meisten Dörfern standen steinerne Kirchen, deren Pfarrer in der Regel mit 4 oder 3 abgabenfreien Hufen versehen waren. Die Mehrzahl der Kirchen war bereits in der Zeit der Dorfgründung oder in den Jahrzehnten darauf errichtet worden. Im 14./15.Jahrhundert erfolgten Anbauten, Umbauten und Neubauten. Es herrschten der romanische und der gotische Stil vor, doch die Übergänge waren fließend, und es bestanden keine großen Gestaltungsunterschiede. Die ältesten Kirchen waren aus Granitquadern gemauert. An ihre Stelle traten in der zweiten Hälfte des 13. Jahrhunderts behauene Feldsteine und Ziegelsteine, später überwog im Mischmauerwerk der Backstein. Dorfkirchen des Berliner Raumes, die ihre romanische oder gotische Form am besten bewahrt haben, befinden sich in Karow und Marienfelde sowie in Lichtenberg und Buckow.

Die ehemaligen slawischen Fürstensitze Spandau und Köpenick behielten während des Mittelalters ihre Bedeutung als landesherrliche Burgen. Ihre städtische Entwicklung ging jedoch nicht über die von Kleinstädten hinaus. Spandau hatte 1 100 bis 1 400 Einwohner und vertrat den Wirtschaftstyp der kleinen Gewerbe- und Ackerbürgerstadt. An Zahl der Zünfte zog die Havelstadt mit Berlin fast gleich. Zünfte bestanden für die Fleischer, Bäcker, Schuhmacher und Tuchmacher, die Viergewerke, sowie die Schneider und Kürschner. Bei der geringen Entwicklung als

Handelsstadt konnten die Kaufleute, anders als in Berlin, ihren Anspruch auf den alleinigen Kleinverkauf des Tuches nicht durchsetzen. Die Tuchmacher behaupteten das Gewandschnittrecht, zu seiner gemeinsamen Ausübung schlossen sich Tuchmacherzunft und Gewandschneidergilde zusammen. Vor den Toren Spandaus lag das reichste und bedeutendste Nonnenkloster der Mark. Die Stadt war ummauert, hatte vier Tore, besaß ähnliche Rechte und Freiheiten wie Berlin und war Mitglied des mittelmärkischen Städtebundes.

Für Köpenick trifft dies nur zeitweilig zu. Ende des 13. Jahrhunderts erscheint es noch als Marktflecken. 1325 zuerst Stadt genannt, verkörperte Köpenick die Ackerbürgerstadt mit Nahmarktfunktion. Über mittelalterliche Zünfte in Köpenick ist nichts bekannt. Auch scheint die Kleinstadt in Insellage keine Stadtmauer gehabt zu haben. Die Unterschiede an Größe und wirtschaftlicher Bedeutung zwischen den Städten des Berliner Raumes drücken die Urbedesätze des Landbuches aus. Berlin entrichtete 150, Spandau 20, Köpenick 5 Mark Silber Jahressteuer an den Landesherren.

Die Burg Köpenick sollte für die Markgrafen von Brandenburg nie herausragende Bedeutung erlangen. Sie wurde mitunter verpfändet, blieb indes als landesherrliche Burg bestehen und behauptet. Berlin bemühte sich Ende des 14. Jahrhunderts vergeblich um ihren Abriß. Die Spandauer Burg erhob sich dagegen nach 1230 zur Hauptburg der Askanier. Sie blieb über das ganze Mittelalter ein Mittelpunkt der Landesherrschaft. Die Wittelsbacher bauten sie um, die Luxemburger aus. Bis zum Schloßbau in Kölln war Spandau auch für die ersten Hohenzollern ein bevorzugter Ort der Hofhaltung.

1376 wütete eine Feuersbrunst in Kölln und dem älteren Teil von Berlin. Bereits 1380 wurde Berlin in voller Ausdehnung von einer neuen Brandkatastrophe betroffen. Die Stadtbrände schufen eine Notlage und belasteten die Gemeinden und die einzelnen Einwohner mit hohen, schwer zu erbringenden Kosten für den Wiederaufbau. Unter diesem Druck kam es zum offenen

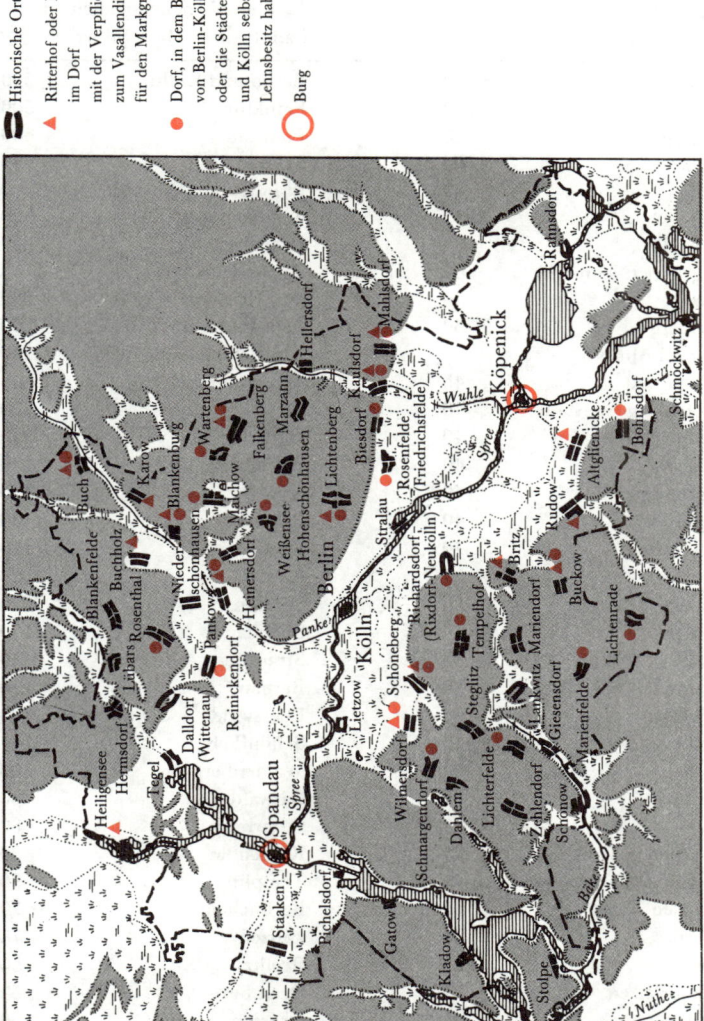

Historische Ortsform

Ritterhof oder Ritterhöfe
im Dorf
mit der Verpflichtung
zum Vasallendienst
für den Markgrafen

Dorf, in dem Bürger
von Berlin-Kölln
oder die Städte Berlin
und Kölln selbst
Lehnsbesitz haben

Burg

Städte, Burgen, Dörfer, Rittersitze und bürgerliche Lehnsbesitzungen im Berliner Raum 1375

Zweites Kapitel

Ordnung der märkischen Städte nach ihrer Steuerhöhe unter der Herrschaft
Kaiser Karls IV. über die Mark Brandenburg 1373–1378

Höhe der jährlich zu zahlenden Urbede in Mark Silber		Anteil an der von Karl IV. 1377 erhobenen allgemeinen Landbede in Mark Silber	
Frankfurt	(früher 200)	Berlin und Kölln	500
Berlin und Kölln	150	Frankfurt	500
Perleberg	100	Prenzlau	500
Prenzlau	100	Stendal	500
Stendal	80	Brandenburg Altstadt	
Soldin	73	und Neustadt	300
Arnswalde	60	Landsberg	250
Königsberg (Neumark)	60	Salzwedel Altstadt	
Kyritz	50	und Neustadt	250
Strausberg	50	Arnswalde	200
Salzwedel Altstadt		Königsberg (Neumark)	200
und Neustadt	45	Tangermünde	200
Brandenburg Neustadt	40	Treuenbrietzen	200
Dramburg	40	Gardelegen	150
Friedeberg	40	Havelberg	130
Tangermünde	40	Kyritz	130
Templin	40	Pritzwalk	130
Waldenberg	40	Friedeberg	120
Schönfließ	37	Nauen	120
Strasburg	36	Soldin	120
Bärwalde	30	Spandau	120
Bernau	30	Strausberg	120
Eberswalde	30	Bernau	100
Gardelegen	30	Eberswalde	100
Havelberg	30	Schönfließ	100
Mohrin	30	Waldenberg	100
Osterburg	30	Bärwalde	80
Lenzen	27	Osterburg	80
Berlinchen	25	Rathenow	80
Lippehne	25	Templin	80
Seehausen	25	Berlinchen	70
Drossen	24	Lenzen	70
Reppen	24	Beelitz	50
Treuenbrietzen	24	Dramburg	50
Nauen	20	Drossen	50
Spandau	20	Mohrin	50

Höhe der jährlich zu zahlenden Urbede in Mark Silber		Anteil an der von Karl IV. 1377 erhobenen allgemeinen Landbede in Mark Silber	
Werben	20	Mittenwalde	30
Zehdenick	20	Oderberg	20
Wittenberge	18	Wriezen	20
Beelitz	16	Lippehne	15
Fürstenwerder	16		
Müncheberg	16		
Rathenow	16		
Wriezen	16		
Altlandsberg	15		
Berneuchen	15		
Tankow	15		
Oderberg	14		
Freienwalde	10		
Mittenwalde	10		
Liebenwalde	7		
Köpenick	5		
Potsdam	3		

sozialen Konflikt zwischen dem patrizischen Rat und den gemeinen Bürgern mit geringem Einkommen und Vermögen beziehungsweise ohne jedes Vermögen. Wegen der Verteilung der Lasten erhob sich außerdem Streit zwischen beiden Stadtgemeinden. Da die Köllner sich einer Beteiligung am Aufbau der niedergebrannten öffentlichen Gebäude Berlins in geforderter Höhe versagten, betrieb der Berliner Rat die Auflösung der Vereinigung von 1307.

In den Notsituationen nach den Stadtbränden von 1376 und 1380 spielte Tile Wardenberg erneut eine wichtige politische Rolle. Er war Bürgermeister von Kölln gewesen und hatte bis zu seinem Sturz durch Karl IV. zusammen mit seinem Berliner Amtskollegen Albert Rathenow die Doppelstadt Berlin-Kölln geführt. Gegenüber der ihm verfeindeten Berliner Ratsmehrheit griff er die Sache der gemeinen Bürger, denen er Steuerfreiheit versprach, und der wirtschaftlich schwächeren Stadt Kölln auf.

Die Vorgänge um Wardenberg lassen erkennen, daß sich die bürgerliche Opposition in Berlin damals differenzierte. Die Zünfte insgesamt oder doch die führenden Gewerke der Bäcker, Fleischer, Schuhmacher und Tuchmacher verharrten auf der Seite des Rates. Auf Grund ihrer wirtschaftlichen Bedeutung grenzten sich die letzteren seit dem Ende des 14. Jahrhunderts von den übrigen Zünften ab. Sie verbanden sich als Viergewerke und setzten als solche den anderen gegenüber eine politische Vorrangstellung durch. In der Krise von 1380 räumte der Rat den Viergewerken oder den Zünften insgesamt vorübergehend ein Mitsprache- und Zustimmungsrecht ein. Die gemeinen Bürger, vermutlich unter Einschluß der minderen Gewerke, also die ärmeren Bevölkerungsschichten folgten Wardenberg. Sie bezogen in dieser Verbindung erstmals eigenständige Positionen. Durch Vermittlung des neuen Markgrafen Sigismund und unter dem Eindruck der Volksbewegung verständigten sich im Herbst 1382 die patrizischen Räte von Berlin und Kölln, die Berliner Ratsherren mit Wardenberg. Doch blieben starke Unstimmigkeiten bestehen.

Damals verbanden sich die Berliner Schuhmachergesellen zu einer eigenen Gesellschaft. Sie machte sich die Unterstützung der Gesellen bei Krankheit zu einer Hauptaufgabe und richtete dazu eine Kasse aus Beiträgen und Strafgeldern ein. Dabei wurde zwischen großen, mittleren und kleinen Gesellen unterschieden. Dem 1331 gebildeten Tuchmachergesellenverband war sein Statut vom Rat vorgeschrieben worden. Dagegen setzten die Berliner Schuhmachergesellen 1384 selbständig ein Statut auf und forderten dessen Verbriefung von ihren Innungsmeistern.

Zur Konsolidierung der innerstädtischen Verhältnisse ließ der Berliner Rat die städtischen Finanz- und Rechtsverhältnisse in einem Stadtbuch festschreiben. Dieses wurde 1391–1398 in niederdeutscher Sprache in Buchschrift auf Pergament geschrieben und durch Buchmalerei künstlerisch ausgestaltet. Das Berliner Stadtbuch verzeichnete in der Hauptsache die Einkünfte Berlins, die Privilegien der Markgrafen für die Stadt sowie des Rates für die Zünfte, das geltende, dem Sachsenspiegel entsprechende Berliner Zivil- und Strafrecht sowie die Anklagen des damaligen Rates gegen die früheren Bürgermeister Rathenow und Wardenberg. Die Zünfte ließen ihre Privilegien in das Stadtbuch eintragen. Es erschienen Fleischer, Schuhmacher, Tuchmacher, Bäcker, Kürschner, Schneider und Schuhflicker. Danach waren im 14. Jahrhundert in Berlin keine neuen Zünfte gebildet oder zugelassen worden. Die Bäcker legten für die Eintragung ein gefälschtes Privileg vor. Sie wollten es angeblich 1272 erhalten haben, tatsächlich sind in ihm die Zunftverhältnisse der eigenen Zeit dargestellt. Von einer Gewalt und Aufsicht des Rates war nicht mehr die Rede. Die Bäcker stellten das Recht heraus, die Innungsmeister selbst zu wählen. Diese wurden als zuständig für die Gewerbeaufsicht und -gerichtsbarkeit erklärt. Ob alle Zünfte in Berlin eine solche Stellung durchgesetzt hatten, ist fraglich und auch für die Bäcker einigermaßen problematisch. Denn die Zunftbriefe der achtziger Jahre des 13. Jahrhunderts, welche die Gewalt und Aufsicht des Rates formulierten, wurden als um 1390 geltendes Recht in das Stadtbuch eingetragen. Wahrscheinlich bestanden in diesen Fragen ein Schwebezustand und ein Spannungsfeld, welche der Konfliktsituation zwischen Rat und Gemeinde in dieser Zeit in Berlin entsprachen.

Die Ratsherrschaft zu festigen, aber auch seine Position gegenüber dem Köllner Rat und im Umland zu stärken, unternahm der Berliner Rat in diesen Jahren weitere Schritte. 1391 kaufte er das Berlin-Köllner Schulzenamt von der Berliner Bürgerfamilie Brugge, welche dieses einschließlich des landesherrlichen Anteils an den Gerichtsgefällen seit 1345 zu Lehen besessen hatte. Der Berliner Rat zog damit unter Ausschluß des Rates von Kölln das längst in patrizischen Händen befindliche Amt des Stadtrichters von Berlin und Kölln, sämtliche Gerichtsgefälle und andere Zins- und Renteneinkünfte des Schulzen in beiden Städten an sich. Dazu kamen der Erwerb der Pfandherrschaft über die Burg und Stadt Köpenick 1387 und der Kauf des Dorfes Lichtenberg 1391. Nach dem Brand war Berlin für fünf Jahre vom Landes-

Gewerkssiegel
der Berliner Wollweber

Gewerkssiegel
der Berliner Schuhmacher

Gewerkssiegel
der Berliner Fleischer

Gewerkssiegel
der Berliner Bäcker

herrn die Urbede erlassen worden, was insgesamt 500 Mark Silber ausmachte. Für die genannten Käufe brachte die Stadt wenige Jahre darauf 1 050 Mark Silber auf. Sie zeigen, wie schnell sich Berlin von dem erlittenen Brandschaden erholte und wie entschieden der Rat die Stärkung der Berliner Positionen betrieb. In den neunziger Jahren des 14. Jahrhunderts verhandelten die Ratsherren beider Städte über eine vollständige Vereinigung

Gewerkssiegel
der Köllner Wollweber

Gewerkssiegel
der Köllner Fleischer

Gewerkssiegel
der Köllner Bäcker,
sämtlich 15. Jahrhundert

Berlins und Köllns zu einer Stadtgemeinde. Sie konnte nicht durchgesetzt werden. Es blieb bei einem entsprechenden Verfassungsentwurf im Berliner Stadtbuch.

Als geltendes Recht wurde in dieses auch das Judenrecht des Sachsenspiegels aufgenommen, welches den Juden wie den Geistlichen und den Frauen als unbewaffneten Personen einen besonderen Schutz zuerkannte. Auch in Berlin dürfte es wie in vielen deutschen Städten in der Mitte des 14. Jahrhunderts einen Judenpogrom gegeben haben, denn die Haltung den Juden gegenüber war zwiespältig. Als Nichtchristen und Geldverleiher wurden sie gehaßt und aus religiösem Wahn wie auf Grund der Schulden immer wieder grausam verfolgt. Andererseits waren sie den Bürgern und Räten der mittelalterlichen Städte wirtschaftlich unentbehrlich, da Christen die Geldleihe gegen Zins von der Kirche verboten war. So holte der Rat bereits 1354 erneut die landesherrliche Erlaubnis ein, Juden aufnehmen und eine jüdische Schule einrichten zu dürfen. Außer dieser besaßen die Berliner Juden um 1390 seitens des Rates elf Zinsbuden.

Die Aufzeichnung der Straftaten im Berliner Stadtbuch wurde nach dessen Einrichtung bis 1448 laufend fortgeführt. In diesen etwa fünfzig Jahren verurteilte das Berliner Stadtgericht 121 Menschen zum Tode. Vornehmlich wegen Friedensbruchs, Beleidigung des Rates und Widerstandes gegen die Ratspolizei wurden 15 Personen enthauptet. Wegen Raubmordes, Drohung mit Brandstiftung und Kirchendiebstahls insbesondere wurden 11 Männer gerädert. Lebendig verbrannt wurden 18 meist wegen Kuppelei, Giftmischerei, Münzfälschung, falschen Würfelspiels oder Zauberei verurteilte Frauen und Männer. Bei weit mehr als der Hälfte der verzeichneten Fälle handelte es sich um Diebstahl, vornehmlich von Lebensmitteln, Kleidern und Gerät sowie Pferden. Dafür wurden 55 Männer gehängt, 9 Frauen lebendig begraben, viele andere gestäupt. Unter den Hingerichteten und Ausgepeitschten befanden sich im besonderen Maße Angehörige der plebejischen Schichten und deklassierte Menschen. Das Stehlen von Heringen, Korn, Speck und anderen Nahrungsmitteln, von Kleidungsstücken und Gebrauchsgegenständen wies vielfach und nachdrücklich auf deren Notdurft.

Der Rat scheute sich auch nicht, geistliche Rechtsbrecher hinrichten zu lassen. Wegen der Tötung des Propstes von Bernau, der Hinrichtung oder Mißhandlung straffälliger oder verdächtiger Priester geriet Berlin im 14. Jahrhundert dreimal in den Kirchenbann. Das Verhältnis zum Klerus war gespannt. Über die

Gründe wurde im Stadtbuch eigens festgestellt: »Priester und Laien werden leider selten gute Freunde. Das kommt von der Pfaffen Gierigkeit und Unkeuschheit. Die Gierigen haßt man sehr.«

Nach dem Stadtbrand von 1380 ließ der Rat den angeblichen Brandstifter, den Ritter Erich Falke auf Schloß Saarmund, verfolgen, töten, seinen Kopf auf ein Berliner Stadttor zur Warnung an die Mordbrenner im Lande aufstecken. Seit dem zweiten Drittel des 14. Jahrhunderts hatten die märkischen Städte Privilegien erhalten, Verbrecher, Friedensstörer und Räuber, das heißt die Raubritter, selbständig zu verfolgen, zu bekämpfen und zu richten. Berlin-Kölln ließ sich dieses Recht von Markgraf Sigismund 1384 bestätigen.

Die Markgrafen Sigismund, der König von Ungarn wurde, und Jobst, der Markgraf von Mähren war, nutzten 1378–1411 die Mark lediglich als Geldquelle für ihre Hausmachtpolitik. So konnte sich das adlige Raub- und Fehdewesen jetzt ungehindert von einer funktionierenden landesherrlichen Gewalt ausbreiten. Der Straßenraub und die Wegelagerei, der räuberische Überfall auf Bauernhöfe, Dörfer und städtische Feldmarken, die Brandstiftung seitens des niederen Adels, der Ritter und Knappen, wurden zu einer tagtäglichen Angelegenheit. Ebenso standen Plünderung, Brandschatzung und Verheerung ganzer Landstriche und kleiner Städte im Rahmen der Fehden, welche die schloßgesessenen Herren, Fürsten und Städte in vielfachen und wechselnden Bündnissen führten, ständig auf der Tagesordnung. Als Vertreter der Luxemburger Markgrafen wirkten in den einzelnen Landesteilen nicht nur einheimische Landeshauptleute mit adligen Eigeninteressen, sondern auch der Markgraf von Meißen wie mecklenburgische und pommersche Herzöge. Aus der Einbindung der verschiedenen märkischen Landesteile in deren Territorialpolitik ergaben sich für die Mark zusätzliche Fehden und Kriege sowie entschiedene Auflösungserscheinungen.

Besonders erfolgreich im Räuberhandwerk, der Erpressung von Lösegeldern und dem Gewinn von Burgen, gewannen die

Prignitzer Ritter von Quitzow um 1400 in der Mittelmark eine vorherrschende Stellung. Im Bunde mit den Pommernherzögen haben sie 1402 Bötzow, heute Oranienburg, erobert, Strausberg zerstört und besetzt, zusammen mit den Ruppiner Grafen auf dem Barnim 22 Dörfer geplündert und hohe Geldsummen durch Drohung mit Brand erpreßt.

Berlin und seine Bürger wurden durch diese Entwicklung in ihren Wirtschafts- und Lebensverhältnissen gefährdet. Nicht nur, daß von und nach Berlin reisende Kaufleute, Krämer und Handwerker, Berliner wie auswärtige, auf den Handelsrouten und Landstraßen überfallen, beraubt, sogar erschlagen wurden. In der mit Berlin durch Arbeitsteilung und Marktverkehr verflochtenen Umgebung, dem Stadt-Land-Umfeld, sowie dem weitergreifenden märkischen Einzugsgebiet des Berliner Fernhandels herrschten Unsicherheit, Friedlosigkeit und ständige Bedrohung. Das bedrückte nicht allein den Kaufmann, sondern die gesamte Einwohnerschaft.

Der Rat und die Bürgergemeinde haben sich dieser Herausforderung entschieden gestellt. Sie versammelten 1393 Vertreter von 21 märkischen Städten in ihren Mauern. Für den gemeinsamen Kampf gegen das Raubwesen und für den Landfrieden wurde eine Kriegsmacht aus städtischen Kontingenten aufgestellt. Der mittelmärkische Städtebund setzte sich fort und wurde 1399 mit weiter gesteckten Zielen zur Verteidigung der städtischen Rechte in Brandenburg erneuert. Berlin übernahm in dieser Zeit eine führende Stellung in der Mark. Der Rat wurde seitens des Markgrafen, der Städte und der Ritterschaft als zuständig für die Einberufung von Ständeversammlungen angesprochen und beauftragt. Zugleich wurden die Vermittlung, der Ratschlag, der Beistand Berlins von anderen Städten, märkischen Bischöfen, schloßgesessenen Herren, Rittern und von auswärtigen Fürsten gefordert und in Anspruch genommen.

Da der Landesherr keine Abhilfe schaffen konnte, nahmen die Berliner 1404 Johann von Quitzow gegen Sold von Landes wegen für den Schutz der Mark in Dienst. Dietrich von Quitzow

Matrikel des mittelmärkischen Städtebundes von 1393 gegen alle,
»dy binnen der heren frede die straten röwen,
schinden und des nachtes puchen und upstoten
und sich nicht willen laten genügen an lich unde an rechte«[3].

Mitgliedstadt	Von dieser zu stellendes militärisches Kontingent von Gewaffneten[4] und	Schützen
Brandenburg		
Altstadt und Neustadt	8	3
Berlin	4	2
Kölln	3	2
Rathenow	3	1
Nauen	3	2
Spandau	3	2
Bernau	3	2
Strausberg	3	2
Eberswalde	?	?
Altlandsberg	1	1
Müncheberg	2	1
Frankfurt (Oder)	8	4
Drossen	3	2
Fürstenwalde	2	1
Wriezen	2	1
Mittenwalde	2	1
Beelitz	2	1
Treuenbrietzen	3	2
Potsdam	1	1
Oderberg	1	1

und Bürgeraufgebote haben darauf die Pommernherzöge aus
Strausberg und Bötzow vertrieben. Nach dem Erfolg war Berlin
bemüht, die Quitzows zu Landeshauptleuten zu erheben. Es kam
zum Bruch, als sich diese auch im Berliner Raum festzusetzen

---

3 Etwa: ... gegen alle, die innerhalb des vom Landesherrn gebotenen Friedens
Straßenraub treiben, des Nachts plündern und gewaltsam einbrechen und sich
nicht nach Recht und Billigkeit mit den verbündeten Städten vergleichen wollen.
4 Gewaffneter = Sammelbegriff für eine taktische Einheit, bestehend aus einem
schwergerüsteten Reiter mit Streitroß sowie mehreren berittenen Begleitern.

suchten, sich Köpenicks bemächtigten und dort Berlin weichen mußten, welches 1409 erneut die Pfandherrschaft über Köpenick erwarb und sich Geldforderungen der Quitzows versagte. In den folgenden Kämpfen, die zu keiner Entscheidung oder Einigung führten, suchten die Quitzows vergeblich, die Viergewerke und Bürgergemeinde von Berlin gegen den Rat aufzuwiegeln.

Nach dem Tod des Markgrafen Jobst bestimmte der frühere Markgraf und nunmehrige deutsche König Sigismund 1411 den Burggrafen Friedrich von Nürnberg aus dem Haus Hohenzollern zum Landesverweser. Die Quitzows sowie andere Herren und Ritter wiesen ihn ab, während Berlin-Kölln als erste Stadt huldigte, die mittelmärkischen Städte folgten. Ein Berliner Aufgebot half dem ersten Hohenzollern in der Mark, die einfallenden Pommernherzöge in der Schlacht am Kremmer Damm 1412 zurückzuschlagen. Berlin und andere märkische Städte stellten ihre Kirchenglocken zur Verfügung, die Geschütze zu gießen, mit denen der neue Vertreter der landesherrlichen Gewalt 1414 die Burgen der Quitzows brach. Nachdem Friedrich 1415 die Mark Brandenburg und die mit ihr verbundene Kurwürde zu erblichem Besitz erhalten hatte, wurde er 1417 feierlich als Markgraf und Kurfürst belehnt.

Die Quitzowzeit, in welcher das adlige Raub- und Fehdewesen in der Mark seinen Höhepunkt erreichte, zeigte ein selbstbewußtes Berliner Städtebürgertum, welches sich vor den adligen Herren und Rittern nicht duckte, sondern wehrhaft und im Bündnis mit anderen Städten seine Interessen verteidigte. Im Kampf um den inneren und äußeren Landfrieden erwuchs die Doppelstadt an der Spree zur führenden Stadtgemeinde und zum städtischen Mittelpunkt der Mittelmark.

Berlin am Ausgang des Mittelalters:
Kampf mit der Fürstenmacht, neue Zunftkämpfe und Anfänge als Residenzstadt (1415–1500)

In den ökonomischen und sozialen Entwicklungsprozessen des ausgehenden Mittelalters bereitete sich der Übergang vom Feudalismus zum Kapitalismus vor. Unter diesen Bedingungen suchten und vermochten viele deutsche Fürsten im 15. Jahrhundert die feudale Staatsgewalt zu festigen, die Selbständigkeit der Kirche, des Adels und der Städte zugunsten der Landeshoheit zu beschneiden, die spätmittelalterliche Landesherrschaft zum frühneuzeitlichen Territorialstaat umzugestalten. Um die Finanzkraft und militärische Potenz der Städte voll nutzen zu können, betrieben sie die Unterordnung der eigenständigen Städte, griffen sie die mittelalterliche Städtefreiheit an. Zu den Hauptvertretern dieser Fürstenpolitik gehörten die Kurfürsten Friedrich II. Eisenzahn (1440–1470) und Albrecht Achilles (1470–1486) von Brandenburg.

Einen ersten Konflikt mit märkischen Städten beschwor der Statthalter Kurfürst Friedrichs I., Markgraf Johann Alchemist, herauf, der eine Kraftprobe mit Frankfurt (Oder) 1428/1429 indes nicht bestand. Auf den landesherrlichen Angriff antworteten die großen mittelmärkischen Städte Brandenburg, Berlin-Kölln und Frankfurt (Oder) 1430 mit dem Anschluß an das Kampfbündnis der Hansestädte gegen die Fürstengewalt. Mit der Spitze gegen den Landesherrn verbanden sie sich ihrerseits 1431 noch gesondert. Die patrizischen Räte von Berlin und Kölln stellten ihre alltäglichen Streitereien zurück und vollzogen 1432 die völlige politische Vereinigung der Doppelstadt. Ausgenommen blieben die Zünfte, die getrennt weiterbestehen sollten.

Die politische Union von 1432 diente auch der Behauptung der patrizischen Stadtherrschaft. Seit dem Anfang des 15. Jahrhunderts hatten sich die innerstädtischen Kämpfe in vielen deutschen Städten verschärft. Die ökonomischen und sozialen Veränderungen des ausgehenden Mittelalters führten zu ihrer vollen

Entfaltung. Die patrizische Stadtherrschaft sah sich auch in vielen märkischen Städten in Frage gestellt. Darum sollte ein 1438 geplanter mittelmärkisch-altmärkischer Städtebund nicht nur die Autonomie, sondern auch die Herrschaft des Patriziats durch ein gemeinsames Vorgehen gegen aufständische Zünfte und Bürgerschaften sichern.

In Berlin brachen 1441 schwere Kämpfe aus. Die streitenden Parteien – die Viergewerke und die »ganze Gemeine« einerseits, der patrizische Rat andererseits – riefen den Kurfürsten als Schiedsrichter an. Jetzt sollten sich die Ereignisse von 1346 gewissermaßen wiederholen. Wie Ludwig der Ältere nutzte Friedrich II. Eisenzahn die Zunftkämpfe, sich Berlins als politischen Mittelpunkts der Mark und Versammlungsorts der Landstände zu bemächtigen. Er stellte sich ebenfalls auf die Seite der bürgerlichen Opposition und ging gegen das ihm unbotmäßig erscheinende Patriziat vor. Der Sturz der patrizischen Stadtherrschaft wurde im Februar 1442 besiegelt. Der Kurfürst entschied für die Beteiligung der Viergewerke und gemeinen Bürger an den Räten von Berlin und von Kölln, löste die patrizische Union der Doppelstadt von 1432 sowie alle ihre Bündnisse auf. Die neuen Räte gelobten zusammen mit den Viergewerken und der gemeinen Bürgerschaft, keine neuen Bündnisse einzugehen. Sie anerkannten das Recht des Kurfürsten, die Ratswahl zu bestätigen, und schworen, ihm die Stadtschlüssel auf Verlangen jederzeit auszuliefern. Über die Frage des freien Zutritts und Aufenthalts des Kurfürsten und seiner Amtsleute in Berlin kam es bereits im Sommer zum Führungswechsel in den Spreestädten und zur Empörung gegen Friedrich. Dieser antwortete zunächst mit der Beschlagnahme des größten städtischen Güterkomplexes, des Tempelhofes mit den Dörfern Tempelhof, Rixdorf, Mariendorf und Marienfelde vor den Toren Berlins, den die Doppelstadt 1435 vom Johanniterorden gekauft hatte. Nach entsprechenden Rüstungen zog der Kurfürst im August 1442 mit Heeresmacht gegen Berlin. Ein Berliner Chronist des 16. Jahrhunderts berichtet, ein Bürgermeister habe ihm die Hand gereicht, der »unbestendige pöbel« ihm die Tore geöffnet. Friedrich entzog Berlin jetzt das 1391 erworbene Gericht, das heißt das Amt des Stadtrichters und die Gerichtsgefälle, sowie das Recht der Niederlage. Der für die Zukunft entscheidende Akt aber war, daß Kölln einen Bauplatz an der nördlichen Stadtmauer und bei der Langen Brücke für ein kurfürstliches Schloß abtreten mußte. Die Stadtmauer wurde an dieser Stelle abgerissen und der Schloßbau 1443 begonnen.

Die Berliner Bevölkerung empörte sich über den Eingriff des Kurfürsten. Sie stellte die innerstädtischen Auseinandersetzungen zurück und erhob sich bewaffnet im Berliner Unwillen von 1447/1448. Der Schloßbau und die Tätigkeit der fürstlichen Beamten und Diener wurden unterbunden, das Hohe Haus mit der Kanzlei gestürmt, lästige Urkunden vernichtet, die Union von 1432 wiederhergestellt. Beide Seiten rüsteten zum Kampf und suchten Bundesgenossen. Weder der mittelmärkische Städtebund noch die Hanse waren 1442 mit ihrer Kriegsmacht gegen die Verletzung der Berliner Autonomie eingeschritten. Sie erhoben auch jetzt nicht ihre Waffen, dem Berliner Unwillen zum Erfolg zu verhelfen, was den Berlinern allein nicht gelingen konnte. Der Widerstand Berlins wie der potentielle Rückhalt bei märkischen Städten und in der Hanse waren jedoch so stark, daß der Kurfürst den Berliner Unwillen nicht militärisch niederschlagen konnte. Er mußte mit der Doppelstadt einen von den Ständen im Mai 1448 vermittelten Vergleich schließen, wobei zu den Vermittlern neben dem Bischof von Brandenburg, dem Fürsten von Anhalt, dem Ruppiner Grafen und dem Johanniterordensmeister die Räte der Städte Brandenburg, Frankfurt (Oder) und Prenzlau gehörten. Der Vergleich stellte den Zustand von vor dem Aufstand wieder her. Der Kurfürst mußte davon absehen, Berlin und Kölln eine weitere Beschränkung der mittelalterlichen Städtefreiheit aufzuerlegen, während sich die beiden Stadtgemeinden endgültig in die Verbindung mit einem Schloß, die Bestätigung der Ratswahl und Bestellung des Stadtrichters durch den Landesherrn wie den Verlust der Gerichtsgefälle und Einnahmen aus

der Niederlage fügen mußten. Die völlige Trennung Berlins und
Köllns setzte Friedrich nicht durch. Die beiden Spreestädte standen nach 1448 nicht wie die Altstadt und Neustadt Brandenburg
und die Altstadt und Neustadt Salzwedel unverbunden neben-
einander. Vielmehr blieb der 1307 hergestellte Status einer Bundesstadt von Berlin und Kölln behauptet. Angehörige des Patriziats und Lehnbürger hat der Kurfürst im Herbst 1448 jedoch
als Einzelpersonen mit Geldstrafen und dem Entzug ihrer Lehen
verfolgt. Die Alleinherrschaft des Patriziats blieb gebrochen.
Friedrich fürchtete einen »befründeten rat«, das heißt ein durch
Verwandtschaft und gleiche soziale Stellung verbundenes, in sich
geschlossenes städtisches Führungsgremium. So erschienen in
der zweiten Hälfte des 15. Jahrhunderts ständig auch Handwerker als Ratsherren und Bürgermeister an der Spitze Berlins.

In Berlin gelang dem Territorialfürstentum erstmals ein
durchschlagender Erfolg gegenüber der städtischen Autonomie.
Das machte den Berliner Unwillen zu einem gravierenden Ereig-
nis von nationalgeschichtlicher Bedeutung in den Kämpfen zwischen Fürstengewalt und Städtebürgertum im 15. Jahrhundert.
Die Berliner Vorgänge gaben das Signal zu einem allgemeinen
Vorgehen deutscher Fürsten gegen ihre Städte.

Berlin mußte sich mit nunmehr eingeschränkter Autonomie in
den territorialen Fürstenstaat einordnen. Dieser Vorgang war
schmerzlich und demütigend für die selbstherrliche Bürgerkom-
mune in ihren Auseinandersetzungen mit den Feudalgewalten.
Andererseits blieb Berlin Mitglied der Hanse und hielten die
Berliner Kaufleute die Rolle Berlins als führende Handelsstadt
der Mittelmark aufrecht. Es liegen indes keine Zeugnisse für ein
Eindringen des Berliner Handelskapitals in die Gewerbesphäre
Berlins und der Mark vor, ebenso fehlen Nachrichten für die
Ausbildung des Verlagswesens und anderer frühkapitalistischer
Formen in der handwerklichen Produktion der Spreestädte und
des Umlandes. Aber Berliner Kaufmannskapital war offenbar in
gewisser Weise am sächsischen Silberbergbau beteiligt. Den eige-
nen Produktionsrückhalt hatten die Berliner Fernhändler weiter-

Siegel der Stadt Berlin,
1450–1709, auf dem Bären
der brandenburgische Adler

hin in der märkischen Getreideproduktion, doch begegnete ihnen bei der Getreideausfuhr bereits in der zweiten Hälfte des 15. Jahrhunderts der einheimische, jetzt in stärkerem Maße die Gutswirtschaft ausbildende Adel als scharfer Konkurrent. Anders als ehedem im hansischen Wirtschaftssystem, gewann Berlin keine Mittelpunktrolle bei der Herstellung von Handels- und Marktbeziehungen zwischen den frühkapitalistischen Gewerbezentren in Oberdeutschland wie in Sachsen und dem Hanseraum. Die Vermittlung übernahm die Leipziger Messe, oberdeutsche Kaufleute dominierten, wohlfeile Metall- und Textilwaren strömten aus den frühkapitalistischen Gewerbezentren in die Mark ein. Die Herausbildung eines europäischen Marktsystems stellte die Berliner Kaufleute vor neue Situationen und Probleme, die nicht mehr mittels der traditionellen Hansebeziehungen und mittelalterlicher städtischer Autonomie zu lösen waren. Es ergaben sich auch für das Berliner Handelskapital und die Gewerbeentwicklung der Stadt Interessen, gegenüber der Tätigkeit fremder Kaufleute, dem Zustrom billiger Massenbedarfsgüter, dem beginnenden Getreidehandel märkischer Ritter und der Zunahme gewerblicher Betriebe auf dem Lande die Förderung einer übergreifenden Staatsmacht und Fürstengewalt zu erfahren.

Von den Ergebnissen des Berliner Unwillens maßgeblich für die Entwicklung Berlins war nicht die Einschränkung der Autonomie. Die Unterordnung unter die Fürstengewalt erfuhren die märkischen Städte in der zweiten Hälfte des 15. Jahrhunderts allgemein. Entscheidend für Berlin war die Erhebung zur Residenzstadt. Mit ihr schlossen die Hohenzollern an die Mittelpunktrolle an, die Berlin als Versammlungsort der märkischen Stände, als Haupt des mittelmärkischen Städtebundes und als mächtige Handels- und Hansestadt seit dem Ende des 13. Jahrhunderts sukzessive gewonnen hatte.

Das Schloß wurde 1451 fertig. Der langgestreckte Bau längs der Spree ruhte auf einem Feldsteinfundament, hatte drei Geschosse aus roten Backsteinen und bezog den Eckturm der Köllner Stadtmauer, den »Grünen Hut«, mit ein. Friedrich II. hat wiederholt in ihm Hof gehalten. Ein Hofgericht wurde eingerichtet, die Schloßkapelle zum Domstift erhoben. Das Hohe Haus, benachbarte und andere Grundstücke wurden als Burglehen und Freihäuser an Räte und Amtleute vergeben. Doch stellte Berlin darum noch keine feste Residenz dar. Eine ständige Hofhaltung im Köllner Schloß erfolgte erst seit 1470 unter dem Statthalter des meist abwesenden Kurfürsten, dem Markgrafen Johann Cicero. Dessen Hofhaltung war nicht großartig, eher kümmerlich. So war der Hof als Verbraucher für das Berliner Wirtschaftsleben weiterhin wenig interessant. Auch gab es für Berliner Bürger keine Hof- und Kanzleistellen. Die Hohenzollern waren ihrer fränkischen Burggrafschaft Nürnberg und der Reichspolitik stärker verbunden als der Mark Brandenburg; fränkische Räte, Kanzleibeamte und Ritter bildeten den Hof und das Gefolge. Allerdings gewann Berlin durch die Verbindung mit der Köllner Hofhaltung eine außerordentliche Bedeutung als Hauptversammlungsort der allgemeinen märkischen Landtage, die in dieser Zeit häufig, manchmal mehrmals im Jahr in Berlin zusammentraten.

Berlin erlebte im 15.Jahrhundert eine rege Bautätigkeit, wofür der umfangreiche Produktionsausstoß der stadteigenen Ziegeleien und Kalkbrennereien zeugt, die vom Rat mittels Lohnarbeit betrieben wurden. Auch viele Handwerker waren wohlhabend genug, sich Steinhäuser mit Ziegeldächern bauen zu lassen. Die Lehmfachwerkhäuser begannen zurückzutreten. Seitens der Städte wurden die drei Pfarrkirchen nach 1380 unter Einbeziehung früherer Teile erneuert oder zu Ende gebaut und als spätgotische Hallenkirchen vollendet. Das Franziskanerkloster erhielt einen Kapitelsaal. Die Pfarrkirchen wie die Rathäuser und Torbauten wiesen indes keine herausragende künstlerische Ausgestaltung auf. Sie wirkten im Verhältnis zu anderen, auch zu solchen in wesentlich kleineren Hansestädten, bescheiden. Die Bauherren waren haushälterisch-nüchtern in erster Linie auf Zweckbauten bedacht, der Gedanke städtisch-bürgerlicher Repräsentation stand in Berlin offenbar zurück.

Hinsichtlich der Bildung, der Kenntnisse einer damals moder-

Ehemaliger Kapitelsaal mit Kreuzgewölben im Westflügel des Franziskanerklosters zu Berlin, 1471–1474 von Meister Bernhard errichtet. Anonymer Holzstich, 1883

143

nen Verwaltung und Geschäftsführung sowie der Übernahme humanistischen Gedankenguts wies Berlin gegenüber den oberdeutschen Städten und Leipzig wie den Seestädten im 15. Jahrhundert durchaus einen Rückstand auf. Zeugnisse für eine schriftliche Geschäftspraxis Berliner Kaufleute sind nicht überliefert. Die Stadtschreiber fertigten die städtischen Urkunden aus und schrieben das Berliner wie das Köllner Stadtbuch nieder. Eine bestimmte Schriftlichkeit in der Verwaltung bezeugen die laufenden Eintragungen im Berliner Stadtbuch, sodann seit der Jahrhundertmitte das erste Berliner Bürgerbuch und die Kämmereirechnungen. Eine nennenswerte Leistung auf dem Gebiet der Geschichtsschreibung wurde im mittelalterlichen Berlin nicht vollbracht. Schulen bestanden an den Pfarrkirchen. Der Rat führte die Aufsicht über die Schulordnung. Die Schulmeister, jedenfalls in Kölln, standen in Lohn und Dienst der Stadt. Höhere Bildung mußten Berliner außerhalb der Mark erwerben. Als Studenten an auswärtigen Universitäten, vor allem in Leipzig, dann in Erfurt, Rostock, Prag und anderen Städten, wurden bis 1500 192 Berliner Bürgersöhne, 229 aus Stendal, 259 aus Frankfurt (Oder) nachgewiesen. Die erste Hochschule in Berlin richtete der Dominikanerorden ein, indem er das Generalstudium der sächsischen Dominikanerprovinz, die von Holland bis Böhmen reichte, 1477 von Erfurt und Magdeburg an die Spree verlegte.

Im Köllner Schloß wurden 1458 und 1483 Ketzerprozesse geführt. Schon Ende des 13. Jahrhunderts fanden sich Waldenser in der Mark, waren in dieser im 14. Jahrhundert stark vertreten und im 15. Jahrhundert mit den Hussiten verbunden. Der märkische Hussit Matthäus Hagen wurde 1458 in Berlin verbrannt. Über Ketzer in Berlin selbst ist jedoch nichts zu erfahren. Die überlieferte Kritik an der Kirche galt der Habgier und seelsorgerischen wie überhaupt religiösen Unzulänglichkeit der Geistlichen, der Verweltlichung des Klerus, den Übergriffen geistlicher Gerichte und Verfehlungen einzelner Priester und Mönche. Sie wurde in Übereinstimmung mit der bestehenden kirchlichen

26 Gotischer Portalbogen des Hohen Hauses in der Klosterstraße,
im Mittelalter Residenz der Markgrafen von Brandenburg.
Aufnahme um 1935

27 Konsolkopf der mittelalterlichen Berliner Gerichtslaube,
die nach Abbruch des alten Berliner Rathauses
im Schloßpark Potsdam-Babelsberg neu aufgestellt wurde.
Aufnahme um 1935

28 Romanische Sitzbank
aus der mittelalterlichen Berliner Gerichtslaube.
Ältestes erhaltenes Möbelstück in der Mark Brandenburg

29 Seite aus dem Berliner Stadtbuch
vom Ende des 14. Jahrhunderts,
Beginn des Ersten Buches mit dem Verzeichnis
der Einnahmen der Stadt Berlin

30 Mittelalterliche Keramikgefäße
aus dunkelgrauem gebranntem Ton,
14./15. Jahrhundert

31 Totentanzfries in der Vorhalle der Marienkirche,
Wandgemälde um 1484/1485. In 28 Szenen ist der Tod
mit den Vertretern der verschiedenen Stände dargestellt,
die Verse sind die ältesten Zeugnisse Berliner Dichtung.
Aufnahme um 1935

32 Spätgotisches Sterngewölbe von 1467
in der Kapelle des Heiliggeistspitals in der Spandauer Straße.
Aufnahme von 1904

33 Urkunde vom 29. August 1442
über die Unterwerfung der Städte Berlin und Kölln
unter Kurfürst Friedrich II. Eisenzahn
mit den Siegeln Berliner und Köllner Handwerkerzünfte

150

34 Votivtafel der Berliner Familie Thomas Blankenfelde
in der Marienkirche,
Öl auf Holz, um 1505. Aufnahme um 1935

35 Schleifkanne des Tuchbereitergewerks, Zinn, 1578,
Gesamthöhe 50,6 cm
152

Ordnung geübt und griff weder die Hierarchie noch die Kirchenlehre an. Doch wucherte der Zweifel, schwand das Vertrauen in die Fähigkeit der Kirche und Priester, tatsächlich das ewige Heil vermitteln zu können. Das göttliche Gericht und ewige Verdammnis vor Augen, drängten die Gläubigen nach besonderer gottgefälliger Tätigkeit, nach Loskauf von den Sünden und nach Wundern. Die zunehmende Gläubigkeit der Bürger und Einwohner verband sich mit einem vermehrten Verlangen, das eigene Verdienst und den eigenen Wert in der herrschenden Standes- und Rangordnung kollektiv oder individuell darzustellen. Auf dieser Grundlage vollzog sich in der zweiten Hälfte des 15. Jahrhunderts eine außerordentliche Steigerung des religiösen Lebens in der Berliner Bevölkerung. An allen drei Pfarrkirchen schlossen sich Bürger zu Liebfrauenbruderschaften zusammen. Sie pflegten den sich ausbreitenden Marienkult. An die Nikolai- und die Petrikirche wurden dazu besondere Marienkapellen angebaut. Zur Erhöhung des Fronleichnamsfestes wurde eine Fronleichnamsbruderschaft gebildet. Die verstärkte Heiligenverehrung drückte sich in der Gründung der Wolfgangs- und Leonhardsbruderschaft aus. Von Innungen, Bruderschaften und Familien wurden in den Kirchen und Kapellen neue Altäre eingerichtet sowie Stiftungen für Seelenmessen und andere religiöse Zwecke gemacht. Zwischen Hoffnung auf ewiges Heil und Höllenangst huldigten Bürger und Einwohner Berlins dem Ablaßwesen. Die Wallfahrten nahmen zu. Zum Andenken an eine Wallfahrt nach Palästina wurde die Jerusalemkapelle gestiftet. Gewiß sind viele Berliner zu den blutenden Hostien – zum Wunderblut – nach Wilsnack gepilgert, welche weite Gebiete des mittleren Deutschland erregten und zu heftigen theologischen Auseinandersetzungen führten. Die weitverbreitete Totentanzdarstellung sollte in der Vorhalle der Berliner Marienkirche um 1484/1485 eine berühmte Fassung finden. Der Totentanz führte die mögliche Nähe des Todes im Lebensreigen vor Augen, wobei er einerseits an der herrschenden Standesordnung festhielt, andererseits auf die Gleichheit der Menschen vor dem Tode verwies.

153

Die Verstärkung des religiösen Lebens in Berlin war charakteristisch für die sich steigernde Gläubigkeit des Volkes allenthalben im Deutschland des 15. Jahrhunderts. Die in Berlin gefundenen Formen waren überall in Stadt und Land verbreitet. Sie waren Ausdruck der allgemeinen Unsicherheit, der sich abzeichnenden Krise in Kirche und Gesellschaft am Ausgang des Mittelalters.

1486 wurde die Mark Brandenburg von den fränkischen Fürstentümern geschieden. Die Kurfürsten konzentrierten sich von nun an auf die Herausbildung ihrer Landeshoheit in der Mark. Jetzt, am Ende des 15. Jahrhunderts, setzte die grundsätzliche Umgestaltung Berlins zur Fürstenresidenz und zum Verwaltungszentrum des brandenburgischen Territorialstaates ein. Das neue Verhältnis von Bürgerschaft und Hof, Fürsten und Stadt repräsentierten noch vor 1500 neben unbekannteren Berlinern Thomas Blankenfelde, Kaufmann großen Stils und Hoflieferant, Hans Schulte, frühkapitalistischer Unternehmer, ebenfalls Hoflieferant, Valentin Wins, Patriziersohn, kurfürstlicher Ratsschreiber und Rentmeister.

Drittes Kapitel

Residenzstadt im Spätfeudalismus

Zwischen frühbürgerlicher Revolution und Fürstenreformation

Berlin lag am Rande der revolutionären Ereignisse im ersten Viertel des 16. Jahrhunderts. Die Bauern der Mark Brandenburg produzierten im geringeren Maße als die mittel- und süddeutschen Dorfbewohner für den städtischen Markt und mochten sich darum leichter den Bedrückungen ihrer Grundherren fügen als jene. Die drakonische Unterdrückung der brandenburgischen Hussiten- und Waldensergemeinden vor wenig mehr als einem Menschenalter mag solche Fügsamkeit verstärkt haben.

Die Zentren der neuen, frühkapitalistischen Produktionsverhältnisse lagen ebenfalls in Mittel- und Oberdeutschland, wo Erzbergbau und Textilgewerbe blühten. Die Städtebürger der Mark hatten daran keinen Anteil. Die führenden Geschlechter Berlins ordneten sich eher den bestehenden feudalen Verhältnissen ein, als daß sie sie in Frage stellten. Die Patrizierfamilien Blankenfelde, Reiche, Stroband, Tempelhoff und Matthias hatten ihre nach dem Berliner Unwillen eingezogenen Lehen zurückerhalten oder neuen Grundbesitz erworben, so daß sie dem Adel nicht nachstanden.

Spätestens seit 1508 traten die Ratsgeschlechter der Schwesterstädte der Bürgerschaft wieder in alter Machtfülle gegenüber. In diesem Jahr kauften sie vom Kurfürsten das Stadtgericht für 90 Gulden jährliche Rente zurück, wobei die niedere Gerichtsbarkeit allerdings noch bis 1544 im Lehnsbesitz der Patrizierfamilien Brackow und Tempelhoff blieb. Der Rat besaß nach wie vor die volle herrschaftliche Gewalt über die Bürgerschaft. Das führte alljährlich im Oktober das Fest der Ratsversetzung, des Wechsels zweier alternierender Räte, den Bürgern eindrucksvoll vor Augen. Die Ratsherren wurden in feierlicher Prozession von St. Nikolai unter dem Gesang der Schüler und dem Läuten der Glocken zum Rathaus geleitet und empfingen so kirchliche Weihen für ihr Amt. Bei dem anschließenden Festschmaus verzehrten sie ganze Ochsen und tranken südländische Weine. In den

Der Neue Markt zu Berlin mit der Marienkirche im Hintergrund.
Holzschnitt, 1510

Jahren 1503–1506 kostete dieses Fest in Berlin nach Ausweis der
Kämmereirechnungen zwischen 9 und 15 Schock Groschen.
Demgegenüber verdiente ein Tagelöhner zu jener Zeit lediglich
etwa 4 Schock Groschen im Jahr. Gleichzeitig wuchs das Bettler-
tum zum sozialen Problem. Schon vor der Reformation versuchten deshalb Kurfürst und Magistrat, die Zahl der Bettler zu beschränken, indem sie den einheimischen und gebrechlichen

Bettelleuten eine Blechmarke an den Hut hefteten und die fremden von den Stadtknechten vor die Tore schaffen ließen.

Die Gegensätze zwischen Armen und Reichen, Geschlechtern und Bürgerschaft waren dementsprechend schroff, auch wenn sie nicht durch frühkapitalistische Ausbeutungsverhältnisse verschärft wurden. Im Vorfeld der frühbürgerlichen Revolution spitzten sich die Widersprüche auch in Berlin zu.

Ein Ausdruck solcher Konflikte war der grausame Massenprozeß gegen 38 Juden im Jahre 1510 in Berlin. Die Richter erhoben die aus unzähligen mittelalterlichen Pogromen bekannte unsinnige Anklage der Hostienschändung und des rituellen Kindesmordes gegen sie. In einem vierstöckigen hölzernen Turm verbrannte man die unschuldig Verurteilten. Zu der Hinrichtung strömten viele hundert Menschen selbst aus weit abgelegenen Orten der Kurmark. Der Kurfürst vertrieb die Juden aus der Mark. Viele Berliner wurden so auf bequeme Art ihre Schulden los. Dies mag dem Unmut der Bürger und Bauern ein Ventil geöffnet haben.

Gewaltsam machten sich soziale Spannungen im Jahre 1515 Luft, als die Bürgerschaft gegen den Rat aufstand. Anlaß war ein neuer Schoß, eine neue Steuer, die der Rat den Berlinern auferlegte. Der Kurfürst griff auf seiten des Rates ein und ließ die Aufrührer gefangennehmen.

Kurfürst Joachim I., der nun fast ständig im Köllner Schloß residierte, suchte seine Landesherrschaft zu festigen, um die bestehenden Verhältnisse zu stabilisieren. Diesem Ziel diente die Errichtung des Kammergerichts im Jahre 1515 als Appellationsinstanz von allen grundherrschaftlichen und städtischen Gerichten. Der Landesherr schuf sich damit ein Rechtsmittel für das Eingreifen in adlige und patrizische Machtausübung. Das Kammergericht setzte sich aus akademisch gebildeten, nach römischem Recht urteilenden Berufsbeamten zusammen und war auch insofern ein Fortschritt gegenüber dem alten Hofgericht der adligen Räte. Das neue Gericht tagte dreimal jährlich in Kölln und einmal in Tangermünde, der Nebenresidenz.

Berlins Hochgericht, der sogenannte Rabenstein. Holzschnitt, 1510.
Diese und die Abbildung auf der Seite 158
sind die ältesten bekannten Berliner Stadtdarstellungen

Die im römischen Recht geschulten Juristen kamen immer häufiger von der Landesuniversität Frankfurt (Oder), die Joachim I. im Jahre 1506 mit päpstlicher Bewilligung gegründet hatte. Die neue Hohe Schule war unter ihrem ersten Rektor Wimpina ein Hort der Scholastik und nach Ausbruch der frühbürgerlichen Revolution eine Stätte erbitterter Abwehrgefechte gegen die Reformation Martin Luthers. Dies lag ganz im Interesse kurfürstlicher Politik. Joachim I. verbot 1522 gleich Herzog Heinrich von Braunschweig und Herzog Georg von Sachsen seinen Untertanen den Besuch der »Ketzeruniversität« Wittenberg, die bisher auch die meisten Berliner Studenten der Landesuniversität vorgezogen hatten.

Joachim I. stand unter den Parteigängern der Papstkirche im Römischen Reich in vorderster Front. Er war dies mindestens ebensosehr aus politischem Interesse wie aus Glaubensgründen. Sein Vetter Albrecht aus der fränkischen Linie der Hohenzollern war seit 1511 Hochmeister des klerikalen Ordensstaates in Preußen. Seinem Bruder Albrecht hatte Joachim den Magdeburger Bischofsstuhl, die Administration des Bistums Halberstadt und 1514 auch noch das mit der Kurwürde verbundene Erzbistum Mainz verschafft. Die Bewilligung solcher Ämterhäufung ließ sich die Kurie mit 21 000 Gulden bezahlen. Zu ihrer Tilgung und als Gegenleistung für den Papst gestatteten die Hohenzollern dem berüchtigten Ablaßkrämer Tetzel, sein Gewerbe in ihren Landen auszuüben.

So kam der Dominikanermönch 1517 auch in die brandenburgische Residenz, wo er bei den Schwarzen Mönchen im Köllner Dominikanerkloster freundliche Aufnahme fand und sicher obrigkeitliche Unterstützung genoß. Die Erzählung, daß der Kurfürst seinen Hofleuten den Kauf von Ablaßzetteln verboten habe, ist unglaubwürdig und sicherlich eine Erfindung späterer Geschichtsschreiber, die die Haltung des Kurfürsten während der Reformation beschönigen sollte. Die Berliner mögen den Aufrufen Tetzels gern gefolgt sein, Ablaßzettel zu erwerben, um sich oder ihren teuren Verstorbenen die Zeit im Fegefeuer zu verkürzen. Denn sie waren gerade im Vorjahr durch eine schwere Pest gegangen, die ihnen als Geißel Gottes für sündhaftes Leben allzu leicht begreiflich zu machen war.

Mit dem Anbruch der frühbürgerlichen Revolution ließ der katholische Eifer der Berliner spürbar nach. Die Stiftungen von Messen und Altären hörten nach 1518 fast ganz auf. Der Kurfürst mußte die Bürger auf dem Verordnungswege zwingen, ihre religiösen Pflichten einzuhalten und zum Beispiel ihre Töchter zur Fronleichnamsprozession zu entsenden. Es folgte ein Verbot aller Schriften Martin Luthers. Joachim I. begründete dies ausdrücklich mit dem Bauernkrieg, der aus der Reformation erwachsen sei. Doch die Bauern blieben im Kurfürstentum noch ruhiger als die Bürger.

Letztlich ließ sich der revolutionäre Geist nicht an den Grenzen der Kurmark aussperren. Die Kaufleute bei ihren Messebesuchen, die wandernden Handwerksburschen, die fahrenden Schüler und herumziehenden Prediger trugen auf vielfältigen Wegen aus dem mit Berlin eng verbundenen Kurfürstentum Sachsen die neuen Gedanken herbei und warben der Reformation viele Anhänger. Dessenungeachtet blieben die Residenzstädter unter den Augen ihres Landesherrn länger als andere bei der alten Kirche. Sie beriefen keine lutherischen Prediger wie in Brandenburg, Sommerfeld, Treuenbrietzen oder in Stendal, wo die Bürgerschaft gewaltsam die Kirchenreform durchzusetzen suchte.

Von dem unruhigen Geist der Reformation und des Bauernkrieges war auch die Fehde des Hans Kohlhase beeinflußt, die jahrelang Adel und Fürsten von Kursachsen und Kurbrandenburg beunruhigte. Dem Köllner Lebensmittelkrämer waren 1532 auf dem Weg zur Leipziger Herbstmesse von einem sächsischen Gutsherrn die Pferde geraubt worden. Als ihm auf dem Rechtsweg das Seine vorenthalten wurde, fügte sich der Betroffene diesem für feudale Verhältnisse normalen Rechtsbruch nicht, sondern griff in außerordentlicher, fast revolutionär anmutender Weise zur Selbsthilfe. Ihm schlossen sich mindestens 300 Mit-

kämpfer an, die Mehrzahl entstammte dem städtischen Handwerk und Kleingewerbe oder war Lohnarbeiter. Die Aufrührer
fanden nicht nur in größeren Städten wie Berlin, Kölln, Brandenburg und Frankfurt (Oder), sondern auch in zahlreichen
Kleinstädten und Dörfern zwischen Bernau und Zossen, Jüter-
bog und Fürstenwalde Unterstützung. Am 22. März 1540 wurde
Hans Kohlhase nach kurzem Prozeß in Berlin auf der Hinrich-
tungsstätte vor dem Königstor aufs Rad geflochten. Die Berliner
vergaßen ihn nicht; Heinrich von Kleist setzte ihm als »Michael
Kohlhaas« ein literarisches Denkmal.

Aber alles in allem verebbten die Wogen der frühbürgerlichen
Revolution vor Berlin, und es blieb scheinbar alles beim alten.
Erst im nachhinein, im Zuge der Fürstenreformation und »von
oben« setzte sich ein Mindestmaß an Veränderung durch.

Entscheidender Anstoß zur Neuordnung der kirchlichen Verhältnisse war nicht die spektakuläre Flucht der Kurfürstin Elisabeth im Jahre 1528 nach Sachsen, einer Schwester des lutherischen Königs Christian von Dänemark und längst schon
lutherisch gesinnten Frau. Selbst der Regierungsantritt Joachims II. im Jahre 1535, der als Kurprinz vielfach Sympathien
für das Luthertum bekundet hatte, brachte nicht gleich die Reformation nach Brandenburg. Dazu bedurfte es noch erheblichen Druckes von unten, der spontanen Übertritte von Städten
und Gemeinden und der Bekenntnisse zahlreicher Prediger zur
neuen Lehre, die sich nach dem Tode Joachims I. häuften. Selbst
in der Residenz berief der Rat 1537 den evangelischen Prediger
Johann Baderesche an die Petrikirche. Im Februar 1539 forderten die Berliner Bürger in Versammlungen und offiziellen
Schreiben die Einführung der Reformation und erreichten die
Einsetzung des Melanchthon-Schülers Georg Buchholzer. Er
wurde später der erste evangelische Propst in Berlin.

Nun erst setzte der Kurfürst eine Kommission zur Erarbeitung
der reformierten Brandenburgischen Kirchenordnung ein. Philipp Melanchthon, der Vertraute Luthers, gab bei einem Aufenthalt in Berlin im Oktober 1539 zumindest seinen Rat dazu. Am

1. November vollzog Joachim II. seinen Übertritt, am nächsten Tag konnte die Bürgerschaft in der Nikolaikirche folgen. Die neue Brandenburgische Kirchenordnung wurde 1540 durch den eigens aus Wittenberg nach Berlin gerufenen Buchdrucker Johann Weiß gedruckt und verbreitet. Mit seiner Niederlassung hielt die Buchdruckerkunst in Berlin Einzug.

Die Brandenburgische Kirchenordnung von 1540 enthielt einen beträchtlichen Teil der katholischen Liturgie und der alten Gebräuche, so die Messe, die Chorhemden der Prediger und 35 alte Feiertage. Die strengen Lutheraner in der Kurmark waren darüber sehr unzufrieden. Der staatskluge Luther gab ihnen Bescheid, man könne dem Kurfürsten gerne die Prozessionen nach seinem Gefallen gestatten, wenn nur in der Hauptsache, in den Sakramenten und Glaubensfragen, das evangelische Bekenntnis reingehalten werde. Katholisches Beiwerk blieb für das kirchliche Leben Berlins noch mehr als ein Jahrhundert lang charakteristisch und erschwerte später die Annäherung an die Kalvinisten.

Die Inkonsequenzen der Kirchenordnung, der Übertritt in aller Stille, das zeitliche Nachhinken gegenüber den lutherischen Nachbarländern deuten auf die Unentschlossenheit des Kurfürsten hin. Er wollte es weder mit Kaiser und Papst noch mit dem katholischen König von Polen verderben, mit dessen Tochter er verheiratet war. Andererseits war mit der Umwandlung des Ordenslandes in das evangelische Herzogtum Preußen ein Hindernis des Übertritts für den Hohenzollern gefallen. Nicht nur Bürger und Bauern, auch die adligen Landstände forderten die Reformation. Sie eigneten sich in deren Gefolge beträchtliche Teile des Kirchengutes an und ließen den Pastoren nur das notwendige Auskommen. Die Domstifte blieben dem Adel zur Versorgung von unverheirateten Töchtern und nachgeborenen Söhnen.

Der Kurfürst selbst konnte von der Reformation eine Steigerung seiner landesherrlichen Macht erhoffen. Ihm erwuchs wirtschaftlicher Gewinn, da er Klostergüter in kurfürstliche Domä-

Kirchen Ordnung

im Churfurstenthum der Marcken zu Brandemburg / wie man sich beide mit der Leer vnd Lere= monien halten sol.

Gedruckt zu Berlin im jar
M. D. XL.

Titelblatt, 1540

nen umwandeln und kirchliche Kunstschätze in seine Silberkammer tragen ließ. Dies geschah auch mit dem Meßgerät der Berliner Franziskanerkirche. Das Kloster der Grauen Mönche blieb bestehen, bis 1571 der letzte Franziskaner darin verstarb.

Das Köllner Dominikanerkloster war schon vor der Reformation von Joachim II. für seine Domkirche in Besitz genommen und die Mönche nach Brandenburg geschickt worden. Die Hospitäler St. Gertrauden in Kölln, St. Georgen und Heiliggeist in Berlin gingen in die Verwaltung der Stadträte über, die sie für die Armenversorgung nutzten.

Wichtiger als der Gewinn in Heller und Pfennig war für den Landesherrn die oberste Kirchenhoheit in seinem Land, die ihm nun zufiel. Die lutherische Reformation gab den Territorialfürsten grundsätzlich die Funktion eines Summus Episcopus, eines obersten Bischofs. Joachim II. schritt aus diesem Recht heraus unmittelbar nach erfolgter Reformation zur Visitation und Neuordnung aller kirchlichen Einrichtungen und Güter. Er hatte fortan das Recht zur Besetzung der Pfarrstellen und geistlichen Ämter, und er nahm die Gesetzgebung und Rechtsprechung in allen geistlichen Angelegenheiten mittels des 1545 nach sächsischem Muster eingerichteten Konsistoriums wahr. Diese oberste Kirchenbehörde hatte ihren Sitz in Berlin.

So brachte die reformatorische Komponente der frühbürgerlichen Revolution den Berlinern wie überall in den deutschen Territorien keine Gemeindekirche, sondern eine Landeskirche. Die neue Kirchenordnung stärkte nicht das Bürgertum, sondern den feudalen Fürstenstaat.

Im Zeichen erstarkender Fürstenmacht (1540–1618)

Die kurfürstliche Residenz bestimmte zunehmend das Stadtbild und das gesellschaftliche Leben Berlins. Dienerschaft und Staatsbeamte, oft in Personalunion verquickt, nahmen seit dem Ende des Mittelalters an allen europäischen Fürstenhöfen an Zahl zu.

Dies stand im Zusammenhang mit der Ausbildung frühabsoluti-
stischer Regierungsformen. Auch im Kurfürstentum Brandenburg vermehrten und erweiterten sich die Zentralbehörden, die
sämtlich am Hofe ihren Sitz hatten. 1604 kam der Geheime Rat
als höchstes beratendes Gremium des Herrschers vornehmlich in
auswärtigen Angelegenheiten zum Kammergericht als oberster
Justizbehörde, zur Amtskammer für die Verwaltung der landesherrlichen Domänen und Regalien und zum Konsistorium als
oberster Kircheninstanz hinzu.

Die Entwicklung des brandenburgischen Staates im 16. Jahrhundert ist eng mit dem Wirken des Kanzlers Lampert Diestelmeier verbunden, eines Leipziger Bürgersohnes, der 1550 in den
Dienst Joachims II. trat und wenig später ein stattliches Haus
am Molkenmarkt erwarb. Er knüpfte enge Beziehungen sowohl
zum residenzstädtischen Patriziat als auch zum märkischen Adel,
in dessen Reihen er bald aufrückte. Erfolgreich beförderte er
Brandenburgs Ansprüche in Preußen und im Erzstift Magdeburg. Er straffte die Rechtspflege und leistete bedeutende Vorar-
beiten zu einer Kodifizierung des brandenburgischen Rechts. Er
erwies sich als Freund des Adels, wenn er den märkischen Bauern die Klage beim Kammergericht verwehrte. Gleich dem Kanzler Diestelmeier kamen damals viele Beamte, Hofleute, Künstler
und Gelehrte aus Sachsen. Der fortgeschrittene Nachbarstaat
war in Politik, Kultur und Wirtschaft von großem Einfluß.

Die Kurfürsten teilten ihren hohen Beamten Burglehen vornehmlich in der Breiten Straße aus, und sie siedelten zahlreiche
Hofleute auf der Schloßfreiheit, dem späteren Friedrichswerder,
an. Schon zur Zeit Joachims II. verköstigte die Schloßküche täglich 285 Personen. An weitere 150 Hofleute, die eigene Haushalte in der Residenz führten, zahlte der Kurfürst entsprechende
Gelder. Schloßbezirk, Burglehen, Werder und Mühlendamm sowie alle dem Hof zugehörigen Personen waren der Gerichtsbarkeit und dem Besteuerungsrecht der Stadträte entzogen. Sie unterstanden direkt der kurfürstlichen Gewalt, die durch den
Hausvogt wahrgenommen wurde. Die Exemtionen weiteten sich

also territorial und personell ständig aus. Es kam zu einem Dualismus zweier rechtlich und verwaltungsmäßig getrennter Bezirke in Berlin und Kölln, wie er alle Residenzen kennzeichnete.

Joachim II. war ein prunkliebender, verschwenderischer Herr, dem die alte Burg für den wachsenden Hofstaat und die Staatsbehörden zu eng wurde. Er ließ sie daher gleichzeitig mit dem Abschluß des Reformationswerkes 1539/1540 von dem sächsischen Baumeister Caspar Theiß zu einem prächtigen Renaissanceschloß um- und ausbauen. Bald erhob sich an der Spree ein dreistöckiger Bau mit Treppentürmen, Balkonen und Galerien unter glänzendem Kupferdach. Der aus Schneeberg in Sachsen stammende Bildhauer Hans Schenk, genannt Scheußlich, schmückte das Schloß mit Sandsteinskulpturen; Bilder des berühmten Lucas Cranach zierten den Festsaal. Ein überdachter Gang führte zum Dom, der ehemaligen Dominikanerkirche. Ein kleineres Jagdschloß baute Caspar Theiß dem Kurfürsten im Grunewald, ein weiteres entstand in Köpenick. Den Ausbau des Schlosses Spandau zur Festung vollendeten erst die Nachfolger. Gegenüber dem Köllner Schloß ließ Joachim II. die Stechbahn errichten, die fortan Schauplatz festlicher Turniere war. Eines der größten fand 1545 statt anläßlich der Doppelhochzeit, mit der sich der brandenburgische Kurfürst dem schlesischen Herzogshaus verschwägerte. Damals turnierten auf jeder Seite 60 Ritter miteinander, und es ging wie stets bei solchem Spiel nicht ohne Unglücksfälle ab.

Die Berliner sahen diesen Szenen mit Staunen und Verwunderung zu. Sie wurden bei anderen Gelegenheiten als Statisten in die Darstellung landesherrlicher Macht und fürstlichen Glanzes einbezogen. Ein besonderer Anlaß war es, als Joachim II. 1569 endlich von seinem Schwager, dem König von Polen, die Mitbelehnung für das Herzogtum Preußen und also die Anwartschaft darauf erreicht hatte. Das traditionelle Reformationsdankfest wurde deshalb mit einer Prozession nach dem Dom verbunden, an der alle über 10 Jahre alten Jungfrauen der beiden Residenzstädte in wallenden Gewändern und mit offenem Haar teilneh-

Das Churfürstliche Brandenburgische Wapen.

IN INSIGNIA ELECTORIS BRAN-
DENBVRGICI.

ALta Iouis volucris, Gryphi, fortesq; Leones
Condecorant clypeos, MARCHIO CLARE, tuos,
Iungitur his Sceptrum regale, quod ante tribunal
Induperatoris, non sine laude, geris.
Hæc tua SEPTEMVIR sunt vera Insignia Princeps,
Quæ tibi conseruet longius ipse DEVS.

)(ij

Das kurfürstlich-brandenburgische Wappen. Kupferstich, 1598

men mußten, dazu sämtliche Prediger der Städte und der Umgebung. Mochten solche Schaustellungen noch geeignet sein, die Bewunderung der Bürger für den Landesherrn zu stärken, so konnten sie den Befehl des alternden Kurfürsten, im August 1567 zum »Knüttelkrieg« gegen die Spandauer zu ziehen, nur als Narretei und Willkür empfinden. Teils zu Fuß mit abgesägten Speeren, teils zu Schiff auf der Havel mußten die Bürger der benachbarten Städte gegeneinander kämpfen. Nur glücklichen Umständen war es zu danken, daß kaum jemand dabei ernsthaft zu Schaden kam.

Unter der Regierung Joachims II. stieg der Geldbedarf des Hofes enorm. Die großen Bauten, die Kunstsammlungen, die üppigen Feste und schließlich eine Außenpolitik, die auf Ansprüche in Preußen und Schlesien zielte, verschlangen gewaltige Summen. Der Landesherr zog die Steuerschraube fester. Auf dem Landtag des Jahres 1564 übernahmen Adel und Städte je 400 000 Taler kurfürstliche Schulden. Der Kurfürst nötigte die Landstände wiederholt zur Übernahme seiner Verbindlichkeiten und stand doch bei seinem Tode im Jahre 1571 mit 4,7 Millionen Taler bei den unzähligen Gläubigern in Kreide. Die Bewohner der Residenz als der größten und wohlhabendsten Stadt des Landes mußten einen besonders großen Teil tragen. Im Jahre 1567 schätzten Bürgermeister und kurfürstliche Beamte deshalb in Berlin und Kölln die Vermögen der Bürger und legten den neuen, höheren Schoß mit 1 Taler von jedem Haus und 6 Pfennigen von jedem Schock Groschen fest. Die Steuer war zweimal jährlich zu zahlen und entsprach etwa einer Abgabe von 2 Prozent des bürgerlichen Besitzes. Kurfürst Johann Georg erhöhte bei seinem Regierungsantritt 1571 zusätzlich die Bierakzise, die einträgliche Verbrauchssteuer auf das allgemeine Volksgetränk jener Zeit.

Doch die Kassen des verschwenderischen Fürsten waren ein Faß ohne Boden. Und selbst unter einem verantwortungsbewußten Regenten wären die Kosten eines frühabsolutistischen Hof- und Staatswesens von einem Land, das im Unterschied zum benachbarten Sachsen weder Erzlagerstätten noch ein blühendes Gewerbe besaß, kaum zu tragen gewesen. Schon Joachim II. verfiel deshalb auf den erprobten Ausweg, die Gelder der Juden anzuzapfen. Er nutzte das Finanzgenie jüdischer Kaufleute. Er holte sie gegen hohe Schutzgelder wieder in die Mark und machte den aus Prag stammenden Lippold zu seinem Münzmeister und vertrauten Kämmerer. Nach dem Tode des Kurfürsten machten Nachfolger und hohe Beamte ihn zum Sündenbock für die Finanzmisere des Staates. Lippold wurde der Zauberei angeklagt und beschuldigt, im Bunde mit der Geliebten Joachims II., der schönen Gießerin Anna Sydow, den Kurfürsten vergiftet zu haben. Nach qualvollen Foltern wurde Lippold am 28. Januar 1573 vor dem Berlinischen Rathaus gerädert und geviertelt. Dieser Justizmord war der Auftakt zur erneuten Vertreibung der Juden aus der Mark Brandenburg. Ihr Vermögen füllte die kurfürstlichen Kassen. Wohlhabende Kaufleute der Residenz hatten

Hinrichtung des Juden Lippold auf dem Neuen Markt zu Berlin im Jahre 1573. Nach einem Kupferstich von 1573

schon zuvor die Ausweisung der ungeliebten Konkurrenten gefordert. Während des Prozesses gegen den Münzmeister wurden mit Billigung des Rates Plünderungen und Gewalttaten gegen die jüdischen Einwohner Berlins und Köllns verübt. Es ist einer der dunkelsten Flecken Berliner Geschichte.

Man wird davon ausgehen können, daß die Verfolgungen Andersgläubiger für die Regierenden weitgehend politisches Kalkül waren, während sie für die Masse des Volkes in diesem zutiefst religiösen Zeitalter in ganz anderer Weise existentielle Bedeutung hatten. Dieser Widerspruch entlud sich 1615 in Berlin im sogenannten Kalvinistentumult. Kurfürst Johann Sigismund (1608–1619) war 1613 zum Kalvinismus übergetreten, um sich mit dem Beistand der Niederlande die Jülich-Klevesche Erbschaft zu sichern. Als in der Folge immer mehr kalvinistisch reformierte Hofprediger und Beamte ins Land kamen und diese darangingen, den reichen Bilderschmuck aus dem Dom zu entfernen, geriet die lutherische Bürgerschaft unter Führung ihrer Prediger in Aufruhr. Umzüge durch die Straßen, Protestversammlungen auf den Plätzen Berlins und Köllns, Steinwürfe gegen die Häuser reformierter Prediger und laute Schimpfreden gegen den Kurfürsten und seine kalvinistischen Räte und Prediger mögen nicht nur den Glaubenseifer der Berliner, sondern auch ihren Zorn gegen manch andere landesherrliche Bedrückung artikuliert haben.

Die Residenz beförderte sichtlich Wissenschaften und Künste in der Doppelstadt. Hierfür steht die schillerndste und eindrucksvollste Persönlichkeit des damaligen Berlin, Leonhard Thurneisser zum Thurn. 1530 als Sohn eines Goldschmieds in Basel geboren, hatten ihn seine Studien und Unternehmungen in Bergbau, Alchimie und Medizin schon durch halb Europa getrieben, als er sich zu Beginn der siebziger Jahre Johann Georg mit einem Werk über die Flüsse und Mineralien der Mark Brandenburg und einer erfolgreichen Heilkur der Kurfürstin empfahl. Er wurde als Leibarzt eingestellt und erhielt das leerstehende Graue Kloster für seine Tätigkeit als Heilkünstler, Alchimist, Astrologe,

Naturforscher und Geschäftsmann eingeräumt. Hier legte er umfangreiche naturwissenschaftliche Sammlungen an, hier richtete er auch seine Druckerei ein, die bis zu 200 Menschen beschäftigt haben soll. Von hier aus sandte Thurneisser seine astrologischen Kalender mit Prophezeiungen und Gesundheitsratschlägen an zahlungskräftige Kunden in den Städten des Kurfürstentums und der benachbarten Staaten. Wenn es natürlich auch ihm nicht gelang, den Stein des Weisen zu finden, der unedle Metalle in Gold verwandelt, so weisen ihn doch seine zahlreichen medizinischen und botanischen Schriften als einen Hauptvertreter der fortgeschrittenen Theorien des Paracelsus aus. Als ihn Frankfurter und Greifswalder Professoren wegen Zauberei angriffen und ein Eheprozeß seine finanzielle Lage zerrüttet hatte, floh er 1584 nach Prag und nahm sein Wanderleben wieder auf, bis er wahrscheinlich 1595 in einem Kölner Kloster starb.

Die Druckerei überdauerte den Berliner Aufenthalt Thurneissers, er hatte sie schon 1577 seinem Setzer Michael Hentzke verkauft. Seit 1599 druckte die Familie Runge im Grauen Kloster; hier kam zu Beginn des 17. Jahrhunderts die älteste Berliner Wochenzeitung heraus. 1626 druckte Georg Runge zusätzlich ein erstes Berliner Lokalblatt. Der Zeitungsverleger war zugleich kurfürstlicher Postmeister. Das erleichterte ihm die Beschaffung von Informationen und den Vertrieb des Blattes in der ganzen Kurmark. Der Dreißigjährige Krieg beendete jedoch diese erste Blüte des Berliner Zeitungswesens.

Eng mit dem ehemaligen Franziskanerkloster verbunden war auch die Gründung des ersten Berliner Gymnasiums. Seit dem erzwungenen Auszug der Dominikaner hatte es keine höhere Schulausbildung mehr in der Residenz gegeben. Die beiden Lateinschulen an den Berliner Pfarrkirchen St. Nikolai und St. Marien, die 1540 bei der Visitation vereinigt wurden, hatten ein niedriges Niveau. Das Lesen, der Katechismus und das Kurrendesingen standen im Mittelpunkt, das Schreiben wurde vernachlässigt, das Rechnen wohl gar nicht gelehrt. 1574 wuchs aus diesen Schulen das Berlinische Gymnasium zum Grauen Kloster.

No: 38.

Auß Rohm vom 2. Septembris, Anno 1617.

AVß Spania hat man ; das selbiger König / ober die 200. Tausendt Kronen / so er zuvor König *Ferdinando* durch Wechsel zugeordnet / ihme noch 100. Tausendt Kronen / zur hülffe / das er seinen Königlichen Standt / bey noch lebender Röm: Keys: Mayt: desto besser führen köndte / zugemacht.

Auß Lyon / vom 3. Septembris.

DJe alte Königin sol wieder nach Hoff kommen. Weiln sie sich aber so sehr wieder den Printzen von *Conde*, vnd die jenigen / so ihn auß der Gefengnuß zuerlösen begehren / erzeiget : Wird noch daran gezweifelt.

Der *Conte di Auvergnia*, vnd *Monf. Vendosme*, seynd mit 4000. Mann vnd 2000. Pferdt dem Sophoyer zugezogen / Wie man aber vernimbt / thut man noch starck im frieden handeln.

Der König in Spania / wil den *Accordo* zu Asti halten / aber die Venediger nicht mit begrieffen haben / welches der Sophoyer durchauß nicht eingehen wil / vnd weil so viel Frantzosen vber das Gebirge passirt / helt man dafür / das sie nicht alle dem Sophoyer zuziehen / sondern das was anders damit angesehen sey. Derowegen sich die Genueser auch starck mit Volck versehen.

Auß Graffenhaag / vom 5. Septembris

AVß Franckreich wird gemeldt : das Ihre Mayt dem König zu Hispanien abermahls hart zugeschrieben / vnd denselben ermahnt / dahin zu trachten / daß er den Hertzog von Sophoya befriedige / vnd den Krieg auffhebe : oder Ihre Mayt. müsten demselben mit aller macht in seinem Rechten beystehen : Ihre Mayt. wolten auch nicht gestatten / das die Spanier die eingenommenen örter in Piemont vnd deren gegend solten inne behalten vnd besitzen.

Ihre *Prinzell. Excell.* sein auch von guter Hand gewarnet worden / sich

A

Seite aus der ältesten erhaltenen gedruckten Berliner Zeitung
aus dem Jahre 1617

Unter Aufsicht und Anleitung eines 13köpfigen Lehrerkollegiums lernten hier 1576 schon 600 Schüler aus der ganzen Kurmark in 7 Klassen. Die Finanzmittel der neuen Schule flossen aus dem Gemeinen Kasten der Berliner Kirchgemeinden und aus umfänglichen Stiftungen der reichen Berliner Familien, zu denen auch der Kanzler Diestelmeier gehörte. Neben Söhnen des Adels und des wohlhabenden Bürgertums nahm man auch arme Schüler auf, die in der »Kommunität« internatsmäßig wohnten und sich ihren Lebensunterhalt nach altem Herkommen mit Kurrendesingen verdienten. Die Schüler konnten nach einigen Jahren die Universität beziehen, vor allem die landeseigene in Frankfurt (Oder), um sich zu gelehrten Juristen, Theologen oder Ärzten ausbilden zu lassen. Die Übernahme einer Pfarre oder einer Beamtenstelle war jedoch auch unmittelbar vom Gymnasium aus möglich. Jedenfalls war der landesherrliche Dienst das Hauptziel dieser Schule und ihre Notwendigkeit mit der Erweiterung und akademischen Bildung der Beamtenschaft gegeben. Ein zweites Gymnasium entwickelte sich parallel aus der Lateinschule bei St. Petri, das Köllnische Gymnasium. Dessen Rektor, der Berliner Chronist Peter Hafftitz, hob ausgangs des 16. Jahrhunderts in seinem »Microchronicon Marchicum« den weiten Wirkungskreis seiner Schüler hervor, »die hin und wieder im churfürstlichen cammergericht, cantzlei und andern churfürstlichen ämbtern, auf dem lande bei denen vom adel, für praeceptores und schreiber in den städten, flecken und dörffern, kirch- und schulregiment und andern löblichen ämbtern nützlichen und fruchtbarlichen dienen, derer ein paar tausend nur allein in der chur Brandenburg, will der benachbarten herrschafften geschweigen, könte gezeigt werden«.

Das Gymnasium hatte neben der Vermittlung altsprachlicher Bildung auch die Aufgabe, die Schüler »gut Meißnisch« sprechen zu lehren. Die Sprache der Reformation, des moderneren Nachbarlandes, des Fortschritts überhaupt für die Brandenburger verdrängte in dieser Zeit das märkische Niederdeutsch nicht nur aus den Amtsstuben, sondern auch aus der Umgangssprache der gebildeten Berliner.

Die höheren Schulen pflegten die dramatische Kunst. Schüler und Lehrer spielten in den Rathäusern von Berlin und Kölln und selbst im Schloß vor einem zahlreichen Publikum. Die Stücke behandelten ausschließlich Stoffe der biblischen Mythologie und waren zumeist von Berliner Autoren verfaßt. Der als Musiker am Domstift tätige Georg Pondo verfaßte besonders viele Schauspiele.

Das Elementarschulwesen blieb dagegen unterentwickelt. Die Räte von Berlin und Kölln bemühten sich um die Verbesserung der deutschen Schreib- und Rechenschulen, die bei den drei Pfarrkirchen bestanden. Hier erhielten die Söhne der Kaufleute und der wohlhabenden Handwerker das nötige Rüstzeug für die spätere Geschäftsführung. Die Einrichtung einer Jungfernschule blieb eine unerfüllte Forderung der Kirchenvisitatoren. Mädchen brauchten nach den Maßstäben der Zeit keine Bildung. Die Winkelschulen, die von Schulgesellen, unbeamteten Theologen und sogar von Handwerkern ohne Erlaubnis des Rates betrieben wurden, hatte der Visitationsabschied zwar erneut untersagt, sie schossen aber immer wieder aus dem Boden, da sie die einzige Möglichkeit für die Masse der Handwerkersöhne waren, gegen geringes Schulgeld etwas zu lernen. Für die Kinder der Stadtarmut gab es nur eine einzige 1584 in Kölln begründete Armenschule. Die Tagelöhner blieben in der Regel Analphabeten.

Berlin und Kölln wuchsen nach den Jahrzehnten der frühbürgerlichen Revolution langsam, aber spürbar. Die Zahl der jährlichen Bürgeraufnahmen lag seit der Mitte des 16. Jahrhunderts durchschnittlich um 20 Prozent höher als in den ersten drei Jahrzehnten des Jahrhunderts. Die Einwohnerzahl wird nun auf rund 12 000 geschätzt. Dieses Wachstum ist um so beachtlicher, als weiterhin furchtbare Pestzüge die Bewohnerschaft dezimierten. Die Chroniken berichten für die Jahre 1576, 1584/1585 und 1598 von dieser Seuche. Sie soll 1576 in beiden Städten 4 000 Tote und 1598 3 000 Opfer gefordert haben, Zahlen, die – wie ähnliche Angaben aus vielen anderen Städten – hinsichtlich ihres absoluten Wertes ganz unglaubwürdig sind, aber für das Ausmaß des Schreckens und die über alle Maßen zahlreichen Opfer stehen können.

36 Titelblatt zu Leonhard Thurneissers Schrift
»Historia sive descriptio plantarum«, Berlin um 1585.
Kolorierter Holzschnitt

37 Das kurfürstliche Residenzschloß zu Berlin.
Anonyme Kopie des 19. Jahrhunderts
nach einem Ölgemälde von Abraham Begeyn, um 1690.
Wiedergegeben ist der Gesamteindruck des Renaissancebaus,
der vor allem ab 1538 durch Caspar Theiß errichtet worden war

38 Renaissanceportal des Ribbeckhauses in der Breiten Straße,
1624. Aufnahme um 1910

39 Zunftlade des Schlosser-, Winden-, Sporer-,
Büchsen- und Uhrmachergewerkes,
furniertes Eichenholz mit Intarsien, um 1650, Breite 53 cm

40 Die Klosterstraße mit Franziskanerklosterkirche
und Schule zum Grauen Kloster.
Aquarell von Johann Stridbeck dem Jüngeren, um 1690

41 Medaille auf Kurfürst Friedrich III. von Raimund Faltz
mit Grundriß von Berlin und Kölln sowie den neuen Vorstädten
Friedrichswerder, Dorotheenstadt und Friedrichstadt,
Silber, 1700, Durchmesser 6,6 cm

42 Die Brüderstraße zu Kölln an der Spree mit Petrikirche.
Aquarell von Johann Stridbeck dem Jüngeren, um 1690

181

43 Kopf eines sterbenden Kriegers von Andreas Schlüter
am Berliner Zeughaus, 1696.
Schlüter schuf insgesamt 22 Kriegerköpfe
als Schlußsteine über den Fenstern des Innenhofes
im heutigen Museum für Deutsche Geschichte.
Aufnahme um 1910

44 Theatrum anatomicum Berolinense.
Kupferstich nach Ferdinand Gottfried Leygebe
von Anton Balthasar König, um 1720.
Dargestellt ist ein Vortrag
im Hörsaal der königlichen Anatomie zu Berlin

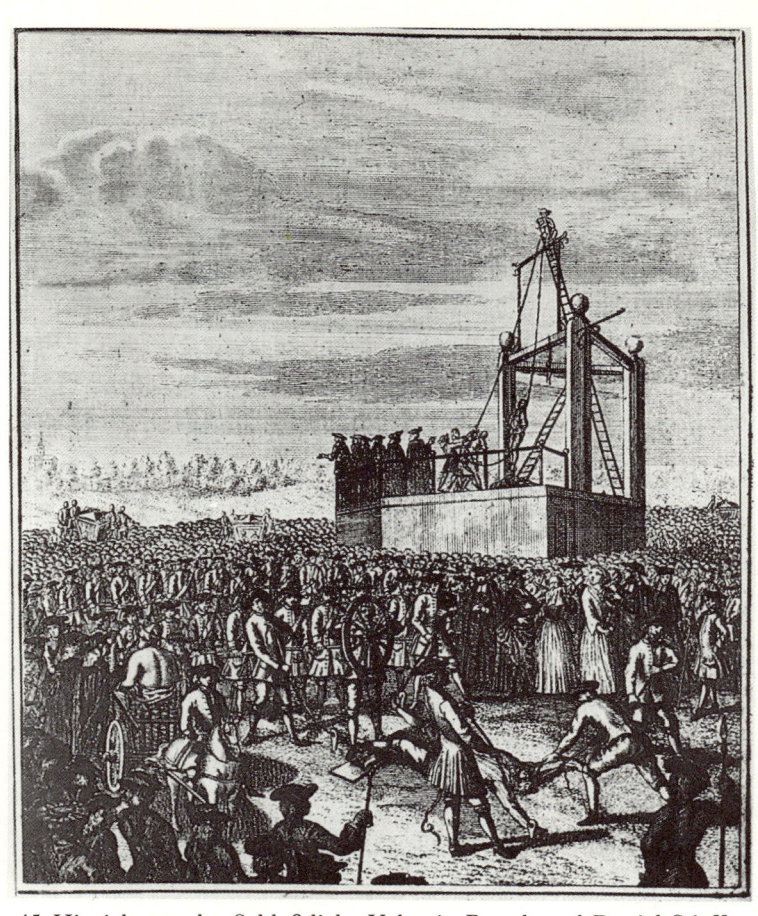

45 Hinrichtung der Schloßdiebe Valentin Runck und Daniel Stieff am 8. Juni 1718 in Berlin. Anonymer Kupferstich, 1719

Die Zunahme der Einwohnerzahl mag im Zusammenhang gestanden haben mit der in ganz Europa zu dieser Zeit wieder wachsenden Bevölkerungsdichte. Sie ist zugleich befördert worden durch die Rolle der Doppelstadt als Residenz, als Konsumtionszentrum und Verwaltungsmittelpunkt. Die großen Bauten, der Luxusbedarf des Hofes, die vielen Beamten und vornehmen Herren, die dauernd oder auf der Durchreise nach Berlin kamen, regten während der zweiten Hälfte des 16. Jahrhunderts Handwerk und Handel der Residenz kräftig an. Dann wurde es wieder stiller im neuen Schloß. Die Kurfürsten residierten seit 1605 vornehmlich in Königsberg, seitdem ihnen die Administration über das Herzogtum Preußen zugefallen war. Die Residenz glich aus, was Berliner Handwerker und Kaufleute dadurch verloren, daß der Adel Wolle und Getreide seiner Gutsherrschaften direkt an Hamburger Kaufleute verhandelte und in das Braurecht der Städte eingriff.

Die Jahrzehnte zwischen frühbürgerlicher Revolution und Dreißigjährigem Krieg waren eine rechte Blütezeit des Handwerks. Ganz neue Berufe tauchten auf: die Seidensticker und Federschmücker, Buchbinder und Uhrmacher. Berufe wie die Schneider und die Goldschmiede verfeinerten ihre Arbeit, um den Bedürfnissen der Hofleute zu genügen. In einer Vielzahl alltäglicher Gewerbe, wie bei Bäckern, Fleischern, Schuhmachern, Hutmachern, Schmieden, Stell- und Rademachern, etablierten sich spezielle Hofhandwerker. Sie saßen oft auf der Freiheit in Schloßnähe, insbesondere auf dem Gelände des kurfürstlichen Amtes Mühlenhof, waren von Abgaben und Dienstpflichten der Bürgerschaft befreit, hatten zu ihrem schönen Titel als Mundbäcker, Leibschneider oder kurfürstlich brandenburgischer Stell- und Rademacher den größten Absatz und die meisten Gesellen. Sie konnten von oben auf die Masse ihrer Kollegen herabschauen. Aber auch das übrige Handwerk zeigte ein recht günstiges Bild: In dem später eher ärmlichen großen Gewerk der Schuhmacher hatten um 1615 drei Viertel der Meister mindestens einen Gesellen. Trotz der strengen Zunftbestimmungen hatten die meisten Gesellen berechtigte Hoffnung, später in ihrer Heimatstadt oder anderswo Meister werden zu können, und viele junge Leute aus den märkischen Städten oder aus Sachsen ließen sich in der brandenburgischen Residenz nieder.

Wo die Handwerkskunst florierte, war auch das Zunftwesen voller Leben. In keinem Jahrhundert zuvor waren so viele Innungen privilegiert worden. Es entstanden nun die der Maurer (1540), Nadler (1554), Goldschmiede (1555), Messerschmiede (um 1555), Pantoffel- und Korkenmacher (1559), Tuchscherer (1560), Böttcher (1563), Stell- und Rademacher (1572), Zimmerleute (1573), Fischer (1574), Glaser (vor 1577), Töpfer (vor 1577), Zinngießer (vor 1579), Schwarzfärber (1586), Sattler (1587), Hutmacher (1588), Gürtler (vor 1592), Drechsler (vor 1592), Buchbinder (1595), Gold- und Drahtarbeiter (1597), Seiler (1611). Ein erheblicher Fortschritt in der Vielfalt und Leistungskraft des Berliner Handwerks war erreicht. Die meisten Zünfte waren beiden Schwesterstädten gemeinsam, nur die großen Gewerke wie die Bäcker, Schuhmacher oder Schneider bestanden in Berlin und Kölln gesondert. Seltene Berufe wie die Schwarzfärber, Seiler und Tuchscherer umfaßten die ganze Mittelmark, hatten aber Sitz und Lade in Berlin.

Frühkapitalistische Produktionsverhältnisse des Verlages oder der Manufaktur konnten sich auch jetzt nicht entwickeln. Dies wäre allerdings in der Wollverarbeitung durchaus notwendig gewesen, denn immer mehr Rohwolle von den Domänen und den Gutswirtschaften des Adels ging außer Landes, große Mengen ungefärbter und unbereiteter Tuche verhandelten die Kaufleute nach Hamburg und den Niederlanden, weil es an Feintuchwebern, Tuchscherern und Schönfärbern im Lande fehlte. Und immer größere Posten englischer und »holländischer« breiter Tuche führten dieselben Kaufleute für die Bedürfnisse des Hofes wieder ein. Die Ebbe in den kurfürstlichen Kassen und die Konkurrenzangst der berlinischen Tuchmacher mögen zusammengewirkt haben, um mehrere Projekte zur Einrichtung moderner Werkstätten durch Hamburger oder sächsische Fachleute zu verhindern.

Einzig im Baugewerbe sind Ansätze solcher neuer Elemente zu erkennen. Hier waren sie, allerdings durch die Technologie bedingt, seit jeher vorhanden. Der Zuzug von Bauarbeitern war besonders stark, wie die Gründung der beiden Geselleninnungen der Maurer und der Zimmerleute zeigt. Hier kam es offensichtlich zu Kämpfen um Löhne und Arbeitsbedingungen. Im Jahre 1603 mußten die Löhne angesichts der fortschreitenden Geldentwertung auf 1 Gulden = 24 Groschen wöchentlich im Sommer und 18 Groschen zur Winterszeit angehoben werden. Die Arbeitszeit legte eine Verordnung von 1606 auf 13 Stunden im Sommer, von 4 Uhr früh bis 7 Uhr abends mit zwei einstündigen Pausen, und 11 Stunden im Winter fest. Anlaß war, daß die Gesellen gewöhnlich früher von der Arbeit gingen und Holz und Späne für Nebenarbeiten auf eigene Rechnung fortschleppten. Bei den Zimmergesellen ereignete sich der einzige aus dieser Zeit überlieferte Arbeitskampf. Die Gesellenbruderschaft streikte gegen einen Meister, der statutenwidrig seinen Lehrjungen als Gesellen beschäftigte. Den Jungen, der nichts zur Gesellenlade geben wollte, setzten die Zimmerer auf ihrer Herberge unter ein Faß. Der Rat griff auf seiten des Meisters ein und nahm die Altgesellen gefangen.

Im Baugeschäft engagierten sich auch Kaufleute und sogar Angehörige der alten Patriziergeschlechter. Johann Blankenfelde richtete 1572 eine Wasserkunst für die Residenz ein, eine Wasserleitung mit hölzernen Röhren, die vor allem den größeren Handwerks- und Gewerbebetrieben das Spreewasser ans Haus lieferte. Der unternehmende Mann baute außerdem im Spreegraben eine Schleuse, damit die Kalksteinfuhren aus der Rüdersdorfer Gegend auf Kähnen in die Residenz gelangten, und er betätigte sich als Schiffbauunternehmer. Ihm folgte zu Beginn des 17. Jahrhunderts der Hoflieferant und Bürgermeister Georg Scholle, der zur Beförderung seines Holzhandels nach Hamburg die Wasserstraße zwischen Ruppin und Havelberg ausbaute.

Aber kennzeichnend für die Tätigkeit der Kaufleute und Patrizier dieser Zeit waren nicht solche Unternehmungen, sondern

Geldgeschäfte mit dem Hof. Immer zweifelhaftere Darlehen drängten vor allem während der Regierungszeit des verschwenderischen Joachims II. den Warenhandel zurück und führten zum Ruin mehrerer der alten Geschlechter. So streckte Johann Blañkenfelde dem Kurfürsten Zehntausende Gulden vor gegen die Verpfändung von Renten und Steuern aus Domänen und Städten. In ähnlicher Weise übernahmen Joachim und Hieronymus Reiche Bürgschaften und Darlehen für den Landesherrn, um Grundbesitz und Renteneinkünfte zu mehren. Andreas Lindholz zahlte zur Hochzeit der Prinzessin Hedwig 6 200 Taler voraus und später gemeinsam mit der Familie Loitz 72 000 Taler, davon 39 000 Taler zum Spandauer Festungsbau. Besonders übel erging es Andreas Grieben, der gemeinsam mit anderen ein Monopol für die Einfuhr von Seesalz in die Mark erhielt. Da Salz das wichtigste Konservierungsmittel war, bestand ein enormer Bedarf. Wegen der Konkurrenz des Steinsalzes konnte die Gesellschaft die vereinbarten Preise nicht halten. Den anschließenden Bankrott des Andreas Grieben führten aber nicht geschäftliche Mißerfolge herbei, sondern die ungeheuren Schulden, die Joachim II. bei ihm hatte, aber nicht beglich. Gerade deswegen hielt ihn der Kurfürst jahrelang unschuldig in Haft, bis der Kaufmann sich 1576 im Turm seines Küstriner Gefängnisses erhängte.

Wohl alle großen Familien der Residenz waren in das risikobeladene Darlehensgeschäft mit dem Hof verwickelt. Nicht immer konnte man sich an den verpfändeten Einkünften bereichern, oft wurden übernommene Bürgschaften für kurfürstliche Anleihen zum Verhängnis. Mit einer Reklamation von Bürgschaften wäre der rätselhafte »Einfall« zu erklären, den Beauftragte des Rates und des Kurfürsten 1567 bei den Kaufleuten Andreas, Merten und Joachim Grieben, Hieronymus Tempelhoff, Thomas Gategast, Andreas und Nickel Hartmann, der Witwe des Hans Mittelstraß, Andreas Massow, Andreas Lindholz und den Krämern Merten Gotzke, Jobst Krabbe, Hans Meyer, Franz Muselow sowie dem Goldschmied Joachim Wilke verübten. Die beweglichen und unbeweglichen Güter der Betroffenen wurden aufgezeichnet, Edelmetall und Schmuck größtenteils beschlagnahmt.

Auf Grund solcher Vorgänge – und natürlich auch infolge der hohen Sterblichkeit, die jede Familie nach etlichen Generationen zum Erlöschen brachte – verschwanden am Ende des 16. Jahrhunderts die Namen der alten Geschlechter aus der ersten Reihe der residenzstädtischen Bevölkerung. Neue Namen tauchten auf: Jobst Krabbe, der es unter Joachim II. als Münzmeister zu Reichtum brachte und sich als Hoflieferant für Tuche in Berlin niederließ; der vom Rhein zugewanderte Leonhard Weiler, sein Schwiegersohn, der das Unternehmen zum führenden Geschäft in der Residenz emporbrachte; die ebenfalls aus dem Rheinland stammenden Ambrosius Sturm und Tilman Essenbrücher mit ihrer Köllner Seiden- und Tuchhandlung. Auch der Warenhandel mit Tuchen, Seidenkram und Gewürzen, den diese Firmen vorrangig betrieben, band sie an den Hof, sie waren allesamt Hoflieferanten. Wie das Handwerk erreichte auch der Berliner Handel auf dieser Basis eine Blüte. Dies bezeugt die Gründung einer zweiten kaufmännischen Gilde im Jahre 1601, als sich neben der alten Vereinigung der Gewandschneider die Gesellschaft der Krämer zusammenschloß.

Als eine kurfürstliche Verordnung zu Beginn des 17. Jahrhunderts Berliner Maß und Gewicht, das heißt den Berliner Scheffel und den Zentner zu 110 Pfund, für die ganze Mittelmark verbindlich erklärte, entsprach dies der zentralen Bedeutung Berlins als Handelsplatz ebenso wie dem frühabsolutistischen Zentralisationsstreben.

Die Residenzfunktion prägte Verfassung und Verwaltung wie das Wirtschaftsleben der Doppelstadt. Das Regiment oblag den Räten. Der Köllner Rat bestand aus sechs, der Berliner aus zwölf Ratsherren, denen in Berlin vier, in Kölln zwei Bürgermeister vorsaßen. Bei der jährlichen Ratswahl wurde seit langem nur noch mit einem zweiten, jeweils ruhenden Rat gewechselt. Praktisch saßen die Herren also auf Lebenszeit im Rat. Doch die Besetzung erledigter Stellen erfolgte nicht wie in den Reichsstädten und den noch immer mächtigen Hansestädten durch Selbstergänzung, sondern nach dem Willen des Kurfürsten. Der sah in den Räten seiner Residenzstädte bloße »Untermagistrate«.

Aber es wäre vereinfacht, daraus eine subalterne Stellung der Räte zu folgern. Während der Regierungszeit Joachims II. entwickelte sich eine weitgehende Personalunion zwischen den Bürgermeistern und Ratsherren und hohen Beamten. Der reiche Johann Blankenfelde war wie zuvor schon Hans Tempelhoff gleichzeitig Bürgermeister und kurfürstlicher Küchenmeister. Hieronymus Reiche vereinte das Bürgermeisteramt mit einer Stellung als kurfürstlicher Rat. Thomas Matthias verwaltete als Bürgermeister sowie Hof- und Kammerrat die Finanzen des Landesherrn. Dabei verquickte er eigene, kurfürstliche und städtische Gelder derart, daß er nach dem Tode Joachims II. der Überprüfungskommission zum Opfer fiel. Die enge Verbindung der städtischen Geschlechter zum Hof wurde durch Heiratsverbindungen zusätzlich befestigt. Nach dem Niedergang der alten Patrizierfamilien vollzog sich an der Wende vom 16. zum 17. Jahrhundert ein Wandel. Der Kurfürst setzte nun studierte Beamte in die Bürgermeisterämter ein. Die Geschlechterherrschaft war zu Ende, die Räte der Residenz sanken zu Behörden herab. Die Polizeiordnung von 1604 kennzeichnete auf Geheiß des Kurfürsten diesen Zustand so, daß »Unsere Beamte, Sekretarie, Kanzlei-, Kammer- und Rentereiverwandte« in der Ständeordnung vor den Kaufleuten rangierten. Dieses eng mit den führenden Kaufmannsfamilien versippte Beamtentum bildete allmählich eine neue, für Residenzstädte typische Oberschicht, das Honoratiorentum.

Das Stadtregiment umfaßte im einzelnen die Verwaltung der Stadtdörfer, Meiereien und Vorwerke, der städtischen Gebäude und Hospitäler, der Kalk- und Ziegelscheunen und der Fischerei auf der Spree, die zwei Ratsherren in jeder Stadt als Kämmerer wahrnahmen. Dazu gehörten die Besteuerung der Bürger, die Markt- und Gassenordnung, Bau- und Feuerpolizei. Zur Aufsicht über die Gewerke bestellte der Rat besondere Beisitzer (Assessoren). Die Vertretung der Stadt bei den Landständen, vor dem Kurfürsten und bei Prozessen vor auswärtigen Gerichten nahm um 1600 der gelehrte Syndikus wahr. Sein Amt war die zweithöchste Ratsfunktion und aus dem Stadtschreiberamt hervorgegangen.

Wichtigstes Herrschaftsrecht war die hohe und niedere Gerichtsbarkeit, die dem Rat seit 1544 in ihrem ganzen Umfang wieder zustand. Nur sie wurde gemeinsam von beiden Residenzstädten in einem Schöffengericht unter Vorsitz des Stadtrichters geübt, zu dem vier Berliner und drei Köllner Bürger verordnet waren. Die Gerichtsbarkeit des Rates unterlag zwar vielen Einschränkungen. Das Kammergericht, eigentlich eine Berufungsinstanz in Zivilprozessen, griff häufig in die Stadtgerichtsbarkeit ein, besonders wenn jemand aus dem wachsenden Kreis der kurfürstlichen Beamten und Diener beteiligt war. Der Landesherr ließ sich alle Urteile, die an Leib und Leben gingen, zur Bestätigung vorlegen und korrigierte sie häufig. In strittigen und besonders schweren Fällen holte das Berliner Gericht nach altem Herkommen vom Schöffenstuhl der Mutterstadt Brandenburg Recht. Die Vollstreckung der Urteile, die schon bei Diebstahl in der Regel ans Leben gingen, war ausschließlich Sache des Berliner Scharfrichters und erfolgte auf der Richtstätte vor dem Berliner Rathaus.

Die Räte beider Städte nahmen die Schöffen aus den Stadtverordneten. Diese Einrichtung entstand bis zum Beginn des 17. Jahrhunderts neu, sie verdrängte die Viergewerke der Bäcker, Fleischer, Tuchmacher und Schuhmacher aus der Mitwirkung am Stadtregiment. Diese vier großen Zünfte waren längst nicht mehr die wirtschaftlich bestimmenden und vornehmsten unter den Handwerken. Die Stadtverordneten waren kein Organ der zahlreichen Handwerksbevölkerung mehr, sondern bloße Erfüllungsgehilfen der Obrigkeit. Sie setzten sich aus wohlhabenden Zunftbürgern und Kaufleuten zusammen. Der Aufstieg eines kaufmännischen Stadtverordneten zum Ratsherrn war nichts Ungewöhnliches. Wenn die Verordneten sich doch einmal als Vertreter der Bürgerschaft verstanden und gegen eine neue Verbrauchssteuer eintraten, verwies es ihnen der Kurfürst grob mit dem Hinweis, daß sie sich nicht in Landesangelegenheiten mischen, sondern nur in gebührender Bescheidenheit dem Rate beider Städte die Notdurft der Gemeinde vortragen sollten. Ihr Begehr nach einem eigenen Syndikus der Bürgerschaft prallte an eben diesem monarchischen Standpunkt ab.

Den Handwerkszünften, die die große Mehrzahl der Berliner umfaßten, blieb noch die Rechtsprechung und Urteilsvollstreckung in allen Verstößen gegen die Innungsstatuten einschließlich der Verfolgung unzünftiger Konkurrenten. Sie waren der dritte Stand nach der Polizeiordnung von 1604. Während kurfürstlichen Beamten und Kaufleuten die Anrede als Herr gebührte, stand ihnen der Meistertitel zu.

Ganz ohne Titel blieb der letzte, der vierte Stand, dem Tagelöhner und Gesinde zugerechnet wurden. Die Tagelöhner, die auf dem Markt, als Handlanger bei den Bauten oder auf kurfürstlichen Befehl auch beim Bau des Finowkanals eingesetzt wurden, besaßen keinerlei genossenschaftliche Organisation, wohnten nicht wie die Handwerker im eigenen Haus, sondern in Buden und Kellern, aber sie waren gleich diesen Bürger.

Es gab in Berlin und Kölln ein einheitliches Bürgerrecht, das nicht wie in anderen Städten zwischen Groß- und Kleinbürgern unterschied oder minderberechtigte Schutzverwandte absonderte. Der Erwerb des Bürgerrechts war Voraussetzung für den Erwerb von Haus- und Grundbesitz auf städtischem Gebiet und für den Betrieb von »bürgerlicher Nahrung«, zu der neben Handel, Handwerk und Gewerbe auch die Tagelohnarbeit zählte. Aber diesem Recht stand eine erhebliche Zahl von Lasten gegenüber, von Steuern und Abgaben, Diensten bei der Befestigung der Stadt und Aufgaben in der Feuerbekämpfung.

Die Bürgergemeinde hatte kein Mitwirkungsrecht an der Stadtverwaltung mehr. Mit der Erstarkung des Frühabsolutismus begannen aus Bürgern Untertanen zu werden.

Im Dreißigjährigen Krieg

Als 1618 der böhmische Ständeaufstand die schwelenden
Kämpfe der europäischen Mächte zum offenen Krieg entflammte, vermochte sich Kurbrandenburg noch eine Weile her-
auszuhalten. Bis in das Jahr 1626 hinein konnte das Leben in der
Residenz beinahe in gewohnter Weise fortgehen. Üppiger fast
noch als in früheren Zeiten präsentierte sich die Hofhaltung, die
jetzt annähernd 1 000 Personen umfaßte und sich also gegenüber
der Mitte des voraufgegangenen Jahrhunderts mehr als verdoppelt hatte. Trotz chronischer Verschuldung des Hofes fanden
1620 beim Besuch des Schwedenkönigs Gustav Adolf Festlich-
keiten statt, deren Höhepunkt die Verlobung des mächtigen lutherischen Fürsten mit der Prinzessin Marie Eleonore war. Eine
andere Schwester des Kurfürsten, Katharina, wurde zu Beginn
des Jahres 1626 dem reformierten Fürsten von Siebenbürgen,
Gábor Bethlen, mit großem Gepränge als Gemahlin angetraut.

Doch ernste Sorgen verdunkelten zugleich den Alltag. Der
Krieg verschlang große Summen, und überall in den deutschen
Territorien begannen die Fürsten um 1620, neue Münzstätten
einzurichten und minderwertiges Geld zu prägen. Städte und private Unternehmer beteiligten sich am »Kippen und Wippen«,
am Beschneiden und Verfälschen der Münzen. Bald war auch
die Mark Brandenburg mit minderwertiger Münze über-
schwemmt. Der Kurfürst, obwohl noch nicht im Kriege, machte
aus der Not eine Tugend und beauftragte seinen Münzmeister,
den Köllner Ratsherrn Lippert Müller, »Kippergroschen« zu
schlagen. Es waren Kupfergroschen, zur Täuschung im Silberbad
geweißt. Tagelöhner und Handwerker mußten das minderwertige
Geld in Zahlung nehmen, die großen Handelshäuser horteten
Silbertaler. Die Räte von Berlin und Kölln erhielten im Mai
1621 die Erlaubnis, kupferne Pfennige zu prägen, von denen
nicht 12, sondern 16 auf einen Groschen gingen. Kupfernes
Hausgerät in großer Menge wanderte in die Münzen. Die Inflation entwertete die Löhne und brachte Teuerung und Hungers-

not. Im Dezember 1622 wog das Groschenbrot nur noch 330 Gramm, kaum ein Viertel des gewöhnlichen Gewichts. Es kam zu Hungertumulten, in deren Verlauf den reichen Kaufleuten Jakob Weiler, Tilman Essenbrücher und Gottfried Fischer Wagenräder vor die Türen gehängt wurden als Zeichen, daß ihnen zur Strafe für ihre Beteiligung an den Münzmanipulationen ein Ende auf dem Rad zugedacht war. Mit dem Beginn des Jahres 1623 führte die Regierung endlich wieder eine feste Währung ein. Für die sämtlichen Gewerbe der Residenz gab es eine neue Taxordnung. Der Tagelohn wurde darin mit 3 bis 5 Groschen knapp genug, aber höher als zuvor angesetzt, und das Groschenbrot wog für kurze Zeit wieder 3 bis 4 Pfund.

Im Jahre 1626 erreichte der große Krieg die Kurmark. Der Kampf zwischen Kaiser und Fürsten, zwischen katholischer Liga und protestantischer Union, in den schon Dänemark und die niederländischen Generalstaaten, Siebenbürgen und Spanien verwickelt waren, erfaßte mit dem Eintritt Schwedens und Frankreichs weitere europäische Mächte und wurde ein Krieg, der auf deutschem Boden geführt wurde.

Kurfürst Georg Wilhelm (1619–1640) war ein schwacher Landesherr, der bei jeder herannahenden Gefahr aus seiner Residenz in die Festungen Spandau oder Küstrin, nach Breslau oder bis in das preußische Königsberg floh. Er betrieb eine schwankende Politik, die das Land erst recht den marodierenden Heerhaufen aller feindlichen Parteien preisgab.

Lange versuchte der Kurfürst, halbherzige Neutralität zu wahren, die den kaiserlichen Heeren Wallensteins Durchzug und Winterquartiere einräumte. Die märkischen Städte und Dörfer wurden geplündert, die Residenz kam mit stattlichen Proviant- und Tuchlieferungen sowie mit Geldzahlungen davon. Auch als Wallenstein selbst 1628 auf dem Weg zur Belagerung Stralsunds mit 1 500 Mann Gefolge in Berlin Einzug hielt, ging dies glimpflich für die Stadt ab. Drei Jahre später drang der Schwedenkönig Gustav Adolf in Berlin ein, um seinen Schwager zum Bündnis zu zwingen. Schweden und kurfürstliche Truppen preßten in den

Chur-Brandenburgischer
An die Königliche Majestät von Schweden
abgelaffener Gesandschafft

Berichtung /

Woraus zu ersehen /
Wie wunderlich man dieselbe getractiret und abge-
wiesen / weil Sie vom FRIEDE sprechen / und Seine
Churfürstl. Durchl. mit Schweden gegen Polen / und dero ge-
allürte sich in die vorige Kriegeshändel nicht wieder einlaffen
wollen.

Zu Hamburg im Jahr 1658.

Titelblatt zum Bericht über Auseinandersetzungen
zwischen der Kurmark Brandenburg und dem Königreich Schweden
im Gefolge des Dreißigjährigen Krieges

folgenden Jahren Zehntausende Taler und riesige Brot- und
Bierlieferungen aus der Bürgerschaft, verschonten aber wiederum die Residenz mit Plünderung.

Die schlimmsten Zeiten brachen für die Mark Brandenburg

erst an, als Georg Wilhelm nach dem Prager Friedensschluß von 1635 erneut die Partei wechselte und sich gemeinsam mit Kursachsen gegen Schweden wandte. Das Land wurde nun unmittelbar Kriegsschauplatz, und schlimmer noch als die fremden Heerhaufen hauste die eigene Soldateska.

Doch selbst in diesen schrecklichen Jahren nahm der mehrmals drohend anrückende Feind die Hauptstadt nicht, blieb Berlin das Schicksal erspart, erstürmt und niedergebrannt zu werden wie Magdeburg, oder mehrfach Besetzung und Plünderung zu leiden wie Brandenburg und Frankfurt (Oder). Gewiß war die Residenz des Kurfürsten in der Stadt der stärkste Schutz, denn der stets flüchtende Georg Wilhelm ließ zumeist seine Damen und den Hofstaat dort zurück, und die Feinde übten politische Rücksicht. Daneben war sicher die Politik der Stadt nicht wirkungslos, die auf eine eigene Neutralität, auf eine Ausgrenzung aus dem Kriegstheater der großen Herren zielte.

Zu Beginn des Krieges sahen die Berliner mit offen geäußertem Unmut die Aufnahme der Familie des aus Böhmen vertriebenen Winterkönigs, Friedrichs V. von der Pfalz – der kalvinistischen Verwandtschaft ihres Herrn –, da diese Parteinahme die Sicherheit der Stadt gefährdete. 1627 konnte die Stadt dann von der Regierung fordern, 40 bei Brandenburg in Gefangenschaft geratene Mitglieder der Berliner Bürgerkompanie auszulösen, da diese sich nie der kaiserlichen Armee aus Vorsatz widersetzt, sondern nur nach dem Befehl der kurfürstlichen Offiziere gehandelt hätten. Als 1638 der verhaßte kurfürstliche Statthalter Graf Schwarzenberg die Stadt zur Festung ausbauen, die Garnison verstärken und die Bürger zur Verteidigung rüsten wollte, vereitelte der Rat dies mit dem Hinweis auf die Gefährlichkeit, militärische Nutzlosigkeit und die bewährte »Neutralität« Berlins. Er einigte sich 1639 lieber mit den anrückenden Schweden auf eine riesige Kontribution von mehr als 30 000 Talern, die großenteils nur noch in Kramwaren, Pistolen, Pferden und Pferdegeschirren zusammengebracht werden konnte. Im folgenden Jahr mußten die Bürger dann doch zusehen, wie der Garnisonskommandeur

196

die Vorstädte niederbrennen ließ, um im Falle eines feindlichen Angriffs freies Schußfeld zu haben. Doch wenigstens zeitweise vermochten die Berliner ihren kaufmännisch-bürgerlichen Standpunkt, lieber zu handeln als zu kämpfen, selbst in so mörderischer Zeit durchzusetzen. So konnte Berlin sich lange »bei ziemlichem Wohlstand und genüglichem Vorrat« erhalten, wie die Frankfurter anläßlich der Aufteilung von Kriegskontributionen geltend machten. Die Residenz wurde zum Zufluchtsort der umwohnenden Landbevölkerung.

Innerhalb der Stadt war es keineswegs ruhig. Die Berliner nahmen die Kriegslasten nicht ohne Widerstand hin. Den Statthalter Schwarzenberg verfolgten sie mit Morddrohungen und öffentlich angeschlagenen Schmähschriften. Einem Attentat entging er mit knapper Not. Die Empörung richtete sich auch gegen die Kaufleute und Beamten im Rat, die den kleinen Handwerkern die Garnison in die Häuser legten, das letzte Geld und Gut mit Gewalt für die Kontributionen abnahmen, dem kleinen Mann Wachdienst und Bürgeraufgebot aufbürdeten und zugleich das eigene Haus, Vermögen und Leben schonten. Zur Zeit der großen schwedischen Kontribution mehrten sich die heimlichen Zusammenkünfte. Martin Melzow, ein Mann ohne jedes Amt, wie die Honoratioren geringschätzig feststellten, hatte die Führung. Auch in der Garnison verbreitete sich Unruhe, da die Offiziere in die eigenen Taschen wirtschafteten und die Löhnung ausblieb. Am 16. Februar 1641 ereignete sich ein regelrechter Tumult der gemeinen Soldaten.

Die Mark Brandenburg war im Friedensjahr 1648 nach zwanzigjährigen Durchzügen, Winterquartieren und Kampfhandlungen eines der Hauptschadensgebiete des Dreißigjährigen Krieges. Die Hälfte bis zwei Drittel der Bevölkerung war umgekommen, die Häuser waren zerfallen, die Äcker wüst. Wenn es der Residenz auch besser erging als jeder anderen Stadt im Lande, so bedeutete doch auch für Berlin dieser Krieg jenen tiefgreifenden Bruch in seiner Entwicklung, den er für die gesamte Geschichte des deutschen Volkes darstellte.

Zunächst litten die Berliner unter der Pest, die Flüchtlinge und Soldaten hereinschleppten, so daß sie häufiger und heftiger wütete als sonst. Die gewiß nicht im einzelnen glaubwürdigen Überlieferungen vermitteln doch einen Eindruck von dem Ausmaß der Opfer: 1626/1627 gab es 500 Pesttote; 1630/1631, als sich eine schwere Hungersnot hinzugesellte, starben in beiden Städten 2 066 Personen, das waren zweieinhalbmal soviel Menschen wie in normalen Jahren. Die schwerste Pest war zugleich die letzte in der Geschichte Berlins, sie suchte die Stadt in den Jahren 1637–1639 heim. Ihr fielen auch etliche Mitglieder des Rates und wohlhabende Kaufleute zum Opfer, so Christian Weiler und Peter Engel, die Inhaber des bedeutendsten Handelshauses.

Wirtschaftlich lasteten die gewaltigen Kriegsabgaben schwer auf der Bevölkerung. Die Zahlungen an die Garnison und den kurfürstlichen Statthalter stellten alle Lieferungen an die Feinde bei weitem in den Schatten. Das in Garnison liegende Regiment hat die Bürger monatlich 2 000 Taler gekostet, wie der bürgerliche Historiker Eberhard Faden berichtet. Das war jährlich doppelt soviel, wie die schwedische Kontribution des Jahres 1639 ausmachte! Allein die Stadt Berlin (ohne Kölln) hat nach eigener Zusammenstellung zwischen 1635 und 1641 153 217 Taler in die kurfürstliche Kasse geliefert. Welche ungeheuren Mittel wurden aus Handel und Handwerk gesogen! Die direkten Zerstörungen waren verhältnismäßig gering. Der Rat veranschlagte den Schaden aus der Niederbrennung der Vorstädte, die damals nur klein waren, auf rund 43 000 Taler.

Entscheidend war der Niedergang des Handels und der Gewerbe durch die Verwüstung des ganzen Landes. Hatten die Berliner Kaufleute noch bis in die erste Hälfte der dreißiger Jahre versucht, mit ihren Waren auf die Leipziger Messe zu gelangen und auch den Schiffsverkehr nach Hamburg aufrechtzuhalten, so gelang dies kaum noch, als die Mark jahrelang zum Heerlager und Kriegsschauplatz wurde. Die Waren wurden geraubt, die Wege gesperrt, die alten Handelsbeziehungen zerrissen. Die Bauern hatten keine Produkte mehr zum Markt zu bringen, und kein Geld, um Kleidung und Gerät zu kaufen. Viele Bürger ließen ihre ererbten Häuser verfallen, weil sie die Steuer nicht aufbringen konnten, in anderen waren die Besitzer weggestorben. So standen 1642 von 845 Häusern in Berlin 300 »wüst«, das heißt, sie waren unbewohnt und jedenfalls nicht steuerfähig. Die Einwohnerzahl der Schwesterstädte sank von rund 12 000 vor dem Krieg auf 9 000 bis 10 000 Menschen.

Wiederaufbau als Residenz des brandenburgisch-preußischen Absolutismus (1648–1680)

Berlin war am Ende des großen Krieges noch nicht der Mittelpunkt eines zentralisierten Staatswesens. Kurfürst Friedrich Wilhelm (1640–1688) ging daran, die voneinander isolierten rheinischen, brandenburgischen und preußischen Landesteile zu zentralisieren und dabei die politische Macht der Stände zu brechen, um nach westeuropäischem Muster einen absolutistischen Staat mit starker monarchischer Spitze zu schaffen. Da er sich nicht auf ein kräftiges Bürgertum gleich dem französischen stützen konnte, war sein Ziel nur mit Zugeständnissen an den Adel, dem er im brandenburgischen Landtagsrezeß von 1653 die Bauern als Erbuntertänige auslieferte, und mit intensiverer staatlicher Ausbeutung der Städte zu erreichen.

Berlin, das mit dem Aufbau des Absolutismus von der bloßen Residenz recht eigentlich zur Hauptstadt wurde, profitierte indessen von der Stärkung und Zentralisation des Staates. Die neuen Einrichtungen hatten jedoch auch hier widersprüchliche Wirkungen.

Früher als in den anderen Städten führte der Kurfürst in Berlin die Akzise ein, die neue Verbrauchssteuer, die ihn von der Steuerbewilligung der Stände befreite. Der Rat selbst bat erstmals 1643 und dann 1658 sowie 1662 den Kurfürsten um die

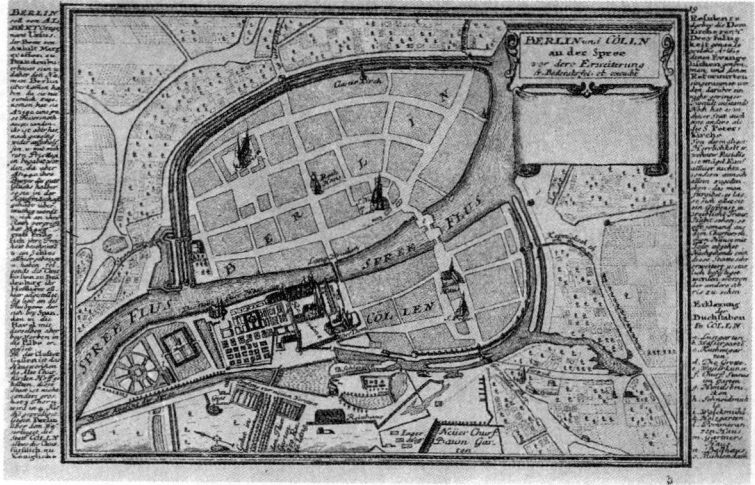

Plan der Doppelstadt Berlin-Kölln, um 1650, von
Johann Gregor Memhardt. Nachstich vom Anfang des 18. Jahrhunderts

Genehmigung dieser indirekten Besteuerung, da er anders die
Kontributionen, die der Landesherr trotz Kriegs- und Notzeiten
forderte, von der erschöpften Bürgerschaft nicht mehr eintreiben
konnte. Unruhen unter den Handwerkern und Tagelöhnern erzwangen jedoch dreimal die Einstellung der Akzise. Der Massen-
konsum und die Gewerbe waren unverhältnismäßig hoch besteu-
ert worden. Schließlich erreichten die Proteste eine Befreiung der
Gesellen von der Nahrungssteuer und die Heranziehung der
Hof- und Staatsbediensteten. Ab 1667 wurde die Akzise in Berlin
ständig erhoben, in den anderen brandenburgischen Städten war
ihre Einführung erst 1683 abgeschlossen.

Das Steueraufkommen Berlins steigerte sich mit der Akzise
beträchtlich. Wie ist es zu erklären, daß diese Einrichtung dennoch von Bürgermeister und Rat und von den Kaufleuten geradezu als segensreich gepriesen wurde? Der Bürgermeister Zer-
lang steckte 1671 in den Turmknauf der renovierten Marienkirche einen Zettel, der die Akzise als Grund für die Wieder-

bebauung der wüsten Hausstellen hervorhob. Und die Berliner Groß-, Wein- und Wollhändler verwiesen 1677 zufrieden auf den wieder florierenden Handel, der sogar Kaufleute aus der Lausitz, aus Sachsen und Böhmen anziehe. Dies lag an der starken Bevorzugung des Handels bei der neuen Steuererhebung. Als kombinierte Konsumtions- und Nahrungssteuer lag das Schwergewicht auf dem Lebensmittelverbrauch und auf Handwerks- und Tagelohnarbeit. Der durchgehende Handel wurde gar nicht und der Großhandel gering belastet. Entsprechend den merkantilistischen Maximen der Zeit versprach sich der Kurfürst einen Aufschwung der Wirtschaft und eine Verbesserung seiner Einnahmequellen vor allem von der Belebung des Handels, der »Kommerzien«.

Die zweite neue und für den absolutistischen Staat grundlegende Einrichtung war die Errichtung des stehenden Heeres. Damit verbunden war die Umwandlung Berlins in eine Garnisonstadt. Der Übergang vom Söldnerheer zum stehenden Heer erfolgte im Ergebnis der Teilnahme Brandenburg-Preußens am Schwedisch-Polnischen Krieg (1655–1660) und am Französisch-Niederländischen Krieg (1672–1678), in deren Verlauf der Kurfürst mehrfach die Seiten wechselte, von seinen weitgesteckten außenpolitischen Zielen aber nur eines erreichte: die Abschüttelung der polnischen Lehnshoheit über Preußen. Der innenpolitische Effekt war bedeutender.

Ansicht der kurfürstlichen Residenz Berlin-Kölln im Jahre 1652. Radierung von Kaspar Merian, 1652

Nach dem Westfälischen Frieden blieb in der Residenz nur die kurfürstliche Trabanten-Leibgarde stationiert, die 1653 360 Mann stark war. Die Berliner Bürgerbücher dieser Jahre bezeugen die Rückkehr vieler Soldaten und Offiziere aus brandenburgischem und fremdem Sold ins zivile Leben. Nach dem Frieden von Oliva (1660) reduzierte der Kurfürst die Armee nicht im gleichen Maße. Nach Berlin legte er nun rund 1 500 Offiziere und Gemeine des Leibregiments zu Fuß und der berittenen Trabanten. Nach dem Frieden von Saint-Germain-en-Laye (1679) unterblieb die Truppenverminderung fast ganz, der Übergang zum stehenden Heer war vollzogen. In Berlin war eine Garnison von etwa 2 000 Mann stationiert. Befehlshaber der Garnison war der Gouverneur, dem der Kurfürst zur Sicherung von Einquartierung und Versorgung der Truppe städtische Polizeibefugnisse übertrug und so den Kompetenzbereich des Rates einschränkte.

Die Soldaten und Offiziere waren großenteils verheiratet und lagen mit Weib und Kind in Bürgerquartieren. Hof- und Staatsbedienstete waren auch von dieser Last befreit. Handwerkern, Gastwirten und Kleinhändlern brachte zwar die Garnison manche Belebung ihres Absatzes, sie hatten jedoch auch vielfältige Mißhelligkeiten zu erdulden. Durchschnittlich hatte jedes Bürgerhaus ein bis zwei Soldaten Unterkunft zu geben, da aber die Vermögenderen die Pflicht in Geld ablösten, hat der Handwerker oder Ackerbürger sicher in der Regel zwei bis vier Soldaten beherbergt. Die Quartierwirte mußten Lagerstatt, Feuer und Licht und das »Sauer und Süß« (Salz, Pfeffer, Essig) liefern. Blieb die Löhnung aus, was in Kriegszeiten nicht selten war, mußte der Soldat auch noch mit Essen versorgt werden.

Oft genug griffen die Soldaten auf kriegsmäßige Versorgungsmethoden zurück, Diebstahl war häufiger als Desertion. Der Berliner Chronist Christian Wendland berichtet über die grausame Bestrafung von Soldatenräubereien. 1663 und 1672 wurden jeweils zwei Soldaten auf dem Molkenmarkt gehängt, im Jahre 1678 einem Reiter, der bei ausgebliebener Löhnung Straßenraub an Juden begangen hatte, vor dem Berliner Rathaus der Kopf ab-

Perspektivplan der kurfürstlichen Residenz Berlin-Kölln im
Jahre 1688. Dreiteiliger Kupferstich von Johann Bernhard Schultz.
Nachstich vom Anfang des 18. Jahrhunderts

geschlagen. In der Breiten Straße jagte man 1672 an einem Tag
13 Soldaten durch die Spieße. Eine Belastung für die Stadt wurden auch die vielen krumm und lahm geschossenen Soldaten, die
nach den Friedensschlüssen die Bettlerscharen verstärkten.

Gleichzeitig mit der Umwandlung in eine Garnisonstadt
wurde Berlin zur Festung ausgebaut. 1658 hatten die Bauten auf
der Berliner Seite unter der Leitung des Schweizers Johann Gregor Memhardt begonnen, der in den Niederlanden die Festungs-
baukunst gelernt hatte. Bis 1683 war auch die Köllner Seite, wo
der morastige Boden die Arbeiten erschwerte, von Mauerwerk
umgeben. Der perspektivische Stadtplan von Johann Bernhard
Schultz aus dem Jahre 1688 zeigt den sternförmig die Stadt um-
schließenden Festungsring.

Beim Festungsbau kam es zu Unruhen, wie der Geschichtsschreiber Adolf Streckfuß berichtet. Die Bürger waren über die
entschädigungslose Enteignung von Gärten und Grundstücken
vor den Toren ebenso empört wie über die Schanzarbeiten, die
sie neben den Soldaten und den Bauern der umliegenden Ämter
leisten mußten.

Mit der Straffung des Staates hielt eine erste Zentralbehörde im Berliner Schloß Einzug: das Generalkriegskommissariat, das die Verwaltung der Kontribution und der Akziseeinnahmen übernahm, die Versorgung der Armee überwachte und damit immer größere Teile des Wirtschaftslebens unter seine Regie bekam. Die Zahl der Beamten und Hofbediensteten wuchs, und das halbverfallene, im Dreißigjährigen Krieg oft unbewohnte Schloß wurde deshalb einer umfassenden Rekonstruktion unter Memhardts Leitung unterzogen. Holländische Bauleute und Künstler waren dabei in großer Zahl tätig. Ein Lustgarten nach holländischem Geschmack entstand. Die ganze Lebensweise des Hofes war bis hin zu den Möbeln und der Trinkschokolade von holländischem Einfluß geprägt, hatte doch der Kurfürst in den Niederlanden seine Jugendjahre verbracht und eine Oranierin geheiratet. Doch mit den holländischen Moden wurde nicht das bürgerliche Klassenwesen niederländischer Einrichtungen übernommen.

Die Hofhaltung entsprach dem Machtwillen des Kurfürsten, der bald »der Große« genannt wurde, kaum jedoch den Mitteln des geplagten Landes. Sie verschlang um 1674 jährlich 143 850 Taler, mehr als die Steuern Berlins und Köllns eintrugen. Die Chroniken berichten über Hoffeste, Feuerwerke und prächtige ausländische Gesandtschaften als Höhepunkte des gesellschaftlichen Lebens in Berlin, an dem auch der Bürger zuschauend Anteil nahm. Besonders eindrucksvoll und exotisch erschien die große moskowitische Gesandtschaft von 1679 mit ihren üppigen Geschenken von Zobel und anderem russischem Pelzwerk. Brandenburg-Preußen, noch weit entfernt davon, eine Großmacht zu sein, gewann wieder internationales Ansehen.

Der Wiederaufbau der Stadt und die Erholung der Einwohnerschaft gingen langsam voran und waren von Rückschlägen begleitet. Da half es wenig, daß der Kurfürst dem Rat wiederholt befahl, die wüsten Stellen endlich bebauen zu lassen. Der Rat klagte, es gehe damit wie mit einem alten Kleide, wenn man ein Loch zuflicke, seien zwei neue entstanden. Sieht man die Kurven

Der Lustgarten zu Berlin mit glorifizierender Darstellung
des Kurfürsten Friedrich Wilhelm als Apollo
und der Kurfürstin Dorothea als Diana, den Gartenbau beschützend.
Kupferstich, 1672

der Eheschließungen, Geburten und Todesfälle in der Stadt an, so sind die unheilvollen Wirkungen der erneuten Kriegsteilnahme Brandenburgs nur allzu deutlich.

In den Nachkriegsjahren bis 1655 waren allein in Berlin 35 Neubürger jährlich aufgenommen worden, die Zahl der Eheschließungen und Geburten erreichte einen Höhepunkt. Während des anschließenden Schwedisch-Polnischen Krieges und noch sichtbarer während des Französisch-Niederländischen Krieges sanken die Bürgeraufnahmen ebenso wie die Heiraten auf ein Minimum und die Sterblichkeit erreichte mit mehr als 60 Prozent die katastrophale Höhe schlimmer Jahre des Dreißigjährigen Krieges.

Und doch wuchs in diesen Jahrzehnten die Einwohnerzahl von Berlin und Kölln auf rund 16 500 Einwohner und übertraf damit den Vorkriegsstand beträchtlich. Dies war vor allem durch die Ansiedlung von Hofhandwerkern, Beamten und Bediensteten in der Umgebung des Schlosses möglich. Außerhalb des städtischen Rechtsbereiches entstanden regelrechte Neustädte. Auf dem nun Friedrichswerder genannten Bezirk vergab der Kurfürst Grundstücke gegen Erbzins zu bedeutenden Vergünstigungen: Die Bewohner waren von Kontribution und Einquartierung befreit und erhielten zugleich alle bürgerlichen Rechte. 1662 erhielt der Friedrichswerder ein eigenes Stadtprivileg. Erster Bürgermeister war der Hofbaumeister Johann Gregor Memhardt. Seit 1673 entstand ebenfalls auf kurfürstlichem Grund und Boden nördlich der zum Tiergarten führenden Lindenallee die Dorotheenstadt, die 1674 Stadtrecht bekam. Beide Neustädte wurden in die Festungswerke einbezogen. Um 1680 zählten sie schon etwa 300 Häuser und rund ein Fünftel aller Einwohner der Residenz.

Widersprüchlich und von Rückschlägen bedroht verlief unter den Bedingungen der erneuten Kriege die Erholung des Wirtschaftslebens. Handel und Gewerbe aller brandenburgischen Städte litten unter dem Ausbau der Gutswirtschaften, für den der Adel nun mit der rechtlichen Fixierung der bäuerlichen Erbuntertänigkeit freie Hand bekommen hatte. Die Herren konnten die Marktproduktion von Getreide, Malz, Wolle und Bier nahezu monopolisieren, und sie verkauften ihre Erzeugnisse immer häufiger unter Umgehung der Kaufleute direkt außer Landes. Die Berliner Handelshäuser gerieten in Gefahr, bloße Spediteure und Kommissionshändler der mächtigen Hamburger und Amsterdamer zu werden. Und wieder bot sich den Kaufleuten der Residenz im Hof- und Staatsbedarf die Möglichkeit zu Geschäften, die solche Einbußen reichlich ausglichen. Die Hoflieferanten und neuen Unternehmer waren großenteils aus den westlichen Gebieten zugewandert, wie die aus Hamm stammenden Meinhard Neuhaus und Johann Westorff, die den Hof mit Kleidung und die Armee mit Proviant versorgten, oder wie der aus Bremen gebürtige Daniel Stephani, der 1678 im Auftrag des Kurfürsten die erste Wollmanufaktur in Berlin begründete und auch eine Zuckersiederei anlegte.

Diese ersten Berliner Manufakturen gediehen nicht in der traditionellen Berliner Gewerbelandschaft, die ganz von den Zünften geprägt wurde. Wenn das Gewerbe der Residenz in diesen Jahrzehnten sich eher mühselig fortschleppte, so lag das jedoch nicht vordergründig an der Zunftorganisation. Es lag an der harten Bedrückung durch Kriegskontributionen und Akzise, und es lag entscheidend an der Verengung des Absatzmarktes infolge der Gutsuntertänigkeit der Bauern, die kaum für den Markt produzieren konnten. Das Berliner Handwerk fand nicht wie der Handel einen Ausgleich in Hoflieferungen, denn der Hof schätzte seine Erzeugnisse gering und bezog fast alle Gegenstände des täglichen Bedarfs aus Hamburg und Amsterdam. Das Gewerbe erholte sich auch deshalb langsamer und mühseliger als der Handel von den Kriegsfolgen, weil es der Akzise stärker unterworfen war. Ein deutliches Zeichen dieser Situation ist es, daß in den drei Jahrzehnten nach dem Dreißigjährigen Krieg keine einzige neue Zunft in Berlin und Kölln entstand. Die letzte Neugründung war mitten im großen Krieg erfolgt, als 1635 der Kurfürst die Seifensieder-Innung privilegierte.

Ungeachtet ihrer schwierigen wirtschaftlichen Situation, waren die Berliner Handwerker selbstbewußte und wehrhafte Männer und sichtlich durch die rauhen Kriegszeiten geprägt. Sie gingen nicht ohne Degen auf die Straße, ein Brauch, den kurfürstliche Verordnungen wenigstens den Lehrjungen und Gesellen versagen wollten, und sie griffen bei Streitigkeiten schnell zur Waffe. Ein Edikt gegen die Fastnachtsspiele und Prozessionen von 1659, das Christian Otto Mylius in der 2. Abteilung seines »Corpus Constitutionum Marchicarum« mitteilt, zeigt die Sitten der Berliner Handwerker sicher in übertrieben schwarzem Licht, wenn darin festgestellt wird, sie hätten »in ihren Herbergen und Zusammenkünfften wohl acht und mehr Tage aneinander geschmauset, sich dabei gehadert, geschlagen und wohl ermordet, dagegen ihre Arbeit und Geschäffte versäumet, groß Ärgerniß gegeben und mit ihren epikureischen heidnischen Leben und sündlichen Wesen Gottes Zorn nicht wenig gereizet«.

Die Disziplinierung der Residenzstädter gelang mit solchen Edikten ebensowenig wie mit den zahlreichen Bußtagen, die der Kurfürst verordnete. Die Wehrhaftigkeit der Handwerker war andererseits willkommen. Als 1675 die Schweden auf Berlin anrückten, formierte der Rat 600 arbeitslose Handwerksgesellen, die sich hier aufhielten, damit sie gegen Kost und Logis die Verteidigung der Stadt verstärkten.

Kultur und Wissenschaft entfalteten sich in der Beziehung zum Hof. Die bedeutenderen Persönlichkeiten dienten dem Kurfürsten als Hofprediger, Hofbibliothekar oder Hofmedikus. Sie waren in der Mehrzahl Zugereiste vom Niederrhein oder aus einem anderen kalvinistischen Territorium. Obwohl diese Gelehrten in der Regel Studienreisen nach den Niederlanden und nach England gemacht hatten und mit bürgerlichen Ideen und Einrichtungen wohl vertraut waren, stellten sie ihre Kenntnisse vorbehaltlos in den Dienst des spätfeudalen brandenburgisch-preußischen Staates.

Unter diesen Männern ragen nur einige heraus. Zu nennen ist Tiburtius Rango, der nach Studien in Holland über eine Greifswalder Professur nach Berlin kam und von 1663 bis 1668 Rektor am Grauen Kloster war. An Gelehrsamkeit stand ihm der reformierte Hofprediger Heinrich Schmettau kaum nach, der seine schlesische Heimat aus religiösen Gründen verlassen und in Frankfurt (Oder), Heidelberg, Basel und an holländischen Universitäten studiert hatte. Segensreich für die Berliner Bevölkerung war die Tätigkeit der Hofmedici Johann Sigismund Elsholtz und Christian Mentzel. Beide wirkten entscheidend an der Abfassung des Brandenburgischen Medizinaledikts von 1685 mit, das die Preise von Arzneien und Arztbesuchen regelte und die Tätigkeit der Medici und der Chirurgen gegen den weiten Wirkungskreis von Scharfrichtern, Schäfern und Schmieden, marktfahrenden Bruch- und Steinschneidern, Starstechern und Zahnbrechern abgrenzte.

Vorerst nur den privilegierten Beamten und Gelehrten in kurfürstlichen Diensten zugänglich war die 1661 gegründete Kurfürstliche Bibliothek, die Keimzelle der heutigen Deutschen Staatsbibliothek. Sie war zu dieser Zeit wie alle kurfürstlichen Behörden und Einrichtungen im Schloß untergebracht.

Das Amt des Hofbibliothekars war regelmäßig verbunden mit einer Lehrtätigkeit an einem der drei Gymnasien. Neben das Berlinische Gymnasium zum Grauen Kloster und das Köllnische Gymnasium trat als dritte höhere Bildungsstätte das während des Dreißigjährigen Krieges vor Schweden und Sachsen nach Berlin geflüchtete Joachimsthaler Gymnasium. Der Kurfürst vereinte es mit der reformierten Domschule und beließ es zur Ausbildung seines reformierten Beamtennachwuchses ständig in Berlin. Zugleich legte der Kurfürst den Söhnen des märkischen Adels und jenen Bürgerlichen, die eine Beamtenlaufbahn anstrebten, den Besuch der reformierten Landesuniversität Frankfurt (Oder) ans Herz und verbot ihnen nachdrücklich – wie schon Joachim I. getan hatte –, die beliebte Universität Wittenberg zu beziehen, den Hort der lutherischen Orthodoxie. Hohe Staats- und Kirchenämter besetzte er vorzugsweise mit reformierten Fremden, um mit dieser ihm persönlich verbundenen Elite gegen die Ständemacht im Lande agieren zu können. Diese Fremdlinge haben er-

Paul Gerhardt. Stahlstich von Ludwig Buchhorn, Anfang des
19. Jahrhunderts, nach einem Ölgemälde des 17. Jahrhunderts

heblich zum Ausbau der absolutistischen Fürstenmacht in Brandenburg-Preußen beigetragen.

Zu dieser Zeit war der Kalvinismus im Kurfürstentum eine

Religion des Hofes und der Beamten. Religiöse Verschiedenheiten bargen zugleich soziale Gegensätze. Der Kurfürst betrieb eine gewaltsame Angleichung zwischen Lutheranern und Reformierten, die insbesondere in Berlin in den sechziger Jahren des 17.Jahrhunderts zu offenen Konflikten führte. Mehrere Prediger Berliner Kirchen verweigerten dieser Kirchenpolitik den Gehorsam und wurden abgesetzt, unter ihnen der Prediger an der Nikolaikirche Paul Gerhardt.

Er hat als Dichter inniger, volkstümlicher Kirchenlieder bleibenden Ruhm erworben. Hinter den widerspenstigen Prediger sammelten sich sowohl die ständische Adelsopposition als auch die Berliner Zünfte, die mit der Steuer- und Kriegspolitik unzufrieden waren. Die Berliner ertrotzten 1666 die Wiedereinsetzung Paul Gerhardts. Da der Kurfürst gleichzeitig auf der Anerkennung des verordneten Religionsfriedens bestand, ging Paul Gerhardt schließlich aus dem Bannkreis des despotischen Herrschers fort und in das sächsische Lübben. Als der Kurfürst einen seiner bedeutendsten und mannhaftesten Untertanen vertrieb, siegte nicht die Toleranz über borniert lutherische Orthodoxie. Hier ging es um die Durchsetzung absolutistischen Machtanspruchs auf dem Felde der Kirchenpolitik unter den Bedingungen unterschiedlicher Konfessionalität von Volk und Herrscher.

Auf dem Weg zur königlichen Haupt- und Residenzstadt

In den Jahrzehnten zwischen 1680 und 1710 verwandelte sich Berlin so rasch und so sehr wie zu keiner anderen Zeit vor der industriellen Revolution des 19.Jahrhunderts. Aus der Puppe einer Residenz mit bloß regionaler Mittelpunktfunktion schlüpfte der Schmetterling einer Hauptstadt von europäischem Rang. Der Aufstieg Berlins war mit dem Machtzuwachs des brandenburgisch-preußischen Staates eng verknüpft, den die Hohenzollern 1701 mit dem Erwerb der preußischen Königswürde dokumentierten. Die Initialzündung gab aber nicht diese Königskrönung, sondern der Beginn einer großen Zuwanderung in den letzten Regierungsjahren des Kurfürsten Friedrich Wilhelm.

Die Beförderung der Niederlassung Fremder fügte sich in die allgemein anerkannte Maxime damaliger Staatskunst ein, daß Menschen der größte Reichtum jedes Landes seien. Der brandenburgische Kurfürst mußte daraus doppelte Anstrengungen in der Bevölkerungspolitik ableiten, denn seine Kernprovinzen zählten zu den am dünnsten besiedelten Gebieten Mitteleuropas. Und diese Hauptmasse der brandenburgisch-preußischen Besitzungen war zugleich gewerblich unterentwickelt. Auf die Gewinnung von Handwerkern und Gewerbetreibenden kam es also an.

Diese Voraussetzungen erfüllte die erste und spektakulärste Einwanderungswelle in idealer Weise, die Zuwanderung der Hugenotten. Sie war ausgelöst durch die Verfolgung der Kalvinisten in Frankreich, die mit dem Widerruf des schützenden Edikts von Nantes am 23. Oktober 1685 existenzbedrohend wurde. Schon am 8. November 1685 erließ Kurfürst Friedrich Wilhelm das Edikt von Potsdam, in dem französischen Glaubensflüchtlingen Aufnahme, vielfältige Unterstützung und Begünstigung bei der Niederlassung zugesagt wurde. Im Verlaufe der folgenden Jahre kamen zwischen 13 000 und 19 000 Hugenotten in das Kurfürstentum, etwa 5 bis 10 Prozent aller aus Frankreich geflohenen. Die meisten und vor allem die großen Kaufleute und Manufakturunternehmer hatten die hochentwickelten bürgerlichen protestantischen Staaten Westeuropas vorgezogen, die Niederlande und England.

Die Ansiedlung der Hugenotten in der Residenz war vom Kurfürsten ursprünglich nicht beabsichtigt. Er wies ihnen durch den Krieg entvölkerte Städte zu wie Stendal, Werben, Rathenow, Magdeburg, Frankfurt (Oder). Doch zog es die Franzosen in erster Linie nach Berlin, wo sie in der Umgebung des Hofes am ehesten Hilfe zur Existenzgründung und Absatz für ihre vielfältigen Erzeugnisse erhoffen konnten. Ein österreichischer Diplomat berichtete 1686, wie Jacob Paul Gundling 1712 in seiner »Nachricht von den Commerzien und Manufakturen in der Churmark

Die französischen Réfugiés zeigen Kurfürst Friedrich Wilhelm
Erzeugnisse aus ihren Manufakturen in der Mark Brandenburg.
Radierung von Daniel Chodowiecki, 1786

Brandenburg« überlieferte: »Bei meiner Rückkehr fand ich Berlin angefüllt mit Franzosen; sie flüchteten in Massen hierher, angezogen von der günstigen Aufnahme, die der Kurfürst den ersten bereitet hatte ... Jeden Tag sah man hier Kaufleute, Handwerker und Edelleute in Menge eintreffen.« Um 1700 lebten etwa 5 500 Hugenotten in Berlin, fast die Hälfte aller nach Brandenburg-Preußen eingewanderten französischen Kalvinisten. Jeder siebente Berliner war ein Franzose.

Die Berliner Hugenotten erhielten neben der kirchlichen Autonomie eigene Verwaltung und Gerichtsbarkeit, so daß sie als »Französische Kolonie« tatsächlich ein relativ selbständiges Gemeinwesen innerhalb der Residenz bildeten. Sie wohnten über die ganze Stadt verteilt neben den deutschen Bürgern, allerdings anfangs besonders zahlreich in der Nähe des Hofes, in Kölln und in der Dorotheenstadt, die 1691 mit Rambonnet einen französischen Bürgermeister erhielt. Später wurde auch die seit 1688 wachsende neue Friedrichstadt eine bevorzugte Wohngegend hugenottischer Handwerker.

Die französischen Flüchtlinge brachten im Durchschnitt jeder nur 200 Taler ins Land, sehr viele waren also ganz arm. Aber sie führten als wertvolles, für das Land unschätzbares Kapital ihre technologischen Kenntnisse in vielen Gewerben mit sich. Das Weben und Färben feiner Wollzeuge, das Wirken seidener Strümpfe, feine Gold- und Silberarbeiten, der Anbau zarter Gemüse wie Blumenkohl und Spargel zählten zu den Neuerungen, die die Hugenotten in Berlin heimisch machten. Vor allem das Handwerk der Residenz erhielt durch die französischen Einwanderer einen spürbaren Entwicklungsschub.

Nach dem Vorbild der fremden Nachbarn übernahmen die Bürger Berlins nicht nur manche neue Technik, sondern auch Elemente französischer Sprache, Mode und Kultur. Das war gewiß mit einer Erweiterung des Gesichtskreises verbunden und erleichterte die Integration der Hugenotten, der ansonsten Zunftgeist der Einheimischen auf der einen und Privilegien, die die Hugenotten hatten, auf der anderen Seite hindernd im Wege

214

standen. Der französische Einfluß hatte also in der Berliner Bürgerschaft wesentlich andere Wurzeln als bei Hofe, wo Friedrich I. (Kurfürst seit 1688, König 1701–1713) den Stil des Sonnenkönigs Ludwig XIV. von Frankreich nachzuahmen suchte. Mit der Ankunft der reformierten Hugenotten gewann der Gedanke der Toleranz in Berlin an Boden, er wurde zur Notwendigkeit und Wirklichkeit im Alltagsleben der Werktätigen.

Nach den Hugenotten kamen einige hundert pfälzische und Schweizer Familien nach Berlin, die gleichfalls dem reformierten Glauben anhingen und vor der Not in ihren durch Kriegszüge und Übervölkerung verarmten Dörfern und Städten auswanderten. Zahlenmäßig bedeutsamer war die spontane Einwanderung von Menschen aller Stände und Klassen aus nahezu allen protestantischen deutschen Territorien. Vor allem der sächsisch-thüringisch-anhaltinische Raum sandte einen breiten Strom in die brandenburgisch-preußische Haupt- und Residenzstadt. Es waren vor allem Textil- und Bauhandwerker, Gastwirte und Kleinhändler.

Eine Sonderstellung gegenüber allen anderen Einwanderergruppen nahmen die Juden ein. Ihre Ansiedlung entsprang ganz unverblümt finanzpolitischem Kalkül. Schon 1671 hatte der Kurfürst 50 aus Wien vertriebenen jüdischen Familien Aufnahme geboten, dabei aber ein Vermögen von 10 000 Talern zur Bedingung gemacht. In diesem Jahr kamen 9 Familien nach Berlin, darunter 7 österreichische, und bis zum Jahre 1700 war ihre Zahl schon auf 117 Familien mit rund 600 Personen angewachsen. Bis zum Ende des 18. Jahrhunderts wuchs die Berliner jüdische Gemeinde auf 3 400 Mitglieder an und kam so der durch Assimilation rückläufigen Zahl der Franzosen nahe.

Die Juden waren im Geld- und Pfandleihverkehr, im Kram- und Trödelhandel tätig. Alle zünftigen Handwerke, jegliche Beamtentätigkeit und eine Vielzahl anderer Gewerbe blieben ihnen in Berlin wie überall im Reich verschlossen. Die Juden erhielten auch kein Bürgerrecht, sondern nur Schutzbriefe. Die finanziellen Erwartungen der Herrscher erfüllten sich, aus der Handelstätigkeit der Juden floß ein wachsender Anteil der Berliner Akzise. Erfindungsreich zeigten sich die Beamten im Ersinnen von Sonderabgaben. So mußten die Berliner Juden 1689 – nach dem Regierungswechsel 1688 – 5 000 Taler für die Bestätigung ihres Niederlassungsprivilegs zahlen, im Jahre 1700 ein Regiment Soldaten aufstellen und ausrüsten und sich 1711 von der Verpflichtung freikaufen, einen roten Hut zu tragen. Die Juden waren im Unterschied zu den Hugenotten keine privilegierte, sondern eine diskriminierte Minderheit, die allerdings über beträchtliche wirtschaftliche Macht verfügte.

Die Einwanderung bestimmte in diesen Jahrzehnten das Gesicht der Stadt. Die expandierende Hauptstadt des neuen Königs an der Spree mit der glanzvollen, ja verschwenderischen Hofhaltung verhieß Zehntausenden Arbeit und Brot. Doch auf einen, der in Berlin sein Glück machte, sich als Meister etablierte oder in eine Beamtenstelle einrückte, kamen gerade in dieser Zeit zwei, die sich als Geselle, Tagelöhner, Knecht oder Soldat durchbringen mußten. Weniger als ein Viertel aller Neubürger waren noch Berliner. Die Bevölkerungszahl verdoppelte sich alle 16 Jahre und erreichte 1709 etwa 55 000 Menschen, darin waren der Hof und die Garnison eingeschlossen.

Berlin war vor allem ein riesiger Bauplatz. Von 4 100 Wohnhäusern, die es 1711 in der Hauptstadt gab, sind fast zwei Drittel nach 1685 gebaut worden. Die Neubauten waren sämtlich mit der Querseite zur Straße stehende, vom Barockstil beeinflußte zwei- bis dreigeschossige Steingebäude. Die Zeit der kleinen stroh- oder schindelgedeckten Fachwerkhäuser, die mit der Giebelseite zur Straße standen und durch Zwischenräume für das abfließende Regenwasser (»Gaten«) getrennt wurden, war vorüber. Berlin verlor rasch sein mittelalterliches Aussehen.

Die Dorotheenstadt erweiterte sich beiderseits der Straße Unter den Linden bis zum Tiergarten hinter dem Brandenburger Tor. 1690 erhielt diese Neustadt einen Magistrat und eigene Gerichtsbarkeit. Die dritte und größte Neustadt entstand seit 1688 unter Leitung von Johann Arnold Nering. Dieser Baumeister

Siegel der seit 1709 vereinigten
Doppelstadt Berlin-Kölln

vollbrachte mit der großzügigen, schachbrettartigen Anlage der
Friedrichstadt, in der Raum für Gärten hinter den Häusern gelassen war, eine beachtliche städtebauliche Leistung. Um 1710
lebten schon rund 600 Bürgerfamilien, also wohl 3 000 Einwohner, in der Friedrichstadt, die keinen eigenen Magistrat mehr erhielt, sondern Bürgermeister und Ratsbeamten des Friedrichswerder unterstellt wurde. Obwohl der Kurfürst 1691 die Anlage
weiterer Häuser vor den Toren der Stadt verboten hatte, wuchsen
auch die berlinischen Vorstädte vor dem Stralauer Tor, dem Georgentor (seit 1701 Königstor) und dem Spandauer Tor rasch.
Hier sammelten sich vor allem die Zuwanderer aus den Dörfern
und Kleinstädten der Mark Brandenburg, die als Fuhrleute, Tagelöhner, Knechte, Brauer, Gärtner oder Lebensmittelhändler
eine Existenz suchten.

Zugleich mit den Bürgerhäusern entstanden Repräsentativ-
bauten, die Berlin das Gesicht einer königlichen Residenz gaben.
Am Ende des 17. Jahrhunderts begann unter Leitung von An-
dreas Schlüter der Bau einer neuen Schloßanlage im Stile des
Barock. Als Schlüter ein Mißgeschick ereilt hatte – der überhohe
Münzturm stürzte ein – und er in Ungnade fiel, führte Eosander

von Göthe den Schloßbau nach einem erweiterten Entwurf zu Ende. Andreas Schlüter wirkte auch maßgeblich an dem 1695 durch Johann Arnold Nering begonnenen Bau des Zeughauses mit. Von ihm stammen die ausdrucksstarken Masken sterbender türkischer Krieger im Innenhof. Jean de Bodt vollendete den Bau, der heute das schönste erhaltene Denkmal des Barock in Berlin ist.

Die auswuchernde Residenz mit den unterschiedlichen Verwaltungen war kaum noch regierbar. Im Jahre 1709 erfolgte deshalb die Vereinigung der 5 Teilstädte unter einem einzigen Magistrat und dem gemeinsamen Namen Berlin. Damit war zweifellos die Unterordnung der Stadtverwaltung unter die Behörden des absolutistischen Staates verstärkt. Es war aber auch eine Vereinheitlichung der Gerichtsbarkeit und Verwaltung Berlins erreicht, die Berlins Handel und Gewerbe zugute kam.

Gouverneur und Zentralbehörden hatten schon vorher wichtige Fragen des Lebens in der Hauptstadt geregelt. Bauordnung und Medizinaledikt, Krämerordnung und Dienstbotenreglement, die neben unzähligen anderen in den letzten beiden Jahrzehnten des 17. Jahrhunderts erschienen, geben Einblick in die Alltagsprobleme der Stadt.

Der Verkehr auf den teilweise gepflasterten Hauptstraßen wurde dichter, so daß sich die Verkehrsunfälle mehrten und der Kurfürst 1693 in einem Patent den Galopp verbieten, das Parken der Fuhrwerke in den Straßen regeln und ihre Beleuchtung mit Fackel oder Laterne anordnen mußte. Schon 1688 war mit der Privilegierung hugenottischer Sänftenträger der Beginn des öffentlichen Nahverkehrs in der Stadt gesetzt.

Die Personen- und Nachrichtenbeförderung nach auswärts übernahm um 1700 großenteils die landesherrliche Post, die Berlin je zweimal wöchentlich mit einer Reisegeschwindigkeit von 1 Meile pro Stunde mit Amsterdam, Hamburg, Danzig, Dresden, Leipzig und Königsberg verband und europäischen Standard darstellte. Daneben gab es zahlreiche private Fuhrleute, die genau wie die Schiffer, die auf der Hamburger Route verkehrten,

Krönungszug König Friedrichs I. 1701 in Berlin.
Kupferstich von Pieter Schenk, um 1701

»nach der Reihe« fahren mußten und einen Tarif von 7 Groschen pro Pferd und Meile fordern durften. Ihr Kundenkreis
wird sich dementsprechend auf die wohlhabenden Hofleute,
Kaufleute und Beamten beschränkt haben.

Ungelöst blieb die Wasserversorgung und Abfallbeseitigung.
Das Wasser kam aus Brunnen auf Höfen oder Straßen. Abwasser
und Exkremente schüttete man bedenkenlos auf die Straße oder
in die Spree. Die Aborthäuschen befanden sich bei Häusern, die
am Wasser lagen, auf Galerien über dem Fluß. Asche und Müll
wurden in den Wohnungen gesammelt, bis der »Modderkarren«
von Zeit zu Zeit den Unrat abholte. Wie in allen Großstädten
der Zeit stieg infolgedessen die Seuchengefährdung mit der Einwohnerzahl. Es ist sicher mehr ein Glücksumstand als Ergebnis
besserer Stadthygiene, daß die letzte Pest, die Mittel- und Nordeuropa erreichte und Preußen entvölkerte, ihren Vormarsch auf

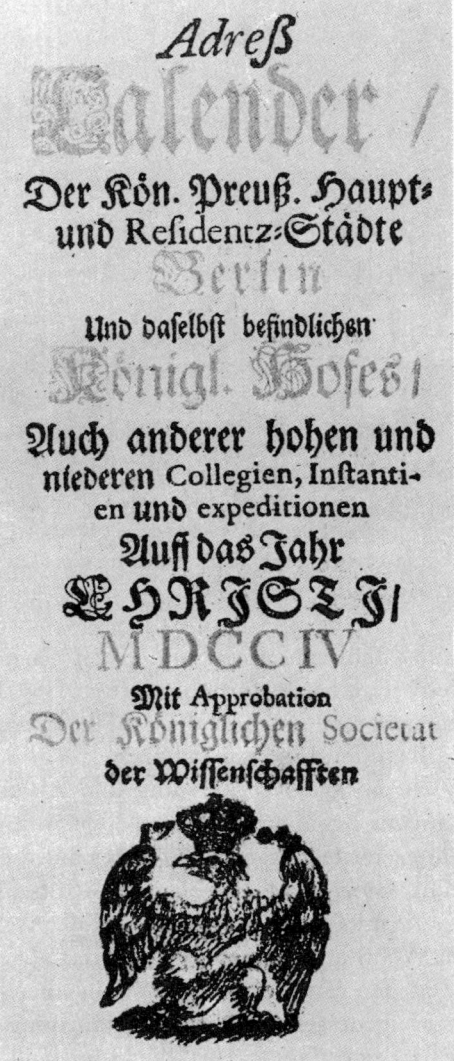

Titelseite des ersten Berliner Adreßkalenders
für das Jahr 1704

Berlin 1709 in der Uckermark beendete. In Hamburg, dessen Wasserverhältnisse durch Ebbe und Flut hygienisch besser waren, forderte der schwarze Tod vom September 1712 bis zum Februar 1714 etwa 10 000 Opfer. Berlin dankt der Pestgefahr des Jahres 1709 die Errichtung eines Pesthauses im Norden vor der Stadt, das 1726 zum Krankenhaus und Hospital Charité umfunktioniert wurde.

Mit der Konzentration einer immer größeren Volkszahl wuchsen die Probleme der Nahrungsmittelversorgung. Berlins Brotbedarf führte zu dieser Zeit eine Umorientierung des ganzen Getreidehandels in der Kurmark herbei. Adel und Domänenpächter, die zuvor ihr Korn in benachbarte Territorien und nach Westeuropa verkauft hatten, brachten es jetzt in die Hauptstadt. Die Uckermark und das Havelland wurden die Kornkammern Berlins. Doch in den neunziger Jahren des 17. Jahrhunderts, als mehrere Mißernten aufeinanderfolgten und ganz Europa vom Hunger heimgesucht wurde, entstand auch in der brandenburgisch-preußischen Hauptstadt eine ernste Lage. Die Freigabe des Brot- und Fleischverkaufs für Bäcker und Schlächter aus den umliegenden Städten konnte wenig helfen, auch die Sperrung der Kornausfuhr aus der Kurmark, die gerade mit Rücksicht auf Berlin wiederholt verordnet wurde, reichte nicht aus, um den Mangel zu beheben. Kornmagazine für die Bevölkerung legte der Staat nicht an, auch nicht, als in den Zeiten sehr niedriger Kornpreise zwischen 1701 und 1708 weitblickende Beamte darauf drangen. Verantwortlich war die Mißwirtschaft, die unter dem Regiment des Premierministers von Wartenberg, des Hofmarschalls von Sayn-Wittgenstein und des Generalkriegskommissars von Wartensleben das Staatswesen beherrschte. Die drei »Wehe«, wie man sie im Lande treffend nannte, trieben eine rücksichtslose Besteuerungs- und Aussaugungspolitik, die nur die unersättlichen Bedürfnisse des Hofes und ihre eigenen im Auge hatte.

Zugleich mit dem Reichtum vermehrte sich die Armut in Berlin. Zählten die Hilflosen und Unterstützungsbedürftigen zuvor nach Hunderten, so waren es nun Tausende. Nicht zufällig entstand deshalb zu Beginn des neuen Jahrhunderts ein kombiniertes Armen-, Arbeits- und Waisenhaus, das Große Friedrichshospital am Stralauer Tor. Zucht- und Arbeitshäuser erschienen während der Zeit der »ursprünglichen Akkumulation« des Kapitals zuerst in England und den Niederlanden, und ihre Gründungsdaten im übrigen Europa markieren recht getreu die Ausbreitung dieses Prozesses. Der Kurfürst Friedrich Wilhelm hatte schon 1687 in Spandau ein solches Haus errichten lassen, in das dann auch alle »mutwilligen« Berliner Bettler gebracht wurden. Da das Spandauer Zuchthaus die anwachsenden Bettlerscharen natürlich nicht faßte, begann 1697 der Bau des imposanten barocken Hospitals in der heutigen Waisenstraße, der erst 1727 vollendet war, aber schon 1701 die ersten Insassen aufnahm. Die Kapazität dieser Einrichtung war auf höchstens 500 Personen ausgerichtet. Sie konnte nur einen Bruchteil der Berliner Armen aufnehmen und diente mehr der Disziplinierung als der Versorgung. Die Armut war seit 1699 schon der Kompetenz des Magistrats entzogen und einer vom Kurfürsten ernannten Behörde, dem späteren Armendirektorium, überwiesen. Dies zeigt das Gewicht, das der absolutistische Staat dem Armenproblem in der Hauptstadt beimessen mußte.

Einrichtung und Organisation der Armenverwaltung standen unter dem Einfluß des Pietismus. Praktischen Anteil daran nahm Philipp Jacob Spener, der 1635 im Elsaß geborene Begründer des Pietismus, der seine Auffassungen von einer neuen, auf persönlichen Glauben und praktische Nächstenliebe gegründeten Frömmigkeit über Frankfurt (Main) und Dresden nach Berlin brachte und von 1691 bis zu seinem Tode im Jahre 1705 als Propst an der Nikolaikirche wirkte. Er knüpfte die engen Bande, die in der Folge zwischen dem Hallenser Pietisten August Hermann Francke und Berlin bestanden.

Ein Schüler Speners, der Prediger Johannes Rau, begründete seit 1699 Armenschulen in allen Teilstädten der Residenz, um gemäß den Leitsätzen des Pietismus der Armut durch praktische

Das Große Friedrichshospital zu Berlin.
Kupferstich von Johann David Schleuen, um 1730

Bildung zu bürgerlichem Broterwerb und Erziehung zur Gottes-
furcht vorzubeugen und abzuhelfen. Das Berliner Schulwesen gewann damit schon um 1700 mit den Armenschulen, den sechs
Kirchspielschulen für die Handwerkersöhne und den Gymnasien – ein viertes war im Friedrichswerder hinzugekommen –
eine Differenzierung und Dichte, die im Verlauf des 18. Jahrhunderts nicht mehr wesentlich überschritten werden sollte. Das
Netz der Schulen wurde durch private Nebenschulen ergänzt. Allein in der Friedrichstadt waren um 1710 sechs Studenten als
Schulhalter öffentlich geprüft und zugelassen worden. Etwa die
Hälfte bis zwei Drittel der männlichen Bewohner Berlins lernten
mehr oder weniger fließend lesen und schreiben, die Handwerkersöhne fast immer, die Tagelöhner- und Soldatenkinder meistens nicht. Im Vergleich zu den kleineren Städten oder dem
platten Land war dieser Prozentsatz hoch.

Der Pietismus, der in die Frühaufklärung mündete, war auf
die Lebensbedingungen und Wertvorstellungen der städtischen
Bürger, vor allem der Zunfthandwerker, zugeschnitten. Er übte

deshalb starken Einfluß auf das geistige Leben der Menschen aus. Zu keiner Zeit vorher und nachher sind die Gebote der Sonntagsheiligung, die Feiern, Tanzen, Biertrinken und selbst das Spazierenfahren zugunsten religiöser Andacht untersagten, so allgemein beachtet worden, nie sonst hielt man sich auch so streng an das Verbot, während der kirchlichen Fasten- und Adventszeit zu heiraten, wie in jenen frommen Jahrzehnten. Der Pietismus hat gewiß ordnend und stabilisierend in jener unruhevollen Aufbruchszeit der brandenburgisch-preußischen Hauptstadt gewirkt.

Das größte Übel religiösen Eifers scheint zugleich in der Residenz gebannt gewesen zu sein: der Hexenwahn und die daraus folgenden Justizmorde. Für die ersten Jahrzehnte nach dem Dreißigjährigen Krieg berichtete der Chronist Christian Wendland über Hexenprozesse in Berlin, dann verlautet über solche Greuel nichts mehr. Wenn auch erst 1714 die Brandpfähle im Lande ausgerissen und der Hexenprozeß unter die Aufsicht und Entscheidung des Königs gestellt wurde, so hat sich doch schon König Friedrich I. den Argumenten des bedeutenden Frühaufklärers und Professors an seiner neugegründeten Universität Halle, Christian Thomasius, nicht verschließen können, der dem Wahn mit theologischen, philosophischen und naturrechtlichen Gründen den Boden entzog. Unter der Bevölkerung blieb der Glaube an Hexerei, deren Existenz an sich auch Thomasius nicht in Abrede stellte, sehr lebendig. So berichtete der Chronist Gottfried Kaden, Kantor in der Friedrichstadt, in seinen »Merkwürdigkeiten«, daß sich 1710 ein Mann hier aufgehalten habe, der »mit dem Satan von 1697 bis 1708 einen Bund gemachet, davon aber durch Göttliche Gnade in Torgau wieder befreyet worden«.

Am Berliner Hof wirkte zu dieser Zeit der bedeutende Vertreter des Naturrechts Samuel Pufendorf (1632–1694). Das Naturrecht befreite Philosophie, Recht und politische Wissenschaften aus der Knechtschaft der Bibel und der lutherischen Orthodoxie. Besonders nachhaltig war das Echo von Pufendorfs Staatsrechtslehre, die den Staat nicht auf den göttlichen Willen, sondern auf einen Vertrag zwischen Volk und Herrscher gründete. Der in Sachsen geborene Pufendorf war über eine längere Wirksamkeit in Schweden 1688 nach Berlin gekommen, wo er als Hofhistoriograph angestellt wurde und mit Benutzung des kurfürstlichen Archivs die Geschichte der gerade zu Ende gegangenen Regierungstätigkeit des Kurfürsten Friedrich Wilhelm schrieb.

Der erste unter den Frühaufklärern war Gottfried Wilhelm Leibniz (1646–1716). Als Hofbibliothekar und braunschweigisch-lüneburgischer Hofhistoriograph in Hannover trat er zugleich in Beziehung zu zahlreichen Fürsten Europas, um überall auf die Gründung von Gelehrtengesellschaften hinzuwirken. So regte er die Einrichtung von Akademien in Dresden, Wien und Petersburg an und setzte in Berlin seine Vorstellung in die Tat um. In seiner Denkschrift über die Errichtung der Berliner Akademie, die 1700 zu deren Stiftungsurkunde wurde, legte der Universalgelehrte seine Absichten dar: »Es wäre demnach der Zweck, theoriam cum praxi zu vereinigen und nicht allein die Künste und die Wissenschaften, sondern auch Land und Leute, Feldbau, Manufakturen und Kommerzium und, mit einem Wort, die Nahrungsmittel zu verbessern.« Wenn die Akademie auch gleich der Akademie der Künste im königlichen Marstall in enger Nachbarschaft der Pferde untergebracht war, so entfaltete sie doch bald eine rege Tätigkeit im Sinne dieser Maximen besonders auf den Gebieten der Astronomie, Meteorologie und Medizin. Den Berlinern kam sie durch informative Kalender zugute. Gottfried Wilhelm Leibniz wurde zum ersten Präsidenten der Akademie der Wissenschaften berufen. Es war der Grund gelegt, Berlin zu einem Zentrum der Wissenschaften zu machen.

Schon vier Jahre zuvor war eine Akademie der Künste in Berlin errichtet worden. Die Idee und der Entwurf dazu stammten von dem niederländischen Maler Augustin Terwesten, den der Bildhauer Andreas Schlüter und der Baumeister Johann Arnold Nering unterstützten. Im Unterschied zur Akademie der Wissenschaften war die Akademie der Künste eine Ausbildungsstätte,

Godefroy Guillaume Leibnits
né a Leipsic le 3 Juillet 1646
mort à Hanover le 14 Novembre
17 16.

Il fut dans l'univers connu par ses ouvrages,
Et dans son Païs même, il se fit respecter ;
Il instruisit les Rois, il éclaira les Sages,
Plus sage qu'eux il sut douter.
M. Voltaire.

Gottfried Wilhelm Leibniz. Anonymer französischer Kupferstich,
nach 1716

an der junge Leute das Zeichnen, Modellieren und die Baukunst erlernten.

Alle diese Künste standen in dem baufreudigen Berlin in hoher Blüte. Die Schlösser in Charlottenburg (Andreas Schlüter), Friedrichsfelde (Martin Böhme), Köpenick (Rutger von Langerfeld) und in Schönhausen (Eosander von Göthe), das Lustschloß Monbijou (Eosander von Göthe), die steinerne Lange Brücke zwischen Berlin und Kölln (Johann Arnold Nering), das Palais des Grafen Wartenberg (Andreas Schlüter) und die Villa Kamecke (Andreas Schlüter) entstanden zugleich mit Schloß, Zeughaus, Marstall und Dorotheenstädtischer Kirche in dieser Hochzeit des Berliner Barock. Als Zeugnisse der Bildhauerkunst Andreas Schlüters sind neben den genannten Kriegermasken im Hof des Zeughauses das Reiterstandbild des Kurfürsten Friedrich Wilhelm, das ehemals auf der Langen Brücke stand, und die Kanzel in der Marienkirche erhalten.

Neben den bildenden Künsten erlebte das Theater einen Aufschwung, da es geeignet war, den Glanz des Hofes zu vermehren. Im Jahre 1706 wurde ebenfalls im Marstall ein beständiges Theater unter der Direktion des Franzosen du Rocher eingerichtet, der eine Schauspielergesellschaft aus Frankreich verpflichtete und regelmäßig zweimal wöchentlich französische Schauspiele, Opern und Ballette vor der Hofgesellschaft aufführte. Dem Vergnügen der Bürgerschaft dienten hingegen die Gastspiele der Gesellschaft des Sebastian di Scio, des sächsischen Hofkomödianten Veltheim oder des weimarischen Hofkomödianten Gabriel Möller. Sie schlugen ihre Bühne nach alter Sitte im Rathaus auf und spielten deutsche Stücke derberen Inhalts. Die billigsten Plätze kosteten 8 Groschen, das waren zwei Tagelöhne.

Das geistige Klima Berlins wurde spätestens seit der Königserhebung auch durch politische Themen bestimmt. Nicht nur die Intrigen am Hof, auch die Beziehungen zu den europäischen Mächten bewegten die Berliner. Die wichtigsten Reichsterritorien und ausländischen Staaten hatten Residenten in Berlin, die durch Gepränge und aufwendige Bälle Aufmerksamkeit erregten.

Unter den Staatsbesuchen jener Zeit beeindruckte der des russischen Zaren Peter I. im Jahre 1712 die Hauptstädter am meisten. Das allgemeine politische Interesse beförderte die Herausgabe einer regelmäßigen gedruckten Zeitung, die es seit den Zeiten des Dreißigjährigen Krieges nicht mehr gegeben hatte. Im Jahre 1704 erwarb der Buchdrucker Johann Lorentz ein Privileg. Er gab die »Berlinische Ordinaire Zeitung« heraus. Von 1721 an führte sie der Drucker Johann Michael Rüdiger als »Berlinische Privilegierte Zeitung« dreimal wöchentlich fort.

»Unter der Regierung des ersten Königs war Berlin gleichsam ein Schwamm, der das Geld aufsog, das aus Steuern und Subsidien hier zusammenfloß und einen übergroßen und überreich dotierten Hof- und Beamtenstaat speiste«, stellte der Berliner Wirtschaftshistoriker Hugo Rachel fest.[1] Mochten Handel und Handwerk in den Provinzen unter Steuerjoch und Mißwirtschaft leiden, in der Haupt- und Residenzstadt blühten sie auf. Die Akziseeinkünfte sind durchaus ein Maßstab dafür. 1710 trug die Berliner Akzise dreimal soviel ein wie 1688, sie war ebenso schnell gewachsen wie die Bevölkerung.

Die bedeutendste Persönlichkeit im Berliner Wirtschaftsleben war Johann Andreas Kraut (1661–1723). Aus seinem Geburtsort Giebichenstein bei Halle kam er um 1680 nach Berlin, wo er in die Handlung des Hoflieferanten Westorff eintrat. Bald trat er in direkte Geschäftsbeziehungen zum Hof und besorgte seit 1689 die Kassenführung der gesamten Heeresverwaltung. Er beschaffte auf seinen eigenen Kredit die Gelder, die auf den Kriegsschauplätzen gebraucht wurden, von Hamburger und Amsterdamer Banken und ließ sich aus den unsicheren Subsidien und Kontributionen entschädigen. Kraut brachte so ein großes Vermögen zusammen und wurde zum Geheimen Kriegsrat und Minister ernannt. Schon 1686 begründete er mit der Gold- und Silbermanufaktur das erste bedeutende und dauerhafte Ber-

---

1 Hugo Rachel: Das Berliner Wirtschaftsleben im Zeitalter des Frühkapitalismus, Berlin 1931, S. 7.

liner Manufakturunternehmen. Teils in dem Manufakturgebäude an der Stralauer Straße, teils in ihren eigenen Wohnungen
und Werkstätten stellten um 1705 schon 100 überwiegend französische Gold- und Silberarbeiter Tressen für Hof und Armee
her. Der Aufstieg des Unternehmers Kraut durch Geschäfte mit
dem Staat belegt die Gültigkeit einer Feststellung von Karl Marx
auch für die brandenburgisch-preußischen Verhältnisse: »Die öffentliche Schuld wird einer der energischsten Hebel der ursprünglichen Akkumulation.«[2]

Doch die Berliner Wirtschaft trat insgesamt noch nicht in die
Zeit des Manufakturkapitalismus ein. Mangel an Kapital, an
qualifizierten Arbeitern und vor allem an Absatz richteten man-
ches Unternehmen kurz nach seinem Entstehen wieder zugrunde. Symptomatisch ist das Schicksal des Züricher Fabrikanten Orelly, den der als Staatsminister fungierende Eberhard von
Danckelmann 1694 veranlaßte, mit 200 Arbeitern in die brandenburgische Residenz zu kommen und eine Zeugmanufaktur zu
begründen. 1697/1698 beschäftigte er in dem eigens errichteten
Fabrikhaus in der Burgstraße und außerhalb des Hauses 190 Arbeiter an 100 Webstühlen und fast 2 000 Spinner. Er war jedoch
der Konkurrenz sächsischer und Schweizer Wollzeuge nicht
gleich gewachsen, und als nach dem Sturz Danckelmanns die
staatlichen Hilfsgelder ausblieben, mußte die Manufaktur 1699
schließen.

Die Kaufleute machten ihre Profite weiterhin vorrangig im
Handel, wobei der Handel mit dem Hof womöglich noch stärkeres Gewicht erlangte, als er in Berlin seit zwei Jahrhunderten
hatte. Die Zahl der Kaufleute wuchs sprunghaft durch Zuwanderung aus anderen deutschen Territorien, durch die Hugenotten,
unter denen im Jahre 1700 82 Kaufleute gewesen sind, durch die
jüdischen Kaufleute und Bankiers, deren Zahl kaum geringer
war. Die Gildeorganisation bildete sich nach den veränderten

---

2 Karl Marx: Das Kapital, Erster Band. In: Karl Marx/Friedrich Engels: Werke,
Bd. 23, S. 782.

Verhältnissen um. Krämer und Gewandschneider hatten sich 1690 zu einer gemeinsamen Krämergilde zusammengeschlossen, deren Mitglieder nun sämtlich das wichtige Recht des Tuchhandels hatten. Daneben entstand 1692 die Materialistengilde der Materialwaren- und Gewürzhändler. Die französischen Kaufleute traten den Gilden erst 1715 bei, die jüdischen blieben ausgeschlossen.

Die Gewerbeentwicklung der Residenz vollzog sich vornehmlich im Handwerk, und sie war von widerstreitenden Tendenzen bestimmt. Einerseits gab es beträchtliche Fortschritte in der beruflichen Spezialisierung, in der Arbeitsteilung zwischen den Zünften und im technischen Niveau des Handwerks. Andererseits herrschte die Tradition handwerklicher Technik und zünftiger Organisation.

In den Jahrzehnten zwischen 1680 und 1713 schossen wie während der zweiten Hälfte des 16. Jahrhunderts neue Zünfte wie Pilze aus dem Boden: 22 Neugründungen verzeichnet Hugo Rachel, darunter so wichtige wie die Zeug- und Raschmacher (Weber feinen Wollzeugs, nach der Stadt Arras benannt), Handschuhmacher, Strumpfwirker, Posamentierer, Knopfmacher, Hutmacher, Klempner, Stahl- und Metallarbeiter.

Vielfältige Schwierigkeiten taten sich zwischen deutschen und französischen Handwerkern auf, sie waren meist in Konkurrenzangst und in abweichender Produktionsorganisation begründet. So wollten die Handschuhmacher die Franzosen nicht aufnehmen, weil diese das Leder nur zuschnitten und dann von Frauen und Mädchen außerhalb der Werkstatt gegen billigen Lohn zusammennähen ließen. Solch halbwegs kapitalistischer Verlag unzünftiger und noch dazu weiblicher Arbeitskräfte war mit deutscher Zunftehre unvereinbar. Die französischen Handschuhmacher gründeten daraufhin ein eigenes Gewerk. Andererseits sträubten sich die französischen Etaminmacher gegen die Vereinigung mit den deutschen Zeug- und Raschmachern, die einen Zusammenschluß dringend wünschten, um die überlegene Konkurrenz unter Kontrolle zu bekommen. Häufig brachten die Berliner Zünfte gegen die Fremdlinge Einwände vor, die man als Ausdruck eines in der Realität überholten Reichsbewußtseins werten kann. Wie Georg Gottfried Küster im 4. Teil seiner Sammlung »Altes und Neues Berlin« berichtet, machten die Drechsler geltend, daß sich »Holland, Engelland und Frankreich ... niemahlen bey dem Römischen Reich der Gewercks Gewonheit gemäß abgefunden«. Eine 1704 eingesetzte Kommission zur Vereinigung der deutschen und der französischen Zünfte blieb deshalb recht erfolglos, erst nach dem Regierungswechsel 1713 schritt die Vereinigung rasch voran. Das Reichsbewußtsein der Zünfte, das das Verhältnis zu den Hugenotten komplizierte, erleichterte die Integration der Zuwanderer aus den verschiedenen deutschen Territorien, die gleich den Franzosen neue Produkte und Arbeitserfahrungen nach Berlin brachten.

Gleichzeitig mit den Meisterzünften erlebten auch die Gesellenbruderschaften eine Blüte. In allen größeren Gewerken gab es eigene Gesellenladen und Bruderschaften, die jede ihre Herberge hatten. Die Statuten der Gesellschaften wurden obrigkeitlich bestätigt und waren somit Bestandteil geltenden Zunftrechts. Die Bruderschaften sorgten für die Wahrung der Zunftehre, zünftiger Tradition und Solidarität und vor allem für die Versorgung Kranker und das ehrenvolle Begräbnis Verstorbener. Doch sie konnten sich aus einem Ordnungsfaktor der feudalständischen Gesellschaft unverhofft in eine Kampforganisation gegen Meister und Obrigkeit verwandeln.

Überliefert ist eine heftige Auseinandersetzung zwischen Meistern und Gesellen im Sattlergewerk aus dem Jahre 1690. Anlaß war eine kurfürstliche Verordnung einer zweiwöchigen Kündigungsfrist für die Gesellen, um die sicherlich die Meister nachgesucht hatten. Tagelang versammelten sich die Gesellen auf der Herberge, wo sie bei reichlich Bier die Lage berieten und also die Arbeit einstellten. Dann zogen die 31 Berliner Sattlergesellen in die Dorotheenstadt und in die Friedrichstadt, um sich der Gewalt ihrer Meister zu entziehen. Dort wurden sie vom Stadtkommandanten in Arrest genommen und erst auf das Bitten der Meister, die ihre Arbeiter brauchten, wieder freigelassen. Dies war im ersten Teil der typische Verlauf damaliger »Aufstände« der Gesellen, ein zeitgenössischer Ausdruck, der das Aufstehen von der Arbeit meint. Das nachfolgende Eingreifen des Militärs wurde charakteristisch für die preußische Hauptstadt. Unglücklicheren Verlauf nahm der Einfall der Soldatenwache in die Herbst-Quartalsversammlung der Zimmergesellen 1696, von der Christian Wendland berichtet. Ein Geselle wurde getötet, mehrere andere verletzt. Die aufblühende Stadt war kein Hort der Harmonie.

Unter dem Soldatenkönig (1713–1740)

Als im Februar des Jahres 1713 Friedrich Wilhelm I. mit 25 Jahren seinem Vater auf dem brandenburgisch-preußischen Thron folgte, versetzten die ersten Maßnahmen des neuen Herrschers den Berlinern geradezu einen Schock. Der König entließ einen großen Teil der Hofbedienten, schränkte die Hofhaltung bis an die Grenze kleinbürgerlichen Geizes ein, entließ Maler und Musiker, schloß das Theater, beraubte die Akademie der Wissenschaften ihrer Räume und Mittel. Er ließ Bäume, Blumen und Brunnen vom Lustgarten entfernen, um ihn in einen Exerzierplatz zu verwandeln. Er selbst verließ seine Hauptstadt und nahm die meiste Zeit in seinem Jagdschloß Wusterhausen oder in Potsdam bei seiner geliebten Riesengarde Aufenthalt. Das Sammeln übergroßer Soldaten, der »langen Kerls«, war die einzige Leidenschaft, der der Monarch frönte.

Der Lebensnerv der Stadt schien durchschnitten. Etliche Adlige wie der entlassene Oberheroldsmeister Nathanael von Stapff verkauften ihre Häuser unter Wert und verließen die Stadt. Aber auch Tausende Handwerker zogen fort, da sie nun in der Residenz ihre »Nahrung« verloren sahen, darunter viele Kolonisten aus der Friedrichstadt und besonders zahlreiche Hugenotten. Eine Krise des Handels- und Kreditwesens erreichte infolgedessen Ende des Jahres 1714 mit zahlreichen Bankrotten ihren Höhepunkt. Die Depression wurde durch den Eintritt Brandenburgs in den Pommerschen Krieg 1715 und nachfolgende Mißernten verstärkt. Sie wich erst um 1720 erneutem Aufschwung. Friedrich Wilhelm I. vollendete den Absolutismus in Brandenburg-Preußen. Die Umorientierung der Staatsausgaben von der Repräsentation auf die Stärkung der Königsmacht diente diesem Ziel. Im Zentrum dieser Politik stand das stehende Heer, dessen Stärke bis 1740 auf 80 000 Mann verdoppelt wurde. 70 Prozent der wachsenden Staatseinnahmen statt bisher 50 Prozent verwandte König Friedrich Wilhelm I. auf dessen Unterhaltung, vom Rest sammelte er noch einen Staatsschatz von 10 Millionen Talern als Reserve für den Kriegsfall. Die Einnahmen vergrößerten sich durch stärkeres und präziseres Anziehen der Steuerschraube. Auch die Berliner Akziseeinnahmen stiegen zwischen 1720 und 1733 um 60 Prozent, während die Einwohnerzahl nur um 20 Prozent wuchs.

Um eine größere Effektivität und Sparsamkeit der Staatsverwaltung zu erreichen, vereinigte der König 1723 das Generalkriegskommissariat und das Generalfinanzdirektorium zum General-Ober-Finanz-Kriegs- und Domänendirektorium (Generaldirektorium) als neuer Zentralbehörde. Ihm waren die Kriegs- und Domänenkammern als Provinzialbehörden nachgeordnet. Berlin wurde der Kurmärkischen Kriegs- und Domänenkammer unterstellt. Der Berliner Magistrat verlor damit seine unmittelbare Beziehung zum Herrscher und sank zur Unterbehörde herab. Im Jahre 1726 setzte der König einen Stadtpräsidenten für Berlin ein, der den Vorsitz im Magistrat hatte. Der Einbau der Berliner Stadtverwaltung in das Gebäude des absolutistischen Staatsapparates war vollendet. Die Einrichtung der Stadtverordneten, die noch während des Dreißigjährigen Krieges wiederholt die Interessen der Bürgerschaft gegen Magistrat und Statthalter vertreten hatten, geriet im Verlauf dieses Prozesses sang- und klanglos in Vergessenheit. Man entsann sich ihrer erst wieder in den dreißiger Jahren, als unbesoldete Kräfte für die Registrierung und Beaufsichtigung der Armen gebraucht wur-

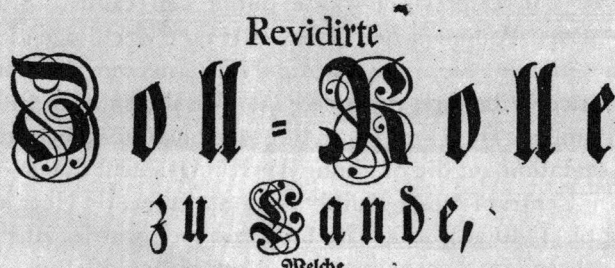

Revidirte

Zoll-Rolle
zu Lande,

Welche
der Allerdurchlauchtigste, Großmächtigste
Fürst und Herr,
HERR
Friderich Wilhelm,
König in Preussen,

Marggraf zu Brandenburg, des Heil. Röm.
Reichs Ertz-Cämmerer und Chur-Fürst, Souverainer Printz
von Oranien, Neufchatel und Vallengin, in Geldern, zu Magdeburg,
Cleve, Jülich, Berge, Stettin, Pommern, der Cassuben und Wenden, zu
Mecklenburg, auch in Schlesien zu Crossen Hertzog, Burggraf zu Nürnberg,
Fürst zu Halberstadt, Minden, Camin, Wenden, Schwerin, Ratzeburg, Ost-
Friesland und Möers, Graf zu Hohenzollern, Ruppin, der Marck, Ravens-
berg, Hohenstein, Tecklenburg, Lingen, Schwerin, Bühren und Lehrdam,
Herr zu Ravenstein, der Lande Rostock, Stargard, Lauenburg, Bütow,
Arlay und Breda rc. rc. rc.

Unser Allergnädigster Herr, zu Beförderung des Commer-
cii, und zu Männigliches Wissenschaft, Anno 1721. allergnädigst pu-
bliciren, und Anno 1763. zum 3tenmahl zum Druck
befordern lassen;
wornach
die Königliche Zoll-Verwaltere in Erhebung
der Zoll-Gelder, sich allerunterthänigst gehor-
samst zu achten haben.

Berlin, gedruckt bey Christian Friedrich Henning,
Königl. Preuß. Hof-Buchdrucker.

Titelblatt der 1721 erlassenen preußischen Zollbestimmungen,
3. Auflage von 1763

den. Auf solche subalternen Dienste waren die Berliner Stadtverordneten fortan beschränkt.

Der Berliner Magistrat verlor nicht nur jegliche Entscheidungsbefugnis über Stadtverwaltung und Finanzen, er büßte auch das Recht der Wahl neuer Mitglieder gänzlich ein. Friedrich Wilhelm I. ernannte Ratsherren nach der Höhe ihrer Zahlungen an die Rekrutenkasse. Ratsämter dienten auch der Gehaltsaufbesserung von königlichen Beamten oder gar Kammerdienern. Die Eingriffe in die Stadtverwaltung nutzten so nicht der Beseitigung von Mißwirtschaft, sondern wurden geradezu zu deren Quelle. Besonders unheilvoll wirkten sich wiederholte Übergriffe des Königs auf die städtischen Einnahmen und Vermögen aus, so daß Berlin am Ende seiner Regierungszeit 113 621 Taler Schulden hatte.

Aber Friedrich Wilhelm I. ließ sich wie seine Vorgänger die Erweiterung der Hauptstadt angelegen sein. Die städtebauliche Entwicklung konzentrierte sich auf die südliche Friedrichstadt. Nach einem im Jahre 1723 von dem Baumeister Johann Philipp Gerlach entworfenen Plan entstanden vor allem zwischen 1732 und 1736 fast 1 000 neue Wohnhäuser. Auch die Dorotheenstadt wurde nach Westen erweitert, so daß die Stadt im Westen und Süden nun von den repräsentativen Plätzen Karree am Brandenburger Tor, Achteck am Potsdamer Tor und Rondell am Halleschen Tor begrenzt wurde. Um dies zu ermöglichen, ließ der König die nutzlos gewordenen Festungswerke auf der Köllnischen Seite einebnen. Die ganze Stadt ließ Friedrich Wilhelm I. dann mit einem leichteren Palisadenzaun umgeben, der das Desertieren der Soldaten ebenso verhindern sollte wie Akzisehinterziehungen.

Die ebenmäßigen zweigeschossigen Kolonistenhäuser wurden großenteils auf königliche Kosten errichtet. Zugleich zwang der König aber jedermann, der nur irgend die Mittel dazu haben mochte, auf eigene Kosten ein Haus in der Friedrichstadt zu bauen. Der Bau eines schönen Hauses in der Friedrichstadt öffnete den Weg zu Ehrenstellen und Adelsdiplomen. Im Weigerungsfalle legte der König selbst dem Geheimrat und Mitglied des Generaldirektoriums Manitius einen Unteroffizier und sechs Soldaten ins Haus. Der Baron Vernezobre konnte einer vom König befohlenen Heirat seiner Tochter nur entgehen, indem er ein prachtvolles Palais an der Wilhelmstraße baute, das spätere Prinz-Albrecht-Palais, eines der schönsten Häuser Berlins, das als Hauptquartier von SS und Gestapo endete. Nach 1732 mußten auch sämtliche Handwerkerinnungen Gewerkshäuser in der Friedrichstadt errichten und sich dafür in schwere Schulden stürzen. Die unzensierten, inoffiziellen Berliner geschriebenen Zeitungen meldeten 1735 von den Häusern in der Friedrichstadt, »daß dieselbe mehrenteils ledig stehen. Viele von den Eigenthümern geben Leuten die freye Wohnung ... weilen die Diebe solche besuchen.«

Doch die Despotie des Monarchen trug letztlich Früchte. Die Friedrichstadt füllte sich mit Tausenden Kolonisten aus allen Gewerbezentren Mitteleuropas. Der König ließ Handwerker und Textilarbeiter in anderen Territorien, insbesondere in Sachsen, durch öffentliche Aufrufe und durch besondere Beamte regelrecht anwerben. Er versprach ihnen gute Verdienstmöglichkeiten, Miet- und Unterstützungsgelder für den Anfang. Nach erhaltenen Aufstellungen erhielt jeder Ansiedler im Durchschnitt 25 Taler, etwa 10 Wochenlöhne. Nahezu in jedem Haus klapperte ein Webstuhl. Hier war das Zentrum der Berliner Manufakturarbeiter. In der Friedrichstadt siedelten sich auch die Böhmen an, die als letzte geschlossene Zuwanderung im Winter 1732/1733 in Berlin eintrafen. Ihres bettelhaften Aufzuges wegen hatte der König sich anfangs gesperrt, sie aufzunehmen. Die Religionsflüchtlinge erhielten die Erlaubnis zum Bau einer eigenen Kirche, der Dreifaltigkeitskirche, und zum Unterhalt einer besonderen Schule. Sie hatten großen Anteil an der Einrichtung des Leinen- und Baumwollgewerbes in Berlin. Die Böhmen bildeten ein eigenes Leinenwebergewerk. Obwohl sie um 1740 1 350 Personen zählten, wurden sie verhältnismäßig rasch assimiliert.

Zum Ausgleich für die Einbußen, die die Bürger durch die Einschränkung des Hofstaates erlitten, vermehrte der König die Regimenter. Berlin wurde zur größten Garnison des Soldatenkönigs. Im Verhältnis zur Einwohnerschaft gab es allerdings in Magdeburg und Stettin noch mehr Militär. In Berlin stieg der Anteil der Soldaten an der Stadtbevölkerung während der Regierungszeit Friedrich Wilhelms I. von knapp 10 Prozent auf 21,7 Prozent. Die Hauptstadt zählte im Jahre 1740 eine Militärbevölkerung von 21 309 Köpfen einschließlich der Frauen und Kinder, darunter rund 16 000 Gemeine und Offiziere. Im vierten Band der Forschungen zur brandenburgischen und preußischen Geschichte ist der Bericht eines sächsischen Gesandten überliefert, in dem es heißt:»Berlin gleicht nicht einer Residenz, sondern einem Heerlager an der Grenze, wo die Stärke der Bewohner in der Garnison besteht und wo der Rest der Ansiedler, Männer wie Weiber, nur dazu da ist, die Soldaten zu bedienen.«

Die Armee wurde zunächst wie im ganzen Land so auch in Berlin durch gewaltsame Werbungen zusammengebracht. Das Berliner Schuhmachergewerk klagte schon im Mai 1714, daß sie nur noch 140 statt zuvor 430 Gesellen in der Stadt hätten und nirgendwo im Reich welche verschrieben bekommen könnten aus Furcht vor den Werbungen. Einem Bäckermeister, der seinen Knecht schützen wollte, schlugen die Werber die Hand ab, wie die Berliner geschriebenen Zeitungen dieses Jahres berichteten. Der König mußte Maßnahmen ergreifen, um insbesondere sein Ansiedlungswerk und die Wirtschaft der Residenz nicht zu gefährden. So befreite er 1717 die aus fremden Landen zuziehenden Wollweber und alle Bürger, die mehr als 10 000 Taler besaßen oder wirkliche Staatsbeamte waren, samt ihren Kindern von der Werbung. Die Zeitungen und Chroniken der Hauptstadt sind jedoch weiterhin voller Klagen über die gewaltsamen Werbungen. Auch die Festlegung von Werbebezirken – Kantonen – für die einzelnen Regimenter im Jahre 1733 brachte wohl mehr Ordnung, aber kaum Erleichterung. Die Kantonfreiheit Berlins geht erst auf eine Order Friedrichs II. vom 5. Juli 1740 zurück.

Die Garnison war für die Masse der Berliner zweifellos eine Last. Sie blieb nach wie vor in den Wohnungen der Bürger einquartiert, denn erst nach dem Siebenjährigen Krieg wurden in größerer Zahl Kasernen gebaut. Da Berlin Ende der dreißiger Jahre rund 5000 Häuser hatte, hätte ein jedes durchschnittlich vier Soldaten oder entsprechend eine Soldatenfamilie aufnehmen müssen. Tatsächlich wohnten gerade in den kleineren Häusern der Handwerker und Ackerleute häufig entschieden mehr, denn manch einer mußte sich mit den 7 Talern Quartiergeld jährlich einen Zuverdienst schaffen. Zu dieser Zeit wurde in Berlin die heute noch in Potsdam zu beobachtende Bauweise üblich, im Dachgeschoß einen Mansardengiebel für die Soldatenstuben auszubauen.

Die Einquartierungslasten, die komplette Uniformierung der Soldaten, der scharfe Drill bis zum Kadavergehorsam, die gesonderte Militärgerichtsbarkeit und die im Prinzip lebenslange Dienstzeit bewirkten eine strenge Trennung zwischen Armee und Volk, wie sie für den Feudalabsolutismus kennzeichnend war. Andererseits blieben die Soldaten den Handwerkern und Lohnarbeitern der Stadt durch ihre soziale Herkunft verbunden, noch mehr aber durch die Doppelexistenz als Soldat und Lohnarbeiter, die sie führen mußten. Ein gewöhnlicher Musketier erhielt nach Abzug von Quartier- und Kleidungsgeld und allerhand Abgaben an seinen Kompanie- und Regimentchef von den 3 Talern und 4 Groschen Löhnung monatlich nur noch 2 Taler ausgezahlt. Davon konnte er nicht leben, vor allem wenn er Weib und Kind hatte. Es half auch nur wenig, daß der König in Teuerungszeiten wie 1714, 1719 und 1736–1738 Kommißbrot zum stabilen Preis von zweieinhalb Pfund pro Groschen an die Soldaten ausgeben ließ. Die Angehörigen der Garnison suchten sich also entsprechend ihrer Ausbildung einen Nebenverdienst als Geselle im Handwerk, als Hilfsarbeiter bei den zahlreichen Bauten in der Friedrichstadt und in den Vorstädten oder als Spinner im aufblühenden Wollgewerbe. Das lag sehr im Interesse der Kompaniechefs, die bald die Mehrzahl ihrer Leute außerhalb der

Exerzierzeiten zwangsbeurlaubten und die Löhnung zur Werbung neuer Rekruten oder zur eigenen Bereicherung einbehielten. Es war die Blütezeit der berüchtigten Kompaniewirtschaft in der brandenburgisch-preußischen Armee.

Die Werbungen verschlangen in der Tat große Summen, denn der Bestand der Armee wurde durch die Desertionen ständig geschwächt. Im ersten Regierungsjahrzehnt des Soldatenkönigs entfloh jeder vierte Geworbene wieder. Die neue Stadtbefestigung ebenso wie die drakonischen Strafen sollten diese wirksamste Form des Widerstandes der Soldaten verhindern. Die Berliner Garnisonchronik berichtet aus dem Jahre 1736, also unmittelbar vor Errichtung der Palisadenumwallung, von besonders vielen Ausbruchsversuchen. Unter anderen verschworen sich 30 zwangsrekrutierte Ungarn, um zu fliehen. Wer gefaßt wurde, mußte ausnahmslos hängen, die Meuterei mehrerer Musketiere im selben Jahr wurde hingegen nur mit Gassenlaufen und anschließender Festungshaft bestraft. Dieses Delikt war nicht im selben Maße systemgefährdend für die Armee wie die Desertionen.

Wenn der König den Berlinern die Garnison als eine Wohltat offeriert hatte, so erfüllten sich solche Verheißungen kaum. Die kärglich entlohnten, teilweise in Naturalien zu versorgenden, zusätzlich auf den Arbeitsmarkt drängenden, in den Massenhandwerken häufig als unzünftige »Pfuscher« wirkenden Soldaten konnten kaum ein Schwungrad der hauptstädtischen Wirtschaft abgeben. Sie vermehrten im Gegenteil die Armut. Die Zahl der hilfsbedürftigen Invaliden und Soldatenfrauen hatte sich während der Regierungszeit König Friedrich Wilhelms I. auf das 14fache erhöht. Für die rasch wachsende Menge der Soldatenwaisen mußte der König das Große Militärwaisenhaus in Potsdam einrichten, und für die beängstigend zunehmende Zahl der unehelichen Soldatenkinder plante er den Bau eines Findelhauses. Zum Nutzen der Armee förderte Friedrich Wilhelm I. als einzige unter den Wissenschaften die Medizin. 1724 wandelte er das Anatomische Theater in ein Medizinisch-Chirurgisches Kolle-

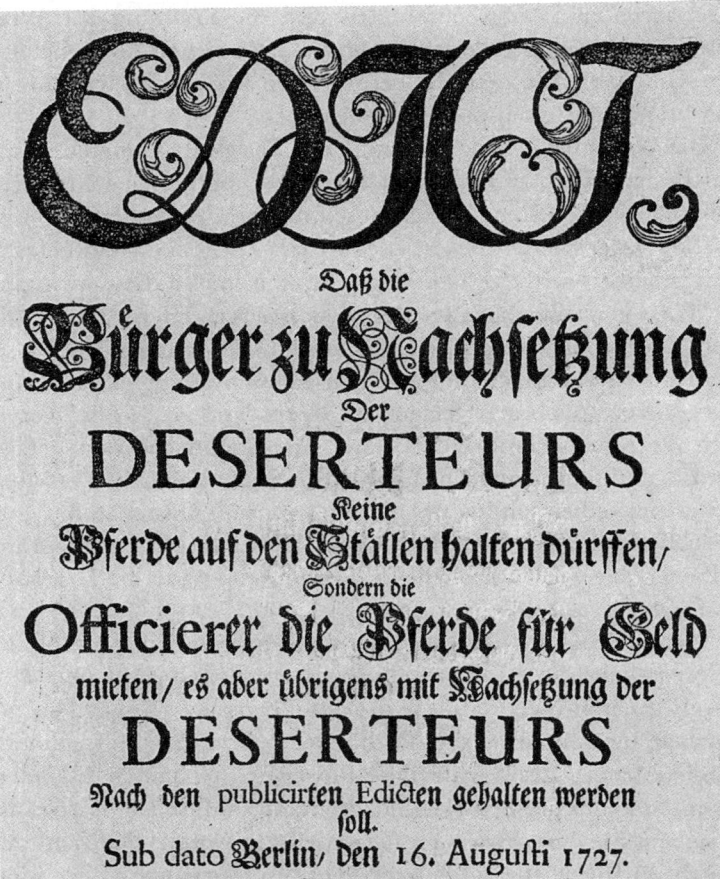

EDICT.

Daß die

Bürger zu Nachsetzung

Der

DESERTEURS

Keine

Pferde auf den Ställen halten dürffen/

Sondern die

Officier die Pferde für Geld

mieten/ es aber übrigens mit Nachsetzung der

DESERTEURS

Nach den publicirten Edicten gehalten werden
soll.
Sub dato Berlin/ den 16. Augusti 1727.

Alten-Stettin/
Gedruckt bey Johann Friedrich Spiegeln, Königl. Preuß. Pommerschen
Regierungs-Buchdrucker.

Edikt über die Verfolgung von Deserteuren aus dem Jahre 1727

gium um, wo in enger Verbindung mit der 1726 zum Allgemeinen Krankenhaus für die Residenzstädte ausgebauten Charité
Militärchirurgen ausgebildet wurden.

Unter den Gewerben blühten nur die Gastwirtschaften in demselben Maße auf, wie sich die Garnison vermehrte. Nie zuvor gab es soviel Bierschenken, Branntweindestillen, Kneipen an allen Ecken der Stadt und besonders in den Vorstädten außerhalb der Akzisemauer. Der Branntwein, der die Sorgen schneller und stärker brach, drängte dabei das traditionelle Bier immer mehr zurück. Zwischen 1720 und 1735 stieg der Branntweinverbrauch nach den Akzisetabellen auf 173 Prozent, der Bierkonsum nur auf 123 Prozent. Berlin hätte dahinkümmern müssen, hätte nicht eine Umstrukturierung seines Wirtschaftslebens stattgefunden, die allerdings mit dem Bedarf der Armee als Ganzes im Zusammenhang stand: die Expansion des Wollgewerbes.

König Friedrich Wilhelm I. machte die Entwicklung des Wollgewerbes zum Kernstück seiner Wirtschaftspolitik. Er verfolgte damit mehrere Ziele. Er verhinderte erstens, daß Rohstoffe und Geld außer Landes gingen, denn bisher war die brandenburgische Wolle in großem Umfang vor allem nach Sachsen verkauft worden und Kattune, Musseline und Wollzeuge wurden eingeführt. Zweitens sicherte er die Versorgung der Armee mit Uniformen aus den Ressourcen des Landes. Drittens erreichte er Arbeits- und Existenzmöglichkeiten für Tausende Arbeiter besonders in der Hauptstadt und damit eine wachsende Zahl von Einwohnern und Steuerzahlern.

Die erste Maßnahme war die Errichtung des Lagerhauses, eines großen Wollmagazins, aus dem die kleinen Tuchmacher und Zeugweber ihren Rohstoff beziehen und an das sie ihre Erzeugnisse verkaufen sollten. Der König befahl 1713 Johann Andreas Kraut die Einrichtung des Unternehmens, gleichzeitig übertrug er ihm die Leitung des gesamten Manufakturwesens. Kraut sollte auch allein die Kosten des Lagerhauses tragen, er erhielt vom König nur das Gebäude der liquidierten Ritterakademie in der Klosterstraße, das Hohe Haus, zur Verfügung gestellt. Der erfahrene Unternehmer drang jedoch erfolgreich auf eine finanzielle Beteiligung des Königs und der märkischen Ritterschaft, der »Landschaft«. Im Verlaufe des Jahres 1714 trat das

Lagerhaus ins Leben und belieferte 1716 erstmals die gesamte Armee. Vom reinen Verlagsunternehmen entwickelte es sich schnell zur Manufaktur. Zentralisiert im Manufakturgebäude arbeiteten die »spanischen Tuchweber«, die aus der kostbaren spanischen Merinowolle die feinen Offizierstuche webten. Hierfür standen 1719 zwanzig Tuchstühle im Lagerhaus. Auch die anderen Arbeitsgänge vom Sortieren über das Spinnen bis zum Appretieren und Färben dieser besonderen Wolle erfolgten zentralisiert. Den größten Teil der Lagerhausproduktion machten jedoch die groben Mannschaftstuche und Futterstoffe aus, die dezentralisiert von Zunftmeistern in ihren Werkstätten mit Gesellen und Lehrlingen an eigenen Webstühlen gefertigt wurden. Für diese Meister arbeiteten auch die Spinnerinnen. Das Lagerhaus beschäftigte zeitweise das ganze Berliner Tuchmachergewerk. Mit allen verlegten und mittelbar Beschäftigten gab das Unternehmen selbst im Jahre 1735 5000 Arbeiter an. Als Kraut im Jahre 1723 starb, verstaatlichte der König das Lagerhaus, indem er es dem Großen Militärwaisenhaus in Potsdam überschrieb.

Der Entwicklung des Lagerhauses und der gesamten Berliner Wollproduktion kam die Handelspolitik Friedrich Wilhelms I. zugute. Im Jahre 1719 wurde die Ausfuhr der Rohwolle rigoros verboten. Auf Übertretung dieser Verordnung stand sogar die Todesstrafe, die aber wohl in diesem Falle nie vollstreckt worden ist. In den folgenden Jahren stellte der König ergänzend den Gebrauch fremder Tücher und Baumwollzeuge unter Strafe. Die sächsische Wollerzeugung und Baumwollweberei hatten infolgedessen ernsten Schaden. Insbesondere aus der Oberlausitz wanderten viele Weber nach Berlin.

Auf Grund dieser Politik konnte sich in Berlin neben der Uniformtucherzeugung eine umfangreiche Wollweberei für den zivilen Bedarf entwickeln. Die Produktion leichter, ungewalkter und bedruckter »Zeuge« für die alltägliche Frauenbekleidung und für alle anderen Anwendungsgebiete von Baumwollstoffen nahm in den dreißiger Jahren einen raschen Aufschwung. Berliner Zeuge eroberten in Konkurrenz mit den Waren aus Sachsen, dem

Eichsfeld, Hessen oder Württemberg die Leipziger, Frankfurter und Braunschweiger Messen. Es war das erste Berliner Gewerbe von überlokaler Bedeutung. Die technologischen Grundlagen dieser Produktion machte vor allem der Schweizer Unternehmer Johann Georg Wegely in Berlin heimisch, der 1711 als »Kreponfabrikant«, das heißt unzünftiger Hersteller von Zeugen, das Bürgerrecht erwarb. 1725 erweiterte er seinen Betrieb beträchtlich durch den Kauf des Manufakturhauses an der Fischerbrücke in Kölln. Dort ließ er vor allem färben und appretieren, Arbeitsgänge, in denen sein Unternehmen den fortgeschrittensten Entwicklungsstand repräsentierte. Außer Johann Georg Wegely, der sich vom handwerklich arbeitenden kleinen Fabrikanten zu einem der ersten Manufakturunternehmer und Kaufleute Berlins emporschwang, also den selteneren klassischen Weg der Herausbildung des Bourgeois ging, konnten sich in dieser Zeit zahlreiche kleinere Wollzeugfabrikanten einrichten. Die zünftigen Schranken des älteren Raschmachergewerks wurden dabei durchbrochen. Die neuen Konkurrenten erhielten als »Freiheitsweber« außerhalb der Zunft gleiche Rechte. Die soziale Differenzierung dieser Freiheitsweber war groß. Die Skala reichte vom verlegten Weber, der mühsam den Wochenlohn eines Gesellen erarbeitete, bis zum Unternehmer mit Dutzenden Arbeitern.

Das Wollgewerbe war der Wirtschaftszweig, in dem zuerst verbreitet in Verlag und Manufaktur der Übergang zu kapitalistischen Produktionsverhältnissen erfolgte. In nahezu gleichem Maße wie die Soldaten, teilweise mit diesen identisch, bestimmten die Wollarbeiter das Bild der Stadt. Mit den neuen Produktionsverhältnissen kündigten sich aber auch neuartige Krisen an. Mitte der dreißiger Jahre kam es zu einer anhaltenden Absatzstockung, die mit Teuerung und Mißernten zusammentraf. Tausende Wollarbeiter waren ohne Arbeit und Einkommen. Das grobe Hausbackenbrot wog nur noch 58 Lot pro Groschen, obwohl der König die Kriegsmagazine öffnen ließ. So brach 1737 insbesondere unter den Kolonisten und Webern in der Friedrichstadt eine regelrechte Hungerseuche aus, wahrscheinlich ein

Hungertyphus, der in den Beerdigungsregistern als »hitziges Fieber« vermerkt wurde. Erst nach dem extrem kalten Jahr 1740 sank die Sterblichkeit in der Stadt auf normale Werte und erholte sich auch das Wollgewerbe wieder.

Unter König Friedrich Wilhelm I. wurde das Zunftwesen erheblich umgestaltet, namentlich das der Haupt- und Residenzstadt. Die Neuordnung des Handwerks erfolgte massiv in den Jahren nach dem Erlaß des Reichszunftgesetzes von 1731. Brandenburg-Preußen war maßgeblich am Zustandekommen dieses Gesetzes beteiligt, einem der ganz wenigen wirksamen Reichsgesetze in der Zeit der territorialen Zersplitterung nach dem Dreißigjährigen Krieg. Das Gesetz war veranlaßt durch zahlreiche Gesellenaufstände in den Gewerbezentren des Reiches, und die Zerschlagung der unbotmäßigen Gesellenbruderschaften war das wichtigste Ziel.

In Berlin hatten die Behörden schon bald nach dem Regierungsantritt 1713 mit dem Angriff auf die Gesellenbruderschaften begonnen. Die »Schwarzen Bücher« oder »Schwarzen Bretter« der Gesellen, in die sie Ehrverstöße oder unbezahlte Schulden eintrugen und auf deren Grundlage sie die Übeltäter oft noch Jahrzehnte nach der Niederlassung als Meister an entfernten Orten auftrieben, wurden den Gesellschaften genommen und in die Regie der Meisterzünfte gegeben. Damit waren sie zu schwarzen Listen der Meister gegen widerspenstige Gesellen umfunktioniert und den Gesellen die Rechtsprechung in Zunftsachen weitgehend genommen. Nach der Publikation des Reichszunftgesetzes am 30. September 1732 am Berliner Rathaus versuchte der Staat, die Bruderschaften ganz zu liquidieren. Die Altgesellen mußten Fahnen, Siegel, Gelder, Privilegien und die Laden, die das Heiligtum jeder Bruderschaft waren, auf dem Rathaus abliefern. Ein Sturm der Empörung unter den rund 4 500 Berliner Gesellen und Lehrjungen brach los, so daß die Symbole und Kostbarkeiten im Februar 1733 auf königlichen Befehl wieder ausgeliefert wurden. Wie andernorts mußten sich die Gesellen auch in Berlin fügen, zumal die Behörden mehrfach mit militärischer Gewalt und mit Verhaftungen gegen unruhige Gesellschaften vorgingen. Im August 1734 war die Obrigkeit soweit Herr der Lage, daß sie erneut die Laden abfordern und die neuen Ordnungen durchsetzen konnte. Eigene Kassen und Rechtsprechung waren den Gesellen nun bei Strafe verboten, ebenso jede Korrespondenz mit auswärtigen Bruderschaften. Jeder Geselle mußte eine »Kundschaft«, ein Arbeits- und Verhaltenszeugnis von seinem letzten Meister mit sich führen, das zwar vorher schon in manchen Zünften üblich war, nun in der strikten Durchführung aber erst eine fast lückenlose obrigkeitliche Kontrolle über jeden Wanderburschen ermöglichte. Eine letzte Empörung erfaßte Pfingsten 1735 die Maurer- und die Zimmergesellschaft, denen mit den neuen Generalprivilegien der Lohn gekürzt war, was während der herrschenden Teuerung und Arbeitslosigkeit besonders einschneidend sein mußte. Viele wurden verhaftet, drei Anführer ins Zuchthaus Spandau gebracht.

Weit weniger dramatisch verlief die Unterordnung der Meisterzünfte unter die Aufsicht des Staates. Auch hier lagen die Anfänge früher. Schon 1714 versuchte der König, die alte Einrichtung der Magistratsbeisitzer bei den Zünften zu beleben und zu benutzen. Keine Zunft durfte Morgensprache halten ohne solch einen Assessor vom Magistrat, der seit 1718 auch die Kassenführung überwachen und einen Schlüssel zur Lade bekommen sollte. Die lauten Proteste etlicher Gewerke wurden beseite geschoben. Mit dieser staatlichen Finanzaufsicht waren auch die Gelage bei Zunftversammlungen und Meisterschaft schon eingeschränkt, die dem geizigen Potentaten ein Dorn im Auge waren. Die Einführung neuer Generalprivilegien, die für die Berliner Zünfte 1735 abgeschlossen war, beseitigte nun die Reste der Gerichtsbarkeit gegen Mitmeister und unzünftige Störer im Handwerk.

Das Reichsgesetz enthielt daneben eine Reihe von Bestimmungen gegen die »Mißbräuche« im Zunfthandwerk, die dem Zugang zum Meisterrecht und der Konkurrenz unter den Mitmeistern entgegenstanden. In diesem Sinne haben auch die Ber-

liner Generalprivilegien die Wanderjahre vermindert und verein-
heitlicht, die Militärzeit wurde darauf angerechnet. Ferner
sollten die »Mutjahre« zwischen Wanderschaft und Meisterrecht
abgeschafft, die Bevorzugung der Meistersöhne und -schwieger-
söhne aufgehoben und die Zulassung der »Unehelichen« geregelt
werden. Schon 1710 und 1716 befahlen königliche Edikte sogar,
Leute, die aus dem Spandauer Zuchthaus kamen, in die Berliner
Zünfte aufzunehmen. Uneheliche konnten sich nun Legitima-
tionsscheine bei der Charité ausstellen lassen. Diese Neuordnun-
gen beförderten zweifellos nicht nur die königliche Bevölke-
rungs- und Ansiedlungspolitik, sondern auch die Humanität und
Toleranz im Alltagsleben.

Wenig Neues brachten die im engeren Sinne wirtschaftlichen
Bestimmungen. Entgegen dem Reichsgesetz blieb in den Lebens-
mittelgewerben die Zahl der Meister begrenzt, die Zunft also
»geschlossen«. Die Zahl der Gesellen wurde zwar grundsätzlich
freigegeben, mußte aber gemäß den wirtschaftlichen Notwendigkeiten besonders in Massenhandwerken wie der Schuhmacherei
doch eingeschränkt werden. Entsprechend geringfügig war die
Gegenwehr. Die Schuhmacher klagten über das Verbot des Bier-
umtrunks beim Meisterschnitt, den Schornsteinfegern fehlten
die alten Regelungen der Witwenversorgung, und die Nadler
wollten nur ihr schönes, altes, teuer erkauftes Privileg nicht her-
geben.

Die preußische Zunftreform des 18. Jahrhunderts hat insgesamt noch nicht die liberale Wirtschaftsordnung das Kapitalismus der freien Konkurrenz an die Stelle der ständisch-genossen-
schaftlichen Privilegien des Feudalzeitalters gesetzt. Sie drängte
indessen den genossenschaftlichen Charakter der Zünfte zurück,
schränkte ihre Rechte stark ein und unterwarf sie pedantischer
Staatsaufsicht, ja, die Zünfte sollten schließlich Organe des absolutistischen Staates werden.

Der Generalangriff richtete sich indessen nicht gegen die Meisterzünfte, sondern gegen die gefährlich selbständigen und unruhigen Gesellenbruderschaften. Die Begrenztheit staatlicher

Macht selbst im Absolutismus offenbart sich in der unvollkommenen Durchführung. Binnen eines Jahrzehnts erstanden die Gesellenbruderschaften sämtlich wieder.

Zur Zeit der Schlesischen Kriege (1740–1763)

Nach dem Tode Friedrich Wilhelms I. am 31. Mai 1740 übernahm König Friedrich II. die Regierung in schwerer Zeit. Der längste und strengste Winter des Jahrhunderts hatte auch in Berlin zu Teuerung und Hungersnot geführt. Der junge König, dem die harten Auseinandersetzungen mit seinem Vater schon als Kronprinz die Sympathien seiner Untertanen eingetragen hatten, öffnete als erstes die Kriegsmagazine, um mit billigerem Brot den Hunger der Hauptstädter zu lindern.

Die Hoffnungen aller richteten sich auf ihn, Hoffnungen, die vom Adel bis zum kleinen Handwerker und Soldaten sehr verschieden waren. Anläßlich der Huldigung überreichten die adligen Ständevertreter ihre »Gravamina« (Beschwerden), mit ihnen auch der Magistrat von Berlin, um von Friedrich Wilhelm I. abgeschaffte Vorrechte zurückzuerlangen. Den Berliner Bürgermeistern und Ratsherren lag vor allem die unbeeinflußte Wahl neuer Mitglieder durch Selbstergänzung am Herzen. Friedrich II. lehnte ab, denn er war keineswegs gewillt, die Macht des Herrschers einzuschränken. Seine Regierung nahm ähnlich wie die in anderen europäischen Staaten, insbesondere in Rußland unter Katharina II. oder in Österreich-Ungarn unter Maria Theresia und ihrem Nachfolger Josef II., die Form des »aufgeklärten Absolutismus« an. Der feudale Klassencharakter des Staates wurde dadurch nicht im geringsten berührt, aber durch Gedankengut der Aufklärungsbewegung verbrämt. Durch Reformen in Justiz, Wirtschaft und Bildungswesen versuchten diese Monarchen, ihre Staaten dem wachsenden Druck der bürgerlichen Entwicklung in Europa anzupassen.

Während seiner Regierungszeit gestaltete Friedrich II. die Verwaltung Berlins mehr und mehr nach dem Vorbild von Paris um, der Hauptstadt des mächtigen absolutistischen Frankreich. So schuf er 1742 das Amt des Polizeidirektors, der die Aufsicht über den Magistrat und erhebliche Befugnisse über die städtische Polizei und Wirtschaft erhielt. In dieses Amt wurde Karl David Kircheisen eingesetzt. Er unterstand unter Umgehung der Kurmärkischen Kammer direkt dem Generaldirektorium, damit die besondere Sorge des Staates um die Hauptstadt signalisierend, eine Sorge, die angesichts der wachsenden sozialen Spannungen eher Besorgnis als Fürsorge war. Nach Pariser Vorbild wurde damals die Stadt in 18 Polizeiquartiere eingeteilt. Den Polizeikommissaren der einzelnen Quartiere oblag vordringlich die Bekämpfung der Bettelei und die Erstickung jeglicher Unruhen im Keim. Der arme Mann in Berlin hatte nur Härte und kaum Wohltaten von dem neuen König zu erhoffen. Friedrich II. zeigte deutlich, daß Milde nicht seine Sache war, als er den von Friedrich Wilhelm I. gestifteten Fonds von 100 000 Talern für ein Findelhaus zum Bau eines Arbeitshauses bestimmte. Einstweilen ließ er die arbeitsfähigen Bettler in das Schlächtergewerkshaus am Rondell bringen.

Das Rathäusliche Reglement von 1747 war dann nur noch die abschließende Fixierung der geschaffenen Verhältnisse: die Unterwerfung des gesamten Magistrats unter die Aufsicht des Polizeidirektors, die gänzliche Ausschaltung der Stadtverordneten und die Ordnung des Magistratskollegiums nach modernen bürokratischen Gesichtspunkten in die vier Departements der Justiz, Polizei, Ökonomie und Kämmerei.

Hatte Friedrich Wilhelm I. sich schon überwiegend außerhalb Berlins in Potsdam oder Wusterhausen aufgehalten, so residierte Friedrich II. fast ständig in Potsdam. Dort baute Hans Georg Wenzeslaus von Knobelsdorff das Sommerschloß Sanssouci, wo Friedrich im Kreise gelehrter Freunde seine berühmte Tafelrunde hielt. Der Residenzcharakter Berlins war durch die fast ständige Abwesenheit des Königs eingeschränkt. Die Hauptstadtfunktion gewann indessen an Bedeutung, da sich das Staatsgebiet mit der Eroberung der reichen Provinz Schlesien erweiterte und die Zentralbehörden durch die Einrichtung des V. Departements für Kommerzien-, Manufaktur- und Fabrikensachen im Generaldirektorium kompetenter und effektiver wurden.

In diese Richtung zielte auch die Justizreform, die in den Jahren 1746–1748 unter Leitung des Ministers Samuel von Cocceji erfolgte. Sie war ein Bündel von Maßnahmen und umfaßte die Kodifizierung des bestehenden Rechts in dem 1748 fertiggestellten »Codex Fridericianus Marchicus«, damit zugleich den Erlaß einer neuen Prozeßordnung, nach der alle Verfahren binnen eines Jahres zu erledigen wären, und schließlich die weitere Zentralisation der Justizkollegien durch die Einrichtung des »Großen Friedrichs-Kollegiums«, das für alle Provinzen oberste Instanz war. Die weitgehende Abschaffung der Folter als Mittel der Wahrheitsfindung war dem vorausgegangen. Die Reform nahm zwar Gedanken auf, die der französische Aufklärer Charles de Montesquieu in seiner Schrift »Vom Geist der Gesetze« formuliert hatte, sie verfolgte jedoch klar das Ziel, die vereinheitlichte und zentralisierte Rechtsprechung uneingeschränkt zum Instrument des Herrschers zu machen. Dabei erfüllte sie zugleich auch Bedürfnisse des Bürgertums nach einer geordneteren und rascheren Justiz, die gerade für das Handels- und Manufakturbürgertum der Hauptstadt mit deren wachsendem ökonomischem Radius immer dringlicher wurde.

Der Regierungswechsel beförderte einen Aufschwung der hauptstädtischen Wirtschaft. Sie wurde von der Einschnürung in das Korsett der Wollgewerbe und des Armeebedarfs befreit. Das Gewerbe gewann an Vielfalt und Qualität.

Die besondere Aufmerksamkeit dieses Königs galt einem Luxusgewerbe, der Seidenproduktion. Nach dem Ende des Zweiten Schlesischen Krieges 1744/1745 berief der König eine Kommission zur Beförderung der Berliner Seidenindustrie und stellte einen Fonds von 100 000 Talern bereit. Daraus wurde der Anbau von Maulbeerbäumen zur Seidenraupenzucht prämiiert, zu dem Schulen und Hospitäler, Beamte, Pächter und Bürger und schließlich jedermann auf Höfen, in Gärten und sogar auf Friedhöfen angehalten waren. Dadurch wurden die Seidenmanufakturen unterstützt, die Berliner Unternehmer, denen an der Gunst des Königs gelegen war, in rascher Folge gründeten. Die bedeutendsten waren die 1746 auf Initiative des Kaufmanns Johann Ernst Gotzkowski entstandene Blumesche Samtmanufaktur mit 60 Stühlen, die Unternehmen der Berliner Schutzjuden David Hirsch und Isaac Bernhard, die mit Leipziger Arbeitern betriebene Manufaktur des Kaufmanns Friedrich Wilhelm Schütze vor dem Königstor mit 100 Stühlen und das Unternehmen der Franzosen Girard und Michelet. Auf staatliche Kosten betrieben königliche Beauftragte auch die Anwerbung von Spezialisten vor allem aus dem französischen Seidenzentrum Lyon. Etwa 100 Lyoner Seidenweber ließen sich in diesen Jahren in Berlin nieder. Sie verstärkten die Französische Kolonie, gehörten aber auf Grund ihres katholischen Glaubens der Französischen Gemeinde nicht an. In diesem neuen Gewerbezweig brach sich die Tendenz der Manufakturperiode zur Konzentration der Arbeiter unter dem Kommando ein und desselben Kapitalisten mächtig Bahn. Dazu trugen die Kostbarkeit des Rohstoffes ebenso bei wie die Risiken des Absatzes, die erheblichen Kapitaleinsatz erforderten. Der König wollte im Interesse seiner Bevölkerungs- und Steuerpolitik zwar lieber viele kleine selbständige Meister gewinnen und plante deren geschlossene Ansiedlung in den billigen Quartieren der südlichen Friedrichstadt am Achteck am Potsdamer Tor. Auch die Gründung eines Seidenmagazins verfolgte diesen Zweck. Aber schon im Jahre 1754 waren 87 Prozent aller Seidenstühle in der Regie der großen Unternehmer. Nur 49 Stühle gehörten selbständigen Produzenten, und selbst diese arbeiteten überwiegend auf Bestellung für Verleger.

Das Berliner Seidengewerbe war zwar eine Kunstblüte, gedieh aber bald zu solchem Umfang, daß der beträchtliche Bedarf des Hofes und der Beamten, des Adels und der Bürger an seidenen Kleider- und Dekorationsstoffen, den die Moden der Rokokozeit hervorbrachten, in langsam steigender Qualität am Ort produ-

Berliner Moden. Kupferstich von Daniel Chodowiecki, 1780

ziert werden konnte. In der Aufstellung des Rektors Küster über die Berliner Gewerbe des Jahres 1730 fehlten Seidenweber noch ganz, 1740 gab es keine 100 Stühle in der Stadt, und im Jahre 1756 arbeiteten schon 598 Stühle für Seiden- und Halbseidenzeuge und seidene Strümpfe in Berlin. Noch schneller als die Stuhlzahlen wuchsen, erhöhte der König die Akzise auf Seidenwaren, bis er deren Einfuhr schließlich 1756 gänzlich verbot. Da die ausländischen Produkte aber entschieden besser und billiger blieben, blühte der Schmuggelhandel.

In diesen Jahren entstand auch die erste Berliner Porzellanmanufaktur, eine Gründung des erfolgreichen Zeugmanufakturunternehmers Wilhelm Kaspar Wegely. Sie befriedigte den gehobenen Bedarf, der bisher ganz auf den Import der teuren Meißner Erzeugnisse angewiesen war. Das Geheimnis der Porzellanherstellung, das »Arkanum«, hatte Wegely von Angestellten der kurmainzischen Manufaktur in Höchst gekauft, die Künstler warb er von der Meißner Manufaktur an. Als der kostspielige Bau eines Manufakturgebäudes vor dem Königstor in der Hauptsache abgeschlossen war, begann 1754/1755 die Produktion für den Verkauf. Bestellungen des Hofes blieben allerdings aus, Friedrich II. bezog sein Tafelgeschirr weiterhin aus Meißen. Die Wegelysche Manufaktur prägte eigenständige Formen und Dekors aus, die auf einen bürgerlichen Abnehmerkreis zielten. Die hieraus entstehenden Probleme und der Ausbruch des Siebenjährigen Krieges setzten der Manufaktur bald ein Ende.

Luxusgut war auch noch der Zucker, zumal er nach mehreren gescheiterten Versuchen, Zuckerraffinerien in Berlin anzulegen, aus Hamburg bezogen wurde. Seine Verbreitung war eng mit der der überseeischen Getränke Tee und Kaffee verbunden. Die Anlage dreier Zuckersiedereien durch den Berliner Kaufmann David Splitgerber schuf Voraussetzungen für wachsenden Zuckerkonsum. Die erste entstand 1749 am Südufer der Spree, die zweite 1751 am gegenüberliegenden Flußufer am Holzmarkt vor dem Stralauer Tor und die dritte 1754 in deren unmittelbarer Nähe. Den Rohzucker bezog der geschäftstüchtige Unternehmer

Die Splitgerbersche Zuckersiederei. Anonymer Kupferstich,
Ende des 18. Jahrhunderts

außer über Hamburg auch über Stettin, die Steinkohle aus
Schlesien. Schon 1747 entdeckte zwar der Berliner Chemiker
Andreas Sigismund Marggraf die Verwertbarkeit des Rübenzuk-
kers, erst zu Beginn des 19. Jahrhunderts wurde diese Erkenntnis
aber industriell genutzt. Der König verlieh Splitgerber ein Monopol für die ganzen mittleren Provinzen und verbot den Import
raffinierten Zuckers. Der Zuckerverbrauch Berlins war bald
einer der höchsten in Europa. Binnen eines Menschenalters war
der mit Sirup, dem billigen Nebenprodukt der Zuckerherstel-
lung, gesüßte Kaffee unentbehrliches Getränk der Berliner
Handwerker- und Arbeiterfamilien.

Mit dem geistigen Leben entfalteten sich nach 1740 der Buch-
verlag und das Zeitungswesen zu einem bedeutenden Wirtschaftszweig der Hauptstadt. Buchhandlung, Druckerei, Verlag
und Zeitungsherausgabe waren dabei mehrfach in einem Unternehmen vereinigt. Neben die alte von Johann Michael Rüdiger
am Ende des voraufgegangenen Jahrhunderts begründete Buchhandlung, Hofdruckerei und Zeitung trat das Unternehmen des

Ambrosius Haude, der zuvor Antiquar in Potsdam gewesen war und sich als Lieferant des Kronprinzen unentbehrlich gemacht hatte. Er war schon 1741 der größte Verleger am Ort, bekam das Monopol für den Verlag aller Schriften der Akademie der Wissenschaften und gab seit 1740 eine zweite Berliner Zeitung heraus, die »Berlinischen Nachrichten von Staats- und gelehrten Sachen«, die sein Schwager Johann Carl Philipp Spener später wie die ganze Firma unter beider Namen fortführte. Buchhandlung, Verlag und Zeitung des Johann Michael Rüdiger leitete seit 1751 dessen Schwiegersohn Christian Friedrich Voss. Zu einem dritten großen Verlagsunternehmen entwickelte sich die schon 1713 von Christoph Gottlieb Nicolai, dem Vater des Schriftstellers Christoph Friedrich Nicolai, begründete Verlagsbuchhandlung. Die Berliner Verleger ließen die Bücher nun seltener in Sachsen drucken, da mit der Begründung einer Schriftgießerei im Jahre 1740 und der Vermehrung der Buchdruckereien zwischen 1730 und 1748 von 5 auf 11 mit 45 Gesellen und Lehrlingen die Buchdruckerkunst einen starken Aufschwung nahm.

Der erneute Wirtschaftsaufschwung ging mit einem erheblichen Bevölkerungswachstum einher. Hatte die Stadt im Jahre 1740 reichlich 90 000 Einwohner beherbergt, so waren es im Jahre 1755 schon 126 661 Bewohner. Das Wachstumstempo war gegenüber der Regierungszeit König Friedrich Wilhelms I. nahezu verdoppelt, es blieb jedoch erheblich hinter dem der großen Einwanderungszeit um die Jahrhundertwende zurück. Die Ankömmlinge ließen sich vor allem in den Vorstädten nieder. Stärker als zuvor wurde auch das Umland in die Ansiedlung einbezogen. Um die eigentliche Stadt begann sich ein Ring von Gewerbesiedlungen und Dörfern zu legen, die für den Berliner Markt produzierten. Sie gingen in die Siedlungen des Potsdamer Raumes über. Die Region, deren Mittelpunkte die beiden Residenzen Berlin und Potsdam waren, hob sich mit ihrer dichten Bevölkerung, ihrer florierenden Gewerbetätigkeit und ihrer intensiven, zunehmend kapitalistisch betriebenen Landwirtschaft, die sich von Getreideanbau und Schafzucht auf Gemüseanbau,

Kurtze Erzehlung /
Welchergestalt
Von Sr. Kön. Maj. in Preußen
Friederich dem I.
in Dero Hauptsitz Berlin
die Societæt der Wissenschafften
Oder
Zu mehrer Aufnahme des gelehrten Wesens
abzielende Gesellschafft gestiftet worden
Und wie dieselbe zu ihrer völligen Niedersetzung gediehen.
Mit beifügung des Stiftungs-Briefs / der Einrichtungs-
Gesetze / derer bey der Niedersetzung gehaltenen Reden /
und des Catalogi Membrorum Societatis.

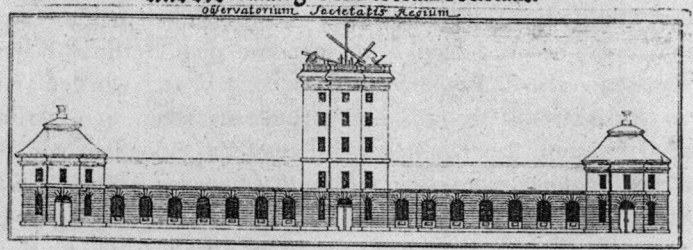

BERLIN /
Verlegts Johann Christoph Papen / Königl. privilegirter wie auch der
Societät Buchhändler und Factor.
Gedruckt von Gotthard Schlechtigern / Königl. privilegirten auch der
Societæt bestellten Buchdrucker. 1711.

Titelblatt der Geschichte der Akademie der Wissenschaften
zu Berlin mit Darstellung des Observatoriums, 1711

Milchwirtschaft und Geflügelzucht verlagerte, immer stärker von der übrigen Mark Brandenburg ab.

Die Entwicklung hatte schon 1716 begonnen, als sich 19 Hugenotten im Nordwesten Berlins niederließen, um Maulbeerplantagen anzulegen. Ihre Siedlung erhielt den alttestamentarischen Namen Moabit, ihre Bewohner gingen bald zu rentableren Zweigen der Gärtnerei über. Agrarischen Charakter hatte anfangs auch die Ansiedlung böhmischer Exulanten im Ratsdorf Rixdorf seit 1737. Neben den 18 Bauern und Büdnern ließen sich 30 landlose Mietsleute mit ihren Familien nieder, und zumindest diese waren auf einen Erwerb als Spinner oder Weber für Berliner Textilunternehmer angewiesen.

Nach 1740 veranlaßte der ständige Mangel an Gespinst in der Berliner und Potsdamer Textilproduktion die Anlage regelrechter Spinnerdörfer. Als solches kann man die 1750 ebenfalls mit böhmischen Exulanten beim Amtsdorf Schöneberg gegründete Kolonie Neu-Schöneberg bezeichnen, die wegen ihres gewerblichen Charakters dem Berliner Magistrat unterstellt wurde. Die größte derartige Gründung war das gleichzeitig entstandene böhmische Spinner- und Weberdorf Nowawes (Potsdam-Babelsberg) mit 310 Familien, dessen Bewohner von dem Berliner Kattunproduzenten Isaak Benjamin Wulff ausgebeutet wurden. Kleinere Anlagen mit böhmischen Arbeitern waren Schönerlinde und Grünelinde bei Köpenick. Im Spreetal südöstlich von Berlin, das für den Ackerbau kaum taugte, ließ der König Spinnerdörfer für sächsische Zuwanderer gründen: Friedrichshagen, Gosen und Neu-Zittau, die jeweils für 50 bis 100 Familien bestimmt waren, sich aber nur zögernd mit Ansiedlern füllten. Die Gosener Spinner wurden von der Firma Wegely verlegt, die schon seit langem die billigere Landspinnerei genutzt und bis nach Pommern ausgedehnt hatte.

Sächsische Arbeiter hatte der König auch bei der Anlage von Neu-Vogtland im Auge, einer Siedlung vor dem Spandauer Tor für die zahlreichen Bauarbeiter, die sich als Saisonarbeiter in Berlin aufhielten. Der König wollte sie nicht nur als Arbeits-

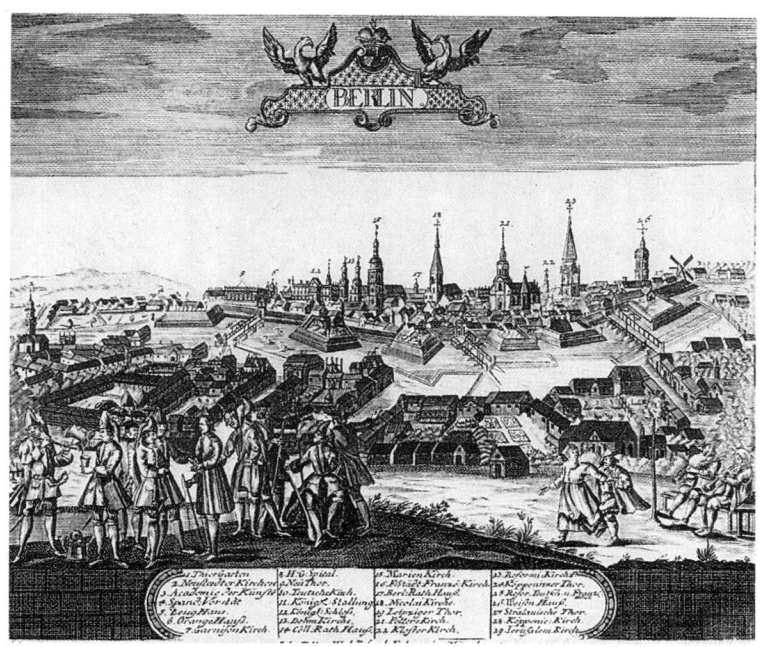

46 Berlin-Panorama, Mitte des 18. Jahrhunderts.
Kupferstich von Johann Peter Wolffs Erben, Nürnberg

47 König Friedrichs II. Wachtparade in Potsdam.
Radierung von Daniel Chodowiecki, 1777

48 Der Platz am Zeughaus
mit Blick in die Straße Unter den Linden.
Ölgemälde von Carl Traugott Fechhelm, 1786

Des

Herrn Ewald Christian von Kleist

sämtliche

WERKE.

Erster Theil.

Dritte Auflage.

Mit allergnædigsten Privilegien.

Berlin,
bey Christian Friedrich Voss, 1771.

49 Titelblatt

50 Ephraimpalais an der Ecke Poststraße/Am Mühlendamm.
Das Palais – 1762–1765 durch Friedrich Wilhelm Diterichs
für Friedrichs II. Münzpächter Veitel Ephraim
zu einem der schönsten Bürgerhäuser des Rokoko umgebaut,
1935 abgetragen – wurde 1985–1987 in Nähe
des ursprünglichen Standortes neu aufgebaut.
Aufnahme um 1910

51 Festsaal im Ermelerhaus mit Wandbildern und Supraporten
von Carl Friedrich Fechhelm, 1762.
Das Ermelerhaus – ehemals Breite Straße 11,
seit 1969 am Märkischen Ufer 11 als Gaststätte –
wurde 1760–1762 für den preußischen Armeelieferanten
Friedrich Damm errichtet.
Aufnahme von 1910

52 Stutzuhr mit Gehäuse
aus der Königlichen
Porzellanmanufaktur Berlin,
1766/1767.
Modell von
Wilhelm Christian Meyer,
Gesamthöhe 59 cm

53 Daniel Chodowiecki, Das Hauskonzert. Ölgemälde, 1757

54 Seidenweberwerkstatt und Klempnerwerkstatt.
Radierungen von Johann Wilhelm Meil, um 1760

55 Blick auf Berlin vom Mühlenberg vor dem Prenzlauer Tor.
Kolorierte Radierung von Johann Georg Rosenberg, um 1775

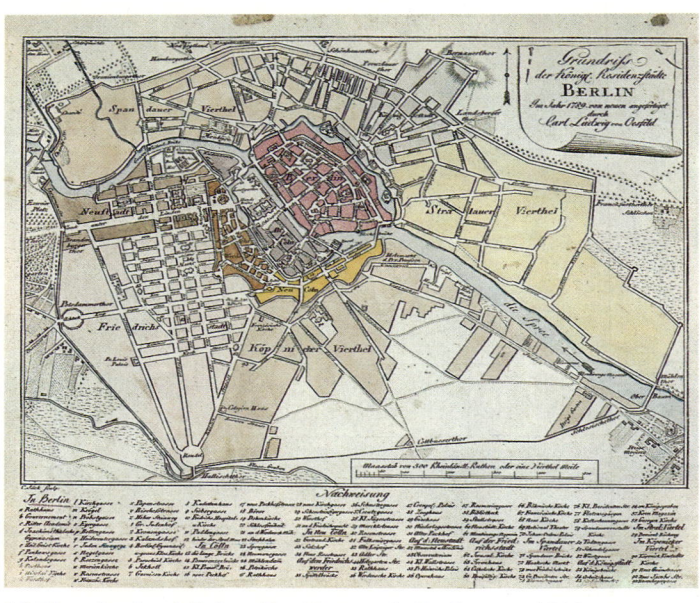

56 Plan der königlichen Residenzstadt Berlin von 1789.
Kolorierter Kupferstich von Carl Ludwig von Oesfeld

kräfte bei den königlichen Bauten haben, sondern auch als Steuerzahler, die ihr verdientes Geld im Winter nicht im sächsischen Ausland verzehrten. Um die heutige Garten- und Ackerstraße wurden deshalb von 1751 bis 1754 60 Siedlungshäuser für jeweils 2 Familien erbaut, in denen wenig später außerdem 109 Textilarbeiterfamilien zur Miete wohnten. Der Ruf des Viertels vor der Akzisemauer mit den zahlreichen Schenken war schlecht. Armut, Krankheit und Laster waren wohl nirgendwo in der königlichen Residenz häufiger als hier.

Die bäuerliche Siedlung trat ungeachtet der Knappheit von Milch, Butter, Eiern und Obst auf dem Berliner Markt zurück. Die größte Neugründung war das 1747 von 20 reformierten Emigrantenfamilien aus Pfalz-Zweibrücken angelegte Müggelheim. Nur vier Kolonisten begründeten zwei Jahre später das nahe gelegene Grünau. Dieses schwere Siedlungswerk in den Spreeniederungen unterstützte der Staat mit der Gewährung von Freijahren, Militärdienstfreiheit, Erbrecht und persönlicher Freiheit.

Sowohl die gewerblichen als auch die agrarischen Neusiedlungen im Berliner Raum waren Teil einer großangelegten Kolonisation des Landes, die der König nach Beendigung des Zweiten Schlesischen Krieges einleitete und mit der Erschließung des Oderbruchs krönte.

Große Hoffnungen der gebildeten Bürger, der fortschrittlich denkenden Künstler und Wissenschaftler weit über die Grenzen des preußischen Staatsgebietes hinaus richteten sich auf die Regierung dieses Königs, weil er sich in seiner Kronprinzenzeit als Freund der Aufklärung und der schönen Künste bewiesen hatte, als Anhänger der Philosophie des von seinem Vater vertriebenen Christian Wolff, als Briefpartner des ketzerischen Franzosen Voltaire und als Autor des »Antimachiavell«. Man erwartete von ihm eine gerechte und weise Regierung zum Wohle seiner Untertanen, unter der Kunst und Wissenschaften blühen konnten. Dem begrenzteren, auf Kunst und Wissenschaft gerichteten Teil der allgemeinen Erwartungen entsprach der König, und die Hauptstadt profitierte davon. Das geistige Zentrum des Staates, das unter dem Soldatenkönig eher in Halle, der Hochburg des Pietismus und jungen Universitätsstadt, gelegen hatte, verlagerte sich wieder nach Berlin.

Friedrich II. belebte die Akademie der Wissenschaften neu, allerdings verzögert durch die beiden ersten kosten- und kräftezehrenden Schlesischen Kriege. Am 24. Januar 1744 erhielt die Akademie unter dem Namen Königliche Akademie der Wissenschaften ein neues Statut. Bedeutende Gelehrte rief der König nach Berlin, so den Schweizer Mathematiker Leonhard Euler, der in St. Petersburg gewirkt hatte, den Mathematiker Pierre Louis Moreau de Maupertuis und den Arzt und Materialisten Julien Offray de La Mettrie. Auch bedeutende deutsche Gelehrte, wie der Bevölkerungstheoretiker und Prediger an der Petrikirche Johann Peter Süßmilch sowie der Chemiker und Entdecker des Rübenzuckers Andreas Sigismund Marggraf, wurden Mitglieder der Akademie. Der König errichtete das alte Akademiegebäude im Marstall neu und gab der Einrichtung einen ansehnlichen Fonds, er reglementierte aber auch die Personalpolitik und das wissenschaftliche Leben, wobei er einseitig französischen Gelehrten den Vorzug gab. Zum neuen Präsidenten bestellte er 1746 Maupertuis.

Unabhängig von der gelehrten königlichen Tafelrunde in Sanssouci, an der Voltaire 1750/1751 teilnahm, und neben der Königlichen Akademie entwickelte sich in Berlin ein dritter geistiger Mittelpunkt, der allein in dem Streben des Bürgertums nach Befreiung aus geistiger Unmündigkeit, feudalen Ständeschranken und absolutistischem Despotismus wurzelte. 1749 gründeten bürgerliche Intellektuelle um den Dichter Karl Wilhelm Ramler, den Musiker Johann Joachim Quantz, den Verlagsbuchhändler Christian Friedrich Voss und den Kupferstecher Meil den Montagsclub, in dem literarisch-ästhetische, philosophische und politische Fragen freimütig besprochen wurden. Zu diesem Klub aufgeklärter Geister traten bald auch drei junge Männer, die sich seit 1754 regelmäßig zweimal wöchentlich zu Gedankenaustausch und gemeinsamer Arbeit zusammenfanden: der fünfundzwanzigjährige Gotthold Ephraim Lessing, der seit 1748 als Redakteur der Beilage »Das Neueste aus dem Reiche des Witzes« an der »Berlinischen Privilegierten Zeitung« tätig war; der gleichaltrige Moses Mendelssohn, erst als Hauslehrer und nun als Buchhalter bei dem reichen Seidenmanufakturunternehmer Isaac Bernhard angestellt; der einundzwanzigjährige Christoph Friedrich Nicolai, seit 1752 Mitarbeiter in der von seinem Bruder geleiteten großen väterlichen Verlagsbuchhandlung. Nach Lessings 1749 erschienenen Schauspielen »Die Juden« und »Der Freigeist«, die vom Geist der Aufklärung durchdrungen sind, entstand jetzt gemeinsam mit den Freunden »Pope, ein Metaphysiker«. 1755 wurde Lessings »Miß Sara Sampson«, das erste bürgerliche deutsche Trauerspiel, uraufgeführt. Wenn diese drei auch noch ganz am Anfang ihres auf unterschiedliche Weise bedeutenden Lebenswerkes standen und in der Öffentlichkeit erst wenig galten, so bildete doch dieser Freundschaftsbund in Verbindung mit dem Montagsclub den Kristallisationskern der Berliner Aufklärung. In diesen bürgerlichen Sphären und nicht in der Tafelrunde von Sanssouci hatte sie ihren Ursprung.

Eine Bildungsstätte aufgeklärter Bürger, deren dankbarer Schüler Christoph Friedrich Nicolai war, begründete der Prediger Johann Julius Hecker 1747 in der Kochstraße in der Friedrichstadt nach dem Vorbild der Franckeschen Stiftungen in Halle. Diese »Realschule« war ein Schulenkomplex mit einem Pädagogium für künftige Akademiker, einer Kunstschule für Kaufleute, Techniker und Manufakturunternehmer, mit einer Deutschen Schule für die Söhne der Handwerker und sogar mit einer Mädchenschule. Die Bildungsinhalte waren – verglichen mit den alten Gymnasien – modern und praxisbezogen. Der Unterricht umfaßte außer Latein und Griechisch auch das Englische und Italienische, Naturwissenschaften, Technologie und Ökonomie. Eine Buchhandlung, eine Sammlung von Maschinen und Modellen, ein Botanischer Garten und die in Preußen in dieser Zeit unerläßliche Maulbeerbaumplantage waren angegliedert.

Auch die bildenden Künste blühten wieder in Berlin, die Baukunst konnte sich unter dem neuen König repräsentativ entfalten. Das Forum Fridericianum zwischen Schloß, Zeughaus und Friedrichstraße entstand in diesen Jahren zwischen dem Regierungsantritt Friedrichs II. und dem Siebenjährigen Krieg. Der Baumeister Hans Georg Wenzeslaus von Knobelsdorff (1699–1753) erbaute hier im Stile des »friderizianischen Rokoko«, jedoch schon mit Elementen des Klassizismus durchsetzt, von 1741 bis 1743 ein Opern- und Festhaus. Dahinter entstand seit 1747 die katholische Hedwigskirche, die erst 1773 fertiggestellt werden konnte. Johann Boumann der Ältere errichtete 1748–1753 das Palais des Prinzen Heinrich, und unter Leitung von Friedrich Feldmann entstand in der Nachbarschaft gleichzeitig das Donnersche Palais.

Doch diese prächtigen Bauten bildeten ebenso wie die erfreulichen Entwicklungen im Berliner Kultur- und Wirtschaftsleben nur die schöne Schauseite der Regierungstätigkeit Friedrichs II. Die Kehrseite zeigte Krieg, Inflation, Wirtschaftskrise und eine anhaltende Militarisierung des gesellschaftlichen Lebens. Der Autor des »Antimachiavell« war mißverstanden worden, wenn man von ihm eine friedvolle, auf die Glückseligkeit der Untertanen bedachte Regierung erhoffte. Sein Sinnen galt der Stärkung und der Erweiterung des Staates, und die möglichste Zufriedenheit der Untertanen war nur Mittel zu dessen Stabilisierung.

Nach einer friedlichen Periode unter dem »Soldatenkönig« wurde die Stadtgeschichte Berlins nun von einer Kette feudaler Kriege bestimmt. Diese Kriege führten den Staat zwar in die Reihe europäischer Großmächte und erhöhten somit auch das Gewicht seiner Hauptstadt, sie forderten jedoch große Opfer an Menschenleben und materiellen Gütern.

Bald nach seinem Regierungsantritt vermehrte Friedrich II. die Armee um ein Fünftel. Auch die Berliner Garnison wurde um ein Regiment Infanterie verstärkt und erreichte vor dem Siebenjährigen Krieg einschließlich der Frauen und Kinder 25 000 Personen. Noch vor Ablauf des ersten Jahres seiner Regierung

Spießrutenlaufen. Radierung von Daniel Chodowiecki, 1770

nutzte der König die erste sich bietende Gelegenheit, den Tod Kaiser Karls VI., um dessen Tochter, der Habsburgerin Maria Theresia, die Ansprüche auf Schlesien streitig zu machen; noch im Dezember 1740 rückte er in Schlesien ein. Seinen Raub konnte er im Ersten (1740–1742) und im Zweiten (1744/1745) Schlesischen Krieg mit Mühe behaupten. In beide Kriege zog auch die Berliner Garnison, und ihre Soldaten kämpften ebenfalls von 1756 bis 1763 im Siebenjährigen Krieg, der sich zum europäischen Konflikt weitete und in dem Friedrich II. auch die Rolle eines englischen Festlanddegens im überseeischen Kolonialkrieg zwischen England und Frankreich spielte.

Ungeachtet der 1740 gewährten Kantonfreiheit Berlins, waren die meisten Soldaten der ausrückenden Regimenter Berliner. Der Schweizer Ulrich Bräker beschreibt in »Lebensgeschichte und Abenteuer des Armen Mannes im Tockenburg« die Stimmung bei Beginn des Siebenjährigen Krieges in Berlin: »Itzt

wurde Marsch geschlagen, Tränen von Bürgern, Soldatenwei-
bern, Huren und dergleichen flossen zu Haufen. Auch die
Kriegsleute selber, die Landeskinder nämlich, welche Weiber
und Kinder zurückließen, waren ganz niedergeschlagen.« Die
Berliner Regimenter verloren insgesamt wohl 10 000 Mann auf
den Schlachtfeldern. Von dem 1 850 Mann starken Grenadierre-
giment Linden kehrten 1763 nur 50 der sieben Jahre zuvor aus-
gezogenen Soldaten heil zurück. Die Stadt füllte sich mit Verwundeten, Soldatenwitwen und -waisen. Das 1747 vor dem
Oranienburger Tor bei der Charité errichtete Invalidenhaus, das
mit rund 1 000 Plätzen die einzige derartige Einrichtung für das
ganze Land war, faßte nur einen Bruchteil des Soldatenelends.
Die ratlosen Mütter bestürmten das Potsdamer Militärwaisenhaus mit Gesuchen um Aufnahme ihrer Kinder, doch das hatte
schon im dritten Kriegsjahr mit 2 000 Zöglingen seine normale
Kapazität um ein Drittel überschritten. Die Berliner Armenkasse
gab jedes dritte Almosen an eine Soldatenfrau und konnte damit
doch kaum den zehnten Teil der notleidenden Soldatenfamilien
erreichen. Bettelnde Soldatenwitwen, wie sie Daniel Chodowiecki
zeichnete, und Invaliden gehörten zum Straßenbild der Hauptstadt. Der Staat ließ deshalb das große neue Arbeitshaus vor dem
Königstor in den Jahren 1756−1758 errichten, bezeichnender-
weise das einzige öffentliche Gebäude, das während des Krieges
in Berlin entstand.

Anders als in den beiden ersten Schlesischen Kriegen drang
der Krieg nun direkt in die Stadt vor. Die Österreicher kamen im
Oktober 1757 nur bis vor die Tore. Vom 3. bis 12. Oktober 1760
aber belagerten und besetzten russische und österreichische
Truppen die Hauptstadt des in Schlesien arg bedrängten Preu-
ßenkönigs. Die Vorstadtbewohner flohen hinter die für den
Schutz der Stadt ganz ungeeigneten Mauern. Angst und Schrek-
ken ergriffen die Bewohner zugleich mit Zorn auf Hof- und
Staatsbeamte, die die bedrohte Stadt im Stich gelassen hatten,
um sich selbst zu retten. Einer eigentlichen Plünderung entging
die Stadt, da der russische General Graf Gottlob Kurt Heinrich

Tottleben sich mit der Kaufmannschaft unter Führung des Johann Ernst Gotzkowski auf eine erträgliche Kontribution von 1,75 Millionen Talern zumeist in Wechseln einigte.

Die schlimmsten Leiden für die Berliner Bevölkerung kamen erst noch, sie gingen von der Inflation aus, mit deren Hilfe der König die Kriegskosten deckte. Aus der gleichen Mark Feinsilber, aus der vor dem Krieg 14 bis 19 Taler geprägt wurden, schlugen die jüdischen Münzunternehmer Veitel Ephraim, Daniel Itzig und Moses Isaac im königlichen Auftrag im Jahre 1761 30, ja sogar 40 Taler. Nahezu wertlose Achtgroschenstücke, irreführend in sächsischen Münzstätten geprägt, überschwemmten als »Ephraimiten« den Markt. Der Schlagschatz, der daraus dem König zufiel, deckte 17 Prozent der preußischen Kriegskosten.

Bettelndes Soldatenweib. Radierung von Daniel Chodowiecki, 1764

271

Die Preise stiegen entsprechend auf das Doppelte bis Dreifache, für Lebensmittel sogar noch höher, da die Truppenversorgung die Reserven auffraß und der Krieg den Handel blockierte. Die Löhne der Berliner Arbeiter lagen unverändert bei 1 ½ Talern pro Woche, während das Groschenbrot Ende des Jahres 1762 nur noch ein Pfund wog und also auf das Fünffache verteuert war. Es kam zu Hungertumulten in der Hauptstadt. Schon 1761 mußten die Behörden kostenlos Brot verteilen, um dem ärgsten Elend abzuhelfen. Es meldeten sich 30 339 bedürftige Personen, ein Drittel der Einwohnerschaft! Die Sterblichkeit war in fast allen Kriegsjahren erheblich erhöht, Seuchen wie hitziges Fieber, Flecktyphus und Ruhr suchten die Weberfamilien heim, Pocken und Masern töteten mehr Kinder als in Friedenszeiten. Die Zivilbevölkerung Berlins verminderte sich infolgedessen während des Krieges, obwohl die Zuwanderung vom Land und aus den verheerten Städten der Kurmark anhielt. Der Krieg bedeutete selbst für die noch immer begünstigte, von Freund und Feind geschonte Hauptstadt einen Rückschlag in ihrer Entwicklung. Die Situation in Berlin war im Vergleich zu der in den Akkerbürgerstädten gemildert durch die Produktion für den Heeresbedarf. Die Stuhlzahlen im Wollgewerbe stiegen um 11 Prozent auf 5 370 im Jahre 1762 gegenüber 1756. Auch Sattler, Schuhmacher und Büchsenmacher hatten reichlich zu tun.

Regelrechte Kriegsgewinnler gab es unter den Bankiers, Kaufleuten und Manufakturunternehmern. Millionenhöhe erreichten die Gewinne, die die Münzunternehmer zusätzlich zum königlichen Schlagschatz aus der Münzverschlechterung zogen. Dem König, der seinen jüdischen Münzpächtern nur einen Bruchteil des Gewinns und das ganze Risiko dieser Finanzmanipulationen ließ, konnte es recht sein, daß sie den Volkszorn auf sich lenkten. Kriegsgewinnler war auch das renommierte Haus Splitgerber und Daum, das während des Siebenjährigen Krieges mit 4 Millionen Talern Jahresumsatz die sechsfache Ausdehnung der Vorkriegsgeschäfte erlebte und mehr als 1 Million Taler Reingewinn aus den Kriegslieferungen zog. Als erfolgreiche Heereslieferanten und Kriegsspekulanten sind ebenso der Kaufmann Peter Friedrich Damm, der Getreidelieferant Johann Gottlieb Stein, der Bankier Johann Georg Eimbke und der französische Berliner Bankier Carl Leveaux anzusehen. Schillernd ist die Rolle des Johann Ernst Gotzkowski, des »patriotischen Kaufmanns«, wie er sich selbst nannte. Der Seidenmanufakturunternehmer, der in der Gunst des Königs stand, setzte 1760 seinen Kredit und seine Beziehungen ein, um Berlin vor längerer Besetzung und vor Plünderung zu bewahren. Wieweit dies aus patriotischen Motiven geschah, muß offenbleiben. Übernahm er doch wenige Monate danach die Kontribution der Stadt Leipzig und später Kriegskontributionen Nürnbergs und Mecklenburgs mit dem klaren Ziel der Bereicherung. Er bezahlte dem König die geforderten Summen in minderwertigem Kriegsgeld und trieb sie von den Schuldnern in vollwertiger Münze ein. Zum Nutzen Berlins gedieh dann die Porzellanmanufaktur, die Gotzkowski noch während des Krieges mit den verbliebenen Arbeitern der Wegelyschen Manufaktur und Meißner Fachkräften in der Leipziger Straße errichtete.

Der Krieg war eine Herausforderung für Dichter und Schriftsteller. Friedrich Nicolai, inzwischen Leiter des Familienverlages, gab seit 1759 mit den »Briefen, die neueste Literatur betreffend« die erste Zeitschrift der Berliner Aufklärung heraus, deren Inhalt und Profil wesentlich von Lessing bestimmt wurden. Diese Literaturbriefe, die Schritte zu einer deutschen bürgerlichen Literaturtheorie waren, stellten zugleich den Sinn des Krieges in Frage. Lessing überwand darin den von Friedrich-Verehrung erfüllten preußischen Patriotismus Ramlers, Gleims und des in der Schlacht bei Kunersdorf gefallenen Dichterfreundes Ewald von Kleist.

Lessing, der 1760 gegen den Einspruch Friedrichs II. zum auswärtigen Mitglied der Berliner Akademie gewählt und dennoch ohne rechte Stellung in Berlin war, erlebte den Krieg seit Ende dieses Jahres als Sekretär des Generals von Tauentzien in Breslau aus größter Nähe als eine Angelegenheit der feudalen Staaten,

Gotthold Ephraim Lessing. Punktierstich von L. Rados
nach Zeichnung von G. B. Bosio, um 1780

die dem Bürger Verderben bringt und die Kunst erstickt. Diese
Erfahrungen gingen in das 1765 in Berlin beendete und hier
auch angesiedelte Lustspiel »Minna von Barnhelm« ein. Die Ber-

liner Hofämter versuchten 1767 vergeblich, die Uraufführung in Hamburg zu vereiteln, sie konnten ein halbes Jahr später die Aufführung in Berlin hinauszögern, aber nicht verhindern.

Blüte im Zeichen von Aufklärung und Manufakturen

Der Hubertusburger Frieden vom 15. Februar 1763 brachte der Berliner Wirtschaft keine Erholung, sondern stürzte sie in eine Nachkriegskrise, die vom Zusammenbruch des europäischen Wechselmarktes mit seinem Zentrum Amsterdam ausging. Eine Welle von Bankrotten erschütterte die Berliner Handels- und Manufakturunternehmen, Johann Ernst Gotzkowski war ihr erstes Opfer. Die Porzellanmanufaktur kam so in königlichen Besitz. Der König setzte eine besondere Kommission ein, um die Spitze der Berliner Geschäftswelt vor der Strenge des Wechselrechts zu bewahren. Zahllose kleine Handwerker und Fabrikanten wurden in den Strudel der Bankrotte hineingerissen. Die Einschränkung und Stillegung von Unternehmen machte wieder Tausende arbeitslos. Die Berliner Textilproduktion sank um 509 Stühle unter den Vorkriegsstand, wobei die traditionellen Wollgewerbe am stärksten betroffen waren.

Die königliche Wirtschaftspolitik steuerte die Sanierung der Staatsfinanzen an, sie erstrebte höhere Steuereinkünfte um jeden Preis. Deshalb wurden die Akzise- und die Steuerverwaltung neu geordnet und in die »Regie« französischer Steuerexperten gegeben. Die neuen Akzisetarife verteuerten entgegen der öffentlich geäußerten Absicht des Königs vor allem die Waren des Grundbedarfs, nur 7 Prozent der Mehreinnahmen kamen aus der Besteuerung von Luxusgütern. Als Luxusgut sah der König, selbst ein starker Kaffeetrinker, auch den Kaffeegenuß für den einfachen Bürger an. Er meinte, die Leute sollten sich wie früher mit Biersuppe zum Frühstück begnügen, und legte Abgaben in Höhe von 150 Prozent des Einkaufspreises auf die begehrten Bohnen. Der Erfolg war ein blühender Schmuggelhandel, den Zeitgenossen auf das 27fache des offiziellen Imports schätzten. Eine solche Politik schnürte den inneren Markt weiter ein. Außerdem setzte der König auf die gewinnbringende Verpachtung von Monopolen. Auch diese Monopole verknappten die Waren, trieben die Preise in die Höhe und standen einer Kräftigung des Gewerbes eher entgegen. Den Berliner Kaufleuten war das Monopol der Tabakhandelsgesellschaft und das Baumwollimportmonopol der Levantinischen Handelsgesellschaft besonders lästig. Die Levantinische Handelsgesellschaft mußte infolge des Widerstands der Kaufleute 1769 wieder aufgelöst werden. Behaupten konnte sich trotz großer anfänglicher Schwierigkeiten die ursprünglich mit ihr verbundene 1765 gegründete Königliche Bank, deren Aktionäre in erster Linie Berliner Kaufleute waren.

Seit den siebziger Jahren erlebte die Wirtschaft wieder einen kräftigen Aufschwung. Intensiver staatlicher Förderung erfreute sich nach wie vor das Seidengewerbe. Es wuchs von 564 Stühlen im letzten Krisenjahr 1767 auf 2 092 Stühle im Jahre 1789 an. Eine große Zahl mittlerer Betriebe blühte auf. Das war ebenso Ergebnis guter Konjunkturlage wie des Seidengewerbereglements von 1766, das nach Lyoner Vorbild die dezentralisierte Produktionsstruktur begünstigte, im Sinne preußischer Gewerbeaufsicht zugleich die Rechte der kleinen Meister und Arbeiter beschnitt und diese den Manufakturunternehmern preisgab. So nutzten 1775 die Seidenunternehmer eine Absatzstockung, um die Löhne um ein Viertel zu senken. Die zünftig organisierten Seidenwirkergesellen traten dagegen in den Streik. Sie verteilten Flugzettel und nötigten abseits stehende Gesellen zum Anschluß. Der Aufstand, den die Behörden als Meuterei bezeichneten, griff nach Frankfurt (Oder) über. Der Staat schritt auf seiten der Unternehmer ein, aber die Gesellen konnten eine Halbierung der Lohnkürzung erreichen.

Als neues Gewerbe, das anfangs sogar Einschränkungen durch die staatliche Wirtschaftspolitik überwinden mußte, entwickelte sich die Baumwollproduktion. Sie war ein ausgesprochen kapitalistisches Gewerbe mit vorherrschend zentralisierten Betrieben, in denen oft Kattundruckerei und Weberei vereinigt waren. Die Zahl der Webstühle stieg von 615 im Jahre 1767 auf 1038 im Jahre 1789. Die Zahl der beschäftigten Spinner, Kämmer, Weber und Drucker betrug jeweils ein Vielfaches. Baumwollunternehmer bemühten sich zuerst, die technischen Neuerungen der industriellen Revolution in Berlin heimisch zu machen. Der Unternehmer Johann Georg Sieburg sandte in den achtziger Jahren seinen Sohn nach England, um eine der streng gehüteten Spinnmaschinen und einen kundigen Arbeiter herüberzubringen. Dieser Unternehmer zeigte sich aber auch besonders skrupellos in der Ausbeutung seiner Arbeiter. Um Lohnkosten zu sparen, stellte er in großer Zahl Lehrlinge und Frauen ein. Während einer durch Rohstoffverknappung bedingten Depression ging er 1782 dazu über, seine Produktion aufs Land zu verlagern. Er entließ 70 Berliner Arbeiter, um an deren Stelle die Weber der Kolonie von Kloster Zinna zu verlegen. Die Entlassenen suchten vergeblich bei den Behörden bis hinauf zum Generaldirektorium Hilfe. Da es im Baumwollgewerbe nicht wie in der Seidenproduktion eine zünftige Gesellenorganisation gab, war es hier schwerer, einen Streik zu organisieren. Doch 1783 verbanden sich die Kattundrucker mehrerer großer Berliner Firmen, sie drangen in das Haus des Unternehmers Ermeler ein und forderten von ihm die Entlassung von Lehrlingen und die Wiedereinstellung von Druckern. Ermeler rief die Wache und ließ die Arbeiter arretieren. Die Behörden standen wieder auf seiten des Unternehmers, für sie waren die Forderungen der Drucker »Handwerksgrillen«.

Das Wollgewerbe erholte sich von der Nachkriegskrise nicht mehr, es litt unter der Konkurrenz der eichsfeldischen Zeuge und der farbenfrohen und noch dazu billigen Kattune. Die Webstühle verminderten sich von 2640 im Jahre 1767 auf 2080 im Jahre 1789. Die kleinen und mittleren Betriebe gingen ein oder gerieten in die Abhängigkeit der großen. Das Lagerhaus hatte der König schon während der Nachkriegskrise im Jahre 1764 reprivatisiert durch einen Erbpachtvertrag mit dem aus Aachen zugereisten Unternehmer Heinrich Schmitz. Dessen Schwager und Nachfolger von Wolff versuchte 1782, die Konkurrenzprobleme durch eine Lohnsenkung auf die Arbeiter abzuwälzen, und traf dabei die hochqualifizierten Weber, die die spanische Wolle verarbeiteten. Die Spanisch Tuchweber, schon seit den zwanziger Jahren in einer Gesellschaft wohlorganisiert, vertrauten auf ihre Privilegien und auf die Gerechtigkeit des Königs. Aber vergebens bestürmten sie die Behörden mit Klagen. Erst nach mehr als einem Jahrzehnt erfolglosen legitimen Kampfes entflammte ihr großer Streik.

So waren die manufakturkapitalistischen Verhältnisse im Textilzentrum Berlin deutlich fortgeschritten. Friedrich Nicolai führte in seiner »Beschreibung der Königlichen Residenzstädte Berlin und Potsdam« für das Ende des Jahres 1784 fast 10 000 Arbeiter in den Berliner Manufakturen auf, sicher ohne das Heer der Spinnerinnen in der Residenz und auf dem Lande gezählt zu haben. Deutlich zeichnete sich nun die neue Frontlinie ab, die zwischen Manufakturarbeitern und Unternehmern verlief und den unversöhnlichen Grundkonflikt der heraufziehenden bürgerlichen Gesellschaft ankündigte.

Doch nicht nur die Manufakturen, auch das Handwerk florierte in diesen Jahrzehnten nach dem Siebenjährigen Krieg. Die Zahl der Gesellen und Lehrlinge im Berliner Handwerk nahm sogar noch etwas rascher zu als die der Manufakturarbeiter. Nach der Zahl der Beschäftigten war das Handwerk noch immer der größte Wirtschaftssektor in der Residenz. Dies ging mit beruflicher Spezialisierung und Arbeitsteilung einher. Die Zahl der Gewerbe, die sich nach der Zunftreform der dreißiger Jahre durch Zusammenlegungen leicht vermindert hatte, wuchs sprunghaft. Neben den Pfefferküchlern etablierten sich die Konditoren. Die Groß- und Kleinuhrmacher trennten sich von den Schlossern, und daneben gab es sogar Uhrgehäusemacher, die Schweizer Uhrwerke einbauten. Zahlreiche neue Berufszweige tauchten in der Möbelherstellung und Innenraumgestaltung auf. Ein dankbares Feld bot sich vor allem in der Buchproduktion, der Instrumentenherstellung, der Kosmetik und Gesundheitsfürsorge, wo Medailleure, Schriftgießer, Kartenmacher, Musikinstrumentenbauer, Laboranten und Friseure die amtlichen Verzeichnisse der hauptstädtischen Künstler und Handwerker bereicherten. Das technische Niveau des Handwerks hob sich mit den Ansprüchen der Konsumenten. Die brandenburgisch-preußische Haupt- und Residenzstadt wurde zu einem erstrangigen Wanderziel der Gesellen im Heiligen Römischen Reich.

Der wirtschaftliche Aufschwung des Handwerks brachte noch einmal eine Blüte des Zunfthandwerks mit sich. Zwar ihrer politischen Funktionen in der Stadt beraubt und unter der strengen Aufsicht des Magistrats stehend, entfalteten die Berliner Zünfte um neue, prächtig geschnitzte Laden in ihren Gewerkshäusern ein reges geselliges Leben weitgehend nach den alten Riten. Der soziale Zusammenhalt innerhalb der Zünfte war ungebrochen, wie die Praxis der Gevatterschaften und Eheverbindungen und die starke Berufsvererbung vom Vater auf den Sohn erkennen lassen. Wiedererstanden waren auch die Gesellenbruderschaften, vom Staat verordnet in ihrer unentbehrlichen sozialen Funktion als Gesellenkranken- und -sterbekassen, in ihrem Selbstverständnis und in ihrer praktischen Wirksamkeit aber voll in der Tradition der alten Organisationen stehend.

Die Zünfte umfaßten jedoch einen immer kleineren Bereich des Berliner Handwerks. Nach 1770 hörten die Zunftgründungen praktisch auf, nur noch die Großuhrmacher erhielten ein eigenes Privileg. Die neuen Gewerbe blieben zunftfrei, die Produzenten erhielten staatliche Konzessionen. So bereitete sich die Auflösung der Zunftverfassung schon in der Zeit der letzten Blüte der einfachen Warenproduktion vor. Das Handwerk entwickelte sich nicht in Konkurrenz, sondern in Arbeitsteilung und Symbiose mit den Manufakturen. Die Büchsenmacher bezogen die rohen Läufe von der Königlichen Gewehrmanufaktur in Spandau, die Tuchbereiter bekamen die Tuche vom Lagerhaus oder von anderen Manufakturunternehmern. Bei den Schuhmachern breitete sich der Verlag weiter aus. Das Vordringen kapitalistischer Produktionsverhältnisse in den handwerklichen Bereich verschärfte auch hier die Auseinandersetzungen zwischen Meistern und Gesellen. Das zeigten die Lohnkämpfe der Tuchbereitergesellen, der Maurer und der Schuhmachergesellen während der Krisenjahre nach dem Siebenjährigen Krieg. Der Staat griff in diese Konflikte jeweils auf seiten der Meister ein und setzte die rebellischen Gesellen nötigenfalls auf dem Kalandshof gefangen. Während Tuchbereiter- und Schuhmachergesellen wenigstens Teilerfolge erringen konnten, mußten die Maurergesellen sogar eine Lohnsenkung auf Grund einer vom Magistrat sanktionierten Abrede aller Berliner Meister hinnehmen.

Das Berliner Handwerk befand sich wegen der günstigen Absatzverhältnisse in der Residenz in einer ungleich besseren Lage als das Handwerk in den vielen deutschen Klein- und Mittelstädten, die außerhalb der Exportgewerbelandschaften und der großen Verkehrswege dahindämmerten. Hier war kaum etwas von der beklagten »Übersetzung«, von dem Rückgang der Kunstfertigkeit, von der Erstarrung zu spüren, die die allgemeine Krise des Zunfthandwerks in den deutschen Territorien kennzeichneten.

Die Einwohnerzahl Berlins wuchs wieder kräftig, von rund 125 000 im Jahre 1763 auf 150 000 im Jahre 1789. Dies geschah anfangs langsam, denn auf die schweren Nachkriegsjahre folgte die europäische Hungerkrise der Jahre 1770–1772. Obwohl die Behörden alles daransetzten, durch Öffnung der Kriegsmagazine wenigstens in der Hauptstadt eine akute Hungersnot zu vermeiden – Maßnahmen, die in anderen Territorien als vorbildlich angesehen wurden –, sank doch im Winter 1771/1772 das Gewicht eines Groschenbrotes auf ganze 46 Lot. Die Zahl der Todesfälle an hitzigem Fieber, Ruhr und Auszehrung erreichte das Vier- bis Fünffache des Gewöhnlichen, die Zahl der Eheschließungen und der Geburten sank im Verhältnis zur Einwohnerzahl auf den tiefsten Stand des Jahrhunderts. So stagnierte die Einwohnerzahl im Jahre 1772 noch bei 128 000, und erst die weiteren siebziger und achtziger Jahre waren eigentlich eine Zeit des Aufschwungs.

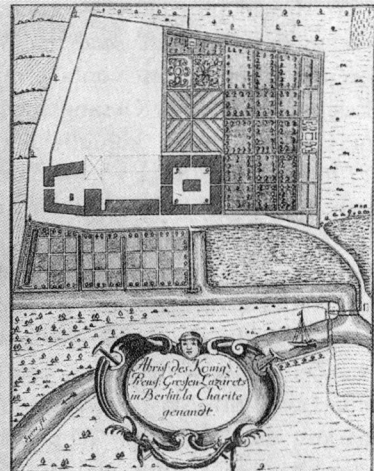

Perspektivische Ansicht der Charité zu Berlin.
Kupferstich von Johann David Schleuen, um 1755

Berlins Bevölkerung wurde nach wie vor durch Seuchenzüge de-
zimiert, unter denen die alle 3 bis 4 Jahre wiederkehrenden Pocken-
epidemien die schlimmsten waren, denn jedes achte befallene
Kind starb. Die Ärzte wandten gegen diese nach dem Erlöschen
der Pest schlimmste Seuche ihre ganze Kunst auf. Früher als in anderen deutschen Städten wurde 1769 in der Charité die erste Ein-
impfung abgeschwächter Menschenpocken nach englischem Vorbild vorgenommen. Der hochangesehene Johann Peter Meckel,
Professor am militärärztlichen Institut der Charité und Akademie-
mitglied, impfte mit gutem Erfolg seine eigenen Kinder.

Berlin hatte in der Charité das größte deutsche Krankenhaus.
Hier standen je 3 000 Einwohner 1 studierter Arzt, 1 Wundarzt
und 1 Hebamme zur Verfügung. Doch die Gesundheit der Manufakturarbeiter, Tagelöhner und kleinen Handwerker besserte
sich dadurch kaum. Sie starben in der Regel ohne Arzt, und die
Sterblichkeit in diesen Kreisen war fast doppelt so hoch wie die
bei den wohlhabenden und gebildeten Berlinern.

In diesen Jahrzehnten bildete sich in dem Schmelztiegel Berlin, in der Geschäftigkeit der Manufakturen, im Gedränge der breiten Straßen, im Kontakt mit den zahlreichen Fremden, im Erlebnis exotischer Gesandtschaften jener urbane Typ des Berliners, von dem der königliche Leibarzt Johann Ludwig Formey 1796 in seinem Buch »Versuch einer medicinischen Topographie von Berlin« schrieb: »Aufklärung, Geisteskultur und eine natürliche helle Beurteilungskraft findet man in allen Klassen, und es fehlt den Berlinern weder an Feinheit noch an Verschlagenheit. Selbst der gemeine Mann spricht und urteilt gern selbst über alle Gegenstände. Politische Neuigkeiten sind sein Steckenpferd und die Zeitungen seine liebste Lektüre.« Und er fährt fort: Der Berliner »ist enthusiastisch für sein Vaterland eingenommen, stolz darauf, ein Preuße zu sein, und sieht auf seine Nachbarn mit einer Art von Geringschätzung herab. Vor allem hat das Militär viel Reiz für ihn.«

Mit der Zahl der Bewohner wuchs die Zahl der Armen. Im Jahre 1790 waren 12 000 Berliner – vor allem Witwen mit Kindern und arbeitsunfähige alte Frauen – in öffentlichen Armenanstalten untergebracht oder mußten von der Armenkasse unterstützt werden. Das waren 8 Prozent der Bevölkerung. Dem hatte der Staat durch Verordnungen entgegenwirken wollen; sie nutzten den Armen nichts. Ihr Wesen, die Kriminalisierung der Armut, wird auch in der letzten Verordnung in dieser Reihe, die der König im Dezember 1774 »zur Abstellung des Bettelns auf Straßen und in Häusern« erließ, deutlich: Sie stellte das Betteln und das Almosengeben gleichermaßen unter Strafe. Wer einem Bettler gab, zahlte 10 Taler Strafe, wer bettelte, wurde ins Arbeitshaus gesteckt, das erstemal drei Monate, das zweitemal auf ein Jahr und das drittemal lebenslang. Die strenge Durchführung hätte die Räume des Arbeitshauses gesprengt, doch die Einlieferung in den »Ochsenkopf«, wie das Haus vor dem Königstor nach seinem Vorgänger genannt wurde, schwebte als ständige Drohung über den Armen.

Berlins Schattenseiten blieben für den Durchreisenden und

Koffen se keene Kwerl.

Quirlverkäuferinnen vor dem Brandenburger Tor.
Radierung von Johann Karl Wilhelm Rosenberg, um 1790

für die Bewohner der vornehmen Viertel, zu denen nun neben
der Dorotheenstadt, dem Friedrichswerder und Kölln auch die
Friedrichstadt zählte, eher im Dunkeln. Es wuchs in diesen Jahrzehnten nicht nur zu einer der volkreichsten, sondern auch zu
einer der schönsten Hauptstädte Europas. Im Heiligen Römischen Reich stand es an Größe nur noch der Kaiserstadt Wien
nach. Der alternde König, der sich nun ganz von seiner geschäf-
tigen Hauptstadt und ihren spöttisch-kritischen Bewohnern fern-
hielt, beförderte doch von seinem Neuen Palais in Sanssouci her
großzügig die Erweiterung und Verschönerung Berlins. Repräsentative Bauten entstanden Unter den Linden, wo Georg Friedrich Boumann der Jüngere 1775–1780 die Königliche Bibliothek in barocken Formen errichtete, am Gendarmenmarkt, wo
Johann Boumann der Ältere 1774 das Französische Komödienhaus als größtes hauptstädtisches Theater baute und Carl Philipp

Christian von Gontard die Kuppeltürme der deutschen und der französischen Kirche als Dominanten setzte. Hier konnte es den Bürgern schon als ein hoffnungsvolles Sinnbild scheinen, daß von diesem zentralen Platz der Friedrichstadt die Pferdeställe des namengebenden Regiments Gens d'Armes zu den Wiesen am Weidendamm ausweichen und repräsentativen Bürgerhäusern Platz machen mußten.

Vornehmlich unter städtebaulichen Gesichtspunkten und in autokratischer Manier beförderte der König den bürgerlichen Wohnhausbau. Unter den Linden ließ er zweistöckige bescheidene Häuser abreißen und durch drei- und vierstöckige Gebäude im italienischen Stil ersetzen, die aus der königlichen Kasse bezahlt wurden. Repräsentative Bürgerhäuser entstanden in gleicher Weise am Gendarmenmarkt, in der Leipziger Straße, am Friedrichstädtischen Markt und am Hackeschen Markt, nicht

Hausbau. Radierung von Daniel Chodowiecki, 1774

weniger als 204 allein in den Jahren 1769–1785, wie Christoph Friedrich Nicolai berichtet. In den alten Straßen Berlins und Köllns stockte man zwei- und dreistöckige Häuser einfach auf.

Die königliche Bautätigkeit löste nach dem Siebenjährigen Krieg auch ein anderes ernstes Problem: die Unterbringung der Garnison. Friedrich II. ließ Kasernen bauen, um die konfliktträchtige Einquartierung der Soldaten in Bürgerwohnungen zu beenden. Ein Kranz von dreizehn Kasernen, ein bis zwei für jedes Regiment, legte sich um die Stadt. Sie wurden wegen des Wachdienstes und zur Verhinderung von Desertionen sämtlich in der Nähe der Stadttore errichtet.

Das Stadtbild hatte nun endgültig alle provinziellen Züge abgestreift und jene Großzügigkeit, Modernität und Pracht gewonnen, die die Reisenden bewunderten – die württembergischen hohen Staatsbeamten Christian Ferdinand Spittler und Eberhardt von Kniestädt ebenso wie der Weltreisende Georg Forster, der Schleswiger Heinrich Harries sosehr wie der Londoner Wolf Davidson –, die ihre Eindrücke in Tagebüchern und Briefen übermittelten. Aber wie alle großen Städte war Berlin zugleich ein Sammelbecken der Armut und ein Pfuhl des Lasters, und Zeitgenossen, die in agrarisch bestimmten überschaubaren Gemeinschaften verwurzelt waren, betrachteten es mit Faszination und Abscheu.

Berlin wurde nach dem Siebenjährigen Krieg eines der Zentren der deutschen Aufklärung neben Weimar und Göttingen, Hamburg und Stuttgart. Diese Blütezeit des geistigen Lebens in der Hauptstadt ist zweifellos ermöglicht und begünstigt worden durch den »aufgeklärten Absolutismus« Friedrichs II. Der König, der seine Ignoranz und Geringschätzung 1780 in einer Schrift »Über die deutsche Literatur« öffentlich kundtat, wahrte doch dieser Literatur gegenüber eine Duldsamkeit, die ihr den nötigen Spielraum zur Entfaltung gab. Und die Berliner Aufklärer haben es ihm mit Loyalität und sogar Verehrung gedankt. Nur Lessing, der bedeutendste unter den Berliner Schriftstellern der Jahrhundertmitte, ging enttäuscht außer Landes, als der König ihm die

Stelle des Vorstehers der Königlichen Bibliothek verweigerte. Nicolai hingegen schätzte in Preußen die gelehrte Freiheit, die er in einer Monarchie, in der der Bürger keinen Einfluß auf die Politik habe, für wichtiger hielt als die politische. Diese gelehrte Freiheit nutzte er in seiner seit 1765 herausgegebenen »Allgemeinen Deutschen Bibliothek«, einem streitbaren Rezensionsorgan, das die gesamte deutschsprachige Aufklärungsliteratur spiegelte und die bedeutendsten Schriftsteller und Wissenschaftler zu seinen Mitarbeitern zählte.

Moses Mendelssohn, der zum Mitinhaber der Seidenmanufaktur Isaac Bernhard aufstieg, wurde mit seinen »Philosophischen Schriften« (1761) und dem »Phädon« (1767) der führende Vertreter der deutschen Popularphilosophen und ein erfolgreicher Streiter für die Befreiung seines Volkes aus dem Ghetto der Talmudgelehrsamkeit. Er wies seinen Glaubensgenossen den Weg zu deutscher Bildung und Kultur als Weg in die bürgerliche Gesellschaft.

Darin erhielt er einen Verbündeten in dem Geheimrat Christian Wilhelm von Dohm, der mit seiner Schrift »Über die bürgerliche Verbesserung der Juden« (1781) eine heftige Diskussion in der deutschen Aufklärungsbewegung auslöste. Berlin war nicht zufällig der Ausgangspunkt einer solchen Diskussion, wohnten doch hier inzwischen fast 4 000 Juden, denen das friderizianische Reglement von 1750 unverändert die drückendsten Beschränkungen in ihrer Wirtschaftstätigkeit, in ihren bürgerlichen Rechten und in ihren Familienbeziehungen auferlegte, denn nur jeweils ein Kind jedes Schutzjuden durfte sich wieder in Berlin niederlassen.

Die Berliner Aufklärung schrieb den umfassenden Kampf gegen Orthodoxie, Vorurteile und Unwissenheit auf ihre Fahnen. In ihren Reihen standen zahlreiche Schulmänner, darunter Freiherr Karl Abraham von Zedlitz, der seit 1771 Chef des geistlichen Departements war. Er förderte die Bemühungen Friedrich Eberhard von Rochows um die Reform des Landschulwesens und begann mit der Einrichtung einer »Normalschule« in der

Moses Mendelssohn.
Kupferstich von J. G. Müller nach einem Gemälde
von Johann Christoph Frisch, 1787

Königsstadt, auch die Berliner Elementarschulen im Sinne der Aufklärung umzugestalten. Die Kinder der Handwerker und Arbeiter sollten gründlichere Schreib- und Rechenfertigkeiten und Kenntnisse in der Geographie, Naturkunde und Geschichte erwerben. Solchen Grundsätzen folgte auch sein 1777 als Akademie-Abhandlung publiziertes Bürgerschulprogramm.

In gleichem Sinne wirkte Anton Friedrich Büsching, Rektor am Berlinischen Gymnasium zum Grauen Kloster, dessen Lehrbuch zur Erdbeschreibung weit über Preußen hinaus benutzt wurde.

Ein Schulmann, der Gymnasialdirektor Friedrich Gedike, war es auch, der gemeinsam mit dem Bibliothekar Johann Erich Biester 1783 die »Berlinische Monatsschrift« ins Leben rief. Diese Zeitschrift wurde weit mehr als ein Organ der Berliner Aufklärung. Männer wie Immanuel Kant, Georg Forster und Justus Möser zählten zu ihren Autoren.

In ihren Blättern kämpften die Aufklärer nicht nur gegen Orthodoxie und Aberglauben, sondern auch gegen soziale Mißstände und Pressezensur, sie begrüßten den siegreichen Unabhängigkeitskampf der Bürger Nordamerikas und traten noch vor der Französischen Revolution unverblümt für die Notwendigkeit parlamentarischer Volksvertretungen ein. Ohne die politischen Verhältnisse im absolutistischen Preußen direkt in Frage zu stellen, verließen die Berliner Aufklärer hier das Forum rein gelehrter Debatten.

Sie gingen auf diesem Weg einen weiteren Schritt mit der Gründung der geheimen Mittwochsgesellschaft im selben Jahr. Allwöchentlich trafen sich hohe Beamte, Schriftsteller, Geistliche, Ärzte und Gymnasiallehrer, um nach strengen konspirativen Regeln herumgesandte Schriften zu diskutieren, die mehrfach anonym und auszugsweise auch in der »Berlinischen Monatsschrift« publiziert wurden. Darunter waren Reformprojekte, die die Möglichkeiten des innerhalb der absolutistischen Ordnung erreichbaren Maßes an Gesellschaftsveränderung gedanklich überschritten. Hier diskutierte man auch Teile des »Allgemeinen

Landrechts«, eines umfassenden Rechtsbuches, an dem seit 1780 im Auftrag Friedrichs II. neben dem Justizminister Johann Heinrich Casimir von Carmer die Mitglieder der Mittwochsgesellschaft Carl Gottlieb Svarez und Ernst Ferdinand Klein arbeiteten.

Das Gesetzbuch war erst nach der Französischen Revolution vollendet und spiegelte schließlich die Begrenztheit der Aufklärung ebenso wie die des »aufgeklärten Absolutismus« wider. Die Berliner Aufklärer hielten letztlich stets die Staatsräson höher als die Gedankenfreiheit.

Gedankenfreiheit im Rahmen der Staatsräson verwirklichte sich für die Berliner auch auf dem Theater. Berühmte Truppen wie die Döbbelinsche aus Hamburg gastierten in den Häusern in der Behrenstraße und am Monbijouplatz. Die großen zeitgenössischen und zeitkritischen Stücke »Minna von Barnhelm« und »Emilia Galotti« von Lessing, »Der Hofmeister« von Lenz, »Die Räuber« und »Die Verschwörung des Fiesko zu Genua« von Schiller und »Götz von Berlichingen« von Goethe wurden aufgeführt.

Noch vor Ausbruch der Französischen Revolution war es mit solcher bürgerlicher Freiheit im Bereich des Geistes zu Ende. Der Tod Friedrichs II. im Jahre 1786 setzte den Schlußstrich unter den »aufgeklärten Absolutismus«, und die Reaktion ging zum Angriff auf die Aufklärer über. Johann Christoph von Wöllner, ein Mitglied des reaktionären Rosenkreuzerordens, der großen Einfluß auf den nunmehrigen König Friedrich Wilhelm II. (1786–1797) hatte, war die Triebfeder dieses Vorgehens. Am 3. Juli 1788 setzte der König Karl Abraham von Zedlitz ab und übergab von Wöllner dessen sämtliche Regierungsämter. Kaum eine Woche später erließ dieser das gegen die Aufklärung gerichtete Religionsedikt. Lehrer und Prediger, die der Aufklärung verbunden waren, wurden aus ihren Ämtern entfernt, die lutherische Orthodoxie wieder zur offiziellen Richtschnur des geistigen Lebens erklärt. In dem Sturm der Empörung, der sich dagegen erhob, meldete sich auch der radikale Hallenser Aufklärer Karl

Friedrich Bahrdt mit einem Roman zu Wort, in dem die satirischen Figuren Rindvigius und Kuhblökius agierten. Er wurde verhaftet und 1789 vom Berliner Kammergericht zu Festungshaft verurteilt. Der Konflikt zwischen feudaler Staatsmacht und bürgerlichem Reformstreben lag offen. Der Ausbruch der Französischen Revolution erheischte seine Austragung.

Viertes Kapitel

Preußens Hauptstadt in der kapitalistischen Periode. Berlin 1789-1871

Von der Zeit der Französischen Revolution
bis zur napoleonischen Besetzung (1789–1806)

In der Zeit zwischen 1789 und 1871 vollzog sich in der Geschichte Berlins ein grundlegender Wandel. Es veränderten sich Wirtschaftsstruktur, soziales Gefüge und Funktion der Stadt. Bestimmten 1789 Adlige, Beamte, Manufakturisten, Geistliche sowie Militärangehörige auf der einen und Handwerker, Ackerbürger und Manufakturarbeiter auf der anderen Seite das Leben, so hatten sich 1871 in Berlin mit Industrie- und Handelsbourgeoisie und der Arbeiterklasse die Grundklassen der kapitalistischen Gesellschaft formiert.

Die Nachricht vom Ausbruch der Französischen Revolution 1789 sowie die – wenn auch zensierten – Schilderungen über den Verlauf der revolutionären Ereignisse wurden mit großem Interesse von der Bevölkerung aufgenommen und kontrovers besprochen. Unverhohlene Sympathie für diese Geschehnisse herrschte zunächst in den Gesellschaften, Kränzchen und Klubs vor, in denen sich viele Intellektuelle der Stadt zusammenfanden. Die Nachrichten entfachten bei ihnen eine Begeisterung für das französische Volk, und sie fühlten sich durch die Revolution in ihrem Engagement für eine freiheitliche Entwicklung und nationalstaatliche Einigung des eigenen Vaterlandes bestärkt. Sie sahen ihre Idee einer Entwicklung in der Natur und in der Gesellschaft bestätigt.

Die Ereignisse der Revolution bildeten den Gesprächsstoff in der Berliner Bevölkerung, und verstärkt traten nach Jahren der Zurückhaltung wiederum Themen der Politik in den Mittelpunkt der geistigen Auseinandersetzung in den Salons des fortgeschrittenen Teils des Bürgertums. Parallelen zwischen den Zuständen in Preußen und denen im vorrevolutionären Frankreich wurden gezogen. Der preußische König Friedrich Wilhelm II. mußte sich den Vergleich mit dem französischen König gefallen lassen. Die Mätressenwirtschaft und die spiritistischen Sitzungen waren Gegenstand der Gespräche. Die Verschleuderung der Staatsgelder, die Eskapaden der verschiedenen Geliebten des Königs, der sich selbst als der »Vielgeliebte« feiern ließ und vom Volk nur verächtlich der »Dicke« genannt wurde, sowie die Zügellosigkeit und Korruptheit der Hofkamarilla um den Staatsminister Johann Christoph von Wöllner und den Minister Johann Rudolf von Bischoffwerder wurden öffentlich besprochen. Die Regierung versuchte durch Verschärfung der Zensur, »staatsgefährdende« Meinungen nicht laut werden zu lassen, und fahndete auch mit Hilfe von Spitzeln fieberhaft nach Verschwörungen.

Aber Berlin war nicht Paris. Berichte über die Ereignisse in Frankreich drückten zunehmend Verwunderung und dann Angst vor der revolutionären Wucht der Volksmassen aus. Als sich soziale Spannungen in Berlin in Arbeitsniederlegungen äußerten – so zum Beispiel am 9. Juli 1794, als in der staatlichen Manufaktur des Lagerhauses 49 Meister und Gesellen die Arbeit einstellten –, wurde das Verhältnis zur Französischen Revolution noch differenzierter.

1789 umfaßte die Stadt Berlin eine Fläche von etwa 400 Hektar. Ihre Bevölkerung stieg ständig und betrug im Jahre 1802 177 029 Personen, davon gehörten 25 580 oder 14,4 Prozent zum Militärstand (Soldaten mit ihren Familien). Die Bevölkerung lebte im Jahre 1790 in 6 275 Häusern; wenn man die Soldatenfamilien nicht mitzählte, waren das im Durchschnitt etwa 24 Personen pro Haus. Die Privathäuser waren bei der Feuerversicherung mit einem Wert von 20 440 650 Talern versichert.

Nach den unvollständigen statistischen Angaben wurde für das Jahr 1803 die Zahl der Meister und der Fabrikherren mit 23 115, der Gesellen mit 17 640, der Lehrlinge mit 4 240 angegeben. 49 432 Personen arbeiteten in Manufakturen, waren Manufakturarbeiter. Einschließlich der Frauen und Kinder sowie der Soldaten, die nach den Prinzipien der preußischen Kompaniewirtschaft auf Monate für einen Bruchteil des Soldes zur Arbeit »beurlaubt« wurden, gehörten somit 27,9 Prozent der Berliner Bevölkerung zu dieser Personengruppe. In der Stadt lebten noch 105 Ackerbürger. Für die Versorgung der Stadt waren über

Grundriß der königlichen Residenzstadt Berlin um 1800.
Kolorierter Kupferstich von P. Schmidt

300 Viehmäster und Viehhändler, an 100 Branntweinbrenner,
80 Brauer, 250 Bäcker, 162 Fleischer und zahlreiche andere Gewerbetreibende tätig. Groß war die Zahl derjenigen, die von der
öffentlichen und privaten Fürsorge lebten, das heißt durch die
Armenpflege unterstützt werden mußten, um ihr Leben fristen
zu können. Ihre Zahl schwankte, dürfte aber bei etwa 9 000 Personen (5 Prozent der Bevölkerung) gelegen haben.

Darüber hinaus bestanden in den Berliner Zünften im Jahre
1793 68 Innungen mit 6 996 Meistern und 162 Witwen, die das

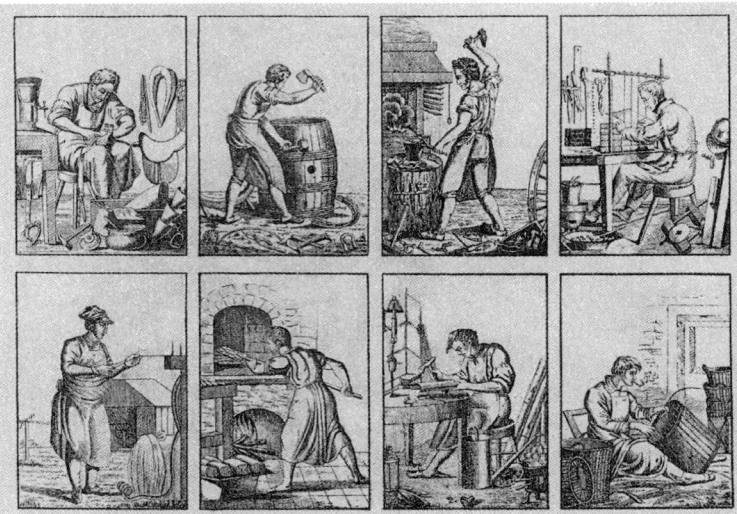

Handwerksdarstellungen auf einem Bilderbogen
des Verlages Winckelmann & Söhne in Berlin.
Lithographie, Mitte des 19. Jahrhunderts

Gewerbe ihrer verstorbenen Männer weiterführten. Ihnen standen 5000 unzünftige Unternehmungen gegenüber. Die Angaben belegen den hohen Anteil der Bevölkerung, die produzierend tätig war, und deren Übergewicht über das Militär und den Hof.

Am Ende des 18. Jahrhunderts erreichte Berlin den Rang einer europäischen Großstadt, die Städte wie Hamburg und Frankfurt (Main) überflügelt hatte. Wien war nur noch unwesentlich größer als Berlin, und die Stadt begann sich mit Paris und London in der Größe und der Zahl der Einwohner zu messen. Doch standen diese Städte in ihrer internationalen Ausstrahlung noch weit vor Berlin, wo es zum Teil ziemlich ländlich und kleinstädtisch zuging.

Im deutschsprachigen Raum entwickelte sich Berlin zu dem größten Gewerbezentrum, die Bildung eines Vorproletariats begann. Architektur, Kunst und ein reges geistiges Leben entfalteten sich und waren immer stärker bürgerlich geprägt. Die Stadt blieb aber Residenzstadt und war zugleich die größte Garnisonstadt Preußens; letzteres legte ihr und den sich entwickelnden neuen Klassen nicht nur hemmende Fesseln an, denn das Textilgewerbe hatte in der Armee den größten und dauerhaftesten Abnehmer seiner Produkte.

Im Ergebnis der merkantilen Wirtschaftspolitik des preußischen Staates hatte sich das Berliner Bürgertum ökonomisch stark entwickelt, war wirtschaftlich selbständig und reich geworden. Der Staat sicherte durch Gesetzgebung und Privilegien seine herausragende Stellung in Preußen, sorgte für Rohstoffe, verhalf den Produkten zu bevorzugter Abnahme und schützte vor der Konkurrenz.

Hauptbranchen der überwiegend bereits auf kapitalistischer Grundlage produzierenden Manufakturen waren die Herstellung von Seiden-, Woll-, Leinen- und Baumwollwaren, ferner die Herstellung von Eisen- und Stahlprodukten, die Zuckersiedereien und die Tabakverarbeitung. Diese Entwicklung, zunächst Ergebnis staatlicher Förderungsmaßnahmen, wurde mehr und mehr vom Berliner Bürgertum getragen.

Durch den von einer Koalition feudaler Staaten gegen das revolutionäre Frankreich im Jahre 1792 entfesselten Krieg schieden zeitweise eine Reihe großer französischer und holländischer Produktionsstandorte aus dem Welthandel aus. Kurzfristig veränderten sich die Welthandelsgebiete, was zu einer konjunkturell bedingten Blüte der Berliner Manufakturen führte. 1790 beschäftigte das Berliner Textilgewerbe 11 289 Arbeitskräfte, die auf 6 347 verschiedenartigen Webstühlen – entsprechend der Produktionsart der Manufakturen – produzierten. Zusammen mit den Nebenarbeitern waren es etwa 40 000 Personen – oder 23 Prozent der Bevölkerung –, die in den Textilmanufakturen beschäftigt waren. Der Absatz der Berliner Produkte erreichte im Inland die Höhe von 5,9 Millionen Talern, im Ausland eine Höhe von 1,6 Millionen Talern.

Viertes Kapitel

Entwicklung der Zahl der Arbeitsstühle in

	Seiden- manufakturen	Woll- Berlins	Baumwoll-
1790	2487	2037	1336
1796	3912	1876	1771
1804	4263	1413	4270
1808	1553	1049	1029

Die Entwicklung in allen Betrieben des Berliner Textilgewerbes sowohl in der Zahl der Stühle als in der Zahl der Arbeitskräfte ergibt folgendes Bild:

	Zahl der Beschäftigten	Zahl der Stühle*
1801/02	41137	10430
1804/05	41252	10283
1805/06	40016	9920
1806/07	30000	7814
1807/08	17806	4353

* Widersprüche zwischen beiden Tabellen in der Zahl der Arbeitsstühle liegen bereits in den archivalischen Quellen vor und können nicht aufgelöst werden.

Die Französische Revolution wirkte gänzlich anders auf das Berliner Gewerbe als auf das in den westlichen Provinzen Preußens, denen durch die Schutzzollpolitik des französischen Staates die traditionellen Absatzgebiete verlorengingen. Der Export von Berlin nach Frankreich war unbedeutend, dagegen stellte die billige englische Industrieware den ärgsten Feind des Berliner Gewerbes dar. Die größten ausländischen Märkte für die Textilwaren aus Berlin bildeten die gerade unabhängig gewordenen Staaten von Nordamerika sowie Rußland. In Berlin orientierte sich das Bürgertum aus wirtschaftlichen Gründen auf ein Zusammengehen mit Frankreich.

An der Wende vom 18. zum 19. Jahrhundert entstanden in Berlin die ersten auf Maschinenarbeit beruhenden Werkstätten, die Fabriken. Entscheidender Produktionsbereich war die Textilproduktion (Spinnerei) in den Fabriken von Hotho, Tappert und vor allem Georg Sieburg. Spätestens seit 1784 besaß die Sieburgsche Spinnerei einen Zentralantrieb für die Maschinen (Pferdegöpel), 1797 ging diese Spinnerei mit einer aus England importierten Dampfmaschine zum Dampfantrieb über. Damit vollzog sich ein gewaltiger produktionstechnischer Sprung nur zwölf Jahre, nachdem dieser Schritt in England gegangen worden war. Sieburgs Betrieb war allen anderen Spinnereien auf dem Kontinent überlegen. Die Zahl der Fabrikgründungen in Berlin stieg, die Betriebe gewannen an Stabilität. Die industrielle Revolution hielt in Berlin Einzug und war – wie überall – durch die Gründung von Fabriken in der Textilbranche markiert.

Als zwiespältig erwies sich das »Allgemeine Landrecht«. 1793 zum Abschluß gebracht, faßte das Gesetzbuch erstmals alle für den Staat Preußen geltenden gesetzlichen Bestimmungen zusammen und ordnete sie. Boten insbesondere diejenigen zivilrechtlichen Teile, die dem Gewerbe und dem Handel galten, Ansatzpunkte für die Weiterentwicklung des bürgerlichen Elements, so widerspiegelte der politische Teil den reaktionären Charakter des preußischen Staates. Vor allem änderte sich die Rechtsstellung Berlins nicht. Die Stadt blieb weiterhin von königlichen Beamten verwaltet, und diese Verwaltung bot für bürgerliche Betätigung in den städtischen Belangen keinen Ansatz und Raum. So blieben vorerst die hygienischen Verhältnisse, das Wohnungswesen, der Stadtausbau den Staatsorganen und dem König überlassen; deren Bedürfnisse bestimmten das Maß der Veränderungen, so auch bei der Verlegung der Verkehrswege innerhalb der Stadt. 1792 wurde die Chaussee nach Potsdam eröffnet, die die langen und umständlichen Wege über die Teltower Landstraße entscheidend verkürzte. Das in den Jahren 1788–1791 gebaute Brandenburger Tor stellte den Anfangspunkt dieses neuen Verkehrsweges nach Westen dar. Damit wurde die Straße Unter den Linden zu einer Hauptverkehrsader. Aber sie endete am Schloßplatz und wurde als eine Querverbindung nach Osten nicht weitergezogen. Dazu reichte die finanzielle Kraft nicht, und es blieb

Das Brandenburger Tor. Stahlstich nach Johann Poppel, um 1830

in der verkehrsmäßigen Erschließung der Stadt bei diesem Torso.

Höhere Bildung stellte ein wesentliches Mittel dar, mit dem sich das Bürgertum vom Adel emanzipierte. Nach unterschiedlichen Angaben kann geschätzt werden, daß in den neunziger Jahren des 18. Jahrhunderts etwa 1 000 Personen in Berlin lebten, die als Schriftsteller, Wissenschaftler, Künstler usw. ihren Lebensunterhalt verdienten. Das war für die damaligen Verhältnisse eine hohe Konzentration von Intellektuellen. Durch vielfältige Fäden war das geistige Leben mit den geistigen Prozessen in anderen Gebieten Deutschlands verbunden und zeigte in Ansätzen europäische Dimensionen. Der voranschreitende Emanzipationsprozeß blieb aber zunächst ohne praktische Konsequenzen.

Mit dem Regierungsantritt Friedrich Wilhelms II. 1786 ging die Phase des aufgeklärten Absolutismus zu Ende. So wie zuvor schon in Bayern und Württemberg wandte sich nun auch die herrschende Klasse in Preußen gegen die Aufklärung und verfolgte sie. Die herausragendsten Träger der bürgerlichen Emanzipationsbewegung sahen sich immer stärker schweren Verfolgungen ausgesetzt. Die durch die Französische Revolution aufgeschreckte feudale Reaktion eröffnete einen Feldzug gegen alles Fortschrittliche. Während sie 1792 nach außen einen Krieg gegen das revolutionäre Frankreich unternahm, unterdrückte sie im Innern die bürgerliche Opposition. Das Religionsedikt vom 9. Juli 1788 und das Zensuredikt vom 19. Dezember des gleichen Jahres boten alle Möglichkeiten der Verfolgung. 1791 folgten scharfe Ausführungsbestimmungen des Zensurediktes, 1794 verbot der König dem Philosophen Immanuel Kant jede Äußerung zu Religionsfragen. Am 17. April desselben Jahres folgte das königliche Verbot der »Allgemeinen Deutschen Bibliothek«, 1796 das der »Berlinischen Monatsschrift«. Die Aufklärung wurde als Ideologie der Revolution verfolgt. Friedrich Nicolai, Johann Erich Biester, Friedrich Gedike und andere wehrten sich, soweit sie konnten. Sie blieben ihrer Überzeugung treu, aber auch loyal gegenüber dem Königshaus; als Vertreter der konstitutionellen Monarchie erreichten sie die revolutionäre Höhe des französischen Jakobinertums nicht. Ihren Protest gegen das antiaufklärerische und reaktionäre Regime bekundeten sie durch die Verherrlichung Friedrichs II.

Der Berliner Hof war Kristallisationspunkt des gesellschaftlichen Lebens. An ihm herrschte eine Günstlings- und Verschwendungswirtschaft. Der vom König Friedrich II. hinterlassene Staatsschatz von 51 Millionen Talern war 1793 verbraucht, und 1797 hinterließ König Friedrich Wilhelm II. 23 Millionen Taler Schulden. Die Kabinettsregierung dieses Königs zerstörte zunehmend die finanzielle Grundlage des Staates.

1795 schloß Preußen mit Frankreich einen Sonderfrieden und schied aus dem Krieg aus. Im gleichen Jahre okkupierte es mit Österreich und Rußland das 1772 und 1793 noch nicht geraubte Territorium des polnischen Staates (restlose Teilung Polens). Gegen dieses schwere historische Unrecht nahmen die Aufklärer in

Berlin Stellung, so Biester in einem Artikel in der »Berlinischen Monatsschrift«.

Nach dem Tode Friedrich Wilhelms II. im Jahre 1797 kam König Friedrich Wilhelm III. an die Regierung. Zunächst hatte es den Anschein, als ob er die fällig gewordenen Reformen konsequent in Angriff nähme. Er entließ Wöllner und begann mit der Bauernbefreiung auf den königlichen Domänen. Auch über diese Vorgänge sprach man in den Salons des Berliner Bürgertums. Sie hatten ihre Vorläufer in den Gesprächskreisen des 1786 verstorbenen Moses Mendelssohn sowie von Friedrich Nicolai. In losen Runden trafen sich Repräsentanten des bürgerlichen Geisteslebens, die auch mit Johann Wolfgang von Goethe in Verbindung standen. Den Mittelpunkt des »Tugendbundes« bildete Henriette Herz. In ihrem Haus in der Spandauer Straße 53 kamen die führenden geistigen Köpfe der Zeit zusammen, unter ihnen die Brüder Wilhelm und Alexander von Humboldt sowie der Theologe Daniel Friedrich Schleiermacher und Prinz Louis Ferdinand von Preußen (durch Bildung und Intellekt eine rühmliche Ausnahme unter den Hohenzollern). Im Kurländischen Palais Unter den Linden 7 versammelte die verwitwete Herzogin Dorothea von Kurland um 1800 einen anderen Kreis, zu dem unter anderen Carl Friedrich Zelter, Wilhelm Schlegel, Gustav Parthey und Elisabeth von der Recke gehörten.

Der bedeutendste Treffpunkt der intellektuellen Kreise war der Salon der Rahel Levin, später Varnhagen von Ense (zunächst Charlottenstraße, dann Jägerstraße und zuletzt Mauerstraße). Er war der Treffpunkt von Vertretern aus Philosophie, Dichtung, Theater, Musik und bildender Kunst Berlins.

Die Salons wirkten bis weit über 1815 hinaus. Typisch für sie war die Beschränkung auf einen kleinen Personenkreis hochgebildeter Vertreter des Bürgertums und des Adels und ihre Abgrenzung gegenüber breiteren Volksschichten. Politische Organisationen des Bürgertums gab es vorläufig in den allerersten Anfängen. Dazu gehörten in Berlin der Montagsclub und die geheime Mittwochsgesellschaft.

Die Akademie war als Wissenschaftseinrichtung wirkungslos geworden und auf bloße Repräsentation ausgerichtet. Neue Bildungsstätten sorgten für die Weiterentwicklung der Wissenschaften. In Berlin fanden die Bergakademie (1770), die Tierarzneischule (1790), die Bauakademie (1799), das Ackerbauinstitut (1806) sowie zahlreiche Bildungsanstalten für die Militärbeamten, wie die Militäringenieurschule und die Artillerieakademie, eine Heimstatt. In ihnen äußerte sich das Streben nach neuen Formen des Bildungswesens, denn wirtschaftliche Erfordernisse und geistige Auseinandersetzungen des aufstrebenden Bürgertums forderten neue Möglichkeiten der Bildungsvermittlung. Dazu gehörten in Berlin auch die private Vorlesungstätigkeit am Ausgang des 18. Jahrhunderts; sie und literarische Vorträge sowie Theateraufführungen brachten eine neue Qualität in das geistige Leben Berlins. 1786 zum Beispiel fanden 13 Privatvorlesungen zu aktuellen Fragen der Wissenschaft in den Wohnungen bedeutender Gelehrter statt und erfreuten sich eines großen Zuspruchs. Insgesamt bildeten sie eine der wichtigsten Vorleistungen für die Entwicklung der Wissenschaften in Berlin nach 1810.

Neue Tendenzen zeigten sich auch in der Architektur und der bildenden Kunst. Der Bau des Brandenburger Tores durch Karl Gotthard Langhans symbolisierte die Überwindung des barocken Stils in der Berliner Architektur und die Anfänge des Klassizismus, der den Beginn bürgerlicher Kunst darstellte. Auch in anderen Bereichen der Kunst – so zum Beispiel Johann Gottfried Schadows meisterhafte Arbeiten in der Plastik – begann sich das bürgerliche Element immer mehr und immer stärker durchzusetzen. Schadow markierte mit seinen Werken einen wesentlichen Einschnitt in der Geschichte der europäischen Bildhauerkunst.

Das Theater war ein zentraler Ort der Auseinandersetzung zwischen dem auf seinen Positionen beharrenden Adel und den aufstrebenden bürgerlichen Kräften. Auf der Bühne und im Zuschauerraum prallten die unterschiedlichen Lebensauffassungen aufeinander. Mit August Wilhelm Iffland hatte das Berliner bürgerliche Theater zunächst im Französischen Komödienhaus, ab

1802 im Neubau des Nationaltheaters auf dem Gendarmenmarkt seinen ersten großen Protagonisten. Das Berliner Musikleben wandelte sich, bürgerliche Musikpflege setzte sich zunehmend durch. Die von Friedrich II. und seinem Nachfolger auf dem Thron bevorzugte italienische Oper lag mit der sich herausbildenden deutschen Oper zwanzig Jahre im Streit. Rückschläge konnten nicht verhindern, daß die deutsche Oper sich durchsetzte. Mozart und Gluck waren die Künstler, deren Werke von der »deutschen Partei« gefeiert wurden als wesentliche Beiträge zur Herausbildung eines nationalen bürgerlichen Bewußtseins. Die Aufführung von Glucks Oper »Iphigenie in Aulis« im Jahre 1795 in Berlin brachte zum Ausdruck, wie sehr das Musiktheater in dieser Stadt eine Arena geistiger Kämpfe um die deutsche bürgerliche Nationalkultur war.

Die gewonnenen wirtschaftlichen Positionen veranlaßten das Berliner Bürgertum jedoch nicht zu politischem Aufbegehren. Nach wie vor erhoffte es von königlichen Reformen eine Änderung der Zustände in Preußen. Aber die Entwicklung der Wirtschaft und der durch Beschäftigung mit Wissenschaft und Kunst eingeleitete geistige Wandel zeigten auf, daß die Stadt den schwierigen Weg von der feudalen Residenz zur bürgerlichen Industriestadt aufgenommen hatte.

Napoleonische Besetzung, Reformen und Beginn bürgerlicher Umgestaltung (1806–1830)

Am 9. August 1806 wurde die Mobilmachung der preußischen Armee zum Krieg gegen Frankreich verkündet. In den Kreisen des reaktionären Adels und hier insbesondere bei den Offizieren rief dieser Schritt eine Begeisterungswelle hervor. Der überwiegende Teil der Berliner Bevölkerung, besonders des Bürgertums, verhielt sich zurückhaltend. Die Unlust der Berliner, die Lasten des Krieges zu tragen, war allgemein und äußerte sich unter anderem in der Nichtbeteiligung an einer Geldsammlung, deren

Erlös zum Kauf von Mänteln für die Soldaten verwandt werden sollte. Auch die eiligst aufgestellte Bürgerwehr, die an Stelle der abziehenden Soldaten die Bewachung der Stadt übernehmen sollte, fand nur wenig Anklang. Vereinzelt erhoben sich Stimmen, die vor einer möglichen Niederlage warnten.

Nach dem katastrophalen Zusammenbruch der preußischen Armee in der Doppelschlacht bei Jena und Auerstedt erschienen am 18. Oktober an jeder Straßenecke rote Zettel mit der lakonischen Mitteilung, daß der König eine Bataille verloren habe.

Fluchtartig verließen die preußischen Behörden die Stadt, der Magistrat erließ eine Proklamation, die jeden Widerstand bei Strafe verbot. Am 24. Oktober erreichten französische Truppen

Der König hat eine Bataille verlohren. Jetzt ist Ruhe die erste Bürgerpflicht. Ich fordere die Einwohner Berlins dazu auf. Der König und seine Brüder leben!

Berlin, den 17. October 1806.

Graf v. d. Schulenburg.

Flugblatt nach der preußischen Niederlage von Jena und Auerstedt

Berlin, und am 27. Oktober zog Kaiser Napoleon in die preußische Hauptstadt ein.

Der preußische Staat zerfiel und überließ die Berliner Bevölkerung sich selbst. Deren Haltung mußte widersprüchlich sein; zum einen zeigte sich Befriedigung, zum anderen sahen die Berliner, daß die Folgen dieser Niederlage vom Volke getragen werden mußten. Fast fünfzig Jahre hatte die Stadt keine fremden Truppen erlebt. Unruhe und Besorgnis lagen über ihr.

Zunächst verkündete Napoleon von Berlin aus am 21. November die Kontinentalsperre gegen England, die jeden Export und Import von Waren in diese Richtung unterbinden sollte. Für das Berliner Gewerbe war damit die lästige englische Konkurrenz für lange Zeit ausgeschaltet, zugleich aber fiel auch der Export nach Übersee sowie der Import von Rohstoffen und Halbfabrikaten weg. Einzelne Manufakturen konnten sich durch Lieferungen für die französische Armee erhalten und sogar ihre Position festigen. Manufakturen, die für die Luxusbedürfnisse des Adels und Hofes produziert hatten, verloren mit ihren Abnehmern ihre Existenz. Insgesamt zeitigte die Kontinentalsperre nachteilige Wirkungen.

Arbeitslosigkeit, Einquartierung französischer Soldaten, die Übernahme der Besatzungskosten und ungeheure Kontributionen belasteten die Stadt schwer und zerstörten nach und nach ihre herausragende wirtschaftliche Position in Preußen. Berlin mußte zur Bezahlung der Kontributionen und Besatzungskosten Kredite aufnehmen und trug schließlich eine Schuldenlast von 8,2 Millionen Talern, deren letzter Rest erst 1867 getilgt werden konnte.

Einen wichtigen, wenn auch begrenzten Fortschritt brachte die französische Besetzung. Nach fast vier Jahrhunderten der erzwungenen Unmündigkeit mußten die Berliner Bürger beginnen, sich nun selbst um ihre Angelegenheiten zu kümmern. Am 29. Oktober 1806 wurden 2000 zur Oberschicht gehörende Berliner Bürger auf Befehl des Kaisers in der Petrikirche versammelt, um aus ihrer Mitte einen aus 60 Personen bestehenden Conseil municipal zu wählen. Dieser wiederum wählte aus seiner Mitte ein aus 7 Personen bestehendes Comité administratif, das formell die Stadtverwaltung in den Händen hatte. Napoleon bestätigte die Wahl. Das Comité erhielt den Auftrag, dafür zu sorgen, daß die Beschlagnahmen der französischen Armee vorgenommen und alle Befehle der französischen Behörden ausgeführt werden konnten.

Der Conseil municipal und das Comité administratif traten an die Stelle des alten noch vom König ernannten Magistrats und des königlichen Gouverneurs. Weiterhin befahl Napoleon die Aufstellung einer 2 000 Mann starken Bürgerwehr zur Gewährleistung der öffentlichen Ordnung und Sicherheit, ebenfalls ein Element bürgerlicher Umgestaltung.

Die nach der Niederlage von 1806 einsetzende Reform des preußischen Staates bewirkte insbesondere mit dem Oktoberedikt, das am 9. Oktober 1807 in Kraft trat und die ständischen Beschränkungen für Handel, Gewerbe und Grundbesitz sowie die Beschränkungen der persönlichen Freiheit (Leibeigenschaft) aufhob, und mit der Städteordnung (19. November 1808) weitreichende Folgen. Das Oktoberedikt war ein entscheidender Schritt auf dem Wege von feudalen zu kapitalistischen Produktionsverhältnissen und öffnete den »preußischen Weg« des Hinüberwachsens der »fronherrlichen Gutsbesitzerwirtschaft ... in eine bürgerliche«[1]. Gemeinsam mit der Gewerbefreiheit schuf es weitere Voraussetzungen für den Weg Berlins zur kapitalistischen Industriestadt.

Die Städteordnung veränderte und erweiterte die städtischen Machtorgane. Für die sich ausbildenden kapitalistischen Wirtschaftsverhältnisse war es notwendig, kommunale Organe aufzubauen und sie als Teil eines einheitlichen Apparates zur besseren Verwaltung der Stadt einzusetzen. Damit erhielt das Bürgertum günstigere Entwicklungsmöglichkeiten und konnte sich bei der

---

1 W. I. Lenin: Das Agrarprogramm der Sozialdemokratie in der ersten russischen Revolution von 1905 bis 1907. In: Werke, Bd. 13, S. 236.

Gestaltung der immer komplizierter werdenden städtischen Angelegenheiten entsprechend seinen Bedürfnissen einschalten. Ein Element zur Durchsetzung bürgerlicher Forderungen war – wenn auch eingeschränkt – gegeben.

Die zentralen Staatsorgane zogen sich aus den städtischen Angelegenheiten teilweise zurück, behielten sich aber das Aufsichtsrecht durch den Oberpräsidenten der Provinz Brandenburg vor, der nach 1815 damit den Präsidenten einer »Regierung Berlin« betraute. An seine Stelle trat später der Polizeipräsident. In der Stadt blieben darüber hinaus die Justiz und die Polizei (in allen ihren Gliederungen von der Kriminal- bis zur Seuchenpolizei) in der Verantwortung übergeordneter Staatsorgane. In diesen Bereichen duldete der Staat keine Mitsprache seiner Bürger, die überdies nur dann das aktive und passive Wahlrecht besaßen, wenn sie als Haus- und Grundbesitzer oder als Gewerbetreibende das Geld aufbrachten, um einen Bürgerbrief zu erwerben.

Für Berlin hatte die Städteordnung die Eingliederung aller unter Sonderrecht stehenden Bevölkerungsgruppen zur Folge. Das betraf unter anderem die Angehörigen der Französischen Kolonie und der jüdischen Gemeinde.

Ende Januar 1809 erhielt die Stadtverwaltung in Berlin die Auflage, die neue Städteordnung in Berlin bis zum 1. April 1809 einzuführen. Dagegen regte sich Widerspruch. Berliner Bürger meldeten Vorbehalte an und äußerten Zweifel. Die bisher in politischer Unmündigkeit Gehaltenen wehrten sich ängstlich gegen eine möglicherweise schwere finanzielle Belastung. Sie hätten auch nichts von einem Wunsche der Bürgerschaft bemerkt, an der städtischen Verwaltung beteiligt zu werden. Man zögerte, hatte Furcht vor dem Neuen und scheute sich, an der bürgerlichen Entwicklung der Stadt mitzuwirken, Verantwortung für sie zu tragen.

Der Polizeipräsident Karl Justus von Gruner verwarf diese Einwände und teilte die Stadt in 102 Wahlbezirke ein. Er legte fest, daß die Wahl der Stadtverordneten zwischen dem 18. und dem 22. April vor sich gehen sollte. Die Voraussetzungen für die

Ausübung des Wahlrechts – männlich und Bürger zu sein sowie ein Jahreseinkommen von 200 Talern nachzuweisen – erfüllten aber nur 12 862 Personen – eine geringe Zahl, die die Begrenztheit der Selbstverwaltung ausweist. Über die Beteiligung an den Wahlen liegen keine Angaben vor. Gewählt wurden 31 Kaufleute, 28 Gewerbetreibende, die sich Meister nannten, 9 Fabrikanten, 5 Eigentümer und Rentiers, 5 Gärtner und Ackerbürger, 5 Brauer und Destillateure, 4 Gastwirte, 4 Apotheker, 1 Elbschiffer, 1 Juwelier, 1 Pächter, 3 Polizeibeamte, 2 Bauinspektoren, der Oberst der Bürgergarde und als einziger Vertreter des Adels der pensionierte Kammerpräsident Leopold von Gerlach.

Auf der konstituierenden Sitzung im heutigen Universitätsgebäude am 25. April wählten die Stadtverordneten diesen Leopold von Gerlach zu ihrem Vorsitzenden, der dann der erste Oberbürgermeister von Berlin wurde. Feierlich wurden die Stadtverordneten, der Oberbürgermeister, 1 Bürgermeister, 9 besoldete und 15 unbesoldete Stadträte in der Nikolaikirche mit einem Gottesdienst in ihr Amt eingeführt. Der Aufbau der städtischen Behörden begann.

In einem anderen Bereich bürgerlicher Umgestaltung vollzog sich ebenfalls ein wichtiger Schritt. Seit den neunziger Jahren des 18. Jahrhunderts gab es Überlegungen, in Berlin eine Universität einzurichten, die sich grundsätzlich von bisherigen Universitäten unterscheiden sollte. Das konnte – auch wegen der Proteste Berliner Bürger, die darin eine Gefährdung der Moral erblickten – in diesen Jahren nicht durchgesetzt werden. Der durch die Reformen eingeleitete Beginn bürgerlicher Umwälzung machte im Jahre 1810 die Gründung einer Universität in Berlin möglich. Mit ihr entstand nach den Ideen Wilhelm von Humboldts eine höhere Lehranstalt, die ihr Ideal in der Einheit von Forschung und Lehre sah. Mit der Universität fand die geistige Auseinandersetzung zwischen Bürgertum und der feudalen Reaktion eine neue Heimstatt.

1807 reorganisierte sich die Akademie, die eng mit der Universität verbunden war und deren Mitglieder sich aus ihrem Lehrkörper zusammensetzten. Die wissenschaftliche Arbeit erhielt neue Impulse.

Die neu gegründete Universität stellte sich den politischen und geistigen Auseinandersetzungen der Zeit. Johann Gottlieb Fichte, der erste gewählte Rektor, hielt seine »Reden an die deutsche Nation«. In den geistig-politischen Auseinandersetzungen flossen antifeudale Gedanken – wie Heinrich von Kleists Forderungen in den »Berliner Abendblättern«, den Menschen »zum König der Erde« zu machen – mit fortschrittlichen bürgerlichen Gedanken zusammen, aber auch schon mit nationalistischer Deutschtümelei.

Mit dem am 9. Juli 1807 geschlossenen Frieden mit Frankreich (Tilsiter Frieden) wurde das Ausscheiden Preußens aus dem Kreis der europäischen Großmächte markiert. Im Dezember 1808 zogen die französischen Besatzungstruppen aus Berlin ab. Der verkleinerte preußische Staat erhielt im napoleonischen Unterdrückungssystem eine Sonderstellung. Eine große Zahl ehemaliger deutscher Kleinstaaten war vom Kaiserreich okkupiert, andere im Rheinbund mit dem napoleonischen Staat verbündet. Preußen konnte sich dagegen eine gewisse Unabhängigkeit bewahren, obwohl auch seine Regierung mit Frankreich paktierte. Diese wenn auch eingeschränkte Unabhängigkeit sicherte jedenfalls die Möglichkeit, durch Reformen die Umgestaltung des preußischen Staates einzuleiten, Kräfte zu mobilisieren für einen antinapoleonischen Krieg.

Kriegslasten, Kontributionen, nationale Unterdrückung, das Aufbieten von Soldaten der Rheinbundstaaten für die Kriege Napoleons lösten bei den fortgeschrittensten bürgerlichen Kräften eine patriotische Bewegung aus. Diese Kräfte orientierten sich seit der Französischen Revolution auf die Herstellung eines einheitlichen bürgerlichen Staates und sahen sich nunmehr durch Napoleon aufgehalten. Bedeutende Philosophen, Literaten und Künstler aus anderen Staaten verstanden Preußen als Land mit der Möglichkeit zum Widerstand und schlossen sich den patriotischen Kräften im Lande an. Die Werke von Heinrich von

Kleist, Ernst Moritz Arndt und anderer fanden in Berlin großen Anklang und trugen zur Ausformung bürgerlich-patriotischer Ideen, zur Vorbereitung einer Volksbewegung bei.

Der im April 1808 in Königsberg gebildete »Tugendbund«, der sich die Verbreitung liberaler und nationaler Ideen zur Aufgabe gemacht hatte (viele Reformer waren Mitglieder oder Sympathisierende), brachte zahlreiche erklärte Gegner Napoleons miteinander in Verbindung. Besonders wirksam für die Verbreitung patriotischen Gedankengutes wurde die von Berlin ausgehende Turnbewegung, an deren Spitze Friedrich Ludwig Jahn stand. Aus der Turnbewegung ging der »Deutsche Bund« (1810) mit Sitz in Berlin hervor, der Zweigvereine in vielen Städten besaß und die antinapoleonischen Kräfte sammelte.

Im April 1809 brach der Major Ferdinand von Schill mit seinem Regiment von Berlin aus auf, um in Norddeutschland und den Rheinbundstaaten auf eigene Faust einen Aufstand gegen die französische Macht zu entfachen. Seine Tat sollte ein Signal geben. Ein geheimes Insurrektionskomitee in Berlin unter dem preußischen Stadtkommandanten Graf Chasot bemühte sich, der antinapoleonischen Bewegung in der Stadt ein Zentrum zu sein.

Eine kurze Periode der Kollaboration zwischen Preußen und Frankreich im Jahre 1812 brachte neue Lasten und Aufwendungen für die Bevölkerung. Hinzu kamen die Beschwernisse aus der Einquartierung französischer Soldaten vor dem Krieg gegen Rußland. Die Berliner Bevölkerung reagierte bang auf die Nachrichten vom Kriegsschauplatz und nahm die Meldung vom Zusammenbruch der »Grande Armee« im Herbst 1812 in Moskau und beim Rückzug aus Rußland erfreut zur Kenntnis.

Der preußische König verließ im Januar 1813 Berlin und ging nach Breslau. Auf Drängen der Patrioten veröffentlichte er am 17. März den Aufruf »An mein Volk«, in dem er eine Verfassung versprach und zum Kampf gegen Napoleon aufforderte. Die in Berlin in den Monaten Januar/Februar vorhandene Unruhe legte sich, als am 20. Februar eine Kosakenpatrouille das Königstor erreichte und die französische Garnison alarmiert werden mußte.

Eröffnung des ersten deutschen Turnfestes in der Hasenheide
bei Berlin im Sommer 1818 und Porträt Friedrich Ludwig Jahns.
Anonyme getönte Lithographie

Ihr Erscheinen galt als allgemeines Signal zur kommenden Befreiung. Wenn auch ein allgemeiner Aufstand ausblieb – in Berlin gab es dafür keine Führungskräfte –, so gingen Teile der Bevölkerung doch gegen die Franzosen vor – zum Beispiel wurden am Mühlendamm zwei Kanonen von patriotischen Kräften vernagelt und eine weitere in der Spree versenkt –, oder es wurden versprengte Kosaken versteckt.

Der Einsatz in den folgenden Kämpfen war groß. Freiwillige zogen nach Breslau, um sich zum bewaffneten Kampf bereit zu halten. Man schätzte ihre Zahl insgesamt auf 10 000, darunter etwa 6 300 Berliner.

Mit Opferbereitschaft unterstützten die Volksmassen den Kampf. Ein Berliner Fabrikant rief dazu auf, Goldringe und Schmuck gegen Gleichartiges aus Eisenkunstguß aus der Berliner Eisengießerei mit dem Wahlspruch »Gold gab ich für Eisen« zu tauschen.

Der französische Kommandant von Berlin, Marschall Augereau, befürchtete angesichts der allgemeinen Kriegslage und der antifranzösischen Haltung der Berliner, in schwere Bedrängnis zu kommen, und befahl in der Nacht vom 3. auf den 4. April den Abmarsch der französischen Truppen. Während ihre Nachhut am 4. April morgens Berlin durch das Hallesche Tor verließ, marschierten russische Truppen durch das Oranienburger Tor nach Berlin hinein. Sie wurden stürmisch und begeistert von der Bevölkerung als Befreier von der verhaßten Fremdherrschaft begrüßt. Die Berliner erhofften sich eine weitere Besserung der allgemeinen Verhältnisse als Ergebnis der Beseitigung der Fremdherrschaft.

Napoleon sandte im Spätsommer 1813 zweimal große Heereskörper zur Eroberung der preußischen Hauptstadt. Die Bevölkerung bewahrte die nötige Ruhe, und preußische Truppen – insbesondere die durch die Heeresreform gebildete Landwehr – schlugen bei Großbeeren (23. August) und bei Dennewitz (6. September) die angreifenden Truppen. Danach blieb Berlin von den weiteren Kriegshandlungen verschont.

Die Spanne zwischen 1813 und 1815 stellte auch für Berlin eine Zeit konzentrierter politischer Aktivität dar. Das mehrfach gegebene Verfassungsversprechen des Königs, die begonnenen Reformen und die militärischen Siege über Napoleon aktivierten Opferbereitschaft, brachten aber nicht die vollständige bürgerliche Umgestaltung. Im Gegenteil, die Reaktion erhob nach 1815 wiederum ihr Haupt.

»Emparez-vous de Berlin!« – »Bemächtigt euch Berlins!«.
Karikatur auf Napoleon von Johann Gottfried Schadow
unter dem Pseudonym »Gilrai á Paris«, 1815

Der Zustand der Berliner Bourgeoisie war nach 1815 von finanzieller Erschöpfung gekennzeichnet. Kontributionen, Kriegslasten, Abwanderung des Gewerbes und Vernichtung großer Vermögen zeitigten das Bedürfnis nach Ruhe. Es gab zuwenig
Engagement zum Aufbau privater Betriebe und zuwenig Kapital.
Dagegen sammelte sich durch die Ablösegelder zunehmend Geld
im Grundbesitz an, das nach Anlagemöglichkeiten suchte.

Die sich wieder festigende feudale Reaktion nutzte geschickt
den allgemeinen Wunsch nach Frieden und Ruhe, um jene
Kräfte zu verfolgen, die auf die Einhaltung der gegebenen Ver-
sprechungen und auf die konzentrierte Weiterführung der bürgerlichen Umgestaltung drängten. Sie wurden als »Demagogen«,
die das Volk verhetzten, verunglimpft. Polizei und Justiz wirkten
als wesentliche Teile der Staatsmaschinerie, als Waffen der Un-

terdrückung. Persönlichkeiten wie Wilhelm von Humboldt, Hermann von Boyen (Schöpfer der allgemeinen Wehrpflicht) und andere wurden abgeschoben, verdrängt oder zum Rücktritt gezwungen. Turnvater Jahn wurde verhaftet, Goethes »Egmont« unterlag dem Verbot, und die Zensur als blindes, aber scharfes Instrument der Reaktion wurde wieder belebt. Das alles verzögerte wohl die in Gang gekommene bürgerliche Entwicklung, aber rückgängig konnte sie nicht mehr gemacht werden.

Langsam und im deutlichen Rückstand gegenüber England begann sich die Anwendung von Maschinen in den vorhandenen Produktionsstätten, insbesondere der Einsatz von Dampfmaschinen − zunächst im Bergbau −, durchzusetzen. In Anlehnung an die alte Gewerbeförderungspolitik der Manufakturperiode begann unter anderem die Königliche Eisengießerei in der Invalidenstraße, Dampfmaschinen zu entwickeln. Diese Versuche schlugen 1815/1816 noch fehl.

Die Königliche Eisengießerei zu Berlin vor dem Neuen Tor an der Invalidenstraße. Radierung von Friedrich August Calau, 1816

Die preußische Regierung, vor allem die Kreise um Peter Christian Wilhelm Beuth, war bemüht, die Industrialisierung voranzutreiben, da sie ökonomischen und zugleich militärischen Rückstand befürchtete. Deshalb wurde – wie vor 1806 – zunächst von Staats wegen die Entwicklung des Gewerbes gefördert. Gegensätzliche Auffassungen standen im Raum und bestimmten die Auseinandersetzungen. Einerseits forderten liberale Kräfte im Bürgertum die Rückkehr zum Merkantilismus und wollten die ökonomischen Prozesse durch staatliche Eingriffe gesteuert wissen. Ihnen standen auf der anderen Seite die Vertreter des ungehemmten kapitalistischen Unternehmergeistes gegenüber. Als machbar erwies sich zunächst die »Industrieförderung«, die in Kenntnis der finanziellen Möglichkeiten darauf basierte, aus der gewerblichen Tradition neue Ansätze zu entwickeln. Sie brachte neue Manufakturen hervor.

Es fehlte an leistungsfähigen Dampfmaschinen; nur zwei waren in ganz Preußen außerhalb des Bergbaus im Einsatz. Der Import aus England war auf Dauer zu teuer. Die Bemühungen zur Ansiedlung der Industrie in Berlin wurden forciert, und die Behörden suchten Ausländer dazu zu bewegen, mit Unterstützung des Staates Fabriken zu errichten. Zwei Engländer, die Gebrüder James und John Cockerill, die in Lüttich eine Maschinenbauanstalt unterhielten, kamen auf Wunsch von Beuth nach Berlin. Sie richteten nach englischem Vorbild im Jahre 1815 eine Fabrik für Werkzeugmaschinen in der Neuen Friedrichstraße 26–28 ein. 1815 baute die Königliche Eisengießerei die erste Dampflokomotive des Kontinents, die 1816 der Öffentlichkeit vorgestellt wurde. Im Jahre 1815 gründete Georg Christian Freund in der Mauerstraße 34 eine Spezialfabrik zum Bau von Dampfmaschinen, die bereits 1816 ihre erste vollfunktionsfähige Maschine ablieferte, die bis 1902 in Betrieb war.

1820 gab es in den unterschiedlichen Produktionsstätten Berlins insgesamt acht Dampfmaschinen, die Maschinen antrieben. In anderen Betrieben erfolgte der Antrieb noch durch Nutzung der Naturkräfte – so in der Königlichen Eisengießerei durch das

Wasser der Panke – oder durch Zugtiere. Auch 1830 konnte von einem massenweisen Einsatz von Dampfmaschinen noch nicht die Rede sein; die Zahl der eingesetzten Dampfmaschinen hatte sich auf 23 mit einer Maschinenleistung von 221,5 PS erhöht. 22 von ihnen stammten aus den Berliner Maschinenbauanstalten der Gebrüder Cockerill (11), von Freund (9) und von Franz Anton Egells (2). Letzterem kam eine gewisse Bedeutung zu, da er als der typische Vertreter der ersten Berliner Unternehmergeneration bezeichnet werden kann. Er erregte durch seine technischen Fähigkeiten und Fertigkeiten Aufsehen und wurde von Beuth ausgewählt, um sich zu qualifizieren. Zum Studium von Erfahrungen weilte Egells in England. Nur mit Mühe konnte Beuth ihn von dort zurückholen. 1821 gründete Egells – ebenfalls mit Hilfe von Beuth – eine kleine Eisengießerei und Maschinenbauanstalt in der Mühlenstraße 59/60, die er 1825 vor das Oranienburger Tor verlegte.

Beuth hatte 1821 den Verein für die Förderung des Gewerbefleißes initiiert, der alle Bemühungen zur Industrialisierung zusammenfaßte und vorantrieb. 1822 veranstaltete die Technische Deputation für Gewerbe gemeinsam mit dem Verein die erste Gewerbeausstellung Berlins im Zeughaus, die einen recht guten Einblick in den erreichten Stand bot. Industrielle Erzeugnisse waren in der Minderzahl und hielten in vielen Bereichen keinem Vergleich mit den englischen Produkten stand. Der gebotene Überblick zeigte vor allem jene Bereiche auf, die zurückgeblieben waren. In der Folge kaufte Beuth – oft unter abenteuerlichen Bedingungen – englische Maschinen, ließ sie auseinandernehmen und nachbauen. Nach und nach entwickelten sich daraus die Anfänge der Berliner eisenverarbeitenden und der Maschinenbauindustrie, die nach 1830 ihren ersten Aufschwung nahm. Zugleich vollzog sich im großen Stil der Übergang von der Manufaktur zum Industriebetrieb.

Die Stadt Berlin entwickelte sich in einem immer schnelleren Maße. Das Oktoberedikt hatte die Voraussetzungen geschaffen, auf denen sich der doppelt freie Lohnarbeiter entwickelte. Die auf dem Lande überflüssig gewordene Bevölkerung wanderte in die Stadt ab. In Berlin, wo infolge der allgemeinen Wehrpflicht die Soldaten mit begrenzter Dienstzeit nicht mehr zeitweise entlassen wurden und also nicht mehr in den Betrieben oder als Tagelöhner arbeiten konnten, fanden die Zugänge vom Lande Lohn und Brot; sie ebenso wie die Beschäftigten aus kleinen, in Konkurs gegangenen Handwerksbetrieben sowie Handwerksgesellen bildeten allmählich das Proletariat, das sich zur stärksten Bevölkerungsgruppe der Stadt entwickelte. Die Folge war auch ein Bevölkerungszuwachs für Berlin. Betrug die Einwohnerzahl der Stadt im Jahre 1815 191 500 Personen, so stieg sie bis zum Jahre 1831 auf 230 000, das bedeutete eine Zunahme von etwa 40 000 Menschen in nur 16 Jahren. In den folgenden Jahren beschleunigte sich dieser Prozeß immer mehr.

Die von der Industrie ausgelösten Veränderungen ergriffen alle Lebensbereiche. 1827 begann zum Beispiel die Herstellung untergärigen Biers nach bayrischer Art, das schnell getrunken werden konnte. Wer demokratisch fühlte, trank das neue Bier, der preußische Patriot die herkömmliche Weiße. Der Konsum an Branntwein ging zurück. Einen Teil der Freizeit verlebten die Arbeiter in Lokalen, in Vorstadtrestaurants und -theatern sowie bei Volksfesten (Stralauer Fischzug). Zum bekanntesten Vorstadttheater entwickelte sich »Mutter Gräberts Stullentheater« in der Rosenthaler Vorstadt am Weinbergsweg. Dort konnten bei Bier und Stullen Theateraufführungen – von klassischen bis zu Volksstücken – erlebt werden.

Diese Lebensumstände fanden die neu nach Berlin Kommenden vor. Sie hatten bisher eine individuelle Behausung nicht gehabt. Entweder hatten sie in Knechtsecken beim Vieh kampieren oder in elenden Unterkünften leben müssen. In der Stadt besaßen sie zum ersten Male ihren »eigenen Herd« und ihre eigenen »vier Wände«, die sie von den anderen abschlossen, wenn sie dies wollten. Ihr Dasein war bisher von der Feldarbeit und der Versorgung des Viehs bestimmt. Freizeit kannten sie kaum. In der Stadt bestimmte die Fabrik ihren Lebensrhythmus, die Uhr bekam als Instrument der Zeiteinteilung besonderen Wert. Damit begann ein Prozeß, der sich über Jahrzehnte für alle »Neuberliner« wiederholte und immer größeren Umfang annahm.

Die Zuziehenden, die in der Stadt »ihr Glück« machen wollten, erwartete kapitalistische Ausbeutung, Existenzangst, Monotonie der Arbeitswelt auf der einen Seite, aber auch – wenn sie Arbeit hatten – regelmäßiger Lohn in Form von Geld, Ungebundenheit außerhalb der Arbeit, geregelte Arbeitszeit, eigene Behausung und in gewissem Umfang Zeit, die frei von Arbeit war und die sie selbst einteilen konnten.

Die Unterbringung der zuströmenden Menschenmassen erwies sich als problematisch. Eine von den städtischen oder Staatsbehörden gesteuerte Wohnungspolitik existierte nicht einmal in den Anfängen. Alles blieb dem »freien Spiel« der Kräfte überlassen. Es kam zu einer Überbelegung des vorhandenen Wohnraums, und der Magistrat der Stadt weigerte sich, Aktivitäten zur Verbesserung der Wohnverhältnisse auszulösen. Er verwies darauf, daß er den Zustand nicht verschuldet und nicht den Auftrag habe, für genügend Wohnraum zu sorgen. Die Wohnungsnot rief verschiedene Spekulanten auf den Plan, die aus der Not der Menschen ihren Profit zogen. 1795 wurden zwei Kasernen, deren Besatzungen aus Berlin verlegt worden waren, neu genutzt. In diesen Baulichkeiten lebten bisher Soldatenfamilien; nunmehr wurden sie anderweitig vermietet. Je eine Familie erhielt einen Wohnraum, Kochmöglichkeiten existierten in Nischen jeweils für zwei Familien auf einem langen Mittelflur. Die Wasserversorgung erfolgte durch Pumpen auf dem Hof, auf dem sich auch die Abortanlagen befanden. Die Behörden umschrieben diese Mietskasernen schamhaft als »Familienhäuser«. Nach diesem Vorbild entstanden nach 1815 in anderen Teilen Berlins neue Anlagen. Am berüchtigtsten wurden die Familienhäuser in der Gartenstraße, die zwischen 1820 und 1824 der Kammerherr Heinrich Otto Baron von Wülkenitz aus kapitalistischem Gewinnstreben errichten ließ.

Neue Wohngebiete wurden mit der Anlage der Luisenstraße

(1827) im Norden geschaffen. Im Süden begann – wenn auch schleppend – die Bebauung des Köpenicker Feldes (seit 1802 Luisenstadt). Langsam schob sich die Stadt nach Osten. Auch an anderen Stellen ging die Bebauung über die alte Akzisemauer hinaus auf bis dahin ausschließlich landwirtschaftlich genutztes Territorium.

Die mit dem Oktoberedikt von 1807 in Angriff genommene Umwandlung von mit feudalen Lasten behaftetem städtischem Eigentum an Grund und Boden zu frei verfügbarem kapitalistischem Eigentum (Separation) schuf ökonomische Voraussetzungen für die Erweiterung der Stadt im Rahmen bürgerlicher Umgestaltung. Damit einher ging die ungehemmte Spekulation mit dem Bauland.

Die Separation begann 1817 auf dem seit Anfang des 18. Jahrhunderts bereits zu Berlin gehörenden Köpenicker Feld und löste bis 1847 die Berliner Feldmark im Nordosten der Stadt auf. Hütungsrechte, Verpflichtungen über Abgaben in Naturalien, der Flurzwang usw. wurden beseitigt und Grundbesitz geschaffen, den der Besitzer veräußern konnte, wann und an wen er wollte.

Die Zusammenballung von Menschen in der Stadt und die industrielle Entwicklung machten es dringend erforderlich, einen Bebauungsplan für Berlin aufzustellen, der die Richtungen und Schwerpunkte der weiteren Ausdehnung, die Anlage von Straßen und Plätzen usw. zum Gegenstand haben mußte. Die Arbeiten an ihm begannen 1809, aber erst 1821 lag der Entwurf einer Bauordnung als Voraussetzung für die weitere Planung vor. Verabschiedung und Inkraftsetzung zogen sich bis zum Jahre 1853 hin. Erst 1827, nach restloser Bebauung freier Grundstücke innerhalb der Stadt, begann eine Planungsarbeit für das Gelände vor der Stadt, die der Königliche Oberbaurat Johann Carl Ludwig Schmid von der Königlichen Oberbaudeputation leitete. An ihr war der Magistrat nicht beteiligt.

1832 begannen die Feldmesser mit der Arbeit und legten Fluchtlinien für die anzulegenden Straßen fest. Ihre Tätigkeit be-

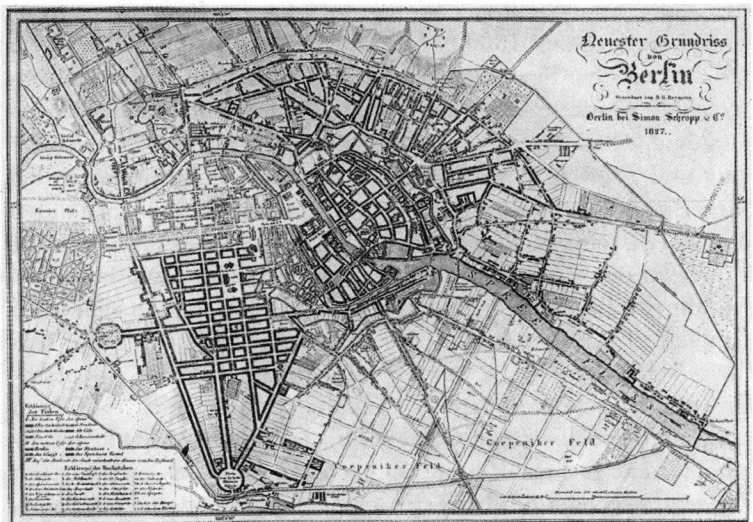

Grundriß von Berlin im Jahre 1827. Kolorierter Kupferstich
nach D. G. Reymann

schränkte sich auf einen kleinen Teil des Geländes unmittelbar
an der alten Stadtgrenze. Die Planung hatte keinen Ansatz einer
übergreifenden, großzügigen Idee, sondern setzte lediglich das
alte Straßennetz in die Außenbezirke fort. Die Verkehrswege der
sich ständig vergrößernden Stadt wurden nicht neu geordnet.

Partielle Verbesserungen betrafen die Bequemlichkeit vor allem der Begüterten. Dazu zählte die Straßenpflasterung, die
1824 von den Besitzern des Weinlokals Lutter & Wegner an
der Ecke Charlotten-/Französische Straße begonnen wurde. Die
Hausbesitzer sollten auf ihre Kosten die Gehsteige vor ihren
Grundstücken pflastern, später trug die Deputation für Hunde-
steuer die Lasten, so daß nur immer stückweise die Pflasterung
vorankam. 1827 nahm die Stadtpost mit zwei Postämtern und
60 Annahmestellen ihre Tätigkeit auf. Weitere Unternehmungen dieser Art entstanden auf private Initiative hin.

Immer weniger Einwohner Berlins erwarben das Bürgerrecht

Die Zahl der Wahlberechtigten für die Stadtverordnetenversammlung im Jahre 1830 betrug nur 13 650 Personen, das waren 5,9 Prozent der Bevölkerung. Trotz der zunehmenden Einwohnerzahl veränderte sich die Zahl der Wahlberechtigten nur geringfügig. 1840 waren es 18 700 oder 5,7 Prozent der Bevölkerung und 1848 26 880 oder 6,6 Prozent. Von einer umfassenden bürgerlichen Selbstverwaltung konnte unter diesen Umständen keine Rede sein, auch nicht von der Zunahme des Interesses der Bürger an der Verwaltung und Leitung der Stadt. Die Hoffnungen, die an die Städteordnung geknüpft waren, hatten sich noch nicht erfüllt, das städtische kommunale Leben entwickelte sich nur sehr langsam. Als Ausdruck dafür mag gelten, daß die Stadtverordnetenversammlung, das wichtigste und höchste Organ kommunaler Selbstverantwortung, bis zum Jahre 1869 keine ihr angemessene Heimstatt hatte. Zunächst tagte sie in dem späteren Universitätsgebäude, dann in einer Wohnung in der Kurstraße 50, der eine andere in der Niederlagstraße 7 folgte. 1814 fand die Versammlung eine neue Zuflucht im alten Börsengebäude am Lustgarten, und erst ab 1. Oktober 1822 konnte sie in einem städtischen Gebäude unzulänglich untergebracht werden. Hier – im alten Köllnischen Rathaus – verblieb sie bis zum Umzug in das Rote Rathaus. Die gewählten Bürger empfanden die mit der Würde eines Stadtverordneten verbundenen Arbeiten als »neue Lasten«, die »schmerzlich« zu tragen seien. Nur schwer ließen sich die notwendigen Persönlichkeiten für die Ausübung der ehrenamtlichen unbesoldeten Stadtratspositionen finden.

Die Beziehungen zwischen den staatlichen und den städtischen Organen spitzten sich zu. Die Reaktion nahm immer mehr die Festlegungen der Städteordnung zurück oder umging sie. Das 1809 gebildete Polizeipräsidium wurde zum wichtigsten Machtorgan in der Stadt. Es überwachte die Sicherheit der Bürger, ihre politischen Bewegungen, die Reinhaltung der Stadt, die Wasserstraßen, die Einhaltung der Hygiene usw. Dem Magistrat oblag das Steuerwesen, das Patronatsrecht gegenüber den Kirchen, die Schulverwaltung und das Armenwesen, aber er hatte keinen Einfluß auf die vom König beziehungsweise von den Staatsorganen ausgehenden oder verfügten Veränderungen der Stadt. Der König beharrte auf dem seit dem Berliner Unwillen dem Landesherrn zustehenden Eigentum an den Straßen und Brücken und öffentlichen Plätzen, so daß jede Einbeziehung der kommunalen Organe in diese Fragen ausgeschaltet war.

Die internationale Stellung des preußischen Staates hatte sich im Ergebnis des nationalen Unabhängigkeitskrieges verändert. Preußen war neben Österreich, England, Frankreich und Rußland wiederum eine europäische Macht geworden, mit der man zu rechnen hatte. Die Heilige Allianz mit Österreich und Rußland hob Preußen in einen vergleichbaren Rang. Als europäische Macht mußte es auch im äußeren Bild seiner Hauptstadt repräsentieren. Beginnend in diesen Jahren, vollzog sich – wenn zunächst auch noch langsam – ein Umbau der Stadt, in dessen Ergebnis Berlin zu einer europäischen Großstadt wurde.

Hier ist vor allem auf den genialen Architekten Karl Friedrich Schinkel zu verweisen, dessen Plan der Stadtgestaltung und dessen Bauten, wie die Neue Wache 1818, das Schauspielhaus 1821, die Schloßbrücke 1824, das Alte Museum 1830 und die Bauakademie 1836, das Stadtbild Berlins wesentlich mitbestimmten. Nach seinen Richtlinien begann ein Ausbau der Stadt in ihrem Zentrum.

Magistrat und Stadtverordnetenversammlung waren in diesen wichtigen Prozeß nicht einbezogen, sie wurden noch nicht einmal konsultiert. Das Bauen war königlich und lag im Staatsinteresse. Die Königliche Oberbaudeputation bestimmte, wie kommunale und private Bauten auszusehen hatten.

Am Beginn des 19. Jahrhunderts wurde das Leben in Berlin zunehmend auch Gegenstand der Literatur, so zum Beispiel bei Adelbert von Chamissos Geschichten und Gedichten »Berlin«, »Frau Base« und »Lied von der alten Waschfrau« und in Ernst Theodor Amadeus Hoffmanns Erzählungen wie »Ritter Gluck«, »Brautwahl«, »Des Vetters Eckfenster«. Die Berliner Mundart brachte als erster Julius Voß in seinem »Strahlower Fischzug«

(1821) auf die Bühne. Louis Angely nahm das dann in seinen Possen, vor allem im »Fest der Handwerker« (1834), auf.

In den zwanziger und dreißiger Jahren wurden die Wissenschaften zu einem festen Bestandteil des geistig-kulturellen Lebens in Berlin. Dabei war die Universität der Mittelpunkt, und die anderen vorhandenen und entstehenden Einrichtungen gruppierten sich um sie. Trotz aller Versuche der Reaktion, mit staatlichen Eingriffen – insbesondere bei der Berufung neuer Lehrer – ihre Politik durchzusetzen, bildete sich die Universität zu einem dem Bürgertum verpflichteten Bildungs- und Forschungszentrum von europäischem Rang aus. Der Philosoph Georg Wilhelm Friedrich Hegel erhielt 1818 den Lehrstuhl für Philosophie. Er verband seine Lehre mit den dringendsten Fragen der Zeit, und es bildete sich eine Schule um Hegel, aus der die »Junghegelianer« hervorgingen; sie zogen revolutionäre Schlußfolgerungen aus der Lehre Hegels und gingen in den dreißiger Jahren auf Positionen des revolutionären Demokratismus über.

Aus dem Entwicklungsstand der Industrie ergab sich das Streben staatlicher und kommunaler Organe, den Bildungsstand der Handwerker und Gewerbetreibenden auf das fortgeschrittenste Niveau der Naturwissenschaften zu heben. Der Aufbau eines technischen Schulwesens war eine Forderung der Zeit, der die Gründung der Technischen Schule 1819, der Königlichen Gartenbauanstalt 1823 und des Gewerbe-Institutes 1826 (seit 1866 Gewerbeakademie) entsprachen. 1879 vereinigten die Behörden die Gewerbeakademie mit der Bauakademie zum Polytechnikum, aus dem die Technische Hochschule in Charlottenburg hervorging.

Das Jahr 1828 war dann ein entscheidender Schnittpunkt im wissenschaftlichen Leben Berlins. Zunehmend hatten sich die Naturwissenschaften an der Universität einen Platz erobert, doch sie konnten sich nicht gegen die überragende Stellung der Geisteswissenschaften, der Medizin und der Theologie durchsetzen. Es wirkten in der Geologie, der Chemie, der Geographie und der Physik zwar namhafte Wissenschaftler in Berlin, aber ihre Stel-

Das gelehrte Berlin. Lithographie von Julius Schoppe dem Älteren, um 1830. 1 Wilhelm von Humboldt, 2 Christoph Wilhelm Hufeland, 3 Alexander von Humboldt, 4 Georg Wilhelm Friedrich Hegel, 5 Carl Ritter, 6 Wilhelm Neander, 7 Daniel Schleiermacher

lung als Vertreter neuer Wissenschaftsdisziplinen war nicht gleichberechtigt. Die Popularisierung der wissenschaftlichen Erkenntnisse in ihrer Breite fehlte, und die Wissenschaft war mit der Mehrheit des Bürgertums noch nicht verbunden. Das Auftreten Alexander von Humboldts in Berlin, der nach seinen Forschungsreisen in Südamerika längere Zeit in Paris gelebt hatte, veränderte diesen Zustand. Ende des Jahres 1827 nahm er an der Berliner Universität Vorlesungen und öffentliche Vorträge in den Räumen der Singakademie auf. Die als »Kosmos-Vorlesungen« in die Wissenschaftsgeschichte eingegangene Veranstaltungsreihe hatte ein sensationelles Echo. Tausende hörten seine Vorträge, wissenschaftliche Bildungsvereine entstanden, und die Naturwissenschaften eroberten sich eine gleichberechtigte Stellung in den Wissenschaftseinrichtungen.

Mit der 7. Versammlung Deutscher Naturforscher stieg Berlin im gleichen Jahr zum Tagungsort internationaler wissenschaftlicher Kongresse auf. Alexander von Humboldt setzte den Bau einer neuen Sternwarte durch.

Neu entstand 1831 die Universitätsbibliothek zu Berlin, da die Königliche Bibliothek allein den Andrang nach wissenschaftlicher Literatur nicht befriedigen konnte.

Die bereits 1797 einsetzenden Bemühungen, aus den königlichen Kunstsammlungen ein öffentliches Museum in Berlin zu bilden, erhielten durch die Reformbewegung neuen Auftrieb. Die Überlegungen wurden nach 1815 von der Reaktion aufgenommen und auch unter dem Blickwinkel realisiert, durch eine derartige Institution ein Instrument ideologischer Beharrung und reaktionärer Beeinflussung zu erhalten. So trafen sich fortschrittliche und reaktionäre Momente, als 1820 eine Kommission begann, durch Ankäufe und Auswahl aus den Königlichen Schlössern Kunstwerke für ein Museum zusammenzutragen, das 1830 in dem von Schinkel fertiggestellten Museumsbau am Lustgarten eröffnet wurde. Es wirkte als Keimzelle bürgerlicher Kunstbetrachtung befruchtend auf das geistige Leben in Berlin.

Das Berlin dieser Jahre trug trotz aller biedermeierlichen Beschaulichkeit nach außen nicht den Charakter einer Idylle. Die großen Paraden, Einweihungsfeiern und Feste konnten nicht den jämmerlichen Zustand der Stadt verdecken. Die allgemeinen Lebensbedingungen und die Hygiene blieben unverändert schlecht. Es gab keine öffentliche Wasserversorgung, keine Entsorgung,

Das Alte Museum am Lustgarten.
Aquatintaradierung nach Karl Friedrich Schinkel
von Johann Daniel Laurens dem Jüngeren, 1825

die Straßen waren in einem beklagenswerten Zustand voller
Schmutz und Kot. Die Bebauung war eng, die Häuser mit Menschen überbelegt. Krankheiten griffen um sich, so mehrfach die
Cholera, an der in Berlin im Jahre 1831 2274 Menschen er-
krankten. Brutstätte der Krankheit waren die Familienhäuser in
der Gartenstraße. Trotzdem hatte der Prozeß des Wandels in der
Stadt begonnen und war einen wichtigen Schritt vorwärtsgekom-
men.

Der Fortgang der industriellen Revolution
und die Folgen (1830–1847)

Anfang der dreißiger Jahre hatten die gesellschaftsverändernden
Prozesse eine neue Qualität angenommen. Nach 1815 konnte
sich die Adelsherrschaft zwar kurzfristig festigen, unaufhaltsam

aber vollzog sich die Weiterentwicklung der Produktivkräfte, die eine Veränderung der gesellschaftlichen Verhältnisse erforderte. Die kapitalistische Produktionsweise setzte sich nach und nach durch. Mit dem Proletariat trat eine neue Klasse in die politische Arena, die auch in Berlin eine grundlegende Wende im weiteren Verlauf der Geschichte einleitete.

Der Prozeß der bürgerlichen Umwälzung der Gesellschaft erhielt durch die industrielle Revolution, die nun voll einsetzte und ihren Höhepunkt in den fünfziger und sechziger Jahren fand, eine Beschleunigung. Große Bedeutung kam dem Einsatz der Dampfmaschine zu, die den Antrieb der Werkzeugmaschinen auf neue Art ermöglichte und zu einer Steigerung der Arbeitsproduktivität führte. Die industrielle Produktion stieg nach 1830 sprunghaft.

Zunächst schien es so, als ob die Stadt, die von Bodenschätzen weit entfernt lag und von einer Abwanderung traditioneller Gewerbezweige getroffen war, wenig Möglichkeiten ausbilden konnte, ein herausragender Industriestandort zu werden. Berlin stand – gemessen an anderen Orten – nach 1815 zunächst auf dem »Hinterhof« europäischer Entwicklungen, überwand aber den Zustand der »feudalen Barbarei« und trat in das moderne Zeitalter des Kapitalismus ein.

Der Prozeß verlief nicht gradlinig und unterlag Unterbrechungen, aber die Industrialisierung der Stadt stellte sich als das entscheidende Moment der weiteren Entwicklung heraus. Folgende Positionen aus vorhergehenden Perioden boten langfristige Ansatzpunkte:

1. Die gewerbliche Tradition der Stadt, Erfahrungen bei der Kapitalakkumulation und beim Absatz von Produkten.

2. Die Lage im Zentrum eines leistungsfähigen Wasserstraßennetzes. Zahlreiche Kanalbauten des 17. und 18. Jahrhunderts stellten ausreichende Verbindungen zu preußischen Landesteilen sowie zu den Hafenstädten Hamburg und Stettin her, was der Stadt gegenüber anderen Gewerbezentren eine Sonderstellung verlieh.

3. Die aus dem Hauptstadtcharakter herrührenden politischen und militärischen Zielsetzungen, die wirtschaftliche Konsequenzen nach sich zogen. Die besondere Förderung durch die Industriepolitik des Staates forcierte insgesamt die kapitalistische Entwicklung.

4. Die leistungsfähigen Banken, die aus der merkantilen Wirtschaftsperiode stammten und vor allem Handelsbanken waren. Sie konnten sich relativ kurzfristig auf die neuen Bedingungen umstellen. Dazu gehörten solche Unternehmen wie das Bankhaus Gebr. Schickler, das Bankhaus Mendelssohn, das Bankhaus Gebr. Veit.

5. Die Vielzahl von Bildungseinrichtungen, deren neueste, die Bauakademie und das Gewerbe-Institut, der Entwicklung der Industrie in Preußen dienten.

Der seit dem Beginn des 19. Jahrhunderts auftretende Brennstoffmangel in Berlin offenbarte das Problem: entweder Torf und Holz — mit niedrigem Heizwert — aus der näheren Umgebung zu verwenden oder Steinkohle, deren Antransport hohe Kosten verursachte. Die grundsätzliche Entscheidung für die Steinkohle, die in diesen Jahren fiel, förderte zugleich die Industrie, die damit für die Antriebsmaschine den richtigen Brennstoff erhielt.

Aus dem Bedürfnis der Textilfabrikanten nach Maschinen und nach modernen Antriebsmitteln entwickelte sich die Berliner Maschinenbauindustrie aus kleinen Anfängen. Es formten sich Anstalten, die für die speziellen Bedürfnisse ihrer Abnehmer fertigten. In Berlin fand die Dampfmaschine über die Textilproduktion hinaus Eingang in neue Bereiche, zum Beispiel für die maschinelle Herstellung der Zeitungen und Bücher im Verlag Haude & Spener. Zunehmend konnte die einfache Warenproduktion zurückgedrängt werden. Die wenigen überlieferten statistischen Werte belegen diesen Prozeß. 1837 arbeiteten im Durchschnitt 24 Arbeitskräfte je Maschinenbaubetrieb, 1846 waren es bereits 78.

Im Stadtgebiet und in unmittelbarer Nähe entstanden Industriegebiete. Die Maschinenbauindustrie fand günstige Ansiedlungsmöglichkeiten am Stadtrand vor dem Oranienburger Tor. Die Gegend erhielt im Volksmund wegen der vielen Fabrikschlote die Bezeichnung »Feuerland«. Die neuen Kattunfabriken und -bleichen fanden ihren Standort in der Köpenicker Straße. Das Bekleidungsgewerbe bildete verschiedene Produktionseinrichtungen aus. Der eine Typ arbeitete weiter nach dem Verlagssystem, bei dem Arbeiterfrauen in Heimarbeit Bekleidungsstücke herstellten. Mit hohem Aufwand an Kapital entstanden weiterhin Fabriken, die Konfektion produzierten. Mit den Namen Rudolph Hertzog, der 1839 einen derartigen Betrieb aufzubauen begann, und Daniel Levin, der ihm 1840 folgte, waren die neuen Produktionsstätten verbunden. Sie fanden ihren Standort um den Spittelmarkt. 1848 gründete Hermann Gerson ein Kaufhaus am Werderschen Markt, das erste in einer langen Kette derartiger Spezialeinrichtungen, die an die Stelle der Märkte und kleinen Läden traten.

In den dreißiger und vierziger Jahren fanden der Instrumenten- und Apparatebau, die chemische Industrie, die Lampenfabrikation usw. eine Heimstatt in Berlin. Eine Besonderheit der Berliner Industrie nahm ihren Anfang: die Verarbeitung von Halbfabrikaten zu Endprodukten. Die Herstellung qualitätsvoller und technisch hochstehender Produkte wirkte wiederum auf den Qualifikationsgrad der Berliner Arbeiterklasse.

1834, mit der Bildung des Zollvereins, fielen Schranken zwischen den deutschen Staaten, die einander zwar noch als Ausland betrachteten, aber im Handel und Gewerbe immer mehr zusammenrückten. Neue Gewerbezweige setzten sich zunehmend in Berlin durch, und es entwickelte sich die typische Struktur der Wirtschaft: Maschinenbau, chemische Industrie und Bekleidungsindustrie. Im Eisenbahnbau sahen die Fabrikanten ebenso wie die Kaufleute eine der großen Möglichkeiten, in bisher nicht gekanntem Maße den Absatz ihrer Produkte zu steigern und den Handel noch stärker nach Berlin zu ziehen. Im Juni 1835 wandte sich die Corporation der Kaufmannschaft Berlins an die preußische Regierung mit dem nachdrücklichen Wunsch, dem Gedanken des Eisenbahnbaus von Berlin aus näher zu treten und die Finanzierung von Staats wegen zu übernehmen, da Berlin sonst Provinzstadt werde. 1836 folgten zahlreiche Denkschriften über den Bau von Eisenbahnen von Berlin aus, die sich an Kapitalgeber wandten. Bereits diese Denkschriften sowie die ersten Aktivitäten wirkten stimulierend auf das Tempo der Industrialisierung. Neue Unternehmungen entstanden, so die von August Borsig, deren Eigentümer sich von dem zu erwartenden Eisenbahnbau Absatz für ihre Produkte versprachen.

Im Gegensatz zu England vollzog sich der Aufbau eines Eisenbahnnetzes in Preußen nach einem anderen Prinzip. Während dort aus dem Bedürfnis des Handels und der Industrie die neuen Verkehrsverbindungen entstanden waren, sahen Kaufleute, Fabrikanten und Staatsbeamte in Preußen in der Eisenbahn die Möglichkeit, die Industrieentwicklung überhaupt voranzubringen, sie zu beschleunigen, indem ein Bedarf an Produkten der Industrie ausgebildet wurde. Deshalb unterstützte der Staat die vom König konzessionierten Aktiengesellschaften für den Bahnbau durch Kauf von Aktien und Gewinngarantien, die in einem Falle so weit gingen, daß die Behörden sich verpflichteten, die Bahnlinie aufzukaufen, wenn sie sich nicht rentierte. Mit in Amerika nach englischem Vorbild gebauten Lokomotiven begann 1838 der Eisenbahnverkehr zwischen Berlin und Potsdam. 1841 folgte die Betriebsaufnahme zwischen Berlin und Dessau durch die Anhaltinische Bahn. 1842 eröffnete die Berlin–Frankfurter Eisenbahn den Verkehr nach Frankfurt (Oder), es folgten 1842/1843 die Stettiner Eisenbahn, 1846 die Hamburger Bahn. Im gleichen Jahr wurden die Strecken von Potsdam nach Magdeburg, von Frankfurt (Oder) nach Breslau sowie von Dessau nach Bitterfeld und Halle verlängert. 1848 kam die erste Etappe der Eisenbahnentwicklung mit der Eröffnung der Dresdener Bahn über Elsterwerda zu einem gewissen Abschluß. Parallel dazu erfolgte der Ausbau des Wasserstraßennetzes, so daß sich Berlin als zentraler Knotenpunkt des Verkehrs in Preußen weiter ausbildete.

Der Potsdamer Bahnhof bei Berlin.
Ausschnitt aus einem Bilderbogen, Lithographie, um 1840

Für den Bau der Berlin–Potsdamer Eisenbahn bezog man fast das gesamte Material noch aus dem Ausland. Nur kleinere Aufträge gingen an Berliner Betriebe, so die Herstellung von Schrauben an die 1837 entstandene kleine Gießerei und Maschinenbauanstalt von August Borsig.

Die Pflege und Wartung der Lokomotiven übernahm die Maschinenbauanstalt von Egells. Das Potential an Betrieben und an technischen Fertigkeiten reichte aus, daß die in Berlin ansässige eisenverarbeitende Industrie Schritt für Schritt in das Eisenbahngeschäft einsteigen und die Fähigkeit ausprägen konnte, um Lokomotiven, Eisenbahnwaggons und benötigtes Sicherungsmaterial weiterzuentwickeln. Der ehemalige Privatdozent für Geschichte der Berliner Universität Dr. Ludwig Kufahl errichtete Ende der dreißiger Jahre eine kleine Maschinenfabrik, in der er mit dem Nachbau und der Weiterentwicklung von Lokomotiven begann. Im Herbst 1840 war eine erste fertig, die am 3. Dezember 1840 von der Berlin–Potsdamer Eisenbahn angekauft wurde. Egells wollte gleichfalls Lokomotiven bauen, scheiterte aber an der Konkurrenz seines ehemaligen Mitarbeiters August Borsig, der sich nun – wiederum durch Förderung Beuths – ebenfalls dem Lokomotivbau widmete. Seine 1. Lokomotive trat am 24. Juni 1841 in den Dienst, die 26. folgte bereits 1844. Die Fähigkeit zum Nachbau war erwiesen, technische Verbesserungen waren möglich geworden. Die Hofkutschenlieferanten Pflug & Zoller übernahmen den Bau von Eisenbahnwaggons.

Der Aufbau neuer Betriebe war durch einen ausgesprochenen Kapitalmangel gekennzeichnet, da die Banken traditionell im Handel investierten und kaum in die Industrie. Zwar galt das Geschäft beim Bau neuer Eisenbahnstrecken als sicher, aber unsicher war, wie sich die neuen Betriebe entwickeln würden. Mit Hypothekenverschreibungen, Krediten aus privater Hand, Vorfinanzierung der bestellten Güter usw. versuchten die Fabrikbesitzer das notwendige Kapital zusammenzubekommen. Ihre Methoden dabei wie ihr Verkehr untereinander waren ruppig und von kapitalistischer Konkurrenz bestimmt. Dem entsprachen der Druck auf die Arbeiter, die niedrigen Löhne und der hohe Ausbeutungsgrad.

Mit dem Fortgang der industriellen Revolution wuchs die Bevölkerung der Stadt enorm. Sie vergrößerte sich von 230 000 Einwohnern im Jahre 1830 auf 403 586 im Jahre 1847, also um etwa 75 Prozent. Dieser Zuwachs umfaßte alle Klassen und Schichten, insbesondere aber die Arbeiterklasse. Für das Jahr 1846 wird die Zahl der Arbeiter in Berlin auf etwa 50 000 bis 65 000 Personen geschätzt, das heißt, sie stellten etwa 15 bis 16 Prozent der Bevölkerung. Zusammen mit den Familienangehörigen (Frauen und Kindern) bildeten sie die größte soziale Gruppe in der Stadt. Damit entstand bereits in dieser Phase der industriellen Revolution eine typische soziale Schichtung, die ein Charakteristikum der Stadt wurde.

Die neu entstehende Klasse war in sich sehr differenziert, und ein gemeinsames Bewußtsein, Arbeiter zu sein, war erst in den Anfängen ausgeprägt. Das hatte seine Ursache in der Herkunft und den noch nicht voll ausgereiften gesellschaftlichen Verhältnissen. Ein geringer Teil der neuen Klasse, die hochqualifizierten Schriftsetzer und Instrumentenbauer, die Schlosser, Schmiede, Gießer und Tischler in den Maschinenbauanstalten, gehörte zu den bestbezahlten Kräften. Da in den Berliner Maschinenbauanstalten zum Beispiel aus Konkurrenzgründen sehr stark auf Qualität orientiert wurde, bestand eine hohe Nachfrage nach Arbeitern, die Qualitätsarbeit leisten konnten. Sie mußten über entwickelte Fertigkeiten und überdurchschnittliche Kenntnisse verfügen. Zum Teil waren sie auch nur vorübergehend Angehörige der neuen Klasse. Sie stellten die Schicht der gutbezahlten Werkmeister und wollten selbst Fabrikanten werden. Stark war die Gruppierung der Arbeitsleute und Tagelöhner. Die amtliche Statistik ordnet für 1846 der ersten Gruppe etwa 6 000 Personen und der zweiten 12 000 zu, wahrscheinlich lag ihre tatsächliche Zahl höher.

Das Berliner Handwerk und die Anzahl der kleinen Gewerbetreibenden schrumpften unter der Konkurrenz der sich entwickelnden Industrie. Die Zahl der Mitglieder in den Innungen von 42 Handwerken sank von 6 903 im Jahre 1801 auf 4 376 im Jahre 1846. Viele von ihnen verarmten und bildeten zusammen mit Witwen und Tagelöhnern die Schicht der von der Armendirektion Unterstützten. Im Jahre 1830 wurden 10 103 Familien wegen Armut von der Mietsteuer befreit. Darunter waren

3 308 Witwen, 1 824 Arbeitsleute und Dienstboten sowie 4 286 Meister und verheiratete Gesellen.

Die Rechtsverhältnisse der Stadt hielten mit der industriellen Entwicklung nicht Schritt. 1831 trat eine neue Städteordnung in Kraft, die die Leitung der städtischen Angelegenheiten von der Stadtverordnetenversammlung dem Magistrat zuschob. Ein Regulativ aus dem Jahre 1834 veränderte die Stellung des Oberbürgermeisters im Magistrat. Er wurde Dienstvorgesetzter mit allen disziplinarischen Befugnissen gegenüber dem Magistrat. Die Dreiteilung in Stadtverordnetenversammlung, Magistrat und Oberbürgermeister bei der Verantwortung für die städtischen Angelegenheiten mußte zu Reibereien führen, die den staatlichen Behörden die Vorwände gaben, unmittelbar in die städtischen Belange einzugreifen, zumal sie mehrfach als Schlichter angerufen wurden. Das endete in der Bevormundung der städtischen Behörden durch den Innenminister und engte den Spielraum der sowieso schon begrenzten bürgerlichen Selbstverwaltung zunehmend ein. Besonders kraß zeigten das wiederum die Planungsarbeiten des Stadtausbaus, an denen die Stadt nur indirekt beteiligt war. An die Stelle der Steinschen Städteordnung, die eine freiwillige Mitarbeit ehrenamtlicher Kräfte forderte, trat eine bürokratisch organisierte, von Beamten wahrgenommene und strenger Staatskontrolle unterstehende Kommunalverwaltung. Dem Polizeiprä lenten kam die wichtigste Rolle zu, der jedes mögliche Engagement bürgerlicher Kräfte auch in städtischen Angelegenheiten unterdrückte.

Dieser mehr als unbefriedigende Zustand war typisch auch für andere kommunale Bereiche. Die Zusammenballung von fast 400 000 Menschen auf engstem Raum in den vierziger Jahren des 19. Jahrhunderts führte zu einer Verschlechterung der ohnehin üblen hygienischen Verhältnisse, und nicht nur auf diesem Gebiet trug die Stadt noch bis weit in die sechziger Jahre hinein provinziellen Charakter. Die Versorgung Berlins mit Lebensmitteln vollzog sich überwiegend auf den Märkten, auf denen die Bauern und Gärtner der Umgebung ihre Produkte feilboten. Die

Marktpolizei kontrollierte die Einhaltung der Standordnung und die Herstellung der Sauberkeit am Ende des Marktes, nicht aber den hygienischen Zustand der Waren. Lebensmittelgeschäfte mit ordentlichen hygienischen Verhältnissen begannen sich erst langsam zu entwickeln.

Mit Wasser wurde die Stadt nach wie vor über die öffentlichen und privaten Brunnen versorgt, eine Kontrolle der Reinheit und Qualität des Wassers fand nicht statt. Der größte Skandal war die Behandlung der Abwässer und die Fäkalienbeseitigung, die mittelalterlich geprägt blieb. Seuchen und Krankheiten waren bei diesen Zuständen angesichts der großen Zahl dichtgedrängt lebender Menschen die Folge. Sie breiteten sich insbesondere unter den ärmsten Schichten der Berliner Bevölkerung aus, aber auch Angehörige bessergestellter Schichten, wie 1831 der Philosoph Hegel, wurden ihre Opfer.

Der Zustand der Straßen blieb schlecht. Der Staat tat nichts zum Ausbau der Straßen, wenn auch die Hausbesitzer zur Unterhaltung der Gehwege verpflichtet wurden. In Rinnsteinen floß träge der Straßenkot in die Spree. Insbesondere bei Regenwetter und bei Nacht war die Benutzung der Straßen ein Wagnis, das oftmals mit einem Schlammbad in den Rinnsteinen endete. Es war schon ein großer Fortschritt, als am 1. Januar 1837 die neuangelegten Straßen innerhalb der Ringmauer in städtisches Eigentum übergingen, konnten doch wenigstens in diesen Stadtbereichen partielle Verbesserungen vorgenommen werden.

Die Bestimmungen über die Straßenbeleuchtung stammten ebenfalls noch aus dem 17. Jahrhundert. Öllaternen beleuchteten die Stadt. Seit Anfang der zwanziger Jahre wurden sie nach und nach durch die modernere Gasbeleuchtung abgelöst. Aber hier wurde die Kommune ebenfalls nicht befragt. Das Innenministerium schloß im Jahre 1826 über die Köpfe von Magistrat und Stadtverordnetenversammlung hinweg einen Monopolvertrag mit einer englischen Firma, der Imperial Continental Gas Association, zur Herstellung von Gas und zur Belieferung der Stadt bis zum 1. Januar 1847. Nur weil diese Gesellschaft ihr Monopol

57 Festliche
Zusammenkunft
der Stadtverordneten-
versammlung von Berlin
am 6. Juli 1809
in der Nikolaikirche.
Aquarell von Friedrich
August Calau, 1809

58 Übergabe der Stadtschlüssel von Berlin
durch den Magistrat an die französische Armee
am 25. Oktober 1806 vor dem Halleschen Tor.
Anonymer kolorierter Kupferstich, um 1806

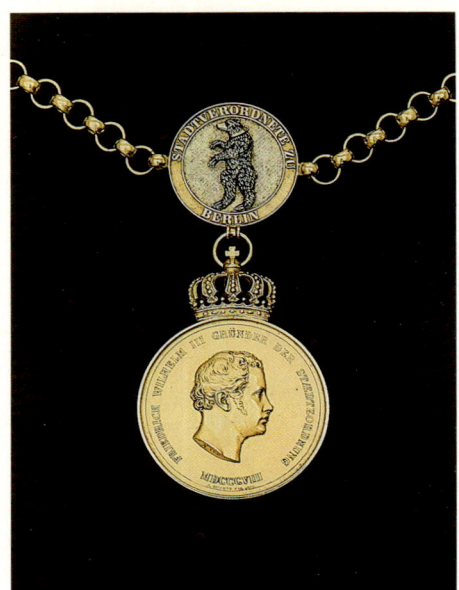

59 Amtskette
eines Stadtverordneten
zu Berlin,
Silber vergoldet,
1844. Entwurf
des Goldschmieds
George Hossauer
und des Medailleurs
Karl Fischer

60 Das alte Berliner Rathaus. Aquarell von Robert Rabe, 1859.
Links die mittelalterliche Gerichtslaube

61 Das Universitätsgebäude zu Berlin.
Lithographie nach Ludwig Eduard Lütke, um 1840

62 Alexander von Humboldt in seiner Bibliothek.
Farbiger Öldruck nach Eduard Hildebrandt, 1856

63 Der Gendarmenmarkt mit königlichem Schauspielhaus.
Lithographie von Reimsfeld, um 1855

64 Johann Erdmann Hummel, Die Granitschale im Lustgarten.
Ölgemälde, 1831.
Die von Karl Friedrich Schinkel entworfene Granitschale
wurde 1831 im Lustgarten aufgestellt

340

65 Eduard Gaertner, Das Wohnzimmer
des Schlossermeisters Hauschild. Ölgemälde, 1843

66 Das Volksfest des Stralauer Fischzuges am 24. August 1835.
Anonyme Lithographie, 1835

67 Bilderbogen mit Darstellungen der Revolutionskämpfe
in Berlin am 18. und 19. März 1848. Lithographische Anstalt
von Julius Steinmetz in Meißen, 1848

68 Gewerksfahne
der Berliner
Tabakarbeiter,
1858

69 Gedenkblatt anläßlich der Herstellung der 500. Lokomotive
in der Borsigschen Maschinenbauanstalt.
Lithographie von Theodor Albert und Ludwig Burger, 1854

70 Der Wasserturm auf dem Windmühlenberg
und Panorama Berlins nach Süden.
Farblithographie von Th. Dettmers und W. Knoll, 1853

71 Blick auf Berlin vom Turm des Französischen Doms.
Getönte Lithographie von F. A. Borchel, um 1860

rücksichtslos ausnutzte und Verpflichtungen nicht erfüllte, erhielt die Stadt die Genehmigung zur Errichtung eines kommunalen Gaswerkes und konnte seit 1847 eine eigene Gasversorgung aufbauen.

Unter dem Eindruck der Julirevolution 1830 in Paris, dem polnischen Aufstand und dem Freiheitskampf des griechischen Volkes gegen das türkische Joch belebte sich das politische und geistige Leben in Berlin. Politische Themen wurden im verstärkten Maße in den Salons, den Cafés, im Theater und in Bierstuben besprochen. Quelle und Grundlage der Diskussion waren Zeitungen. Die »Allgemeine Preußische Staatszeitung«, »Tante Voss« (Vossische Zeitung) und »Onkel Spener« (Spenersche Zeitung) – wie die betulichen und unter strenger Zensur stehenden Berliner Zeitungen spöttisch genannt wurden – berichteten kaum über die die Menschen bewegenden politischen Ereignisse. Zu diesen traditionellen Zeitungen trat 1831 das »Politische Wochenblatt«; legalistisch eingestellt, richtete sich das Blatt mit staatlicher Förderung gegen fortschrittliche soziale und politische Strömungen.

Angesichts dieser Situation auf dem Zeitungsmarkt, die sich bis zum Vorabend der Revolution nicht wesentlich veränderte, wuchs das Interesse, außerpreußische und ausländische Zeitungen zu lesen. Diese zu abonnieren war aber kostspielig, betrug doch der Preis für ein Jahresabonnement der »Augsburger Allgemeinen Zeitung« 16 Taler, für eine Zeitung aus Paris mußten gar 32 Taler gezahlt werden. Und so traf sich eine kleine Schicht Intellektueller in den Berliner Lesekonditoreien, zum Beispiel Josty oder Stehely. Im »roten Zimmer« bei Stehely am Gendarmenmarkt tagte übrigens seit 1836 der Doktorklub. Dazu gehörten Max Stirner (eigentlich Caspar Schmidt), die Gebrüder Bruno und Max Bauer, Dr. Adolf Rutenberg (später Redakteur der »Rheinischen Zeitung«). Letzterer führte den jungen Karl Marx ein, der seit 1836 an der Berliner Universität zunächst Jura und dann Philosophie studierte (im März 1841 endete seine Studienzeit). Auch Friedrich Engels kam während seiner Berliner Soldatenzeit (1841/1842) in Berührung mit diesem Kreis, der für beide bei der Herausbildung ihrer Positionen als Begründer des Sozialismus als Wissenschaft große Bedeutung hatte.

Die Hinwendung zur Politik entstand bei der »jungdeutschen« und »vormärzlichen« Intelligenz aus einer allgemeinen Ablehnung der politischen Verhältnisse Preußens. Verzweiflung am preußischen Alltag und eine gewisse Ratlosigkeit angesichts der fortschreitenden gesellschaftlichen Entwicklung bestimmten die Äußerungen solcher Persönlichkeiten wie Max Stirner, Karl Gutzkow, Theodor Mundt. Rigoros unterdrückte die Zensur die politische Publizistik, so daß in unverdächtige publizistische Formen und literarische Genres ausgewichen wurde. Moritz Gottlieb Saphir gründete im Dezember 1827 den »Tunnel über der Spree«, eine Schriftstellervereinigung, an der später der Lyriker und Novellist Theodor Storm, der Kunsthistoriker Franz Kugler sowie der Schriftsteller und Journalist Theodor Fontane teilhatten. Die Stimmung war hier wie anderswo erwartungsvoll, zugleich aber von Ungewißheit und nervöser Zerfahrenheit geprägt. Alle Gruppen spiegelten den politischen und geistigen Zustand der Berliner Bourgeoisie am Vorabend und während der Revolution von 1848/1849. Theoretische Wortführer und Propagandisten revolutionärer Veränderungen entwickelten sich aus diesen Kreisen nicht.

Die bürgerliche Oppositionsbewegung machte vor den Toren der Universität nicht halt. Sie war einer der Mittelpunkte im politischen Kampf dieser Jahre. Ihre herausragenden Persönlichkeiten, insbesondere aus dem Bereich der Geisteswissenschaften, stellten sich den Fragen der Zeit. Studenten strömten nach Berlin, denn trotz der vom preußischen Staat gezogenen engen Grenzen herrschte an der Universität ein reges wissenschaftliches Leben. Die Naturwissenschaften blühten auf und zogen weitere Studenten an. In den studentischen Burschenschaften fand die bürgerliche Oppositionsbewegung ihren ersten organisatorischen und ideologischen Ausdruck. Am Hambacher Fest 1832 beteiligten sich Studenten der Berliner Universität führend.

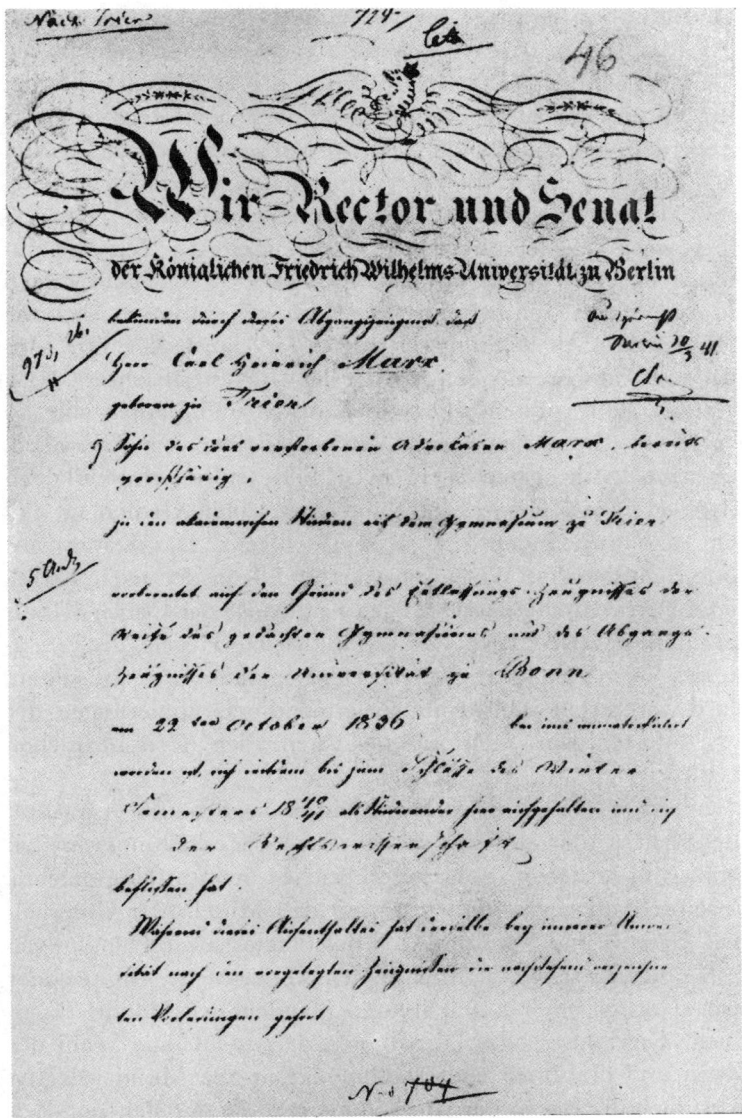

Abgangszeugnis der Berliner Universität für Karl Marx

Der Ruf der Berliner Universität, die Ludwig Feuerbach 1825 als »Arbeitshaus« bezeichnet hatte, zog bedeutende Gelehrte an, so die Begründer der Germanistik Jacob und Wilhelm Grimm. Obwohl sie 1837 zu den »Göttinger Sieben« gehörten, gelang es Alexander von Humboldt, diese progressiven Wissenschaftler nach Berlin zu holen. Viele Persönlichkeiten, die in ihrem weiteren Leben auf gesellschaftliche Prozesse maßgebend einwirkten – wie Karl Marx, Friedrich Engels, Heinrich Heine –, studierten in jenen Jahren an der Universität, die nachhaltig auch die anderen höheren Lehranstalten Berlins beeinflußte. Nach wie vor stand die Akademie im Schatten der Universität, ihre Mitglieder gewann sie aus den Reihen der Universitätslehrer.

In der Stadt wirkten zahlreiche Künstler und Schriftsteller, so der Kustos des Botanischen Gartens, Adelbert von Chamisso, der seine Lyrik gegen die preußische Restaurationspolitik einsetzte. Heinrich Heine beeinflußte mit seinen Gedichten und Schriften insbesondere die junge Intelligenz. Das Königshaus holte Schriftsteller, Wissenschaftler und Künstler nach Berlin, die in ihren Arbeiten und von den Kathedern der Universität als »Streiter« gegen Wirkungen der Philosophie Hegels, die Literatur des Vormärz und des Jungen Deutschlands auftreten sollten. Sie denunzierten und kriminalisierten die Gruppierungen der auf unterschiedlichen Positionen stehenden fortschrittlichen Kräfte.

Herausragend wurde in diesen Jahren das Schaffen von Adolf Glaßbrenner, der ab 1832 verschiedene Unterhaltungsschriften herausgab, in denen er das »Berlinische« literaturfähig machte. In seinen Satiren verspottete er mit den Mitteln der Unterhaltung Gesetze und Verordnungen des Staates sowie Handlungen des Königs. In seinen Figuren, so dem »Eckensteher Nante« oder dem »Nachtwächter Sonnenbrater«, fanden sich Handwerksgesellen, Tagelöhner oder Dienstboten dargestellt. Die Wahl der Typen und die ihnen von Glaßbrenner in den Mund gelegten Aussprüche waren in der Auseinandersetzung der Zeit politisch gemeint und wurden auch so verstanden. Auch die Reaktion be-

griff die Absicht Glaßbrenners und wendete gegen ihn die Karls-
bader Beschlüsse an, er erhielt ein fünfjähriges Publikationsver-
bot. In der Folge siedelte er nach Neustrelitz über.

Das Berliner Musikleben erhielt durch die Uraufführung der
Oper »Der Freischütz« von Carl Maria von Weber am 19. November 1821 einen großen Impuls. Das Niveau der Haus- und
Liebhabermusik, das bereits 1791 zur Einrichtung einer »Singakademie« unter der Leitung von Carl Friedrich Fasch geführt
hatte, festigte sich unter seinem Nachfolger, dem Maurermeister
und Freund Goethes Carl Friedrich Zelter. Zelters Schüler, Felix
Mendelssohn Bartholdy, setzte 1829 die Wiederaufführung der
Matthäus-Passion von Johann Sebastian Bach durch, was eine intensive Bach- und Händelpflege einleitete.

Durch die Tatsache, daß das Schauspielhaus (vormals Natio-
naltheater) nach 1815 Hoftheater geworden war, fühlten sich die
bürgerlichen Kräfte aus dem Zentrum der Stadt verdrängt. Es
entwickelten sich neue Formen des Theaters und der Musik-

Die Singakademie. Stahlstich nach Friedrich Wilhelm Klose
von Finden, um 1830

pflege. Findige Unternehmer errichteten Theater und führten sie auf kapitalistische Art, so der Kaufmann Friedrich Cerf, der 1824 das Königsstädtische Theater am Alexanderplatz übernahm. In ihm feierte Henriette Sontag ihre großen Triumphe als Sängerin. Wollte die Hofoper nicht in den Schatten gestellt werden, so mußte sie Ähnliches bieten; sie tat es mit der Erstaufführung von Albert Lortzings »Zar und Zimmermann« im Jahre 1839. Es war die Zeit der großen Virtuosen wie Franz Liszt, der 1841 das Berliner Publikum begeisterte.

In der Malerei wurde die Stadtlandschaft ein bevorzugtes Thema. Zu den Berliner Zeichnern und Malern gehörten Friedrich August Calau, über dessen Leben wenig bekannt ist. Heraus ragten die Leistungen von Johann Erdmann Hummel, der seit 1800 in Berlin lebte. Der eigentliche Maler dieser Jahre aber war Franz Krüger, dessen Paradebilder das elegante Berlin zeigten. Franz Dörbeck und Theodor Hosemann zeichneten die Berliner Bevölkerung des Vormärz und das Proletariat. Die schönsten Ansichten Berlins schuf in diesen Jahren Eduard Gaertner. Adolph Menzel legte seine ersten Arbeiten vor. Alle stellten die friedliche, idyllische Atmosphäre des Biedermeier dar, denn sie arbeiteten im Auftrag des Hofes und des Bürgertums, die die Schattenseiten der Stadt nicht sehen wollten.

Berlin kam in diesen Jahren in den Ruf, eine »Zentralstadt des Geistes« zu sein. Die Arbeiterklasse wurde von diesen politisch-geistigen Auseinandersetzungen noch nicht berührt. Ihr Lebensrhythmus, ihre schlechte soziale Lage sowie ein zu geringes Zeitvolumen für die politische Bildung ließ sie in Berlin am Anfang der dreißiger Jahre an dem politischen Prozeß nicht teilhaben.

Auch auf dem Gebiet der Stadtentwicklung vollzog sich noch keine grundlegende Änderung. Die Separation trat in den dreißiger Jahren in und um Berlin in ihr entscheidendes Stadium. Das Hin und Her zwischen staatlicher Planung und Abwälzung aller Kosten auf die Kommune führte zur Verschleppung jeder Entscheidung. Neue Straßen konnten nicht abgesteckt werden. Neue Wohnungen, die den in die Höhe schnellenden Bedarf abgedeckt

Berliner Künstler. Lithographie von Sprick, um 1830.
1 Franz Krüger, 2 Carl Begas, 3 Wilhelm Wach, 4 Carl Wichmann,
5 Johann Gottfried Schadow, 6 Ludwig Wichmann, 7 Christian
Daniel Rauch, 8 Karl Friedrich Schinkel, 9 Friedrich Tieck

hätten, konnten nicht in neugebauten Häusern entstehen. Es begann innerhalb der Stadt im großen Stil die Errichtung von Hinterhäusern in engster Bebauung. Damit verbunden war eine
Wertsteigerung der Grundstücke, teilweise um das Zehn- bis
Zwanzigfache. Eine Welle von Bau- und Wohnungsspekulatio-
nen durchzog die Stadt, sie erwies sich als entscheidend für die
weitere Gestaltung der Wohnverhältnisse in Berlin. Magistrat
und Stadtverordnetenversammlung, zum größten Teil aus Haus-

und Grundbesitzern bestehend, nutzten nicht die ihnen zu Gebote stehenden Mittel, um diesen Vorgang zu steuern oder abzuändern.

Der Streit zwischen Staat, Stadt und Grundbesitzern bei der Realisierung des Bebauungsplanes für das Köpenicker Feld um die Frage, wer das Land zu welchen Kosten für den Straßenbau zur Verfügung zu stellen hatte, und die Einigung, weniger Straßen zu bauen und die dadurch entstehenden großen Gevierte mit mehreren Hinterhäusern zu bebauen, macht deutlich, daß bereits in diesen Jahren die kapitalistische Wirtschaftsordnung eine an den Interessen und Bedürfnissen der Menschen orientierte Antwort nicht geben konnte. Deshalb blieben auch ein vom Königlichen Gartenbaudirektor Peter Joseph Lenné 1840 vorgelegter neuer Bebauungsplan für das Köpenicker Feld und ein Plan der Stadterweiterung nach Norden und Osten mit Schmuckplätzen, Grünanlagen und einer breiten, großangelegten Straße unbeachtet.

Für die Architekten war der Wohnungsbau dieser Jahre ein lohnendes Objekt, zumal das öffentliche Bauen in den Hintergrund trat. Im Wohnungsbau setzte sich das vierstöckige Haus durch, dessen Fassade noch unter dem Einfluß der Schinkel-Schule sparsam mit antikem Dekor versehen wurde. Als neue Auftraggeber traten die Fabrikbesitzer in Erscheinung. Zunächst waren die Fabrikationsräume neuen Bedürfnissen anzupassen. Der Schornstein wurde zum Symbol der aufstrebenden Industrie, die Fabrik zur »Burg« des Fabrikbesitzers mit Zinnen und Türmen, die dem Schloß des feudalen Junkers entgegengesetzt wurde. Bei aller Zweckmäßigkeit der Anlage aus Klinkersteinen orientierte man sich im äußeren Erscheinungsbild am Mittelalter, zum Teil aus Stolz auf die gewonnene Position gegenüber dem Adel und um seine neue Stellung auszuweisen, zum Teil aber auch, um gegenüber den Arbeitern die neu gewonnene wirtschaftliche Macht architektonisch sinnfällig zum Ausdruck zu bringen.

Der für Architekten und Baumeister interessanteste öffentli-

Die neuen Packhofsgebäude. Stahlstich nach Johann Heinrich Hintze
von G. A. Müller, um 1830

che Bauauftrag war die Planung für einen neuen evangelischen
Dom in Berlin. Der alte Dom galt trotz des Umbaus durch
Schinkel als überholt und häßlich, und der König wollte in
einem Neubau die gewonnene Macht Preußens und des Hauses
Hohenzollern auch nach außen zum Ausdruck bringen. Nach
langen Diskussionen und Beratungen entschied sich der König
für das Projekt von Friedrich August Stüler mit einer inneren
Gestaltung durch den Maler Peter von Cornelius. Die Ausführung des Baus begann 1845, kam aber nach der Revolution von
1848 zum Erliegen.

Die Not und die Armut im Berlin dieser Jahre waren groß.
Bettina von Arnim veröffentlichte 1843 in der Schrift »Dies
Buch gehört dem König« Materialien zu den Lebensumständen
der Berliner Stadtarmut und des Proletariats. Dazu gehörte
auch ein Bericht des Schweizer Studenten Heinrich Grunholzer
über seinen Besuch in Neu-Vogtland. Diese Anklage gegen das
preußische System richtete sich objektiv gegen den Kapitalismus.

353

Die erschütternden Berichte dieses Buches machten die Zustände publik und rückten sie in das öffentliche Bewußtsein. Das Proletariat wurde Gegenstand der Literatur. Bettina von Arnim plante, dem Buch den Entwurf zum Bau einer »Armenstadt« vor den Toren Berlins beizulegen. Dieser Entwurf stammte von dem Architekten Wilhelm Stier, der ihn später dem Innenminister vorlegte. Er sah eine Stadt mit Wohnungen für etwa 5 800 arme Familien vor. Realisiert wurde er nicht.

Die soziale Not, die Armut und die schlechten Lebensverhältnisse der Mehrheit der Berliner Bevölkerung traten offen zutage. Die zentralen Behörden mußten sich von Staats wegen um Abhilfe kümmern. Friedrich Wilhelm IV., seit 1840 König, unterstützte deshalb ein von verschiedenen Personen getragenes Programm der »Inneren Mission« mit dem Ziel, die neue Klasse in bürgerliche und christlich-evangelische Leitlinien einzupressen.

Für Berlin brachte dieses Vorgehen den Bau der Krankenan-

Schusterwohnung. Federlithographie von Theodor Hosemann, 1845

stalt Bethanien; der Neubau des Zellengefängnisses in Moabit entstand als Ergebnis einer Gefängnisreform. Die Versuche einer konservativen Fraktion des Bürgertums in Berlin, gemeinsam mit dem Staat ein Konzept zur Beherrschung des Proletariats zu entwickeln, mußten scheitern. Die aufbrechenden Klassengegensätze und die Widersprüche der Gesellschaft konnten nicht überbrückt werden.

Mit der Formierung des Proletariats begann sich die neue Klasse sozial und politisch zu regen, Widerstand gegen ihre Unterdrückung und Ausbeutung zu leisten. Noch war der Protest unorganisiert; spontane Auflehnung gegen Ungerechtigkeiten, Widerstand gegen Pfändung, kleine Streiks, Auseinandersetzungen mit der Polizei sind seit den zwanziger Jahren nachweisbar. 1830, unter der Auswirkung der Julirevolution in Paris, kam es zur sogenannten Schneiderrevolution, in der vor allem Gesellen und Lehrlinge ihren Unmut gegen die Willkür der Polizei und den Protest über ihre katastrophale Lage öffentlich zum Ausdruck brachten. Am 19. September versammelten sich mehrere hundert Gesellen und Lehrlinge vor der Polizeiwache in der Nähe der Breiten Straße, um gegen die Willkür der Polizei bei der Verhaftung von Schneidergesellen zu protestieren. Dieser Protest pflanzte sich bis zum 20. September in unterschiedlicher Heftigkeit durch die Stadt fort. Er endete mit brutaler Unterdrückung durch die Polizei, die 208 Personen festnahm. Derartige Massenverhaftungen waren ebenso wie die folgenden Massenrepressalien neu in der politischen Auseinandersetzung. 25 Personen kamen vor das Berliner Stadtgericht und wurden verurteilt. Die höchste Strafe: ein Jahr Zwangsarbeit. 172 Verhaftete erhielten Polizeistrafen, das waren entweder 10 bis 20 Peitschenhiebe (ein zwölfjähriger Lehrjunge erhielt zum Beispiel 12 derartige Hiebe) oder Einsperrung bei Wasser und Brot, verteilt auf mehrere Tage. Der Umfang des Protestes und die Härte der Strafen beleuchteten die neuen Verhältnisse in der Stadt.

Der Widerstand des Proletariats nahm zu, und das solidarische Handeln vieler erzwang erste Erfolge, die der Klasse allmählich ihre Kraft bewußt machten. 1831 verhinderten Proteste die Vollziehung von Exmittierungen und führten zur Rücknahme bereits ausgeführter. Forderungen nach Verbesserung der Lebenslage, nach Lohnerhöhungen wurden wiederum erhoben. Zwischen dem 3. und dem 6. August 1835 kam es erneut zu einem spontanen Ausbruch des Unmuts über die politischen Verhältnisse und die sozialen Zustände in Berlin. Im Stadtzentrum und vor dem Brandenburger Tor stießen Polizei und Arbeiter, Gesellen und Lehrlinge heftig zusammen. Es gab 2 Tote und zahlreiche Verletzte, 152 Personen wurden verhaftet. Wegen der bei den Auseinandersetzungen abgebrannten Raketen, Schwärmer und Knallkörper ging diese Unruhe als sogenannte Feuerwerksrevolution in die Berliner Geschichte ein. 1844 führten die Kattundrucker den ersten nachweisbaren organisierten Lohnstreik in Berlin durch, der für sie erfolgreich endete. Immer wieder äußerte sich der Protest, teilweise noch in Tumulten, so am 29. Januar 1845 vor dem Hamburger Tor.

Allmählich begann sich das Proletariat auch zu organisieren. Wesentliche Bedeutung kam dabei dem Großen Berliner Handwerkerverein zu, der am 16. April 1844 gebildet wurde. Er sah sein eigentliches Ziel im Zusammenschluß von Handwerkern, die sich fachlich weiterbilden, die Vorbereitungen auf die Meisterprüfung gemeinsam erledigen und sich gesellig zusammenfinden wollten. Der massenhaften Proletarisierung der Handwerker versuchte ein Teil von ihnen mit höherer Qualifikation zu begegnen. Der Handwerkerverein war eine spezielle Form der entstehenden Arbeiterbildungsvereine, wenn sein Name auch auf eine andere soziale Zielstellung beziehungsweise Zusammensetzung deutet. Tatsächlich war er im Berlin dieser Jahre ein Arbeiterbildungsverein. Die soziale Differenzierung, die Entwicklung der politischen Verhältnisse sowie der tagtägliche Kampf zur Sicherung der materiellen Existenz führten in hoher Zahl qualifizierte Arbeiter in den Verein, er stellte den ersten Zusammenschluß von Arbeitern in Berlin überhaupt dar, ohne bereits eine politische Organisation zu sein. Aber in ihm fand die Berliner Zelle des Bundes der Gerechten, der ersten politischen Organisation der deutschen Arbeiterklasse, Wirkungsmöglichkeiten. Dieser Bund, ein Geheimbund von proletarischen Handwerksgesellen und fortschrittlichen Intellektuellen, war 1836 in Paris entstanden. Anfang der vierziger Jahre wirkten Mitglieder des Bundes auch in Berlin. Namentlich bekannt als erster war der Schneider Müller. 1845 begann der Tischler Dietz vorsichtig im Handwerkerverein mit der Agitation im Sinne des Bundes.

1845 erschien in Leipzig die erste selbständige Schrift eines Berliner Arbeiters mit dem Titel »Der Verein zur Hebung der arbeitenden Klassen und die Volksstimme über ihn«. Autor war der Schriftsetzergeselle Stephan Born, der sich mit dem 1844 unternommenen Versuch des Bürgertums auseinandersetzte, einen Bourgeoissozialismus in die Arbeiterklasse hineinzutragen. Born vertrat den Standpunkt der jungen Arbeiterklasse, wenn er dem bürgerlichen Verein seine von den französischen utopischen Sozialisten geprägten Auffassungen vom Gegensatz von Arbeit und Kapital entgegensetzte. Diese Arbeit belegte den Stand des sich herausbildenden Klassenbewußtseins innerhalb des Berliner Proletariats.

Ab September 1845 trat der Schneidergeselle Friedrich Mentel im Handwerkerverein im Sinne des Bundes der Gerechten auf. Er kam aus Paris und war dort Mitglied des obersten Organs des Bundes gewesen. Mit dem Auftrag, in Berlin eine Gemeinde des Bundes aufzubauen, kam er in die Stadt. Er sammelte die Kräfte und erweiterte die Basis; 1846 stießen rund 30 neue Mitglieder zum Bund. Zu ihnen gehörten August Hätzel, der besonders rührig war, und Stephan Born. Sie hatten zugleich Sitz und Stimme im Vorstand des Berliner Handwerkervereins.

Im Sommer 1846 bildeten sich mehrere Gemeinden innerhalb des Bundes, die »Morgenrot«, »Morgenstern«, »Vorwärts« und »Frühling« hießen. In ihnen studierten die Mitglieder politische Literatur und Flugschriften, die von der Zensur verboten waren, und diskutierten ihren Inhalt. Hierzu gehörten Schriften von Karl Marx, Heinrich Heine, Moses Heß, Arnold Ruge und ande-

357

ren. Die Berliner Gemeinden begannen sich mit dem notwendigen theoretischen Rüstzeug für den politischen Kampf auszustatten.

Der politischen Polizei blieben diese Vorgänge nicht verborgen, und am 9. Dezember 1846 konnten etwa 40 Personen verhaftet werden, die zu einer Beratung zusammengekommen waren, 7 blieben in Haft. Am 14. Juni 1847 begann der erste Kommunistenprozeß in Berlin. Haftstrafen, die durch die Untersuchungshaft als verbüßt galten, und Ausweisungen wurden verhängt. Die politische Arbeit litt unter diesem Schlag. Wenngleich die Berliner Organisation nicht vernichtet werden konnte, stagnierte das Leben in den Bundesgemeinden zunächst. Die Mitglieder trieben nach wie vor mündliche Agitation und verbreiteten revolutionäre Druckerzeugnisse. Sie blieben in Verbindung mit der Zentralbehörde und erhielten 1847 das Rundschreiben, in dem über die Umgestaltung des Bundes der Gerechten in den Bund der Kommunisten berichtet wurde. Karl Marx und Friedrich Engels waren Anfang 1847 dem Bund beigetreten, unter ihrem entscheidenden Einfluß begann die Auseinandersetzung mit utopischen und kleinbürgerlichen Vorstellungen. Marx und Engels verfolgten das Ziel, eine revolutionäre proletarische Partei zu schaffen, der sie mit dem »Manifest der Kommunistischen Partei« die wissenschaftliche Grundlage gaben. Die Berliner Gemeinden gingen in dem Bund der Kommunisten, der ersten deutschen und internationalen Partei der Arbeiterklasse, auf, sie stellten den am weitesten fortgeschrittenen Teil der Berliner Arbeiterklasse dar.

Das Jahr 1846 brachte eine katastrophale Mißernte, die die Preise für Grundnahrungsmittel unaufhaltsam in die Höhe trieb. Preußen war trotz der Industrialisierung noch ein Agrarstaat, und eine Mißernte mußte nachhaltige Wirkungen auf die Bevölkerung haben. Die Industrie hatte 1844 in einer großen Gewerbeausstellung zwar ihre Leistungsfähigkeit gezeigt, die insbesondere auf die Handwerksmeister alarmierend wirkte. Mit schonungsloser Deutlichkeit zeigte sie, daß viele der bisherigen

Tätigkeiten in Zukunft schneller, billiger und besser von Maschinen zu bewältigen waren. Der von der Gewerbeausstellung ausgehende Impuls der weiteren Industrialisierung brach aber 1846/1847 ab; die Mißernte war das auslösende Moment für eine Wirtschaftskrise, in deren Folge sich eine revolutionäre Krise ausprägte. Die Preissteigerungen waren für die Mehrheit der Berliner Bevölkerung drückend. Die Aufwendungen für die Lebensmittel stiegen. Die Nachfrage nach Textilien ging zurück, in diesem Bereich sparte man. Die Folge war ein empfindlicher Rückgang des Textilgewerbes und der Textilindustrie. Kurzarbeit und Arbeitslosigkeit setzten ein. Sie verschärften die in den Wintermonaten traditionellen Stillstandszeiten für zahlreiche Gewerbe. Das wirkte dort besonders kraß, wo große Massen des Proletariats zusammengeballt waren. Das Elend stieß aus den Vorstädten in das Zentrum der Stadt und rückte stärker in das Blickfeld der Öffentlichkeit. Hinzu kamen halbherzige Maßnahmen der preußischen Staatsbehörden, die die Situation noch verschärften. Am 8. Oktober 1846 hatten die Stadtverordneten in einer Eingabe beim König angeregt, den Export von Getreide und die Verarbeitung von Kartoffeln zu Spiritus zu verbieten. Die Antwort des Königs bestand in dem scharfen Verweis, sie seien zu solchen Eingaben nicht berechtigt. Dies belegt, wie mit der Stadt umgegangen und bürgerliches Mitlenken der Stadtgeschicke bewertet wurde. Im Januar 1847 hoben die Behörden die Einfuhrzölle für Getreide auf und kauften in den Nordseehäfen Getreide. Da die Aktion mit Ankündigungen in der Presse verbunden wurde, um dem Volke zu zeigen, wie »sozial« man sei, sorgten die Wucherer und Börsenmakler für ein weiteres Ansteigen der Preise; die beabsichtigte Wirkung verkehrte sich in ihr Gegenteil.

Die allgemeine Verschlechterung der Lebenssituation der arbeitenden Klasse ließ Höker und Händler ein Geschäft wittern. Sie trieben die hohen Preise für Lebensmittel in spekulativer Absicht noch weiter in die Höhe, um möglichst raschen Verdienst auf Kosten der Bevölkerung zu machen. Der Hunger lag drohend über der Mehrheit der Berliner Einwohner, entkräftete Menschen brachen in den Straßen zusammen. Zu Recht wurde die Regierung dafür verantwortlich gemacht, da sie keine Maßnahmen zur Abwehr der elenden Zustände einleitete und nicht gegen den Korn- und Kartoffelpreiswucher vorging. Die Preise unterlagen keiner staatlichen Kontrolle, sie wurden prinzipiell nicht fixiert. Arbeit und Brot wurde gefordert, beides konnte der preußische Staat nicht geben. Im April 1847 stieg die Not am höchsten, es fehlte nur der Funke, um die Explosion auszulösen.

Eine Hökerin auf dem Gendarmenmarkt erhöhte am 21. April willkürlich den Preis für eine Metze (3,435 Kilogramm) Kartoffeln auf vier Silbergroschen. Andere Händler folgten, der Tumult brach los.

Wie ein Lauffeuer durchzog die Nachricht von den Ereignissen die Stadt. Auf anderen Märkten geschah ähnliches. Spontan, vom Hunger ausgelöst, brachen die Widersprüche auf, erschütterte der soziale Protest das Leben in der Stadt. Erinnerungen an den schlesischen Weberaufstand von 1844 wurden wach. Am 22. April endete der Protest. Die Massen hatten sich Gehör verschafft. Die sonst von Polizei und durch zahlreiche Unterdrückungsmaßnahmen gesicherte Stadt durchzog ein erstes Ahnen von der Kraft der neuen Klasse.

1847 zeigte sich, daß der reaktionäre preußische Staat in der bisherigen Art und Weise nicht mehr zu regieren war. Dem Mangel an Finanzmitteln mußte abgeholfen werden. Von allen Seiten bedrängt, mußte sich das halbabsolutistische preußische Regime entschließen, zur Lösung zahlreicher Probleme die bereits 1813 versprochene »Nationalrepräsentation« zu schaffen. König Friedrich Wilhelm IV. versuchte mit allen möglichen Schlichen, zwar der Forderung nach Bildung eines Landtages nachzukommen, zugleich aber das politische System Preußens nicht zu ändern. Die acht Provinziallandtage Preußens entsandten 617 Abgeordnete in den Vereinigten Landtag. Die Mitglieder waren nicht vom Volk oder seinen Repräsentanten gewählt, sondern aus den Ständevertretungen bestimmt worden. Vorherrschend war in ihm das Junkertum, aber auch die liberale Bourgeoisie konnte ihre Vertreter entsenden. Als der Vereinigte Landtag am 11. April 1847 in Berlin mit einer Thronrede eröffnet wurde, hofften der König und seine Minister auf Erfolge, wo keine zu erwarten waren, denn die liberale Bourgeoisie, die über das Kapital verfügte, brachte dem König eine empfindliche Niederlage bei. Sie verweigerte die verlangten 30 Millionen, solange der König nicht eine Verfassung und eine Volksvertretung zuließ. Die vom König in seiner Thronrede geäußerte Auffassung, daß die Volksvertreter keine Meinung repräsentieren und zur Geltung bringen durften, empörte die bürgerlichen Abgeordneten. Sie hielten mit nichts hinter dem Berg, der König zeigte den Oppositionellen seine Ungnade. Der Landtag schloß am 26. Juni, das Geld war nicht bewilligt. Eine Unmenge von Anträgen, Petitionen und Beschlüssen lag vor, die die Regierung behandeln mußte. Selbst eine nach dem Willen des Königs zusammengesetzte Versammlung konnte sich dem Geist der Zeit nicht entziehen, und die politische Krise des Systems wurde nun allen deutlich sichtbar.

Zwei Dinge waren für Berlin wichtig geworden: Zum einen war Berlin der Tagungsort des Landtages. Für die Stadt brachte das einen neuen Aufgabenkreis und stimulierte das politische Leben. Zum anderen beschloß der Landtag fast einstimmig einen Antrag, die Stadtverordnetenversammlung in allen Städten öffentlich abzuhalten, dem folgte am 23. Juli das Patent über die Öffentlichkeit der Sitzungen. Die erste öffentliche Sitzung der Stadtverordneten in Berlin ereignete sich am 19. November.

Die widerwillig gewährten Veränderungen überdeckten nicht die Krise. Die Herrschenden konnten ihre Macht nicht mehr wie bisher ausüben, zeigten aber nicht die geringste Neigung, von ihrem Kurs abzugehen, und die Beherrschten wollten sich so nicht mehr beherrschen lassen. »Kartoffelrevolution« und Vereinigter Landtag belegten das für den preußischen Staat und die Stadt Berlin. Die Verhältnisse spitzten sich immer mehr zu, und es bedurfte nur noch eines Anlasses zum revolutionären Kampf.

Die Revolution von 1848/1849

Am 28. Februar 1848 erreichte die Meldung von der Revolution in Paris Berlin. In der allgemeinen Krisenstimmung wirkten die Nachrichten vom Sturz der französischen Monarchie und über die Politik der radikalen Bourgeoisie, die an die Macht gelangt war, geradezu aufrührerisch auf die von politischer Unruhe ergriffenen Massen. Alle erreichbaren Zeitungen und insbesondere die seit 1846 von Gustav Julius herausgegebene »Berliner-Zeitungs-Halle«, die die internationalen Nachrichten aufarbeitete, wurden gelesen. Die von den fortschrittlichen Kräften erhobene Forderung nach Einberufung einer Volksversammlung fand großen Widerhall. Am 6. März trafen sich zahlreiche Berliner zu einer Versammlung »In den Zelten«, auf der Forderungen des Volkes zusammengetragen wurden. In einer weiteren Versammlung am nächsten Tag, die breiteren Charakter trug, konnten nach öffentlicher Diskussion 9 Forderungen mit 6000 Unterschriften verabschiedet werden: Amnestie für politische Gefangene; Pressefreiheit; Redefreiheit; freies Versammlungs- und Vereinigungsrecht; politische Gleichberechtigung aller Konfessionen und Besitzklassen; Geschworenengerichte und unabhängige Richter; Verminderung des stehenden Heeres und allgemeine Volksbewaffnung; allgemeine deutsche Volksvertretung; schleunige Einberufung des Vereinigten Landtages.

Das war ein Programm des bürgerlichen Liberalismus, das allgemeine Wünsche zusammenfaßte. Die Angst vor der Arbeiterklasse blieb zugleich in der Bourgeoisie vorherrschend, so daß sie vorsichtig taktierte. Am 9. März folgte eine dritte Volksversammlung »In den Zelten« mit etwa 3000 bis 4000 Teilnehmern. Arbeiter und Handwerker traten vor allem auf. Das war auch das Kennzeichen einer weiteren Versammlung am 13. März am selben Ort, die etwa 10000 Menschen vereinte. Ein Flugblatt wurde verabschiedet, auf dem der Text einer Adresse an den König enthalten war. Es war eine »Arbeiteradresse«, in der der König gebeten wurde, etwas zur Abhilfe der Not zu tun. Es wurde – hier wirkte das französische Vorbild – ein Ministerium für Arbeit gefordert.

Das Militär patrouillierte in der Stadt, es wollte ein Exempel statuieren. Am 13. März kam es zu den ersten Ausschreitungen des Militärs gegen das Volk. Kavalleristen hieben auf nach Hause strebende Teilnehmer der Versammlung ein, und sie verwundeten Männer und Frauen; eine erste Barrikade entstand in der Grünstraße. Die Berliner haben den Soldaten diese Tat nicht vergessen, die Angehörigen dieses Kavallerie-Regimentes trugen bis zur Novemberrevolution 1918 den bezeichnenden Namen »Bluthunde«. Nervöse Spannung kennzeichnete die Situation in der Stadt, der Wille zum offenen Widerstand war aber noch nicht allgemein. Nachrichten über die Erfolge der Revolution von außerhalb, aus Wien und Köln, trafen ein.

Am 15. März schoß das Militär in eine Menschenmenge. Das Opfer war ein neunzehnjähriger Kupferschmiedegeselle, am 16. März wurden ein Buchhalter, ein Arbeiter und ein Bildhauergeselle getötet. Am 18. März versammelten sich rund 10 000 Berliner auf dem Schloßplatz, um einer Abordnung Berliner Bürger Rückhalt zu geben, die beim König vorsprechen wollte. Sie forderte: Zurückziehung des Militärs; Aufstellung einer Bürgergarde; Pressefreiheit und Einberufung des Vereinigten Landtages. Der König hatte am Vormittag die Zustimmung zu den beiden letzten Punkten gegeben und zugleich erklären lassen, daß Preußen sich an die Spitze einer allgemeinen Reformbewegung stellen werde.

Die Bekanntgabe der Entscheidung des Königs rief unter den Versammelten Jubel hervor. Handwerkerverein und Arbeiter blieben skeptisch, auf ihre Forderungen war man bisher nicht eingegangen, und das Zugesagte betraf sie nicht oder nur indirekt. Das Militär besetzte in der Zwischenzeit alle wichtigen Positionen in der Stadt, um Berlin fest in der Hand zu halten. In den Jubel der Massen auf dem Schloßplatz fiel immer lauter der Ruf »Militär zurück«, der eine allgemeine Forderung ausdrückte. Plötzlich gingen die im Schloß untergebrachten Soldaten mit der blanken Waffe gegen das Volk vor, um es vom Schloßplatz zu drängen, und schossen auf zurückgehende Kundgebungsteilnehmer auf der Höhe der Schloßbrücke. Eine allgemeine Empörung erfaßte die Menschen, sie fühlten sich verraten. Sie liefen durch die Straßen und riefen das Volk zu den Waffen. Studenten galoppierten zu Pferde zu den Maschinenbauanstalten vor dem Oranienburger Tor und alarmierten die Arbeiter. In wenigen Stunden entstanden etwa 150 Barrikaden aus Brettern, Balken, Fässern und Pflastersteinen. Die Bewaffnung der Revolutionäre war dürftig und in keiner Weise mit der des Militärs zu vergleichen, vor allem fehlten Feuerwaffen. Die Hauptstützen des Kampfes bildeten überall die Arbeiter, die, militärisch ausgebildet und diszipliniert durch die Arbeit in den Fabriken, auf allen Barrikaden anzutreffen waren.

Mehr als 14 000 preußische Soldaten begannen um 3 Uhr nachmittags mit dem Angriff und nahmen die Barrikaden an der Oberwallstraße/Ecke Werderstraße. Die Kämpfe dauerten mit unterschiedlicher Heftigkeit bis zum 19. März 5 Uhr morgens. Hauptorte des blutigen Kampfes waren die Gegend um die Breite Straße, die Königsstraße, die Luisenstraße, die Friedrichstadt um den Gendarmenmarkt sowie der Alexanderplatz und die auf ihn mündenden Straßen. Durch die Frankfurter Linden wollten preußische Truppen zum Zentrum der Stadt durchstoßen. Sie wurden von den kämpfenden Arbeitern aufgehalten, ihr Einsatz verzögerte sich dadurch. Im Norden der Stadt, wo auf den Barrikaden fast ausschließlich Arbeiter standen, wagte das Militär keinen Angriff.

Symbol des Kampfes wurden zwei junge Barrikadenkämpfer: der siebzehnjährige Schlosserlehrling Ernst Zinna und der neunzehnjährige Schlossergeselle Heinrich Glasewald, die als letzte gemeinsam eine Barrikade an der Ecke Jäger-/Friedrichstraße verteidigten. Zinna verlor mutig kämpfend sein Leben.

Die Soldateska raste, aufgeputscht durch die auch in späteren Klassenkämpfen immer wiederkehrende Behauptung von »volksfremden Hetzern«, die die friedliche Bevölkerung aufgebracht

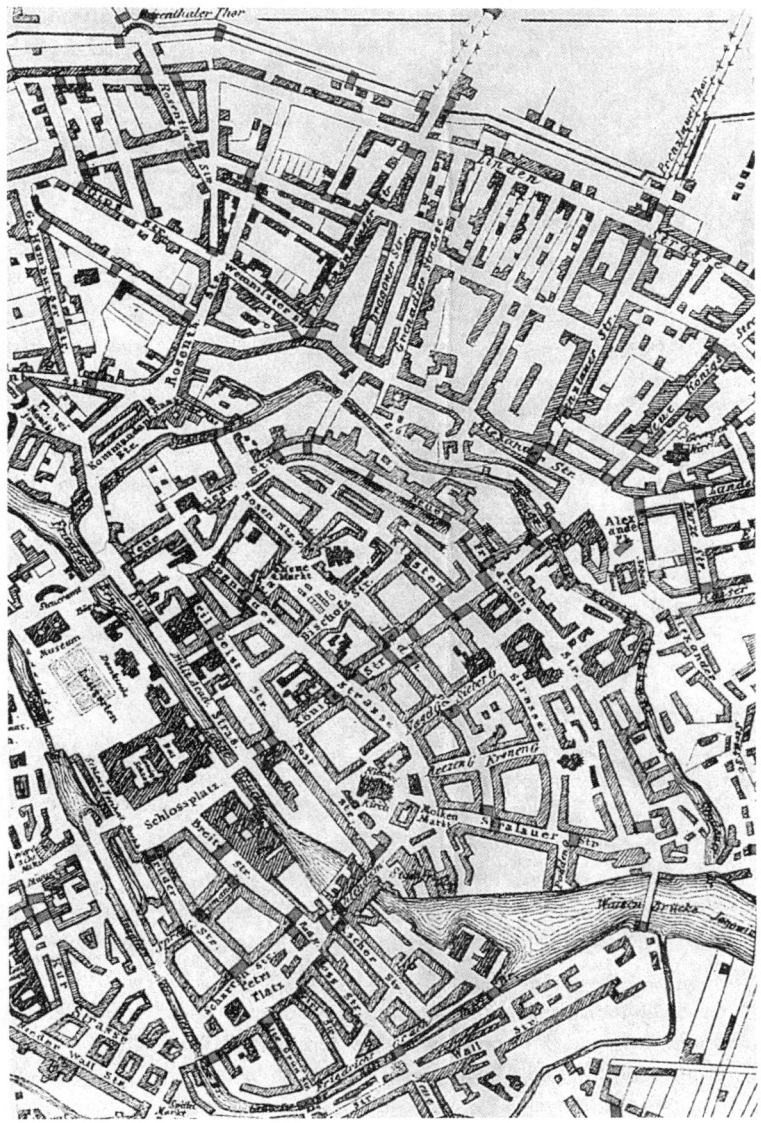

Aus einer zeitgenössischen Karte mit eingezeichneten Barrikaden

365

Der siebzehnjährige Schlosserlehrling Ernst Zinna
auf einer Barrikade in der Friedrichstraße am 18. März 1848.
Federlithographie von Theodor Hosemann, 1848

hätten. Der Hof bezeichnete die Barrikadenkämpfer als »Gesindel«. Die gedrillte und militärisch gut ausgebildete preußische Armee konnte trotz Überzahl dieses »Gesindel« nicht besiegen. Die Soldaten ließen ihre Wut an Gefangenen und unbeteiligten Einwohnern aus, die sie mißhandelten, töteten und verstümmelten. Alles nutzte nichts, am 19. März um 11 Uhr mußte der König den Befehl geben, die Soldaten zurückzuziehen. Das Volk hatte gesiegt, hatte seiner gerechten Sache Kraft seiner Stärke zu einem ersten Erfolg verholfen. Die Sieger der Kämpfe räumten die Barrikaden beiseite, schufen Ordnung in der Stadt und sammelten die Toten. Man trug sie ohne Verabredung im Hof des Schlosses zusammen und zeigte sie dem König. Der mußte auf einen Balkon treten und seinen Hut vor den Opfern ziehen.

Plakat mit Aufruf König Friedrich Wilhelms IV.
an die Berliner am 18./19. März 1848

Das vollständige Verzeichnis der Toten der Revolution enthielt 255 Namen; 60 von ihnen waren Gesellen, 50 Handwerksmeister, 87 Arbeiter, 9 Lehrlinge, 3 Arbeiterinnen, 2 Dienstmädchen. Dieser hohe Anteil des werktätigen Berlins an der Zahl der Opfer belegt, daß etwa drei Viertel bis vier Fünftel aller Gefallenen Angehörige der jungen Arbeiterklasse waren. Das traf auch auf die 536 Menschen zu, die während der Kämpfe gefangengenommen und von der Soldateska nach Spandau verschleppt worden waren und nun zurückkehrten. 279 von ihnen waren Gesellen und Gehilfen, 47 Arbeitsmänner und Maschinenbauer sowie 30 Lehrlinge.

Die Bedeutung der Berliner Barrikadenkämpfe ging weit über den unmittelbaren Erfolg hinaus. Friedrich Engels schätzte 1851 den Anteil der Berliner Arbeiter an der Märzrevolution als bedeutsamen Faktor für das Selbstbewußtsein des Berliner Proletariats ein: »Gerade die Arbeiterklasse, die die Bourgeoisie im Hintergrunde zu halten bestrebt gewesen, war in den Vordergrund gedrängt worden, sie hatte gekämpft und gesiegt und gelangte mit einem Schlag zum Bewußtsein der eigenen Kraft.«[2]

Die Berliner Arbeiterklasse hatte ihre Kraft gezeigt, die revolutionären Kämpfe hatten großen Einfluß auf den Konstituierungsprozeß der Klasse. Die elementare Arbeiterbewegung regte sich und brachte ihren Anspruch auf die Führung der Gesellschaft zum Ausdruck. Es entstanden die ersten legalen Arbeiterorganisationen. Auf der großen Volksversammlung am 26. März an der »einsamen Pappel« stellten die konsequenten Vertreter der Arbeiterklasse ihre Forderungen. Die Trennung zwischen den Arbeiterorganisationen und der kleinbürgerlichen Demokratie konnte beginnen. Der »Zentral-Arbeiter-Klub« und der »Volksverein« waren die ersten Arbeiterorganisationen, in denen Mitglieder des Bundes der Kommunisten (Lüchow, Hätzel und andere) eine wesentliche Rolle spielten.

---

2 Friedrich Engels: Revolution und Konterrevolution in Deutschland. In: Karl Marx/Friedrich Engels: Werke, Bd. 8, S. 40.

Das Bürgertum versuchte, dieser politischen Kraft mit den unterschiedlichsten Methoden zu begegnen. Die Bemühungen reichten von sozialdemagogischer Verblendung bis zu Arbeitsbeschaffungsmaßnahmen. In den Rehbergen beschäftigten die städtischen Behörden bei Erdarbeiten plötzlich 1 300 Arbeiter statt bisher 400 und erhöhten ihren Lohn. Gerade die »Rehberger« aber fielen darauf nicht herein und ließen sich nicht gegen die Revolution mißbrauchen.

Die folgenden Wochen und Monate blieben von harten politischen und sozialen Auseinandersetzungen zwischen Revolution und Konterrevolution geprägt. Gustav Julius, als ein aufrechter Demokrat sozialistischen Ideen nahestehend, warnte in einem Artikel am 23. März in seiner »Zeitungs-Halle« vor Illusionen und einer allgemeinen Verbrüderungseuphorie. Er schrieb, daß »der Bruch zwischen Arbeiterklasse und Bürgerklasse schon vollendet« sei. Das rief in der Bourgeoisie großen Protest hervor, sah sie doch ihre Führungsrolle gegenüber der Arbeiterklasse angezweifelt. Sie wollte aber andererseits keinen radikalen Bruch. Ihr liberaler Flügel strebte nach der Aufrechterhaltung der »gesetzlichen Ordnung«, um die Arbeitermassen niederhalten zu können. Beteiligung an der Macht, nicht die gesamte Macht war ihre Devise. Da trotz des Sieges der Volksmassen die wesentliche Frage der Revolution noch nicht entschieden war, kam dem Eintritt der rheinischen bürgerlichen Politiker und Bankiers Ludolf Camphausen und David Hansemann in die preußische Regierung große Bedeutung zu. Jetzt war die Bourgeoisie an der Ausübung der Macht im Staat beteiligt, und damit begnügte sie sich. Sie nutzte nicht die sich bietende Chance, die Wurzeln des feudalen Systems gemeinsam mit der Arbeiterklasse zu zerschlagen und der Herrschaft des Junkertums ein Ende zu bereiten.

Das politische Leben konzentrierte sich in den Städten, vor allem in Berlin. Das flache Land wurde – mit wenigen Ausnahmen – nicht von der Revolution ergriffen. Die zahlenmäßig starken kleinbürgerlichen Zwischenschichten der Städte, bestehend aus Handwerkern, Händlern, Handlungsgehilfen usw., warfen

ihre qualitativ und quantitativ große Kraft nicht in die Waag-
schale, sie schwankten hin und her. Angst und die Unkenntnis
über die eigene Lage, die Erinnerung an verflossene, bessere Zeiten und die Hoffnung, doch noch in die Bourgeoisie aufsteigen
zu können, bestimmten ihre Position.

Die Situation in Berlin war nicht zu beruhigen, die revolutionären Kräfte drängten vorwärts, verteidigten die erworbenen
Rechte. Die allgemeine Volksbewaffnung, wichtige Frage der
Verteidigung der Errungenschaften, bot die Gewähr, daß die
Macht der Reaktion weiter eingeschränkt wurde und die junge
Arbeiterklasse nicht weiter terrorisiert werden konnte. Nach vielen Aktionen, Petitionen und Appellen in dieser Richtung stürm-
ten dann am 14. Juni Berliner Arbeiter das Zeughaus, um sich zu
bewaffnen. Die Aktion schlug fehl. Erneut zeigte sie aber, daß
die Arbeiterklasse kampfbereit für die Sicherung und Weiterführung der Revolution war.

Die Arbeiterklasse formte ihre Organisation aus. Das Zentralkomitee für Arbeiter, am 11. April gebildet, machte in zwei
machtvollen Versammlungen am 20. und am 28. August mit den
Zielen einer neuen Organisation, der »Arbeiterverbrüderung«,
vertraut. Aus dem Zentralkomitee entstand das Bezirkskomitee
Berlin. An seine Spitze trat Ludwig Bisky. In Gewerkvereinen,
die aber nicht den ausgeprägten Charakter einer politischen Organisation hatten, sammelten sich ebenfalls Angehörige der
werktätigen Schichten.

Karl Marx und Friedrich Engels beobachteten diese Entwicklung. Von ihrem Wirken, ihren Einschätzungen gingen unmittelbare Einflüsse auf die Berliner Arbeiterbewegung aus, die zunehmend selbständig und selbstbewußt auftrat. Beide vermerkten
sehr genau die Entwicklungsschritte und gaben für ihre weitere
Ausprägung zahlreiche Hinweise.

Die Konterrevolution gewann in diesen Monaten immer mehr
an Boden, sie trat im Verlauf des Spätsommers immer offener
hervor. Am 16. Oktober zogen Arbeiter, die am Luisenstädti-
schen Kanal arbeiteten, mit einer roten Fahne von ihrer Arbeits-

Der Sturm auf das Berliner Zeughaus am 14. Juni 1848.
Anonyme Lithographie, 1848

stelle weg, um gegen die drohenden Entlassungen zu protestieren. Sie stießen an der Annenstraße/Ecke Engelufer auf eine
Abteilung der Bürgerwehr, die nach einem Wortwechsel schoß:

5 Tote und mehrere Verletzte waren die Opfer. Sofort entstanden an diesem Ort Barrikaden, die von der Bürgerwehr, dem ursprünglich von der Revolution geschaffenen Organ, angegriffen wurden.

Am 8. November holte die Reaktion zum entscheidenden Schlag aus. Der König ließ die Sitzungen der konstituierenden Versammlung bis zum 27. November unterbrechen und verlegte ihren Tagungsort nach Brandenburg. Große Teile der Bevölkerung, insbesondere aus der Arbeiterklasse, stellten sich während dieses Angriffs vor die Versammlung, der Präsident begnügte sich – auch angesichts der Kampfbereitschaft und des Zusammenstehens aller demokratischen Kräfte – mit dem Appell zum »passiven Widerstand«. Am 10. November marschierte das Militär nach Berlin und schloß das Schauspielhaus, den Tagungsort der Abgeordneten, ein. Nach einigen Auseinandersetzungen gingen die Abgeordneten protestierend nach Hause. Am 11. November verkündete der König den Belagerungszustand, die Bürgerwehr wurde aufgelöst. Der Belagerungszustand zielte auf die offene Militärdiktatur. Alle öffentlichen Versammlungen wurden verboten, die Zensur wieder eingeführt, das Tragen von Waffen untersagt. Straßenweise sammelte das Militär die Waffen der Bürgerwehr ein. Verhaftungen und Ausweisungen lähmten das politische Leben. Unverhohlen triumphierte die Reaktion.

Am 5. Dezember vollendete Friedrich Wilhelm IV. den Staatsstreich mit der Auflösung der verfassunggebenden Versammlung und der Oktroyierung einer Verfassung. Auf der Grundlage dieser Verfassung wurden Wahlen für die zwei Kammern des preußischen Landtages abgehalten. Die liberale Bourgeoisie sah das Verfassungsversprechen für eingelöst an und akzeptierte die königlichen Anordnungen.

Im März 1849 beschloß die in Frankfurt (Main) tagende Nationalversammlung, dem preußischen König die Kaiserkrone anzubieten. Der König lehnte am 3. April ab. Als am 21. April die 2. preußische Kammer die Zustimmung zur Reichsverfassung erklärte, wurde sie am 27. April vom König aufgelöst; auf die zu

Titelblatt einer satirischen, demokratischen Schrift von 1849

ihrem Schutze zusammengekommenen Berliner schoß das Militär: 8 Menschen wurden getötet. Zwar entstanden sofort Barrikaden, aber sie wurden nicht mehr verteidigt.

Die bürgerlich-demokratische Revolution erlitt im Sommer 1849 ihre endgültige Niederlage. Die Konterrevolution schuf mit Waffengewalt eine politische Situation der Friedhofsruhe, in der jede Erinnerung an den 18. März 1848 ausgelöscht werden sollte. Alle Organisationen der Arbeiterbewegung und der kleinbürgerlichen Demokratie wurden verboten. Dennoch gehört die Revolution von 1848/1849 zu den größten fortschrittlichen Ereignissen der deutschen Geschichte. Sie war Höhepunkt des Klassenkampfes; in dieser Zeit der höchsten Entfaltung der Kraft der revolutionären Volksmassen im Prozeß des Aufstiegs und der Festigung des Kapitalismus, bei der bürgerlichen Umgestaltung der Gesellschaft wurde Berlin zu einem Zentrum der revolutionären Bewegung.

Die bürgerliche Umgestaltung (1849–1871)

Die Volksmassen hatten der Reaktion eine Verfassung abgerungen, die der König am 5. Dezember 1848 oktroyierte. Bei der Beeidigung am 6. Februar 1850 war sie allerdings bereits im reaktionären Sinne verändert, fallenlassen konnte man sie nicht. Der preußische Staat nahm einen scheinkonstitutionellen Charakter an. Alle entscheidenden Machtbefugnisse blieben in der Hand der Krone. Die Verfassung schuf ein Zweikammersystem. Die Mitglieder der ersten Kammer, ab 1854 Herrenhaus, wurden sämtlich vom König ernannt. Die zweite Kammer wurde vom Abgeordnetenhaus gebildet, ihre Mitglieder waren nach dem Dreiklassenwahlrecht zu wählen; die Mehrheit stellten die Besitzenden. Diese Kammer konnte an der Ausarbeitung der Gesetze mitwirken und verfügte vor allem über das Recht der Steuerbewilligung, das die Bourgeoisie als wesentlich zur Beeinflussung der Wirtschaftspolitik nach ihren Intentionen ansah. Die Bourgeoisie akzeptierte die reaktionäre Innenpolitik, gewährleistete sie doch die Unterdrückung der Arbeiterklasse. Die Verfassung bot ihr aber freie Hand zur Einflußnahme und Ausformung ihrer

Forderungen bei der Entwicklung der Industrie und des Handels mittels der Gesetze. Zugleich besaß sie mit der Verfassung ein juristisches Instrumentarium, schrittweise ihren Spielraum im wirtschaftlichen Bereich zu erweitern. Das gelang, je besser sie mit diesem Instrument umgehen konnte. Die Bourgeoisie ging also aus Furcht vor der Arbeiterklasse, vor der politischen Lösung der anstehenden Konflikte den langen Weg der Verhandlungen und der partiellen Veränderungen im Detail, schreckte dann auch nicht vor der rechtlichen Auseinandersetzung zurück, wenn es um die Durchsetzung ökonomischer Forderungen ging. So in den Jahren nach 1871 bei der Klärung des Eigentums an den Straßen, Brücken und Plätzen der Stadt. Die Drohung, den preußischen König vor dem Verwaltungsgericht zu verklagen, genügte, um in einem Vertrag vom Dezember 1875 dem Magistrat das Eigentumsrecht zu übertragen. Ebenso verhielt sich die Bourgeoisie im sogenannten Kirchenbaulastprozeß, der zwischen 1894 und 1903 geführt wurde, um der Stadt Berlin die Kosten für den Kirchenbau in den neuen Stadtteilen aufzuerlegen. Der Magistrat obsiegte, ohne grundsätzlich die Machtstrukturen der Gesellschaft angegriffen zu haben.

Mit der Verfassung endete die Unterscheidung in »Bürger« und »Schutzverwandte«. Damit erlosch das »Bürgerrecht«, dessen Besitz nun nicht mehr Voraussetzung für das aktive und passive Wahlrecht war. Zunächst schränkten die Behörden für Berlin dieses neue Recht aber ein und banden es an ein Jahreseinkommen von 300 Talern. Waren nach dem alten Recht 1848 bei 405 000 Einwohnern 27 000 wahlberechtigt, so waren es jetzt (1850) nur noch 22 000 bei 419 000 Einwohnern. Von den Wahlberechtigten gehörten 1 600 der ersten, 6 400 der zweiten und 14 000 der dritten Klasse an. 1853 fiel die Bestimmung über das Einkommen, und alle männlichen Einwohner über 21 Jahre erhielten nach dem Dreiklassenwahlrecht die Wahlberechtigung. Nun gehörten 2 000 reiche Berliner zur ersten Klasse, 9 000 gut gestellte zur zweiten und 70 000 zur dritten. Das Interesse der Berliner an der Wahl sank, zumal das passive Wahlrecht nur diejenigen besaßen, die über Haus- und Grundbesitz verfügten. 1850 beteiligten sich 76 Prozent der Wahlberechtigten an der Wahl, 1854 waren es nur 31 Prozent (41 Prozent in der ersten, 33,5 Prozent in der zweiten und 19,5 Prozent in der dritten Klasse).

Die Staatsaufsicht über die städtische Verwaltung wurde weiter ausgebaut. Die neue Städteordnung von 1853 verbot zum Beispiel den Stadtverordneten, andere Fragen als die zu erörtern, die ihnen durch dieses Gesetz oder die Aufsichtsbehörde übertragen wurden. Dem Polizeipräsidenten – zugleich in der Funktion eines Regierungspräsidenten für Berlin – blieb es überlassen, zu entscheiden, welche Fragen seine Behörden behandelten und welche die Stadtverordneten. Er konnte jede kommunale Aktivität mit dem Hinweis auf die Städteordnung unterdrücken und zugleich von sich aus in kommunale Angelegenheiten eingreifen, ohne Magistrat oder Stadtverordnetenversammlung befragen zu müssen.

Nach 1850 begann die Berliner Industrie mit dem Abflauen der Krise wieder zu prosperieren. Die ständige Vergrößerung der Stadt erforderte einen leistungsfähigeren Handel mit Versorgungsgütern. Die umliegenden Gebiete konnten den zunehmenden Bedarf der Stadt an Lebensmitteln nicht decken. Seit etwa 1857 gewann der Fernhandel mit Getreide zur Versorgung Berlins Bedeutung. Dabei verlagerte sich der Transport zunehmend vom Wasserweg auf die Schiene.

Das durch die Ablösesummen der Bauern zunächst bei den Großgrundbesitzern aufgehäufte bare Geld, der profitable Handel mit Versorgungsgütern sowie die Entwicklung der eisenverarbeitenden Industrie Berlins stimulierten die weitere Entwicklung der Berliner Wirtschaft. Die drei bürgerlichen Minister in der Regierung von 1848 erkannten durchaus die Leistungsfähigkeit und die Möglichkeiten der Stadt und gründeten Banken, die den Geschäftsverkehr mit den großen Bankplätzen aufnahmen.

Nach der 1851 von Hansemann begründeten Kreditgesellschaft und der 1856 aus ihr hervorgegangenen Disconto-Kommanditgesellschaft entstanden in rascher Folge neue Banken, wie die Berliner Handelsgesellschaft, die Preußische Handelsgesellschaft, der Berliner Bankverein, der Schlesische Bankverein. Der »Sieg des Talers über den Gulden« – wie man in Bankkreisen die Verschiebung der Schwerpunkte des Geldverkehrs nannte – veränderte in den sechziger Jahren mit einem Schlage die Stellung des Bankplatzes Berlin.

In der preußischen Hauptstadt tätigte man seit der Mitte der sechziger Jahre – begünstigt auch durch die modernen Verkehrsbedingungen – die großen Geschäfte, wurden Anleihen aufgenommen und Industriefinanzierungen konzentriert. Von Berlin aus gingen sie in die Provinz. In der Stadt hatte der Militärfiskus seinen Sitz, der sich enorm entwickelte und durch die Vergabe von Millionenaufträgen ein begehrter Geschäftspartner war. Privatbanken und Aktienbanken entwickelten sich gleichzeitig. Letzteren gelang es, viele kleine Kapitalien in Aktien zu verwandeln und über die Bank lukrativ und einflußreich anzulegen. Eine Vielzahl von Firmenneugründungen und weiterer Aktiengesellschaften folgte. Hypothekenbanken und Versicherungen entstanden. Die Sparkasse mobilisierte auch noch Beiträge von kleinen Sparern, so daß in der Stadt Millionenvermögen zusammenflossen und gewinnbringend im In- und Ausland angelegt werden konnten. Zum bekanntesten Bankier dieser Jahre entwickelte sich Gerson Bleichröder, der Bankier des preußischen Ministerpräsidenten Otto von Bismarck.

Der technische Fortschritt ermöglichte die Konzentration, da durch die Eisenbahn Entfernungen in immer kürzerer Zeit durchmessen werden konnten. Und hier gewann Berlin als Zentrum des sich ausbildenden preußischen Eisenbahnnetzes mit dem Charakter eines mitteleuropäischen Knotenpunktes allen bisherigen Zentren gegenüber einen bedeutenden Vorsprung, der weiter ausgebaut werden konnte. Nach einer längeren Pause begann 1867 der Bau neuer Eisenbahnlinien, so über Wittenberg nach Halle und Leipzig, der Görlitzer Bahn, der Ostbahn nach Küstrin, 1871 folgte die Strecke über Stendal nach Hannover.

Die Börse zu Berlin. Stahlstich nach Ludwig Rohbock, um 1878

Durch Verbindungen zu den außerpreußischen Eisenbahnnetzen konnte Berlin in den sechziger Jahren noch ausgeprägter an den internationalen Eisenbahnverkehr angeschlossen werden, und die Stadt bildete einen internationalen Verkehrsknotenpunkt erster Ordnung im damals vorherrschenden Ost-West-Verkehr.

Begleitet wurde diese verstärkte Einbindung in das Verkehrsnetz durch einen weiter gesteigerten Ausbau der Wasserstraßen. Als Notstandsarbeiten entstanden zwischen 1848 und 1850 der Landwehrkanal und der Luisenstädtische Kanal. 1859 folgte der Spandauer Schiffahrtskanal und der Ausbau großer Hafenanlagen wie des Humboldthafens und des Nordhafens. Die äußerst günstige verkehrsgeographische Lage förderte den Ausbau, und die Stadt wurde zu einem Kreuzungspunkt im europäischen Verkehrsverbund.

Die staatliche preußische Bergwerksverwaltung, die den Gruben im Saarland und in Oberschlesien vorstand, hatte ihren Sitz in Berlin. In ihrem Interesse räumten die bürgerlichen Minister – hier wäre insbesondere der Bankier August von der Heydt zu nennen – Hemmnisse beiseite, so das Direktionsprinzip im Bergbau. Die Bergwerkssteuer konnte gesenkt werden. Die neuen Bedingungen versprachen neue Profite und wirkten auf die Struktur der Berliner Industrie ein, die sich verstärkt an der Schwerindustrie und am Ausbau des Bergbaus beteiligte. Strukturbestimmend blieb für die Industrie in Berlin allerdings das Textilgewerbe, in dem 1871 63 365 Arbeitskräfte beschäftigt waren (1848 sind es 35 066 gewesen). Die Baumwollweberei verschwand fast gänzlich aus Berlin, während die Wollverarbeitung einen schnellen Aufschwung nahm. Die Kattundruckereien blühten auf, und Berlin wurde ein Konzentrationspunkt der Textilverarbeitung. Von 12 Unternehmen im Jahre 1850 stieg die Zahl der textilverarbeitenden Betriebe auf 60 im Jahre 1870 an.

Die Blüte der Maschinen- und Metallwarenindustrie begann. Die Fabriken in Berlin konnten in den fünfziger Jahren ihre Produktion verdoppeln und in den sechziger Jahren nochmals verdreifachen. Heraus ragten der Lokomotivbau und die Fertigung von Eisenbahnbedarf wie Waggons, Sicherungs- und Beleuchtungstechnik. Neu zu der Produktion von Dampfmaschinen und Maschinen für die Textilindustrie kam die Herstellung landwirtschaftlicher Geräte und die Beleuchtungsindustrie. Die Zahl der Arbeitskräfte in der Berliner Maschinenbau- und Metallwarenindustrie vergrößerte sich von 5 673 im Jahre 1856 auf 9 131 im Jahre 1871. Führend waren die Firmen Borsig, Wöhlert, Hoppe, Schwartzkopff, Pintsch, Egells und andere.

Mit den Produkten wurden ausländische Märkte erschlossen, so in Süd- und Nordamerika und im Nahen Osten, und bereits in den sechziger Jahren wurde weit über den eigentlichen engeren Wirtschaftsraum hinaus exportiert. Das wiederum wirkte auf die Stellung Berlins im Handel und auf die Banken zurück. Berlin wurde zum ökonomischen Zentrum Norddeutschlands. Karl Marx schrieb 1859: »Die Revolution hatte die ideologischen Illusionen der Bourgeoisie zerstreut, und die Konterrevolution hatte mit deren politischen Ansprüchen Schluß gemacht. So ward sie zu ihren wahren Erwerbszweigen zurückgeworfen – Handel und

Borsigsche Eisengießerei und Maschinenbauanstalt
vor dem Oranienburger Tor.
Holzstich von W. Harland nach Zeichnung von Adolf Eltzner, 1867

Industrie −, und ich glaube nicht, daß irgendein anderes Volk
während des letzten Jahrzehnts in dieser Richtung einen relativ
so gewaltigen Anlauf genommen hat wie die Deutschen und speziell die Preußen. Wer Berlin vor zehn Jahren gesehen hat, würde
es heute nicht wiedererkennen. Aus einem steifen Paradeplatz
hat es sich in das geschäftige Zentrum des deutschen Maschinenbaus verwandelt.«[3]

An Stelle des geisteskranken Königs Friedrich Wilhelm IV.
übernahm sein Bruder Wilhelm (später König Wilhelm I.) 1859
die Regentschaft, um eine handlungsfähige Staatsführung zu gewährleisten. Eine solche war durchaus nötig, denn auch die wirtschaftlich starke liberale Bourgeoisie zerrte nun stärker an den
Fesseln des im Grunde junkerlichen Staatswesens und wollte not-

3 Karl Marx: Die Lage in Preußen. In: Ebenda, Bd. 12, S. 685/686.

wendige bürgerliche Veränderungen vollzogen wissen. Die Ergebnisse der Wahlen zum preußischen Abgeordnetenhaus im November 1858 signalisierten die veränderten Verhältnisse: 204 Liberalen standen nur noch 60 Konservative gegenüber.

Die bürgerliche Opposition organisierte sich und baute ihre Positionen aus. Neue Parteien entstanden, so am 6. Juni 1861 in Berlin die Fortschrittspartei, die zugleich in der Stadt ihre stärkste Position hatte. Sie strebte die Umwandlung Preußens in eine parlamentarische Monarchie und die Einigung Deutschlands unter Führung Preußens an. Auf ihrem linken Flügel standen Persönlichkeiten wie Rudolf Virchow und Franz Duncker. Im Dezember 1861 erreichte sie bei den Wahlen zum Abgeordnetenhaus 109 Mandate, die konservative Fraktion schmolz auf 14 Mitglieder zusammen. Die sichere Mehrheit der Fortschrittspartei setzte sich in der Hochburg dieser Partei auch bei den Wahlen zur Berliner Stadtverordnetenversammlung nach und nach durch.

In dem Verfassungskonflikt des Jahres 1862, bei dem es um die Zustimmung für eine vollzogene Heeresreorganisation ging, rückte die Bourgeoisie von ihrer ablehnenden Position ab, wandte sich gegen die Entfaltung einer breiten Volksbewegung und akzeptierte den neuen preußischen Ministerpräsidenten Otto von Bismarck.

Mit der Ernennung des Junkers Otto von Bismarck (24. September 1862) zum preußischen Ministerpräsidenten beschleunigte sich diese Entwicklung. Seine Politik zielte auf die Verwirklichung der Forderungen der preußisch-deutschen Bourgeoisie nach Schaffung eines einheitlichen bürgerlichen deutschen Staates und richtete sich zugleich gegen liberale und demokratische Bewegungen. Bismarck realisierte eine Politik, die die bürgerliche Umwälzung durch eine »Revolution von oben« zu Ende führen sollte. Dabei berücksichtigte er den fortgeschrittenen Stand der kapitalistischen Entwicklung. Die Berliner Bourgeoisie profitierte davon im besonderen Maße. Im Ringen zwischen Preußen und Österreich um die Hegemonie in Deutschland stellte der Industrie- und Bankplatz Berlin einen wichtigen Aktivposten dar. Nach 1861 trat die industrielle Revolution in ihre letzte, entscheidende Phase ein.

Die Berliner Kapitalisten begannen eine ökonomische Offensive auf dem Weltmarkt, die sie zu ernsthaften Konkurrenten der alteingesessenen Kapitalisten in England und in Frankreich werden ließ.

In der Berliner Industrie vollzogen sich neue Entwicklungen. Werner Siemens (1888 geadelt) baute in Berlin eine völlig neue Industrie auf, die die Stadt nach und nach zu einem Zentrum der elektrotechnischen Industrie werden ließ. Es begann mit dem Bau von Telegrafenlinien, die von Siemens & Halske nicht nur in Deutschland errichtet wurden. Die wissenschaftlich-technischen Grundlagen für die Anwendung der Elektroenergie wurden in der Stadt gelegt. Die Berliner Maschinenbauindustrie prosperierte und exportierte verstärkt Lokomotiven und Eisenbahnbedarf, ganze Streckennetze und Bahnlinien in andere deutsche Länder und nach Rußland, Österreich-Ungarn und Rumänien. Namen wie Borsig, Pflug & Zoller, Schwartzkopff bekamen Weltgeltung. Auch andere Berliner Industriezweige konnten sich ihren Anteil am internationalen Export sichern, so die Leichtindustrie und die chemische Industrie durch Farbenproduktion und Kunstdünger, aber auch fotochemische und pharmazeutische Produkte. Der Kapitalismus der freien Konkurrenz veränderte nochmals die innere Struktur und die Funktion der Stadt, die nun ihren Charakter als universelle Industriestadt erhielt. Immer mehr Menschen zog es nach Berlin, die hier Arbeit und Brot zu finden hofften; sie stärkten zahlenmäßig die Arbeiterklasse.

Im wissenschaftlichen Leben der Stadt kündigten sich grundlegende Veränderungen an. Zunächst unmerklich, aber dann immer stärker verschoben sich die Verhältnisse zwischen Geistes- und Naturwissenschaften zugunsten der letzteren. Die Universität verlor nach 1849 immer mehr ihre Stellung als Konzentrationspunkt fortschrittlicher bürgerlicher Wissenschaftler auf dem Gebiet der Geisteswissenschaften. Der Kathedersozialismus hielt

Entwicklung der Beschäftigung in der Berliner Wirtschaft, in Industrie und Handwerk und im Bekleidungsgewerbe 1810–1910[4]

Jahr	Beschäftigte in öffentlichen und privaten Unternehmen	Beschäftigte in Industrie und Handwerk	Beschäftigte im Bekleidungsgewerbe
1810	47293	40968	8690
1816	46145	31955	10525
1846	110134	78043	14208
1849	109342	77090	15764
1855	127670	92795	21606
1861	182006	125133	25246
1867	232175	134875	34764
1871	313764	188719	55874
1880	404589	200076	52302
1890	602011	300420	82272
1900	761581	470975	124448
1910	917277	511207	131869

seinen Einzug an der Universität. Die Naturwissenschaften – angeregt durch die Forderungen der Industrie – wuchsen und begannen sich seit den fünfziger Jahren immer stärker zu differenzieren. Eine Tendenz der Hinwendung zur Praxis erfaßte alle Zweige von der Mathematik über die Physik bis hin zur Biologie und Medizin. Aus dem von Gustav Magnus 1843 gegründeten Physikalischen Kolloquium ging die Berliner Physikalische Gesellschaft hervor. In ihr hielt Hermann von Helmholtz seinen berühmten Vortrag über die Erhaltung der Kräfte, und Werner Siemens sprach über die Telegrafie. 1856 wurde das Pathologische Institut in der Ziegelstraße eingerichtet und im selben Jahr das Anatomische Institut. 1865 entstand an der Berliner Universität das Chemische Institut als erstes Laboratorium. Die Universität entwickelte sich zu einem Wissenschaftszentrum, das weit

---

4 Jochen Krengel: Das Wachstum der Berliner Bekleidungsindustrie vor dem Ersten Weltkrieg. In: Jahrbuch für Geschichte Mittel- und Ostdeutschlands, Bd. 27, Berlin [West] 1978, S. 224/225.

über Preußen hinaus wirkte und in dem die Naturwissenschaften und die Medizin mit herausragenden Leistungen glänzten.

Die Beschäftigung mit der Geschichte Berlins zeitigte insbesondere in kleinbürgerlichen und wissenschaftlich gebildeten Kreisen einen ersten Höhepunkt. Die Initiatoren bemühten sich, demokratische Traditionen der Bewegung von 1848 zu wahren. Bereits 1843 hatte Ernst Fidicin eine gründliche historische und topographische Beschreibung des Berliner Raumes vorgelegt. In den Jahren von 1851 bis 1854 folgte in drei Bänden die chronistische Schilderung der revolutionären Ereignisse in Berlin durch Adolf Wolff. Zwischen 1863 und 1865 veröffentlichte Adolf Streckfuß, aktiver Teilnehmer der Revolution von 1848 und bürgerlicher Demokrat, unter dem Titel »500 Jahre Berliner Geschichte« in vier Bänden den ersten Gesamtüberblick zur Geschichte Berlins. Die nicht von ihm stammende Titelunterschrift »Vom Fischerdorf zur Weltstadt« hält sich als zähe, aber griffige Legende von der Entwicklung Berlins auch noch in der Gegenwart. Archivare und Lehrer, die sich der Geschichte ihrer Heimatstadt verpflichtet fühlten, schlossen sich 1865 im Verein für die Geschichte Berlins zusammen; der Verein stand unter der Leitung des Stadtarchivars Ernst Fidicin. Zugleich entstand unter der Leitung von Rudolf Virchow die Gesellschaft für Anthropologie, Ethnographie und Urgeschichte. Der Verein wandte sich vor allem dem Mittelalter und den anschließenden Epochen der Berliner Stadtgeschichte zu, die Gesellschaft lenkte ihr Augenmerk auf die Erforschung der schriftlosen Zeit besonders für den Raum Berlin und die Mark Brandenburg. In regen Bemühungen trugen die Mitglieder beider Vereinigungen die materielle Hinterlassenschaft vergangener Epochen zusammen, sammelten Urkunden und begannen mit Publikationen zur Geschichte Berlins. Ihrem Bemühen ist die Gründung des Märkischen Provinzialmuseums 1874 zu danken.

Das bürgerliche Leben in Berlin und die Geschichte der Stadt wurden Anliegen einer immer umfangreicheren belletristischen Literatur. Mit Willibald Alexis' Romanen »Der Roland von Ber-

Das neue Berliner Rathaus,
erbaut 1861–1869 von Hermann Friedrich Waesemann.
Holzstich nach H. Stier, um 1870

lin« (1840) und »Ruhe ist die erste Bürgerpflicht« (1852) traten
Ereignisse der Berliner Geschichte in das literarische Bewußtsein. Karl Gutzkow unternahm 1850/1851 in seinem Romanwerk
»Die Ritter vom Geiste« den Versuch einer umfassenden Widerspiegelung der Berliner Gesellschaft um 1848. Wilhelm Raabe
schilderte Berliner Leben in seiner »Chronik der Sperlingsgasse«
(1857), in den »Leuten aus dem Walde, ihre Wege, Sterne und
Schicksale« (1862) und dem »Hungerpastor« (1864). Theodor
Fontane begann 1862 die Veröffentlichung der »Wanderungen
durch die Mark Brandenburg«.

Der Gedanke, den Museen den Charakter einer nationalen
Einrichtung zu geben, nahm in den sechziger Jahren Gestalt an.
Bereits nach den nationalen Unabhängigkeitskriegen gegen Napoleon und in der Zeit der Romantik hatte sich dieses Bestreben
als Ausdruck einer bürgerlich-patriotischen Bewegung erstmals
artikuliert. Im Ergebnis bürgerlicher Privatinitiativen entstanden
in Berlin zwei bedeutende kulturgeschichtliche Sammlungen.
1861 vermachte der Kaufmann Wilhelm Wagner seine Sammlung von 262 Werken deutscher und ausländischer Künstler dem
preußischen Staat als Grundstock für eine vaterländische Galerie. Aus ihr entstand die Nationalgalerie, für deren in den Jahren
1866/1867 errichteten Neubau der Architekt Friedrich August
Stüler die Entwürfe lieferte. 1867 konstituierte sich der Verein
Deutsches Gewerbemuseum Berlin, der ein Museum und eine
Unterrichtsanstalt zur Ausbildung des Nachwuchses für die angewandte Kunst initiierte. Aus dem Museum entstand später das
Kunstgewerbemuseum.

Dieser allgemeine Aufschwung im Kultur- und Geistesleben,
die Neubestimmung Berlins als eines der wichtigen Zentren des
politischen und wirtschaftlichen Lebens in Deutschland zog
allerdings nur geringe Veränderungen des Erscheinungsbildes,
der Hygiene und technischen Versorgung usw. der Stadt nach
sich. Das Neugeschaffene war zum Teil überfällig, wie die Gründung der Berufsfeuerwehr im Jahre 1851, die angesichts der Zusammenballung von Menschen und der ständigen Vergrößerung

der Stadt ein wirksames Mittel zur Feuerbekämpfung darstellte. Aber diese Feuerwehr war nicht kommunal, sondern Teil des Machtapparates und konnte – wie es oft vorkam – auch als politisches Instrument eingesetzt werden, so bei »Feuerstättenrevisionen« in Versammlungslokalen der Arbeiterbewegung und der demokratischen Vereine.

1856 schloß der Polizeipräsident, Karl Ludwig Freiherr von Hinkeldey, mit den englischen Unternehmern Fox & Crampton einen Vertrag über die Wasserversorgung der Stadt. Es kam zur Gründung der »Berlin-London-Waterworks Company«, die den Auftrag hatte, ein Wasserwerk zu errichten, ein Rohrnetz für die Versorgung mit Trinkwasser anzulegen und ein Entwässerungssystem der Stadt vorzubereiten. Das Wasserwerk entstand am Stralauer Tor, aber unprofitable Versorgungspunkte wurden nicht angeschlossen. An eine Kanalisation wurde noch nicht gedacht. Das Privileg galt für 25 Jahre und hemmte jede weitere städtische Initiative.

1853 erließ das Polizeipräsidium die bereits erwähnte Bauordnung, die erste seit 1651. Ebenso wie die Verwaltung der Straßen blieb auch dieser städtische Bereich fest in den Händen der Polizei. Die Bauordnung regelte die Mindestgröße der Wohnungen, die Höhe der Häuser entsprechend der Straßenbreite, die Mindesthöhe der Wohnräume und die Größe der Höfe. Nicht enthalten waren Vorschriften über die sanitären Einrichtungen, die Bebauung hinter dem Vorderhaus, die Anzahl der Stockwerke usw., die Fragen also, die den Bewohnern wichtig waren und über die Qualität des Wohnens entschieden.

Restlos wurde das vorhandene Bauland ausgenutzt. Dabei stieg die Zahl der Häuser, die seit 1790 entstanden waren, um ein Drittel.

Entwicklung der Zahl der Häuser

1790	6725
1824	7133
1828	7330
1856	9000

Berlin erhielt in den Jahren 1861–1869 ein unter Leitung des Architekten Hermann Waesemann erbautes neues Rathaus. Das bisherige Gebäude reichte für die sich ausweitenden Verwaltungsaufgaben nicht mehr aus. Hinzu kam das Bedürfnis nach Repräsentation der sich ständig vergrößernden Stadt. Weiterhin entstanden zahlreiche kommunale Bauten, vor allem Schulen. Die äußere Ansicht dieser städtischen Bauwerke hob sich von den Staatsbauten bewußt ab. Sie mußten mit geringen finanziellen Mitteln errichtet werden; sie entstanden in einer Rohziegelarchitektur im Rundbogenstil mit sparsamem Terrakottaschmuck in ausgewogenen Proportionen.

Der Verzicht der Berliner Bourgeoisie auf die revolutionäre Umgestaltung der Gesellschaft und auf die Teilnahme an der überregionalen Politik schuf auch für die weitere Entwicklung der kommunalen Stadtstruktur komplizierte Verhältnisse. Berlin wuchs zur modernen Großstadt, zu einem herausragenden Industrie- und Verkehrszentrum, ohne daß städtebauliche Ordnungsversuche den Konflikt zwischen Wohnungsnot und Bodenspekulation minderten oder gar lösten.

Der preußische Staat, dem die Verantwortung für den Städtebau oblag, beteiligte sich nicht an der Suche nach Alternativen, um die Stadt entsprechend ihrer neuen Funktion städtebaulich neu zu ordnen und das Territorium dieser neuen Funktion anzupassen. Das Berliner Bürgertum trat durch eigene Projekte zunächst nicht hervor. Von privater Seite gingen Initiativen aus, um nicht noch mehr sozialen Sprengstoff anzuhäufen. Es kam zur Bildung gemeinnütziger Wohnungsbaugenossenschaften, zum Beispiel unter den Wirkungen der Revolution noch im Jahre 1848. Das führte nur zu geringer Abhilfe, brachte aber das genossenschaftliche Prinzip in den Wohnungsbau Berlins.

Am Ende der fünfziger Jahre und verstärkt in den sechziger Jahren orientierten sich alle Überlegungen für notwendige Veränderungen immer stärker an ingenieurwissenschaftlichen Stadttechniken, mit deren Hilfe eine Beseitigung der sozialen Mißstände einer Großstadt und eine neue städtische Ordnung erreicht werden sollten. Dabei wurden nur immer einzelne Aspekte des Städtebaus berührt und die Zusammenfassung der Detailprobleme zu einem Ganzen dem Zufall überlassen. Ein typisches Beispiel dafür bot der Bebauungsplan für Berlin, der 1862 in gedruckter Form vorgelegt wurde. Seit 1859 hatte der Feldmesser und Baumeister James Hobrecht an ihm gearbeitet. Der Plan sah einen Wechsel zwischen geräumigen langen Straßen und zahlreichen Plätzen vor; die Plätze konnten als Märkte dienen oder durch ihre besondere Architektur Abwechslung bieten. Parallel zur Planung liefen Verhandlungen mit den Grundeigentümern, über deren Grundstücke Straßen verlaufen oder auf denen die Plätze ihren Standort bekommen sollten. Hier wiederholte sich, aber nun in viel größerem Maße, ein ähnlicher Vorgang wie bei der Planung der Luisenstadt. Die Eigentümer der Grundstücke – an effektiver Nutzung als Bauland interessiert – wollten weniger Straßen und möglichst gar keine Plätze. Je größer ein durch ein Straßengebiet gebildeter Baublock war, um so mehr Gewinn versprach er.

Hobrechts Idee war es, zwischen den Straßen Wohnquartiere von jeweils etwa 50 000 Quadratmetern zu bilden. Zusammen mit der von ihm eingeplanten Kanalisation sah das Schema fast gleich große Rechtecke zur Bebauung vor. Schwierig war die Anbindung an schon bebaute Gegenden und an die bestehenden Chausseen. Bereits während der Planungsarbeiten bemühten sich die Bau- und Bodenspekulanten um Einsicht in die Pläne, um sich die profitabelsten Geländestreifen zu sichern oder um schon früh Protest einlegen zu können. Als sie dann den Plan gedruckt in den Händen hatten, setzte eine große Welle der Spekulation ein.

Hobrechts Plan muß als gelungen angesehen werden. Er war ein Fluchtlinienplan, der sich an entsprechenden Vorbildern aus England orientierte. Im Zusammenhang mit der Bauordnung von 1853 bot er zwar die Möglichkeit, eine dichte Ausnutzung der Grundstücke vorzunehmen, zwang ein solches Vorgehen aber nicht auf. Das blieb den Bauspekulanten überlassen. Schließlich ist er nur in den bis etwa 1880 gebauten Gegenden realisiert worden. Insbesondere im Norden und Nordosten der Stadt konnten sich die Spekulanten durchsetzen. Es wurde vor allem auf die großen Plätze verzichtet und eine neue Quartierbildung vorgenommen, dem bevorzugten Massenmietswohnhaus angepaßt.

Alle folgenden Projekte, zum Beispiel die Planung einer großzügigen Nahverkehrslösung, vollzogen sich auf ähnlicher Grundlage.

In den Jahren zwischen 1849 und 1870 wuchs die Bevölkerung Berlins noch rascher als zuvor. Sie entwickelte sich von 418 690 Einwohnern im Jahre 1849 auf 826 271 Einwohner im Jahre 1871. Immer mehr Menschen strömten in die Stadt. Bis in die sechziger Jahre hinein kamen diese Menschenmassen zum größten Teil aus der Mark Brandenburg und den preußischen Ostprovinzen. Ein nicht geringer Teil der nach Berlin Wandernden ließ sich wegen der Wohnungsnot in Berlin in den Vororten nieder, so daß auch diese zunehmend in den Sog der Großstadtentwicklung gerieten. 1858 zählte man in den Orten rechts der Spree (zum Beispiel Lichtenberg, Stralau, Boxhagen/Rummelsburg) bereits 9 000 Einwohner, in den links gelegenen Orten (zum Beispiel Treptow, Rixdorf, Tempelhof, Niederschöneweide) 22 000 Einwohner. Die ehemaligen Dörfer und Gutsbezirke kamen mehr und mehr in den Einzugsbereich der Stadt, zum Teil wurden sie direkt eingemeindet.

Die Stadtfläche war nach der Städteordnung von 1809 erstmals 1841 festgelegt worden. Die Ursache dieser Verzögerung lag in der schleppenden Separation. Die damals festgelegte Größe der Stadtfläche betrug 3 510 Hektar. 1861 erfolgte eine Vergrößerung, nach der, abgesehen von einigen kleinen Gebietseinziehungen im Westen, die Größe der Stadt bis 1920 festgeschrieben wurde. Es wurden zum Stadtgebiet hinzugeschlagen das Gebiet vor dem Potsdamer Tor, das Gebiet vor dem Halleschen Tor einschließlich des Kreuzberges, ein Teil der Hasenheide, ein Teil der Feldmark von Deutsch-Rixdorf, der Tiergarten (ohne Schloß Bellevue), das Gelände des Zoos, der Exerzierplatz vor

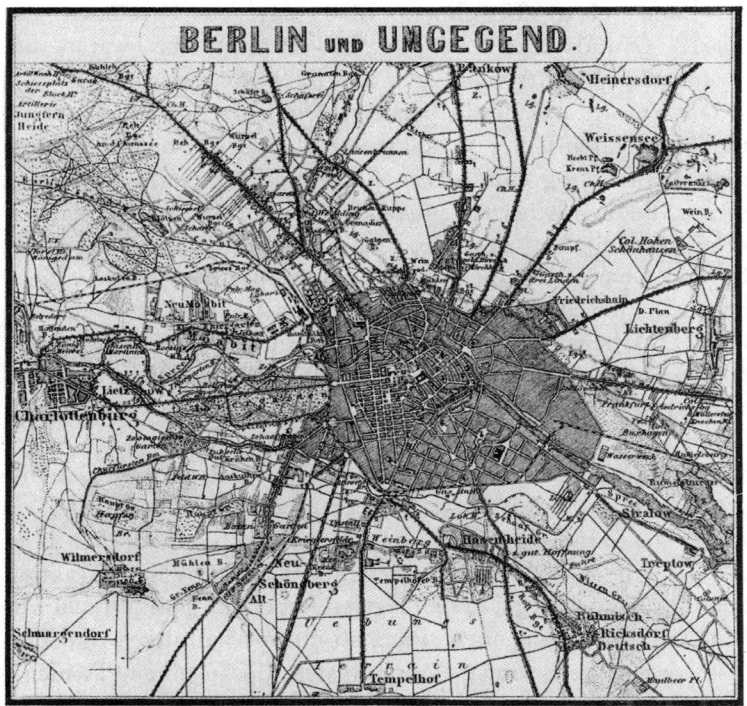

Karte von Berlin und näherer Umgebung.
Stahlstich, nach 1860

dem Brandenburger Tor, Alt-Moabit, der Wedding sowie kleine
Geländestreifen der nördlichen, südlichen und westlichen Gemeinden. Außerhalb blieben Charlottenburg – obwohl zunehmend mit der Stadt zusammengewachsen – sowie alles Gelände
im Osten. Insgesamt wurden 2 410 Hektar der Stadt zugeschla-
gen, die damit eine Flächenausdehnung von 5 920 Hektar erhielt.

Dem äußeren Wachstum der Stadt entsprach eine sprung-
hafte Zusammenballung der Wohnbevölkerung. Im Durchschnitt
nahm die Wohndichte zu. 1850 gab es auf 8 725 Grundstücken
79 910 Wohnungen, das waren pro Grundstück 9,21 Wohnun-

gen und 47,98 Bewohner. 1870 dagegen bestanden auf 14 618 Grundstücken 166 144 Wohnungen, das waren pro Grundstück 11,48 Wohnungen und 52,97 Bewohner.

Die Vororte um Berlin benötigten einen schnellen Anschluß durch ein öffentliches Verkehrsnetz ebenso wie die flächenmäßige Ausdehnung eine innere Kommunikation erforderte. Aus diesem Bedürfnis heraus entstand 1865 der öffentliche Nahverkehr durch die Aufnahme des Pferdebahnbetriebes zwischen Berlin und Charlottenburg, dem bald weitere Linien folgten. Zwar erheischte die Struktur der Berliner Industrie eine höhere Mobilität der Arbeitskräfte, aber das schlug sich zu diesem Zeitpunkt noch nicht in der Entwicklung des Nahverkehrs nieder; noch waren Fahrten zu teuer, und die Arbeiter bewältigten ihre immer länger werdenden Wege zur Arbeit zu Fuß.

Die Revolution von 1848/1849 hatte auf den Organisationsprozeß der Berliner Arbeiterbewegung äußerst stimulierend gewirkt. Der Bund der Kommunisten verfügte Anfang 1849 über 10 Gemeinden in Berlin; angesichts der politischen Reaktion konnten sie nur illegal in den legalen Arbeiterorganisationen wirken. 1849/1850 begannen systematische Verhaftungen und Prozesse gegen die Berliner Kommunisten, die in einem Tendenzprozeß unter Standrecht gestellt werden sollten. Das gelang nicht völlig, da bürgerliche Kräfte die Absicht erkannt hatten, zugleich mit den Kommunisten die gesamte demokratische Bewegung, die sich gegen die preußische Reaktion wandte, zu treffen.

Die Zentrale des Bundes der Kommunisten verfolgte aufmerksam die Entwicklung in Berlin, das sich bereits zu einem bedeutenden Konzentrationspunkt der deutschen Arbeiterbewegung entwickelt hatte, und sandte Emissäre zur Unterstützung. Im Herbst 1850 gelang es, eine neue Bundesgemeinde in Berlin zu organisieren. Sie wirkte in den wenigen noch legalen Organisationen. Die preußische Polizei ging gegen die »Arbeiterverbrüderung« und die anderen Arbeiterorganisationen und -vereine mit der immer wieder geübten Taktik vor, durch Ausschaltung der führenden Köpfe die Arbeiterbewegung zu schwächen.

Mit dem preußischen Vereinsgesetz vom 11. März 1850 erhielt die Polizei ein Werkzeug zum rücksichtslosen Vorgehen. Am 5. Juni verbot sie die Mehrzahl der Berliner Arbeiter- und Demokratenvereine, unter ihnen den Handwerkerverein, und stellte einen Teil ihrer Mitglieder unter Anklage. Mit den stets und ständig wiederholten Methoden der Denunziation und der Fälschung, mit Verhaftungen und Prozessen suchte die Reaktion auch in Berlin ihre Macht zu festigen und die Arbeiterbewegung zu vernichten. In Vorbereitung auf den schändlichen Kölner Kommunistenprozeß unternahm die Polizei Haussuchungen und Verhaftungen, um für den Prozeß verwendbares Material in die Hände zu bekommen. Berüchtigt wurde dabei insbesondere der Polizeidirektor der politischen Polizei Wilhelm Stieber, der vor keinem Verbrechen, Meineid und keiner Fälschung zurückschreckte, wenn es darum ging, den Einfluß revolutionärer Kräfte auf die Volksmassen auszuschalten.

In den verschiedensten Formen versuchten die Kommunisten und andere fortschrittliche Kräfte in Berlin, ihren Kampf fortzusetzen; Bedeutung kam dabei dem Berliner Gesundheitspflegeverein ebenso zu wie den Gesangsvereinen und anderen Vereinen, die allerdings dann auch verboten wurden. 1853 ging die Polizei gegen die konsequentesten und entschiedensten Demokraten in einer gezielten Aktion vor, um der kleinbürgerlichen Demokratie das »Rückgrat« zu brechen. Ihr fielen auch die Reste jener Arbeiterorganisationen zum Opfer, die sich bis dahin allen Repressalien hatten entziehen können. Die Arbeiter organisierten sich geheim und schufen unter anderem Gesellenunterstützungskassen, um sich gegenseitig zu helfen. Ein lang anhaltender, erbitterter Widerstand gegen die Maßnahmen der Polizei kennzeichnete jene Jahre. Reaktionäre Versuche, mittels verschiedener Vereine und korrumpierender Maßnahmen Einfluß auf die Berliner Arbeiter zu erhalten, scheiterten.

Auf die Hochkonjunktur der Jahre 1853–1856, die durch den Krimkrieg zusätzlich angeheizt wurde, da die englische und die französische Konkurrenz auf dem russischen Markt ausfielen, folgte eine zyklische Überproduktionskrise, die von Amerika ausging und im Herbst 1857 Berlin erreichte. Zahlungseinstellungen und Konkurse begleiteten sie, Tausende verloren ihre Arbeit. Die Krise erschütterte das Gebäude der kapitalistischen Wirtschaft zum ersten Male weltweit. Berliner Arbeiter wehrten sich mit Streiks. Die 1859 nach fast zehn Jahren sich wieder in einer öffentlichen Kundgebung zusammenfindenden 300 Arbeiter im Friedrichshain signalisierten Kampfeswillen und -geist. Mit der Krise traten die Widersprüche unter weit entwickelteren Bedingungen als 1848 offen zutage.

Die industrielle Revolution endete in den sechziger und siebziger Jahren, die Basis des vormonopolistischen Kapitalismus war entstanden, die beiden Produktionsabteilungen (Konsumtionsgüter und Produktionsgüter) waren voll entwickelt, und das sozialökonomische Gefüge der Gesellschaft war total umgewälzt. Bourgeoisie und Proletariat hatten sich als Klassen konstituiert und organisiert. Als Industriezentrum und preußische Hauptstadt spielte Berlin im Prozeß der Konstituierung beider Klassen eine wesentliche Rolle. In dieser Stadt formierte sich das moderne Industrieproletariat. Das war unter den konkreten Bedingungen Berlins ein widersprüchlicher und komplizierter Vorgang, da hier fördernde und hemmende Faktoren in ihrer Einheit und Wechselwirkung besonders hervortraten. Zum einen wuchs durch Zustrom von außerhalb die Zahl der Arbeiter besonders schnell. Ihnen fehlten noch Klassenkampferfahrungen, aber die Mehrzahl von ihnen fand in den entstehenden Großbetrieben Arbeit, die eine hohe Qualifikation erforderte und sie zu einer durch die Produktion bedingten hohen Organisiertheit führte. Hemmend wirkten zum anderen die Bemühungen von Reaktion und liberaler Bourgeoisie gerade in der Hauptstadt, die politische Selbständigkeit der Arbeiterbewegung zu verhindern. Das führte zu einem anhaltenden politischen Einfluß der Fortschrittspartei auf die Arbeiter.

Der nach 1859 einsetzende Aufschwung des politischen Lebens ermöglichte es auch der Arbeiterklasse, neue Formen ihrer

Organisation zu schaffen. Aber dies war insgesamt ein schwieriger Prozeß, der für Berlin spezielle Formen der Auseinandersetzung mit sich brachte. Die Rolle der Stadt für die Aktivierung der deutschen Arbeiterbewegung wuchs objektiv. Als erste Organisation entstand am 25. Juni 1859 der Berliner Handwerkerverein neu, dessen selbstgestellte Aufgabe darin bestand, Handwerker und Arbeiter an die Politik bürgerlicher Kräfte zu binden. Noch dachten viele Arbeiter, daß die Fortschrittspartei sich an die Spitze einer breiten demokratischen antijunkerlichen Volksbewegung stellen würde. Männer wie Rudolf Virchow schienen dafür die Gewähr zu bieten, da sie offen gegen den preußischen Militarismus und Despotismus Stellung nahmen. Innerhalb der Arbeiterklasse regte sich aber schon bald der Wunsch, eine eigene – wie auch immer geartete – Organisation zu schaffen.

Am 7. Oktober 1862 konstituierte sich ein 25köpfiges Gremium, ein »Zentralkomitee zur Berufung eines allgemeinen deutschen Arbeiterkongresses«. Der tatsächlichen Rolle der Stadt als eines wichtigen Zentrums der Industrie und damit auch der Arbeiterklasse entsprechend, nahm dieses Komitee seinen Sitz in Berlin, während der Kongreß – wegen der reaktionären Gesetzgebung in Preußen – nach Leipzig einberufen werden sollte. Das Komitee rief zur Vorbereitung des Kongresses zu einer Versammlung am 2. November auf. 4 000 Menschen erschienen, unterschiedliche Positionen wurden deutlich, die politische Polizei nahm von dieser Regung mit den ihr eigenen Machenschaften – zum Beispiel durch Spitzel – Kenntnis.

Große Beachtung auf dieser Versammlung fanden Leipziger Arbeiter, die für eine unabhängige Arbeiterorganisation eintraten und zu einem politischen Zusammengehen mit der Fortschrittspartei gegen das Junkertum rieten. Den stärksten Eindruck hinterließ aber das Mitglied der Fortschrittspartei Hermann Schulze-Delitzsch, der verbal die Notwendigkeit einer selbständigen Arbeiterbewegung eingestand, sie aber mit dem Argument torpedierte, daß die politische Situation ebenso wie das Bildungsniveau der Arbeiter sie nicht zuließen. Für diesmal

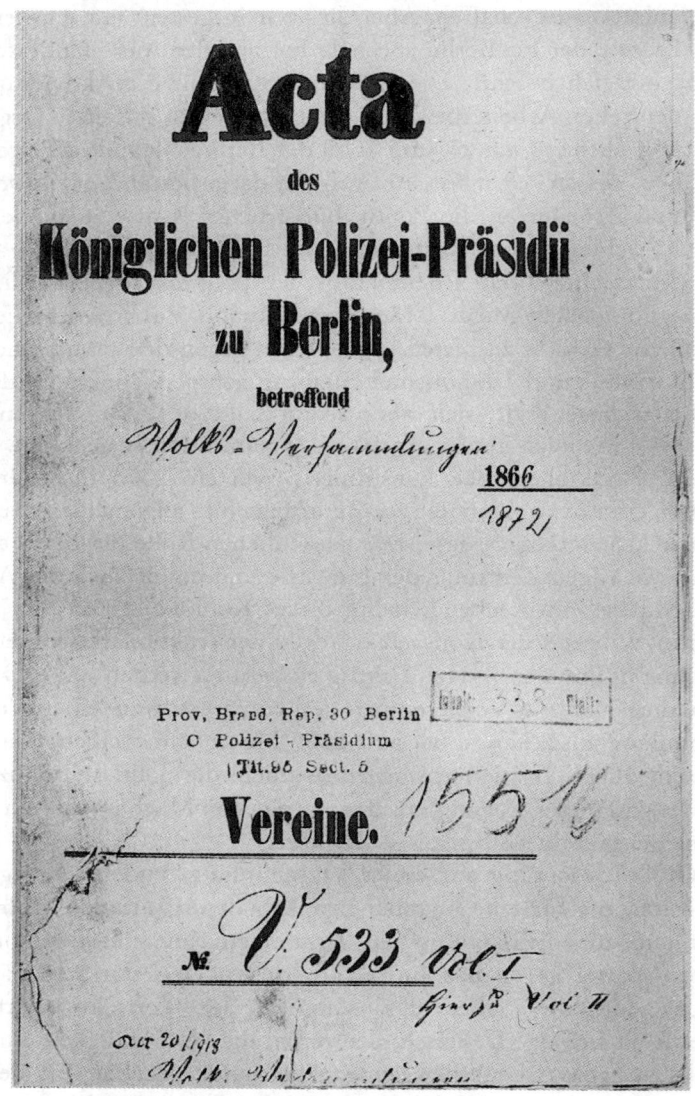

Akte des Polizeipräsidiums zu Berlin
über Volksversammlungen in den Jahren 1866–1872

war es der Bourgeoisie gelungen, das Entstehen einer eigenen, vom Bürgertum unabhängigen Arbeiterorganisation in Berlin hinauszuzögern.

In einer weiteren Versammlung am 28. Dezember entstand dann der Berliner Arbeiterverein, eine lokale Vereinigung, in der Schulze-Delitzsch seine Theorien verbreiten konnte. Sie zielten letztlich darauf, die Massen vom Klassenkampf abzulenken und abzuhalten. Die Gründung eines eigenen Vereins stellte zweifellos einen großen Erfolg der Arbeiter dar. Er lehnte sich dem Vorbild des Berliner Handwerkervereins an, enthielt sich aber – nicht nur wegen der reaktionären Gesetzgebung – weitestgehend der politischen Stellungnahme und des gewerkschaftlichen Kampfes.

1862 begann Ferdinand Lassalle im größeren Maße in Berlin politisch zu wirken. Mit Vorträgen und seinem »Arbeiterkatechismus«, der sich teilweise des Gedankenguts von Karl Marx bediente, proklamierte er den Kampf gegen das preußische Dreiklassenwahlrecht, die Loslösung der Arbeiter von der Fortschrittspartei und setzte sich an die Spitze einer Bewegung, die auf eine selbständige proletarische Klassenorganisation abzielte. Er kam in Verbindung mit dem Leipziger Komitee zur Vorbereitung eines Arbeiterkongresses, aus dem am 23. Mai 1863 der Allgemeine Deutsche Arbeiterverein (ADAV) hervorging. Lassalle lenkte die Arbeiterbewegung von einer nur ökonomischen Orientierung auf den politischen Kampf, er förderte aber durch seine idealistischen und opportunistischen Auffassungen die Illusion von einem friedlichen Hineinwachsen in den Sozialismus. Auf dem Gründungskongreß des ADAV waren die Berliner Arbeiter nicht vertreten. Erst im Juli 1863 bildete sich auch in Berlin eine Gemeinde mit 5 Mitgliedern, die sich nur langsam entwickelte, sie kam bis Ende 1864 über 50 Mitglieder nicht hinaus. Zu stark war das Wirken der Fortschrittspartei und insbesondere das von Schulze-Delitzsch.

1862 siedelte Wilhelm Liebknecht aus dem Londoner Exil nach Berlin über. Er begann in der Berliner Gemeinde des

ADAV zu wirken. Nach dem Tode Lassalles im Duell am 31. August 1864 schlug die oppositionelle Gruppe um Liebknecht in Berlin Karl Marx als Nachfolger in der Leitung des ADAV vor. Dieser Vorschlag setzte sich nicht durch. Er war aber Ausdruck des Ringens, den ADAV in eine wirkliche proletarische Partei umzuwandeln.

Mit der am 28. September 1864 in London gebildeten I. Internationale erreichte der Prozeß der Bildung einer proletarischen revolutionären Partei und ihrer Verbindung mit dem wissenschaftlichen Sozialismus eine neue Stufe. Liebknecht setzte sich als erster in Berlin für die I. Internationale ein und propagierte ihre Inauguraladresse in der Berliner Gemeinde des ADAV und im Berliner Buchdruckerverband. Die Verbreitung der Grundideen von Friedrich Engels' Arbeit »Die preußische Militärfrage und die deutsche Arbeiterpartei« schuf eine Plattform für den Kampf um eine revolutionäre proletarische Partei. Nach einer Übereinkunft zwischen Marx und Liebknecht sollten nur Einzelmitglieder für die I. Internationale in Berlin geworben werden, da eine korporative Mitgliedschaft wegen der preußischen Vereinsgesetze nicht möglich war. Am 15. Dezember 1864 erschien in Berlin mit dem »Social-Demokrat« eine Arbeiterzeitung mit sozialistischer Orientierung als Organ des ADAV. Liebknecht arbeitete an dieser Zeitung mit. Sie förderte den Organisationsprozeß der Arbeiterbewegung, vertrat zugleich aber auch nichtmarxistische Auffassungen Lassalles. Als die Hoffnungen, den ADAV von innen heraus umzuwandeln, sich als trügerisch erwiesen hatten, kündigte Liebknecht im Februar 1865 seine Mitarbeit, behielt aber seinen Einfluß auf die kleine Gemeinde des ADAV. Im Juli 1865 mußte Liebknecht Berlin verlassen. Auseinandersetzungen um die Führung traten auf. Bevor es zur Klärung kam, löste das Berliner Stadtgericht am 15. August den ADAV für Berlin auf. Er mußte nach dem Juli 1866 völlig neu aufgebaut werden.

Die Berliner Sektion der I. Internationale, deren Bildung Ende 1865 eingeleitet wurde, wirkte unermüdlich; im Februar 1866 gab sie das Kommunistische Manifest in einer Auflage von 200 Exemplaren neu heraus, auch andere marxistische Literatur erschien, so daß nach und nach unter großen Mühen das Gedankengut der revolutionären Arbeiterbewegung in Berlin verbreitet wurde. Schrittweise konnte so in Berlin die Grundlage für die Organisation einer revolutionären Arbeiterpartei gelegt werden.

Das Jahr 1866 brachte eine Zäsur nach vielen Richtungen. Im Ergebnis der Entwicklung zu einer industriellen Macht drängte Preußen auf die politische Vorherrschaft im Deutschen Bund und legte Grundsätze einer neuen Bundesverfassung vor, die Österreich aus dem künftigen deutschen Staatsverband ausschloß. Es kam zum Krieg, gegen den sich eine breite Antikriegsbewegung in Berlin stemmte. Österreich wurde am 3. Juli bei Königgrätz entscheidend geschlagen. Da kapitulierte die liberale Bourgeoisie vor dem Erfolg und trat in das Lager Bismarcks. Diesen Rechtsruck machte die Mehrheit der Berliner Kapitalisten mit. Österreich schied aus dem deutschen Staatsverband aus, es bildete sich der Norddeutsche Bund. Damit stieg Berlin von der Hauptstadt Preußens, eines der größten Territorialstaaten, urplötzlich zur Hauptstadt dieses Bundes auf, in der der Norddeutsche Reichstag beriet. Neue Aufgaben traten an die Stadt heran, ihre überregionale Bedeutung wuchs.

Wappen der Stadt Berlin von 1839 bis 1875, erstmals mit der fünfzinnigen Mauerkrone, der Bär aber noch mit Halsband

Wie tief die Arbeiterklasse noch in der Politik der Fortschrittspartei befangen war, belegten die Wahlen zum Norddeutschen Reichstag 1867. Für dieses Parlament mußten allgemeine, gleiche und geheime Wahlen für alle männlichen Bürger zugestanden werden. Die Berliner wählten von nun an bei zwei Wahlen (Abgeordnetenhaus und Stadtverordnetenversammlung) nach dem Dreiklassenwahlrecht und bei einer Wahl (Reichstag) nach diesem allgemeinen und gleichen Wahlrecht. Das brachte Verwirrung und machte den Einfluß der Parteien unter den Wählermassen schwer einschätzbar.

Für die Wahlen zum konstituierenden Reichstag des Norddeutschen Bundes, die am 12. Februar 1867 stattfanden, nominierten Berliner Arbeiter acht Tage vor der Wahl nur einen Kandidaten, für den – angesichts der Stärke der Fortschrittspartei und ihres Masseneinflusses – lediglich 69 Stimmen abgegeben wurden. In Berlin siegten in allen Wahlkreisen die Kandidaten der Fortschrittspartei.

Parlamentarische Illusionen in der Mehrheit der Berliner Bevölkerung trugen dazu bei, daß die Fortschrittspartei diesen großen Erfolg erringen konnte. Der Kampf um die Lösung der Berliner Arbeiter aus den Fesseln dieser Partei mußte beginnen. Auf ihn wirkte die parlamentarische Bühne, die der Reichstag in Berlin bildete, durch das Auftreten von August Bebel und Wilhelm Liebknecht fördernd ein.

Das Einschwenken großer Teile des liberalen Bürgertums auf den Kurs Bismarcks bedeutete zugleich den Verlust des Einflusses auf die Berliner Arbeiter. Der ADAV gewann zunehmend Positionen unter den Arbeitern, die Zahl der Mitglieder stieg langsam an, während die Zahl der Mitglieder im Berliner Arbeiterverein sank. Innerhalb des ADAV entwickelte sich eine revolutionär-proletarische Opposition, die sich der Programmatik der I. Internationale annäherte.

1868 begann ein allgemeiner politischer Aufschwung der Arbeiterbewegung. Die fortgeschrittensten Kräfte der Berliner Arbeiterbewegung erhielten in den folgenden Auseinandersetzun-

Berliner Wählerversammlung in den sechziger Jahren
des 19. Jahrhunderts. Zeitgenössischer Holzschnitt

gen um die Schaffung einer revolutionären Partei entscheidende
Impulse von der Internationale und konnten ihrerseits deren
Kampf wesentlich unterstützen, zum Beispiel als sie dem Londo-
ner Schneiderstreik 1867 Solidarität erwiesen.

Im September 1868 tagte in Nürnberg ein Vereinstag des Verbandes Deutscher Arbeitervereine, auf dem sich August Bebel
mit seinem Bekenntnis zur I. Internationale durchsetzte. Der Berliner Delegierte stimmte dagegen, das führte im Berliner Arbeiterverein zu Auseinandersetzungen, in deren Folge sich am
6. Oktober 1868 in Berlin ein Demokratischer Arbeiterverein bildete. Er vollzog die historisch wichtige Trennung vom Einfluß
der Fortschrittspartei und trat der I. Internationale bei. Das war
für die Entwicklung der Berliner Arbeiterbewegung von enormer
Bedeutung, da an diesem Konzentrationspunkt der deutschen
Arbeiterklasse von nun an eine Organisation bestand, die sich offen auf marxistische Positionen stellte. Relativ rasch entwickelte
sich der Demokratische Arbeiterverein – ohne zahlenmäßig stark

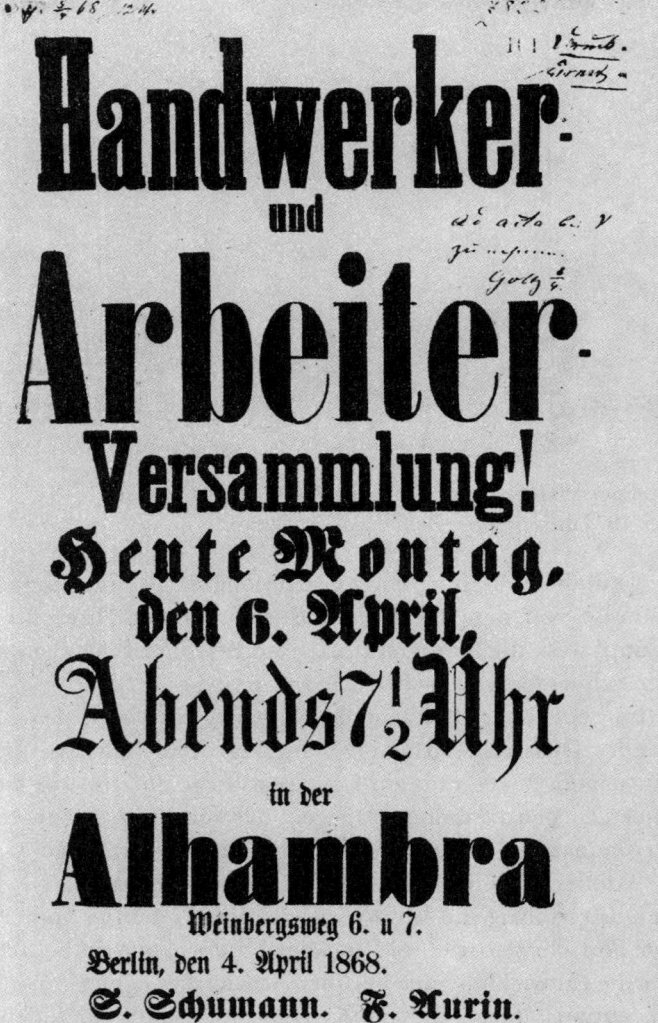

Plakat für eine Berliner Handwerker- und Arbeiterversammlung
am 6. April 1868

anzuwachsen – in Auseinandersetzungen mit den Propheten der bürgerlichen Arbeiterbewegung zu einem Sammelbecken revolutionärer und demokratischer Kräfte in Berlin. Aus ihm ging dann die Berliner Lokalorganisation der Sozialdemokratischen Arbeiterpartei (SDAP), die sich im August 1869 in Eisenach unter Führung August Bebels und Wilhelm Liebknechts konstituiert hatte, hervor. Zunächst waren in der Stadt ihre Kräfte noch schwach, aber bald überwog ihr Einfluß den der Lassalleaner. Objektiv bildete Berlin ein Zentrum der Arbeiterbewegung, hier mußten angesichts der Konzentration der Arbeiterklasse wesentliche Entscheidungen für die weitere Entwicklung der politischen Organisation der Arbeiterklasse fallen.

Ein allgemeiner Arbeiterkongreß wurde nach Berlin einberufen, um Fragen des gewerkschaftlichen Kampfes mit dem Ziel zu behandeln, eine Gewerkschaftsorganisation zu schaffen, die im Gegensatz zu den Bemühungen bürgerlicher Politiker (zum Beispiel der Hirsch-Dunckerschen Gewerkvereine) Klassenkampfpositionen vertreten sollte. Der am 26. September 1869 in Berlin tagende Kongreß beschloß die Bildung einer zentralistischen Gewerkschaft.

Die sich organisierende Arbeiterbewegung griff sofort und unmittelbar in den Kampf um die Verbesserung der allgemeinen Lage der werktätigen Bevölkerung, die Sicherung ihrer Existenzbedingungen ein. Die Situation in Berlin unter dem Kapitalismus der freien Konkurrenz war für einen großen Teil der Bevölkerung, insbesondere die Arbeiterklasse, erschreckend. Die Arbeitszeit betrug in den fünfziger Jahren in der Regel 11 bis 13 Stunden, auch in den folgenden Jahren wurde sie nicht wesentlich verkürzt. Eine Arbeitszeitverordnung vom 1. Mai 1854 schrieb zum Beispiel für Klempner eine Arbeitszeit von 6 Uhr morgens bis 7 Uhr abends (bei einer Stunde Mittagspause) vor, Schmiede mußten sogar von 5 Uhr morgens bis 7 Uhr abends arbeiten. Überstunden und Sonntagsarbeit in Zeiten der Hochkonjunktur waren keine Seltenheit und wurden von den Arbeitern in Kauf genommen, um mehr Lohn zu erhalten. Trotzdem lebte die

Mehrheit der Berliner Arbeiterfamilien hart am Rande des Existenzminimums, vielfach darunter.

Im Ergebnis des Widerstandes der Arbeiter stiegen die Nominallöhne. Auf ihre Höhe wirkte auch der Mangel an qualifizierten Arbeitern in einigen Industriezweigen ein. Gleichzeitig stiegen aber die Preise für Grundnahrungsmittel, insbesondere für Brot und Kartoffeln. Die Wohnungsnot trieb die Mieten in die Höhe, die einen übergroßen Teil des Lohnes verschlangen. 1861 zeigte die Volkszählung zugleich die katastrophalen Wohnverhältnisse: 11 Prozent aller Menschen mußten in Kellerwohnungen hausen, fast 50 Prozent der Wohnungen verfügten nur über ein heizbares Zimmer, 43 Prozent der Bevölkerung lebten durchschnittlich mit 4,3 Personen in Einzimmerwohnungen, und fast 12 Prozent der Berliner Bevölkerung mußten sich in Gemeinschaften bis 8 Personen in einem Zimmer zusammenzwängen. Das Obdachlosenproblem nahm manchmal groteske Züge an. So betrug 1868 die Zahl derjenigen, die sich als Wohnungslose freiwillig in Polizeigewahrsam begaben, 15 074. Am 3. Januar 1869 öffnete das erste Obdachlosenasyl in Berlin seine Pforten, es diente wohnungslosen Frauen. Die Prostitution konnte damit nicht eingedämmt werden, sie war oftmals das Mittel, um das Familieneinkommen aufzubessern.

Die durchschnittliche Lebenserwartung lag bei den Arbeitern etwa bei 43 Jahren. Arbeitsunfälle und Berufskrankheiten dezimierten die Reihen der Arbeiterklasse, die durch den Zustrom von außen aber immer wieder Nachschub erhielt. Philanthropische Bemühungen – die Einrichtung neuer Asyle, die Armenspeisung, der kostenlose Suppenempfang – sollten das soziale Elend lindern. Sie drückten zugleich das Streben aus, den sozialen Sprengstoff in der Stadt abzubauen.

Stadtverordnetenversammlung und Magistrat spielten beim Umgang mit diesen Problemen so gut wie keine Rolle, und trotz der Vergrößerung Berlins blieb der Zustand der Stadt unverändert und ohne kräftige kommunale Entwicklung. August Bebel, der 1867 in Berlin weilte, um an den Sitzungen des Norddeut-

In einer Berliner Destillation.
Holzstich nach Ludwig Löffler, 1866

schen Reichstages teilzunehmen, schilderte sarkastisch die vorge-
fundenen Tatbestände und umschrieb sie als »Zustand der Barbarei«[5].

Das war die Lage, als Frankreich am 19. Juli 1870 Preußen den
Krieg erklärte – er ging aus der Feindschaft des französischen
Bonapartismus gegen die Schaffung eines einheitlichen deutschen Staates hervor, und Bismarck hatte diesen Umstand geschickt genutzt und den französischen Kaiser zum Kriege provo-
ziert –, in dessen Ergebnis der bürgerliche deutsche Nationalstaat entstand. Als am 18. Januar 1871 das Deutsche Reich
proklamiert wurde, gab es keinen Einspruch, daß die bisherige
preußische Hauptstadt zugleich Hauptstadt dieses neuen Reiches
zu sein hatte. Die neue Würde, die den Wandel von der Residenz

---

5 August Bebel: Aus meinem Leben, Zweiter Teil, Berlin 1946, S. 125: »Berlin
als Großstadt ist wirklich erst nach dem Jahre 1870 aus dem Zustand der Barbarei in den der Zivilisation getreten.«

zur von der Industrie, den Banken und der Arbeiterklasse ge-
prägten Großstadt dokumentierte, veränderte die Stellung der
Stadt nochmals grundsätzlich; ein neues Kapitel der Geschichte
Berlins begann.

Fünftes Kapitel

Die Hauptstadt des kaiserlich-imperialistischen Reiches.
Berlin 1871-1917

Gründerjahre und Gründerkrise (1871–1878)

Noch währte der preußisch-deutsche Eroberungskrieg gegen Frankreich, als am 1. Januar 1871 die Verträge zwischen dem preußisch geführten Norddeutschen Bund und den süddeutschen Staaten in Kraft traten: Das Deutsche Reich, der einheitliche bürgerliche Nationalstaat, war entstanden. Die preußische Haupt- und Residenzstadt Berlin sollte auch Hauptstadt des Reiches, einer bedeutenden, einflußreichen europäischen Großmacht, sein. Jedoch fernab, im okkupierten Frankreich, im Spiegelsaal des Schlosses zu Versailles wurde am 18. Januar 1871 der König von Preußen zum deutschen Kaiser ausgerufen. Nachdem der Präliminarfrieden mit Frankreich geschlossen war, zog Kaiser Wilhelm I. am 17. März 1871 in Berlin ein. Einen Tag später wurde in Paris die Kommune ausgerufen, der erste Versuch unternommen, die Staatsmacht der Arbeiterklasse zu errichten. Mit der Pariser Kommune begann eine neue Epoche, eine Epoche, in der der einsetzende historische Niedergang der Bourgeoisie und das Aufsteigen des Proletariats die dominierenden Prozesse waren. Der antagonistische Widerspruch zwischen Kapital und Arbeit bestimmte die Klassenauseinandersetzungen um den gesellschaftlichen Fortschritt. Die Stellung zur Kommune ließ unmittelbar den Charakter des neugegründeten Reiches deutlich werden: Es unterstützte die französische Großbourgeoisie bei der blutigen Niederschlagung des Pariser Proletariats und unterdrückte die proletarische Solidaritätsbewegung klassenbewußter deutscher Arbeiter für die Kommunarden. Das Kaiserreich basierte auf dem Klassenkompromiß zwischen Junkertum und Großbourgeoisie und war durch die Vorherrschaft Preußens, genauer des preußisch-deutschen Militarismus, geprägt.

Der junkerlich-bourgeoise Klassencharakter des Reiches prägte auch Berlin als dessen Hauptstadt. Nach der Reichsverfassung vom April 1871 stand der Kaiser, zugleich König von Preußen und Oberbefehlshaber von Heer und Flotte, an der Spitze des Reiches. Seine Residenz war das Berliner Stadtschloß. In der

Wilhelmstraße war der Sitz der Reichsregierung, vor allem des nur dem Kaiser verantwortlichen Reichskanzlers, der immer zugleich preußischer Außenminister und fast immer preußischer Ministerpräsident war. Auch war er Vorsitzender des Bundesrates, des offiziellen Trägers der Reichsgewalt, einer Institution des mit feudalen Relikten behafteten Bundesstaates, die die 25 deutschen Königreiche, Großherzog-, Herzog- und Fürstentümer sowie die Freien Städte zusammenfaßte und jede progressive Gesetzgebung verhindern konnte. Diese Ämterhäufung war von Otto von Bismarck erdacht worden, der auf diese Weise entscheidenden politischen Einfluß besaß und seine bonapartistische Diktatur verstärkte. In den Reichsämtern und Ministerien der Wilhelmstraße wurde die Innen- und Außenpolitik des Reiches wie Preußens bestimmt. Hier lag die Schaltzentrale für deutsche und europäische Politik. Am Tiergarten und am Pariser Platz residierten die Vertreter der deutschen und ausländischen Staaten. Der Reichstag, oberste Legislative – aus allgemeinen, gleichen und direkten Wahlen der männlichen Bürger über 25 Jahre hervorgegangen –, verkörperte den einheitlichen Nationalstaat am deutlichsten, war in seinen Befugnissen jedoch sehr eingeschränkt. Er erhielt ein provisorisches Domizil, zunächst im früheren Hardenbergschen Palais am Dönhoffplatz, dann in der Leipziger Straße 4. Erst 1894 konnte das neu errichtete großmächtige Reichstagsgebäude (Architekt Paul Wallot) am Tiergarten bezogen werden. Im Regierungsviertel, bisher mit Adelspalästen bebaut, hatten indessen die Großkapitalisten August Borsig an der Wilhelmstraße/Ecke Voßstraße und Bethel Henry Strousberg an der Wilhelmstraße/Ecke Pariser Platz ihre Paläste errichtet – äußerer Ausdruck der Symbiose zwischen politisch führender Junkerkaste und ökonomisch mächtiger Bourgeoisie.

Im Juni 1871 kehrten die preußischen Truppen nach Abschluß des deutsch-französischen Friedensvertrags und nach der Niederschlagung der Pariser Kommune in die größte deutsche Garnisonstadt zurück.

Trotz der Erhebung Berlins zur Hauptstadt des Reiches be-

stimmte der preußische Staat weiterhin die politischen Verhältnisse der Stadt, wodurch ein planmäßiger Ausbau Berlins unter
Berücksichtigung der umliegenden Städte, Gemeinden und Gutsbezirke gehemmt wurde. Entsprechend der preußischen Städte-
und Kreisordnung von 1853, unterstand Berlin nach wie vor der
Brandenburgischen Provinzialregierung in Potsdam, dem Oberpräsidenten der Provinz Brandenburg. In der Stadt regierten die
zwei preußischen Staatsbehörden: die Ministerial-, Militär- und
Baukommission (die spätere preußische Bau- und Finanzdirektion) und das Polizeipräsidium, die faktisch als Bezirksregierung
Bauwesen, Finanzen und Steuern, Verkehr und Gewerbe beherrschten. Die nach dem Dreiklassenwahlrecht zusammengesetzte Stadtverordnetenversammlung durfte nichts anderes als
Gemeindeangelegenheiten beraten, jedem Beschluß mußte der
Magistrat zustimmen, der hinsichtlich der Finanzen von der Regierung abhängig war. Der Oberbürgermeister, der ein Volljurist
sein mußte, bedurfte der Bestätigung durch den preußischen König. Die preußische Staatsbürokratie herrschte über die Stadtor-
gane und verhinderte Bestrebungen des bürgerlich-liberalen
Oberbürgermeisters Arthur Hobrecht, eine selbständige Provinz
Berlin im preußischen Staatsverband zu schaffen. Die preußische
Provinzialordnung von 1875 schrieb allerdings die Bildung eines
Stadtkreises Berlin vor, die 1883 erfolgte. Das Landesverwal-
tungsgesetz von 1883 besagte, daß Berlin nicht mehr zur Provinz
Brandenburg gehöre; gleichzeitig wurde aber bestimmt, daß der
Oberpräsident der Provinz auch Oberpräsident von Berlin zu
sein habe. Unklare Verantwortungsbereiche zwischen den preu-
ßischen Staatsbehörden, dem Berliner Polizeipräsidenten und
der Stadtverwaltung führten zu Kompetenzstreitigkeiten. Der
Ausbau der Stadt als politisches Zentrum des Reiches vollzog
sich nur sehr allmählich.

Die Bildung des junkerlich-bürgerlichen Nationalstaates und
Berlins Rolle als Hauptstadt begünstigten außerordentlich die ra-
sche und durchgreifende ökonomische Entwicklung der Stadt.
Berlin profitierte in besonderem Maße von den wirtschaftspoliti-

schen Maßnahmen und Gesetzen, die die kapitalistischen Produktionsverhältnisse ausprägten, den nationalen inneren Markt ausweiteten, das Wachstum der Produktivkräfte förderten. Ein bedeutender Teil der fünf Milliarden Francs französischer Kriegskontributionen floß in Berlins Tresore. Der Berliner Bankier Gerson Bleichröder war maßgeblich an der Leitung des Goldstroms beteiligt. Berlin, seit langem ein bedeutender Platz der Industrie und des Finanzwesens, des Handels und Verkehrs, wuchs in wenigen Jahren zum nationalen deutschen Wirtschaftszentrum von internationalem Rang heran. 1876 nahm hier der Zentralverband Deutscher Industrieller seinen Sitz.

Die kapitalistische Hochkonjunktur, die »Gründerjahre« von 1871 bis 1873, erfaßte die gesamte Berliner Wirtschaft und bildete den Höhepunkt des Kapitalismus der freien Konkurrenz. Die Profitsucht führte zu einer bis dahin ungekannten Spekulationswelle. Zum Zentrum des deutschen Kapital-, Kredit- und Wertpapiermarktes entwickelte sich die Berliner Börse, jetzt vor den ehemals führenden Börsen in Frankfurt (Main), Leipzig oder Hamburg und nach London und New York bedeutendster Umschlagplatz des internationalen Kapitals. In den Gründerjahren gelangte das Bankkapital in die Schlüsselposition der kapitalistischen Wirtschaft: Die führenden Berliner Banken, so die Preußische Bank (seit 1876 Reichsbank), die Disconto-Gesellschaft, die Bank des Berliner Kassenvereins, die 1870 gegründete Deutsche Bank, die Berliner Handelsgesellschaft sowie einige Privatbanken, wie besonders die Bleichröders, steigerten ihre Kapitalkraft und ihren Einfluß enorm. Die Dresdner Bank eröffnete noch 1872 eine Filiale in Berlin, ihr folgte bald die Darmstädter Bank für Handel und Industrie. Die Filialen entwickelten sich schließlich zu Zentralen dieser Banken. Mit aktiver Beteiligung der Banken wurden viele Industriebetriebe in Aktiengesellschaften umgewandelt, reorganisiert und erweitert; neue Großbetriebe entstanden als kapitalstarke Unternehmen. 1871/1872 wurden in Berlin 228 neue Aktiengesellschaften mit einem Grundkapital von 603 Millionen Mark in das Handelsregister eingetragen.

Aktie von 1872

Die Erweiterung der Kapitalgrundlage und dadurch geschaffene Möglichkeiten zur Kapazitätsvergrößerung betrafen vor allem die Maschinenbaubranche, den für die Berliner Industrie wichtigsten Produktionszweig. Bereits 1870 erfolgte die Umbildung der Eisengießerei und Maschinenfabrik L. Schwartzkopff, Chausseestraße 20, zur Berliner Maschinenbau-AG (vorm. L. Schwartzkopff). An der Aktion waren Banken (unter anderem Berliner Handelsgesellschaft, Disconto-Gesellschaft, Gebr. Schickler) und Kapitalisten wie der Kommerzienrat Egells und der Fabrikant Ebbinghaus sowie der Industrielle und nationalliberale Reichstagsabgeordnete Freiherr von Unruh beteiligt. Louis Schwartzkopff, der sich am Grundkapital von 6 Millionen mit 2 Millionen Mark beteiligte, wurde Generaldirektor der Aktiengesellschaft. Die Zahl der Arbeiter nahm von 1 550 (1870) auf 1 800 (1871) zu. Die Fabrik begann, Kriegsmaterial zu produzieren. Die Dividende erhöhte sich von 8 Prozent (1871) auf 15 Prozent im Jahre 1874. Ähnlich verlief die Entwicklung bei der Freundschen Maschinenbau-Anstalt, die 1871 zur AG für Eisengießerei und Maschinenfabrikation (vorm. J. C. Freund & Co.) mit einem Grundkapital von 4,8 Millionen Mark umgewandelt wurde. Auch diese Firma produzierte für den Krieg (Artilleriezubehör). Die Eisengießerei und Maschinenbauanstalt J. F. L. Wöhlert wurde auf Aktien (9,8 Millionen Mark Grundkapital) umgestellt, produzierte neben Dampf- und Werkzeugmaschinen sowie Eisenbahnmaterial auch Kanonenrohre und erweiterte ihre Belegschaft von 980 (1870) auf über 1 400 Arbeiter (1871). Zu Aktiengesellschaften wurden auch die Berlin-Anhaltische Maschinenbaufirma sowie die Firmen von F. A. Egells und H. F. Eckert (landwirtschaftliche Geräte). Die Firma Egells, ab 1871 Märkisch-Schlesische Hütten-AG, errichtete in Tegel einen Eisenhammer; Egells produzierte Schiffsmaschinen für die Kriegsflotte. Die ebenfalls in eine Aktiengesellschaft umgewandelte Eisengießerei und Maschinenbau-Anstalt von A. Borsig blieb jedoch im Familienbesitz. 1869 hatte Borsig einen rohstoffnahen Standort gewählt und das Eisen- und Gußstahlwerk aus Moabit nach Oberschlesien verlagert, wo er firmeneigenen Kohleabbau betrieb. Damit gewann er in Moabit zusätzlich Maschinenbaukapazität. Im Berliner Borsigwerk (Chausseestraße 1) wurde 1873 die 3000. Lokomotive gebaut. In dieser Firma zeigten sich erste Tendenzen zum Monopolbetrieb. Eine weitere neue Tendenz – gegenüber der vorherrschenden Einzelfertigung – zeigte die Firma Ludwig Loewe, eine Kommanditgesellschaft auf Aktien, die nach »amerikanischem System« Nähmaschinen in Massenproduktion fertigte, dann neben Werkzeugmaschinen ab 1873 die Serienfertigung des neuentwickelten Gewehrs M 71 übernahm. Diese Anfänge moderner Technologie kapitalistischer Fabrikproduktion waren Anfang der siebziger Jahre noch auf wenige Betriebe beschränkt. 1875 zählte die Maschinenbranche in Berlin 1 743 Betriebe mit 25 000 Arbeitern; 23 von diesen Betrieben hatten mehr als 200 Beschäftigte, und drei Viertel aller Betriebe waren Werkstätten mit bis zu 5 »Gehilfen«. Ausdruck des breiten Übergangs zum Fabrikbetrieb war die

Zahl der Dampfmaschinen, von denen es 1875 in Berlin 1055 mit etwa 15 000 PS gab (1861 waren es 357 Maschinen mit etwa 5 000 PS), davon in der Metallwaren- und Maschinenbaubranche 330 mit ungefähr 5 500 PS. Der Maschinenbau bildete das Rückgrat der Berliner Industrie. Als »moderner« Zweig entwickelte sich die Elektroindustrie mit dem Siemens-Unternehmen. Anfang der achtziger Jahre legte Emil Rathenau den Grundstein zum zweiten Elektrogroßbetrieb, der späteren AEG. Siemens verkörperte die enge Verflechtung von Industrie, Wissenschaft und Technik, arbeitete intensiv mit der Deutschen Bank zusammen, profitierte bereits 1870/1871 von Militäraufträgen und entwickelte früh ein ausgeklügeltes sozialpolitisches Ausbeutungssystem. Es spaltete die Arbeitenden in technische und Büroangestellte, in »Beamte« mit geringerer Arbeitszeit und Anspruch auf Pension und Urlaub (Arbeiter erhielten erst 40 Jahre später, 1906, 6 Tage Jahresurlaub), und die Arbeiter, die vielfältige Fäden an den Betrieb banden, was sie von politischer wie gewerkschaftlicher Tätigkeit fernhalten sollte.

Die Rolle des Großkapitals verstärkte sich mit der Gründung von Aktiengesellschaften auch in der Chemieindustrie (1867–1872 Actiengesellschaft für Anilinfabrikation Agfa, 1871 Chemische Fabrik auf Actien, vorm. E. Schering mit 1,5 Millionen Mark Grundkapital), im Nahrungs- und Genußmittelgewerbe, das sich zur Industrie ausbildete (1873 bestanden 14 Großbrauereien mit einem Aktienkapital von 34 Millionen Mark, die Berliner Brotfabrik AG mit 0,9 Millionen und eine Zichorienfabrik mit 1 Million Mark Grundkapital), bis hin zum städtischen Verkehrswesen. Der konjunkturelle Aufschwung erfaßte auch das Baugewerbe, die Kleinbetriebe und das Handwerk, die noch wesentlich traditionell produzierten. Lediglich in der Textilindustrie (Garn- und Gewebeproduktion) setzte sich der Rückgang hinsichtlich der Zahl der Beschäftigten und der Maschinen fort. Die Konfektionsindustrie in Berlin – kleine Handwerksbetriebe, dezentralisierte und zentralisierte Manufakturen, die zum Fabrikbetrieb übergingen – nahm einen Auf-

Fünftes Kapitel

schwung, der zur vorherrschenden Stellung auf dem Binnen-
markt und zu festen Positionen im Export führte.

Der »Gründerschwindel« erfaßte Berlin wie keine andere
Stadt Preußen-Deutschlands. »Unternehmen« entstanden, die
nur scheinbar existierten, hohe Kurse lockten Geld an, das in
die Kassen der emittierenden Banken floß, und die vom Spe-
kulationsfieber erfaßten Sparer hatten wertlose Papiere in den
Händen. Die höchsten Gründergewinne wurden mit Bodenspe-
kulationen erzielt. Bereits 1872 erlebte das Spekulationsunter-
nehmen Bethel Henry Strousbergs − das größte der Art − einen
finanziellen Einbruch, der sich dann mit der Gründerkrise 1873
vertiefte und sich zu einem Gründerkrach ausweitete. Die Krise
erfaßte zahlreiche Betriebe und Unternehmungen; sie ging in
eine Depression über, die ungewöhnlich lange − bis 1878/
1879 − andauerte.

Das enorme wirtschaftliche Wachstum Berlins war begleitet
von einer raschen Zunahme seiner Bevölkerung. Sie wuchs von
547 571 Einwohnern 1861 auf 966 858 im Jahre 1875, also um
77 Prozent. Noch schneller nahm die Zahl der in Industrie, Gewerbe und Verkehr Beschäftigten zu, nämlich von 119 593 auf
282 982, also um 128 Prozent. Die in der materiellen Produktion
Tätigen machten 1873 etwa 30 Prozent der Bevölkerung aus, gegenüber 1861 mit 20 Prozent. Der größte Teil der neuen Arbeitskräfte war aus den Provinzen Brandenburg, Sachsen und den östlichen Gebieten Preußens zugewandert. Allein von 1871 bis 1873
kamen 400 000 Menschen, vorwiegend im Alter zwischen 20 und
30 Jahren, in die Stadt; 260 000 verließen sie im gleichen Zeitraum. Die Zahl der Beschäftigten in der Metall- und Maschinenbaubranche wuchs von 1861 bis 1875 von 21 000 auf 33 000, im
Baugewerbe von 9 000 auf knapp 25 000, in der Holzbranche von
13 000 auf 25 000, im Handel (das Gaststätten- und Hotelge-
werbe eingeschlossen) von 18 000 auf 64 000 − überdurchschnitt-
lich hier wie auch im Bereich »Bekleidung und Reinigung«, wo
die Zahl der Beschäftigten von 22 000 auf 68 000 zunahm −, und
die Zahl der »Dienstboten«, überwiegend Frauen und Mädchen,

416

72 Siegeszug durch das Brandenburger Tor am 16. Juni 1871.
Anonyme Fotografie, 1871

73 Tempo der Gründerzeit – Bau der Grenadierstraße.
Ölgemälde von Friedrich Kaiser, 1875

417

74 In den elektrotechnischen Werkstätten von Siemens & Halske
in Berlin. Holzstich nach W. Busch, 1891

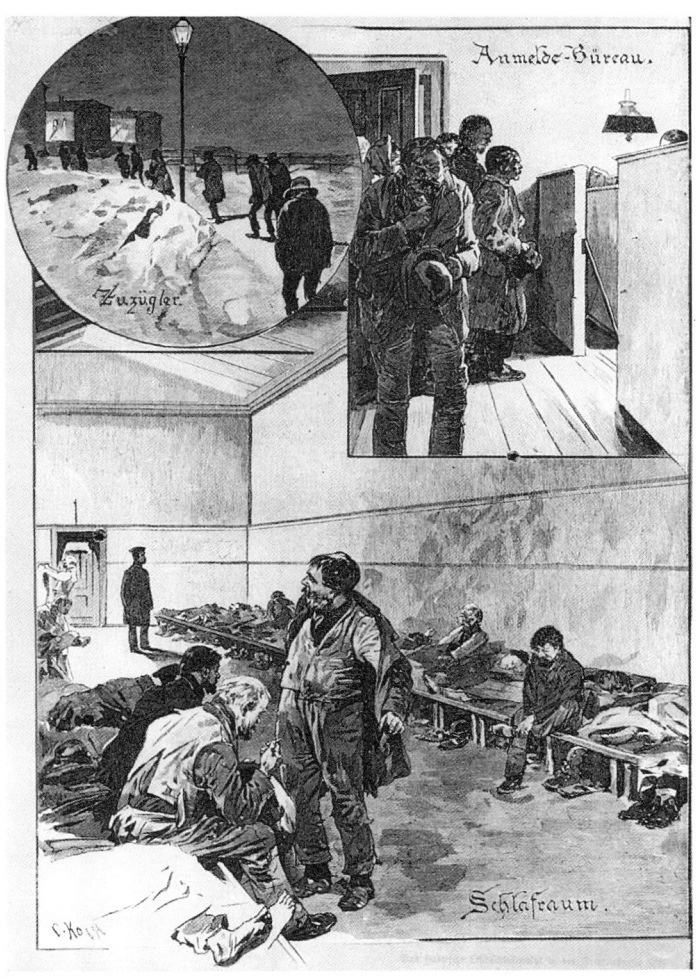

75 Das städtische Obdachlosenasyl in der Friedenstraße.
Holzstich nach C. Koch, 1889

76 Aufzug der Wache Unter den Linden, Ecke Friedrichstraße.
Aquarell von Julius Jacob und W. Hervartz, 1888

77 Die sozialdemokratische Reichstagsfraktion im Jahre 1889.
Von links nach rechts erste Reihe Georg Schumacher,
Friedrich Harm, August Bebel, Heinrich Meister, Karl Frohme,
zweite Reihe Johann Heinrich Wilhelm Dietz, August Kühn,
Wilhelm Liebknecht, Karl Grillenberger, Paul Singer

78 Die Enthüllung des sogenannten Nationaldenkmals für Kaiser
Wilhelm I. auf der Berliner Schloßfreiheit im Jahre 1897,
geschaffen nach Entwürfen von Reinhold Begas.
Fotografie von Hugo Rudolphy, 1897

79 Hoffest anläßlich des 80. Geburtstages des Malers
Adolph Menzel im Jahre 1895 im Innenhof des Potsdamer
Marmorpalais. In der Mitte neben Menzel Kaiser Wilhelm II.
in friderizianischer Uniform

80 Hans Baluschek, Proletarierinnen. Ölgemälde, 1900

81 Heinrich Zille, Im Sommergarten. Kreide, Kohle, Feder, 1912

82 Der Ausschuß der Berliner Gewerkschaftskommission, um 1905.
Von links nach rechts Oswald Schumann, Wilhelm Siering,
Robert Schade, Eugen Brückner, Gustav Link, Adolf Ritter,
Alwin Körsten, Gustav Busse, Wilhelm Börner, Hermann Maaß,
Eugen Ernst, Hartmann

83 Die Reichsparteischule der SPD in Berlin im Jahre 1908.
Stehend von links nach rechts Hugo Heinemann, Heinrich Schulz,
Kurt Rosenfeld, Rosa Luxemburg, August Bebel, Arthur Stadthagen,
Heinrich Cunow, Franz Mehring, Emanuel Wurm.
In der linken Bankreihe, zweite Bank links Wilhelm Pieck

erhöhte sich von 32 000 auf über 76 000. Lediglich in der Textilindustrie sank die Zahl der Beschäftigten von 22 000 (1861) auf knapp 9 000 im Jahre 1875.

Die Lebensverhältnisse der Arbeiter waren vor allem durch miserable Wohnbedingungen geprägt. Berlin hatte mit durchschnittlich 57 (1880 sogar über 60) Personen pro Grundstück die höchste Bevölkerungsdichte der europäischen Großstädte. Die Hauseigentümer nutzten die chronische Wohnungsnot und trieben die Mieten in die Höhe. Zehntausende Arbeiter waren obdachlos, hausten in Behelfsquartieren; acht Prozent aller Einwohner, jedoch über 20 Prozent aller Arbeiter, waren »Schlafburschen«, das heißt, sie hatten nur einen Schlafplatz in einer fremden, zumeist überfüllten Wohnung.

Nur jeder dritte Berliner Arbeiter hatte 1871 eine eigene Wohnung. Es war die Blütezeit des Mietskasernenbaus, der für die kapitalistische Wohnungswirtschaft charakteristisch wurde. Im Norden, Osten und Süden der Stadt entstanden nach dem Hobrechtschen Plan schachbrettartig schematisch angelegte Wohngebiete. Lange Straßenfluchten, durch Plätze – oft mit Kirchen bebaut – unterbrochen, gliederten die Stadtviertel. Die breiten Ausfallstraßen genügten über Jahrzehnte dem sich rasch entwikkelnden Großstadtverkehr. Systematisch wurden die Grundstücke von 70 bis 80 Meter Tiefe 2- bis 3fach mit Hinterhäusern überbaut, so daß die Mehrzahl der Wohnungen – überwiegend nur Stube und Küche, zuweilen mit Kammer – auf den Höfen lag: fast ohne Licht und Luft. Die Überbebauung entsprach kapitalistischem Profitstreben; künstliche Steigerung der Bodenpreise, Bodenspekulation und ständige Mietpreiserhöhungen kennzeichneten das Wachsen der »größten Mietskasernenstadt der Welt«, wie Werner Hegemann die Stadt im Untertitel seines Buches »Das steinerne Berlin« (1930) nannte. Ein besonders abschreckendes Monstrum war Meyers Hof in der Ackerstraße 132/133 mit 7 Quergebäuden. Auf engstem Raum, in Hinterhäusern, Hof-, Quer- und Seitengebäuden, lebten die Menschen zusammengepfercht. Jede zehnte Berliner Wohnung war eine Kel

Barackenkolonie obdachloser Familien am Kottbuser Damm bei Berlin.
Holzstich nach Paul Meyerheim, 1872

lerwohnung, und jeder zehnte Berliner hauste in einer solchen.
Die Hälfte aller Wohnungen hatte nur ein heizbares Zimmer,
und jede dieser Einzimmerwohnungen wurde durchschnittlich
von vier Menschen bewohnt. Im Laufe der siebziger Jahre leitete
der Magistrat unter dem Druck der Verhältnisse, aber auch immer wieder veranlaßt durch bürgerlich-liberale Kräfte in der
Stadtverordnetenversammlung den Bau der Kanalisation ein, die
die Abwässer auf Rieselfelder am Stadtrand führte. Jetzt wurde
es möglich, Wasserleitung und WC in die Häuser zu bringen, zunächst nur für jedes Stockwerk, meistens für mehrere Familien
gemeinsam. Das bedeutete trotzdem eine außerordentliche Verbesserung der hygienischen Verhältnisse für die Stadt und ihre
Bewohner.

Verheerend auf die soziale Lage der arbeitenden Massen wirkten sich kapitalistische Krise und lang andauernde Depression
aus. Schlimmste Folge war die Arbeitslosigkeit, die, da jegliche

Unterstützung fehlte, den betroffenen Familien Hunger und Elend brachte. So standen in der Maschinenbauindustrie, die 1873 rund 35 000 Arbeiter beschäftigte, 1877 nur noch 16 000 »in Lohn und Brot«. Fast 50 Prozent der in der Oranienburger Vorstadt lebenden Arbeiter lagen auf der Straße. Der Stammbetrieb von A. Borsig zählte 1874 1 922 Arbeiter, 1876 lediglich 1 014 »bei halber Arbeit« und 1877/1878 nur noch 900 Arbeiter. Die kapitalistischen Unternehmer intensivierten die Ausbeutung, die Arbeitsproduktivität stieg, und während der »Gründerjahre« erkämpfte Erfolge der Arbeiter wurden rückgängig gemacht. Bis 1879 sank der Tageslohn eines Bauarbeiters auf 3,13 Mark, das hieß gegenüber 1873 um ein Drittel – sofern er überhaupt Arbeit hatte.

So wuchs Berlin in den siebziger Jahren zu einer kapitalistischen Millionenstadt; etwa jeder zweite Einwohner zählte zur rasch wachsenden Arbeiterklasse. Berlin war zu einer Stadt der Arbeit und der Arbeiter, aber dadurch nicht automatisch zum Zentrum der deutschen Arbeiterbewegung geworden. Zahlenmäßiges Wachsen wie die politische und soziale Lage vergrößerten objektiv die Kampfmöglichkeiten der Arbeiter. Allerdings waren sie noch stark zersplittert, arbeiteten überwiegend in Kleinbetrieben und viele waren überhaupt erst zum Proletariat gestoßen, noch nicht wirklich seßhaft. Die Bourgeoisie beeinflußte durch den Berliner Arbeiterverein, die Bezirksvereine, die Hirsch-Dunckerschen Gewerkvereine und andere Organisationen zunächst die Mehrheit der Berliner Arbeiter. Im Unterschied zum konservativ-monarchistischen Reichsregime wie zur preußischen Staatsregierung bildete in Berlin die Fortschrittspartei, seit 1881 der Freisinn, die Mehrheit in der Stadtverordnetenversammlung, stellte Magistrat und Oberbürgermeister. In diesem Amt folgten auf Karl Seydel 1872 bis 1878 Arthur Hobrecht, dann bis 1892 Max von Forckenbeck. Liberale Positionen vertraten auch Oberbürgermeister Robert Zelle (von 1892 bis 1898), ein gebürtiger Berliner, und der Rechtsanwalt Martin Kirschner, der das Amt von 1899 bis 1912 innehatte.

Die fortgeschrittensten Arbeiter Berlins hatten mit der marxistischen Sozialdemokratischen Arbeiterpartei (SDAP/Eisenacher) dem preußisch-deutschen Annexionismus gegen Frankreich widerstanden; sie lehnten den durch »Eisen und Blut«, durch die undemokratische »Revolution von oben« zustande gekommenen junkerlich-bürgerlichen Staat grundsätzlich ab. Am 26. März 1871 solidarisierten sich etwa 1000 Berliner Arbeiter mit der Pariser Kommune, die August Bebel zwei Monate später vor dem Reichstag im Namen der Partei ebenso mutig begrüßte und deren Kampf er zur Sache des gesamten europäischen Proletariats erklärte. Die SDAP hatte mit weniger als 100 Mitgliedern des Demokratischen Arbeitervereins nur einen schwachen Stützpunkt, und der Lassallesche Allgemeine Deutsche Arbeiterverein (ADAV) besaß mit rund 300 Mitgliedern (im Herbst 1871) auch nur einen geringen Einfluß auf die rasch wachsenden Arbeitermassen. Bei den Reichstagswahlen am 3. März 1871 errang der Kandidat der SDAP, der aufrechte Demokrat Johann Jacoby, in allen 6 Berliner Wahlkreisen 6400 Stimmen, immerhin schon 16,4 Prozent der abgegebenen Stimmen. Der Kandidat des ADAV, der Zimmerer August Grau, konnte im proletarischen Osten (Wahlkreis IV) fast 2000 Stimmen (5,1 Prozent) gewinnen, kam aber im Wahlkreis VI, der Oranienburger Vorstadt, lediglich auf 82 Stimmen. Überall setzte sich die bürgerliche Fortschrittspartei durch.

Dennoch: Das Klassenbewußtsein unter den Arbeitern wuchs stetig, kräftig gefördert durch die SDAP, für die August Bebel im November 1871 und im April 1872 mehrfach im Demokratischen Verein und vor Gewerkschaftsvereinen auftrat. Schon 1871/1872 wurde Berlin zu einem Brennpunkt der Kämpfe um die Verbesserung der Lage des Proletariats. Im Sommer 1872 kam es in der Blumenstraße, einem Arbeiterviertel um den Strausberger Platz, spontan zum »Wohnungskrawall«, einem Protest gegen Wohnungselend und Obdachlosigkeit, Mietwucher und Exmittierung. Immer wieder führten Arbeiter verschiedener Branchen Streiks um Lohnerhöhung und Arbeitszeitverkürzung auf 10 Stunden – herausragend der Streik der 8 000 Maurer und der neunwöchige Streik der Tischler im Sommer und Herbst 1871 –, das waren Kämpfe, die sich 1872 fortsetzten. Durch Streiks, in bis dahin ungekannter Breite geführt, erzwangen die Bauarbeiter eine Erhöhung der Nominallöhne um rund 30 Prozent.

Diese ökonomischen Kämpfe, vor allem aber solche politischen Aktionen wie die Demonstrationen am 18. März 1873 zum 25. Jahrestag der Revolution von 1848, die zugleich zum solidarischen Bekenntnis zur Pariser Kommune und zu einer festen Tradition der Berliner Arbeiter wurde, die Protestwelle gegen die zunehmende Militarisierungspolitik, wie sie sich in der Militärvorlage im Reichstag 1874 zeigte, widerspiegelten den Antagonismus zwischen den Massen der Arbeiterklasse und anderer Werktätiger und dem junkerlich-bourgeoisen Staat. Dieser verschärfte mit Bespitzelung, Verboten, Verhaftungen, Verurteilungen und anderen Repressalien, die mit dem Namen des seit 1874 in Berlin agierenden Staatsanwalts Hermann Tessendorf verbunden waren, den Angriff auf die sich langsam, jedoch stetig entwickelnde Berliner Arbeiterbewegung und ihre Organisationen. Die Reaktion profitierte vom in Berlin ausgeprägten Gegensatz zwischen ADAV, immer noch an Lassallesche Dogmen gefesselt, und SDAP, die als Partei der Marxisten an Aktionsfähigkeit und Ausstrahlungskraft gewann.

Für die Stärkung der Positionen der deutschen Arbeiterklasse war die Herstellung ihrer politischen Einheit Grundvoraussetzung, der Berliner Arbeiterbewegung fiel als hauptstädtische Vorhut dabei objektiv eine besondere Rolle zu. Hier setzte die SDAP während der Reichstagswahlen 1874 ein deutliches Signal, als sie in der Stichwahl den ADAV-Kandidaten Wilhelm Hasenclever als gemeinsamen Arbeiterkandidaten gegen die bürgerliche Fortschrittspartei unterstützte. Diese Aktionseinheit bereitete die Vereinigung beider »deutscher Arbeiterfraktionen« vor. Die Vorverhandlungen dazu fanden Ende 1874 in Berlin statt – von 4 000 Arbeitern im Handwerkervereinshaus in der Sophienstraße

Allgemeiner Deutscher Arbeiter-Verein.

№ *130*

Mitglieds-Karte

für Herrn *Benno Scholz*

eingetreten am *16. Januar* 18*69*

Im Auftrage des Präsidenten der Bevollmächtigte: *W. Hasenclever*

Berlin 1871

Mitgliedskarte, 1869

am 15. Dezember eindrucksvoll unterstützt. Parteiversammlungen, öffentliche Volkskundgebungen sowie auch gesellige Veranstaltungen fanden vor dem Vereinigungskongreß der Sozialdemokraten Deutschlands statt; es wurde für die Verbreitung des Organs der Eisenacher, »Der Volksstaat«, geworben. Durch gemeinsame Besprechungen zwischen Vertretern der SDAP und des ADAV entstand Anfang 1875 ein »Berliner Programmentwurf«, der der weiteren Annäherung förderlich war. Auf dem Vereinigungskongreß in Gotha (Mai 1875) vertraten 2 Delegierte der SDAP zusammen 650 Mitglieder und 4 ADAV-Delegierte je 400 Mitglieder (unter ihnen Nichtberliner). Alle Delegierten wirkten für die Verständigung und den Zusammenschluß der sozialistischen Arbeiterbewegung in der Sozialistischen Arbeiterpartei Deutschlands (SAPD). Die Partei erklärte programmatisch die sozialistische Gesellschaft als Ziel des proletarischen Klassenkampfes, forderte die Umwandlung der Arbeitsmittel in gesellschaftliches Eigentum als Voraussetzung der Befreiung der Arbeiterklasse und bekannte sich zum proletarischen Internationalismus. Allerdings war das Programm mit Lassalleschen Auffassungen belastet, die Karl Marx in seinen berühmten »Randglossen zum Programm der deutschen Arbeiterpartei« kritisiert hatte; diese Kritik des Gothaer Programms war den Delegierten jedoch nicht bekanntgemacht worden.

Die Überwindung der Zersplitterung der deutschen Arbeiterbewegung war auch für die Berliner Arbeiter äußerst bedeutsam, konnte doch nun eine einheitliche Partei dem Kampf gegen Ausbeuterordnung und Militarismus Richtung und Ziel geben. Als lokale Parteiorganisation konstituierte sich am 15. Juli 1875 der Sozialistische Arbeiterwahlverein Berlin, der im Oktober über 1 000 Mitglieder zählte und eine rege Versammlungstätigkeit zu Fragen der Innen- und Außenpolitik entfaltete. Die Mitglieder verlangten die Beseitigung des Dreiklassenwahlrechts, wiesen die Angriffe auf Vereins- und Versammlungsrecht zurück und protestierten gegen die drohende Ausweitung der Orientkrise 1876 zu einem europäischen Krieg.

In Gewerkschafts- und Berufsversammlungen berieten die Arbeiter ökonomisch-soziale Probleme, die aus dem Antagonismus von Kapital und Arbeit erwuchsen: Arbeitszeit und Lohn, Fabrikordnungen und Maßregelungen, Krise und Arbeitslosigkeit. Unter den Berliner Gewerkschaftsverbänden war der der Maurer mit etwa 3 000 Mitgliedern der stärkste; der Verein der Zigarren- und Tabakarbeiter zählte fast 2 500, der Verband der Buchdrucker und Schriftsetzer 1 100 Mitglieder. Bei den Schneidern hatten sich 750, bei den Sattlern 400 und bei den Tischlern 340 Arbeiter organisiert. Die Auswirkungen der Krise behinderten den ohnehin komplizierten Organisationsprozeß. Einschneidend wirkte die »vorläufige«, im Januar 1877 endgültig verfügte Schließung des Sozialistischen Wahlvereins durch die Klassenjustiz; eine neuerliche Verfolgungswelle gegen Partei und Gewerkschaften erschwerte den weiteren Klärungsprozeß zwischen marxistischen und lassalleanischen Kräften. Seit dem 1. Januar 1876 konnte die »Berliner Freie Presse« als erste sozialistische Tageszeitung in der genossenschaftlichen Allgemeinen Deutschen Associations-Buchdruckerei (seit Anfang 1875 in Berlin) gedruckt werden. Ihre Abonnentenzahl wuchs von 3 000 im Jahre 1876 auf nahezu 13 000 im Jahre 1878. Sie setzte sich gegen den früheren Lassalleschen »Neuen Social-Demokrat« durch, dessen Chefredakteur Wilhelm Hasselmann zog sich aus Berlin zurück.

Den wachsenden Einfluß der SAPD zeigten die Reichstagswahlen am 10. Januar 1877 in Berlin. Trotz Versammlungsverboten, »Saalabtreibungen« und anderer Tessendorfscher Repressalien, gelang es der Leitung eines erstmals gebildeten »Zentralwahlkomitees«, zwei Fünftel der Stimmen in Berlin zu gewinnen. Mit 31 522 blieb die Arbeiterpartei nur knapp hinter der bürgerlichen Fortschrittspartei (36 105 Stimmen) zurück und errang zwei Mandate: im VI. Wahlkreis (Rosenthaler und Oranienburger Vorstadt, Moabit und Wedding) gewann Wilhelm Hasenclever mit 50,1 Prozent der abgegebenen Stimmen (9 565), und im IV. Wahlkreis (Berliner Osten mit der östlichen Luisenstadt, dem Stralauer Viertel und dem östlichen Teil des Königsviertels) siegte Friedrich Wilhelm Fritzsche gar mit 55,9 Prozent der Stimmen (10 769) über den Kandidaten der Fortschrittspartei.

Die SAPD verband sich in Volksversammlungen zum Thema »Der Notstand in Berlin und Vorschläge zur Abhilfe desselben« enger mit den durch Krise und Depression, Elend und Existenzunsicherheit bedrückten Massen und propagierte den Arbeiterschutzgesetzentwurf der Reichstagsfraktion. Von nachhaltiger Wirkung für die Verbreitung des Marxismus war die Literatur, die durch die Berliner Associations-Buchdruckerei verlegt und verkauft wurde. Hier waren Marx' »Kapital«, »Der achtzehnte Brumaire des Louis Bonaparte«, Engels' Streitschrift »Herrn Eugen Dührings Umwälzung der Wissenschaft«, Bebels »Unsere Ziele«, Liebknechts »Wissen ist Macht« und andere wissenschaftliche wie populäre Schriften zu haben, daneben auch solche bürgerlich-demokratischen, vulgärsozialistischen wie Lassalleschen Inhalts. Erstmals gewann die Partei gewissen Einfluß unter Studenten der Universität sowie der Bau- und Bergakademie. Im April 1878 wurde in der Seydelstraße (am Spittelmarkt) das »Berliner Arbeiter-Bildungs-Institut« gegründet, das neben allgemeiner Weiterbildung politische Kurse abhielt und deshalb bereits im Juli 1878 polizeilich geschlossen wurde.

Trotz aller Willkürmaßnahmen war die revolutionäre Arbeiterbewegung in Berlin zu einer unübersehbaren politischen Kraft gewachsen. Sie stand bald vor einer schweren Bewährungsprobe.

Unter dem Sozialistengesetz (1878–1890)[1]

Am 11. Mai 1878 schoß der Klempnergeselle Max Hödel Unter den Linden mit einem Revolver auf den vorüberfahrenden Kaiser Wilhelm I. Weder Kutsche noch Kaiser waren getroffen, Reichskanzler Bismarck aber nahm dieses »Attentat« zum Anlaß, sofort ein Ausnahmegesetz gegen die Sozialisten zu beantragen. Allerdings scheiterte der Gesetzentwurf am 24. Mai im Reichstag. Eine Woche später jedoch, am 2. Juni, verletzte ein Dr. Karl Eduard Nobiling den einundachtzigjährigen Kaiser mit Schüssen aus einer Schrotflinte. Obwohl Nobiling nichts mit der Sozialdemokratie verband und diese sich sofort vom Attentat distanzierte, das ihrer politischen Taktik völlig widersprach, entfachte die Regierung einen antisozialistischen Pogrom: Unterdrückung von Versammlungen und Presse, Denunziationen sozialdemokratischer Mitgliedschaft, Hausdurchsuchungen und Prozesse. Bismarck setzte die Auflösung des Reichstages durch. Für die Neuwahlen am 30. Juli war die Arbeiterpartei praktisch ohne jede Möglichkeit der Versammlungs- und Flugblattagitation. Die Partei entwickelte neue Formen der Wahlarbeit: das direkte Gespräch mit dem Wähler, die Hausagitation und verband beides mit der Sammlung von Geld für den Wahlfonds. So konnte die SAPD in Berlin 56147 Stimmen gewinnen, das heißt gegenüber 1877 ihren Stimmanteil fast verdoppeln. Es dominierte weiter die bürgerliche Fortschrittspartei, die sich mit den Nationalliberalen verband und 86000 Stimmen für sich verbuchen konnte. Im IV. Wahlkreis gewann der Sozialdemokrat Friedrich Wilhelm Fritzsche in der Stichwahl mit 22020 gegen 20182 bürgerliche

Berliner Wahlversammlung. Anonymer Holzstich, 1878

Stimmen das Reichstagsmandat. So schlug die Absicht, die Sozialdemokraten aus dem Reichstag zu verdrängen, in Berlin fehl;
insgesamt verschob sich aber das Kräfteverhältnis nach rechts.

Das Bismarcksche »Gesetz gegen die gemeingefährlichen Bestrebungen der Sozialdemokratie« wurde am 19. Oktober 1878
mit 221 gegen 149 Stimmen im Reichstag beschlossen. Das Sozialistengesetz war Kern einer reaktionären Kurswende, die das
Klassenbündnis zwischen Junkertum und Großbourgeoisie festigen, dem Junkertum durch Schutzzölle neue Geldquellen und
der Bourgeoisie durch Rüstung höhere Profite bringen, zugleich
die Lasten auf die Volksmassen abwälzen und ihren Widerstand
ersticken sollte. Erstmals wurde die Arbeiterbewegung, ihre Partei, mit allen »gesetzlichen Mitteln« bekämpft. Das Gesetz übertrug den Polizeibehörden entscheidende Machtbefugnisse, legali-
sierte den politischen Terror und setzte die Arbeiterbewegung bis
dahin ungekannten Repressalien aus.

Die drakonischen Maßnahmen konzentrierten sich sofort auf Berlin. Schon am ersten Geltungstag des Unterdrückungsgesetzes (22. Oktober 1878) verbot der Berliner Polizeipräsident Guido von Madai den Verein zur Wahrung der Interessen der werktätigen Bevölkerung Berlins, die legale Form der Berliner Organisation der SAPD, den Deutschen Tabakarbeiter-Verband (Sitz Berlin) und den Zentralverband der Schmiede; 10 Tage später löste er die Arbeiter-Gesangvereine auf, so daß sich die Berliner Arbeiter innerhalb weniger Tage aller ihrer Organisationen beraubt sahen. Arbeiterversammlungen waren untersagt; die Arbeiterzeitung, die »Berliner Freie Presse«, wurde gleichfalls unterdrückt und das Erscheinen neuer Organe verhindert.

Die Associations-Buchdruckerei mußte die Liquidation beschließen. Am 28. November wurde auf Grundlage des Sozialistengesetzes der Kleine Belagerungszustand über die Hauptstadt sowie für die Stadtkreise Charlottenburg und Potsdam und die Kreise Teltow, Niederbarnim und Osthavelland beschlossen, was die Verschärfung der Unterdrückung und sofortige Ausweisung von 67 Partei- und Gewerkschaftsfunktionären, unter ihnen Ignatz Auer, Heinrich Ecks, Friedrich Wilhelm Fritzsche, Heinrich Rackow und Feodor Siegerist, zur Folge hatte. Dadurch wurden in die »innere Parteileitung« empfindliche Lücken gerissen. Die Berliner Polizei, seit 1871 von 1 000 auf über 3 300 Mann und nunmehr durch eine gesonderte Politische Polizei verstärkt,

Letzte Nummer

suchte die sozialdemokratische Anhängerschar zu putschistischen Aktionen aufzureizen und so den Belagerungszustand nachträglich zu rechtfertigen. Aber der disziplinierte Kern der Partei vermochte spontane Aktionen zu verhindern. Er konzentrierte sich auf die solidarische Hilfe für die Ausgewiesenen und ihre Familien. Wie das Unterstützungskomitee in Leipzig unter Leitung August Bebels die faktische Leitung der SAPD übernahm, so entstand in Berlin – zunächst auch unter diesem Namen, später als »Central-Comitee« (»CC«) – die erste illegale Leitung der Parteiorganisation, die sich neu formierte und organisierte. Sie basierte auf den sechs Reichstagswahlkreisen, die in Bezirke, diese wiederum in Gruppen eingeteilt waren. Geleitet vom »CC«, das neben dem Vorsitzenden, dem Stellvertreter und dem Hauptkassierer die Vertrauensmänner der Wahlkreise vereinigte, bildete der nach unten verzweigte Vertrauensmännerkörper die »innere Bewegung«, die »Corpora«. Die illegalen »Corpora«-Versammlungen bereiteten die Aktionen vor, die Wahlkämpfe, Flugblattaktionen und anderes, und entschieden über alle Parteiangelegenheiten. Das illegale Vertrauensmännersystem wurde beispielhaft für die Organisation der Partei in den meisten Städten, wo die SAPD eine Basis hatte. Die »innere Organisation« als Kern der illegalen Partei erwies sich als entscheidende Kraft für den erfolgreichen Kampf gegen das Sozialistengesetz.

Die Umstellung auf die neuen komplizierten Kampfbedingungen führte wie in der SAPD insgesamt auch in ihrer Berliner Organisation zu innerparteilichen Auseinandersetzungen über die Strategie und Taktik des Kampfes. Seit 1876 und verstärkt seit 1878 konspirierte Wilhelm Hasselmann gegen die Partei; er suchte seinen anarchistischen Einfluß in der Berliner Parteiorganisation zu vertiefen, stieß aber auf entschiedenen Widerstand Berliner Vertrauensmänner und Reichstagsabgeordneter sowie August Bebels und wurde 1880 aus der Partei ausgeschlossen. Zeitweilig größeren Einfluß gewann unter Berliner Arbeitern Johann Most mit seinen anarchistischen Auffassungen, die zu einer putschistischen Taktik trieben und die Führung der Partei ver-

leumdeten. Mit Unterstützung Bebels und anderer Reichstagsabgeordneter der SAPD konnte der schädliche Einfluß Mosts in
Grenzen gehalten werden. Gleichzeitig liefen einige Funktionäre
zum Klassenfeind über; ihr Versuch, mit einem »Sozialen Arbeiterverein« probismarckscher Richtung Einfluß zu gewinnen,
scheiterte schnell.

Für die einheitliche Orientierung und Führung der SAPD
wurde das seit dem 28. September 1879 in Zürich herausgegebene Zentralorgan der deutschen Sozialdemokratie, »Der Sozialdemokrat«, entscheidend. Illegal im »Kampfgebiet« verbreitet,
trug es zur einheitlichen Formierung der Partei gegen das Sozialistengesetz bei. Der Wydener Parteitag (20.–23. August 1880)
legte marxistische Grundprinzipien des politischen Kampfes fest,
verurteilte anarchistische Positionen und bekannte sich zu einer
Taktik, die legale und illegale Arbeit verband; damit wurden
grundlegende politisch-ideologische Orientierungen für den einheitlichen Massenkampf gegen das Sozialistengesetz gegeben.
Mit der Übertragung der Parteileitung an den Vorstand der sozialdemokratischen Reichstagsfraktion wurde Berlin – allerdings
nur während der Reichstagssessionen – erstmals Sitz der einheitlichen Leitung der Partei. Gerade vom Verhalten der Berliner
Arbeiter hing der Erfolg des Massenkampfes gegen die Unterdrückungspolitik in hohem Maße ab. Die Reichstagswahlen vom
27. Oktober 1881 ließen das Kräfteverhältnis nach drei Jahren
Sozialistengesetz deutlich werden. In realistischer Einschätzung
der Lage konzentrierte sich die SAPD auf die proletarischen
Wahlkreise IV – Kandidat August Bebel – und VI – Kandidat
Wilhelm Hasenclever. Trotz faktischer Illegalität der Partei, massiver Agitation der bürgerlichen Fortschrittspartei und sozialer
Demagogie, die vor allem von der Christlichsozialen Arbeiterpartei des Hofpredigers Adolf Stoecker betrieben und durch eine
antisemitische Hetzkampagne sowie nationalistischen Rummel
am Sedantag (2. September) und dem Jahrestag der Leipziger
Völkerschlacht (16. Oktober) ergänzt wurde, gewann die Sozialdemokratie über 30 000 Stimmen. 90 000 Wähler stimmten für

die Fortschrittspartei, und die konservativ-antisemitische Bewegung erhielt 46 000 Stimmen. Bebel und Hasenclever unterlagen in den Stichwahlen gegen zwei Fortschrittsparteiler mit nur 53 beziehungsweise 569 Stimmen, die Zahl ihrer Wähler stieg auf über 36 000. Die Partei war ungebrochen und hatte ihren Einflußbereich gegenüber den ersten Jahren des Sozialistengesetzes verbreitert. Jeder siebente Berliner Wähler stand bei der SAPD.

Sozialdemokratische Wahlergebnisse in den städtischen Reichstagswahlkreisen Berlins, Hauptwahlen

	1877 absolut	Prozent	1878 absolut	Prozent	1881 absolut	Prozent
Berlin I	1 173	15,1	2 121	14,9	37	0,2
Berlin II	3 988	27,9	7 583	26,3	3 159	9,5
Berlin III	3 991	31,5	6 914	32,2	2 578	12,0
Berlin IV	10 769*	55,9	20 224	49,8	13 573	32,6
Berlin V	2 032	27,4	3 615	23,0	202	1,2
Berlin VI	9 569	50,1	15 690	40,9	10 629	27,5

* Die hervorgehobenen Zahlen kennzeichnen die Ergebnisse der Wahlen, aus denen die Sozialdemokratie siegreich hervorging.

Der neugewählte Reichstag wurde am 17. November 1881 mit einer von Bismarck vorgetragenen Thronrede eröffnet, die eine »Sozialreform« ankündigte: Versicherung der Arbeiter gegen Betriebsunfälle, Organisierung der gewerblichen Krankenkassen und ein höheres Maß staatlicher Fürsorge für Alter und Invalidität. Berechnet waren diese Reformen auf die Trennung der Arbeiterpartei von den Massen der Arbeiter, auf die Entschärfung sozialer Konflikte, um revolutionären Entwicklungen entgegenzuwirken. Um die politische Bewegung zu untergraben, ließ die Polizei den gewerkschaftlichen Bestrebungen etwas Raum.

Berlins Bedeutung für die Neuformierung der Gewerkschaftsbewegung war groß, denn hier waren 1882 über 200 000 Arbeiter in Industrie, Gewerbe, Handel und Verkehr konzentriert, das waren 4,7 Prozent der »gewerblichen« Arbeiter des Deutschen Reiches. Schon 1880 hatten die Berliner Tischler in einer breiten Bewegung den zehnstündigen Arbeitstag und einen Mindestwochenlohn von 18 Mark errungen. Ihr Beispiel, der Zusammenschluß im Fachverein, wirkte, so daß 1881 bereits 15 solcher Vereine zur Wahrung der Interessen von Angehörigen einzelner Berufe existierten. Unter führender Beteiligung von Sozialdemokraten formierte sich auf dieser Basis eine ökonomisch-soziale Bewegung der Arbeiter, die sich den neunstündigen Normalarbeitstag, Abschaffung der Sonntagsarbeit, Mindestlöhne und Lohnsicherung zum Ziel stellte, Forderungen, die weit über Bismarcks Sozialreformen hinausgingen. Dem bonapartistischen Regime gelang es nicht, die gewerkschaftliche Bewegung zu unterdrücken; im Gegenteil, im Ringen um die politisch-ideologische Fundierung der Bewegung verknüpften sich wissenschaftlicher Sozialismus und Arbeiterbewegung enger miteinander.

Zu einem grundsätzlichen Bekenntnis zu Karl Marx, der am 14. März 1883 verstorben war, zu seiner Lehre gestaltete sich der illegale Kongreß der deutschen Sozialdemokratie vom 29. März bis 2. April 1883 in Kopenhagen. Er bildete den Ausgangspunkt für den offensiveren, intensiveren Kampf auch der Berliner Parteiorganisation, um den Einfluß auf breite Arbeitermassen auszuweiten, die illegale Organisation der Vertrauensmänner zu stärken und vor allem die vielfältigen gewerkschaftlichen Vereinigungen für legale Organisation und Aktion zu nutzen. Dazu boten auch die nach dem Krankenversicherungsgesetz vom Juni 1883 geschaffenen Freien Hilfskassen, die durch die Gewerkschaften gefördert wurden und viele Arbeiter zusammenschlossen, neue Möglichkeiten.

Eine weitere Gelegenheit, revolutionäre Arbeiterpolitik zum Nutzen der Massen zu entwickeln, gab die Neuwahl der Berliner Stadtverordneten, die durch den preußischen Innenminister Robert von Puttkamer am 23. April 1883 verfügt worden war. Puttkamers politisches Ziel war, die Vorherrschaft des liberalen Bürgertums in der Stadtverordnetenversammlung und im Magistrat durch konservativ-antisemitische Kreise zu beseitigen. Die So-

zialdemokratie konnte nicht als Partei im kommunalen Wahl-
kampf auftreten. Das preußische Dreiklassenwahlrecht, das im
Unterschied zu den Reichstagswahlen für diese Wahlen galt, gab
der Arbeiterpartei nur geringe Möglichkeit. Aber sie bildete ein
»Arbeiter-Wahlkomitee«, und ihre Kandidaten, unter ihnen Paul
Singer, vertraten in fast 100 Versammlungen ein Kommunalpro-
gramm, das unter anderem die Reform der in Berlin erhobenen
Mietsteuer (Wohnungsmieter hatten eine Sondersteuer an die
Stadtkasse abzuführen), die Überführung von privaten Versor-
gungsbetrieben (Verkehr, Gas) in Gemeindeeigentum und die
Einführung des allgemeinen, gleichen, direkten Wahlrechts für
die Kommunalwahlen forderte.

Am 18. Oktober 1883 errangen die 12 Kandidaten der Arbeiterpartei in 20 Wahlbezirken etwa 8000 Stimmen. Paul Singer
und Franz Tutzauer siegten im ersten Wahlgang. Fritz Goercki,
Ferdinand Ewald und August Herold gewannen in den Stichwahlen je 1 Mandat. Erstmals zogen 5 Sozialisten ins Rote Rathaus
und bildeten unter den 126 Stadtverordneten eine sozialistische
Fraktion, die Paul Singer dann bis zu seinem Tode im Jahre 1911
leitete. Singer, der aus der Bourgeoisie stammte, selber ein rei-
cher Fabrikant war, entwickelte sich vom bürgerlichen Demokraten zum anerkannten Führer der Berliner Arbeiter. »... bis ans
Ende seiner Tage blieb er der unversöhnlichen, revolutionären
sozialdemokratischen Politik unerschütterlich treu«[1], urteilte
Lenin.

Nach den 1878 gescheiterten Versuchen gelang es im Frühjahr
1884 der Berliner Parteiorganisation, eine sozialistische Tageszeitung zu schaffen, das »Berliner Volksblatt« als »Organ für die
Interessen der Berliner Arbeiter«, zugleich für die Information
und Orientierung als verbindendes und leitendes Organ der Berliner Arbeiterbewegung. Unter dem Druck des Ausnahmegesetzes mußte es sich auf die ökonomisch-sozialen und demokratischen Arbeiterforderungen beschränken. Es entwickelte sich bald

---

[1] W. I. Lenin: Paul Singer. In: Werke, Bd. 17, S. 78.

Die Conservativen · und die Stadtverordnetenwahlen.

Nächst dem Schmerz, so Wenige von der sogenannten Bürgerpartei durchgebracht zu haben, muß es das größte Vergnügen für die Herren sein, daß wenigstens einige Socialdemokraten ausgebrütet worden sind.

Spottbild aus dem »Kladderadatsch«

zur größten deutschen Arbeiterzeitung mit einer Auflage von über 13 000 Exemplaren (1888). Es verbreitete den Marxismus, vertiefte das Klassenbewußtsein, verbesserte die Organisation und hob die Aktionsfähigkeit der Berliner Arbeiter. 1883/1884 setzte mit der Herausgabe und Verbreitung solcher Schriften wie »Die Entwicklung des Sozialismus von der Utopie zur Wissenschaft« von Friedrich Engels, der dritten deutschen autorisierten Ausgabe des Kommunistischen Manifests und der 2. Auflage von August Bebels »Die Frau und der Sozialismus« eine breite Propagierung des Marxismus ein.

Wie bei jeder Wahlkampagne, so nutzten die legalen Bezirksvereine auch die Reichstagswahlen 1884 zur intensiven Agitation. Versammlungen, vielfach verboten, wurden durch Ausflüge ins Grüne, Tanzabende, Konzerte und andere Massenveranstaltungen ergänzt. In den sechs Berliner Wahlkreisen gewannen die sozialdemokratischen Kandidaten fast 69 000 Stimmen, das heißt, 35 Prozent der abstimmenden Wähler votierten für die Arbeiterpartei; damit erreichte sie das bis dahin beste Resultat. Die Deutsche Freisinnige Partei erhielt 71 000, die Konservativen erhielten 56 000 Stimmen. Paul Singer eroberte im ersten Wahlgang 50,9 Prozent der Stimmen und das Mandat im IV. Wahlkreis. Im VI. Wahlkreis gewann Wilhelm Hasenclever 47,5 Prozent der Stimmen und dann die erforderliche Stichwahl. Das Mandat übernahm in der Nachwahl Wilhelm Pfannkuch, da Hasenclever ein Mandat in Breslau annahm. In der Stichwahl des II. Wahlkreises verhalf die Sozialdemokratie Rudolf Virchow (Freisinn) gegen Hofprediger Adolf Stoecker zum Sieg.

Die Wahlen bewiesen, daß die Arbeiterklasse unter Führung der Sozialistischen Arbeiterpartei der Politik des Sozialistengesetzes erfolgreich widerstand, ihre politische Aktivität erhöhte und in der Hauptstadt stabile Positionen gewonnen hatte. In den Auseinandersetzungen mit den nach dem Wahlerfolg in der Partei hervortretenden Opportunisten, die auf kleinbürgerliche Schichten, die sozialdemokratisch wählten, zurückgriffen, stützte die Berliner Parteiorganisation die marxistischen Kräfte in der Partei, die sich immer enger mit der Arbeiterklasse verband und sich zur marxistischen Massenpartei entwickelte.

Sie bezog zunehmend auch Arbeiterinnen ein, die sich in Berlin unter sozialdemokratischem Einfluß am 15. März 1885 zum Verein zur Vertretung der Interessen der Arbeiterinnen zusammenschlossen. Die Arbeiterinnen formulierten Forderungen zu Arbeits- und Lohnproblemen, organisierten sich in den Bezirken sowie in Fachvereinen wie dem der Berliner Mantelnäherinnen. Aber schon 1886 schlug die Polizei zu, unterdrückte diese Vereine, verfolgte ihre Führerinnen und lähmte die weitere Arbeit.

Etwa gleichzeitig verschärfte der junkerlich-bourgeoise Militärstaat die systematische Unterdrückung der Gewerkschaftsbewegung, die sich trotz des »Zuckerbrots« der Sozialgesetzgebung nicht von der revolutionären Partei, sondern vom Bismarckregime distanzierte. Die »milde Praxis« der Anwendung des Sozialistengesetzes endete mit einer ersten Attacke auf die Maurer, die sich in Streiks aktiv und politisch eng mit der SAPD verbunden zeigten. Im Juni/Juli 1885 streikten 12 000 Berliner Maurer für den 10-Stunden-Tag und 50 Pfennig Stundenlohn. Im Mai 1886 untersagte die Polizei im Berliner »Belagerungsgebiet« weitere Versammlungen der Maurer, verbot ihren Fachverein sowie ihr Presseorgan und wies einige Funktionäre aus. Zugleich löste sie die Arbeiterbezirksvereine auf. Bezeichnend war auch, daß 1885 mit dem Bau des neuen Polizeipräsidiums, der »Zwingburg am Alexanderplatz«, begonnen wurde. So schränkte diese neuerliche Verfolgungswelle die legalen Wirkungsmöglichkeiten der Arbeiterbewegung ein, konnte aber die Basis der Partei, die legale und illegale Arbeit unter den Proletariermassen nicht zerstören. Der Bankrott der Bismarckschen Politik des Sozialistengesetzes zeichnete sich deutlich ab.

Zunächst aber wurde das Ausnahmegesetz am 2. April 1886 erneut um zwei Jahre verlängert. Anfang Juli mußte Paul Singer Berlin verlassen. Tausende Arbeiter verabschiedeten ihn.

Polizeiprovokationen konnten die Disziplin und Bewußtheit der Parteiorganisation nicht ins Wanken bringen. Dem verschärften antidemokratischen und militaristischen Kurs begegnete die SAPD mit der Kampflosung »Diesem System keinen Mann und keinen Groschen!«. Die Berliner widerstanden der speziell gegen Frankreich gerichteten militaristisch-chauvinistischen Kampagne, erklärten ihre solidarische Verbundenheit mit dem französischen Proletariat und gaben dem Reichstagswahlkampf 1887 eine konsequent antimilitaristische Stoßrichtung. Trotz massiver Wahlbehinderung – Verweigerung von Lokalen, Auflösung von Versammlungen, Ausweisung der Kandidaten und Verhaftung des »CC« – erkämpfte die Partei in Berlin bei den Reichstagswahlen vom 21. Februar 1887 einen großen Sieg: Mit mehr als 93 000 Stimmen, das war ein Anteil von 40 Prozent, wurde sie erstmals zur wählerstärksten Partei. Das Mandat gewannen Paul Singer im IV. Wahlkreis mit 57 Prozent, Wilhelm Hasenclever im VI. Wahlkreis mit 51,5 Prozent der Stimmen. Die

Parteigenossen!

Nachdem ich Berlin verlassen habe, drängt es mich, Euch noch ein Wort des Abschieds zu sagen.

Die Polizei hat mich auf Befehl des Ministers des Innern ausgewiesen.

Ich bin ausgewiesen, weil ich die Thätigkeit des Spitzelthums aufgedeckt habe und ich mußte dem Ausnahmegesetz zum Opfer fallen, weil man Leute, die ehrliche durchdringende Verbesserung der Lage des arbeitenden Volkes fordern und welche die **Scheinreform der Regierung** unerbittlich bekämpfen, die Haltlosigkeit derselben nachweisen, in Berlin nicht duldet.

Man zwingt mich, die Stätte meiner Wirksamkeit zu verlassen. Es ist nicht gelungen, mir das Vertrauen der Genossen zu rauben, es ist **trotz der gehässigsten Verläumdungen** nicht möglich gewesen, meine Wähler zu beeinflussen.

Parteigenossen! So wie Ihr stets darauf rechnen könnt, mich für die Befreiung der Menschheit von politischem und wirthschaftlichem Joch kämpfen zu sehen, so rechne auch ich fest darauf, daß Ihr unserer Fahne treu und ergeben bleibt und daß Ihr mannhaft zusammensteht, wenn es gilt, unsere heilige Sache zu fördern.

Laßt Euch — dies rufe ich Euch warnend zu — **durch keine Provokationen, welche nicht ausbleiben werden, verleiten, den Gegnern gefällig zu sein, behaltet die Köpfe klar!**

Stets das erhabene Ziel im Auge, laßt die Frucht reifen, auch für uns kommt die Zeit der Ernte!

Bis dahin unaufhörlichen Kampf gegen die Feinde auf allen Gebieten; wir müssen und werden siegen unter dem Rufe:

Hoch die Sozialdemokratie!

Paul Singer.

Verlag und Druck
Schweizerische Genossenschaftsdruckerei Hottingen-Zürich.

Flugblatt Paul Singers nach seiner Ausweisung aus Berlin

Partei war in der Lage, in kurzer Zeit eine neue aktionsfähige Leitung zu bilden. Ab 30. Juli 1887 erschien die »Berliner Volks-Tribüne«, die zu einer politisch bedeutenden legalen Arbeiterwochenzeitung unter dem Sozialistengesetz wurde. Die gewachsene marxistische Reife der Partei brachte der Parteitag der SAPD vom 2. bis 6. Oktober 1887 bei St. Gallen mit Beschlüssen gegen opportunistische wie anarchistische Tendenzen zum Ausdruck.

Mit dem Wahlsieg Wilhelm Liebknechts bei den Nachwahlen am 30. August 1888 im VI. Reichstagswahlkreis begannen die Aktionen der Berliner Arbeiter anläßlich des 10. Jahrestages des Sozialistengesetzes, das auch nach der Thronbesteigung durch Wilhelm II. im Juni fortbestand. Die Partei fand neue legale Möglichkeiten ihrer Arbeit in den jetzt gebildeten Arbeiterbildungsvereinen, die sich in den sechs Berliner Reichstagswahlkreisen als »Sozialdemokratische Wahlvereine« konstituierten. Sie entwickelten sich zur legalen Organisation der Partei in der Hauptstadt. Am 18. März 1889 wurde die Tradition der »Märzfeier« mit der Ehrung der Gefallenen der bürgerlich-demokratischen Revolution 1848/1849 im Friedrichshain und damit verbunden die Würdigung der ersten proletarischen Revolution, der Kommune von Paris 1871, erneut aufgenommen. Das Jahr 1889 verzeichnete die größten Streikbewegungen der deutschen Arbeiterklasse im 19. Jahrhundert. Höhepunkt war der Streik von 150 000 Bergarbeitern, den die Berliner Arbeiter mit Spenden und Sympathiekundgebungen unterstützten. In Berlin selbst streikten 1889 über 40 000 Arbeiter in 30 Gewerbezweigen um Lohnerhöhungen und Verkürzung der Arbeitszeit. Erstmals erreichten die Arbeiter durch diese Kämpfe wieder das Lohnniveau von 1873 oder überschritten es sogar. Als von nachhaltiger Wirkung erwiesen sich die Beratungen und Beschlüsse des Internationalen Arbeiter- und Sozialistenkongresses in Paris 1889, des Gründungskongresses der II. Internationale. Berliner Arbeiter hatten in öffentlichen Versammlungen Delegierte gewählt; diese berichteten über die Ergebnisse, die das Klassenbewußtsein und den proletarischen Internationalismus stärkten.

Das Wachsen der Sozialdemokratie, die sichtliche Erfolglosig-
keit der Politik des Sozialistengesetzes ließen innerhalb der herrschenden Klassen Gegensätze über die Wege zur weiteren Bekämpfung der Arbeiterbewegung aufbrechen. Sie verstärkten
sich, als die Sozialdemokratie mit machtvollen Massenversammlungen in Berlin, auf denen August Bebel, Wilhelm Liebknecht
und Paul Singer im Januar 1890 auftraten, ihren außerparlamentarischen Druck vergrößerte.

Am 25. Januar 1890 lehnte eine Mehrheit im Reichstag die
Verschärfung des Ausnahmegesetzes und seine Verlängerung
über den 30. September 1890 hinaus ab. Bei den Neuwahlen zum
Reichstag am 20. Februar wurde die Sozialdemokratie, im
12. Jahr des Sozialistengesetzes, zur wählerstärksten deutschen
Partei. In Berlin gewann sie die absolute Mehrheit der Wähler
(126 000 Stimmen), Wilhelm Liebknecht und Paul Singer erkämpften Mandate.

*Sozialdemokratische Wahlergebnisse in den städtischen
Reichstagswahlkreisen Berlins, Hauptwahlen*

	1884 abso-lut	1884 Pro-zent	1887 abso-lut	1887 Pro-zent	1890 abso-lut	1890 Pro-zent
Berlin I	821	5,1	2 176	12,7	3 588	23,5
Berlin II	9 282	23,9	14 751	29,0	20 225	38,0
Berlin III	6 344	27,7	9 088	33,6	12 287	49,7
Berlin IV	25 386*	50,9	32 064	57,0	40 709	72,5
Berlin V	2 444	13,6	4 803	21,9	7 234	33,0
Berlin VI	24 258	47,5	30 453	51,5	42 274	62,2

* Die hervorgehobenen Zahlen kennzeichnen die Ergebnisse der Wahlen, aus denen die Sozialdemokratie siegreich hervorging.

Die Partei siegte auch in den rasch wachsenden Arbeiterzen-
tren, in Vororten Berlins, wie Rixdorf, Schöneberg, Köpenick,
Adlershof, Altglienicke, Johannisthal, Lichtenberg, Rummelsburg, Neu-Weißensee und Reinickendorf. Im angrenzenden
Wahlkreis Niederbarnim errang Arthur Stadthagen den Abge-

ordnetensitz. Die Wahlergebnisse, die nachfolgende Entlassung Bismarcks, neue Sozialreformen zeugten vom Zusammenbruch der bonapartistischen Diktatur. Die kämpfende Arbeiterklasse, geführt von der sich zur marxistischen Massenpartei entwickelnden Partei August Bebels und Wilhelm Liebknechts, hatte daran entscheidenden Anteil.

Am 1. Mai streikten 20 000 Berliner Arbeiter; auf Volksversammlungen und Kundgebungen solidarisierten sich Berliner Werktätige mit der ersten Maimanifestation der internationalen Arbeiterklasse, die zur Kampftradition für Solidarität, Demokratie und Sozialismus wurde. Die Partei bereitete sich auf die neuen Kampfbedingungen nach dem Fall des Sozialistengesetzes vor. Dem diente die weitere Festigung der Wahlvereine als legaler Parteiorganisationen wie auch die Bildung der »Berliner Gewerkschaftskommission« als koordinierender Leitung der Gewerkschaftsbewegung in Berlin. 70 Berliner Gewerkschaftsorganisationen begründeten sie am 3. Juli. Für die Arbeit auf kulturellem Gebiet waren die Gründung der »Freien Volksbühne« am 18. Juli und die Wahl der Leitung am 8. August bedeutsam.

Am 30. September 1890 feierten auch Berlins Arbeiter mit ihrer Parteiorganisation den Sieg über das Ausnahmegesetz und seine Träger. Die Durchsetzung des Marxismus, die offensive Massenpolitik, proletarisches Klassenbewußtsein und Opferbereitschaft hatten das ermöglicht. Berliner Arbeiter hatten in vorderster Front gekämpft und den Erfolg sichern helfen.

Zentrum der Großindustrie und der revolutionären Arbeiterbewegung am Ende des 19. Jahrhunderts

Mit dem Abklingen der Wirtschaftskrise 1879 trat die Berliner Wirtschaft in eine zweite Phase der Gründerära. Unter dem Schild der Bismarckschen Schutzzollpolitik erfuhren alle Wirtschaftszweige einen Ausbau, der durch Kapazitätserweiterung, umfangreiche Ausstattung mit Werkzeug- und Dampfmaschinen sowie durch erhöhte Leistungskraft gekennzeichnet war. Durch Intensivierung der Ausbeutung stieg die Arbeitsproduktivität. Die Produktion wurde stärker auf den Export orientiert. Mächtig wuchs der Maschinenbau, der sein Produktionsprofil ausdehnte. Mittlere Betriebe produzierten Apparate, Werkzeuge, Ausrüstungen und Maschinen für fast jede Industrie und jedes Gewerbe, speziell für Textil- und chemische Fabriken, Gas- und Wasserwerke, Nahrungs- und Genußmittelindustrie, Sägewerke und Mühlen, Forst- und Landwirtschaft, Druckereien und Verlage. Zu den Neugründungen zählten die Metallfirmen Hartung AG (landwirtschaftliche Geräte und Maschinen), F. H. Zimmermann (graphisches Gewerbe), Zimmermann & Buchholz (Eisenbahnsignale), C. Groh (Kunstschlosserei für Möbelindustrie), C. Sandmann (Armaturen), A. Altmann (Motoren). Zu Großbetrieben wuchsen Orenstein & Koppel, die zunächst am Tempelhofer Ufer Eisenbahnmaterial produzierten, sowie das von J. F. Carpenter 1883 begründete, 1893 von G. Knorr übernommene Bremsenwerk. Neue Werkzeugmaschinenfabriken begründeten R. Stock 1887 in Marienfelde und F. Werner 1896 in der Lützowstraße. Zu einem führenden Betrieb der optischen Industrie entwickelte sich die Firma C. P. Goerz, seit 1889 mit Betriebsstätten in Schöneberg, 1897 auch in Friedenau. Erweiterung erfuhr die chemische Industrie, so mit der H. Kunheimschen Fabrik für technische Gase 1885 in Niederschöneweide, die zum größten deutschen Ammoniakproduzenten wurde. Die »modernen« Industrien vergrößerten sich vor allem in ihrem elektrotechnischen Zweig bedeutend. Die Siemens-Werke eröffneten 1883 in Charlottenburg ein neues Werk für Kraftmaschinen; bald lag hier die gesamte Starkstromproduktion, während in Mitte in der Markgrafenstraße der Apparatebau verblieb. 1883 gründeten Emil Rathenau und Werner von Siemens die Deutsche Edison-Gesellschaft zunächst in der Chausseestraße 113, die nach wenigen Jahren in die Allgemeine Elektrizitätsgesellschaft (seit 1887) umgebildet und mit ihren Betrieben in der Schlegel-, dann in der

Weddinger Acker- und in der Brunnenstraße zum führenden Großbetrieb der Starkstromindustrie wurde. Die Firma Mix & Genest (ab 1889 AG) produzierte seit 1879 in der Schöneberger General-Pape-Straße Telefon- und Telegrafenapparate; ein ähnliches Produktionsprofil hatte C. Lorenz (seit 1880 in Tempelhof). Siegmund Bergmann gründete in der Weddinger Seestraße eine Fabrik für Isolierrohre und Installationsmaterial, aus der 1900 die Bergmann-Elektrizitätswerke in Rosenthal hervorgingen. Am Stralauer Tor entstand 1889 die Deutsche Gasglühlicht-Auer-Gesellschaft, die um die Jahrhundertwende die Produktion elektrischer Glühlampen aufnahm. Berlin wurde zum die deutsche Elektroindustrie beherrschenden Zentrum, was sich in Niederlassungen und Exporten in internationalen Dimensionen ausdrückte. Mit der Errichtung der ersten Elektrizitätswerke 1883 in der Markgrafen- und Mauerstraße (Mitte) kündigte sich für die nächsten Jahrzehnte eine Umwälzung für Wirtschaft und Verkehr, für die Arbeits- und Lebensverhältnisse der Menschen überhaupt an.

Seinen Rang als bedeutendster Standort der Druckerei- und Buchbindereiindustrie, als Verlagsort für Bücher, Zeitschriften und Zeitungen festigte Berlin mit dem Ausbau der Preußischen Staatsdruckerei zur Reichsdruckerei (1879), den Buchfertigungsfabriken Lüderitz & Bauer und A. Ludwig. Für die Ansprüche kapitalistischer Massenbeeinflussung wurden das Wolffsche Telegraphenbüro (seit 1849), die Verlage von Rudolf Mosse (1867), Ludwig Ullstein (1877), August Scherl (1883) ausgebaut und wirksam. 1886 gründete Samuel Fischer seinen Verlag. 1867 erschienen in Berlin 165 Zeitungen und Zeitschriften, 1879 waren es bereits 354, und 1895 kamen 834 Publikationsorgane heraus.

Für die Versorgung der rapide wachsenden Bevölkerung der Stadt wie auch der Vororte arbeiteten zunehmend Betriebe der Nahrungs- und Genußmittelindustrie; mehrere Dampfmühlen machten die ländlichen Mühlen überflüssig und ließen Berlin auch zum Mittelpunkt des Mehlgroßhandels werden. Ab 1883 arbeitete der Schlachthof am neu errichteten Zentralviehhof. Die

Expeditionsbüro der Berliner Rohrpost.
Holzstich nach C. Rechlin, 1880

Milchversorgung blieb bis Ende des Jahrhunderts unzureichend.
Carl Bolle betrieb ab 1879 eine Molkerei; sein Betrieb in Moabit
war 1886 der modernste Europas, er belieferte mit Milchwagen
die Haushalte. Die Margarineproduktion wurde aufgenommen.
Die Zigarettenindustrie erweiterte sich mit Josetti (Rungestraße)
und Garbaty (Pankow). Luxusgüter, Schokolade, Kaffee, Delika-
tessen wurden produziert und in Spezialgeschäften und Filialen
angeboten. Firmen wie Stiller, Tack, Leiser und Salamander fertigten maschinell Schuhe. Das Textilgewerbe florierte in seinen
Zentren um den Hausvogteiplatz, am Neuen Markt, zwischen
Oranienburger und Schönhauser Tor. Großbetriebe mit Hunder-

ten Zwischenmeistern, Tausenden Heimarbeiterinnen produzierten für den Bedarf der Großstadt und für den wachsenden Export. Schneider-, Sattler- und Schuhmacherwerkstätten und zahllose Effektenfabriken arbeiteten für Luxus- und Militärbedarf. Im Bereich der Warschauer Straße begann die fabrikmäßige Möbelproduktion; viele Handwerksbetriebe mußten der Konkurrenz weichen.

Für Dienstleistungen blieben die Handwerker allerdings wichtig, die neuerdings auch als Zulieferer- und Reparaturbetriebe für die Industrie tätig wurden. Berlin war und blieb die größte Handwerkerstadt Deutschlands. Der Berliner Handwerkskammer gehörten in der Stadt und im Regierungsbezirk Potsdam 80 000 Betriebe mit 180 000 Lehrjungen und Gesellen an. Bedeutend vergrößerte sich die Zahl der Einzelhandelsgeschäfte. 1888 existierten 12 340 Handelsunternehmen mit 43 154 männlichen und 10 780 weiblichen Arbeitskräften. Einzelne große Handelshäuser beherrschten zunehmend ganze Branchen (Möbel, Textil); Markthallen, Märkte und Warenhäuser wurden für die Versorgung wichtiger. Auf den Groß- und Außenhandel orientierte Unternehmen ließen das Ansehen Berlins als Handelsmetropole auch international wachsen.

Die Entwicklung der Industrie war eng verknüpft mit ihrer »Randwanderung«, der weiteren Verlagerung von Betrieben nach außerhalb, wo billiger Boden und Ausdehnungsmöglichkeiten und mobile Arbeitskräfte vorhanden sowie geringere Steuern zu zahlen waren. Die metallverarbeitende Industrie breitete sich östlich der Stadtgrenze in Lichtenberg aus (so Knorr-Bremse, Landmaschinenfabrik Eckert), in Ober- und Niederschöneweide (die Deutschen Messingwerke, später auch die AEG), in Treptow und Rummelsburg, hier produzierte auch die chemische Industrie mit der Agfa. Carl Spindler verlegte seine Chemische Reinigung, Färberei und Waschanstalt in den siebziger Jahren in die Köllnische Vorstadt von Köpenick, dann Spindlersfeld genannt. Um die Stammarbeiter an die Firma zu binden, entstanden hier zugleich Wohnungen und erstmals größere soziale, kulturelle

S. ADAM, Berlin W., Leipzigerstr. 103, Ecke Friedrichstr.

№ 19.
Jagd-Rock
(Interimsfaçon)
aus grauem oder forstgrünem Düffel mit
dunkelgrünem Kragen, echten Hirschhorn-
knöpfen und Futter
Mk. **36. 42. 48.**

№ 20.
Jagd-Paletot
(zweireihig) bis oben geschlossen, mit
10 Taschen und Windärmel, aus echten
bayrischen und tyroler Lodenstoffen Mk.
25. 30. 35. Mit Militairlama gefüttert
Mk. **33. 39. 45. 50.**

Fertige Jagdgarderobe
halte in allen Grössen und sämmtlichen Façons am Lager, um meiner werthen Kundschaft
bei eintretendem Bedarf sofort dienen zu können.

Seite im Preiskatalog aus dem Jahre 1890

und sportliche Einrichtungen. In Reinickendorf fanden neue Fabriken ihren Standort. Weit vor die Tore der Stadt zog die Schwerindustrie: In Spandau wurden die Militärwerkstätten durch die Deutschen Waffen- und Munitionsfabriken erweitert. Orenstein & Koppel gründeten hier 1896 eine Lokomotiv- und Waggonbaufabrik, wenig später in Drewitz eine Kesselschmiedeanlage. Borsig zog 1894 von Moabit nach Tegel und errichtete neben den Fabriken Wohnsiedlungen, Borsigwalde entstand. Die Berliner Maschinenbau-AG (vorm. L. Schwartzkopff) baute ab 1897 in Wildau eine neue Lokomotivfabrik. Die Julius Pintsch AG (Leucht- und Heizgasapparatebau) übersiedelte nach Fürstenwalde. Siemens baute ab 1899 bei Spandau und erwarb nördlich von Charlottenburg Bauland. Die AEG errichtete 1898 ihr Kabelwerk in Oberschöneweide und plante Fabriken in Hennigsdorf. Siemens und AEG drückten ganzen Landstrichen einen neuen Stempel auf. Die »Randwanderung« und der Neubau gewaltiger Industrieanlagen waren mit der weiteren Verquickung von Industrie- und Bankkapital verbunden.

Wie in der Industrie, so vergrößerte sich auch im Handel der Einfluß der Banken. Hand in Hand mit der Ausprägung der deutschen Kolonialpolitik in den achtziger Jahren entstanden in Berlin 1886 die Deutsche Überseebank (gegründet durch die Deutsche Bank), besonders auf die »Erschließung« Afrikas und Südamerikas ausgerichtet, und 1889 die Deutsch-Asiatische Bank (Disconto-Gesellschaft). Die Berliner Börse wurde mehr und mehr auch Drehscheibe des Außen- und Kolonialhandels und Partner der internationalen Finanzmächte. 1888 wurde das Bagdad-Bahn-Konsortium in Berlin begründet. Der 1882 auf Initiative von Kaufmannschaft und Junkern entstandene Deutsche Kolonialverein, der sich 1887 mit der Gesellschaft für deutsche Kolonisation zur Deutschen Kolonialgesellschaft zusammenschloß, entfaltete von Berlin aus seine Kolonialpropaganda.

Internationale Konferenzen wie die Berliner Konferenz 1878 über die Balkanfrage, die Kongo-Konferenz 1884 und die Samoa-Konferenz 1889 unterstrichen neue Tendenzen deutscher

Großes Wappen der Stadt Berlin,
gültig ab 1883, der Bär erstmals ohne Halsband.
Farblithographie, um 1890

Politik und die wachsende Rolle Berlins im internationalen Geschehen.

Die zweite Gründerära führte zu einem neuerlichen Wohnungsbauboom, charakterisiert durch eng bebaute und übervölkerte Straßenzüge mit Hinterhöfen, Quergebäuden und Seitenflügeln, mit kleinen Werkstätten, Fabriken, Buden und Schuppen im Norden, Süden und Osten der Stadt, durch Mietwucher und wilde Spekulationen auf dem Grundstücks- und Immobilienmarkt. Neue Arbeiterwohnviertel mit jetzt durchweg 5stöckigen Massenmietshäusern entstanden in der Rosenthaler Vorstadt, im Königs- und Stralauer Viertel, im Wedding und in Moabit. Dicht besiedelte Arbeiterquartiere, den Berliner Verhältnissen ähnlich, prägten auch die Vororte Lichtenberg, Rixdorf, Neu-Weißensee, Rummelsburg sowie Teile Treptows, Schönebergs und Charlottenburgs. Trotz neuer Bauordnungen (1887, 1892, 1894, 1897), die Kellerwohnungen zum Hof untersagten, 5 statt bisher 6 Geschosse, die Verbreiterung der Höfe und Treppen vorschrieben, blieb es bei der auf maximalen Profit orientierten Bauweise, die vielfach keine menschenwürdigen Wohnungen, sondern düstere Behausungen entstehen ließ. Die Hausgrundrisse waren auf die »herrschaftliche« Wohnung im Vorderhaus zugeschnitten. Eine Minderheit von knapp 1 Prozent der Bevölkerung verfügte um 1900 über den gesamten Berliner Grundbesitz; tatsächlich beherrschten die Banken über den Hypothekenmarkt das Bau-, Wohn- und Mietwesen. Seit Anfang der achtziger Jahre waren die Mieten für die »Standardwohnung«, Stube und Küche, in der Arbeiter, Angestellte, niedere Beamte und andere kleinbürgerliche Schichten durchweg lebten, von 180 auf 220 Mark jährlich gestiegen.

Die sich verschärfenden Klassengegensätze fanden Ausdruck in einer deutlichen Trennung der Wohngebiete der arbeitenden Massen und der besitzenden Klasse, die bevorzugt in Westend, Zehlendorf, Wannsee, Lankwitz, Mariendorf, Lichterfelde, Grunewald wohnte. Besonders seit den achtziger Jahren zerstörten neu errichtete Repräsentations- und Geschäftsbauten den spätmittelalterlichen Stadtkern, darunter zahlreiche reizvolle historische Straßen, Plätze und Gebäude.

Blick von der Fischerbrücke zur Stadtvogtei.
Anonymer Holzstich, 1886

Fünftes Kapitel

Gebäude und Wohnungen in Berlin 1850–1900

	1850	1875	1900
Einwohner	427 289	959 192	1 888 848
Wohnungen	80 820	225 995	476 283

Ausstattung der Wohnungen (in Prozent)

Wasserleitung	18,4 (1864)	43,2	97,2 (1905)
Abort (WC)		13,5	45,7
Bad		3,4	8,4

Gebäude in Berlin	1850	1875	1900	Zuwachs in 50 Jahren
Gebäude für Wohnzwecke	16 943	22 404	38 018	21 075
Wohnungen	80 820	225 995	476 283	395 463
Gebäude für Unterricht und Erziehung	73	303	378	305
Kranken-, Armen- und Siechenhäuser	39	167	151	112
Verwaltungsgebäude der Behörden	55	238	170	115
Gebäude für andere öffentliche Zwecke	159	243	286	127
Militärgebäude	121	271	331	210
Kirchen, Kapellen, Synagogen, Betsäle	42	51	106	64
Fabriken, Magazine, Eisenbahngebäude	584	5 084	6 231	5 647
Ställe, Scheunen, Schuppen	6 336	8 588	6 850	514
Sonstige Gebäude	554	649	1 502	948
Gebäude zusammen	24 906	37 948	54 023	29 117

*Anteil der Wohnungen mit heizbarem Zimmer
am Gesamtbestand 1900* (in Prozent)

0 – 1,4 (nur Küche)	3 – 11,2
1 – 49,4	4 und mehr – 9,9
2 – 28,1	

456

Die Innenstadt wurde mehr und mehr entvölkert. Monumentalbauten und monströse Denkmäler widerspiegelten den übersteigerten Nationalismus und Militarismus; die Stadt verlor an städtebaulicher Qualität und Schönheit. Das Straßennetz, erst seit 1875 in städtischer Verwaltung, wurde ausgebaut und erhielt durchgängig Gasbeleuchtung. Die Straßen mußten von bisher 11 bis 15 Meter ab 1891 auf mindestens 21 Meter Breite angelegt werden. Fortschritte machte der Ausbau des Entwässerungssystems (seit 1876), das bis 1905 auf 1 000 Kilometer Leitungen erweitert wurde und die Abwässer auf Rieselfelder bei Blankenfelde, Buch, Mühlenbeck, Schönerlinde, Hobrechtsfelde (genannt nach dem Schöpfer des Konzepts der Entwässerung), Falkenberg, Mahlow, Großbeeren, Osdorf und Sputendorf leitete. Etwa 24 000 Hektar Rieselfläche besaß Berlin schließlich. Damit war eine bedeutende Verbesserung der hygienischen Verhältnisse in der Stadt erreicht. Dem dienten auch die städtischen Wasserwerke in Tegel (1877) und Friedrichshagen (1893). Während 1870 noch 56 Prozent der Bevölkerung Wasser aus Brunnen bezogen, wurden 1918 schließlich über 97 Prozent zentral versorgt.

Das Gesundheitswesen der Stadt erfuhr durch den Bau des Krankenhauses am Friedrichshain (1874), des Städtischen Krankenhauses Moabit sowie des Rudolf-Virchow-Krankenhauses (1906) wesentliche Verbesserungen. Hatten an der Planung Rudolf Virchow und Ferdinand Straßmann hervorragenden Anteil, so machte sich der Stadtbaurat Ludwig Hoffmann um die Ausführung der Bauten hier, dann auch bei den Krankenanstalten in Buch sehr verdient. Der Erholung der Großstädter diente der Treptower Park (seit 1876).

Der Ausbau der Stadt war mit der Erweiterung des Verkehrswesens verbunden, das wiederum auf den Industrie-, Wohn- und Siedlungsbau zurückwirkte. Nach der Übernahme mehrerer privater Eisenbahngesellschaften durch den preußischen Staat in den siebziger Jahren wuchs Berlin zum Hauptknotenpunkt des deutschen Eisenbahnnetzes. Der Bau der Strecke Oranienburg–

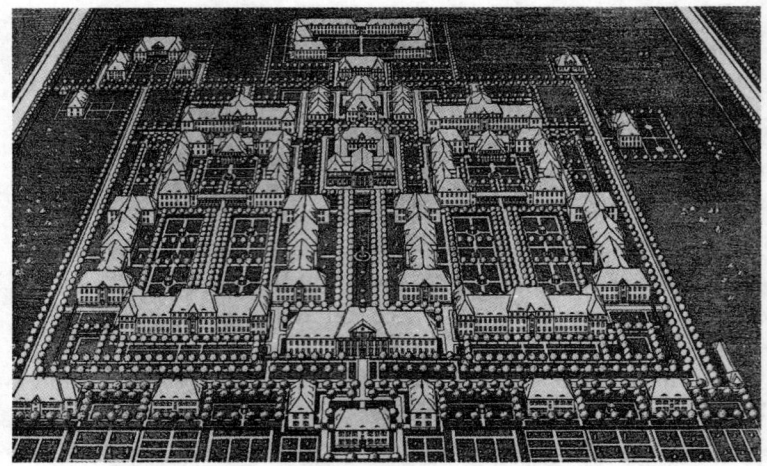

Perspektivische Ansicht des Genesungsheims in Buch,
1910–1914 nach Entwürfen Ludwig Hoffmanns im Auftrag der Stadt
Berlin mit 34 Einzelgebäuden errichtet. Lichtdruck, um 1914

Gransee–Fürstenberg–Stralsund (1878), der Anschluß Rostock–Warnemünde (1886), der schließlich 1903 eröffnete Tra-
jektverkehr Warnemünde–Gedser und 1909 Saßnitz–Trelleborg
erhöhten Berlins Bedeutung im europäischen Nord-Süd-Ver-
kehr. Dem diente auch die Strecke Zossen–Dresden (1875). Der
Ost-West-Verkehr wurde mit der Strecke Seddin–Belzig–Wetz-
lar (1879) erweitert. Der Frachtverkehr auf den Wasserstraßen
nahm mit der Spreeregulierung in den achtziger und neunziger
Jahren einen neuen Aufschwung. Die durchgehende Regulierung
war mit dem Bau neuer Schleusen und Brücken sowie dem Ausbau der Häfen Am Urban, in Schöneberg, dem Nord-, Ost- und
Westhafen sowie des Teltowkanals am Anfang des neuen Jahrhunderts verbunden.

Für den stadtnahen Verkehr brachte die Ringbahn, die 1871
Moabit–Stralau–Treptow und Schöneberg, ab 1877 Schöneberg–Wilmersdorf–Charlottenburg und Moabit verband, einen
außerordentlichen Fortschritt. Damit war ein 40 Kilometer lan-

ger Eisenbahnring um Berlin gelegt, nicht durch den Straßenverkehr behindert, projektiert für vier Gleise, Voraussetzung für den
Anschluß weiterer Vororte und für die Besiedlung. Für die Verbindung mit der Innenstadt wurde unter Leitung von Ernst
Dircksen die Stadteisenbahn mit der Streckenführung Nieder-
schlesisch-Märkischer (seit 1882 Schlesischer) Bahnhof–Friedrichstraße–Charlottenburg geschaffen – zum Teil auf einem
Viadukt über den früheren Festungsgraben verlegt – und 1882
eröffnet. Der Vorortverkehr spielte sich zunächst zwischen Halte-
punkten ab, die Mindesteinnahmen garantierten – so vor allem
im Zusammenhang mit dem Berufsverkehr die Strecke nach
Spandau (wo nach 1867 Rüstungsfabriken entstanden) –, oder in
Verbindung mit dem Ausflugsverkehr (Wannseebahn in den siebziger Jahren). Pendelverkehr mit Vororttarifen entwickelte sich
in den achtziger und neunziger Jahren von Berlin nach Tegel,
Königs Wusterhausen, Bernau, Erkner–Fürstenwalde, Oranienburg, Strausberg, Zossen und über Potsdam hinaus bis Werder.

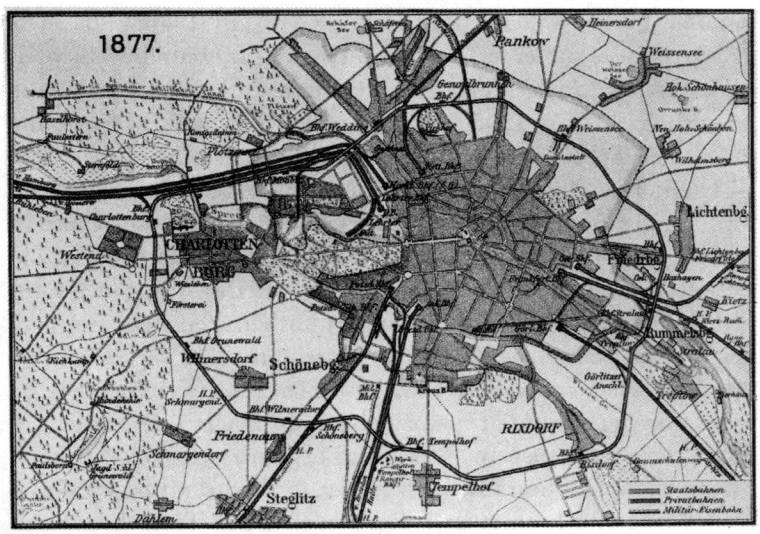

Berliner Eisenbahnnetz im Jahre 1877

Teilnehmerkarte zur Eröffnungsfeier
der Berliner Stadtbahn am 6. Februar 1882

Den innerstädtischen Straßenverkehr bewältigten noch immer
Pferdedroschken, Pferdeomnibusse (seit 1846) und Pferdestra-
ßenbahnen (seit 1865), von privaten Gesellschaften betrieben.
1879 führte Werner Siemens die erste elektrische Bahn der Welt
auf der Berliner Gewerbeausstellung vor. 1881 ging die erste
»Elektrische« auf einer kurzen Strecke vom Bahnhof Lichter-
felde-Ost zur preußischen Hauptkadettenanstalt Lichterfelde in
Dauerbetrieb. Erst 1895 fuhr man elektrisch nach Pankow und
1896 nach Treptow. 1902 waren fast alle Straßenbahnlinien elektrifiziert. Im selben Jahr wurde die erste Hochbahn nach etwa
fünfjähriger Bauzeit zwischen Warschauer Brücke und Charlottenburg (Knie) mit einer Abzweigung zum Potsdamer Platz in
Betrieb genommen. Ihr Ausbau ebenso wie der Auto- und Luft-
verkehr blieben dem 20. Jahrhundert vorbehalten. Die Möglichkeit, »elektrisch« – per Telefon – miteinander zu verkehren, bestand für die Berliner seit 1881, zunächst für 45 Teilnehmer.

So war Berlin in den neunziger Jahren längst über die engen
Stadtgrenzen hinausgewachsen, man begann, von »Groß-Berlin«
zu sprechen. Die herrschenden Kreise in Stadt und Staat, Großbourgeoisie und Junkertum, weigerten sich, den Tatsachen durch
einen politischen und wirtschaftlichen Zusammenschluß Berlins

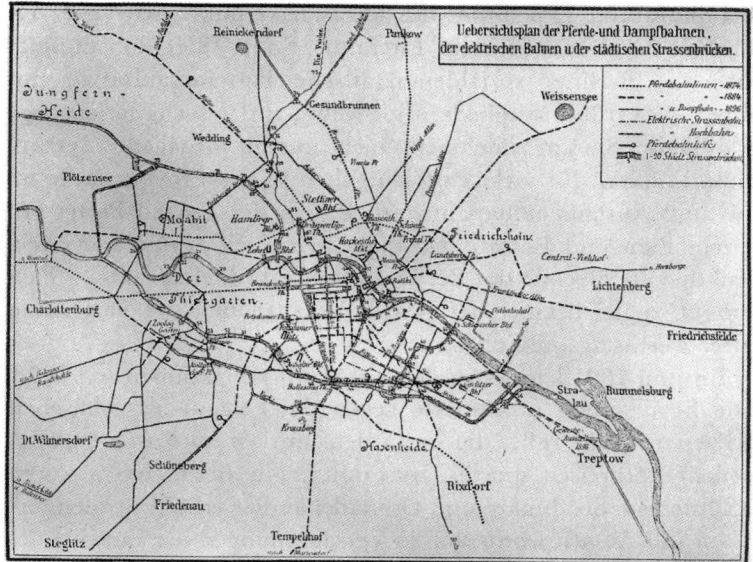

Plan der Berliner Pferde-, Dampf- und elektrischen Bahnen
sowie der städtischen Straßenbrücken, um 1896

und seiner Vororte zu einer neuen administrativen Einheit Rechnung zu tragen. Sorge um den Verlust finanzieller Vorteile, konservatives Beharren, vor allem aber Angst vor der gewachsenen Kraft der Arbeiterklasse ließen sie am althergebrachten Status der Stadt festhalten. Allerdings erhielten stark gewachsene Vororte wie Schöneberg (1898), Rixdorf (1899) und Lichtenberg (1908) Stadtrechte.

Tatsächlich hatte sich die Berliner Arbeiterbewegung mit dem Sieg über das Sozialistengesetz günstigere Kampfpositionen erobert. Nach ihrem Halleschen Parteitag (12.–18. Oktober 1890) verlegte die Sozialdemokratische Partei ihre Zentrale nach Berlin. August Bebel und Wilhelm Liebknecht arbeiteten in der Stadt. Das »Berliner Volksblatt« wurde ab 1. Januar 1891 als »Vorwärts« Zentralorgan der Partei. Die neugegründete Buch-

461

handlung und Expedition des »Vorwärts« publizierte und verbreitete legal marxistische Literatur. Ende 1890 konstituierte sich die Berliner sozialdemokratische Parteiorganisation mit ihren etwa 5000 Mitgliedern im Rahmen der sechs Reichstagswahlkreise. Sie war zunehmend nicht nur für ihr eigenes Territorium, sondern für viele Parteiaufgaben in der Provinz sowie im In- und Ausland mitverantwortlich, gab der ganzen Partei mit ihrem Elan und Einsatz Rückhalt. Ausdruck dessen war auch, daß der Vorsitzende der Berliner Stadtverordnetenfraktion, Paul Singer, zugleich einer der beiden Vorsitzenden der Partei und ihrer Reichstagsfraktion war.

Im Juni 1891 kam es zu den ersten Massenaktionen seit 1878. Die Bevölkerung protestierte gegen die Folgen der zyklischen Krise von 1890/1891, die sie in den um fast 50 Prozent gestiegenen Brotpreisen spürte. Die Einfuhrzölle für Getreide waren im Interesse der Junker und Getreidehändler erhöht worden.

Im Juli/August wurde auf 25 Versammlungen der Entwurf des neuen marxistischen Parteiprogramms diskutiert, das dann der Erfurter Parteitag (14.–20. Oktober 1891) beschloß. In diesen Diskussionen – wie schon bei Annahme des neuen Parteistatuts 1890 – wiesen die marxistischen Kräfte in der Berliner Parteiorganisation die Angriffe der »Jungen«, einer halbanarchistischen linkssektiererischen Gruppe – »Studenten, Literaten und andere junge deklassierte Bürgerliche«[2] –, entschieden zurück. Das zeugte von der festen Verwurzelung des Marxismus unter der Masse der Berliner Sozialdemokraten. Der weiteren Verbreitung der marxistischen Weltanschauung diente die im Januar 1891 gegründete Arbeiterbildungsschule, die bald 5000 Teilnehmer zählte, an der Ottilie Baader, Georg Ledebour, Wilhelm Liebknecht, Ewald Vogtherr, Fritz Zubeil und andere lehrten. Auch auf anderen Gebieten suchten die Arbeiter dem Klassengegner das Feld streitig zu machen. 1890 gründeten Arbeitersportler den

---

2 Engels an Paul Lafargue in Le Perreux, 27.8.90. In: Karl Marx/Friedrich Engels: Werke, Bd. 37, S. 450.

Turnverein »Fichte«, der zur Keimzelle des revolutionären Arbeitersports, zum Gegenpol des exklusiven bürgerlichen Sportbetriebes in Berlin wurde.

Während der Choleraepidemie im Herbst 1892 formierte sich unter Leitung des sozialdemokratischen Stadtverordneten und Arztes Ignaz Zadek eine Arbeitersanitätskommission, die sich mit den katastrophalen hygienischen Bedingungen in den proletarischen Wohngebieten, in Fabriken und Werkstätten auseinandersetzte. Ihrer Arbeit war es mit zu danken, daß der Neubau der Charité nach langer Verzögerung in Gang kam.

Das politische Anliegen fortgeschrittener Arbeiter, dem herrschenden bürgerlichen Einfluß in Volksbildung und Kultur – speziell im Theaterwesen – entgegenzutreten, unterstützten bürgerliche und kleinbürgerliche Kräfte – so der um Bruno Wille zusammengeschlossene Friedrichshagener Dichterkreis –, die sich der proletarischen Bewegung angenähert hatten. Dazu zählten auch Carl und Gerhart Hauptmann, der mit seinem Stück »Die Weber« (Uraufführung in Berlin 1893) das Proletariat nicht mehr als duldend leidende, sondern aktiv handelnde Klasse darstellte. Unter dem Motto »Die Kunst dem Volke« brachte die »Freie Volksbühne« progressive dramatische zeitgenössische Werke und solche der Klassik vor Arbeitern zur Aufführung. Unter Leitung Franz Mehrings (ab 1892) entwickelte sich die »Freie Volksbühne« zu einer kulturpolitischen proletarischen Massenorganisation (etwa 8 000 Mitglieder), die die weltanschauliche Bildung der Arbeiterklasse unterstützte und weitere Schichten, so Künstler, mit der Arbeiterbewegung verband.

Als Reichskanzler Leo von Caprivi 1892 mit einer Vorlage im Reichstag die Verstärkung der Armee durchzusetzen versuchte, entwickelte sich vom Herbst 1892 bis zum Frühsommer 1893 eine Massenaktion gegen die verstärkte Militarisierung und das Streben der großbürgerlich-junkerlichen Kräfte nach Abschluß der Aufteilung wie auch schon nach Neuaufteilung der Welt zu ihren Gunsten. Unter der Losung »Krieg dem Kriege« organisierte die Sozialdemokratie in Berlin und in den Vororten

Verein Freie Bühne.

Sonntag, den 26. Februar 1893
Mittags 12 Uhr
im
Neuen Theater.

Die Weber.

Schauspiel aus den vierziger Jahren in fünf Aufzügen von
Gerhart Hauptmann.

Dreißiger, Parchend-Fabrikant		Hr. Nissen.
Frau Dreißiger		Frl. Kötschau.
Weinhold, Hauslehrer		Hr. Eisfeld.
Pfeifer, Expedient		Hr. Fischer.
Neumann, Cassirer		Hr. Helgen.
Der Lehrling	bei Dreißiger	Hr. Haller.
Der Kutscher		Hr. Liebnitz.
Ein Mädchen		Frl. Wertheim.
Pastor Kittelhaus		Hr. Pagay.
Frau Pastor Kittelhaus		Fr. Berg.
Holde, Polizeiverwalter		Hr. Beaurepaire.
Kutsche, Gensdarm		Hr. Hagemann.
Welzel, Gastwirth		Hr. Hummel.
Frau Welzel		Frau Berg.
Anna Welzel		Frau Hachmann-Zipser.
Wiegand, Tischler		Hr. Waldemar.
Ein Reisender		Hr. Worlitzsch.
Ein Bauer		Hr. W. Pauli.
Ein Förster		Hr. Burgard.
Schmidt, Chirurgus		Hr. Tielscher.
Hornig, Lumpensammler		Hr. Theodor Müller.
Der alte Wittig, Schmiedemeister		Hr. Pauly.
Bäcker		Hr. Vorwerk.
Moritz Jäger		Hr. Rittner.
Der alte Baumert		Hr. P. Pauli.
Mutter Baumert		Fr. Brehm.
Bertha Baumert		Frl. Pauli I.
Emma Baumert		Frl. Pauli II.
Fritz, Emma's Sohn, (4 Jahre alt)		Gretchen Müller.
August Baumert		Hr. Hermes.
Der alte Ansorge		Hr. Löwenfeld.
Frau Heinrich		Frl. Reichenbach.
Der alte Hilse		Hr. Hock.
Frau Hilse		Hr. Becker-Relidoff.
Gottlieb Hilse		Hr. Hellmuth-Braem.
Luise, Gottlieb's Frau		Frl. Bertens.
Mielchen, Tochter, (6 Jahre alt)		Trudchen Müller.
Reimann, Weber		Hr. Ludwig.
Heiber, Weber		Hr. Stollberg.
Eine Weberfrau		Fr. Werner.
Weber		Hr. Gaspart. / Hr. Paulmüller. / Hr. Soldenek. / Hr. Reichenbach. / Hr. Nauendorf. / Hr. Haid.
Ein Knabe		Kl. Pauli.
Junge Weberfrauen		Frl. Delbrück. / Frl. Reiner. / Frl. Zimmermann.

Weber und Weberfrauen.

Die Vorgänge dieser Dichtung geschehen in den vierziger Jahren in Kaschbach im Eulen-
gebirge, sowie in Peterswaldau und Langenbielau am Fuße des Eulengebirges.

Regie: Cord Hachmann.

Pausen finden nach dem 2. und 4. Akt statt.

Programmzettel zur Uraufführung

Sitzung des SPD-Parteivorstandes in den Berliner Concordia-Sälen.
Holzstich nach Werner Zehme, um 1892

160 Protestversammlungen, die mit dazu beitrugen, daß die Militärvorlage zu Fall kam. Bei den Wahlen am 15. Juni 1893 erkämpften die Sozialdemokraten fünf von sechs Mandaten in der Hauptstadt – ein sichtbarer Erfolg im Ringen gegen Militarismus und Reaktion.

So konnte Friedrich Engels, als er im September 1893 Berlin und seine Arbeiter besuchte, vor den am 22. September in den Concordia-Sälen Versammelten feststellen, Berlin stehe hinsichtlich der Zahl seiner sozialdemokratischen Abgeordneten »an der Spitze aller europäischen Großstädte«[3]. Voller Freude über seinen Besuch auf dem Kontinent schrieb er an Marx' Tochter Laura: »Die Bewegung in Österreich und Deutschland hat meine höchsten Erwartungen übertroffen ... Unsere Leute dort sind

---

3 [Rede auf einer sozialdemokratischen Versammlung in Berlin am 22. September 1893. Zeitungsbericht.] In: Ebenda, Bd. 22, S. 412.

eine Macht, und das wissen nicht nur sie, sondern auch ihre Gegner ... Du kannst mir glauben, daß es ein Vergnügen war, diese Menschen zu sehen und zu hören. Wenn man ... das einheitliche Ziel, die ausgezeichnete Organisation sieht, die Begeisterung erlebt, den unverwüstlichen Humor, der aus der Siegesgewißheit quillt, muß man mitgerissen werden und sagen: hier ist der Schwerpunkt der Arbeiterbewegung.«[4] Mit diesen Feststellungen würdigte Engels die Rolle Berlins auch im Hinblick auf die internationale Arbeiterbewegung. Mit der Festigung der deutschen Sozialdemokratie als marxistischer Massenpartei der deutschen Arbeiterklasse wurden ihre Erfahrungen als stärkste Abteilung für die internationale Arbeiterbewegung immer lehrreicher. Berlin wurde Treffpunkt von Sozialisten vieler Länder. Im August 1895 weilte der junge W. I. Uljanow-Lenin erstmals in Berlin, um Werke von Marx und Engels zu studieren und, wie seine Teilnahme an einer Versammlung in der Frankfurter Allee 193 mit Arthur Stadthagen beweist, um Berlins Arbeiterbewegung kennenzulernen. Solidarische Unterstützung und internationalistische Zusammenarbeit gab es besonders für die polnische und die russische Arbeiterbewegung, so auch für Feliks Dzierżyński, Julian Marchlewski, Leo Jogiches und Rosa Luxemburg, die seit 1897 in Berlin lebte und 1898 Mitglied der deutschen Sozialdemokratie wurde. 1900 arbeitete eine Berliner Gruppe zur Unterstützung der Leninschen »Iskra«. Das Erscheinen dieser Zeitung war bereits Ausdruck des Beginns der Leninschen Etappe in der internationalen Arbeiterbewegung.

Die herrschende Klasse verfolgte auch nach dem Fall des Sozialistengesetzes, während des sogenannten neuen Kurses, die sozialistische Bewegung, die dem Übergang zur imperialistischen Politik nach innen und außen entgegenstand; aber eine »Umsturzvorlage« der Regierung fand 1894 im Reichstag keine Mehrheit. Am 12. Januar 1895 protestierten 16 Versammlungen

---

4 Engels an Laura Lafargue in Le Perreux, 30. Sept. 93. In: Ebenda, Bd. 39, S. 124/125.

in Berlin gegen diese Pläne. Auf Berlin konzentrierten sich zunehmend die antidemokratischen Machenschaften der Herrschenden: Der Frauen- und Mädchenbildungsverein wurde für Berlin geschlossen, die Polizeizensur über die »Freie Volksbühne« verlängert, die Frauenagitationskommission verboten, fortgesetzt gab es Majestätsbeleidigungsprozesse. Der Hauptschlag wurde am 25. November auf Weisung des preußischen Innenministers Ernst Matthias von Koeller geführt: Überfall auf das Büro des Parteivorstandes, die »Vorwärts«-Redaktion, Durchsuchung der Wohnungen von 80 Funktionären. Wegen angeblicher Verletzung des Vereinsgesetzes von 1850 verfügte Polizeipräsident Ludwig von Windheim die »polizeiliche Schließung« der Berliner sechs sozialdemokratischen Wahlvereine, der Agitations-, Preß- und Lokalkommission und des Parteivorstandes. Mit 12 Protestversammlungen beantworteten Berlins Sozialdemokraten am 12. Dezember 1895 diesen »Koeller-Coup«. Fast ein Jahr dauerte der Prozeß gegen 47 Funktionäre, bis die Verbote im März 1897 aufgehoben wurden. Aber schon im Mai mußten die Berliner Arbeiter erneut gegen die Absicht der Regierung protestieren, durch ein »Kleines Sozialistengesetz« das Versammlungs- und Wahlrecht zu verschlechtern. Dank dem aktiven Kampf der Berliner Sozialdemokraten – unterstützt von Hunderttausenden Werktätigen in den Vororten und Provinzen – konnte die Verschärfung des reaktionären Kurses zurückgewiesen werden.

Die freien Gewerkschaften vermochten ihren Einfluß unter den Berliner Arbeitern erheblich zu verstärken. Um ein einheitliches Vorgehen zu sichern, war bereits 1890 eine Zentral-Streik-Kontrollkommission gebildet worden, die sich 1893 nach Erweiterung ihrer Aufgaben als Berliner Gewerkschaftskommission formierte. 14 der 52 deutschen gewerkschaftlichen Zentralverbände nahmen bis 1895 in Berlin ihren Sitz; und als 1902 die Arbeiter vom neuerrichteten Gewerkschaftshaus am Engelufer Besitz ergriffen und die Generalkommission der Gewerkschaften Deutschlands Anfang 1903 hier einzog, war deutlich: Berlin war

Gewerkschaftshaus am Engelufer, 1902 errichtet

auch Zentralpunkt der deutschen gewerkschaftlichen Bewegung geworden.

Die Zahl der Berliner Arbeiter hatte von 1882 bis 1897 um etwa 53 Prozent zugenommen und erreichte bei einer Gesamteinwohnerzahl von 1,67 Millionen etwa 500000. 1895 waren 12,86 Prozent aller berufstätigen Männer und 2,58 Prozent der berufstätigen Frauen freigewerkschaftlich organisiert. 1900 waren es etwa 18 Prozent der Arbeitenden, genau 94787. Einen hohen Organisierungsgrad erreichten die Bauschaffenden mit 31 Prozent, die im graphischen Gewerbe Tätigen mit 27,1 Prozent und die Metallarbeiter mit 20,89 Prozent. Die gewerkschaftlichen Kämpfe konzentrierten sich auf die Durchsetzung des 8-Stunden-Tages, für Lohnerhöhungen, gegen Arbeitslosigkeit. Die Arbeitszeit betrug in der Metallindustrie durchschnittlich 10 Stunden täglich, in anderen Industrien 12 Stunden und mehr. In der Bauindustrie wurden Wochenlöhne bis zu 36 Mark gezahlt, in der Metallindustrie zwischen 22 und 25 Mark. Frauenlöhne lagen durchschnittlich um 50 Prozent niedriger als die der Männer bei gleicher Qualifikation. In der Wäschefabrikation, konzentriert in der Oranienburger und der Rosenthaler Vorstadt, und in der Konfektionsindustrie wurden Wochenspitzenlöhne von 11 bis 12 Mark, an Werkstattarbeiterinnen 8 bis 9 Mark, an Heimarbeiterinnen 5 bis 7 Mark und an Schürzennäherinnen 3 bis 4 Mark gezahlt (1887). 12- bis 14stündige Arbeitszeit war normal, Kinderarbeit gang und gäbe. 1897 zählte man etwa 30 000 Arbeitslose in Berlin; die Gewerkschaften sorgten durch ihren Arbeitsnachweis für Hilfe. Durch Rechtsauskünfte, Beistand in Arbeitsstreitigkeiten, mit Streik- und Unterstützungskassen, durch nationale und internationale Solidarität, durch Bildungsarbeit vertraten die Gewerkschaften die Alltagsinteressen der Arbeiter. Höhepunkte des Kampfes waren die Streiks, so im Februar 1896 der Konfektionsarbeiterstreik mit 24 000 Beteiligten gegen das ausbeuterische Zwischenmeistersystem, für feste Tariflöhne.

Alljährlich wurde die Gedenkkundgebung an den Gräbern der Märzgefallenen von 1848 im Friedrichshain und für die Pariser Kommune zur Manifestation Tausender Berliner für Freiheit und Demokratie. Immer größere Resonanz fand seit 1890 die Maifeier, die gemeinsam mit der Sozialdemokratischen Partei organisiert wurde. Zwischen Gewerkschaften und Partei bestand eine enge »Waffenbrüderschaft«; die Gewerkschafter verstanden, daß eine starke Partei Voraussetzung für einflußreiche Gewerkschaften ist, daß nur unter ihrer Führung der Kampf gegen das kapitalistische System, für Demokratie, Frieden und Sozialismus siegreich sein konnte. Berlin war zum Zentrum der deutschen Arbeiterbewegung geworden, in der die marxistischen revolutionären Kräfte der deutschen Sozialdemokratie eine feste Basis besaßen. Als Ende der neunziger Jahre Opportunisten und Revisionisten erste Angriffe gegen die revolutionäre Grundorientierung der Partei vortrugen, erfuhren die Wortführer Eduard Bernstein, Wolfgang Heine, Max Schippel energische Zurückweisung.

Die sozialistische Arbeiterbewegung verteidigte die revolutionär-demokratischen und humanistischen Traditionen gegen reaktionäre Ideologie und kapitalistischen Kulturbetrieb. Franz Mehring, der sich die wissenschaftliche Weltanschauung der Arbeiterklasse angeeignet und sich ihrer Partei angeschlossen hatte, wandte sich in der »Lessing-Legende« (1893) gegen die Verherrlichung des Preußentums, schuf Grundlegendes für die materialistische Geschichtsschreibung und leistete Bedeutendes zur Entwicklung einer marxistischen Literaturkritik. Mit Werken gegen Militarismus und kapitalistische Ausbeutung, mit Beiträgen zu progressiven historischen Traditionen nahm die sozialistische Literatur einen Aufschwung. 1893 erschien eine mehrbändige Anthologie politischer Lyrik sozialistischer Autoren, so von Karl F. E. Frohme, Walter Hasenclever und Max Kegel. 1898 veröffentlichte Robert Schweichel seinen Roman über den deutschen Bauernkrieg »Um die Freiheit«.

Der konsequente Kampf der Arbeiterbewegung gegen Militärstaat und Großkapital führte zur weiteren Aktivierung demokratischer Kräfte gegen die junkerlich-bourgeoise Herrschaft. Sichtbaren Ausdruck gaben dem Käthe Kollwitz mit ihren graphischen Zyklen »Ein Weberaufstand« (1895/98) und »Bauernkrieg« (1903/08), Heinrich Zille und Hans Baluschek mit ihren Arbeiten über das Berliner Proletarierleben. Sie führten das Werk Adolph Menzels fort, der von 1830 bis zu seinem Tode 1905 in Berlin arbeitete und mit seinem Gemälde »Eisenwalzwerk« (1875) als einer der ersten deutschen Künstler Arbeiter in der kapitalistischen Industrie realistisch darstellte. Theodor Fon-

Programmzettel

tane – er starb 1898 in Berlin – enthüllte in seinen kritisch-realistischen Romanen und Erzählungen den Verfall des märkischpreußischen Adels. Besonders mit seinen lebensvollen Frauengestalten stellte er Vertretern der bourgeois-junkerlichen Gesellschaft moralisch überlegene Menschen, teilweise aus dem Berliner Plebejertum, entgegen. Große Verbreitung fanden »Berlin«-Bücher, so die von Heinrich Seidel und Julius Stinde. Unter dem Eindruck russischer, französischer und skandinavischer Kultur entwickelte sich die kleinbürgerlich-sozialkritische Kunstströmung des Naturalismus, die in Berlin im Schaffen Gerhart Hauptmanns, der Brüder Heinrich und Julius Hart, Peter Hilles, Wilhelm Bölsches und anderer Künstler des Friedrichshagener Dichterkreises Ausdruck fand. Sie gestalteten die neuen sozialen Probleme der kapitalistischen Großstadt mit Sympathie für die ausgebeuteten und unterdrückten Proletarier, ohne jedoch die historische Rolle der Arbeiterklasse zu erkennen. Einflüsse des Anarchismus und der Neoromantik führten bald zur Einschränkung der gesellschaftlichen Wirkung dieser Strömung.

Mit dem Schaffen von Lovis Corinth, Walter Leistikow, Max Liebermann und Max Slevogt wurde Berlin Mittelpunkt impressionistischer Kunst. Sie begründeten im offenen Gegensatz zur von den herrschenden Kreisen geförderten Kunst, die sich in akademischer Historien- und bürgerlicher Genremalerei, in höfischen Repräsentationswerken erging, die Sezession (1898), eine Künstlervereinigung, die dem Kunstleben der Stadt neue bürgerlich-realistische Akzente verlieh. Seinen Ruf als führende Theaterstadt festigte Berlin durch die Gründung des Deutschen Theaters 1883 durch Adolf L'Arronge; seit 1894 unter Leitung von Otto Brahm, entwickelte es sich zur führenden deutschsprachigen Bühne. 1888 eröffnete Oskar Blumenthal das Lessing-Theater, in dem die »Freie Volksbühne« viele ihrer Aufführungen zeigte. Es kamen 1892 das Theater Unter den Linden – seit 1898 als Metropol-Theater in der Behrenstraße –, 1896 das Theater des Westens hinzu. Das Musikleben erfuhr durch die Gründung und die Konzerte des Philharmonischen Orchesters (Hermann

Wolff, 1882) mit hervorragenden Dirigenten wie Hans von Bülow und Arthur Nikisch sowie durch das Wirken der Königlichen Kapelle mit Felix von Weingartner einen bemerkenswerten Aufschwung. Als Filiale der Königlichen Oper, immer noch durch konservativen Geschmack der Hofkreise beherrscht, arbeitete seit 1895 die Kroll-Oper. Neben den Konzerten und Opernaufführungen entwickelte sich die leichte Muse, die musikalische Unterhaltung. Weit über die Grenzen Berlins hinaus beliebt waren die Varietés, die zahlreichen Tanz- und Musikrevuen, die der Unterhaltung breiter Schichten der Bevölkerung dienten; zwar waren sie den kommerziellen Machenschaften des Kapitals unterworfen, doch mit ihren besten Künstlern errangen sie zu Recht die Zustimmung eines breiten Publikums. Regen Zuspruch fanden die Zirkusveranstaltungen, die im Zirkus Schumann (vormals Renz) am Schiffbauerdamm und Zirkus Busch am Bahnhof Börse feste Häuser hatten. Mit dem »Theater lebender Photographien« Max Skladanowskys im Wintergarten des neuen Central-Hotels am Bahnhof Friedrichstraße 1895, der ersten »Wochenschau« Oskar Meßters und dem ersten Kino in der Münzstraße begann von Berlin aus der Aufstieg der Filmkunst. Mehr als ein Dutzend großer Säle, jeweils mehr als 2 000 Personen fassend, luden zu Tanz und Unterhaltung wie auch zu politischen Versammlungen: die Germania-Säle in der Chausseestraße, die Sophiensäle im Handwerkervereinshaus in der Sophienstraße, die Concordia-Säle in der Andreasstraße, die Pharus-Säle in der Weddinger Müllerstraße und andere mehr.

Um die Jahrhundertwende wurde es auch für Arbeiterfamilien üblich, am Wochenende ins Grüne zu fahren. Pferdewagen, Straßenbahnen, Vorortzüge und Ausflugsdampfer brachten sie in die umliegenden Wälder, in Freibäder, an Seen und Flüsse, »aufs Land«. Neuartige Ausflugslokale mit dem Angebot »Hier können Familien Kaffee kochen« ermöglichten den Aufenthalt auch bei schmalem Geldbeutel. Der rasche Aufschwung touristischer Organisationen wie Wander-, Radfahrer-, Ruder-, Angler- und Bergsteiger-Vereine sowie die Einrichtung von Herbergen in Ber-

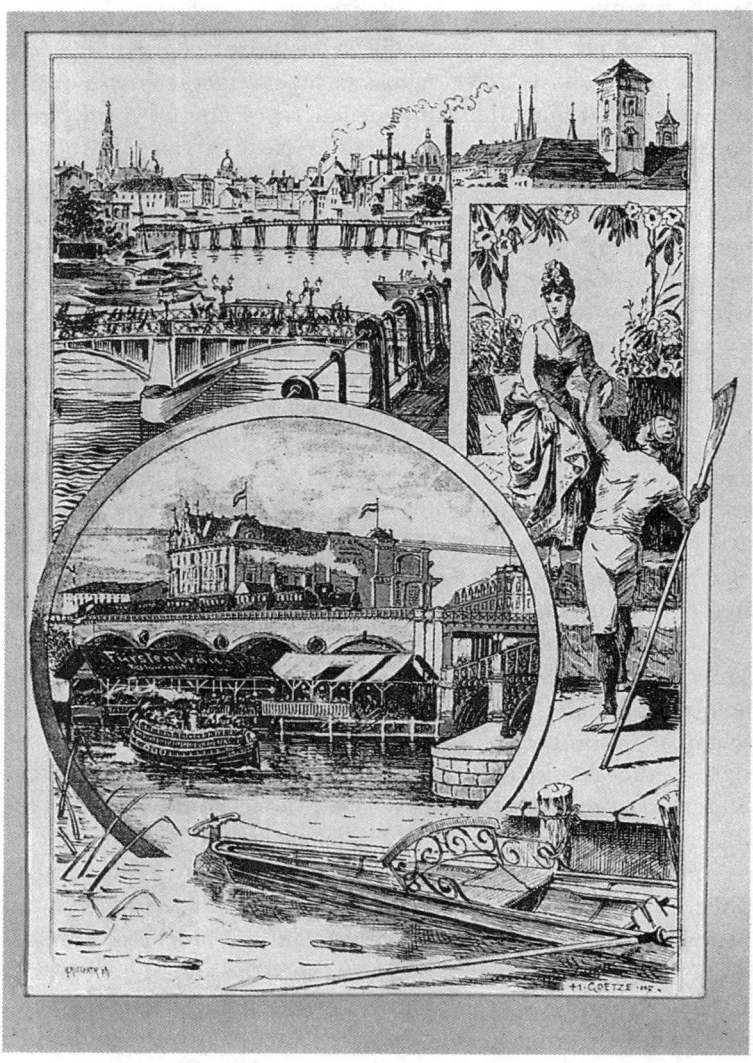

Die Jannowitzbrücke.
Blick von der Stadtbahn und von der Spreeterrasse aus.
Holzstich nach Zeichnung von H. Goetze, 1887

lins Umgebung zeugten davon, wie groß das Bedürfnis nach Erholung in der Natur war. Neben den bürgerlichen entstanden um 1900 die ersten selbständigen proletarischen Vereine. Die Garten- und Laubenkolonien, die »Schrebergärten«, dehnten sich am Stadtrand aus.

Um 1900 war Berlin als politisches, ökonomisches, kulturelles Zentrum des junkerlich-bourgeoisen Kaiserreichs zu einer Weltstadt geworden, aber nicht nur im Sinne einer kapitalistischen Metropole, sondern auch und vor allem als Hochburg der sozialistischen deutschen Arbeiterbewegung.

Die Metropole des Imperialismus vom Ende des 19. Jahrhunderts bis 1904

Um die Jahrhundertwende wurden die Monopole in der Wirtschaft vorherrschend und gewannen immer mehr den bestimmenden Einfluß auf die Innen- und Außenpolitik des Wilhelminischen Kaiserreiches. Der Kapitalismus der freien Konkurrenz war in sein imperialistisches Stadium eingetreten. Das wurde nirgends offensichtlicher als in der »königlichen Haupt- und Residenzstadt« Berlin.

Hier hatten sich in der neuerbauten City die Großbanken konzentriert: die Deutsche Bank in der Behrenstraße, anschließend zur Französischen Straße hin die Berliner Handelsgesellschaft, am Opernplatz/Behrenstraße hatte die Dresdner Bank ihre Niederlassung, und die Disconto-Gesellschaft residierte Ecke Unter den Linden/Charlottenstraße. Das Bankenviertel war auch Sitz der Darmstädter Bank, des Schaaffhausen'schen Bankvereins, der Commerz- und Discontobank, der Nationalbank sowie der Reichsbank. Typisch war die weitere Konzentration des Bankkapitals, die auch im Zusammenschluß der privaten Banken Gebr. Schickler und von Delbrück, Leo & Co. 1910 und in der Fusion der Disconto-Gesellschaft mit dem Schaaffhausen'schen Bankverein 1914 Ausdruck fand. Acht Berliner Großbanken verfügten 1909 über etwa 11 Milliarden Mark, das heißt 83 Prozent des deutschen Bankkapitals. Ihre Filialen waren im Reichsgebiet und im Ausland verbreitet. Tochtergesellschaften wickelten bedeutende Geschäfte im Außenhandel und in der Kolonialwirtschaft ab. Wesentlich erweiterten sich die Umsätze der Börse an der Burgstraße. Die Versicherungsgesellschaften – so die Feuer-Versicherungsanstalt, die Berlinische Lebensversicherung und die Victoria – wuchsen zu Riesenunternehmungen.

Vielfältige finanzielle und persönliche Verbindungen vertieften die bestehenden Verflechtungen von Bank- und Industriekapital zum Finanzkapital. Berliner Handelsgesellschaft und AEG, Deutsche Bank und Siemens: Großbanken und Monopole beherrschten Berlins Wirtschaft. Um 1900 hatte die Siemens & Halske AG außer zur Deutschen Bank zu etwa einem Dutzend weiterer Banken Verbindungen. Gleichzeitig unterhielt die AEG außer zur Berliner Handelsgesellschaft Geschäftsbeziehungen zu sieben weiteren großen Bankhäusern. Die acht führenden Berliner Großbanken besetzten 1910 in 698 Gesellschaften Aufsichtsratsposten, davon 78 in ausländischen Gesellschaften.

Ausgebaut wurde die Elektroindustrie, von Siemens und AEG dominiert. Die Siemens-Werke erhielten 1897 den Status einer Aktiengesellschaft mit einem Kapital von 35 Millionen Mark, das laufend für Neuinvestitionen erhöht wurde; 1903 umfaßten die Werke unter anderem das Dynamo-Werk, das sogenannte Block- und Glühlampenwerk in Charlottenburg sowie Abteilungen für Beleuchtung, Kraft und elektrische Bahnen. Im Nordwesten (bei Spandau), der späteren »Siemensstadt« (1911), errichtete der Elektromonopolbetrieb 1904 das Wernerwerk sowie Wohnstätten für Tausende Arbeiter und damit ein neues Industriezentrum. Die Weltwirtschaftskrise 1900–1903 beschleunigte die Konzernbildung. 1903 entstand die Siemens & Schuckert AG. Die Nürnberger Firma Schuckert hatte ihrerseits 1897 die Berliner Elektromotorenfabrik Gebrüder Naglo aufgekauft. Der zweite Elektroriese, die AEG (seit 1898 als Warenzeichen benutzt), verfügte 1900 über ein Aktienkapital von rund 60 Mil-

lionen Mark. Sie übernahm 1902/1903 die Union-Elektrizitäts-
gesellschaft (UEG), die Isidor Loewe 1892 für den Bau von
Kraftwerken, Straßenbahnen und Akkumulatoren gegründet
hatte. Mit Beteiligung beider Konzerne entstand 1903 die Gesellschaft für drahtlose Telegraphie, später in Telefunken-Gesell-
schaft gewandelt. Die Bergmann-Elektrizitätswerke in Rosenthal
schlossen sich 1912 mit Siemens & Schuckert zusammen. Mit
Überwindung der Krise nahm die Berliner Elektroindustrie
einen weiteren Aufschwung, neue Spezialfirmen entstanden, die
sich häufig der industriellen Verwertung neuer Erfindungen zu-
wandten, so M. Levy mit einer Spezialfabrik für Röntgenapparate
oder G. Knobel, der seit 1909 erste elektrische Anlagen für Kraftfahrzeuge produzierte. Es entsprach der dominierenden Stellung
Berlins in der deutschen Elektroindustrie, daß zahlreiche Verbände und Vereine dieses Industriezweiges sich in der Stadt niederließen. An der internationalen Monopolbildung hatte die
AEG durch den 1907 mit der amerikanischen General Electric
Company abgeschlossenen Kartellvertrag herausragenden Anteil.
Ihre führende Position behauptete auch die Maschinen-, Ap-
parate- und Werkzeugbauindustrie, in der ebenso Groß- und
Monopolbetriebe vorherrschten. Typisch war die Entwicklung
der Knorr-Bremse GmbH, die 1904 endgültig am Ostkreuz ihre
Produktion von Bremsen für Eisen- und Straßenbahnen, dann
auch für Autos aufnahm und sich, seit 1900 als Aktiengesellschaft, zum größten deutschen Unternehmen der Branche mit
Monopolcharakter entwickelte. Mit den Firmen R. Stock &
Co. – Spezialbohrer und Werkzeugmaschinen (1887), Fritz-Wer-
ner AG – Werkzeugfabrik (1896), H. Kamper – Motoren für die
Landwirtschaft – entstand in Marienfelde ein neues Industriege-
biet. Völlig neue Produktionen entwickelten sich in der 1899 gegründeten Allgemeinen Auto-Gesellschaft in Oberschöneweide,
einer Firma, die 1901 von der AEG als Neue-Automobil-Gesell-
schaft (NAG) übernommen und 1902 selbständig wurde. Hier
entstand der erste Motor-Lastzug der Welt, eingesetzt 1904 bei
der Niederschlagung des Hereroaufstandes in der Kolonie Süd-

westafrika. Auch Siemens & Schuckert bauten Autos, nachdem sie die 1899 gegründete Firma Protos in Reinickendorf aufgekauft hatten. So beherrschten die Elektrokonzerne zunehmend andere moderne Produktionszweige.

»Moderne« Industrie in Berlin, das war auch die Firma C. P. Goerz, Produzent optischer Geräte, 1903 Aktiengesellschaft mit 3,5 Millionen Mark Kapital, mit weiteren Betrieben in Tempelhof und Zehlendorf, außerdem Filialen in Paris, London, New York, Petersburg und Preßburg. Neben den Warenexport trat als wichtigeres Mittel der wirtschaftlichen Expansion des deutschen Imperialismus der Kapitalexport; daran waren Berliner Firmen, vor allem aber die Großbanken beteiligt.

Die neuen Entwicklungen prägten auch die Chemieindustrie. Die Firma Riedel errichtete 1888 in Bohnsdorf ein Zweigwerk, wandelte sich 1905 zur Aktiengesellschaft (4,5 Millionen Mark) und produzierte dann am Teltowkanal im neuen Britzer Werk Drogen und Chemikalien. Durch die enge Verbindung mit der Wissenschaft und entsprechende Spezialproduktion wurde die Chemische Fabrik auf Actien, vorm. E. Schering weltbekannt. Sie errichtete Zweigwerke 1905 in Rußland, 1908 in England. Die Agfa-Werke am Rummelsburger See, Produzent von photographischem Material, Arzneien und Farben – berüchtigt als »Gift-Küche« –, schlossen sich 1904 mit den Badischen Anilin-Werken Ludwigshafen und Bayer-Leverkusen zum »Dreibund 04«, einem Vorläufer des späteren IG-Farben-Trusts, zusammen, typisch für die Monopolisierung in diesen Jahren.

Riesige Gewinne erzielte die Deutsche Gasglühlicht AG (»Auerlicht«) durch die Auswertung von Erfindungen und die Produktion von Gasglühkörpern und elektrischen Glühlampen. Bedeutende Chemiewerke produzierten außerdem in Charlottenburg, Spandau, Erkner, Reinickendorf und in Grünau, wo 1898 die Firma L. Landshoff und P. J. Meyer die exportintensive Fabrikation von Chemikalien für die Textil-, Photo- und Emailleherstellung aufnahm.

Die generelle Tendenz zum monopolisierten Großbetrieb

Werbung

Fünftes Kapitel

setzte sich auch in der Nahrungs- und Genußmittelindustrie sowie im Handel durch. Hatten die Berliner Großmüller noch im 19. Jahrhundert die ländlichen Mühlen niederkonkurriert, so entstanden jetzt Großbäckereien (1898 Wittler, 1903 Thiele, 1904 Danilzik) für die Brotversorgung der Millionenstadt. Etwa zehn Frisch- und Kochwurstfabriken versorgten die Bevölkerung täglich mit Fleisch und Wurstwaren. Die regelmäßige Belieferung mit Milch führte Ende des 19. Jahrhunderts zur Senkung der Säuglingssterblichkeit. Genußmittel produzierten Th. Hildebrand, die Sarotti-Werke (1913 neues Werk in Tempelhof), Gebr. Stollwerck – Köln mit einem Zweigwerk 1900 in Berlin, die Kaffeerösterei Hinz & Küster und seit 1912 die Muratti-Zigarettenfabrik. Die Bierbrauerei war bereits seit den siebziger Jahren in Großbetrieben wie Schultheiß, Patzenhofer, Kindl, Bötzow, Löwen-Böhmisch konzentriert.

Mehr und mehr konkurrierten Warenhäuser die Detailhandelsgeschäfte nieder. Israel, Jandorf, Karstadt, Lyon, Tietz und Wertheim vergrößerten ständig die Zahl ihrer Geschäftshäuser in allen Stadtteilen, sie beeinflußten zugleich Stadtbild wie Architektur. Ihre zum Monopol drängende Rolle betonten die Kaufhäuser durch die Gründung eines deutschen Verbandes 1903. Großhandelsfirmen wirkten auf die Produktion zurück und verstärkten Berlins Stellung im deutschen und internationalen Warenverkehr. Der Einzelhandel schloß sich zu Einkaufsgenossenschaften zusammen (»Einkaufsgenossenschaft der Kolonialwarenhändler« – EDEKA). Firmen wie Reichelt, Meyer, Kaiser's Kaffee, Carisch, Beck und andere entwickelten den Filialhandel in der Lebensmittelbranche. Der Handel auf Märkten, in den Markthallen sowie durch Konsumvereine behielt seine Bedeutung für die Versorgung.

Die Herren der Monopolbetriebe und Großbanken, in Berlin die Gebrüder Conrad und Ernst von Borsig, Carl Fürstenberg, Isidor Loewe, Emil Rathenau, Georg von Siemens und andere Repräsentanten des Finanzkapitals, nahmen verstärkt entscheidenden Einfluß auf die Politik, ohne daß sie selbst Regierungs-

480

84 Mobilmachung in Berlin nach Entfesselung des Weltkrieges
im Spätsommer 1914. Fotografie von Max Missmann, 1914

85 Berliner Schüler sammeln Metall als Materialreserve
für die Rüstungsindustrie im ersten Weltkrieg

86 Demonstrationszug während der Novemberrevolution
am 9. November 1918 am Berliner Opernplatz.
Anonyme Fotografie, 1918

87 Berliner Werktätige mit Maschinengewehren
auf einem Lastwagen im November 1918

482

88 Karl Liebknecht spricht auf der Trauerkundgebung
am 21. Dezember 1918 in der Siegesallee für die Opfer
des konterrevolutionären Putschversuchs vom 6. Dezember 1918

89 Ein Panzer des konterrevolutionären Freikorps in Neukölln
im Januar 1919 in Bereitschaft zum Einsatz gegen revolutionäre
Arbeiter und Soldaten

90 Der Alexanderplatz im Juli 1919 während des Streiks
der Verkehrs- und Telegrafenarbeiter

91 Während einer Massenkundgebung im Lustgarten im Mai 1920
bekunden Berliner Arbeiter ihre Solidarität
mit Sowjetrußland

484

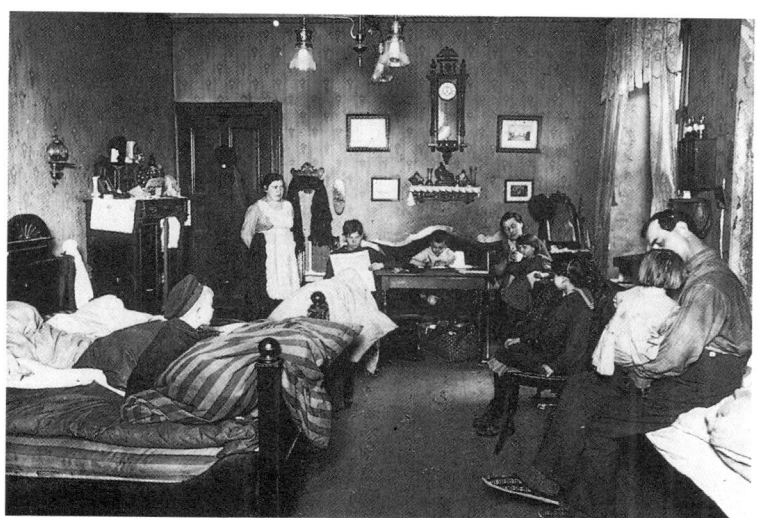

92 In dieser Wohnung mit Stube und Küche mußten um 1919
elf Personen leben

93 Die Auswirkungen der Inflation im Jahre 1923 waren selbst
im Berliner Straßenbild unübersehbar, wie hier bei einer
zwangsweisen Geschäftsauflösung. Fotografie von Willy Römer, 1923

94 Oskar Kokoschka, Pariser Platz. Ölgemälde, 1925/1926

95 Reichswehrparade mit der Traditionsfahnenkompanie
an der Spitze im Jahre 1929 Unter den Linden

96 Blick in die Königstraße, eine der Hauptgeschäftsstraßen
im Berlin der zwanziger Jahre. Fotografie von Max Missmann, 1924

97 Wohnsiedlung »Sonnenhof« in Berlin-Friedrichsfelde. 1926/1927
in Stahlbetonbauweise nach Plänen von Erwin Gutkind errichtet

98 Hans Baluschek, Der Molkenmarkt. Ölgemälde, 1929

99 Mitglieder der Berliner Akademie der Künste im Jahre 1929.
Von links nach rechts der Maler Philipp Franck, der Bildhauer
August Kraus, Käthe Kollwitz, Max Liebermann, der Bildhauer
Fritz Klimsch und der Maler Ulrich Hübner.
Fotografie von Edgar Schröder, 1929

funktionen ausgeübt hätten. Als Kaiser Wilhelm II. 1896 erstmals vom Deutschen Reich als von einem »Weltreich« sprach, brachte er die gemeinsamen Interessen der Großindustrie und der Banken – des Finanzkapitals – nach Waren- und Kapitalexport, nach Kolonien, einem »Platz an der Sonne« zum Ausdruck, was Aggression nach außen, imperialistische Weltmachtpolitik, in der Konsequenz Krieg um die Neuaufteilung der Welt bedeutete. Mit den Flottenrüstungsgesetzen von 1898 und 1900, der Beteiligung an der Invasion in China unter dem deutschen Feldmarschall Waldersee 1900/1901, den Kolonialerwerbungen im Pazifik und den Plänen zum Bau der Bagdadbahn als Teil der Expansion im Nahen Osten zeigten sich Mittel und Ziele der Politik des deutschen Imperialismus um die Jahrhundertwende deutlich. Der junkerlich-bourgeoise Imperialismus wuchs zur Gefahr für die Nachbarvölker wie für das deutsche Volk. Seine revolutionäre Beseitigung wurde gesetzmäßig erforderlich.

Innenpolitisch verstärkte der imperialistische Staat seine Repressalien gegen die Arbeiterklasse und die anderen Werktätigen. Im Juni 1899 brachte die Regierung eine neue Vorlage gegen das Streik- und Koalitionsrecht im Reichstag ein. Die Flottenrüstung erhöhte die finanziellen Belastungen für die Massen. Die Zollgesetze von 1902 führten zu erheblichen Preissteigerungen für Agrarprodukte.

Die Politik in Berlin, soweit überhaupt von Oberbürgermeister, Magistrat und Stadtverordnetenversammlung bestimmt, wurde von bürgerlich-liberalen Kräften getragen, die sich in der Freisinnigen Vereinigung (mit Georg von Siemens, Theodor Barth, Friedrich Naumann) und in der Freisinnigen Volkspartei organisiert hatten. Sie tendierten zu einer liberal-sozialreformistischen, gegen die Sozialdemokratie gerichteten Innenpolitik und vertraten nach außen expansive Ziele, ohne sich mit den extremreaktionären und aggressivsten Kreisen des Imperialismus zu identifizieren. Über die preußische Regierung, den Oberpräsidenten und den Polizeipräsidenten, schließlich durch den Kaiser und König selbst setzte der junkerlich-bourgeoise Staat seine

Klassenlinie durch. So verweigerte Wilhelm II. 1898 die Bestätigung des Oberbürgermeisters Martin Kirschner, der sich für die Herrichtung des Friedhofs für die Märzgefallenen im Friedrichshain verwendet hatte. Berlin war eine Riesenstadt mit der Verfassung eines ostelbischen Gutsbezirks, wie 1903 revolutionäre Sozialdemokraten treffend bemerkten.

Der Übergang zum Imperialismus hatte für die Berliner Arbeiter und andere Werktätige spürbare Folgen, zumal er mit der 1900 einsetzenden Wirtschaftskrise verbunden war. Lohnkürzungen, Arbeitslosigkeit, bald auch steigende Preise verschlechterten die Lage der Werktätigen. »Wirtschaftlichen Rückgang« auf der ganzen Linie konstatierte die Berliner Gewerkschaftskommission für das Jahr 1900. Die Nahrungsmittelpreise stiegen von 1896 bis 1913 um 35 Prozent. Die Jahresmiete für Stube und Küche belief sich zwischen 1900 und 1910 auf etwa 260 Mark. Der mittlere Bruttostundenverdienst betrug nach 1900 für Heimarbeiterinnen in der Berliner Konfektionsindustrie 15 Pfennig, das heißt, sie mußten 10 Stunden täglich in einer 7-Tage-Woche arbeiten, um 10,50 Mark pro Woche zu verdienen. Männliche ungelernte Arbeiter verdienten 1904–1910 wöchentlich 22 bis 27 Mark (1890–1903 um 20 Mark). Spitzenlöhne in der Metallindustrie und im Baugewerbe waren 30 bis 35 Mark pro Woche; 50 Prozent der Maurergesellen erhielten jedoch weniger als 25 Mark. Streiks gab es in fast allen Berufsgruppen; Lohnerhöhung, Verkürzung der durchschnittlich 10- bis 12stündigen Tagesarbeitszeit, Bezahlung von Überstunden, Durchsetzung der Arbeitsruhe am 1. Mai – das waren wichtige Ziele der gewerkschaftlich organisierten Arbeiter. Bald trafen Kurzarbeit und Betriebsstillegungen sowie auch Aussperrungen die Werktätigen. Nachhaltigen Widerstand leisteten Berlins Arbeiter den erhöhten Getreidezöllen, die zur Steigerung der Nahrungsmittelpreise führten, aber den Großagrariern und Händlern nutzten. Gegen die angestiegenen Brotpreise protestierten 30 Versammlungen am 13. Februar 1901, die von der Sozialdemokratie organisiert waren. Eine Petitionsbewegung gegen die »Hungerzölle« brachte im Berliner Agitationsbereich fast 300 000 Unterschriften, die von Auer, Bebel, Pfannkuch und Singer dem Reichstag übergeben wurden. Es gelang nicht, die Zollerhöhung zu verhindern; die Sozialdemokratie hatte aber ihren Einfluß unter Berliner Werktätigen wie in der Umgebung vertieft und vielen den Zusammenhang zwischen imperialistischer Weltpolitik und Lebenslage der Massen verdeutlicht.

Fanden bereits gegen die erste Flottenvorlage Anfang 1898 Protestversammlungen statt, so setzten sie sich im Sommer 1900 gegen das zweite Flottenrüstungsgesetz fort. Einen Höhepunkt erreichte die antimilitaristische und antiimperialistische Protestbewegung 1901, als sich Zehntausende Berliner für die sofortige Beendigung der blutigen Invasion in China, für friedliche Beziehungen zu allen Völkern einsetzten. Diese von der Arbeiterklasse und ihrer Partei getragene Friedensbewegung fand auch die Zustimmung bürgerlicher pazifistischer Kreise, wie die österreichische Pazifistin Bertha von Suttner an August Bebel bereits 1899 mitteilte.

Als neue Organisations- und Bildungszentren für Berlins Arbeiter entstanden – finanziert durch Arbeitergroschen – das neue Gewerkschaftshaus am Engelufer mit Versammlungs-, Bibliotheks-, Restaurant- und Herbergsräumen sowie die sozialdemokratische Bibliothek in der Alexandrinenstraße, die Hugo Heimann stiftete, in der auch das Parteiarchiv untergebracht war. 1902 konnte der sozialdemokratische Parteivorstand in der Lindenstraße 69 ein neues Gebäude beziehen, in dem auch die Parteibuchhandlung »Vorwärts« mit Verlag und Expedition sowie die Redaktion und die Druckerei des »Vorwärts« Platz fanden. Hier nahm später ebenfalls der Zentralvorstand des Verbandes der Sozialdemokratischen Wahlvereine Berlins und Umgegend seinen Sitz.

Der wachsende Einfluß der Sozialdemokraten in Berlin kam bei der Beisetzung Wilhelm Liebknechts, der vierundsiebzigjährig am 7. August 1900 verstarb, in bewegender Weise zum Ausdruck. Über viele Jahre hatte dieser hervorragende marxistische

Revolutionär das Wachsen der Berliner Arbeiterbewegung mit Rat und Tat aktiv gefördert. Als Abgeordneter des VI. Berliner Wahlkreises hatte er sich durch seinen konsequenten Kampf für die Interessen der Arbeiterklasse Achtung, Anerkennung, ja Verehrung errungen, die Hunderttausende im Trauerzug von Charlottenburg nach Friedrichsfelde ausdrückten. Im Sinne Wilhelm Liebknechts setzte die sozialdemokratische Parteiorganisation ihre Arbeit fort. Unermüdlich verbreiteten die Führer der Partei August Bebel und Paul Singer gemeinsam mit solchen revolutionären Sozialdemokraten wie Rosa Luxemburg und Franz Mehring die marxistische Lehre vom revolutionären Klassenkampf zum Sturz der kapitalistischen Gesellschaftsordnung unter den Berliner Arbeitern und begründeten, warum der Sozialismus das Kampfziel der deutschen und der internationalen Arbeiterklasse war und ist.

An ihre Seite trat im August des Jahres 1900 Karl Liebknecht. Er wurde Mitglied der sozialdemokratischen Parteiorganisation des I. Wahlkreises, gewann bald das Vertrauen der Berliner Arbeiter, die ihn 1902 als Stadtverordneten wählten. Karl Liebknecht, Rosa Luxemburg und Franz Mehring vor allem begannen sich mit den imperialistischen Entwicklungstendenzen und damit verbundenen opportunistischen Erscheinungen innerhalb der Arbeiterbewegung auseinanderzusetzen. Diese waren in Berlin mit dem Auftreten Eduard Bernsteins verbunden, der im Februar 1901 aus dem Londoner Exil nach Berlin zurückkehrte und bereits als Wortführer des deutschen wie internationalen Revisionismus bekannt war. Nachdem er am 17. Mai im Sozialwissenschaftlichen Studentenverein seine gegen die Marxsche Lehre im allgemeinen, gegen das Erfurter Programm und die revolutionäre deutsche Arbeiterbewegung im besonderen gerichteten Auffassungen vorgetragen hatte, erhob sich unter den Berliner Sozialdemokraten ein Sturm der Entrüstung. Der VI. und IV. Wahlkreis verlangten die prinzipielle Anerkennung des Marxismus als wissenschaftlicher Grundlage der Partei. Bernsteins Revisionismus wurde auf dem Lübecker Parteitag 1901 durch eine Resolution Bebels verurteilt, bei der sich Ignatz Auer, Richard Fischer, Karl Kautsky und Bernstein selbst der Stimme enthielten. Aktive Unterstützung fand er bei Heinrich Braun, Wolfgang Heine und anderen sowie in den »Sozialistischen Monatsheften«. Die marxistischen Kräfte führten die Auseinandersetzung in Versammlungen und Zeitschriften – wie »Die Neue Zeit« –, publizierten Schriften von Marx und Engels – so zwischen 1900 und 1903 zweimal das Kommunistische Manifest – sowie Arbeiten von Bebel, Bracke, Kautsky, Wilhelm Liebknecht, Mehring, Clara Zetkin und anderen.

Propagierung des Marxismus

Zahlreiche Flugblätter dienten der sozialistischen Aufklärung der Massen, so auch der Bevölkerung in der Provinz Brandenburg, wie der polnischen Arbeiter in und um Berlin. Ein Höhepunkt der Arbeit war der Reichstagswahlkampf zum Juni 1903, den die Sozialdemokratische Partei mit Forderungen gegen den Militarismus, für Völkerverständigung und Frieden, gegen Reaktion, Willkür und Elend führte. Sie gewann fünf der sechs Berliner Reichstagsmandate sowie die Mandate der Kreise Niederbarnim und Teltow-Beeskow-Storkow-Charlottenburg; 32,2 Prozent der Wahlberechtigten in Berlin und in der Provinz Brandenburg gaben ihr die Stimme. Bei den Wahlen zum preußischen Landtag im November erhielt die Sozialdemokratie, die sich erstmals an solcher Abstimmung beteiligte, in den vier Berliner Wahlkreisen rund ein Drittel aller Wahlmännerstimmen; infolge des Dreiklassenwahlrechts fielen jedoch alle Mandate an die Freisinnigen.

Die Berliner Parteiorganisation erzielte sichtbare Erfolge im Ringen um die Massen und blieb eine wichtige Stütze für die revolutionären Kräfte in der Partei. Das wurde auf dem Dresdener Parteitag im September 1903 sichtbar, einem Höhepunkt der Auseinandersetzung der Marxisten mit den Revisionisten. Die Berliner Arbeiterfunktionäre Otto Antrick, Ottilie Baader, Adolph Hoffmann, Max Kiesel, Theodor Metzner, Hermann Schubert, Arthur Stadthagen, Fritz Zubeil und andere unterstützten Bebel, Luxemburg, Singer und Zetkin im Kampf um die Fortführung der revolutionären marxistischen Strategie und Taktik der Partei gegen alle revisionistischen Angriffe und Versuche, die Arbeiterklasse in die imperialistische Ordnung zu integrieren. In der Berliner Parteiorganisation wurden die Revisionisten wie in Dresden verurteilt, sie blieben aber in der Partei, behielten ihre Funktionen und ihr Wirkungsfeld. Deutlich traten Kräfte hervor, die die Gegensätze zwischen proletarisch-revolutionärer und bürgerlich-opportunistischer Klassenlinie in der Partei übertünchen wollten. Die praktischen Auswirkungen opportunistischer Politik zeigten sich während des Streiks in der Berliner Messingindustrie im Herbst 1903, an dem zeitweise 6 000 Arbeiter beteiligt waren. Auf seinem Höhepunkt, im November, brachen ihn reformistische Gewerkschaftsführer ab, ohne daß die Löhne erhöht wurden. Ähnlich verhielten sich die Opportunisten wenig später im Crimmitschauer Textilarbeiterstreik, den die Berliner Arbeiter mit 20 Versammlungen im Dezember und mit Geldsammlungen solidarisch unterstützt hatten.

Internationalistische Solidarität erwiesen Berliner Arbeiter weiterhin ausländischen Genossen, insbesondere russischen und polnischen Revolutionären, die sich seit Ende 1903 verstärkten Verfolgungen durch die preußische Polizei ausgesetzt sahen. Seit Ende 1902 hatte sich Berlin zu einem Knotenpunkt für den illegalen Transport marxistischer Literatur ins Zarenreich entwickelt. In der Presse und in Versammlungen protestierten Berliner Sozialdemokraten gegen die Überwachung und Verfolgung ihrer Genossen, vor allem auch zahlreicher progressiver Studenten an der Berliner Universität. Am 11. Februar 1904 enthüllte Clara Zetkin in Kellers Festsälen in der Koppenstraße vor über 2 000 Vertrauenspersonen der sozialdemokratischen Frauen Berlins das Zusammenwirken des offiziellen Deutschland mit der russischen Geheimpolizei. Eine Resolution unterstrich den volksfeindlichen Charakter des gerade ausgebrochenen Russisch-Japanischen Krieges. Ähnliche Versammlungen führten Paul Singer, Georg Ledebour, Hugo Haase und Karl Liebknecht durch. Liebknecht vertrat wiederholt russische Revolutionäre vor Gericht, versuchte, sie vor Bestrafung oder Ausweisung zu schützen. Einen Höhepunkt im gemeinsamen Kampf bildete der Geheimbunds- und Hochverratsprozeß, den die herrschende Klasse gegen die Sozialdemokratie und ihre internationalistische Politik gegen den Zarismus im Juli 1904 in Königsberg anstrengte. Es war wiederum besonders Karl Liebknecht, der die Angeklagten im Prozeß verteidigte und Berlins Arbeiter über die Hintergründe aufklärte.

Die preußische Gesetzgebung verbot Jugendlichen den Beitritt zu politischen Vereinen, und so trug der im Oktober 1904 gegründete Verein der Lehrlinge und jugendlichen Arbeiter Berlins nach außen ausdrücklich unpolitischen Charakter. Ende des Jahres zählte er nahezu 500 Mitglieder, gab ab Januar 1905 ein Monatsorgan, »Die Arbeitende Jugend«, heraus, und zunehmend gewannen Liebknecht und andere revolutionäre Sozialdemokraten unter den Jugendlichen Gehör und Einfluß. Zusammen mit dem gleichzeitig in Mannheim gegründeten Verband junger Arbeiter war der Berliner Verein der Beginn einer organisatorisch selbständigen deutschen Arbeiterjugendbewegung.

Ende 1904, vom 28. bis 31. Dezember, fand in Berlin der 1. Parteitag der sozialdemokratischen Partei Preußens statt, der die Organisationen des größten deutschen Staates zusammenfaßte und gemeinsame Probleme wie das Wahlrecht, die Schul- und Wohnungsfrage sowie die Lage der Landarbeiter beriet. Die dazu gefaßten Beschlüsse verlangten entschiedene demokratische Veränderungen. Die Berliner Genossen waren nicht nur Gastgeber, sondern traten als Repräsentanten der hauptstädtischen Parteiorganisationen als Wortführer auf.

Als Mitte Januar 1905 der Streik der über 200 000 Ruhrbergarbeiter ausbrach, antworteten Berlins sozialdemokratische Arbeiter unverzüglich mit Solidaritätsaktionen, leisteten moralische und materielle Unterstützung. Mitten in die Vorbereitung von 28 Volksversammlungen aus diesem Anlaß traf die Nachricht vom Petersburger Blutsonntag am 22. Januar ein. So gestalteten sich die Sympathieversammlungen für die streikenden Ruhrbergarbeiter am 24. Januar zugleich zu ersten Solidaritätskundgebungen für die russischen Revolutionäre und ihren Kampf gegen das zaristische Regime.

Der Widerhall
der bürgerlich-demokratischen Revolution in Rußland
und die Verschärfung der Klassengegensätze
(1905–1909)

Im Januar 1905 begann in Rußland die bürgerlich-demokratische Revolution. Mit dieser ersten Volksrevolution im Imperialismus wurden zugleich die Grundprobleme des Klassenkampfes in allen imperialistischen Ländern aufgeworfen. Sie war ein markantes Zeichen, daß sich das internationale revolutionäre Zentrum nach Rußland verlagert und die Leninsche Etappe in der Geschichte der internationalen Arbeiterbewegung begonnen hatte. Die revolutionären Kämpfe der Arbeiter und Bauern Rußlands, an deren Spitze die Bolschewiki standen, fanden weltweit Resonanz und solidarische Unterstützung. Schon am 24. Januar brachte Georg Ledebour vor über 1 000 Berlinern die Hoffnung zum Ausdruck, das russische Volk werde über den Zarismus siegen, was auch die Stellung der deutschen Arbeiterklasse und ihrer Partei stärken würde. Zu einem ersten Höhepunkt solidarischer Aktionen kam es, als am 9. Februar Zehntausende Berliner zu Versammlungen strömten, auf denen August Bebel, Georg Ledebour, Karl Liebknecht, Arthur Stadthagen, Clara Zetkin, Fritz Zubeil und andere sozialdemokratische Funktionäre sprachen.

Die Ehrung für die Märzgefallenen von 1848 wurde am 18./19. März 1905 mit Versammlungen verbunden, die zugleich der Revolution in Rußland gewidmet waren. Neben der anhaltenden Zustimmung traten stärker die Lehren der Revolution für die deutsche Arbeiterklasse in den Blickpunkt. So erklärte Clara Zetkin am 21. März in Kellers Festsälen, daß erstmals der politische Massenstreik als Kampfmittel der Arbeiterklasse in Rußland umfassend erprobt worden sei, geeignet zum Kampf gegen jeden Ausbeuterstaat. Auch die Maifeier stand im Zeichen der Revolution in Rußland. Mehr als 50 000 Berliner Arbeiter, über 60 Versammlungen sandten Grüße an das revolutionäre Proleta-

Donnerstag, 9. Februar, abends 8 Uhr,

finden in Berlin und den Vororten

21 Volks-Versammlungen

in folgenden Lokalen statt:

I. Kreis: Frankes Festsäle, Sebastianstraße 38/39.
II. Kreis: Hofjäger-Palast, Hasenheide 52/53.
III. Kreis: Märkischer Hof, Admiralstr. 18c.
IV. Kreis (Ost): Elysium, Landsberger Allee 40.
Scheruck, Rüdersdorferstr. 45.
IV. Kreis (Süd-Ost): Urania, Wrangelstr. 10/11.
V. Kreis: Lipps (Brauerei Friedrichshain), Am Friedrichshain Nr. 22/29.
VI. Kreis: Berliner Prater, Kastanien-Allee 7/9.
Weimanns Volksgarten, Badstraße 56.
Eiskeller, Chausseestr. 88.
Peters Gesellschaftshaus, Wiclefstr. 24.
Boxhagen-Rummelsburg: Weigels Salon, Türrschmidt-, Ecke Goethestraße.
Lichtenberg: Kronprinzen-Garten, Frankfurter Chaussee 86.
Pankow: Gesellschaftshaus Roczicki, Kreuzstr. 3/4.
Weißensee: Vereinshaus, Charlottenburgerstraße 150.
Reinickendorf-Ost: Kirsch (Seepark), Marktstr. 1/2.
Rixdorf: Viktoria-Säle, Hermannstr. 49.
Thiels Festsäle, Bergstraße 152.
Schöneberg: Obsts Festsäle, Meiningerstraße 8.
Nowawes: Godglück, Priesterstr. 8.
Tempelhof: Tivoli, Berlinerstr. 50.

Tages-Ordnung:

Die Revolution in Rußland.

Referenten: Genossen **Albrecht, Bebel, Dietz, R. Fischer, Goldstein, Grenz, Heine, Ad. Hoffmann, Kaliski, Ledebour, Liebknecht, Lipinski, Molkenbuhr, Schöpflin, Singer, Stadthagen, Stolle, Ströbel, Wurm, Zetkin, Zubeil.**

Da diese Versammlungen als Protest der Berliner Arbeiterschaft gegen die Greuel des Zarismus und als Sympathie-Erklärung für die russischen Freiheitskämpfer gelten sollen, erwarten wir, daß Mann für Mann erscheint.

Die sozialdemokratischen Vertrauensleute
Berlins und der Umgegend.

Sympathieerklärung »für die russischen Friedenskämpfer«, 1905

riat Rußlands und protestierten zugleich »gegen die wahnsinni-
gen Rüstungen« des deutschen Imperialismus.

Der aktuelle Anlaß zu solchen energischen Protesten war die
Marokko-Krise – durch Wilhelm II. mit einer Frankreich provo-
zierenden Landung in Tanger Ende März ausgelöst –, die die
Welt an den Rand eines Krieges brachte. Als Gegenaktion organisierten die Berliner Sozialdemokraten für den 9. Juli 1905 eine
Friedenskundgebung mit dem französischen Sozialistenführer
Jean Jaurès. Trotz des Redeverbots, das der Berliner Polizeipräsident gegen ihn verhängt hatte, gestaltete sich diese Versammlung
von über 18 000 Berlinern in der »Neuen Welt« zur bis dahin im-
posantesten Kundgebung des Berliner Proletariats für die »Be-
wahrung des Völkerfriedens«. Sie war verbunden mit einer erneuten Sympathieerklärung für den revolutionären Kampf gegen
den Zarismus. Ähnlich verlief eine Massenkundgebung für den
Frieden am 15. August im Berliner Norden.

Inzwischen suchten opportunistische Kräfte die wachsende
Kampfbereitschaft der Arbeiter zu dämpfen. Auf dem Kölner
Gewerkschaftskongreß (Mai 1905) erklärten sie den politischen
Massenstreik »für verwerflich«. Dagegen erhob sich unter Berliner Arbeitern Protest, der seinen Höhepunkt Mitte August in
Versammlungen mit Clara Zetkin fand, die sich nachdrücklich
für das neue Kampfmittel einsetzte und seinen revolutionären
Charakter unterstrich. Diese Position wurde auf dem Parteitag
der Sozialdemokratie in Jena (17.–23. September 1905) ausdrücklich von August Bebel unterstützt. Opportunisten, unter
ihnen die Berliner Richard Fischer und Wolfgang Heine, konnten sich nicht durchsetzen, behielten aber Funktion und Einfluß
in ihren Organisationen.

Die praktische Bedeutung der Massenstreikdebatte zeigte sich
für Berliner Arbeiter sehr bald, nachdem am 19. September im
AEG-Kabelwerk Oberspree ein Streik von 300 Lagerarbeitern
ausgebrochen war, mit dem der Forderung, den Mindeststunden-
lohn von 30 auf 33 Pfennige zu erhöhen, Nachdruck verliehen
wurde. Gleichzeitig verlangten 170 Schraubendreher im Werner-

werk des Siemens-Konzerns eine Lohnsteigerung. Die Elektromagnaten von AEG und Siemens sperrten zunächst 10 000, dann nochmals über 20 000 Arbeiter aus. Arbeiter der Elektrobranche streikten in solidarischer Haltung. Die Unternehmer wurden vom Staat durch Militär unterstützt. Berlin stand vor einem politischen Massenstreik, aber angstvoll wichen die reformistischen Gewerkschaftsführer zurück und brachen Mitte Oktober den Streik der Elektroarbeiter ab, ohne daß wesentliche Zugeständnisse der Unternehmer erzielt worden waren. Doch bewiesen Berlins Arbeiter in 336 Streiks mit fast 44 000 Beteiligten ihre unter dem Eindruck der Revolution in Rußland gewachsene Kampfbereitschaft; dafür spricht auch die Zunahme der gewerkschaftlich organisierten Berliner Arbeiter um 50 085 auf 224 277 im Jahre 1905; die Aussperrung von insgesamt 42 000 Arbeitern zeugte zudem von der Verschärfung des Klassenkampfes.

Mitte Dezember 1905, als die Revolution in Rußland mit dem bewaffneten Aufstand der Moskauer Arbeiter ihren Höhepunkt erreichte, berieten 850 Delegierte der Berliner Sozialdemokratie in den Germania-Sälen in der Chausseestraße über ein neues Organisationsstatut. Auf der Grundlage des in Jena beschlossenen Parteistatuts wurde ein nach den Grundsätzen des demokratischen Zentralismus organisierter Verband der Sozialdemokratischen Wahlvereine Berlins und Umgegend gebildet. Er sollte die sechs Berliner und die beiden benachbarten Reichstagswahlkreise von Niederbarnim und Teltow-Beeskow-Storkow-Charlottenburg umfassen und damit dem ökonomisch wie auch parteipolitisch längst zusammengewachsenen »Groß-Berlin« entsprechen, die einheitliche Führung und Organisation des Berliner Proletariats besser gewährleisten. Gleichzeitig vereinigten sich die seit 1896 bestehenden zwei Wahlvereine im IV. Berliner Reichstagswahlkreis, so daß die acht Kreiswahlvereine die Basis des Verbandes bildeten. Sie waren in Bezirke unterteilt und zählten insgesamt 41 700, 1906 bereits 64 918 Mitglieder. Sie bildeten 68 Ortsvereine. Als das neue Statut am 17. Dezember beschlossen war, konnte Paul Singer im Namen des Parteivorstandes zu Recht von einem historischen Moment für die Berliner Sozialdemokratie sprechen.

Ihre vereinte Kraft zeigte die neuformierte Großberliner Parteiorganisation am 21. Januar 1906 anläßlich des Jahrestages vom Petersburger Blutsonntag in mehr als 90 Massenversammlungen unter der Losung »Gegen Volksentrechtung und Volksknechtung«, auf denen Bebel, Singer und andere sprachen. Die Solidaritätskundgebungen waren verbunden mit Protesten gegen das reaktionäre Dreiklassenwahlrecht. Die herrschenden Klassen fürchteten, die Aktionen würden wie in Rußland zum politischen Massenstreik führen, und hatten an diesem »roten Sonntag« Polizei und Militär in Alarmzustand versetzt. »Das Proletariat Berlins«, schrieb Lenin, »und danach auch das aller anderen Großstädte Deutschlands, ging auf die Straße, organisierte grandiose Demonstrationen von Zehntausenden und legte den Grundstein zu einer breiten Massenbewegung.«[5] Aber opportunistische Kreise, besonders rechte Gewerkschaftsfunktionäre, dämpften mit allen Mitteln die revolutionäre Stimmung der Berliner Arbeiter. Sie orientierten auf eine »allmähliche gesetzliche Entwicklung« der Gesellschaft, auf Agitation, Organisation, Abonnenten für die Presse, die sie zunehmend zu beherrschen suchten. So zeigte die Märzfeier schon einen Abschwung der Massenbewegung im Vergleich zum Januar. Aber der 1. Mai sah noch fast eine viertel Million Berliner Werktätige bei den Vormittagsveranstaltungen der Gewerkschaften und den traditionellen Abendfeiern der Partei: Revolution in Rußland, politischer Massenstreik, demokratisches Wahlrecht – das waren die Themen des Tages. Die Unternehmer in der Metallindustrie und im Buchbindergewerbe sperrten Teilnehmer an der Maifeier aus.

Im Sommer 1906 zeigte sich in den Auseinandersetzungen um die Lehren der russischen Revolution deutlicher als zuvor, daß sich eine neue gefährliche Spielart des Opportunismus, der Zentrismus, herauszubilden begann. Seine Vertreter gaben sich als

---

5 W.I.Lenin: Wie die Liberalen das Volk betrügen. In: Werke, Bd.13, S.494.

Versöhnler zwischen Opportunisten und revolutionären Marxisten, scheinbar bemüht um die »Einheit der Partei«; sie bedienten sich der marxistischen Terminologie und suchten die tiefgreifenden, auf unterschiedliche Klassenpositionen zurückzuführenden Meinungsverschiedenheiten in der Arbeiterbewegung zu vertuschen. Sie gewannen besonders in der Berliner Arbeiterbewegung Einfluß und begünstigten das Vordringen des Opportunismus in der Parteiorganisation.

Die Auseinandersetzungen um die neuen Kampfbedingungen in der imperialistischen Epoche differenzierten auch die proletarische Klassenlinie innerhalb der Arbeiterbewegung. Viele revolutionäre Sozialdemokraten hielten an der im 19. Jahrhundert so bewährten Kampftaktik fest und verstanden nicht die Notwendigkeit ihrer Weiterentwicklung. Diesem historischen Erfordernis entsprachen nur die fortgeschrittensten Kräfte unter den revolutionären Sozialdemokraten. Sie verteidigten nicht allein die bewährten Formen und Methoden des Klassenkampfes, sondern begannen unter Berücksichtigung der Kampferfahrungen des Proletariats Rußlands, die Strategie und Taktik der Arbeiterbewegung weiterzuentwickeln. Die Herausbildung und die weitere Profilierung dieser konsequent marxistischen Strömung, der deutschen Linken, bestimmten in Berlin entscheidend Karl Liebknecht, Rosa Luxemburg und Franz Mehring. Sie traten zunächst besonders als aktive Verfechter des politischen Massenstreiks als neues Kampfmittel hervor. Rosa Luxemburg formulierte diesen Standpunkt nach ihrer Rückkehr von den revolutionären Kämpfen in Warschau im September 1906 in der Schrift »Massenstreik, Partei und Gewerkschaften«. Wegen ihrer Rede auf dem Jenaer Parteitag 1905 über den Massenstreik wurde sie von der Klassenjustiz im Dezember 1906 zu zwei Monaten Gefängnis verurteilt.

Von nachhaltiger Wirkung auf die ideologische Entwicklung der Berliner Sozialdemokratie war die Eröffnung der Parteischule in der Lindenstraße 3 am 15. November 1906 durch August Bebel; einen Monat später nahm auch ein Zentralbildungsausschuß der Partei seine Tätigkeit auf. Dank der ständigen Mitarbeit linker Sozialdemokraten, namentlich Rosa Luxemburgs, Franz Mehrings, Hermann Dunckers, auch Arthur Stadthagens, wurde die Schule zu einer marxistischen Lehrstätte besonderer Art für viele Berliner Sozialisten.

Ende 1906 löste Reichskanzler Bernhard von Bülow den Reichstag auf. Den Wahlkampf zu den »Hottentottenwahlen« führte der Bülow-Block – die Deutschkonservative Partei, die Deutsche Reichspartei und die Nationalliberale Partei im trauten Verein mit der Freisinnigen Volkspartei, der Freisinnigen Vereinigung und der Deutschen Volkspartei – mit aller Schärfe gegen jede Opposition, besonders gegen die Sozialdemokratie. Doch diese erhöhte in Berlin ihren Stimmanteil von 61,2 Prozent (1903) auf 66,2 Prozent, und auch im Reich behauptete sie sich als stärkste Partei, verlor aber infolge der alten Wahlkreiseinteilung erstmals seit 1890 Abgeordnetensitze. Eine noch deutlichere Benachteiligung erfuhr die Arbeiterpartei in der weiterhin nach dem Dreiklassenwahlrecht zusammengesetzten Berliner Stadtverordnetenversammlung. Hier hatte sie bis 1907 von den 126 Sitzen 35 erobern können, hätte aber nach ihrem Stimmanteil 96 Abgeordnete stellen müssen, wenn das Reichstagswahlrecht gegolten hätte. Der Kampf um ein demokratisches Wahlrecht blieb Anlaß und Thema von Kundgebungen, Versammlungen und Demonstrationen der Berliner Arbeiter.

Mit größtem Nachdruck widersetzten sich Arbeiter und auch kleinbürgerliche sowie bürgerlich-demokratische Kräfte der zunehmenden Militarisierung des Lebens. Ein Schlaglicht auf die vom Militarismus beherrschten Verhältnisse warf der Fall des Schusters Wilhelm Voigt, der im Oktober 1908 als kostümierter Hauptmann das Rathaus von Köpenick besetzte. Das preußische militaristische System war vor aller Welt blamiert.

Für den antimilitaristischen Kampf formulierte Karl Liebknecht in seiner Schrift »Militarismus und Antimilitarismus unter besonderer Berücksichtigung der internationalen Jugendbewegung« (Februar 1907) das Ziel, den Krieg unmöglich zu

Extrablatt
des
Cöpenicker Dampfboot.

Cöpenick, den 26. Oktober 1906.

Der Cöpenicker Kassenräuber verhaftet!

Wolff's Telegraphen-Bureau meldet uns um 10 Uhr vormittags:

Die Berliner Kriminalpolizei nahm heute früh den Cöpenicker Kassen-
räuber in der Langenstraße im Osten Berlins fest. Es ist ein vielfach mit
Zuchthaus vorbestrafter Schuhmacher namens Voigt aus Tilsit.

An Einzelheiten werden uns
noch telephonisch gemeldet:

Der 57jährige Kassendieb Voigt ist dreimal wegen
Diebstahls mit Gefängnis, einmal wegen schwerer
U. Laubenfälschung mit 7 Jahren Zuchthaus, zuletzt wegen
Einbruchs in eine Gerichtskasse zu Wrongowitz (Prov.
Posen) vom Schwurgericht in Gnesen mit 15 Jahren
Zuchthaus bestraft. Voigt, von Beruf Schuhmacher, ist
am 5. Februar d. J. aus der Strafanstalt entlassen
und befand sich unter Polizeiaufsicht. Sein letzter
Aufenthaltsort war Wismar in Mecklenburg, von dort
kam er im Juli nach Berlin und hielt sich in Rixdorf
bei seiner dort wohnhaften Schwester und seiner Braut
auf. Später zog er nach der Langstraße, wo heute morgen
durch vier Kriminalkommissare (2 aus Berlin, sowie je 1 aus
Magdeburg und Hannover, die sich in Berlin aufhielten)
die Verhaftung erfolgte, und zwar auf Veranlassung
einer Schupmannsklasse.
    Voigt hat im ganzen 27 Jahre Zuchthaus verbüßt
und befand sich zuletzt im Zuchthause zu Rawitsch. Er
hielt sich unangemeldet bei einem Zeitungshändler in
der Langenstraße auf.

Voigt ist in jeder Beziehung
geständig.

Er ist nicht einmal Soldat gewesen. In seinem
Besitze befanden sich von dem geraubten Gelde noch
2000 Mk., darunter der zerrissene Königsmarkschein.

Druck und Verlag von O. Jenni. — Verantwortlicher Redakteur Arthur Werber.

Extrablatt anläßlich der Verhaftung des »Hauptmanns von Köpenick«

machen. Während Revisionisten wie Gustav Noske, der im
Reichstag erklärte, die Sozialdemokraten würden bei einem Angriff auf Deutschland das »Vaterland verteidigen«, gelobt wurden, wurde Karl Liebknecht wegen »Hochverrats« auf Antrag
des preußischen Kriegsministers Karl von Einem im Okto-

ber 1907 zu 1 1/2 Jahren Festungshaft verurteilt. Außerordentliche Bedeutung hatten die Beschlüsse des Internationalen Sozialistenkongresses, der im August 1907 in Stuttgart tagte und die Kampfaktionen der internationalen Arbeiterklasse gegen Imperialismus und Krieg verstärkte sowie darauf orientierte, im Falle eines Krieges die wirtschaftliche und politische Krise zur Beseitigung der kapitalistischen Klassenherrschaft zu nutzen.

Der Übergang zum Bau von Großkampfschiffen seit 1906, der Reichstagsbeschluß von 1908, die Flotte weiter zu vergrößern, die Ablehnung jeder Rüstungsbegrenzung auf der Haager Friedenskonferenz 1907, verstärkte Aktivitäten im Nahen Osten und die Unterstützung für den Bundesgenossen Österreich-Ungarn während der bosnischen Annexionskrise 1908/1909 – das waren markante Beispiele für die wachsende Aggressivität des deutschen Imperialismus. In seiner Metropole, in den stark erweiterten Militärwerkstätten Spandaus, in den Monopolbetrieben von AEG und Siemens, in den Deutschen Waffen- und Munitionsfabriken, bei Schwartzkopff, Borsig und Bergmann wurden nicht nur die Waffen, sondern auch die Pläne für den Krieg um die Weltmacht geschmiedet. In Berlin residierte der Kaiser und König, der die oberste Befehls- und Kommandogewalt über das preußische Heer, die Kaiserliche Marine und die koloniale »Schutztruppe« innehatte und das Militärkabinett leitete. Alle militärischen Führungsgremien und die obersten Truppenbefehlshaber waren hier konzentriert. Unter Leitung Alfred Graf von Schlieffens entstanden im Großen Generalstab am Alsenplatz, unweit des Reichstages, die abenteuerlichen Blitzkriegspläne. Im Reichsmarineamt, im Admiralstab am Leipziger Platz und im Preußischen Kriegsministerium in der Wilhelmstraße, das die Funktion einer obersten Reichsbehörde ausübte, liefen die Fäden der Militärführung und der Aufrüstungspolitik zusammen. Nach 1871 waren bis dahin auswärts stationierte Truppenteile in die Stadt und die unmittelbare Umgebung verlegt worden; die Berliner Garnison war von 1882 mit über 16 000 Mann auf 23 000 Mann (1908) mit einer Vielzahl zentraler, territorialer

505

und lokaler militärischer Einrichtungen zum größten, vielseitigsten und auch modernsten Militärzentrum der Welt ausgeweitet worden. Die herkömmlichen in Berlin kasernierten 17 Garderegimenter der Infanterie, Kavallerie, Pioniere und Artillerie wurden durch Einheiten verstärkt, die der neuen Militärtechnik entsprachen: zwei Eisenbahn-Regimenter, zwei Telegraphenbataillone, ein Ballondetachement, dann Luftschifferbataillone und 1913 das Fliegerbataillon Nr. 1, die Garde-Maschinengewehr-Abteilung Nr. 2 und 1911 das 1. Kraftfahrbataillon. Die Konzentration technisch orientierter Truppenteile in und um Berlin war charakteristisch und dokumentierte das enge Zusammenwirken von Militär, Rüstungsindustrie sowie staatlicher und privater wissenschaftlicher Institute, Werkstätten und Akademien bei der forcierten Aufrüstung. In Johannisthal breitete sich um 1910 das Militärflugwesen mit Fliegerschule und Flugplatz, in Adlershof 1912 die »Deutsche Versuchsanstalt für Luftfahrt« aus. Das 1894 vom Militärfiskus erworbene Truppenübungsgelände Döberitz wurde mit einer großen Ausfallstraße, der Heerstraße, mit Berlin verbunden (1906) und zur Garnison und zum Flugplatz ausgebaut.

Für den Fall von »Aufläufen und Krawallen« innerhalb des Stadtgebietes war ein Zusammenwirken des Militärs mit den Ortspolizeibehörden, speziell mit der »Königlichen Schutzmannschaft«, vorgesehen, die Ordnung und Sicherheit aufrechterhalten sollte. Seit 1900 waren die Städte Charlottenburg, Schöneberg und Rixdorf mit Berlin zum »Landespolizeibezirk Berlin« unter dem Polizeipräsidenten von Berlin als Landespolizeibehörde vereinigt; später wurden noch die Städte Lichtenberg und Wilmersdorf sowie die Landgemeinden Rummelsburg und Stralau angeschlossen. Aber weiterhin bestanden in Charlottenburg wie in Schöneberg, Rixdorf, Wilmersdorf und Lichtenberg eigene Polizeiverwaltungen mit Polizeipräsidenten; allerdings hatten sie keine eigene Abteilung der politischen Polizei, dafür war im Landespolizeibezirk allein die Abteilung VII des Berliner Polizeipräsidiums zuständig. Ihre Hauptaufgabe bestand in der

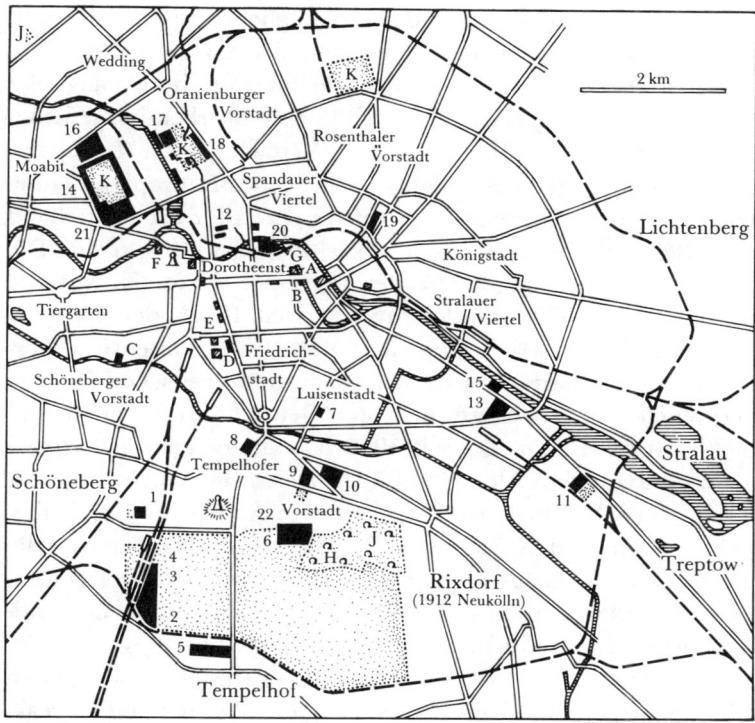

A Schloß
B Kommandantur
C Reichsmarineamt/Admiralstab
D Preußisches Kriegsministerium
E Reichskanzlerpalais
F Großer Generalstab
G Oberkommando in den Marken
H Pionierübungsplatz
J Schießstand
K Exerzierplatz
1 Eisenbahn-Regiment Nr. 1 (1877)
2 Eisenbahn-Regiment Nr. 1 (1910)
3 Eisenbahn-Regiment Nr. 2 (1893)
4 Landwehr-Inspektion
5 Garde-Train-Bataillon (1886)
6 Garde-Kürassier-Regiment
7 1. Garde-Dragoner-Regiment (1815)
8 1. Garde-Dragoner-Regiment (1853)
9 2. Garde-Dragoner-Regiment (1878)

10 Kaiser Franz Garde-Grenadier-Regiment
    Nr. 2 (1866)
11 Telegraphen-Bataillon Nr. 1 (1902)
12 2. Garde-Regiment zu Fuß (1832)
13 3. Garde-Regiment zu Fuß (1878)
14 4. Garde-Regiment zu Fuß (1893)
15 Garde-Pionier-Bataillon [Pionierkaserne]
    (1873)
16 1. Garde-Feldartillerie-Regiment (1881)
17 3. Garde-Feldartillerie-Regiment (1899)
18 Garde-Füsilier-Regiment [Maikäferkaserne]
    (1851)
19 Kaiser Alexander Garde-Grenadier-Regiment
    Nr. 1 [Alexanderkaserne] (1903)
20 Kaiser Alexander Garde-Grenadier-Regiment
    Nr. 1 (1901)
21 2. Garde-Ulanen-Regiment (1848)
22 Königin Augusta Garde-Grenadier-Regiment
    Nr. 4 (1897)

Garnisonstadt Berlin, vor 1914

Beobachtung, Verfolgung und wenn möglich Ausschaltung politischer Gegner, das hieß in erster Linie der Sozialdemokratie.

Den Kampf gegen den »inneren Feind« wie die ideologische Kriegsvorbereitung förderten zahllose junkerlich-bürgerliche, nationalistische und militaristische Vereine, deren Leitungen durchweg in Berlin saßen und von hier aus ihre Propaganda betrieben. Extrem chauvinistisch vertrat der Alldeutsche Verband (seit 1891) die imperialistischen Weltherrschaftsansprüche. Die nationalistische Bewegung für den Bau einer starken Kriegsflotte entfachte der Deutsche Flottenverein (seit 1898), der 1908 bereits eine Million Mitglieder zählte und sich der intensiven Förderung des Kaiserhauses erfreute. Den militaristischen Ungeist verbreiteten insbesondere auch der Deutsche Wehrverein und der Kyffhäuserbund, der seit 1900 fast alle deutschen Kriegervereine zusammenschloß (1914 mehr als 30 000 Vereine mit fast 3 Millionen Mitgliedern). Die aggressive Außen- und Kolonialpolitik propagierten aktiv der Deutsche Ostmarkenverein, die Deutsche Kolonialgesellschaft und der Verein für das Deutschtum im Ausland. Allen Organisationen gemeinsam war ihre antisozialistische Grundtendenz, die im Reichsverband gegen die Sozialdemokratie (seit 1904) zusätzlich Ausdruck fand. Durch Monopolkapital und Junker finanziert, ergoß sich eine Flut reaktionärer Ideologie über die Massen. Den Grundstein legten die nach 1870 ausgebauten achtklassigen Volksschulen, in Berlin die 223 Gemeindeschulen mit über 200 000 Schülern (um 1900), die immer noch unter geistlicher Aufsicht standen. Die 47 höheren städtischen und königlichen Schulen waren wie das ganze Schulwesen politisch konservativ und dem Bildungsprivileg der herrschenden Klasse verpflichtet. Mit den zahlreichen gewerblichtechnischen, den Fach- und Hochschulen hatte die Hauptstadt im Reich wie im Vergleich mit Zentren anderer kapitalistischer Staaten eine Spitzenposition erreicht. Die in Berlin dominierende protestantische Kirche war eng an den preußischen Staat und das Herrscherhaus gebunden.

Der ideologischen Manipulierung diente die alltägliche Propaganda der junkerlichen und bürgerlichen Presse, die im Zeitungsviertel zwischen Jerusalemer Straße, Zimmer- und Kochstraße ihre Zentralen hatte. Hier herrschten die Konzerne von Mosse, Scherl und Ullstein. Bei Mosse erschien seit 1871 zweimal täglich das »Berliner Tageblatt«, eine bürgerlich-liberale Zeitung mit umfänglichem Handels-, Wirtschafts- und Inseratenteil; 1914 hatte es eine Auflage von 238 000 Exemplaren. Mosse hatte 1891 die Berliner »Volks-Zeitung« aufgekauft, die sich linksbürgerlich gab und 1914 als »Berliner Volkszeitung« in 140 000 Exemplaren täglich erschien. Im Scherl-Verlag kam seit 1883 der »Berliner Lokal-Anzeiger« heraus, von den Arbeitern »Skandalanzeiger« genannt, mit Wirtschafts- und Inseratenteil, vor allem aber mit Stadtnachrichten, Kolportageroman, Reklame, Arbeitsmarkt und Wohnungsanzeiger; er erreichte schon Ende des 19. Jahrhunderts eine Auflage von 167 000 Exemplaren. 1895 erschien bei Scherl die erste illustrierte Sportzeitschrift, und im selben Jahr erwarb er die »Gartenlaube« (seit 1853), ein klein- beziehungsweise spießbürgerliches Unterhaltungsblatt. 1911 vereinigte der Scherl-Konzern sieben Unternehmen und war eng mit der Disconto-Gesellschaft verbunden.

1912 errichtete Ullstein ein neues Verlagshaus an der Koch-/ Ecke Charlottenstraße. Dieser Verlag brachte das Massenblatt »Berliner Morgenpost« auf den Markt, die »Mottenpost«, seit 1898 an Stelle der älteren »Berliner Zeitung«. In Konkurrenz zu Scherls Erzeugnissen, vor allem aber gegen die Arbeiterpresse gerichtet, wurde bürgerliche Ideologie im Boulevardstil, mit großen Schlagzeilen und Kurznachrichten massenhaft (1900: 1/4 Million Auflage) verbreitet. Ausgeprägter noch war solchem Bild die seit 1904 publizierte »B. Z. am Mittag« verhaftet. Seit 1894 gab Ullstein die »Berliner Illustrirte Zeitung« (gegründet 1890) heraus, die 1914 mit fast 1 Million Exemplaren die höchste Auflagenziffer aller deutschen Zeitschriften erreichte. 1914 kaufte Ullstein auch die alte »Vossische Zeitung«, ein großbürgerliches Blatt mit 24 000 Exemplaren Auflage.

Als offizielle deutsche Nachrichtenagentur galt das Wolffsche

Telegraphenbüro, dem Schein nach ein unabhängiges Unternehmen, indessen von Aufsichtsrat und Pressestelle der Regierung gelenkt.

Insgesamt erschienen in Berlin und den Orten der Umgebung um 1900 über 800 verschiedene Organe, darunter 36 politische Zeitungen. Unter diesen Bedingungen der absoluten Vorherrschaft der bürgerlichen Meinungsfabriken hatte die Arbeiterpresse einen außerordentlich schwierigen Stand. Die Auflage des »Vorwärts« erhöhte sich allerdings kontinuierlich: 25 000 (1890), 112 000 (1906), 162 000 (1914) Exemplare. 1906 wurde eine sozialdemokratische Pressekorrespondenz und 1908 ein eigenes Pressebüro gegründet. In der »Vorwärts«-Verlagsbuchhandlung erschien marxistische Literatur, der bei den Arbeitern beliebte »Vorwärts-Kalender« und – für die Landagitation bestimmt – der »Märkische Landbote«. Um den wachsenden opportunistischen Einflüssen in der sozialdemokratischen Presse entgegenzuwirken, gaben Julian Marchlewski, Rosa Luxemburg und Franz Mehring vom Dezember 1913 bis Anfang 1915 die »Sozialdemokratische Korrespondenz« in Berlin heraus. Vielfach wurden hier marxistische Analysen zu neuen Erscheinungen der Epoche vorgelegt.

Berlin war nicht nur das politisch-administrative, das militärstrategische, ein bedeutendes ökonomisches Zentrum des Reiches und eine Hochburg der deutschen Arbeiterbewegung, es war seit 1871 zunehmend auch ein Mittelpunkt spätbürgerlicher Kultur und Wissenschaft geworden. Berlin hatte seine provinzielle Enge überwunden und war neben den traditionsreichen Städten Dresden und München zum Anziehungspunkt für viele Künstler und Wissenschaftler geworden. Hier traf sich die Repräsentationssucht des Hohenzollernhauses und des Hochadels mit dem Drang der Bourgeoisie nach Glanz und Geltung und ihrem Vermögen, den in Bauten und Denkmälern zum Ausdruck kommenden Herrschaftsanspruch zu finanzieren. So entstanden in diesen Jahren im Neorenaissancestil der Dom (1894–1905 nach Plänen von Julius Raschdorff), in Neoromantik die Kaiser-

Wilhelm-Gedächtniskirche (1891–1895 unter Franz Schwech-
ten), der Kaiser-Wilhelm-Turm im Grunewald (1897–1899) und
die Dynasten-Skulpturen im Tiergarten, die »Puppen-Allee«, als
typische Werke eines sakral geprägten Byzantinismus, ausdrücklich auch gegen die »atheistischen Umtriebe« der Arbeiterbewegung gerichtet. Dem Ruhm der Hohenzollerndynastie und der
Erhaltung der bestehenden Gesellschaftsordnung war die offizielle Kunst gewidmet, wie sie Anton von Werner als Präsident
der Akademie der Künste selbst pflegte. Im Protest gegen Hof-
kunst und Routine der Akademie schufen die Sezessionisten,
dann die linken Expressionisten und andere progressive Künstler
ihre Werke, gefördert von Bruno und Paul Cassirer, deren Kreis
sich um 1910 Max Pechstein und die Künstler der »Brücke«
(Erich Heckel, Karl Schmidt-Rottluff, Ludwig Kirchner und andere) anschlossen. Wilhelm II. diffamierte diese die Widersprüche der Zeit reflektierende, teilweise mit der Arbeiterbewegung
verbundene Kunst im Frühjahr 1903 anläßlich der Einweihung
der Plastiken seiner Ahnengalerie im Tiergarten als »Rinnstein-
kunst«.

Es ist Persönlichkeiten wie dem preußischen Ministerialdirek-
tor Friedrich Althoff und dem Generaldirektor Wilhelm Bode
(seit 1906) zu danken, daß die Museen eine erhebliche Bereicherung ihrer Bestände und mit dem Kaiser-Friedrich-Museum
(1904) eine bedeutende Ausdehnung erfuhren und Bleibendes
für die Stadt und ihre Bürger geschaffen wurde. Zwischen 1901
und 1908 entstand nach Entwürfen des Stadtbaumeisters Ludwig
Hoffmann das Gebäude des Märkischen Museums. Ludwig
Hoffmann, Alfred Messel und Peter Behrens setzten mit ihren
Bauten architektonische Akzente.

Breit entwickelte sich das Konzert- und Theaterleben in Berlin, teilweise überwuchert vom bürgerlich-kapitalistischen »Kulturbetrieb«, dem weniger die künstlerische Qualität denn die
profitable Veranstaltung wichtig war. Aus der Überfülle an Konzerten ragten die der Philharmonie heraus sowie die der Königlichen Kapelle an der Hofoper, die unter Stabführung von Ri-

Hauptfassade des Neuen Berliner Stadthauses,
1902–1911 erbaut nach Plänen von Stadtbaurat Ludwig Hoffmann.
Lichtdruck nach Zeichnung von Ludwig Hoffmann, 1911

chard Strauss (1898–1912 in Berlin) neuen Aufschwung nahm. Seit 1907 wirkte das Blüthner-Orchester, das spätere Berliner Sinfonieorchester. Bis 1910 entstanden mehrere Konzerthäuser. Für die Masse des Volkes waren die Eintrittspreise durchweg unerschwinglich. Volksbelustigung und -unterhaltung wurde in den zahlreichen Vergnügungslokalen, Tanzsälen und Biergärten geboten, oft mit Militärmusik verbunden.

Die reiche Berliner Singetradition führten vor allem die Singakademie, die Liedertafel, der Lehrergesangsverein sowie der Arbeiter-Sängerbund fort, der 1905 in 194 Vereinen etwa 7 000 Mitglieder zusammenschloß und viele Versammlungen mit Arbeiterliedern ausgestaltete.

Immer populärer wurden Kabarett, vor allem »Schlager«, Ausstattungsrevuen und die Operette, mit den Namen Victor Hollaender, Paul Lincke, Walter Kollo und Jean Gilbert als Schöpfer, Fritzi Massary, Guido Thielscher, Claire Waldoff und vielen anderen als Interpreten verbunden. In diesem Genre prägte sich die spezifische »Berliner Note« weiter aus und gewann internationale Attraktivität. 1905 öffnete an der Weidendammer Brücke die Komische Oper ihre Pforten. Sehr schnell verbreitete sich die neue Kunst, der Film, von Anfang an durch Erfindung, erste Produktion und Aufführungen mit Berlin verbunden. Nationalen und internationalen Rang erwarb Berlin zudem als Theaterstadt.

Berliner Biergarten.
Holzstich nach Zeichnung von Franz Jüttner, 1890

Um 1910 zählte man 30 repräsentative Theater. Aus diesen ragten das Lessing-Theater, 1904–1912 von Otto Brahm geleitet, und vor allem das Deutsche Theater in der Schumannstraße hervor. Hier setzte Max Reinhardt (seit 1905 Leitung) die durch Otto Brahm begründete Orientierung auf eine echte Schauspielkunst vor allem durch die sorgfältige Aufführung von Werken Shakespeares, der progressiven zeitgenössischen Dramatik (Tolstoi, Wedekind), durch großartige künstlerische Ausstattung und die Zusammenführung eines einzigartigen Ensembles (Adele Sandrock, Tilla Durieux, Agnes Straub, Eduard von Winterstein, Friedrich Kayßler, Alexander Moissi, Paul Wegener) fort. 1906 wurden die Kammerspiele ausgebaut. Von großer Bedeutung für das Theaterleben, aber vor allem für das proletarische Publikum war der Neubau der Volksbühne (nach Plänen von Oskar Kaufmann) von 1913 bis 1915. Sehr volkstümlich war das Rosetheater (nach seinem Direktor Bernhard Rose seit 1906) in der Frankfurter Allee.

So bekannte spätbürgerliche Dichter wie Rainer Maria Rilke und Stefan George weilten in Berlin. Exklusiv blieben ebenfalls die oppositionellen, linksbürgerlichen Zeitschriften »Sturm«, 1910 von Herwarth Walden für die expressionistische »Moderne« gegründet, und die von Franz Pfemfert seit 1911 herausgegebene »Aktion«, an der auch Anarchisten und der Sozialdemokratie nahestehende Künstler arbeiteten: Johannes R. Becher, Georg Heym, Oskar Kanehl, Erwin Piscator, Rudolf Leonhard. Im Romanschaffen gelang es nur Heinrich Mann, der bis 1914 zeitweilig in Berlin lebte, die Widersprüche und Klassengegensätze in Breite und Tiefe darzustellen, zunächst im Roman »Im Schlaraffenland« (1900), dann aber in »Der Untertan«, geschrieben zwischen 1911 und 1914, der erst 1918 nach Beendigung der Zensur erscheinen durfte.

Beherrscht wurde das offizielle Kulturleben der Stadt von Werken der bürgerlichen Kunst, die die reaktionäre bürgerliche Ideologie, Antihumanismus, Militarismus sowie Nationalismus verbreiteten und progressive Traditionen preisgaben, und durch triviale Vergnügungs- und Unterhaltungs»kunst«, die durch ideologische Verdummung und »modische« Geschmacksverbildung die Massen in die bestehende Ordnung integrieren halfen.

Die Entwicklung Deutschlands zur ersten europäischen Industriemacht war auch durch die enge Kooperation von Wissenschaft, Technik und Produktion möglich geworden. Dieser Prozeß vollzog sich in Berlin besonders eindrucksvoll. Berlins wissenschaftliche Einrichtungen, vor allem die Akademie der Wissenschaften, die Universität, die Technische Hochschule Charlottenburg (seit 1879) und die Physikalisch-Technische Reichsanstalt (1887), hatten für wissenschaftliche Forschungen, die der kapitalistischen Großproduktion nützlich waren, insbesondere auch der militärischen Stärkung des Staates dienten und Kräfte und Mittel für die politisch-ideologische Stabilität der imperialistischen Herrschaft im Innern und zur Durchsetzung der aggressiven Außenpolitik schufen, außerordentliche Bedeutung. Die Universität wurde zur größten und bedeutendsten Hochschule Deutschlands ausgebaut. 1910 erhielt sie das Gebäude der Königlichen Bibliothek am Opernplatz (die »Kommode«) zur Nutzung. Neben Neubauten für verschiedene Institute (zum Beispiel Physik, Chemie, Meereskunde) wurde das Hauptgebäude von 1912 bis 1920 unter Leitung von Ludwig Hoffmann durch Anbau der Nordflügel wesentlich erweitert. Nach vielen Verzögerungen erfolgte von 1897 bis 1917 der für die medizinische Versorgung, die Forschung und Ausbildung dringliche Neu- und Ausbau der Charité, geleitet von Kurt Diestel und gefördert von Friedrich Althoff vom Preußischen Kultusministerium. Zwischen 1903 und 1914 entstand nach Entwürfen von Ernst von Ihne das neue Gebäude der Staatsbibliothek. Politische, ökonomische und wissenschaftsstrategische Absichten des Staates und der Wirtschaft führten 1911 zur Gründung der Kaiser-Wilhelm-Gesellschaft zur Förderung der Wissenschaften, die mit ihren zunächst auf die Chemie, Biologie und Medizin orientierten Forschungsinstituten in Dahlem entscheidend zur Bindung der Forschung an die Interessen der Monopole, zur staatsmonopolistischen Organisierung und Profilierung wissenschaftlichen Potentials beitrug. Den wachsenden Anforderungen von Staat und Wirtschaft an die Wissenschaft entsprach ebenso die Gründung der Handelshochschule an der Spandauer Straße (1906).

Durch den Ausbau der Institutionen, die Konzentration finanzieller und materieller Mittel, die Zusammenarbeit hervorragender Wissenschaftler, durch neue Formen und Methoden wissenschaftlicher Arbeit, wozu deren wachsende Internationalisierung gehörte, gelangen auf verschiedensten Gebieten bahnbrechende Leistungen, die weltweit Anerkennung fanden. Herausragend waren die Ergebnisse wissenschaftlicher Arbeit der Berliner Chemiker und Nobelpreisträger Emil Fischer, Jacobus Henricus van't Hoff, der Biochemiker Eduard Buchner, Rudolf Willstätter und der Physiker des berühmten Physikalischen Kolloquiums, die das Werk Hermann von Helmholtz' und Gustav Kirchoffs fortführten: August Kundt, Heinrich Rubens, Max Planck, Walther Nernst, Max von Laue, Emil Warburg, Fritz Haber, Albert Einstein und Lise Meitner, die erste weibliche Professorin in Berlin. Berlins medizinische Forschung wurde durch Robert Koch, Paul Ehrlich, Emil von Behring, August von Wassermann, Ernst von Bergmann weltberühmt.

Den Nobelpreis für Literatur erhielt 1902 Theodor Mommsen für seine kunstvolle Gestaltung der »Römischen Geschichte«. Als glänzender Wissenschaftsorganisator erwies sich der Theologieprofessor Adolf Harnack, seit 1905 Direktor der Staatsbibliothek, Spiritus rector und erster Präsident der Kaiser-Wilhelm-Gesellschaft. Er war maßgeblich an der Entwicklung von »Großbetrieben der Wissenschaften« in Berlin beteiligt.

Die Stadt der Wissenschaften zog viele Gelehrte an. Die Zahl der Studenten an der Universität wuchs von 4 890 im Sommersemester 1900 auf 7 837 im Sommer 1913. Zahlreich waren die Studenten aus dem Ausland. Seit 1908/1909 wurden endlich auch die Frauen zur Immatrikulation zugelassen. Über 700 wissenschaftliche Gesellschaften wirkten vor 1914 in Berlin.

Insgesamt war die Entwicklung der Wissenschaften im Zeichen imperialistischer Herrschaft zutiefst widersprüchlich. Die bedeutenden Fortschritte in der wissenschaftlichen Forschung, neue Erkenntnisse und Ergebnisse mißbrauchte die herrschende Klasse zunehmend für die verbrecherische Politik der Kriegsvorbereitung.

Am Vorabend des ersten Weltkrieges

Seit 1871 war die Zahl der Einwohner der Stadtgemeinde Berlin mit ihren 66 Quadratkilometern Fläche von 827 000 auf 2 001 000 im Jahre 1910 gestiegen. In jenem 800 Quadratkilometer umfassenden Gebiet, das 1920 mit Berlin zusammengeschlossen wurde, hatte die Bevölkerung noch stürmischer – von 105 000 (1871) auf 1 724 000 (1910) – zugenommen. In diesem Berliner Raum ballten sich fast 4 der 65 Millionen Einwohner des Reiches zusammen. Längst waren Wirtschaft und Wohngebiete über die administrativen Stadtgrenzen hinausgewachsen. Noch immer verhinderte die junkerlich-bourgeoise Oberschicht mit ihrem reaktionären Beharren auf den althergebrachten preußischen Institutionen den Zusammenschluß des politisch wie ökonomisch verwobenen Ballungsgebietes Berlin und seiner Umgebung zu einer einheitlich verwalteten Großstadt.

Um der vor allem von der Sozialdemokratie erhobenen Forderung nach Eingemeindung entgegenzuwirken, zugleich aber den dringendsten wirtschaftlichen Notwendigkeiten Rechnung zu tragen, wurde am 1. April 1912 der Zweckverband Groß-Berlin gebildet, ein Kommunalverband, der Berlin mit den umliegenden sieben Städten und den Landkreisen Teltow und Niederbarnim zur einheitlichen Regelung einiger Probleme (Verkehr auf Schienen betriebener Fahrzeuge, Baupolizeiordnung, Erwerb und Erhaltung von Freiflächen) zusammenführte. Es kam jedoch nicht zu einer einheitlichen Stadtwirtschaft, Kanalisation, Gas-, Wasser- und Stromversorgung; das Schul- und Armenwesen blieben

Bevölkerungszuwachs von Berliner Vororten 1875–1919

	1875	1890	1905	1910	8. Oktober 1919
Charlottenburg	25 847	76 859	239 632	305 978	322 714
Schöneberg	7 467	28 721	141 010	172 823	178 207
Wilmersdorf	2 367	5 164	63 568	109 716	139 468
Friedenau	1 104	4 211	18 011	34 862	43 864
Steglitz	5 467	12 530	32 825	62 954	83 370
Groß-Lichterfelde	2 051	8 745	34 331	42 513	47 386
Zehlendorf	2 703	4 319	12 647	16 864	20 562
Pankow	3 900	7 000	29 100	45 200	57 962
Reinickendorf	4 976	10 064	22 445	34 299	41 289
Niederschönhausen	2 138	2 666	9 164	15 592	18 913

zersplittert. Bedeutsam für die zusammenwachsende Großstadt waren dann der Erwerb der Großen Berliner Straßenbahn (1919) durch den Verband und der Ankauf von 10 000 Hektar Wald (in Köpenick und Grunewald während des Krieges).

Die mit dem Kapitalismus verbundene kommunalpolitische Planlosigkeit, vor allem auch im Wohnungswesen, blieb bestehen. Berlin besaß 1905 etwa eine Million Wohnungen, 400 000 mit einem, 300 000 mit zwei heizbaren Zimmern. 600 000 Menschen lebten zu fünft oder mehr in einem Raum. Stube und Küche, vielfach in engsten Höfen und Kellern, waren Domizil zahlloser Arbeiterfamilien. Bauspekulation, Vernichtung vieler Waldbestände, Renommier- und Repräsentationssucht beherrschten das Bauen. Die permanente Krise in der Bau- und Wohnungswirtschaft zwang zu größerer »Sachlichkeit«. Neue Tendenzen, von bürgerlichen Reformern, dann aber aus der Arbeiterbewegung gegen das asoziale Profitbauen vorgetragen, führten stellenweise zur aufgelockerten Bauweise, zu anspruchsvolleren Mietshäusern, Siedlungsbauten, Eigenheimen, jedoch nicht zu einem auf die Bedürfnisse der werktätigen Massen gerichteten Wohnungsbau. Die Bestrebungen, Wohnsiedlungen im Grünen anzulegen, nahmen zu, milderten aber nur partiell das Grundübel. Die von Bruno Taut entworfene und 1913–1915 er-

Lithographie von Käthe Kollwitz, 1912

richtete »Tuschkastensiedlung« Falkenberg bei Altglienicke oder
die von Peter Behrens in Oberschöneweide gestaltete Reihen-
haussiedlung (1915) – getragen von Arbeiterbaugenossenschaf-
ten – blieben vereinzelte Versuche, dem Elend und dem Wucher
im Wohnungswesen entgegenzuwirken.

Erweitert werden mußte der städtische Nahverkehr. Stadt-,
Ring- und Vorortbahn dehnten den Massentransport aus und
beförderten 1912 etwa 388 Millionen Menschen. Der Ausbau
der Untergrund- und Hochbahn stieß überall auf lokale Widerstände und konzentrierte sich auf Charlottenburg, Schöneberg
und Wilmersdorf. 1913 sollte Pankow mit Berlin verbunden werden; die Strecke wurde aber nur bis zum S-Bahn-Nordring
(Schönhauser Allee) geführt. Erheblich wuchs der – jetzt zunehmend motorisierte – Straßenverkehr. Nach 1910 war man zu ersten verkehrsregulierenden Maßnahmen (Anfänge einer Ver-
kehrspolizei, Einrichtung von Einbahnstraßen und anderem)
gezwungen.

Berlin war zum größten deutschen Güterumschlagplatz geworden, und das rapide wirtschaftliche Wachsen der Stadt erforderte den weiteren Ausbau der Gütertransportwege. Eisenbahn- und Wassertransport schlugen in den achtziger Jahren je 3,6 Millionen Tonnen um, 1906 waren es je über 10 Millionen Tonnen; um der fallenden Tendenz des Wassertransports entgegenzuwirken, wurde die Spree reguliert, von 1901 bis 1906 der Teltowkanal gebaut, der den Weg zwischen Oberspree – Dahme und Havel (bei Potsdam) unter Umgehung der Stadtdurchquerung verkürzte. Von 1901 bis 1914 schuf man – gegen den hartnäckigen Widerstand der märkischen Junker – den Großschiffahrtsweg von Plötzensee nach Hohensaathen, den Oder-Havel-Kanal. Im ständigen Widerstreit zwischen Fiskus und Stadt entstand von 1907 bis 1913 der Osthafen, ein für den Umschlag und die Lagerhaltung bedeutsames Unternehmen, das durch den Westhafen in Moabit ergänzt werden sollte. Der Baubeginn hier fiel in den Sommer 1914, der Krieg unterbrach das Vorhaben.

Pulsierendes Leben erfüllte die Stadt, zeitweilig durch wirtschaftliche Krisen wie die von 1913/1914 gedämpft. Etwa 55 bis 60 Prozent der Berliner Bevölkerung gehörten zur Arbeiterklasse. Nach der umfassenden Erhebung von 1907 waren in 181 633 Berliner Gewerbebetrieben (Industrie, Baugewerbe, Handel, Verkehr, Gaststätten, Landwirtschaft und Gärtnerei) 812 665 Personen beschäftigt. Davon waren in 16 597 »fabrikmäßigen Betrieben« des Landespolizeibezirks Berlin 321 804 Arbeiter konzentriert, das heißt im Durchschnitt 19,4 Arbeiter je Fabrik. Auf Grund der amtlichen Schätzung zur Einkommensteuer konnte man 1907 kaum mehr als 0,17 Prozent (1913: 0,15 Prozent) der veranlagten Bürger zur Großbourgeoisie, etwa 5,28 Prozent (1913: 5,36 Prozent) zu einer mittleren Schicht der wohlhabenden Bourgeoisie mit einem Jahreseinkommen von über 3 000 Mark jährlich rechnen, das waren Unternehmer, Geschäftsleute, höhere Beamte und leitende Angestellte sowie Intellektuelle. 50,58 Prozent (1913: 53,29 Prozent) der »Zensiten« wurden mit einem Jahreseinkommen von 900 bis 3 000 Mark veranlagt, ein monatliches steuerpflichtiges Einkommen von 75 bis 250 Mark hatten Kleinbürger, kleine Gewerbetreibende, Händler, mittlere Beamte und Angestellte sowie Arbeiter mit Spitzenlöhnen oder Vorarbeiter. Die Masse der Berliner Arbeiter ist unter jenen fast 500 000 = 43,26 Prozent (1913: 40,21 Prozent) der Bürger zu finden, die monatlich zwischen 35 und 75 Mark verdienten, oder zu den 12,75 Prozent (1913: 10,97 Prozent), die nicht über das minimale Einkommen von 420 Mark jährlich verfügten.

Der politische Organisationsgrad des Berliner Proletariats war weiter gewachsen. Der Verband der Sozialdemokratischen Wahlvereine Berlins und Umgegend zählte am 1. April 1914 rund 116 000 Mitglieder und bildete damit eine der stärksten Parteiorganisationen der deutschen Sozialdemokratie. Er verfügte über ein gut durchgebildetes Organisationsnetz, einen Stamm haupt- und ehrenamtlicher Funktionäre, von denen viele massenverbunden und klassenbewußt große Leistungen im täglichen Kampf gegen Imperialismus und Militarismus, für die Sache der Arbeiterklasse, für das sozialistische Endziel vollbrachten. Der allgemeine Eindruck der breiten Wirksamkeit, des wachsenden Masseneinflusses, des Voranschreitens der Partei wurde vertieft durch die sichtbaren Erfolge, die die Berliner Arbeiter in ihren von der Partei und den freien Gewerkschaften geleiteten Kämpfen erzielten.

1910 verschärften sich die Auseinandersetzungen um ein demokratisches Wahlrecht erneut, als die preußische Regierung durch eine Reformvorlage vorgab, die Mängel des Dreiklassenwahlrechts beseitigen zu wollen, ohne dies jedoch prinzipiell in Frage zu stellen. Am 16. Januar verlangten mehr als 50 000 Berliner in 61 Versammlungen das allgemeine, gleiche, direkte und geheime Wahlrecht für alle Männer und Frauen über 20 Jahre. Als für den 13. Februar erneut 42 Versammlungen vorgesehen waren, verbunden mit Straßendemonstrationen, verweigerte Polizeipräsident Traugott von Jagow das »Recht auf die Straße«, diese diene lediglich dem Verkehr; er drohte Waffengebrauch an.

Bekanntmachung.

Es wird das „Recht auf die Straße" verkündet.
Die Straße dient lediglich dem Verkehr.
Bei Widerstand gegen die Staatsgewalt erfolgt
Waffengebrauch.
Ich warne Neugierige

Berlin den 13. Februar 1910

Der Polizeipräsident.
von Jagow

Bekanntmachung über das »Recht auf die Straße«

Trotzdem fanden über 40 Versammlungen mit mehr als 200 000 Teilnehmern und Demonstrationen im Humboldthain, Unter den Linden, in Rixdorf, Köpenick, Wilmersdorf und Spandau statt.

Als am 6. März eine Versammlung im Treptower Park verboten wurde, organisierten die Sozialdemokraten einen »Wahlrechtsspaziergang«, der zu einem Massenmeeting in den Tiergarten führte. 150 000 Berliner demonstrierten unter roten Fahnen für politische Rechte. Eine weitere Steigerung waren die Demonstrationsversammlungen mit 250 000 Teilnehmern am 10. April im Humboldthain, Treptower Park und Friedrichshain. Unter den Rednern befanden sich auch die führenden Vertreter der kleinbürgerlich-liberalen Demokratischen Vereinigung Hellmut von Gerlach und Rudolf Breitscheid. Den Berliner Arbeitern, die sich das Recht zu Kundgebungen »unter freiem Himmel« erkämpft hatten, genügte das nicht. »Was weiter?« fragten die Linken – so Rosa Luxemburg – in ihrem Namen, und die Massenstreikdebatte flammte wieder auf. Sie verlangten, die politische Forderung nach der demokratischen Republik in Deutschland zur Losung für die Wahlrechtskämpfe zu erheben. Auch der 1. Mai stand im Zeichen dieser Forderungen; sie blieben bestehen, nachdem die Regierung ihren Wahlgesetzentwurf zurückzog und opportunistische Führer auf einen Abschwung der Bewegung hinarbeiteten.

Die deutliche Verschärfung der Klassengegensätze zeigte sich, als sich vom 19. September bis 8. Oktober 1910 an einem Lohnstreik von 140 Kohlenarbeitern in Moabit Auseinandersetzungen mit Streikenden und der Polizei entzündeten. 20 000 bis 30 000 Personen beteiligten sich an diesen Unruhen, die sich zu Straßenkämpfen steigerten, die Hunderte Verletzte und 2 Tote forderten. Auch gegen streikende Fleischergesellen im Wedding ging die Polizei Ende Oktober gewaltsam vor. Es zeugte vom ungebrochenen Kampfeswillen der Berliner Arbeiter, als sie am 22. Januar 1911 in der Stadt und ihrer Umgebung in 83 Versammlungen gegen das Dreiklassenwahlrecht protestierten. Am 4. Juli fanden erneut 31 Versammlungen gegen die Ablehnung der sozialdemokratischen Wahlrechtsforderungen im preußischen Abgeordnetenhaus statt.

Im Sommer 1911, nachdem die deutsche Regierung durch die Entsendung der Kanonenboote »Panther« und »Berlin« Anfang Juli nach Agadir die zweite Marokko-Krise ausgelöst hatte, verurteilten Zehntausende die zum Krieg drängende Politik des deutschen Imperialismus. Im Juli und August fanden auch in Berlin Massenversammlungen und Kundgebungen statt, die mit einer Friedensdemonstration von mehr als 200 000 Berlinern am 3. September im Treptower Park ihren Höhepunkt fanden. Ein Jahr später, am 20. Oktober 1912, protestierten etwa 250 000 Berliner an gleicher Stelle gegen den Balkankrieg, forderten die deutsche Regierung zu einer Politik der Nichteinmischung und Neutralität auf. In der Massenbewegung gegen den drohenden

Krieg stand die von der Sozialdemokratie geführte Berliner Arbeiterschaft in der ersten Reihe, mit ihr viele kleinbürgerlich-demokratische Kräfte.

Energischen Widerstand leisteten die Werktätigen gegen die Lebensmittelteuerung im Herbst 1911, gegen die Verknappung von Grundnahrungsmitteln, besonders Fleisch, im Sommer und Herbst 1912 sowie gegen die Abwälzung der zunehmenden Rüstungslasten auf die Schultern der werktätigen Bevölkerung im Zusammenhang mit der Wehrvorlage im Frühjahr 1913. Wie in vielen Teilen des Reiches verurteilten in Berlin und Umgebung 60 Volksversammlungen am 6. April 1913 das militaristische System. Großes Aufsehen erregten die Enthüllungen Karl Liebknechts über die Kriegsvorbereitungen und die antinationale Rolle der größten deutschen Rüstungsmonopole, insbesondere über den Krupp-Konzern (1913), und Rosa Luxemburgs Auftreten gegen Militarismus und Kriegsgefahr. Dabei mußten sich die Linken immer stärker mit der partiellen Unterstützung der Rüstungspolitik durch opportunistische Kreise, speziell in der sozialdemokratischen Reichstagsfraktion, auseinandersetzen, die das bewährte Prinzip »Diesem System keinen Mann und keinen Groschen« und die Beschlüsse der Internationalen Sozialistenkongresse von Stuttgart (1907) und Basel (1912) preisgaben.

Vom Kampf um die Erweiterung der demokratischen Rechte, um die Verteidigung der Arbeits- und Lebensverhältnisse der breiten Massen, gegen den junkerlich-bourgeoisen Staat, seine Unterdrückungs-, Rüstungs- und Kriegspolitik waren auch die Wahlkampagnen zu den verschiedenen Vertretungskörperschaften bestimmt. Bei den Reichstagswahlen im Januar 1912 erhielt die Sozialdemokratie in den acht Großberliner Wahlkreisen 75,3 Prozent der abgegebenen Stimmen und sieben der acht Mandate. Zudem errang Karl Liebknecht erstmals das Mandat im »Kaiserwahlkreis« Potsdam-Spandau-Osthavelland für die Arbeiterpartei.

Ähnlich hohe Stimmanteile erzielte die Berliner Sozialdemokratie bei den Wahlen zum preußischen Landtag, an denen sich

Ergebnisse der Reichstagswahlen in Berlin 1893–1912

Jahr	Wahl-berechtigte	Konser-vative	National-liberale	Freisinnige Volkspartei	Zentrum	Sozial-demokratie	Übrige Parteien
1893 H	373 930	38 859	5 693	57 934	3 225	151 122	12 771
E	159 330	–	–	45 884	–	59 920	–
1898 H	397 001	13 485	–	55 324	4 754	155 411	31 874
E	157 951	–	–	59 319	–	56 214	–
1903 H	444 871	40 663	–	55 782	–	218 238	12 097
E	17 505	–	–	6 607	–	6 233	–
1907 H	493 457	27 689	–	87 153	9 225	251 215	1 275
E	16 286	–	–	8 053	–	4 618	–
1912 H	507 943	13 194	–	70 159	8 685	307 762	228

H = Hauptwahl E = engere Wahl

die Partei erst seit 1903 beteiligte und 1908 die ersten 7 Mandate gewann. In Berlin erhielt sie 73,21 Prozent der abgegebenen Stimmen, 1913 sogar 79,77 Prozent. 9 der 10 sozialdemokratischen Abgeordneten im preußischen Landtag kamen aus Berliner Wahlbezirken, unter ihnen Karl Liebknecht. Daß Berlins Arbeiter bereit waren, errungene Positionen und ihre Abgeordneten zu verteidigen, bewiesen sie am 10. Mai mit Massenkundgebungen für Julian Borchardt, den die Polizei gewaltsam aus dem Abgeordnetenhaus entfernt hatte. Bemerkenswerte Ergebnisse errang die Partei bei den Wahlen zur Berliner Stadtverordnetenversammlung. Hier gewann sie bei den Ergänzungswahlen 1913 48 801 von 56 573 abgegebenen Stimmen. So brachte es die Sozialdemokratie als größte Partei Berlins bis 1913 auf 45 der insgesamt 126 Stadtverordneten, die mehrheitlich von den bürgerlichen Liberalen, seit 1910 der Fortschrittlichen Volkspartei, gestellt wurden. Oberbürgermeister war seit 1912 Adolf Wermuth.

Auch bei den Wahlen in den Stadt- und Landgemeinden erzielte die im Großberliner Verband organisierte Sozialdemokratie trotz des Dreiklassenwahlrechts eindrucksvolle Ergebnisse und bildete relativ starke Fraktionen. So waren es in den Städten Charlottenburg 14 Sozialdemokraten von 78 Stadtverordneten, in Köpenick 14 von 42, in Neukölln 32 von 72, in Schöneberg 15 von 66; in Gemeinden wie Adlershof 5 von 15 Gemeindevertretern, Altglienicke 4 von 14, Bohnsdorf 3 von 9, Britz 6 von 18, Johannisthal 4 von 12, Mariendorf 8 von 24, Niederschöneweide 3 von 12, Tempelhof 6 von 21, Treptow 6 von 18.

Der zunehmende sozialdemokratische Einfluß unter den Massen widerspiegelte sich ebenfalls im Anwachsen der Frauen- und Jugendbewegung, im Arbeitersport, in den Konsumgenossenschaften und anderen Arbeiterorganisationen. Besonders bedeutsam war die Arbeit der freien Gewerkschaften als Klassenorganisation des Proletariats. Von den 1906 in den acht Großberliner Wahlkreisen als organisationsfähig gezählten 558 839 »Berufsangehörigen« waren 252 069 (45,2 Prozent) gewerkschaftlich organisiert. Bis 1913 wuchs die Mitgliederzahl der freien Gewerkschaften auf 302 000. 51 Einzelgewerkschaften, von denen die der Metallarbeiter mit über 88 000 Mitgliedern, die der Transportarbeiter mit fast 53 000 und die der Holzarbeiter mit fast 28 000 die stärksten waren, hatten sich unter Leitung der Berliner Gewerkschaftskommission zusammengeschlossen. An ihrer Spitze stand Alwin Körsten. Berlin war hinsichtlich des Organisationsgrades eines der bedeutendsten Zentren der sozialistischen deutschen Arbeiterbewegung. Die imposanten Organisationen der Berliner Arbeiterklasse, ihre eindrucksvollen und erfolgreichen Aktionen, von der Sozialdemokratie geführt, erweckten den Eindruck, es existiere eine schlagkräftige proletarische Kampfpartei. Es hatte sich aber gerade in Berlin eine zahlenmäßig starke Arbeiteraristokratie und Arbeiterbürokratie entwickelt; sie und zahlreiche Kleinbürger bildeten die soziale Basis für den Opportunismus, der die Partei in die zerstörende Krise stürzte, noch bevor diese mit Ausbruch des Krieges offen zutage trat. Grundprobleme des Klassenkampfes, besonders von den Linken vorgetragen, wurden von opportunistischen Kräften immer mehr in den Hintergrund gedrängt, was negative Folgen für den politischen Inhalt der Parteiarbeit hatte. Der Organisationsfetischismus und die Überbewertung der Parlamentsarbeit überwucherten die massenverbundene Aktivität. Viele einflußreiche Funktionäre in Partei und Gewerkschaft vertraten opportunistische Positionen, verstanden nicht die Anforderungen der neuen Epoche oder schwankten zwischen den Klassenfronten. Diese Kräfte gewannen zunehmend in der Berliner Parteiorganisation an Einfluß, nachdem die langjährigen bewährten Führer Paul Singer 1911 und August Bebel 1913 verstorben waren. Die von diesen verkörperten Traditionen der revolutionären Sozialdemokratie führten die Linken entschlossen fort, die gerade in Berlin politisch-ideologisch außerordentlich wirksam wurden. So beschloß die Generalversammlung der Sozialdemokratie Berlins und Umgegend am 14. Juni 1914 die von Rosa Luxemburg eingebrachte Resolution, den Kampf um demokratisches Wahlrecht mit dem schärfsten Kampfmittel, dem Massenstreik, zu führen. Die Leitung der Berliner Parteiorganisation lag jedoch in Händen opportunistischer und zentristischer Funktionäre, so Eugen Ernst, Theodor Fischer, Emil Boeske. Der Umwandlungsprozeß der Sozialdemokratie von einer revolutionären in eine reformistische Arbeiterpartei war auch und gerade in Berlin weit vorangeschritten, aber es zeigte sich erst mit dem 4. August 1914 offen, in welchem Grade das bereits der Fall war.

Berlin im ersten Weltkrieg (1914–1917)

Die Ermordung des österreichischen Thronfolgers Erzherzog Franz Ferdinand am 28. Juni 1914 in Sarajevo nahmen die imperialistischen Mächte zum Anlaß für einen Krieg, der erstmals in der Menschheitsgeschichte die ganze Welt erfassen sollte. Zwei Mächtegruppierungen, die Mittelmächte – das Deutsche Reich und Österreich-Ungarn – und die Ententemächte – Großbritannien, Frankreich und Rußland –, führten den Krieg um Macht- und Einflußsphären, um Kolonien und Profite und um die Unterdrückung der Volksmassen und der revolutionären Bewegung im eigenen Land. Wenn der Weltkrieg auch ein imperialistischer Krieg von allen Seiten war, so trug doch die Hauptschuld für seine Entfesselung der deutsche Imperialismus, der am gierigsten nach der Weltmacht griff und im Sommer 1914 den günstigsten Moment für die Auslösung des Völkermordens sah. Die Entscheidungen für den Kriegsbeginn fielen in Berlin.

Wie in allen imperialistischen Staaten, brachten in den kritischen Julitagen auch im Deutschen Reich Hunderttausende Arbeiter und andere Werktätige ihren Friedenswillen zum Ausdruck. Zehntausende Berliner demonstrierten am 28. Juli in 32 Kundgebungen unter der Losung der Sozialdemokratie »Nieder mit dem Kriege«. Auf der anderen Seite gelang es den Imperialisten, einen nationalistischen Taumel zu entfalten, gaben sie die Losung von der »Vaterlandsverteidigung« gegen den »despotischen russischen Zarismus«, den »französischen Erbfeind« und das »perfide Britannien« aus. Es lähmte die Arbeiterklasse und spaltete sie, daß die rechtssozialdemokratischen Partei- und Gewerkschaftsführer einstimmten, alle Aktionen gegen den Krieg unterbanden und mit der Bewilligung der Kriegskredite am 4. August offen die imperialistische Politik unterstützten. Mit diesem Verrat an den Beschlüssen und Idealen der internationalen Arbeiterbewegung brach die durch das langjährige Wirken des Opportunismus in der Partei schwelende Krise offen aus.

Mit der Bekanntmachung über den Kriegszustand vom 31. Juli 1914 und der Mobilmachung am 1. August trat gleichzeitig das Gesetz über den Belagerungszustand in Kraft. Der Belagerungszustand ermöglichte es der herrschenden Klasse, jede Opposition schon im Ansatz zu unterdrücken. Der Militärbefehlshaber in Berlin, der »Oberbefehlshaber in den Marken«, Generaloberst Gustav von Kessel, erhielt die vollziehende Gewalt übertragen, und Grundrechte wie Freiheit der Person, Unverletzlichkeit der Wohnung, Pressefreiheit, das Vereins- und Versammlungsrecht wurden eingeschränkt oder außer Kraft gesetzt. Mißliebige Personen konnten in »Schutzhaft« genommen werden. Das öffentliche Leben wurde weitgehend reglementiert. Die überall eingesetzten Kriegsgerichte hatten Verstöße gegen die »öffentliche Sicherheit« zu ahnden. Schon am 5. August erfolgte eine Wohnungsdurchsuchung bei Karl Liebknecht. Sozialdemokratische Kundgebungen gegen den Krieg, die für den 2. und 4. August vorgesehen waren, genehmigten die Behörden nicht. Die rechten Führer verharrten im »Burgfrieden«, und die herrschenden Kreise suchten die proletarischen Organisationen zur Abstützung des militaristisch-imperialistischen Systems zu nutzen.

Beginnend mit dem 2. August, mußten immer mehr Männer zum Kriegsdienst antreten; das hatte tiefgreifende Folgen für die Familien. Sie erhielten zwischen 6 und 12 Mark monatliche Unterstützung, zusätzlich für jedes Kind unter 15 Jahren 6 Mark. Die Renten für die wachsende Zahl der Hinterbliebenen der Kriegsopfer reichten nicht zum Leben. Viele Familien konnten ihre Miete nicht zahlen und mußten ihren Lebensmittelverbrauch schon aus finanziellen Gründen radikal einschränken. Trotz der Angstkäufe und erheblicher Preissteigerungen im August gab es zunächst noch ausreichend Lebensmittel zu kaufen. Viele Unternehmer suchten die Löhne zu drücken, besonders seitdem zunehmend Frauen in die Betriebe kamen. Sie verdienten durchschnittlich ein Drittel weniger als ihre männlichen Kollegen. Das Verbot der Sonn- und Feiertagsarbeit und die Einschränkungen der Frauenarbeit wurden nunmehr aufgehoben. Viele Arbeitskräfte aus der Provinz strömten in die Stadt. Die soziale und politische Zusammensetzung der Betriebsbelegschaften veränderte sich stark. Bis Mitte September waren 16,3 Prozent der politisch organisierten Arbeiter einberufen. Durch die radikale Umstellung der Wirtschaft auf die Erfordernisse des Krieges stieg zunächst die Zahl der Arbeitslosen in Berlin sprunghaft auf über 100 000 an. Mit der am 13. August im Kriegsministerium gebildeten, vom AEG-Generaldirektor Walther Rathenau geleiteten Kriegsrohstoffabteilung und den Kriegsrohstoffgesellschaften entstand ein allmächtiger staatsmonopolistischer Lenkungsapparat, der von Berlin aus die deutsche Kriegswirtschaft organisierte. Alle kriegswichtigen Rohstoffe wurden beschlagnahmt und ausschließlich der Kriegsproduktion zugeführt, die sich in Berlin konzentrierte. Die Mobilisierungskrise wich rasch dem Rüstungsboom. Die Großbetriebe der Elektroindustrie und des Maschinenbaus erhielten riesige Aufträge. Siemens, AEG, Bergmann, Telefunken und Lorenz produzierten Ausrüstungen für U-Boote, Kreuzer und Schlachtschiffe, Torpedos und Minen, Feldtelefone und -kabel, Patronen und Granaten, Pulver und Munition jeden Kalibers, Flugzeugmotore und Kraftfahrzeuge. Flugzeuge und Zeppeline entstanden in Johannisthal, Friedrichshagen, Hennigsdorf und Staaken. Die staatlichen Waffen- und Munitionsfabriken in Spandau mit Zweigwerken in Reinickendorf, Wittenau und Charlottenburg lieferten Kanonen, Maschinengewehre, Karabiner und Pistolen, Pulver und Munition. Agfa Berlin produzierte das im Dahlemer Kaiser-Wilhelm-Institut unter Leitung Fritz Habers entwickelte Giftgas, das 1915 erstmals an der Westfront eingesetzt wurde. Neubauten vergrößerten bald die Kapazität: AEG baute in Treptow, Siemens erweiterte das Wernerwerk und errichtete zwischen 1915 und 1917 ein Automobilwerk, ein Metall- und Kabelwerk. Das große Geschäft war der Ausbau der Kriegschemie. Zur Herstellung synthetischen Stickstoffs nach dem Haber-Bosch-Verfahren wurde das Ammoniakwerk Merseburg (Leunawerke) errichtet. Die Siemens-Werke bauten die Überlandkraftwerke Zschornewitz und Cholzin, um die Aluminium- und Kalkstickstoffgewinnung für Sprengstoffe in Lauta und Piesteritz zu sichern. Mit der Rüstungsproduktion wuchsen Kapital, Profite und Dividenden. Zu den größten Kriegsgewinnlern zählten die Berliner Großbanken. Produktion und Kapital konzentrierten sich weiter. Der Widerspruch zwischen den am Krieg interessierten Monopolisten, Militaristen und Junkern und der überwiegenden Mehrheit des Volkes vertiefte sich.

Seit den Augusttagen 1914 kämpften die Linken in der Berliner Arbeiterbewegung unter schwierigsten Bedingungen gegen den imperialistischen Krieg. Sie enthüllten dessen räuberischen Charakter und begannen, die Gegner des Krieges und der Burgfriedenspolitik zu sammeln. Den ideologisch fortgeschrittenen Kern bildeten die Anhänger Karl Liebknechts und Rosa Luxemburgs, die bereits in Versammlungen im Oktober/November 1914 ihren Einfluß ausdehnen konnten. Im Oktober beendeten erste Lohnstreiks in Berliner Betrieben den verordneten »Burgfrieden«; so streikten vom 16. bis 18. Oktober etwa 900 der 2 200 Beschäftigten der Maschinenbauanstalt C. Beermann GmbH vor dem Schlesischen Tor um eine Verbesserung des Akkordtarifs. In der Sitzung des Reichstages am 2. Dezember gab Karl Liebknecht mit seinem Votum gegen die Kriegskredite ein Signal für den Kampf gegen den Krieg. Es war für die Verbreitung revolutionärer Auffassungen unter Berliner Arbeitern, für den Klärungsprozeß in den Partei- und Gewerkschaftsorganisationen von außerordentlicher Wirkung, wie Versammlungen

Ende 1914/Anfang 1915 deutlich machten. Auch bei bürgerlich-pazifistischen Demokraten, die sich im November 1914 im Bund Neues Vaterland mit Kurt von Tepper-Laski, Georg Graf von Arco, Eduard Bernstein, Rudolf Breitscheid, Minna Cauer, Lujo Brentano, Albert Einstein, Hellmut von Gerlach, Magnus Hirschfeld, Leo Kestenberg, Paul Oestreich, René Schickele, Helene Stöcker zusammengeschlossen hatten, fand Liebknechts Haltung großen Widerhall. Linke Intellektuelle und Künstler artikulierten ihre Antikriegshaltung in der Zeitschrift »Aktion«. Um die von Julian Borchardt publizierten »Lichtstrahlen« gruppierten sich Gegner des Krieges und der Politik des 4. August, die sich Internationale Sozialisten Deutschlands nannten.

Die überwiegende Mehrzahl der in Berlin ansässigen bürgerlichen Philosophen, Ökonomen, Juristen, Historiker, Theologen, Naturwissenschaftler und Mediziner, Schriftsteller und Künstler unterstützten Krieg und Annexionspolitik, wie es im »Aufruf an die Kulturwelt« vom Oktober 1914 zum Ausdruck kam.

Mit dem Scheitern des deutschen »Blitzkrieges« im Herbst 1914 war die Hoffnung auf ein baldiges Kriegsende gewichen. Mit Fortdauer des Krieges, seinen wachsenden Opfern wurden die Fragen nach seinem Sinn lauter.

Die wirtschaftliche Lage verschlechterte sich spürbar. Im Februar 1915 führte die Regierung als erste Rationierungsmaßnahme die Brotkarte ein: 2 Kilogramm pro Kopf und Woche. Sie legte Höchstpreise fest, was aber zu Preiserhöhungen, Verknappung und Schwarzhandel führte, da Großgrundbesitzer und Großbauern für diese verordneten Preise keine Produkte lieferten. Im Juli 1915 beliefen sich die monatlichen Kosten für Nahrungsmittel für jeden Berliner auf 39,83 Mark im Vergleich zu 23,45 Mark im Juli 1914. Ab Spätsommer gab es zwei fleischlose Tage in der Woche. Auch Bekleidung, Wohnung und Heizmaterial wurden teurer. Die Steigerung der Kriegsproduktion war mit der Intensivierung der Ausbeutung verbunden. Viele Unternehmer verlängerten die Arbeitszeit auf 12 und mehr Stunden. Mehr als 50 Prozent der Betriebe arbeiteten auch sonntags zwischen 5 und 12 Stunden. Die Schutzvorschriften für Jugendliche und Frauen wurden aufgehoben.

Reallohnentwicklung

März 1914 = 100	Sept. 1916 = 66
Sept. 1914 = 93	März 1917 = 62
März 1915 = 89	Sept. 1917 = 57
Sept. 1915 = 84	März 1918 = 47
März 1916 = 75	Sept. 1918 = 39

1915 betrug der durchschnittliche Tagesverdienst für Frauen 2,25 Mark. So konnte die Firma Ludwig Loewe, die Werkzeugmaschinen für die Produktion von Gewehrläufen und -schlössern herstellte, 1915 30 Prozent Dividende (gegenüber 18 Prozent im Vorjahr) ausschütten.

Kriegsgewinne der wichtigsten Berliner Metall- und Elektrobetriebe 1914–1916 nach einer Untersuchung des Deutschen Metallarbeiter-Verbandes aus dem Jahre 1917

	Reingewinn in Millionen Mark		Dividende in Prozent	
	1914	1916	1914	1916
Ludwig Loewe & Co. AG	2,9	3,7	30	32
Berliner Maschinenbau AG vorm. L. Schwartzkopff	3,6	5,3	16	25
Deutsche Waffen- und Munitionsfabriken	8,2	12,7	20	30
Optische Anstalt C. P. Goerz AG	1,9	4,7	18	22
Siemens & Halske AG	11,2	14,0	10	12
AEG	18,9	27,2	10	12

2 000 Handwerksbetriebe mußten 1915 in Berlin schließen. Auch kleine Beamte und Angestellte waren vom Druck der Rüstungsmonopole betroffen. Die gesundheitliche Lage der Werktätigen verschlechterte sich, die Tuberkulose griff um sich, Fälle von Cholera, Fleckfieber und Ruhr traten auf. Die Zahl der Ster-

befälle nahm 1915 gegenüber 1913 um 45 Prozent zu. Die Zahl der Neugeborenen ging zurück, und viele Säuglinge starben im ersten Lebensjahr. Die Erbitterung über Ausbeutung und Entrechtung wuchs.

Am 5. März 1915 fand in Berlin eine Reichskonferenz führender linker Sozialdemokraten statt; damit begann die Gruppe »Internationale« zu entstehen. Eine lose Verbindung der oppositionellen Gruppen war geschaffen; im April erschien das erste und einzige Heft der von Rosa Luxemburg und Franz Mehring herausgegebenen Zeitschrift »Die Internationale«.

Am 18. März und am 28. Mai protestierten auf Initiative Wilhelm Piecks Berliner Arbeiter, vor allem Frauen, vor dem Reichstagsgebäude gegen den Krieg und verlangten Frieden und Brot. Es kam zu Teilstreiks in Reinickendorf, Marienfelde, Treptow und Spandau. Am 27. Mai veröffentlichte die Gruppe »Internationale« das von Liebknecht verfaßte Flugblatt »Der Hauptfeind steht im eigenen Land!«. Damit verfochten die deutschen Linken wie Lenin die Losung von der Umwandlung des imperialistischen Krieges in den Bürgerkrieg, die Forderung nach dem revolutionären Sturz der eigenen Regierung, um das Völkermorden zu beenden. Dieses Flugblatt sowie die von Rosa Luxemburg im Frühjahr 1915 im Frauengefängnis in der Barnimstraße unter dem Pseudonym »Junius« verfaßte Broschüre »Die Krise der Sozialdemokratie« (im Februar 1916 in Zürich herausgekommen) zählten zu den bedeutendsten Dokumenten des Kampfes der Arbeiterbewegung gegen Krieg und Sozialchauvinismus. Am 9. Juni 1915 erschien ein Offenes Protestschreiben gegen die Politik des Parteivorstandes und der Mehrheit der Reichstagsfraktion – von Karl Liebknecht entworfen und mitgetragen von einer Reihe zentristischer Funktionäre, die bis dahin eine öffentliche Stellungnahme vermieden hatten. Etwa 1 000 Funktionäre unterzeichneten, unter ihnen 248 Berliner mit Gustav Laukant, Georg Ledebour, Arthur Stadthagen, Heinrich Ströbel. Unter der Überschrift »Das Gebot der Stunde« veröffentlichten Eduard Bernstein, Hugo Haase und Karl Kautsky am 19. Juni einen Aufruf,

Heinrich Zille, Das Eiserne Kreuz. Lithographie, 1916

der von den imperialistischen Regierungen einen »demokratischen Frieden« verlangte, aber weder gegen »Burgfrieden« protestierte noch zu Aktionen aufrief. Der Sinn bestand also darin, die
Führung der Opposition unter dem Vorwand, ihre »Einheit« zu
wahren, besonders in Berlin zu beanspruchen. Eindeutig wandte
sich die Mehrheit in den sozialdemokratischen Wahlvereinen

535

Berlins und Umgegend gegen die weitere Bewilligung der Kriegskredite, das heißt gegen die Politik der opportunistischen Führer, die hier und da bereits von ihren Funktionen verdrängt wurden. Die Linksentwicklung in den Parteiorganisationen, der Stimmungsumschwung in den Betrieben, das Wirken der Linken fanden Ausdruck in der Bewegung oppositioneller Gewerkschaftsfunktionäre, die vor allem als Ob- und Vertrauensleute in den Rüstungsbetrieben, in den Branchenkommissionen, schließlich auch in der mittleren Ortsverwaltung des Deutschen Metallarbeiter-Verbandes (DMV) Positionen gewannen. Verhaftungen linker Funktionäre wie Wilhelm Pieck, Ernst Meyer, Hugo Eberlein, fehlende Kampferfahrungen besonders der neu in die Betriebe gelangten Proletarier und die von Sozialpazifisten verfochtene Linie des parlamentarischen Kampfes verhinderten zunächst größere Aktionen. Jedoch im Herbst 1915 verbreiterte sich die Bewegung gegen Wucher und Teuerung, Verschlechterung der Arbeits- und Lebensbedingungen, gegen die Fortführung des Krieges, für den Frieden sichtlich. Kurzstreiks, Lebensmittelunruhen, spontane Aufläufe, aber auch einige größere Demonstrationen, wie die von 10 000 bis 15 000 Menschen am 30. November Unter den Linden, kündeten von wachsender Unzufriedenheit und Kampfbereitschaft in breiteren Kreisen der Berliner Werktätigen. Unter diesen Bedingungen stimmten am 21. Dezember gemeinsam mit Karl Liebknecht und Otto Rühle (Dresden) auch 18 sozialpazifistische Reichstagsabgeordnete gegen neuerliche Kriegskredite, unter ihnen Otto Büchner (Wahlkreis Berlin IV), Georg Ledebour (Berlin VI), Arthur Stadthagen (Niederbarnim) und Fritz Zubeil (Teltow-Beeskow). Diese Entscheidung bewirkte, daß einerseits ihr Ansehen und andererseits die parlamentarischen Illusionen bei den Massen wuchsen. Die Mehrheit des Berliner Zentralvorstandes und in den Wahlkreisvereinen billigte die Haltung der Minderheit der Reichstagsfraktion ausdrücklich und schloß sich später – nach deren Ausschluß aus der SPD-Reichstagsfraktion – der Ende März 1916 konstituierten Sozialdemokratischen Arbeitsgemeinschaft an. Die zurückhaltende Position der Sozialpazifisten zu außerparlamentarischen Aktionen hemmte die Entfaltung eines offensiven Kampfes gegen den Krieg.

Am Neujahrstag 1916 bildete sich in den Räumen des Rechtsanwaltsbüros von Karl und Theodor Liebknecht in der Chausseestraße 121 die Spartakusgruppe. Käte Duncker, Hugo Eberlein, Karl Liebknecht, Franz Mehring, Ernst Meyer und Wilhelm Pieck waren die Berliner Vertreter. Mit den von Rosa Luxemburg verfaßten »Leitsätzen über die Aufgaben der internationalen Sozialdemokratie«, mit den ab Ende Januar illegal herausgegebenen »Spartakusbriefen« gaben sich die Linken als selbständige Gruppe innerhalb der Sozialdemokratie marxistische programmatische Grundsätze, die an grundlegende Erkenntnisse Lenins heranführten. Es war ein Schritt, der objektiv die Herausbildung einer selbständigen marxistischen Kampfpartei förderte. Es erfolgte zwar eine klare ideologische Abgrenzung von der in Berlin einflußreichen Gruppierung um Georg Ledebour, Joseph Herzfeld, Adolph und Paul Hoffmann, jedoch hofften die Linken weiter auf die Rückeroberung der Partei von unten, durch die »Rebellion der Massen«. Nur in der oppositionellen Arbeiterjugend Berlins gelang im März 1916 die vollständige, auch organisatorische Trennung von allen Schattierungen des Opportunismus.

Am Abend des 1. Mai folgten fast 10 000 Demonstranten dem Ruf der Spartakusgruppe und traten auf dem Potsdamer Platz für Brot, Frieden und Freiheit ein. Noch bevor die Kundgebung beginnen konnte, griff die Polizei ein und nahm wahllos Verhaftungen vor. Inmitten der Demonstranten rief Karl Liebknecht: »Nieder mit dem Krieg! Nieder mit der Regierung!« Die Antikriegsbewegung erhielt durch diese kämpferische Aktion kräftige Impulse. In der Partei erreichte die Auseinandersetzung mit den rechten Sozialdemokraten im Mai/Juni einen Höhepunkt. Die Generalversammlungen der Kreiswahlvereine und des Berliner Gesamtverbandes wählten neue Leitungen. Die Rechten verloren ihre leitenden Funktionen, oppositionelle Sozialdemokraten traten an ihre Stelle. Das war eine eindeutige Absage an die Politik des 4. August durch die überwältigende Mehrheit der Berliner Sozialdemokraten, bedeutete jedoch noch keine konsequente politisch-ideologische oder organisatorische Trennung vom Opportunismus. Fast alle Versammlungen solidarisierten sich mit Liebknecht. Am Tag vor dem »Hochverratsprozeß« gegen ihn, am 27. Juni, demonstrierten 25 000 Berliner auf dem Potsdamer Platz und von dort zum Alexanderplatz. Am 28. Juni streikten etwa 55 000 Arbeiter vor allem der Rüstungsindustrie gegen den Liebknecht-Prozeß. Kundgebungen, Demonstrationen, Zusammenstöße mit der Polizei, auch noch am 29. Juni, kennzeichneten den Verlauf dieses ersten politischen Massenstreiks der Berliner Arbeiter während des Krieges.

Die herrschende Klasse reagierte mit Einberufungen und Verhaftungen. Julian Marchlewski befand sich seit Mai in Haft. Über Rosa Luxemburg wurde am 10. Juli »Schutzhaft« verhängt. Erst die Revolution befreite sie am 8. November 1918 aus dem Kerker. Gleichfalls inhaftiert wurden der schwerkranke Ernst Meyer und der siebzigjährige Franz Mehring, so daß die Leitung der Spartakusgruppe faktisch nicht mehr existierte. Eine leitende Rolle übernahm ein bewährter Funktionär der polnischen, russischen und deutschen Arbeiterbewegung, Leo Jogiches; für Berlin wirkte Käte Duncker, obgleich sie seit Mai Redeverbot hatte. Der Leiter der revolutionären Obleute, Richard Müller, mußte für drei Monate zum Militärdienst. Die Polizei verbot Versammlungen und Demonstrationen rigoros. Die rechten Sozialdemokraten bildeten Sonderorganisationen, die allerdings durchweg geringe Mitgliederzahlen aufwiesen. Nur mit massiver Einmischung des Militärapparates gelang es dem Parteivorstand, im Oktober den »Vorwärts« zu seinem alleinigen Organ zu machen. Damit waren entscheidende Schritte zur Spaltung der Partei durch die Rechten vollzogen.

1916 verschlechterte sich die Lage für den deutschen Imperialismus bedeutend. Schweren Rückschlägen an den Fronten, den riesigen Verlusten in den Schlachten um Verdun und an der

Somme, dem Schwinden der Reserven an Menschen und Material, der wachsenden Kriegsmüdigkeit und der anschwellenden Antikriegsbewegung suchte die herrschende Klasse durch Verschärfung der Militärdiktatur zu begegnen. Die Bildung der III. Obersten Heeresleitung mit Generalfeldmarschall Paul von Hindenburg und General Erich Ludendorff Ende August, das »Hindenburg-Programm« zur Steigerung der Rüstungsproduktion, das »Hilfsdienstgesetz« vom Dezember, das alle Männer zwischen 17 und 60 Jahren zum Kriegsdienst in der Rüstungsproduktion verpflichtete und die freie Wahl des Arbeitsplatzes aufhob, die Bildung des Kriegsamtes, das diesen maßlosen Ausbeutungsfeldzug zugunsten der Rüstungsmonopole leiten sollte, das alles war Ausdruck der umfassenden Verschärfung der imperialistischen Kriegführung, belegt die Umwandlung Deutschlands in ein Militärzuchthaus.

Sparkasse der Stadt Berlin.

Der Verkauf der

Anteilscheine zur 8. Kriegsanleihe,

ausgegeben von der Sparkasse der Stadt Berlin,

zu 1 M., 5 M., 10 M. und 20 M.,

erfolgt durch sämtliche Sparkassen, Zweigkassen, Nebenstellen, sowie durch die Schulen.

Nach Schluß der Zeichnung wird der Verkauf fortgesetzt durch die Sparkassen und Zweigkassen.

Gegen Einlieferung von 98 M. in Anteilscheinen wird jederzeit 5% Kriegsanleihe im Nennwerte von 100 M. abgegeben. Der Umtausch erfolgt auf der Abteilung der Sparkasse, Poststr. 5, Hof links.

Die Sparkasse nimmt Kriegsanleihe in **Verwahrung** und **Verwaltung** und führt die Zinsen dem Sparguthaben zu, ohne daß es der Vorlage des Sparbuches bedarf.

Die Sparkasse **gewährt Darlehn** gegen Verpfändung von Kriegsanleihen zum Zinssatze der Reichsdarlehnskasse.

Plakat vom März 1918

Gleichzeitig verschlechterte sich die Versorgung der Bevölkerung einschneidend. Nach der Rationierung von Brot, Mehl und Kartoffeln 1915 folgten 1916 im Februar das Fett, im April der Zucker und im Juni das Fleisch. Das Schlangestehen nach Lebensmitteln wurde zur alltäglichen Erscheinung. Zudem stiegen die Preise, im April 1916 betrugen sie 200 Prozent des Niveaus vom April 1914. Die Nominallöhne waren zwar erhöht worden, jedoch die Bruttoreallöhne fielen. Der Index betrug 1914 = 100, 1916 = 75, 1917 = 60. Ab August gab es Kleidung, ab Dezember Schuhe nur noch auf Bezugschein. Statt Wolle und Baumwolle verarbeitete man Ersatzstoffe: Bast, Brennessel und Ginster; es gab Hemden, Unterzeug und Anzüge aus Papier.

Die Ernte 1916 war schlecht; allein die Kartoffelernte fiel von 54 Millionen Tonnen auf 25 Millionen Tonnen zurück. Im Januar 1917 betrug die durchschnittliche Wochenration 1 900 Gramm Brot, 5 Pfund Kartoffeln, 250 Gramm Fleisch, 80 Gramm Fett, 180 Gramm Zucker, 1/2 Ei. Bald wurde die Kohlrübe zum wichtigsten Nahrungsmittel, die man an Stelle von Kartoffeln als Mus, als »Koteletts« und Pudding ver-

Schwarzmarktpreise in Berlin

			Mark	Prozent
500 g Butter	Vorkrieg		1,40	100
	Januar 1917		8,00	571
	Juni 1917		15,00	1 071
	Febr. 1918		20,46	1 429
	Sept. 1918		20,00–22,00	1 429–1 571
	Ende Okt. 1918		24,00	1 714
1 Ei	Vorkrieg		0,07	100
	Juni 1917		0,80	1 143
	Sept. 1918	bis	1,00	1 429
	Ende Okt. 1918	bis	1,50	2 243
kg Fleisch	Vorkrieg		1,80	100
	Januar 1917		13,00	722
	Febr. 1918		15,00–20,00	833–1 111
	Sept. 1918		15,00–28,00	833–1 556

Mitbürger!
Liefert im vaterländischen Interesse mindestens
einen Anzug
entgeltlich oder unentgeltlich ab, sonst muß
die Bestandaufnahme verfügt werden.

Annahmestellen für Berliner Einwohner:
Hauptannahme: K.D.G. Kommandantenstraße 80/81.
W. Lützowstraße 50   N.W Flensburgerstr.Bezw.421
Rotes Kreuz von Berlin | Jäger | Zentralkomité m6 Potsdamerstr.38
Nationaler Frauendienst | Str.25 | G. d. Köpnicherstraße 8.

Magistrat der Stadt Berlin

Spendenaufruf von 1917/1918

brauchte. Sie gab dem ganzen Winter 1916/1917 den Namen
»Kohlrübenwinter«. Es war zudem bitter kalt, und die Menschen
litten unter dem Mangel an Kohlen, Gas, Petroleum, Elektrizität.
So zeigte sich täglich der tiefgreifende Widerspruch zwischen der
profitgierigen herrschenden Klasse und ihrer Kriegspolitik und
den Lebensinteressen der Mehrheit des Volkes, den arbeitenden
Menschen.

Anfang 1917 breiteten sich in Berlin wie in anderen deutschen
Städten Unruhen aus. Arbeiter der Firmen Schwartzkopff,
Loewe, Stock und bei der AEG legten die Arbeit aus Protest gegen den Krieg und die elenden Lebens- und Arbeitsbedingungen
nieder. In den Gewerkschaften verschärfte sich der Widerstand
gegen die rechten Führer, die das »Hilfsdienstgesetz« unterstützten; vielfach verweigerten die Mitglieder die Beitragszahlung.
Der SPD-Vorstand nahm die Reichskonferenz der Sozialdemokratischen Arbeitsgemeinschaft am 7. Januar zum Anlaß, um die
gesamte Opposition aus der Partei auszuschließen. In Berlin entschied sich die überwiegende Mehrheit der Mitglieder zum Anschluß an die Opposition, die sowohl die Gruppierung um
Haase-Ledebour-Hoffmann wie auch die Spartakusgruppe umfaßte.

Die Nachrichten von der Februarrevolution in Rußland, vom
Sturz des Zarismus förderten die Hoffnung auf Frieden und fanden
nachhaltigen Widerhall unter den Arbeitern Berlins, verliehen
ihrem Kampf neue Impulse. Die allgemeine Erregung wuchs, als

541

die Absicht der Regierung durchsickerte, die Brotration ab 15. April nochmals um ein Viertel zu kürzen. Die Massen ließen sich nicht durch die Ankündigung des Kaisers in seiner »Osterbotschaft« besänftigen, das preußische Wahlrecht werde nach dem Kriege reformiert. Sie drängten auf sofortige Veränderung der Gesamtpolitik.

Unter dem Eindruck der verbreiteten Unzufriedenheit über die andauernde Unterstützung der imperialistischen Kriegspolitik durch die SPD-Führung und über ihre Spaltungsbeschlüsse fand vom 6. bis 8. April 1917 in Gotha der Gründungsparteitag der Unabhängigen Sozialdemokratischen Partei Deutschlands (USPD) statt. Sie stand unter der Führung sozialpazifistischer Funktionäre, die wesentlich ihre Politik bestimmten. Der USPD schloß sich die Spartakusgruppe unter Vorbehalt ihrer politisch-ideologischen Selbständigkeit an. In Berlin sammelte sich in ihr die Masse der klassenbewußten Arbeiter, ihre revolutionären Ob- und Vertrauensleute sowie viele bewährte Funktionäre. Sie verstanden die USPD als ihre neue revolutionäre Partei und bildeten deren linken Flügel, der wie die Spartakusgruppe für Massenaktionen gegen den Krieg eintrat, was im Gegensatz zur Politik maßgeblicher Führer der USPD stand.

Am Morgen des 16. April begann in etwa 300 Berliner Rüstungsfabriken der Streik. Auch die Arbeiter vieler kleinerer Betriebe streikten. Etwa 300 000 Arbeiter beteiligten sich an der gewaltigen Massenaktion gegen den Krieg, für Brot, Freiheit und Frieden. Lange Demonstrationszüge bewegten sich zum Stadtzentrum. Kundgebungen gab es in Ober- und Niederschöneweide, in Friedenau, Steglitz, Mariendorf, Moabit, Charlottenburg, Tempelhof, Treptow, Weißensee, Adlershof, im Humboldthain und am Gewerkschaftshaus am Engelufer. Erstmals bildeten streikende Arbeiter in den Moabiter Waffen- und Munitionsfabriken und in der Knorr-Bremsenfabrik Arbeiterräte zur Führung des Kampfes – orientiert an dem Beispiel der Sowjets der Februarrevolution in Rußland. Im Streik bewährte sich die Kampfgemeinschaft von Spartakusanhängern und revolutionären Obleuten, die durch das Auftreten von USPD-Funktionären und Abgeordneten wie Otto Büchner, Wilhelm Dittmann, Hugo Haase, Adolph und Paul Hoffmann, Georg Ledebour, Ewald Vogtherr und anderen unterstützt wurde. Mit einigen nur minimalen Zugeständnissen, mit Militarisierung mehrerer Betriebe, mit Einberufung und Verhaftung vieler Arbeiter gelang es den Herrschenden, im Zusammenwirken mit rechten SPD- und Gewerkschaftsführern den Streik am 23. April abzuwürgen. Der Streik fand solidarische Unterstützung in anderen Zentren der deutschen Rüstungswirtschaft und unterstrich die herausragende beispielhafte Rolle des Berliner Proletariats im Kampf um eine revolutionäre Beendigung des Krieges.

Der Einfluß der rechten sozialdemokratischen Führer ging weiter zurück. Die am 29. April neugegründete Bezirksorganisation Berlin der SPD zählte lediglich 6500 Mitglieder, ein Bruchteil der früheren Mitgliedschaft. Unter den komplizierten Bedingungen des Belagerungszustandes und der Militärdiktatur organisierte sich Berlins USPD. Sie hatte am 1. Juli 28000 Mitglieder. Im September trennte sich die aus 45 sozialdemokratischen Stadtverordneten bestehende Fraktion; 22 Abgeordnete bildeten die USPD-Fraktion.

Mit der Vertretung von ökonomischen und sozialen Arbeiterforderungen, der Propagierung gewisser politischer Reformen – insbesondere des preußischen Wahlrechts und eines »Verständigungsfriedens« – suchten die rechten SPD- und Gewerkschaftsführer verlorenes Terrain zurückzugewinnen. Sie trafen sich mit solchen Kreisen der herrschenden Klasse, die bestrebt waren, unter unbedingter Vermeidung revolutionärer Erschütterungen das System durch eine Wende vom imperialistischen Krieg zum imperialistischen Frieden zu retten.

Sechstes Kapitel

Berlin zwischen der Großen Sozialistischen Oktoberrevolution und der Befreiung vom Faschismus 1917-1945

Novemberrevolution und Gründung der KPD in Berlin (1917–1919)

Der Sieg der Arbeiter, Bauern und Soldaten Rußlands unter Führung der Partei Lenins in der Großen Sozialistischen Oktoberrevolution eröffnete eine neue Epoche in der Menschheitsgeschichte, deren Hauptinhalt der Übergang vom Kapitalismus zum Sozialismus ist. Zum erstenmal in der Geschichte der Menschheit wurde die Ausbeuterklasse eines Landes gestürzt und die politische Macht der Arbeiterklasse errichtet. Der Sieg der Revolution und ihr erstes Dekret, das Leninsche Friedensdekret, fanden einen unmittelbaren, starken Widerhall.

Trotz Belagerungszustandes und Polizeiterrors organisierte die Berliner USPD schon am 18. und am 25. November 1917 Demonstrationen für einen Frieden nach sowjetischem Vorschlag, sofort und ohne Annexionen und Kontributionen. In Parteiversammlungen und Flugblättern erläuterten Anhänger der Spartakusgruppe in Übereinstimmung mit ihren inhaftierten Führern, Karl Liebknecht und Rosa Luxemburg, die weltgeschichtliche Bedeutung der Revolution, erklärten sie ihre Solidarität mit dem ersten sozialistischen Staat und forderten die Werktätigen auf, dem Beispiel der Oktoberrevolution zu folgen und dem Krieg durch den Sturz des deutschen Imperialismus und Militarismus ein Ende zu setzen. Unter der Liebknechtschen Losung »Nieder mit dem Krieg! Nieder mit der Regierung!« bereiteten Spartakusgruppe, revolutionäre Obleute und linke USPD-Funktionäre den Massenstreik vor, der am 28. Januar 1918 ausbrach. Mehr als 400 000 Berliner Arbeiterinnen und Arbeiter streikten für einen sofortigen Friedensschluß, für die Aufhebung des Belagerungszustandes, für eine durchgreifende Demokratisierung und unmittelbare Verbesserung ihrer Lage. Zur Leitung ihres Kampfes wählten sie »nach russischem Muster« Vertrauensleute, die sich als Großberliner Arbeiterrat konstituierten. Den Aktionsausschuß bildeten unter Vorsitz von Richard Müller elf revolutionäre Obleute sowie die USPD-Funktionäre Wilhelm Dittmann, Hugo

Haase und Georg Ledebour; Otto Braun (ab 30. Januar Otto Wels), Friedrich Ebert und Philipp Scheidemann vom Parteivorstand der SPD traten in die Streikleitung mit der Absicht ein, den Streik abzuwürgen.

Am 29. und 30. Januar verstärkte sich die Streikfront, mehr als eine halbe Million Berliner Arbeiter streikten; der Streik breitete sich auf die wichtigsten deutschen Industriezentren aus. Der Oberbefehlshaber in den Marken verbot die Betätigung der Streikleitung und stellte neun Großbetriebe unter militärisches Kommando, Polizei und Gendarmerie gingen brutal gegen Demonstranten vor. Es kam am Alexanderplatz, in Charlottenburg, in Moabit und im Humboldthain zu bürgerkriegsähnlichen Auseinandersetzungen. Der verschärfte Belagerungszustand wurde verhängt und unter Androhung härtester Strafen die Aufnahme der Arbeit am 4. Februar befohlen. Die Polizei verhaftete Tausende Streikende, über 200 erhielten Freiheitsstrafen, etwa 50 000 Arbeiter wurden zum Kriegsdienst gezogen. Mit Unterstützung rechter Partei- und Gewerkschaftsführer wurde die größte Massenaktion der Berliner Werktätigen gegen den Krieg niedergeschlagen. Dennoch: Der Januarstreik bezeichnete »einen Wendepunkt in den Stimmungen des deutschen Proletariats«[1] unter Einfluß der Oktoberrevolution.

Trotz schwerer Verluste – im März wurde auch Leo Jogiches verhaftet – setzte die Spartakusgruppe ihren Kampf um die revolutionäre Beendigung des Krieges fort. Die Freie Jugend Groß-Berlin veranstaltete am 5. Mai 1918 im Wald von Stolpe anläßlich des 100. Geburtstages von Karl Marx ein Treffen. 2 000 Jugendliche bekannten sich zum Kampf um den Frieden nach dem Beispiel der Oktoberrevolution.

Rechte SPD-Führer um Eugen Ernst, Franz Krüger und Otto Wels bemühten sich, die 1917 neugebildeten Organisationen sowie ihren Einfluß in den Betrieben zu stärken. Im Gegensatz zu

---

1 W. I. Lenin: Referat auf der Moskauer Gouvernementskonferenz der Betriebskomitees, 23. Juli 1918. Zeitungsbericht. In: Werke, Bd. 27, S. 549.

den Ideen der Oktoberrevolution propagierten sie die kleinbürgerlich-reformistische Konzeption eines demokratischen Sozialismus, in den man ohne Revolution friedlich hineinwachsen könne. Es war Karl Kautsky, der die marxistische Lehre von der Diktatur des Proletariats verfälschte, die Sowjetmacht verleumdete und ihren baldigen Zusammenbruch prophezeite.

Im Frühherbst 1918 befand sich das imperialistische System in einer politischen, wirtschaftlichen und militärischen Krise. Eine revolutionäre Situation reifte heran. Durch die Bildung der Regierung des Prinzen Max von Baden, an der sich rechte Sozialdemokraten beteiligten, sollte einer Revolution begegnet, der Übergang vom imperialistischen Krieg zum imperialistischen Frieden eingeleitet und die Umwandlung Deutschlands in einen demokratischen Staat vorgetäuscht werden.

Auf ihrer illegalen Reichskonferenz am 7. Oktober in Berlin beschloß die Spartakusgruppe das Programm der Volksrevolution, das zur sofortigen Beendigung des Krieges, zum revolutionären Sturz des Imperialismus und Militarismus aufrief. Im Zeichen des Kampfes um den Frieden, um Rechte und Freiheiten für das werktätige Volk sollten unter Führung der Arbeiterklasse in einem längeren Zeitraum Demokratie und Sozialismus verwirklicht werden. Das Berliner Proletariat hatte eine besondere Aufgabe zu erfüllen. In der Hauptstadt entwickelten sich ab Mitte Oktober Streiks und Kundgebungen. Einen Höhepunkt bildete die Begrüßung Karl Liebknechts am 23. Oktober auf dem Anhalter Bahnhof, nachdem er aus dem Zuchthaus freigelassen war. Ende Oktober begann die Phase der unmittelbaren Vorbereitung des revolutionären Aufstandes im Vollzugsausschuß des Arbeiter- und Soldatenrats, der sich aus Spartakusführern, revolutionären Obleuten und USPD-Funktionären zusammensetzte. Die Aufmerksamkeit, die konterrevolutionäre Kräfte auf Berlin richteten, verhinderte, daß die Hauptstadt zum Ausgangspunkt der Revolution wurde.

Am 3. November brach der revolutionäre Aufstand der Matrosen und Arbeiter in Kiel aus und breitete sich über Nord-, West-,

Süd- und Mitteldeutschland aus. Aufrufen des Vollzugsausschusses und der Spartakusgruppe folgend, erhoben sich am 9. November Hunderttausende Berliner Arbeiter und Werktätige zum Generalstreik und bewaffneten Aufstand. Die Mehrheit der Soldaten ging zu den Revolutionären über, nur an einigen Stellen kam es zu blutigen Zusammenstößen. Bewaffnete Gruppen besetzten Rathaus, Polizeipräsidium, Haupttelegraphenamt, Zeitungsverlage, Reichstag und Bahnhöfe und befreiten etwa 650 politische Gefangene aus den Gefängnissen. Vor dem kaiserlichen Schloß rief Karl Liebknecht unter begeisterter Zustimmung der Massen zum Kampf um »die freie sozialistische Republik Deutschland« und zum solidarischen Zusammenwirken mit Sowjetrußland auf. Am Reichstag proklamierte der bisherige kaiserliche Staatssekretär und rechte SPD-Führer Philipp Scheidemann die Republik.

Durch den revolutionären Aufstand erkämpften die Massen bedeutende Erfolge: Nach 500jähriger Herrschaft in Berlin würde die Hohenzollerndynastie gestürzt, die kaiserlich-imperialistische Regierung wurde aufgelöst; am 11. November wurde der Waffenstillstand geschlossen. Demokratische politische und soziale Rechte und Freiheiten waren errungen: Koalitions-, Presse- und Versammlungsfreiheit, allgemeines Wahlrecht auch für Frauen zu allen Vertretungskörperschaften, Achtstundentag und Tarifrecht; Arbeitslosenunterstützung und Krankenversicherung sollten verbessert und die Wohnungsnot bekämpft werden – für Berlins Arbeiter besonders bedeutsame Versprechen. Arbeiter und Soldaten hatten Räte als Kampforgane gewählt. Sie bestätigten in ihrer Vollversammlung im Zirkus Busch am 10. November den paritätisch aus SPD und USPD gebildeten Rat der Volksbeauftragten als Regierung und den Berliner Vollzugsrat der Arbeiter- und Soldatenräte als oberstes provisorisches Organ aller Räte im Reich, in Preußen und Berlin. Den zunächst vierundzwanzigköpfigen Vollzugsrat leiteten Richard Müller (USPD) und der pazifistische Hauptmann Hans Georg von Beerfelde, ab 12. November der sozialdemokratische Soldatenrat Brutus Mol-

Hans Baluschek, Die Barrikade.
Zeitungsdruck nach Federzeichnung, 1919

kenbuhr. Einmütig verlangte die Versammlung die Rätemacht, ein sozialistisches Deutschland, die Vergesellschaftung der Produktionsmittel und die sofortige Wiederherstellung diplomati-

● Revolutionäre Kämpfe, 9./10. November 1918   ▲ Kämpfe vom 5. bis 12. Januar 1919

○ Zusammenstöße mit konterrevolutionären   △ Generalstreik und bewaffnete Kämpfe,
   Truppen, 6./7. Dezember 1918   4.–13. März 1919

◓ Weihnachtskämpfe 1918

Kämpfe und Zusammenstöße im Zentrum von Berlin, 9. November 1918 bis 13. März 1919

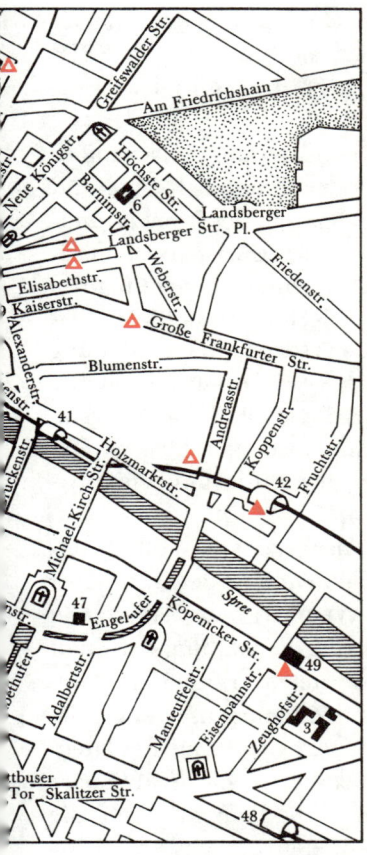

7 Reichstagsgebäude
8 Bahnhof Friedrichstraße
9 Preußisches Ministerium des Innern
10 Brandenburger Tor
11 Preußisches Kultusministerium
12 Sowjetische Botschaft
13 Reichsamt des Innern
14 Auswärtiges Amt
15 Reichskolonialamt
16 Reichskanzlerpalais
17 Potsdamer Bahnhof
18 Preußisches Herrenhaus
19 Preußisches Abgeordnetenhaus
20 Preußisches Kriegsministerium
21 Verlagshaus Scherl
22 Preußische Staatsbibliothek
23 Universität
24 Zeughaus
25 Museumsinsel
26 Dom
27 Lustgarten
28 Kommandantur
29 Schloß
30 Haupttelegraphenamt
31 Reichsbank
32 Verlagshaus Ullstein
33 Verlagshaus Mosse
34 Bahnhof Börse
35 Bahnhof Alexanderplatz
36 Rathaus
37 Marstall
38 Landgericht und Amtsgericht Mitte
39 Polizeipräsidium
40 Marinehaus
41 Bahnhof Jannowitzbrücke
42 Schlesischer Bahnhof
43 Anhalter Bahnhof
44 Hotel Excelsior
45 »Vorwärts«-Gebäude
46 Reichsdruckerei
47 Gewerkschaftshaus am Engelufer
48 Görlitzer Bahnhof
49 Kaserne des Garde-Pionier-Bataillons
   [Pionierkaserne]
50 Redaktion »Die Rote Fahne«
51 Zentrale des Spartakusbundes
   (ab 12. Dezember 1918)

1 Kaserne des Garde-Füsilier-Regiments
   (Maikäferkaserne)
2 Stettiner Bahnhof
3 Kasernen des 3. Garde-Regiments zu Fuß
4 Kaserne des Kaiser Alexander Garde-Grenadier-
   Regiments Nr. 1 (Alexanderkaserne)
5 Bötzow-Brauerei
6 Frauengefängnis Barnimstraße

scher Beziehungen zu Sowjetrußland. Entgegen eindringlicher
Warnungen Karl Liebknechts überließ sie aber rechten SPD-
und USPD-Führern die entscheidenden Positionen in der Regierung und im Vollzugsrat.

Der Rat der Volksbeauftragten verkündete am 12. November
ein »sozialistisches« Programm, das die erkämpften Rechte und
Freiheiten bestätigte, jedoch auf die Erhaltung der Machtgrundlagen des Imperialismus in Form einer bürgerlich-parlamentarischen Republik orientierte. Er sabotierte den auf Errichtung des
Sozialismus abzielenden Beschluß der Räteversammlung. Zwischen General Groener als Vertreter der Obersten Heeresleitung
und dem Volksbeauftragten Ebert gab es noch am Abend des
10. November eine geheime Absprache, die revolutionären Arbeiter und Soldaten in Berlin militärisch niederzuschlagen. Der
weithin gelähmte Staatsapparat wurde zur Fortführung seiner Arbeit aufgefordert.

Für die Stadt Berlin setzte der Vollzugsrat vier Volksbeauf-
tragte – Bernhard Bruns und Hugo Heimann von der SPD, Kurt
Rosenfeld (ab Dezember Siegfried Weinberg) und Hermann
Weyl von der USPD – »zur Kontrolle der Verwaltung der Stadt
Berlin« ein. Magistrat und Stadtverordnetenversammlung fun-
gierten weiter in ihrer vorrevolutionären Zusammensetzung. Die-
sem Beispiel folgten auch kommunale Arbeiter- und Soldaten-
räte, die zunächst – wie in Weißensee – die reaktionäre
Gemeindevertretung aufgelöst hatten, sich dann aber auf die
»Überwachung« dieser Organe beschränkten.

Der Vollzugsrat bestätigte Emil Eichhorn (USPD) als Polizeipräsidenten und Otto Wels (SPD) als Kommandanten von Berlin. Am 12. November beschloß der Vollzugsrat auf Vorschlag
Ernst Däumigs (USPD) die Bildung einer Roten Garde, aber am
heftigen Widerstand der rechten SPD-Führer scheiterte dieser
Versuch, die Revolution militärisch zu schützen. Hingegen
konnte Otto Wels mit finanzieller Unterstützung der Bourgeoisie
die »Republikanische Soldatenwehr« organisieren, die bald
12 000 Mann zählte. Am 12. November formierte sich die Volks-

Plakat zur Verwaltungsübernahme durch den Arbeiter- und Soldatenrat

marinedivision aus revolutionären Matrosen. Sie leistete Schutz- und Sicherheitsdienst im Stadtzentrum und stand an der Seite der revolutionären Arbeiter. Die rechten Führer versuchten, ihre Leitung in die Hand zu bekommen. Der Vollzugsrat mit seiner rechtssozialdemokratischen Mehrheit wich vor dem Druck der bald aktiver auftretenden konterrevolutionären Kräfte zurück, übertrug die exekutive Gewalt dem Rat der Volksbeauftragten, die Vertretung der Arbeiter in den Betrieben den rechten Gewerkschaftsführern, die am 15. November mit den Unternehmern ein Arbeitsgemeinschaftsabkommen abschlossen. Er vertagte die Entscheidung der Grundfrage der Revolution – sozialistische Rätemacht oder bürgerlich-demokratische Nationalversammlung – auf den Reichskongreß der Arbeiter- und Soldatenräte im Dezember und beschränkte sich auf ein Kontrollrecht ohne Machtbefugnisse.

Die Spartakusgruppe, aus der Illegalität hervorgetreten, erläuterte den Arbeitern und Soldaten die weiteren Aufgaben der Revolution zur Beseitigung der Machtgrundlagen des Imperialismus und Militarismus und für den Aufbau einer revolutionären Staatsmacht, der Macht der Räte. Noch am 9. November hatten Revolutionäre den »Berliner Lokal-Anzeiger« im Scherl-Verlag besetzt und »Die rote Fahne«, Organ der Spartakusgruppe, herausgegeben. Am 11. November beschlossen die Führer der Spartakusgruppe im Hotel Excelsior die Bildung einer Zentrale zur Leitung des Spartakusbundes und eines Zentralbüros, um die Anhänger zusammenzufassen. Die Verantwortung für die Arbeit in Berlin übernahm Wilhelm Pieck. Unter den Soldaten arbeitete seit dem 15. November der Rote Soldatenbund. Mit einer ersten öffentlichen Versammlung am 14. November in den Sophiensälen beginnend, verbreitete der Spartakusbund sein Programm zur Verteidigung und Weiterführung der Revolution unter Berliner Arbeitern, heimkehrenden Frontsoldaten, Jugendlichen, Frauen und Arbeitslosen und unternahm erste Schritte, sie zu organisieren.

Überall versuchten Räte, Maßnahmen zur Verbesserung der Lage der Werktätigen – vor allem Arbeit, Wohnung und Ernährung betreffend – durchzusetzen. Revolutionäre Kräfte führten im Neuköllner Arbeiter- und Soldatenrat einen hartnäckigen Kampf gegen die bürgerliche Konterrevolution, die von rechten Sozialdemokraten unterstützt wurde. Hier, in Lichtenberg und Rahnsdorf gelang es, die alten Stadtverordnetenversammlungen oder Gemeindevertretungen auszuschalten. In Reinickendorf wurde der Amtsvorsteher, in Lankwitz der Bürgermeister abgesetzt. Die Gemeindearbeiterräte von Wittenau, Hermsdorf, Rosenthal, Tegel, Pankow, Lübars-Waidmannslust und Reinickendorf protestierten gegen das Fortbestehen der noch aus der Dreiklassenwahl hervorgegangenen Parlamente. In Betrieben erhoben Arbeiter verstärkt ihre Forderung nach umfassender Kontrolle der Produktion. Die Arbeiter und Angestellten der Argus-Motorenwerke in Reinickendorf verlangten die sofortige Nationalisierung der Großbetriebe. In Spandau übernahm eine aus elf Arbeitern und acht Angestellten bestehende Generaldirektion die Leitung der Staatswerkstätten. Um die Macht des Monopolkapitals weiter zurückzudrängen, begann nach dem 20. November in mehreren Betrieben eine Streikwelle. Die Arbeiter bei Stock & Co., der Fritz-Werner-AG, der Zwietusch-Telegrafenanstalt, bei C. Flohr, Siemens-Schuckert, Daimler-Marienfelde, auch die Mitarbeiter des Warenhauskonzerns Wertheim, der Verlage Mosse, Scherl und Ullstein legten die Arbeit nieder. Trotz abwiegelnder Machenschaften von Gewerkschaftsführern, auch von Richard Müller und Emil Barth von der USPD, setzten sich die Streiks für Herabsetzung der Arbeitszeit, Erfassung der Kriegsgewinne, Rechte der Räte und Sozialisierung der Betriebe Anfang Dezember fort. Karl Liebknecht sowie weitere Spartakusführer und revolutionäre Obleute sprachen wiederholt zu den Arbeitern.

Die Formierung der konterrevolutionären Kräfte wurde ab Mitte November unübersehbar. Unter der Losung der Nationalversammlung sammelten sich auf der Basis des Antikommunismus Militaristen, Monopolisten, die alte Staatsbürokratie und die neuformierten bürgerlichen Parteien mit rechten Führern der SPD und der Gewerkschaften, um die Revolution zu liquidieren. Ein Zentrum des Kampfes gegen die Arbeiter- und Soldatenräte war der Reichsbürgerrat. Von führenden Konzernherren finanziert, entstand die Antibolschewistische Liga. Bereits Anfang Dezember hetzten Plakate »Tötet Liebknecht«.

Die Oberste Heeresleitung bereitete den Truppeneinmarsch in Berlin vor und organisierte »Grenzschutzformationen« und konterrevolutionäre Freikorps zur militärischen Niederschlagung der Revolution. Ein erster Putschversuch am 6. Dezember forderte 14 Tote, konnte aber abgeschlagen werden. 150000 Demonstranten verlangten den Schutz der Revolution durch bewaffnete Arbeiter und revolutionäre Soldaten.

Vom 16. bis 20. Dezember tagte im Gebäude des preußischen Abgeordnetenhauses der 1. Reichskongreß der Arbeiter- und Soldatenräte Deutschlands. Am Tage vor seiner Eröffnung verlang-

Arbeiter, Bürger!

Das Vaterland ist dem Untergang nahe.

Rettet es!

Es wird nicht bedroht von außen, sondern von innen:

Von der Spartakusgruppe.

Schlagt ihre Führer tot!

Tötet Liebknecht!

Dann werdet ihr Frieden, Arbeit und Brot haben!

Die Frontsoldaten

Konterrevolutionäres Hetzflugblatt vom Dezember 1918

ten 250 000 Arbeiter und Soldaten auf einer von Spartakusbund und revolutionären Obleuten einberufenen Kundgebung, eine sozialistische Räterepublik zu schaffen, die Konterrevolution zu entwaffnen, die Arbeiterklasse zu bewaffnen und Beziehungen zur Sowjetrepublik aufzunehmen. Die sozialdemokratische Kongreßmehrheit beschloß indessen, am 19. Januar 1919 Wahlen zur verfassunggebenden Deutschen Nationalversammlung durchzuführen, was die Ablehnung der Rätemacht und ein Votum zugunsten der Herrschaft der imperialistischen Bourgeoisie in Form der bürgerlich-parlamentarischen Republik bedeutete. Auch der Beschluß, mit der Sozialisierung aller hierzu reifen Industrien, besonders des Bergbaus, zu beginnen, zeugte vom Vorherrschen reformistischer Illusionen, durch Wahlen und Verordnungen den Weg zum Sozialismus öffnen zu können.

Nach dem Rätekongreß ging die Konterrevolution zur militärischen Niederschlagung der revolutionären Kräfte über. Am 24. Dezember überfielen konterrevolutionäre Truppen des Generals Arnold Lequis auf Drängen Groeners und mit Zustimmung Eberts die Volksmarinedivision in Schloß und Marstall. Revolutionäre Matrosen und Arbeiter schlugen die mit schweren Waffen angreifenden Regierungstruppen zurück. Auf Kundgebungen des Spartakusbundes, der Obleute und der USPD protestierten Zehntausende Berliner gegen den feigen Überfall und gegen die Regierung Ebert-Scheidemann. Die USPD-Führer sahen sich veranlaßt, aus dem Rat der Volksbeauftragten und der Regierung Preußens auszuscheiden.

Am 29. Dezember beschloß eine Reichskonferenz des Sparta-

Plakat zur Versammlung aller Berliner Arbeiterräte
am 23. Dezember 1918

kusbundes in Berlin, sofort eine selbständige marxistische Partei
zu gründen. Die wahrhaft revolutionären Kräfte hatten sich im
Klassenkampf von dieser historischen Notwendigkeit überzeugt.
Das von Rosa Luxemburg ausgearbeitete Programm »Was will
der Spartakusbund?« – am 14. Dezember in der »Roten Fahne«
veröffentlicht – hatte den politisch-ideologischen Zusammenschluß der revolutionären Vorhut vorangetrieben. Im Großberliner Raum formierten sich bis zum 23. Dezember 18 Spartakus-
Bezirksorganisationen. Sie waren alle durch Delegierte auf der
Reichskonferenz vertreten, die sich am 30. Dezember im Festsaal
des preußischen Abgeordnetenhauses zum Gründungsparteitag
der Kommunistischen Partei Deutschlands konstituierte.

Die Gründung der KPD war ein grundlegender Wendepunkt
in der deutschen wie auch in der Berliner Arbeiterbewegung. Die
deutsche Arbeiterklasse besaß wieder eine organisierte revolutionäre Vorhut mit einem klaren marxistischen Programm. Die
KPD bekannte sich zum proletarischen Internationalismus und
war von Anfang an mit der Partei Lenins, mit dem Sowjetstaat
solidarisch verbunden. Das Entstehen der KPD war die unab-
dingbare Voraussetzung für die erfolgreiche Lösung der historischen Aufgabe der Arbeiterklasse, eine neue Ordnung des Friedens, des gesellschaftlichen Fortschritts zu schaffen, in der die
Interessen der arbeitenden Menschen oberstes Gebot sind.

Die KPD war die erste revolutionäre Partei der deutschen Arbeiterklasse, die in Berlin gegründet wurde. Das unterstrich die
Bedeutung der Hauptstadt als Zentrum der deutschen Arbeiterbewegung. Der Berliner Spartakusbund war die wichtigste Keimzelle der Partei, seine hervorragenden Repräsentanten – Karl
Liebknecht, Rosa Luxemburg, Hermann und Käte Duncker,
Hugo Eberlein, Leo Jogiches, Paul Lange, Ernst Meyer und Wilhelm Pieck – wurden zu anerkannten Führern der jungen Partei.
Noch auf dem Gründungsparteitag (am 1. Januar 1919) versuchte die KPD, den fortgeschrittenen Teil des Berliner Indu-
strieproletariats, durch die revolutionären Obleute vertreten, zu
gewinnen. Den Anschluß an die KPD verhinderten zunächst je-

doch USPD-Funktionäre um Georg Ledebour, Ernst Däumig, Richard Müller. Auf dem Gründungsparteitag brachten Berliner Delegierte den Kampfwillen und Elan des hauptstädtischen Proletariats, seinen Haß gegen die Konterrevolution zum Ausdruck. Die Gründung der KPD fand unter den Berliner Arbeitern ein lebhaftes Echo. Die Mitgliederversammlungen der USPD in Spandau, Steglitz und Neukölln entschieden sich für den sofortigen Anschluß an die revolutionäre Partei. Die bestehenden Gruppen des Spartakusbundes festigten sich als Organisationen der KPD, neue entstanden. Aber noch bevor die Partei erstarken und sich fest mit den Massen verbinden konnte, traf sie der Schlag der Konterrevolution.

Am 4. Januar 1919 setzte die sozialdemokratische preußische Regierung den Berliner Polizeipräsidenten Emil Eichhorn, der auf dem linken Flügel der USPD stand, ab. Hunderttausende Arbeiter und Soldaten beantworteten diese Provokation mit Kundgebungen, politischem Massenstreik, Demonstrationen, die an einigen Stellen – so bei der Besetzung des Zeitungsviertels – in bewaffnete Aktionen übergingen. Revolutionäre Obleute, Vertreter der Leitungen der USPD und der KPD bildeten einen Revolutionsausschuß, der am 6. Januar in Verkennung des realen Kräfteverhältnisses zum Sturz der Regierung Ebert-Scheidemann aufrief. Gleichzeitig verhandelten USPD-Funktionäre mit der Regierung, fielen so den Kämpfenden – die eigenen Beschlüsse mißachtend – in den Rücken und gaben der Regierung die Möglichkeit, ihre Truppen unter Gustav Noskes Leitung zur Niederschlagung der Revolution in Berlin zu gruppieren.

Am 8. Januar begann der konzentrierte Angriff der Noske-Truppen. Trotz mutigen Widerstandes wurden die revolutionären Kräfte bis zum 12. Januar blutig niedergeschlagen. Der weiße Terror herrschte in den Arbeitervierteln. Am 15. Januar fielen Karl Liebknecht und Rosa Luxemburg in die Hände konterrevolutionärer Söldner der Gardekavallerieschützendivision, die sie meuchlings ermordeten. Die junge Partei verlor ihre hervorragenden Führer, die über viele Jahre mit den Berliner Arbeitern

und an ihrer Spitze gekämpft hatten. In zahlreichen Betrieben
brachten die Arbeiter mit Kundgebungen und Streiks ihre Empörung über den feigen Mord zum Ausdruck. Die Rätevollversammlung ehrte am 17. Januar das Andenken der in den Kämpfen gefallenen Revolutionäre. Am 25. Januar wurden Karl
Liebknecht und 31 Opfer des konterrevolutionären Terrors in
Friedrichsfelde beigesetzt. Rosa Luxemburg konnte erst am
13. Juni bestattet werden.

Die Konterrevolution hatte dem Berliner Proletariat eine
schwere Niederlage zugefügt. Unter den Bedingungen des weißen
Terrors fanden am 19. Januar die Wahlen zur Nationalversammlung statt. Im Unterschied zum Gesamtergebnis der Wahlen im
Reich konnten die bürgerlichen Parteien in Berlin trotzdem
nicht die Mehrheit der Stimmen gewinnen. 36 Prozent der Stimmen fielen im Wahlkreis Berlin auf die SPD. Ein bedeutender
Teil der Werktätigen, über 27 Prozent der Wähler, gab seine
Stimme der USPD, die als proletarische Alternative auftrat. Die
junge KPD beteiligte sich nicht an den Wahlen.

Ergebnisse der Wahlen zur verfassunggebenden Deutschen
Nationalversammlung am 19. Januar 1919 im Wahlkreis 3 Stadt Berlin
(bisherige Reichstagswahlkreise 1–6)

Wahlberechtigte 1 398 476
Wahlbeteiligte 1 131 927 = 80,9 Prozent

Partei	Stimmen
SPD	404 604
USPD	306 672
DDP	177 555
DNVP	103 720
DVP	61 876
Christliche Volkspartei/Zentrum	56 053

Die Nationalversammlung zog sich aus dem Zentrum der Revolution nach Weimar zurück. Hier konstituierte sich die bürgerlich-parlamentarische Republik, die neue Form der Klassenherrschaft der imperialistischen Bourgeoisie. Die sozialdemokratisch-

DiE LEBENDEN DEM TOTEN . ERiNNERUNC AN DEN 15.JANUAR 191⁹

Käthe Kollwitz, Gedenkblatt für Karl Liebknecht.
Holzschnitt, 1919/1920

bürgerliche Koalitionsregierung wurde unter Leitung von
Philipp Scheidemann (SPD) gebildet, Friedrich Ebert (SPD)
wurde zum Reichspräsidenten gewählt.

Trotz der Niederwerfung in den Januarkämpfen war das Berliner Proletariat entschlossen, die revolutionären Errungenschaften zu verteidigen und noch zu erweitern. Im Mittelpunkt seiner
Forderungen standen die Entwaffnung und die Auflösung der
weißgardistischen Verbände, das Recht der Betriebsräte, die Produktion zu kontrollieren, die Grundstoff- und Schwerindustrie
zu sozialisieren, das heißt, die Monopole zu enteignen, und sofort
Beziehungen zu Sowjetrußland aufzunehmen. Wie im Ruhrgebiet und in Mitteldeutschland im Februar drängten revolutionäre Arbeiter und die KPD auch in Berlin zum Streik. Der Beschluß dazu kam aber erst am 3. März auf Verlangen der KPD in
der Rätevollversammlung zustande. Der Streik breitete sich
schnell über die ganze Stadt aus. Produktion und Verkehr lagen

still, über eine Million Werktätige waren beteiligt. Die Regierung verhängte den Belagerungszustand und übertrug dem Reichswehrminister Gustav Noske die vollziehende Gewalt. Noske befahl die Besetzung Berlins, das Generalkommando Lüttwitz zog am 4. März in die Stadt ein. Rechte Führer der SPD und der USPD spalteten die Streikfront und würgten im Kuhhandel mit der Regierung den Streik ab; die Verhandlungen fanden unter dem Donner von Noskes Artillerie statt. Nur ein kleiner Teil der Republikanischen Soldatenwehr, dem sich Arbeiter angeschlossen hatten, führte den ungleichen und aussichtslosen Kampf weiter. Vor allem im Berliner Osten und in Lichtenberg verteidigten sie sich gegen die Noske-Garden. Aber es war vergeblich. Der Terror der Konterrevolution wütete in den Arbeitervierteln, Kommunisten wurden gejagt, mißhandelt und ermordet. Am 10. März wurde Leo Jogiches, der die KPD leitete, verhaftet und hinterrücks im Gefängnis Moabit niedergeschossen. Am 11. März wurden 30 Matrosen im Hof der Französischen Straße 32 niedergemetzelt. Über 1 200 Arbeiter, auch Frauen und Kinder fielen der Soldateska zum Opfer. Erneut hatten Berlins Arbeiter eine blutige Niederlage erlitten.

Trotz des Terrors, des bis November 1919 andauernden Belagerungszustandes, des Verbots der »Roten Fahne« und der faktischen Illegalität der KPD setzte sich die Linksentwicklung in der Berliner Arbeiterbewegung fort, formierte sich die KPD, verstärkten sich der Einfluß der USPD und deren linker Flügel. Schon bei den Stadtverordnetenwahlen am 23. Februar – erstmals nach dem revolutionären Sieg über das Dreiklassenwahlrecht – hatte die USPD mit über 263 000 Stimmen und 47 Abgeordneten die SPD (253 000 Stimmen, 46 Stadtverordnete) überholt, ein Ausdruck dafür, daß ein wachsender Teil der Arbeiter enttäuscht war über deren Politik, über Verlauf und Ergebnis der Revolution. Die KPD gewann zunehmend Einfluß unter den Betriebsarbeitern, bildete im Februar eine Bezirksleitung unter Führung Otto Frankes, stellte eine eigene Fraktion in der Rätevollversammlung und konnte im Märzstreik bereits die

Rolle des Initiators übernehmen. Anfang März 1919 reiste Hugo
Eberlein, der langjährige Berliner Arbeiterfunktionär, für die
Zentrale der KPD nach Moskau, um hier an der Gründung der
Kommunistischen Internationale (KI) teilzunehmen. Die KI er-
wies der KPD bei ihrer weiteren politisch-ideologischen und
organisatorischen Festigung ständige Hilfe.

Die rechten SPD-Führer arbeiteten wie in der Weimarer Koalition auch in Berlin mit bürgerlichen Parteien, insbesondere mit
der Deutschen Demokratischen Partei, zusammen. Sie reorgani-
sierten unter Leitung von Franz Krüger die Bezirksorganisation
der SPD, deren Basis sich mit der Aufnahme von Staatsbeamten,
Kleinbürgern und Intellektuellen im reformistischen Sinne stabi-
lisierte. Sie zählte jetzt 50 000 Mitglieder.

Das Abklingen der revolutionären Kämpfe, die Niederschlagung der Münchener Räterepublik Anfang Mai 1919, die im Zusammenhang mit dem Versailler Vertrag von der Monopolbourgeoisie angefachte und auch in der sozialdemokratischen Presse
betriebene nationalistische Haßpropaganda, die Konstituierung
der Weimarer Republik – diese Ereignisse markierten das Ende
der Revolution. Sie war eine wahrhafte Volksrevolution gegen
Imperialismus und Militarismus. Ihr Schicksal entschied sich wesentlich im Verlauf der revolutionären Auseinandersetzung in
Berlin. Die Revolution eröffnete einen neuen Abschnitt in der
Geschichte dieser Stadt, die zur Hauptstadt der Weimarer Republik wurde, eines Staates, in dem das Monopolkapital in veränderten, in bürgerlich-parlamentarischen Formen die Macht ausübte.

Die neue Stadtgemeinde Berlin (1919–1923)

Vier Jahre imperialistischer Krieg, die Niederschlagung der Revolution und die Ausplünderung des Landes durch das deutsche
und internationale Monopolkapital, die harten Bestimmungen
des Versailler Friedensvertrages hatten eine katastrophale wirtschaftliche Zerrüttung herbeigeführt und das Elend der werktäti-

gen und ausgebeuteten Massen gesteigert. Das war in Berlin besonders kraß sichtbar. Nur allmählich gelang es, die hier konzentrierte Kriegswirtschaft auf Nachkriegsbedingungen umzustellen. Im ersten Halbjahr 1919 behinderten Rohstoffmangel, Beibehaltung der Blockade sowie Einschränkung des Außenhandels durch die Ententemächte, Stillegung von Betrieben, Spekulationen mit Kriegsmaterial, gleichzeitige Verschwendung von Staatsmitteln an die Konterrevolution und Kriegsmonopole die Entwicklung der Produktion. Die Demobilisierung des Militärs erhöhte die Arbeitslosigkeit zusätzlich. Im März gab es im Großberliner Raum 235 000 Arbeitslose.

Ab Mitte 1919 setzte eine wirtschaftliche Belebung ein, die durch die Aufhebung der Blockade am 12. Juli 1919 und der kriegswirtschaftlichen Ein- und Ausfuhrverbote begünstigt wurde. Die Berliner Maschinenbau- und Metallindustrie sowie die Elektroindustrie profitierten vom internationalen Ersatzbedarf an deutschen Maschinen und Ausrüstungen sowie von Staatsaufträgen für Neuausrüstungen bei Reichsbahn, Post, Energieerzeugung und öffentlichen Bauten.

Bemerkenswert war der Zusammenschluß von Siemens und AEG mit der Auergesellschaft zur Glühlampenproduktion in der Osram GmbH im September. Neugründungen waren Spezialunternehmungen wie die Firma Jahne Kondensatorenfabrik, Köpenicker Straße, und die Medizinische Glühlampenfabrik von K. Effner in Niederschönhausen. Die Situation in der Konsumgüterproduktion blieb schlecht, trotz großen Nachholebedarfs bei der Bevölkerung. Die Lebenslage der Werktätigen besserte sich nur minimal; die Arbeitslosigkeit ging zwar bis November 1919 auf 100 000 zurück, die Löhne reichten jedoch nicht, um den Lebensbedarf zu decken, die Reallöhne lagen weit unter dem Vorkriegsniveau. Mit Preissteigerungen und steigendem Dollarkurs ging die Kriegsinflation in die Nachkriegsinflation über. Parallel vollzog sich bis zum Sommer 1922 ein Aufschwung der Industrieproduktion, die von einer Exportoffensive der Monopole begleitet war. Sie legten die Kriegsgewinne in neuen Pro-

Bekanntmachung über Lebensmittelzuteilung

duktionskapazitäten an, so Siemens mit dem Fräsenwerk in Tempelhof (1922), die AEG mit der Transformatorenfabrik in Oberschöneweide (1921) und der Apparatefabrik Treptow (1922). Die Offensive des Monopolkapitals hatte eine beschäftigte, aber halbverhungerte Arbeiterklasse zur Folge. Zählte man im Dezember 1920 noch immer über 100 000 Arbeitslose, so sank ihre Zahl bis Sommer 1922 zwar auf etwa 30 000, aber ab Sommer 1921 beschleunigte sich der Inflationsprozeß. War der Dollarkurs von 1920 bis 1922 um das Fünffache gestiegen, so erhöhte er sich von Juni bis Dezember 1922 fast um das Vierundzwanzigfache. Die Inflation entwertete Löhne und Gehälter der Arbeiter und Angestellten und ruinierte bürgerliche Mittelschichten und das Kleinbürgertum. Staat und Monopole wälzten die Kriegsschulden, Reparationen und die Kosten der Wiederherstellung der Friedenswirtschaft auf die Werktätigen ab. Das Nationaleinkommen wurde zugunsten der Monopole umverteilt, einer kleinen Gruppe von Inflationsgewinnlern standen die verelendeten Massen, die unter dem Existenzminimum vegetierten, gegenüber. Im zweiten Halbjahr 1922 sank der Reallohn für alle Lohnempfänger mindestens um 14 Prozent, gleichzeitig stieg die Arbeitsproduktivität. Extrem reaktionäre Kreise nutzten die chaotischen Verhältnisse zur Diskreditierung der bürgerlich-demokratischen Republik. Sie versuchten, die politischen, ökonomischen und sozialen Errungenschaften der Revolution einzuschränken oder zu beseitigen.

Diesem Kurs traten die Berliner Arbeiter entschlossen entgegen. Im Sommer 1919 kam es zu spontanen Aktionen wider Lebensmittelknappheit und Preiswucher. Streiks gegen Lohnabbau und gegen Angriffe auf die Arbeiterräte erfaßten die Arbeiter der Metallindustrie, der Verkehrsbetriebe, der Eisenbahn und Angestellte des Magistrats. Einen Höhepunkt bildete der Streik der Metallarbeiter vom 18. September bis 11. November 1919. Geführt von revolutionären Kräften, unterstützt von der KPD, dem linken Flügel der USPD und von Betriebsräten, erkämpften über 160 000 Metallarbeiter Lohnerhöhungen und stärkten die gewerkschaftlichen Positionen. Die Mitgliederzahl der freien Gewerkschaften in Berlin war von 370 659 Ende 1918 auf 685 744 im Jahre 1919 gestiegen; die reformistische Führung lehnte jedoch den Generalstreik ab.

Am 13. Januar 1920 demonstrierten Zehntausende Werktätige vor dem Reichstagsgebäude gegen die Annahme des Betriebsrätegesetzes durch die Nationalversammlung. Es sah vor, den Betriebsräten jede politische Betätigung zu untersagen, sie von allen wesentlichen Kontroll- und Mitbestimmungsrechten auszuschließen und sie zu Partnern im Dienste der kapitalistischen Unternehmer zu degradieren. Ohne Warnung schoß die konterrevolutionäre Sicherheitswehr unter dem Kommando des Generals von Lüttwitz auf die Demonstranten, von denen 42 getötet und 105 verwundet wurden. Erneut wurde über Berlin der Ausnahmezustand verhängt, die Presse der KPD und der USPD verboten, Arbeiterführer wurden verhaftet.

Durch solche Politik der Spaltung der Arbeiterklasse und der Festigung der monopolkapitalistischen Machtpositionen ermuntert, unternahmen reaktionäre Gruppen des Monopolkapitals, des Großgrundbesitzes und des Militarismus am 13. März einen Putsch. Das Regierungsviertel und andere Zentren der Stadt wurden durch die Marinebrigade Ehrhardt besetzt. Die Regierung Bauer und Reichspräsident Ebert flüchteten aus der Hauptstadt. Generallandschaftsdirektor Wolfgang Kapp und General Walther Freiherr von Lüttwitz übernahmen die Reichsregierung. Die Putschisten stießen auf den energischen Widerstand der Arbeiterklasse und breitester Volksmassen. Die Arbeiterparteien und die freien Gewerkschaften, denen sich die Deutsche Demokratische Partei anschloß, riefen zum Generalstreik auf, der am Montag, dem 15. März, die Wirtschaft und den Verkehr der Hauptstadt völlig lahmlegte und die Putschisten isolierte. Streikleitungen, Aktionsausschüsse und Verteidigungskomitees organisierten den Kampf. Am Halleschen Tor, am Potsdamer Platz, in der Brunnenstraße, in Schöneberg, Spandau, Steglitz, Lichtenberg, Adlershof, Friedrichshagen und andernorts kam es zu Zusammenstößen zwischen konterrevolutionären Truppen und Arbeitern, die teilweise bewaffnet waren. Am 17. März flohen die Kapp-Putschisten unter dem Druck des Generalstreiks, an dem in der ganzen Republik 12 Millionen Arbeiter, Angestellte und Beamte teilnahmen, und des bewaffneten Widerstandes, der im Ruhrgebiet mit den Kämpfen der Roten Ruhrarmee seinen Schwerpunkt hatte. Hier wie in Berlin wurden die kämpfenden Arbeiter von den jetzt »regierungstreuen« Reichswehrtruppen terrorisiert; in Köpenick fielen ihnen der USPD-Stadtverordnete und Vorsitzende des Sozialistischen Verteidigungskomitees Alexander Futran sowie zehn Arbeiter zum Opfer. Teile der Arbeiterschaft führten den Streik bis zum 23. März fort, um die Forderung des Proletariats nach einer Arbeiterregierung durchzusetzen und eine Wiederholung des Putsches unmöglich zu machen. Die erfolgreiche Verteidigung der bürgerlich-demokratischen Republik zeigte die Stärke der einheitlich handelnden Arbeiterklasse, der sich demokratische Kräfte anderer Klassen und Schichten anschlossen.

Am 9. Mai riefen die Berliner Betriebsräte unter der Losung »Hände weg von Sowjetrußland« zum Protest gegen den dritten imperialistischen Interventionsfeldzug gegen die Sowjetmacht auf. Am 11. Mai demonstrierten Hunderttausende unter dieser Losung im Lustgarten. Der Sommer 1920 war angefüllt mit Solidaritätsaktionen zur Verteidigung des ersten sozialistischen Staates. Diese Kampferfahrungen stärkten die linken Kräfte in der Berliner Arbeiterbewegung. Die KPD, die sich nach dem 3. Parteitag (Februar 1920) von den sektiererischen Kräften trennte, die die Berliner Bezirksorganisation anführten und im April die Kommunistische Arbeiterpartei Deutschlands (KAPD) bildeten, festigte ihre Positionen. Sie beteiligte sich am 6. Juni 1920 erstmals an Reichstagswahlen.

Ergebnisse der Wahlen zum deutschen Reichstag
am 6. Juni 1920 im Wahlkreis 2 Berlin

Wahlberechtigte 1 354 724
Wahlbeteiligte 1 068 704 = 79,4 Prozent

Partei	Stimmen
USPD	456 667
SPD	187 473
DVP	150 584
DNVP	122 492
DDP	75 329
Zentrum	36 539
Deutscher Wirtschaftsbund	25 249
KPD	13 942

Im Wahlkreis Berlin erhielt die KPD 1,3 Prozent der Wählerstimmen. Für die USPD stimmten 42,7 Prozent und für die SPD 17,5 Prozent der Wähler. An den Stadtverordnetenwahlen am 20. Juni nahm die KPD nicht teil. Für die USPD gaben 633 657 (38,4 Prozent), für die SPD 283 386 (17,2 Prozent) Wähler ihre Stimme. Die bürgerlichen Parteien vereinigten insgesamt

731 920 Stimmen auf sich. In der Stadtverordnetenversammlung erhielten die Arbeiterparteien 127, die bürgerlichen Parteien 98 Sitze.

In den gemeinsamen Aktionen gegen den Kapp-Putsch, für die Verteidigung Sowjetrußlands, zur Vertretung der Rechte der Arbeiter reiften unter den revolutionären Kräften die Voraussetzungen, sich zu einer einheitlichen Kampfpartei zu vereinigen. Die Beschlüsse des II. Weltkongresses der Kommunistischen Internationale im Juli/August 1920 ebenso wie die Veröffentlichung der Leninschen Schrift »Der ›linke Radikalismus‹, die Kinderkrankheit im Kommunismus« forcierten den politischideologischen Klärungsprozeß in der Arbeiterbewegung und bewirkten, daß sich die KPD und der linke, proletarische Flügel der USPD weiter annäherten. Ihr Zusammenschluß vollzog sich auf dem Berliner Vereinigungsparteitag vom 4. bis 7. Dezember zur Vereinigten Kommunistischen Partei Deutschlands (VKPD). Eine Woche später tagte in der Königstadt-Brauerei, Schönhauser Allee, der erste Bezirksparteitag der VKPD Berlin-Brandenburg. Etwa die Hälfte der Berliner USPD-Mitglieder entschied sich für die VKPD. Die Bezirksorganisation Berlin-Brandenburg war der viertstärkste Parteibezirk der VKPD, die zu einer revolutionären Massenpartei wurde. 24 der 86 USPD-Stadtverordneten bildeten die erste kommunistische Fraktion in der Stadtverordnetenversammlung.

Mit dem »Gesetz über die Bildung einer neuen Stadtgemeinde Berlin«, das gegen den Widerstand bürgerlicher Parteien von der verfassunggebenden Preußischen Landesversammlung am 27. April 1920 beschlossen worden war und am 1. Oktober 1920 in Kraft trat, veränderten sich grundlegend die Verwaltungsstruktur, die Bedingungen für die politische, ökonomische und kulturelle Entwicklung der Stadt und ihrer Bürger wie auch die Kampfbedingungen für die Arbeiterklasse. Die bisherige Stadt Berlin, die die Stadtbezirke Mitte, Prenzlauer Berg, Friedrichshain, Kreuzberg, Tiergarten und Wedding umfaßte, wurde mit den Städten Charlottenburg, Köpenick, Lichtenberg, Neukölln,

Schöneberg, Spandau und Wilmersdorf sowie mit 59 Landgemeinden (wie Pankow, Weißensee, Treptow, Oberschöneweide, Friedrichsfelde, Niederschönhausen) und 27 Gutsbezirken (wie Buch, Dahlem, Plötzensee) zusammengeschlossen. Sie umfaßte jetzt das Gebiet, das man schon seit den neunziger Jahren als Groß-Berlin bezeichnet hatte. Auf 878 Quadratkilometer Gesamtfläche lebten über 3,8 Millionen Einwohner. Damit war Berlin nach New York und London zur drittgrößten Stadt der Welt nach der Einwohnerzahl und zur weltgrößten Stadt nach der Fläche geworden. Die Stadt wurde in 20 nach Größe und Einwohnerzahl unterschiedliche Bezirke gegliedert:

Verwaltungsbezirke	Einwohnerzahl (1919)	Fläche in Quadratkilometern (1920)
Kreuzberg	366 299	10,68
Wedding	337 193	13,06
Friedrichshain	326 062	9,09
Prenzlauer Berg	311 631	10,14
Mitte	292 779	10,36
Tiergarten	273 502	13,56
Altberlin zusammen	1 907 466	66,89
Charlottenburg	325 084	33,72
Neukölln	279 447	48,79
Schöneberg	218 926	10,79
Lichtenberg	183 706	78,97
Wilmersdorf	157 944	51,34
Steglitz	146 666	27,77
Spandau	104 360	89,98
Pankow	94 399	77,92
Reinickendorf	92 476	86,73
Treptow	89 138	40,48
Tempelhof	60 060	40,44
Köpenick	56 910	125,27
Weißensee	54 553	46,37
Zehlendorf	32 913	52,54
Stadt Berlin	3 804 048	878,09

Stadtplan von Berlin, zwanziger Jahre des 20. Jahrhunderts

Die Verwaltung der Stadt basierte teilweise weiterhin auf der
alten preußischen Städteordnung von 1853. Die Stadtverordnetenversammlung wurde alle vier Jahre nach dem Verhältniswahl-
recht gewählt. 225 Abgeordnetensitze standen zur Verfügung,
von denen nach den Wahlen vom 20. Juni die USPD 86 (Ende
1920: 62 USPD, 24 KPD), die SPD 39, die DVP 38, die DNVP
26, die DDP 15, die Wirtschaftspartei 12, das Zentrum 8 innehatten. Die Mehrheit der Arbeiterparteien kam selten zur Geltung, da die SPD-Fraktion in der Regel mit den bürgerlichen
Parteien der Weimarer Koalition zusammenging. So wurde der
bisherige Stadtkämmerer, der bürgerliche Demokrat Gustav Böß,
mit 109 Stimmen der sozialdemokratisch-bürgerlichen Mehrheit
gegen den Kandidaten der USPD, den Arzt Hermann Weyl, der
95 Stimmen erhielt, am 20. Januar 1921 zum Oberbürgermeister
gewählt. Er und der Magistrat, der aus dem Bürgermeister und
aus 18 für 12 Jahre zu wählenden besoldeten sowie 12 für 4 Jahre
zu wählenden unbesoldeten Mitgliedern bestand, hatte die entscheidende Richtlinien- und Grundsatzkompetenz für die ge-

samte Verwaltung inne. Über Finanzen und Haushalt befand die
Stadtverordnetenversammlung, deren Beschlüsse jedoch, um
rechtskräftig zu werden, der Zustimmung des Magistrats bedurf-
ten. Dem Magistrat unterstanden auch die 17 Ausschüsse (Depu-
tationen), die aus Mitgliedern des Magistrats, Stadtverordneten
und Bürgerdeputierten gebildet wurden. Die Kommunalaufsicht
führte weiterhin (nach dem Gesetz von 1881) der Oberpräsident
der Provinz Brandenburg, der das Bestätigungsrecht für die Ma-
gistratsmitglieder hatte und dieses mehrfach gegen Mitglieder
der USPD und der KPD anwandte. Wesentliche Befugnisse behielt auch der Polizeipräsident von Berlin, der neben allgemeinen Polizeiangelegenheiten die Gewerbeverwaltung, Gewerbeaufsicht, Wasserbau- und Gesundheitsverwaltung, die Aufsicht
über Theater, Kunst und Lichtspieltheater führte. Das Provinzi-
alschulkollegium, die Preußische Bau- und Finanzdirektion, das
Landeskulturamt, Rentenamt, Oberversicherungsamt, die Land-
wirtschaftskammer und weitere preußische Staatsbehörden übten
fortgesetzt Funktionen in Provinz und Stadt aus. Die Stadtverwaltung blieb also insgesamt in vielem hinter bürgerlich-demokratischen Grundsätzen zurück. Die innere Verwaltung wurde
modernisiert; sie erzielte im weiteren hinsichtlich der einheitlichen Stadtplanung und -gestaltung, des Ausbaus des innerstädtischen Verkehrs, der kulturellen, sportlichen, Erholungs- und Bildungseinrichtungen, der Stadtwirtschaft (Gas, Elektrizität,
Wasser, Entwässerung, Stadtreinigung), des Gesundheits- und
Fürsorgewesens, im Fremdenverkehr, Ausstellungs- und Messe-
wesen beträchtliche Fortschritte. Trotz des Entscheidungsrechts
des Magistrats über Einnahmen und Ausgaben und des möglichen Finanzausgleichs zwischen den Stadtbezirken wurden die
gewachsenen Unterschiede im sozialen Niveau nur in geringem
Maße verringert.

In den Stadtbezirken existierten Bezirksversammlungen, die
sich aus den gewählten Bezirksverordneten und den aus dem jeweiligen Bezirk stammenden Stadtverordneten zusammensetzten.
Sie wählten das Bezirksamt, bestehend aus dem Bürgermeister

Stadtkassenschein über 50 Pfennige,
herausgegeben vom Magistrat zu Berlin am 9. September 1921.
Entwurf von Ernst Böhm

und 6 bis 13 Bezirksstadträten, sowie Bezirksdeputationen. Die
Bezirke hatten keine Steuer- und Finanzhoheit, wenig Selbstverwaltungsbefugnis. Oft komplizierten sie den ohnehin großen und
schwerfälligen Verwaltungsapparat der Stadt.

Um die Jahreswende 1920/1921 verschärften sich die Klassengegensätze deutlich. Es streikten 15 000 Arbeiter und Angestellte
des Zeitungsgewerbes vom 2. bis 14. Oktober, die Elektrizitätsarbeiter vom 6. bis 11. November, 60 000 Beamte am 12. Dezember
für Lohnerhöhungen, gegen Preiswucher und inflationäre Geldentwertung. Breite Zustimmung unter Arbeitern und Angestellten fand der »Offene Brief« der Zentrale der VKPD vom 7. Januar 1921 an die Leitungen von SPD, USPD, KAPD und
Gewerkschaften. Sie schlug vor, die politischen und sozialen
Rechte der Arbeiter und Werktätigen gegen die Angriffe des Monopolkapitals gemeinsam zu verteidigen. Trotz Ablehnung durch
rechte sozialdemokratische Führer entwickelten sich einheitliche
Aktionen gegen Hunger und Not. Einen politischen Höhepunkt
bildete die Protestkundgebung von 500 000 Berlinern im Lustgarten am 31. August gegen die Ermordung des Zentrumspoliti

kers Matthias Erzberger. Als Unterzeichner des Waffenstillstandes im November 1918 hatte sich auf ihn der Terror nationalistischer, reaktionärer Kreise konzentriert. Clara Zetkin rief namens der KPD dazu auf, die schwer erkämpfte bürgerlich-parlamentarische Republik zu retten, auch wenn diese nicht zu einer Republik der Arbeiter geworden sei. Eine breite Solidaritätsbewegung entwickelte sich im Spätsommer 1921 für Sowjetrußland, das von den Folgen einer Dürre hart betroffen war. Aus dem Hilfskomitee entstand die Internationale Arbeiterhilfe (IAH), deren Leitung ihren Sitz in Berlin nahm. Die Anzahl der Mitglieder der KPD im Bezirk Berlin-Brandenburg wuchs auf 24 000.

Bei den neuerlichen Stadtverordnetenwahlen am 16. Oktober 1921 erhielten die KPD 9,5 Prozent der Stimmen und 20 Stadtverordnete, die USPD 19,1 Prozent (44) und die SPD 20,5 Pro-

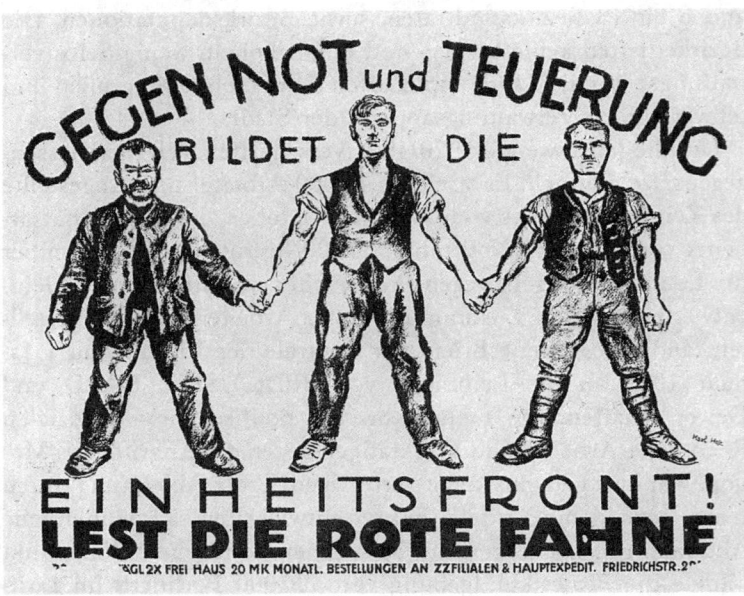

Plakat der »Roten Fahne«. Entwurf von Karl Holtz

zent (46). 845 028 Stimmen und 110 Mandate für die Arbeiterparteien standen 875 013 Stimmen und 115 Mandaten der
bürgerlichen Parteien gegenüber, die damit die Mehrheit in der
Stadtverordnetenversammlung hatten. Sie verschärften den so-
zialreaktionären Kurs.

Anfang 1922 kämpften 800 000 deutsche Eisenbahner für die
Anpassung ihrer Gehälter an die immer weiter sinkende Kauf-
kraft, für die Sicherung des Achtstundentages und gegen die drohende Entlassung von 20 000 Kollegen. Am 2. Februar ruhte der
Eisenbahnverkehr auch in Berlin. Am 5. Februar traten die städtischen Arbeiter solidarisch in den Streik, legten Straßenbahn-
und U-Bahn-Verkehr sowie Elektrizitäts-, Gas- und Wasserwerke
still. Nur die KPD unterstützte konsequent den Streik, der am
8. Februar mit einer Niederlage der Streikenden abgebrochen
wurde. Es war nicht gelungen, eine breite Einheitsfront gegen
Reichsregierung und Magistrat zu bilden.

Die Notwendigkeit und Möglichkeit der proletarischen Ein-
heitsfront auch im Kampf um politische Ziele offenbarte sich im
Frühsommer 1922, als reaktionäre und monarchistische Kreise
Überfälle auf Arbeiterfunktionäre und bürgerlich-demokratische
Politiker organisierten. Am 24. Juni fiel der Reichsaußenminister
Walther Rathenau, der den Rapallo-Vertrag mit Sowjetrußland
unterzeichnet hatte, diesen konterrevolutionären Umtrieben zum
Opfer. Mit Massenprotesten, Demonstrationen, Kundgebungen
und Streiks, gemeinsam von den Arbeiterparteien und Gewerkschaften getragen und von bürgerlich-demokratischen Kräften
unterstützt, leisteten Hunderttausende dem Kurs aggressiver mo-
nopolistischer Kreise gegen die bürgerlich-parlamentarische
Ordnung und auf einen offenen Zusammenstoß mit den imperialistischen Siegermächten aktiven Widerstand. Im »Berliner
Abkommen« verlangten die Arbeiterparteien und die Gewerkschaften von Regierung und Reichstag ein Gesetz zum Schutz
der Republik, das die reaktionären Organisationen verbieten und
den Staatsapparat säubern sollte. Zwar wurde das Gesetz beschlossen, aber wirksame Maßnahmen gegen die Konterrevolu-

tion blieben aus; später wurde es gegen revolutionäre Kräfte miß-braucht.

Im November 1922 gewannen mit der Bildung der Cuno-Regierung jene Kreise des Monopolkapitals entscheidenden Einfluß auf die Führung des Staates, die auf die offene Konfrontation mit den Siegermächten und auf die verschärfte Ausplünderung und Unterdrückung der werktätigen Massen hinarbeiteten. Mit der Sabotage der Reparationszahlungen provozierte die Cuno-Regierung die Besetzung des Ruhrgebietes durch französische und belgische Truppen am 11. Januar 1923. Die Antwort der Regierung Cuno war der »passive Widerstand«, der einherging mit einer nationalistischen Kampagne, die breite Kreise der Bevölkerung erfaßte und von den Widersprüchen im Land ablenkte. Die KPD proklamierte sofort den Kampf des internationalen Proletariats gegen den deutschen wie den französischen Imperialismus und Militarismus und veranstaltete Kundgebungen und Aufmärsche unter der Losung »Schlagt Poincaré und Cuno an der Ruhr und an der Spree!«. Gegen die zunehmenden nationalistischen und faschistischen Ausschreitungen bildeten Berliner Arbeiter im Februar erste proletarische Hundertschaften, die als Abwehrorgane entstanden und bei der Steigerung der Massenkämpfe um eine Arbeiterregierung zu bewaffneten militärischen Formationen der Arbeiterklasse entwickelt werden konnten. Sie prägten die Demonstrationen zum 1. Mai, der im Zeichen des Kampfes um die proletarische Einheitsfront stand. Mit ihrem Verbot am 12. Mai durch den preußischen Innenminister Carl Severing (SPD) sollte dem wachsenden Einfluß der KPD entgegengewirkt werden.

Immer mehr Kommunisten arbeiteten in leitenden Gewerkschaftsfunktionen; ihrem Einfluß suchten rechte Führer durch Ausschluß revolutionärer Gewerkschafter zu begegnen. Als Organe der Einheitsfront wirkten Kontrollausschüsse gegen Preiswucher, Spekulation und Schwarzhandel, für bessere Versorgung der Werktätigen mit preiswerten Lebensmitteln und Wohnungen. In vielen Fällen konnten sie den durch die galoppierende

Inflation hart getroffenen Arbeitern, aber auch Kleingewerbetreibenden, Rentnern und Angestellten helfen.

Ruhrbesetzung und »passiver Widerstand« führten zum rapiden Verfall der Wirtschaft, der Finanzen, des Handels. Die Inflation wurde zu einem beispiellosen Raubzug des Monopolkapitals auf die Werktätigen bis hin zu breitesten Kreisen der Mittelschichten.

Mit dem Anstieg des Dollarkurses erhöhten sich die Preise. So kosteten 1923 in Berlin

am	3. Januar	4. April	4. Juli
1 kg Roggenbrot	367 Mark	1 296 Mark	7 937 Mark
1 kg Weizenmehl	520 Mark	1 500 Mark	13 000 Mark
1 kg Kartoffeln	20 Mark	76 Mark	8 000 Mark
1 kg Schweinefleisch	2 320 Mark	8 800 Mark	52 000 Mark
1 kg Butter	3 600 Mark	18 000 Mark	72 000 Mark
1 kg Margarine	2 000 Mark	5 600 Mark	42 000 Mark
1 kg Zucker	400 Mark	2 000 Mark	6 000 Mark
1 Ei	100 Mark	370 Mark	2 200 Mark
1 l Vollmilch	184 Mark	860 Mark	2 960 Mark

Der Durchschnittslohn eines Berliner Maurers betrug pro Woche im Juni 185 344 Mark, das Existenzminimum für eine Familie mit zwei Kindern lag bei 252 582 Mark. Die Verelendung betraf die übergroße Mehrheit der Bevölkerung. Die Zahl der Wohnungssuchenden war seit Ende des Krieges ständig gestiegen, der Wohnungsbau völlig zurückgeblieben: 1922 gab es in Berlin über 200 000 Wohnungssuchende, aber 1923 wurden lediglich 4 240 Wohnungen gebaut. In den Arbeitervierteln grassierte die Lungentuberkulose; die Proletarierkrankheit raffte 1922/1923 fast 12 000 Menschen hin. Anfang 1923 zählte man 71 000 Arbeitslose, von denen jedoch nur 13 000 Arbeitslosenunterstützung erhielten.

Die verschärften Klassengegensätze führten zu neuen Streikaktionen, die nicht nur auf die augenblickliche Verbesserung der Löhne und Arbeitsbedingungen, sondern mehr und mehr auf die grundsätzliche Veränderung der gesellschaftspolitischen Verhältnisse zielten. Von Ende Juni bis 9. Juli streikten 12 000 Holzarbeiter, dann fast 20 000 Bauarbeiter. Vom 6. bis 12. Juli streikten 130 000 Metallarbeiter um wertbeständige Löhne.

Mit einer Kundgebung von 75 000 Arbeitern eröffnete die Bezirksleitung der KPD die Antifaschistenwoche, die vom 22. Juli bis zum Antifaschistentag am 29. Juli als Höhepunkt durchgeführt wurde. Dies war die erste von der KPD organisierte Massenaktion gegen die faschistischen Kräfte, die – von großkapitalistischen und agrarischen Finanziers und Reichswehroffizieren gefördert – mit Nationalismus und Chauvinismus, militantem Antikommunismus und Antidemokratismus, mit nationaler und sozialer Demagogie Einfluß auf Mittelschichten in Stadt und Land gewinnen wollten, um eine Massenbasis für eine Diktatur reaktionärster Kreise des Finanzkapitals zu schaffen. Hunderttausende verlangten Entwaffnung und Verbot der Faschisten, Bewaffnung der Arbeiter, Sturz der Cuno-Regierung und die Bildung einer Arbeiter-und-Bauern-Regierung. Diese Forderungen waren Anfang August Anlaß zu Demonstrationen, Streiks, Versammlungen und Kundgebungen. Am 11. August beschloß die Vollversammlung von 15 000 Betriebsräten einen dreitägigen Generalstreik für den Sturz der Cuno-Regierung, Anerkennung der Kontrollausschüsse und proletarischen Hundertschaften, Festsetzung eines Minimallohnes und Sicherung der Ernährung, Aufhebung des Demonstrationsverbots und Freilassung der politischen Gefangenen. Noch am selben Tag setzte der Streik ein und erfaßte am 13. August fast sämtliche Betriebe, die Gas- und Elektrizitätswerke, die Verkehrsmittel. Trotz des Widerstandes rechter Funktionäre breitete sich der Streik von Berlin auf weite Teile des Reiches aus. Unter dem Druck von rund 3 Millionen Streikenden trat am 12. August die Cuno-Regierung zurück. Gustav Stresemann (DVP) bildete ein neues Kabinett, dem 4 sozialdemokratische Minister angehörten. Sein Hauptziel bestand in der Erhaltung der Machtpositionen der Monopolbourgeoisie. Sofort wurden Lohnerhöhungen und finanzielle Beihilfen bewilligt, die Streikleitungen gesprengt, so daß der Streik nach dem Rücktritt der Cuno-Regierung endete. Die revolutionären Kräfte wurden durch Verbot des Reichsausschusses der deutschen Betriebsräte und des Berliner 15er Ausschusses, der den Generalstreik organisiert und geleitet hatte, durch Maßregelungen aktiver Funktionäre und Aussperrungen ganzer Belegschaften, Verbot der »Roten Fahne« und andere Maßnahmen terrorisiert.

Die Monopole steigerten die Inflation weiter ins unermeßliche. Ein Dollar entsprach schließlich am 21. November 4,2 Billionen Mark. Der Berliner Magistrat erhöhte ständig die städtischen Tarife, gab Notgeld heraus und vergrößerte so den massenhaften Umlauf des wertlosen Papiergeldes. Der städtische Verkehr wurde im September angesichts der finanziellen Misere stark eingeschränkt, die Straßenbahn weitgehend stillgelegt. Sprunghaft wuchs die Anzahl der Arbeitslosen bis auf 360 000 Ende November; man zählte außerdem 150 000 unterstützte Kurzarbeiter: Über 13 Prozent der Werktätigen waren betroffen.

Die Empörung über die chaotischen Zustände wuchs überall. Sie fand Ausdruck auf dem Bezirksparteitag der SPD im September/Oktober, der den alten Vorstand absetzte und einen neuen mit Franz Künstler und Karl Litke als Vorsitzende wählte. Viele Delegierte verurteilten die Koalitionspolitik der rechten Führung und die Maßnahmen gegen die Arbeiter, sie verlangten eine sozialistische Regierung und eine Arbeiterpolitik.

Der Bezirksparteitag Berlin-Brandenburg der KPD beriet am 6. Oktober über die Rolle der Parteiorganisation mit ihren 26 000 Mitgliedern im Entscheidungskampf um einen revolutionären Ausweg aus der Krise. Enthusiastisch erklärten die Delegierten: »Berlin muß dasselbe für die deutsche Revolution werden, was Moskau und Petersburg für die russische Revolution waren.«[2] Der fortgeschrittene, revolutionäre Kern des Berliner Proletariats wartete auf das Signal zum Kampf, das mit der Pro-

---

2 Zit. nach: Stefan Weber: Geschichte der revolutionären Berliner Arbeiterbewegung 1919–1923, Berlin 1982, S. 165.

Sechstes Kapitel

klamierung des Generalstreiks durch die Betriebsrätekonferenz in Chemnitz am 21. Oktober gegeben werden sollte. Der Beschluß kam jedoch nicht zustande. Nach dem von Ernst Thälmann geleiteten Aufstand in Hamburg (23.–25. Oktober), der isoliert blieb und abgebrochen werden mußte, zogen sich die revolutionären Kräfte zurück. Die KPD war ungenügend auf den bewaffneten Aufstand vorbereitet. Die Mehrheit der Berliner Arbeiter folgte noch den Führern der Sozialdemokratie und der Gewerkschaften.

Die herrschende Klasse konsolidierte ihre Macht, beendete den passiven Widerstand, liquidierte die Inflation und drängte mit Ermächtigungsgesetz, Einsatz der Reichswehr, Übernahme der vollziehenden Gewalt durch den Chef der Heeresleitung, durch Verbot der »Roten Fahne« und schließlich Verbot der KPD sowie Besetzung der Räume der Berliner Bezirksleitung die revolutionären Teile der Arbeiterklasse gewaltsam zurück. Die Arbeiterklasse erlitt eine Niederlage; ihr Zentrum Berlin war besonders betroffen.

Berlin während der relativen Stabilisierung des Kapitalismus (1924–1929)

Mit der Errichtung der verfassungsmäßig abgestützten Militärdiktatur gelang es dem deutschen Monopolkapital, eine tiefgreifende Herrschaftskrise zu überwinden. Die Stabilisierung der Mark im November behob den »Inflationskollaps«. Nachdem die Regierung den Ruhrkampf beendete, wurde die Möglichkeit eröffnet, die Reparationsfrage im Dawes-Plan auf Betreiben der USA neu und für den deutschen Imperialismus günstiger zu regeln. Die damit verbundene Kapitalzuwanderung wie der allgemeine internationale Wirtschaftsaufschwung veränderten die ökonomische Lage in Deutschland. Es begann eine relative, zeitweilige Stabilisierung des Kapitalismus, die sich auch in Berlin nachhaltig ausprägte.

Der militärische Belagerungszustand, das Verbot der KPD bis zum 1. März 1924 und der zivile Ausnahmezustand bis Ende Oktober des Jahres schränkten den Kampf der Berliner Werktätigen um die Erhaltung des Achtstundentages, gegen Lohnabbau und soziale Verschlechterungen ein, konnten aber den Streik von 150 000 Metallarbeitern Ende 1923 und weitere Aktionen nicht verhindern. Das erste Quartal 1924 brachte zunächst eine geringe Zunahme der Konsumgüterproduktion, dann machte sich bereits eine Stabilisierungskrise bemerkbar, die erst Ende 1924 durch eine kräftige Belebung unter Zufluß ausländischen Kapitals – sehr viel kam über Berliner Banken – behoben wurde. Zuerst nahmen vor allem die in Berlin konzentrierten wachstumsorientierten Industrien – Elektrotechnik, Chemie – einen Aufschwung, der begleitet war von einer zunehmenden Produktion langlebiger Konsumgüter, Kraftfahrzeuge aus Spandau eingeschlossen. 1925 produzierten Berliner Betriebe 74 Prozent aller deutschen elektrotechnischen Erzeugnisse, 90 Prozent der Glühlampen, 67 Prozent der Filme, 63 Prozent aller Zinkwaren und 60 Prozent aller Kabel. Weitere Monopolisierungen konzentrierten vorhandene Produktionsanlagen. So schlossen sich die Daimler-Motorengesellschaft und die Benz & Cie., Rheinische Gasmotorenfabrik Mannheim zur Daimler-Benz AG Marienfelde zusammen. Die optischen Werke Goerz mußten 1925/1926 mit dem Zeiss-Konzern fusionieren. Die AEG konzentrierte ihre Produktion in den neuen Apparate-Werken in Treptow und verlagerte hierher die Fabrikation von Schaltgeräten, Gleichrichtern, Meßinstrumenten, Relais und Rundfunkgeräten. 1924 übernahmen der Knorr-Bremse-Konzern das Reinickendorfer Gummiwerk E. Kübler und der Schering-Konzern die Adlershofer Kahlbaum AG sowie die Chemische Reinigung Spindler in Köpenick. Die Aceta-Werke in Lichtenberg wurden Teil des mächtigen IG-Farben-Trusts. Die Brauereien Schultheiß und Patzenhofer fusionierten zur größten Brauerei Europas, und der Aschinger-Konzern, die bedeutendste Gaststättengesellschaft Berlins, beherrschte seit 1927 die Berliner Hotelbetriebs-AG.

583

Neben den Großbetrieben blieben für die Berliner Wirtschaft die zahllosen Kleinbetriebe, die »Klitschen« auf Hinterhöfen und im Randgebiet, im Gewerbe, Handwerk und Handel charakteristisch. Es entstanden neue dienstleistende Unternehmen für sich entwickelnde Wirtschaftszweige, so Elektroinstallations- und Kfz-Reparaturwerkstätten.

Bereits im Oktober 1925 begann eine Überproduktionskrise, die bis Ende 1926 andauerte und die Arbeitslosigkeit rasch anwachsen ließ. Die Zahl der Arbeitslosen stieg vom 1. Dezember 1925 von 120 000 auf 283 000 Ende des Jahres 1926. Während dieser »Reinigungskrise« verstärkte sich der Konzentrations- und Zentralisationsprozeß, der mittlere und kleinere Betriebe zum wirtschaftlichen Ruin führte. Ende 1926 bis Anfang 1928 nahm die Industrie einen länger anhaltenden zyklischen konjunkturellen Aufschwung. Staatsmonopolistische Regulierungen, Subventionen und Steuererleichterungen trieben die Rationalisierung ganzer Fabriken und Industriezweige voran. Die Neuausrüstung mit modernen Maschinen und Apparaten sowie die Einführung neuer, teilweise aus den USA übernommener Technologien führten zur Intensivierung der Ausbeutung und zur Produktionssteigerung, so daß der Vorkriegsstand des Produktionsniveaus erstmals wieder erreicht wurde. Die Berliner Maschinenbau- und Elektroindustrie erhielt umfangreiche Aufträge, die allerdings schwankten und die Labilität und Zeitweiligkeit der Stabilisierung anzeigten. Erhebliche Fortschritte machte die Motorisierung. Neuentwickelte Produktions- und Verwertungsverfahren, modernste wissenschaftlich-technische Erfindungen wurden in den zum Teil neu errichteten Monopolbetrieben, so im Siemens & Halske-Kabelwerk Gartenfeld und in den Treptower Apparate-Werken der AEG, eingeführt und genutzt. Durch die Rationalisierung verloren viele Werktätige ihren Arbeitsplatz. Berliner AEG-Betriebe reduzierten die Belegschaften von 14 000 auf 8 800. Die Osram GmbH beschäftigte 1922 über 19 000 Arbeiter, nach der Rationalisierung des Betriebes bei etwa gleichbleibender Produktion noch 9 000. Die Borsig-Werke Tegel hatten die Betriebsgröße während der Inflation verdoppelt, sie beschäftigten über 7 000 Arbeiter, mit der Rationalisierung sank die Belegschaft auf 3 000.

Die Lebenshaltungskosten stiegen um etwa 10 Prozent, und die Reallöhne blieben noch hinter dem Vorkriegsstand zurück. Die kapitalistische Form der Rationalisierung hatte zur Folge, daß die Massenarbeitslosigkeit selbst in diesen wenigen Jahren der Hochkonjunktur chronisch blieb. Im Januar 1927 gab es fast 300 000 Arbeitslose. Die Produktionskapazitäten waren nicht ausgelastet.

Ende 1923 wurden die städtischen Versorgungsunternehmen für Elektrizität, Gas und Wasser in Aktiengesellschaften umgewandelt, so der monopolkapitalistischen Profitwirtschaft unterworfen und der Kontrolle durch die Stadtverordnetenversammlung entzogen. Die nach 1920 vereinheitlichte Stromversorgung der Stadt übernahmen die Berliner Städtischen Elektrizitätswerke AG (BEWAG). Die Elektrifizierung der Wirtschaft, des Verkehrs und der Haushalte erhöhte in den Jahren 1923–1929 den Stromabsatz um das Dreifache. Um den wachsenden Elektroenergiebedarf zu decken, wurde in Rummelsburg 1925/1926 das Kraftwerk Klingenberg errichtet. Im Oktober 1930 ging das Kraftwerk West ans Netz. Die Anzahl der an das Stromnetz angeschlossenen Berliner Wohnungen wuchs von 1924 mit 21 Prozent auf 55 Prozent im Jahre 1928 und umfaßte 1931 bereits 70 Prozent. Allerdings: Die Haushalte im Arbeiterbezirk Wedding waren 1929 nur zu 10 Prozent elektrifiziert; der Versorgungsgrad in Wilmersdorf betrug bereits 65 Prozent. Die Berliner Städtischen Wasserwerke (WASSAG) versorgten Mitte der zwanziger Jahre etwa drei Viertel der Berliner Bevölkerung. Im heißen Sommer 1925 brach die Versorgung teilweise zusammen. Der Ausbau der Werke wurde forciert. Die Berliner Städtischen Gaswerke AG (GASAG) versorgten gemeinsam mit der zunächst privaten Deutschen Gasgesellschaft die Stadt. Als »gemeinnützige Betriebe in Gesellschaftsform« arbeiteten seit 1922 die Berliner Brennstoffgesellschaft m.b.H. und seit 1921 die Berliner An-

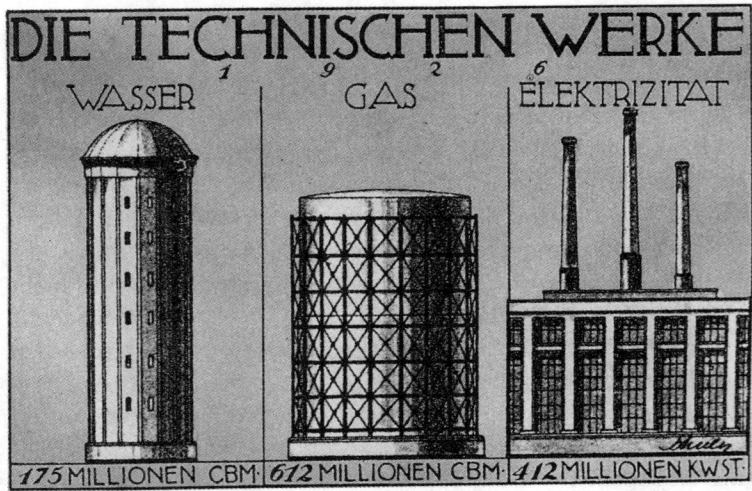

DIE TECHNISCHEN WERKE
1 9 2 6
WASSER   GAS   ELEKTRIZITÄT

·175 MILLIONEN CBM· ·612 MILLIONEN CBM· ·412 MILLIONEN KWST·

Leistungen der städtischen Versorgungsbetriebe im Jahre 1926

schlag- und Reklamewesen GmbH (BEREK) sowie die Berliner Flughafen GmbH, die mit dem Ausbau des Flughafens Tempelhof (1926) Berlin zu einem Mittelpunkt deutschen und europäischen Luftverkehrs entwickelte. Unter städtischer Regie blieben Kanalisation, Stadtreinigung, Forst-, Park- und Gartenverwaltung sowie Markthallen. 1926 wurden Messeamt und Fremdenverkehrsbüro in einer Ausstellungs-, Messe- und Fremdenverkehrs-GmbH zusammengefaßt. Im Charlottenburger Ortsteil Witzleben entstanden um den neugebauten Funkturm Messehallen, in denen jährlich Rundfunk- und Automobilausstellungen, seit 1926 die Landwirtschaftsausstellung »Grüne Woche« stattfanden. Etwa 1,5 Millionen Ausländer besuchten 1926 die Stadt, ihre Sehenswürdigkeiten, Messen, Ausstellungen und Museen.

Die Millionenstadt, die Wirtschaft und die Versorgung der Bevölkerung erforderten den weiteren Ausbau des Verkehrswesens. 11 Eisenbahnlinien verbanden die Stadt mit dem deutschen und dem internationalen Netz. 1927 kamen 14 Millionen Tonnen Güter per Bahn nach Berlin, 4,6 Millionen Tonnen verließen die

Stadt. 60 Güter- und 20 Personenbahnhöfe bildeten die Schnitt-
punkte. Auf dem Wasserweg erreichten Berlin 1927 über 8 Millionen Tonnen Güter, 1,3 Millionen Tonnen wurden verschifft.
Fast 43 000 Schiffe liefen in die Berliner Häfen ein. Die Berliner
Hafen- und Lagerhaus AG (Behala) erweiterte die Anlagen des
Westhafens zwischen Putlitzstraße und Jungfernheide. Dem
wachsenden Kraftfahrzeugverkehr dienten 12 Ausfallstraßen, die
noch schwach frequentiert waren. Registrierte man in Berlin
1926 etwa 47 000 Kraftfahrzeuge, so waren es 1929 bereits
97 000. Das Massenverkehrsmittel blieb die Straßenbahn, seit
Ende 1923 mit dem 15-Pfennig-Einheitstarif zudem am billigsten. Ende 1924 verbanden 84 Linien (1929 über 90) das Zentrum strahlenförmig und weitverzweigt mit Vorstädten und Vororten.

Weiteren Ausbau erfuhr das Untergrund- und Hochbahnnetz
zwischen 1922 und 1930 um 40 Kilometer mit der Nord-Süd-

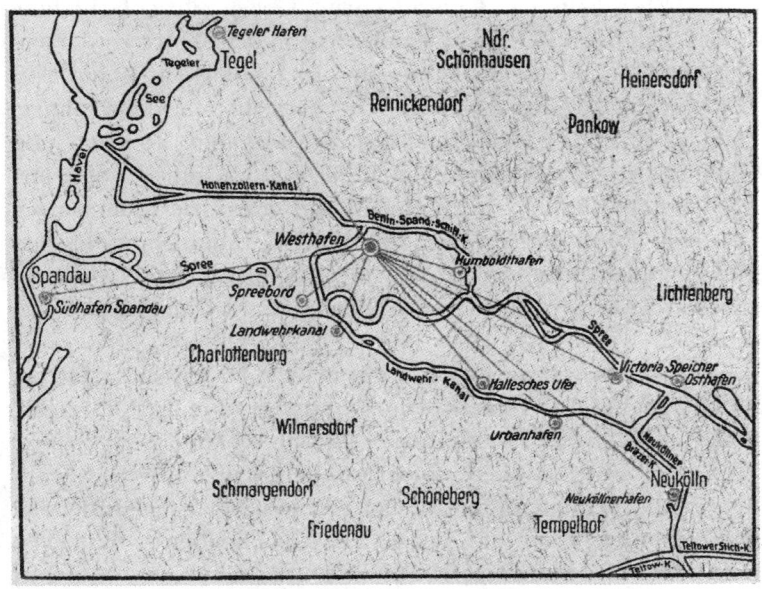

Berliner Hafenbetriebskarte, um 1928

Bahn Tempelhof–Seestraße und dem Abzweig zur Neuköllner
Grenzallee (1922–1930), der Linie Gesundbrunnen–Neukölln–
Leinestraße (1927–1930) und der Strecke vom Alexanderplatz
nach Friedrichsfelde (1927–1930). Verlängert wurden die U-
Bahn-Linien bis Pankow-Vinetastraße und Ruhleben (1930) so-
wie in Dahlem und Zehlendorf.

Berlin machte auf diesem Sektor bis 1930 427 Millionen Mark
Schulden. Indessen, der Ausbau war wichtig und populär, und
die Arbeiterparteien unterstützten ihn. 1926 erwarb die Stadt die
Aktienmehrheit der Hoch- und Untergrundbahn-Gesellschaft
sowie der Allgemeinen Berliner Omnibus AG (ABOAG), die
den Berufs- und Ausflugsverkehr auf 43 Linien (420 Kilometer)
betrieb. Im November 1928 wurden die drei städtischen Ver-
kehrsgesellschaften in der Berliner Verkehrs AG (BVG) zusammengeschlossen. Die BVG war der größte Kommunalbetrieb
Berlins und nach der Reichsbahn und dem IG-Farben-Trust das
drittgrößte deutsche Unternehmen. Gegen ihre Gründung
sprach sich die KPD aus, die außerdem in der Stadtverordnetenversammlung die Beibehaltung des 15-Pfennig-Tarifs forderte.
Die von der Reichsbahn betriebene Schnellbahn, die Wohngebiete und Industriestandorte, das Zentrum mit Vororten und
Umgebung verband, wurde von 1926 bis 1928 auf den Strecken
nach Bernau, Velten und Oranienburg elektrifiziert, dann nach
Potsdam, Rahnsdorf-Erkner, Kaulsdorf, Grünau, Spindlersfeld
und Spandau-West. Es wurden die Zugfolge verstärkt, die Sicherheit verbessert, die Verschmutzung durch Dampfloks eingeschränkt.

Die Wohnungsfrage blieb auch in den Jahren der relativen
Stabilisierung ein Problem. Die Wohnungszählung 1925 ergab,
daß von 1 296 000 Haushalten in Berlin 117 000 ohne eigene
Wohnung waren. Unberücksichtigt blieb, daß zahlreiche Fami-
lien in abbruchreifen, überfüllten und gesundheitsgefährdenden
Quartieren wohnten und daß fast 12 000 Familien in Baracken
und Behelfsunterkünften, 16 500 in Dachwohnungen, 22 500 in
Kellerwohnungen und fast 50 000 in Einzimmerwohnungen hau-

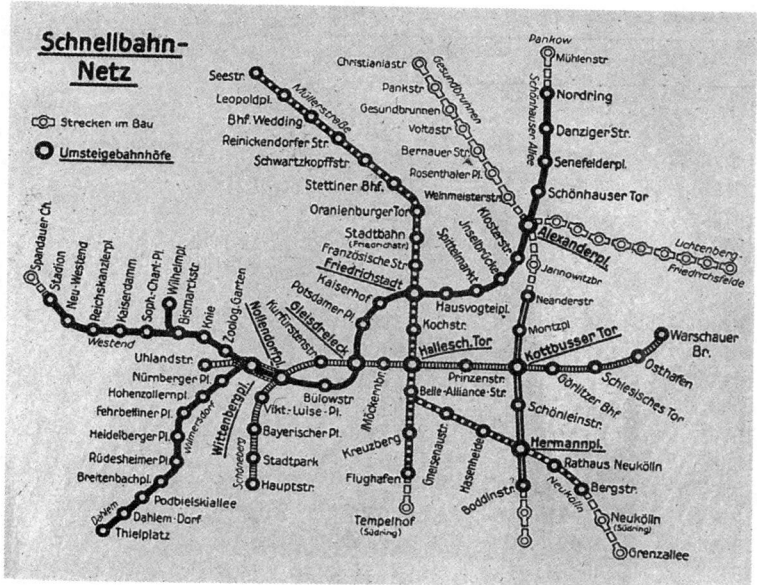

Verkehrsplan der Hoch- und Untergrundbahn von Berlin, 1929

sten. Von 1 081 530 erfaßten Wohnungen waren 61 020 ohne Strom oder Gas; 401 022 Wohnungen hatten keine Innentoilette, 772 022 weder Bad noch Dusche, nur 6 Prozent waren zentralbeheizt. 7 000 Wohnungen waren sofort abbruchreif, 36 000 so schlecht, daß ein Ersatz in den nächsten 10 Jahren dringlich war. Hinzu kam, daß durch Familiengründungen und Zuwanderung jährlich ein Zusatzbedarf von 20 000 Wohnungen entstand. Stadtbaurat Martin Wagner (SPD) schätzte einen jährlichen Neubaubedarf von 40 000 Wohnungen für mindestens 10 Jahre. 1924 betrug der Zugang aber nur 4 353 Wohnungen; er wuchs 1926 zwar auf mehr als 14 500, aber minderte den Fehlbestand keineswegs. 1927 wurden knapp 20 000 Wohnungen errichtet, verbunden mit erheblicher Erhöhung der Mieten. Die Miete für eine neue 2 ½-Zimmer-Wohnung betrug 75 Mark. Die Qualität war durch Ausstattung mit Gas, Licht, Toilette und Bad verbessert.

Vorhandene und neuerbaute Wohnungen 1925–1944

	vorhanden	neuerbaut
1925	1 171 491	8 439
1926		14 576
1927	1 210 602	19 517
1928		19 457
1929		24 079
1930		43 854
1931		31 026
1932		9 357
1933	1 357 812	7 988
1934	1 372 992	9 109
1935		8 081
1936		15 658
1937		18 746
1938	1 447 170	14 953
1939	1 551 356	14 258
1940	1 557 770	7 079
1941	1 560 578	3 093
1942	1 562 641	2 033
1943	1 353 753	916
1944	1 222 085	86

Nach der neuen Bauordnung vom 1. Dezember 1925 und dem Generalbebauungsplan waren Quer- und Seitengebäude, charakteristisch für den Mietskasernenbau, ausgeschlossen, und die Trennung von Wohn- und Industriegebieten wurde angestrebt. Meister der modernen Architektur, wie Peter Behrens, Walter Gropius, Hugo Häring, Erich Mendelsohn, Ludwig Mies van der Rohe, Hans Poelzig, Hans Scharoun, Bruno und Max Taut, Heinrich Tessenow, Martin Wagner, schufen vorbildlich gestaltete Wohnsiedlungen und Gartenstädte unter anderem in Britz, Siemensstadt, Treptow, Johannisthal, Prenzlauer Berg, Karlshorst, Zehlendorf und entwarfen für die Innenstadt zweckmäßige Verwaltungs-, Industrie- und Wohngebäude. Die Finanzierung erfolgte wesentlich durch eine seit April 1924 erhobene Hauszinssteuer, die von den Mietern in Form von Mieterhöhungen mitgetragen wurde und deren Ertrag zu 50 Prozent als Hypothe-

Plakat, um 1924

ken in den Wohnungsbau gegeben wurde. Die KPD verlangte, den Wohnungsbau in städtischer Regie durchzuführen, die Hauszinssteuer zu 100 Prozent für den Wohnungsbau zu verwenden und die Mittelvergabe sozial zu staffeln. Die SPD befürwortete gemeinnützige Gesellschaften und gab gewerkschaftseigenen Genossenschaften (Gagfah, Gehag) Unterstützung, die etwa ein Viertel (39 000) aller Neubauwohnungen 1924—1931 in Berlin errichteten. Ab 1928 wurden erstmals dringend benötigte städtische Kleinwohnungen gebaut, die für 48 bis 54 Quadratmeter 50 bis 60 Mark Miete kosteten. Da die Masse der Arbeiter weniger als 200 Mark monatlich verdiente, hatten sie von den 1924—1930 in Berlin erbauten 134 000 Wohnungen am wenigsten. 1930 lebten immer noch über 50 000 Familien in Kellern, Baracken und Behelfsquartieren. Die Wohnungsnot verschärfte sich weiter.

Mit dem Neubau von 11 »höheren« und 25 Volksschulen, der Erhöhung der Ausgaben pro Schüler von 127,80 (1924) auf 403 Mark (1928), der Senkung der Klassenfrequenzen um 20 Prozent, der Einrichtung von 52 Sammelschulen, sogenannter weltlicher Schulen ohne Religionsunterricht, auf Initiative der Arbeiterparteien wurden sichtbare Fortschritte im Schulwesen durchgesetzt. Aber weder dies noch das Wirken fortschrittlicher Pädagogen konnten die Schulraumnot oder gar die Vorherrschaft der althergebrachten preußischen Klassenschule beseitigen.

Gewisse Fortschritte gab es im Gesundheitswesen, so daß zum Beispiel die Säuglingssterblichkeit von 1913 mit 14,3 Prozent auf 8,5 Prozent im Jahre 1927 zurückging. Die Zahl der Tbc-Fürsorgestellen und der Schulärzte wurde erhöht, erstmals Eheberatungsstellen eingerichtet. 1930 gab es 24 städtische Warmbäder und 12 Schwimmbäder, die besonders wichtig waren, denn 3 Millionen Bürger hatten keine häusliche Badegelegenheit. Auf 1 000 Einwohner kamen in Berlin insgesamt 6,5 Krankenhausbetten, in Friedrichshain lediglich 3,3 und in Prenzlauer Berg nur 0,3 Betten. Die ehemaligen Exerzierplätze Rehberge, Chausseestraße und Schönhauser Allee wurden zu Sportanlagen und

100 Empfang für Clara Zetkin am 30. August 1927 am Anhalter Bahnhof. Neben ihr rechts Wilhelm Pieck, links Hugo Eberlein

101 Massendemonstration des Roten Frontkämpferbundes in Kreuzberg am 24. Juli 1927. Fotografie von Willy Römer, 1927

102 Paul Fuhrmann, Die Politischen. Ölgemälde, 1931

103 Vor einer Wärmehalle unter den Stadtbahnbogen
am Alexanderplatz im Jahre 1928

104 Arbeitslose vor dem 1931/1932 neuerrichteten Arbeitsamt
Berlin-Südost in der Neuköllner Sonnenallee

105 Verkaufsbuden in der Hirtenstraße im sogenannten
Scheunenviertel zu Anfang der dreißiger Jahre

106 Ernst Thälmann spricht am 8. Mai 1929
auf dem Zentralfriedhof Friedrichsfelde anläßlich der Beisetzung
von Opfern des Polizeiterrors vom 1. Mai 1929

107 Reichspräsidentenwahl
im April 1932.
Fritz Heckert
vor einem Berliner
Abstimmungslokal

108 SA-Aufmarsch auf dem Bülowplatz vor dem Karl-Liebknecht-
Haus, dem Sitz des Zentralkomitees der KPD, am 22. Januar 1933.
Fotografie von Willy Römer, 1933

109 Fackelzug der SA am 30. Januar 1933, dem Tag der sogenannten
Machtergreifung durch Adolf Hitler, vom Brandenburger Tor
zur Reichskanzlei. Zu einem späteren Zeitpunkt für einen
faschistischen Propagandafilm nachgestellt

110 Besetzung und Schließung des Karl-Liebknecht-Hauses
am 23. Februar 1933

111 Aufruf zum Boykott
jüdischer Geschäfte
in Berlin
im April 1933

112 Faschistische Bücherverbrennung auf dem Opernplatz,
10. Mai 1933

113 Brand
des Reichstagsgebäudes
am 27. Februar 1933.
Die faschistische
Provokation diente
dem Hitlerregime
als Vorwand für
einen systematischen
Terrorfeldzug
gegen Kommunisten
und andere
Antifaschisten

114 SS und Polizei führen verhaftete jüdische Bürger Berlins
einen Tag nach dem Pogrom vom 10. November 1938,
der sogenannten Reichskristallnacht, zu Sammelplätzen
für Transporte in die Konzentrationslager

Volksparks umgestaltet. Die sumpfige Jungfernheide und die Wuhlheide wurden kultiviert. Die Stadt, Betriebe, vor allem aber bürgerliche wie Arbeiter-Sportverbände errichteten Sport- und Spielplätze, Tennisanlagen, Bootshäuser, Bäder und andere Erholungsstätten. Berlin gewann den Ruf einer Sportstadt. Veranstaltungen wie das Sechstagerennen der Radfahrer im Sportpalast in der Potsdamer Straße und Autorennen auf der Avus am Grunewald waren schon kommerzialisierter bürgerlicher Sportbetrieb.

Insgesamt verbesserte sich – verglichen mit den Jahren des Krieges und der Zeit unmittelbar danach – das materielle Lebensniveau der Bevölkerung. Es vollzog sich ein Umwandlungs- und Umschichtungsprozeß in der Einwohnerschaft.

Von den über 4 Millionen Einwohnern Berlins waren 1925 etwa 2,3 Millionen erwerbstätig. Von diesen waren 46 Prozent, rund eine Million Arbeiter, 30,5 Prozent oder 665 000 Beamte und Angestellte, 15,4 Prozent oder 336 000 zählten als Angehörige sogenannter selbständiger Berufe, und 6 Prozent oder 132 000 waren Hausangestellte. 51 Prozent der Erwerbstätigen arbeiteten in Industrie und Handwerk, 30 Prozent in Handel und Verkehr und 8 Prozent in der öffentlichen Verwaltung. Die Masse der Werktätigen – 400 000 Personen – arbeitete in den etwa 15 000 Betrieben der Metallindustrie, die Elektrotechnik und Maschinenbau einschloß. 210 000 Beschäftigte zählten die etwa 80 000 Betriebe – einzelne Fabriken, dazu Unternehmer und Hausgewerbe – der Bekleidungsindustrie; weit verbreitet in diesem Industriezweig war das System der Zwischenmeister, der bei sich oder durch Heimarbeit arbeiten ließ. Bedeutend gewachsen war die Papier- und Druckindustrie Berlins mit fast 80 000 Beschäftigten. In diesen Branchen ebenso wie in der Schuh- und Leder- sowie der Möbel- und Filmindustrie lag Berlin an der Spitze der deutschen Wirtschaft. Nicht nur für die Versorgung der Stadtbevölkerung und den zunehmenden Fremdenverkehr produzierten die zahlreichen Betriebe der Nahrungs- und Genußmittelindustrie mit 85 000 Beschäftigten. Viele Produkte wurden in der Provinz wie auch im Export abgesetzt. Neben leistungsfähigen Großbetrieben (Brot- und Fleischfabriken, Großbrauereien, Süß- und Tabakwarenfabriken, Konfektionsbetrieben) existierten zahllose Kleinbetriebe. Neben maschineller Produktion stand die Handarbeit der Bäcker und Schuster, der Schlächter, Schlosser und Schneider. Über 220 000 Beschäftigte zählte man in den 68 000 Handwerksbetrieben. Im Bau- und Baunebengewerbe arbeiteten rund 120 000 Menschen. 17 000 Groß- und 56 000 Einzelhandelsfirmen sowie die 54 großen Waren- und Kaufhäuser beschäftigten rund 440 000 Menschen. In 3 200 Niederlassungen von Banken arbeiteten etwa 50 000 Angestellte. Von den 11 Milliarden Mark des deutschen Aktienbankkapitals waren 8,6 Milliarden bei 7 Berliner Großbanken konzentriert. Mehr als 25 Prozent aller deutschen Aktiengesellschaften und über 30 Prozent der GmbH hatten in Berlin ihren Sitz. Über 60 Prozent der deutschen Unternehmerverbände, der Arbeiter-, Angestellten- und anderer Berufsorganisationen hatten in der Hauptstadt ihre Leitungen, insgesamt über 2 500 Organisationen. Eine Wirtschaftskraft wie nie zuvor ballte sich in der Riesenstadt, Produktions- und Konsumtionszentrum in einem. Sie war die Lebensgrundlage der vier Millionen Bürger, an ihrer Entwicklung hatten die arbeitenden Menschen entscheidenden Anteil, jedoch nicht die Verfügungsgewalt. Mit dem mächtigen wirtschaftlichen Potential entstanden die materiellen Voraussetzungen späterer Rüstungsproduktion. Berlins wirtschaftliche Verbindungen reichten über das ganze Land und weit über die Grenzen in alle Welt.

Den Ruf Berlins als Kulturmetropole von Weltrang festigten bürgerlich-humanistische und proletarisch-revolutionäre Kulturschaffende durch hervorragende Leistungen, die sie in Auseinandersetzung mit der reaktionär-bürgerlichen Ideologie und den Verfallserscheinungen des kapitalistischen Kulturbetriebes vollbrachten. Die Theaterentwicklung wurde stark durch Max Reinhardt am Deutschen Theater geprägt. Das Schauspielhaus am Gendarmenmarkt leitete Leopold Jessner. Dem jungen proletarischen Theater gab Erwin Piscator Profil, seit 1927 mit eigener Bühne am Nollendorfplatz. 35 Schauspielbühnen zählte man. Erstaufführungen mit weltbekannten Schauspielern wie Elisabeth Bergner, Käthe Dorsch, Albert Bassermann, Heinrich George, Gustaf Gründgens, Fritz Kortner, Werner Krauss, Max Pallenberg begeisterten das Publikum. Junge progressive Dramatiker, so Bertolt Brecht, Ernst Toller, Friedrich Wolf und Carl Zuckmayer, brachten an Berliner Bühnen ihre Stücke zur Uraufführung. Das Theaterleben fand in Julius Bab, Alfred Kerr und Herbert Jhering aufmerksame Beobachter und einflußreiche Kritiker. Die Musikbühnen – die Staatsoper, nach Max von Schillings von Heinz Tietjen geleitet, die Kroll-Oper, besonders dem zeitgenössischen Schaffen verpflichtet – wurden mit Dirigenten wie Leo Blech, Erich Kleiber, Otto Klemperer führend im internationalen Musikleben. Das Deutsche Opernhaus Charlottenburg (1911/1912 erbaut) ging 1925 in städtische Regie über, nunmehr Städtische Oper genannt. Hier arbeiteten Bruno Walter, Fritz Stiedry und Carl Ebert. In über 20 Musiksälen wurden täglich Konzerte gegeben. Die Philharmoniker, seit 1922 von Wilhelm Furtwängler geleitet, bestätigten ihren Weltruf als führendes Orchester. Der Magistrat förderte Singakademie, Sinfonieorchester und den Berliner Sängerbund. Publikumsmagneten waren die Revueaufführungen im Großen Schauspielhaus (seit 1924), in der Komischen Oper, im Admiralspalast und Metropol-Theater. Schlager und Chansons boten Trude Hesterberg, Marlene Dietrich, Hilde Hildebrand, Hans Albers dar. Für die zahlreichen Kabaretts schrieben Walter Mehring, Joachim Ringelnatz, Kurt Tucholsky die Texte, Friedrich Hollaender und Rudolf Nelson die Melodien. Kurt Weill komponierte zu Brechts »Dreigroschenoper« und »Mahagonny«. Die Komponisten Alban Berg, Ferruccio Busoni, Paul Hindemith, Arnold Schönberg lehrten und arbeiteten in Berlin. Hanns Eisler schrieb Arbeiterlieder und Songs, die Arbeiterchöre, Agitpropgruppen und dem Proletariat verbundene Künstler wie Ernst Busch massenwirksam vortrugen.

Theater am Bülowplatz

Sonnabends, den 4. Dezember 1926, abends 8 Uhr

NACHTASYL

Scenen aus der Tiefe in 4 Akten von **Maxim Gorki**
Deutsch von August Scholz.

Regie: **Erwin Piscator**

Kostylew, Michail Iwanowitsch, Herbergsvater	Viktor Schwanneke
Wassilissa, seine Frau	Agnes Straub
Natascha, ihre Schwester	Ilse Baerwald
Medwjedew, Onkel der beiden, Polizist . .	Arthur Mainzer
Wasjka Pepel	Hans Rehmann
Kleschtsch, Andrej Mitritsch, Schlosser . .	Leo Reuss
Anna, seine Frau	Fränze Roloff
Nastja, ein Mädchen	Marija Leiko
Kwaschnja, ein Hökerweib	Johanna Koch-Bauer
Bubnow, Mützenmacher	José Almas
Satin	Heinrich George
Ein Schauspieler	Leonhard Steckel
Ein Baron	Erwin Kalser
Luka, ein Pilger	Alexander Granach
Aljoschka, ein Schuhmacher	Fritz Genschow
Schiefkopf ⎫ Lastträger	Sigmund Nunberg
Ein Tatar ⎭	Peter Ihle

Polizisten, Barfüssler, Volk.

Bühnenbild: **Edward Suhr**
Technische Einrichtungen: Hans Sachs

Pause nach dem 2. Akt

Die Kunst dem Volke

DIE PROGRAMMHEFTE WERDEN UNENTGELTLICH VERABFOLGT.
ZUSPÄTKOMMENDE DÜRFEN VON DEM SCHLIESSER ERST
NACH DEM ERSTEN AKT EINGELASSEN WERDEN.

Programmzettel

604

Die Preußische Dichterakademie, 1926 als Sektion der Akademie der Künste gegründet, mit ihrem Präsidenten Heinrich Mann (1930–1933) und Mitgliedern wie Alfred Döblin und Bernhard Kellermann, Schriftsteller wie Johannes R. Becher, Lion Feuchtwanger, Egon Erwin Kisch, Theodor Plivier, Erich Maria Remarque, Ludwig Renn, Erich Weinert und Arnold Zweig gaben mit ihrem Schaffen für den Frieden, gegen den imperialistischen Krieg dem literarisch-politischen Leben der Stadt wichtige Akzente. Weit höhere Auflagen erzielten aber chauvinistische und präfaschistische Kriegsbücher von Werner Beumelburg, Edwin Erich Dwinger, Ernst Jünger, Franz Schauwecker, die revanchistischen, intensiv auch antikommunistischen Ungeist massenhaft verbreiteten.

Probleme der Großstadt gestalteten Hans Fallada, Leonhard Frank und Erich Kästner in Werken von bleibender Bedeutung. »Berlin«-Bücher von Erdmann Graeser, Georg Hermann, Franz Hessel, Hermann Kesten und Karl Scheffler fanden weite Verbreitung. Rudolf Braune, Klaus Neukrantz und Adam Scharrer schilderten Leben und Kampf des Berliner Proletariats. Mit dem Bund proletarisch-revolutionärer Schiftsteller entstand 1928 in Berlin die erste sozialistische deutsche Literaturorganisation. Neben die renommierten bürgerlichen Verlage traten der von Wieland Herzfelde geleitete Malik-Verlag mit hervorragenden Editionen progressiver Weltliteratur, vor allem auch der jungen Sowjetliteratur, der Neue Deutsche Verlag, geleitet von Wilhelm Münzenberg, und der Internationale Arbeiter-Verlag, die kommunistische Literatur herausgaben.

Berlins Ruf als Pflegestätte neuer Tendenzen in der Kunst festigten Max Beckmann, George Grosz, Carl Hofer, Emil Nolde, Max Pechstein, Karl Schmidt-Rotluff und die Akademie der Künste unter der Präsidentschaft von Max Liebermann (1920–1933). 1930 übersiedelte das Bauhaus mit Walter Gropius, Lyonel Feininger, Wassili Kandinsky, Paul Klee, Hannes Meyer und anderen nach Steglitz. Mit den Berliner Arbeitern eng verbunden war das Schaffen von Käthe Kollwitz, Hans Baluschek, Otto Nagel und Heinrich Zille. Massenwirksam für den proletarischen Klassenkampf wurden die Plakate und Fotomontagen John Heartfields.

Der Film – seit 1929 als Tonfilm – wie auch der Rundfunk – seit Oktober 1923 im Vox-Haus am Potsdamer Platz, ab 1931 in neuen Gebäuden an der Masurenallee – wurden zu wirksamen Instrumenten überwiegend bürgerlicher Massenbeeinflussung. 1929 fand in Berlin die erste Fernsehsendung probeweise statt. Nach 1927 monopolisierte der reaktionäre Hugenberg-Konzern in der Universum Film AG (UFA) weitgehend das deutsche Filmgeschäft, was die verstärkte Propagierung von Militarismus, Revanche, Antikommunismus und die Entwicklung der berüchtigten »Traumfabrik« zur Folge hatte. 1925 gab es in Berlin 340 Kinos.

Die erste deutsche proletarische Filmfirma wurde 1926 gegründet: Die »Prometheus-Filmverleih und Vertriebs GmbH« leistete eine vielseitige Arbeit; so übernahm sie den Verleih der sowjetischen Filme, wie »Panzerkreuzer Potemkin«, und produzierte selbst abendfüllende Filme, die von großer Wichtigkeit für die Entwicklung einer proletarischen Filmkunst in Deutschland waren.

Die Staatlichen Museen mit den Generaldirektoren Wilhelm Bode (bis 1920), Otto von Falke und seit 1928 Wilhelm Waetzoldt sowie dem Direktor der Nationalgalerie Ludwig Justi erweiterten mit Ausstellungen moderner Kunst im Kronprinzenpalais und mit dem 1909–1930 neu erbauten Pergamonmuseum ihre Wirkungsmöglichkeiten.

Die staatsmonopolistische Steuerung der Wissenschaften wurde vor allem mit dem Ausbau der Kaiser-Wilhelm-Gesellschaft erweitert und erreichte mit der Notgemeinschaft der Deutschen Wissenschaft (1920 gegründet) eine neue Qualität. Auf zahlreichen Gebieten, so der theoretischen Physik, Mathematik, physikalischen Chemie, Medizin, Geologie, Zoologie und in philologischen Disziplinen erzielten Berliner Wissenschaftler weltweit anerkannte Leistungen. Es entwickelten sich die internatio-

George Grosz, Einkreisung. Lithographie, 1930

nalen Wissenschaftsbeziehungen, vor allem auch erste wissenschaftliche Zusammenarbeit von Naturforschern, Medizinern und Historikern mit der jungen Sowjetwissenschaft.

1928 erschienen – vorwiegend von den bürgerlichen Pressekonzernen herausgegeben – in Berlin 147 Zeitungen sowie

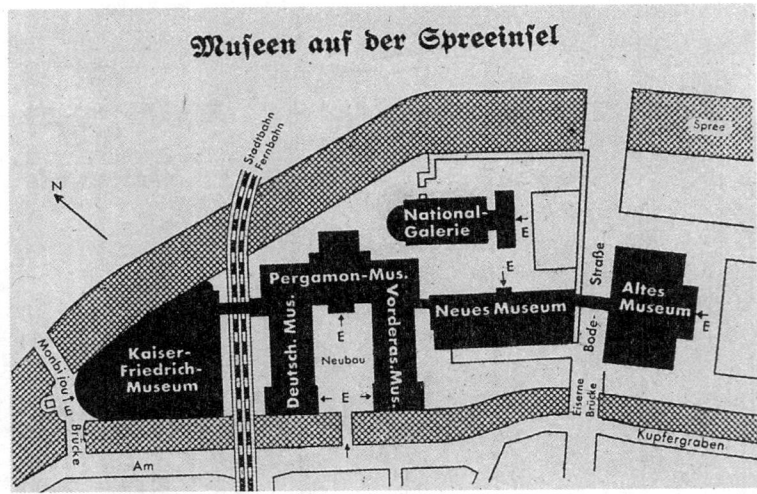

Plan der Berliner Museumsinsel
nach Eröffnung des Pergamonmuseums im Jahre 1930

2486 Zeitschriften. Das Zentralorgan der KPD, »Die Rote Fahne«, und die »Arbeiter-Illustrierte Zeitung« (AIZ) fanden unter den Arbeitern Berlins zunehmend Verbreitung. Der sozialdemokratische »Vorwärts« wurde in Arbeiter-, Angestellten- und kleinbürgerlichen Kreisen traditionell viel gelesen. Den Markt beherrschte aber die bürgerliche Massenpresse mit der »Berliner Morgenpost« und dem »Berliner Lokal-Anzeiger«.

Die relative Stabilisierung des Kapitalismus war mit einem neuerlichen Erstarken des Imperialismus und Militarismus verbunden. Reaktionäre, aggressive Kräfte des Monopolkapitals traten wieder stärker hervor. Das fand charakteristischen Ausdruck in der Bildung von Bürgerblockregierungen, in der Wahl des ehemaligen kaiserlichen Generalfeldmarschalls Paul von Hindenburg zum Reichspräsidenten im Frühjahr 1925. Deutschnationale, völkische, nationalistische und faschistische Organisationen nutzten die Furcht des kleinen und mittleren Bürgertums vor neuen revolutionären Erhebungen, vor Inflation und Krisen, um in breiter Front revanchistisches und militaristisches Gedankengut zu verbreiten. Rechtsstehende Vereine und Verbände wie der Stahlhelm-Bund der Frontsoldaten oder die im Kyffhäuser-Bund zusammengeschlossenen Kriegervereine, wie Wehrwolf. Bund deutscher Männer und Frontkrieger oder Jungdeutscher Orden, hinter denen die DNVP, die Deutschvölkische Freiheitspartei und schließlich die NSDAP standen, agierten offen und aggressiv gegen die Weimarer Republik.

Den überwiegenden Einfluß auf die werktätigen Massen übte die SPD aus. Ihre rechten Führer priesen die zeitweilige Verbesserung der wirtschaftlichen Lage als Beginn einer neuen Zeit des wachsenden Wohlstandes, des allgemeinen Friedens, in der mit mehr Technik und Organisation der Kapitalismus überwunden würde. Die immer engere Verflechtung der Monopole mit der imperialistischen Staatsmacht erklärten sie als Wachsen der »Wirtschaftsdemokratie«. In Berlin hielten sie grundsätzlich an der Zusammenarbeit mit der Bourgeoisie fest, selbst nachdem mit den Wahlen zur Stadtverordnetenversammlung am 25. Oktober 1925 die bürgerliche Mehrheit im Stadtparlament gebrochen war. Die KPD gewann 43, die SPD 73 Mandate, die Rest-USPD 1 Mandat; die bürgerlichen Parteien besetzten zusammen 108 Mandate. Damit waren formelle Voraussetzungen für eine Arbeiterpolitik in Berlin gegeben. Die KPD unterbreitete zahlreiche Vorschläge mit ihrem Programm vom 28. Oktober 1925: Erhaltung des Achtstundentages; Erhöhung der Löhne für städtische Arbeiter und Angestellte; Bau billiger Wohnungen; den Arbeitereinkommen angemessene Tarife für Gas, Wasser, Elektrizität und Nahverkehr; niedrige Lebensmittelpreise; Entwicklung des Schul- und Sozialwesens; Unterstützung für die Arbeitslosen. Diese aktive Vertretung der Interessen der Werktätigen wurde partiell, so bei der Bewilligung von Winterbeihilfen, von der Sozialdemokratie unterstützt, stieß aber immer wieder an die eng gezogenen Grenzen des kapitalistischen Systems, das von den bürgerlichen Parteien wie von rechten sozialdemokratischen Partei- und Gewerkschaftsführern verteidigt wurde.

Die Arbeit der Berliner Kommunisten im Stadtparlament war Teil der revolutionären Massenpolitik, die die Partei nach der Niederlage im Herbst 1923 entwickelte. Sie wurde in harten Auseinandersetzungen mit rechtsopportunistischen und ultralinken Kräften durchgesetzt, die in der Berliner Parteiorganisation mit Ruth Fischer, Arkady Maslow und anderen führende Positionen innehatten und deren linkssektiererische Politik die KPD von den Massen zu isolieren drohte. Die Formierung des Thälmannschen Zentralkomitees im September 1925 war der entscheidende Schritt zur umfassenden Aneignung des Leninismus durch die KPD. Mit der Wahl Wilhelm Piecks zum Politischen Sekretär der Bezirksleitung Berlin-Brandenburg im Februar 1926 setzten sich die leninistischen Kräfte auch in der hauptstädtischen Parteiorganisation durch. Die Partei verstärkte ihre Verbindungen zur Arbeiterklasse und zu anderen Werktätigen, deren allseitige Interessenvertretung Mittelpunkt ihrer Tätigkeit war. Dem diente die Umgestaltung des Parteiaufbaus auf die Betriebszelle als maßgebliche Grundorganisation. In 407 Betriebs- und 107 Straßenzellen waren über 18 000 Kommunisten organisiert. In Gewerkschaften, Sport- und Kulturorganisationen, in den parlamentarischen Vertretungen intensivierte die KPD ihre Arbeit. Unter der Losung »Keinen Pfennig den Fürsten! Brot und Arbeit dem notleidenden Volke« organisierte die Partei im Dezember 1925 eine Massenbewegung für die entschädigungslose Enteignung der Fürsten. Am 13. Dezember 1925 stellten sich 60 000 Berliner Werktätige hinter den an die Sozialdemokratie gerichteten Vorschlag zum gemeinsamen Vorgehen, den die Funktionärkonferenz der SPD am 4. Januar 1926 unterstützte. Dem zentralen Ausschuß zur Durchführung eines Volksentscheides schlossen sich mit René Robert Kuczynski und Hellmut von Gerlach auch bürgerliche Demokraten an. Künstler und Wissenschaftler wie Johannes R. Becher, Hermann Duncker, Albert Einstein, Gertrud Eysoldt, George Grosz, Siegfried Jacobsohn, Alfred Kerr, Käthe Kollwitz, Paul Löbe, Paul Oestreich, Max Pechstein, Erwin Piscator, Helene Stöcker, Kurt Tucholsky und

Heinrich Zille veröffentlichten am 5. März einen zustimmenden Aufruf. Die Ortsausschüsse der Gewerkschaften appellierten am 12. März, am Volksbegehren teilzunehmen. Beim Volksbegehren vom 4. bis 17. März zeichneten sich 1 584 692 Berliner in die Listen ein und trugen dazu bei, den Volksentscheid am 20. Juni durchzusetzen. Für den Gesetzentwurf über die entschädigungslose Enteignung der Fürsten stimmten an diesem Tag in Berlin 1 760 378, das heißt fast 62,6 Prozent, im Reich über 14,5 Millionen oder 36,3 Prozent der Wahlberechtigten. Das reichte zwar nicht zur Durchsetzung des Gesetzes, war aber ein großer Erfolg der Einheitsfront demokratischer Kräfte gegen die Reaktion.

Energisch kämpfte die KPD für die Verteidigung des Friedens, gegen Wiederaufrüstung, Militarismus, Revanchismus und Kriegsgefahr. In diesem Zeichen standen Kundgebungen am 27. November 1925 gegen die Locarno-Verträge, am 22. März sowie 7. und 8. Mai 1927 gegen die militaristischen Stahlhelm-Aufmärsche. Höhepunkt dieser proletarischen Aktionen, die sich zunehmend auch gegen den anwachsenden Faschismus richteten, waren 1925–1928 die Pfingsttreffen des Roten Frontkämpferbundes. Hunderttausende, voran die von Hans Jendretzky geführten 12 000 Berliner RFB-Kameraden, unterstützten die antiimperialistischen Aufmärsche dieser proletarischen Schutz- und Wehrorganisation. Breite Resonanz fanden die alljährlichen Antikriegstage am 1. August, dem Jahrestag des Ausbruchs des Weltkrieges. Im August 1928 rief die KPD zum Volksentscheid gegen den von der sozialdemokratisch-bürgerlichen Regierung betriebenen Panzerkreuzerbau. Die Deutsche Liga für Menschenrechte, die Deutsche Friedensgesellschaft, Zeitschriften wie Carl von Ossietzkys »Weltbühne«, demokratische Persönlichkeiten wie Käthe Kollwitz und Heinrich Zille sowie auch linke Sozialdemokraten unterstützten diese Vorhaben; die erforderlichen Stimmen beim Volksbegehren im Oktober 1928 konnten jedoch nicht gewonnen werden.

In diesen Jahren besuchten Berliner Arbeiter, Kommunisten, Sozialdemokraten, Gewerkschafter das Sowjetland. Sowjetische

Flugblatt nach einem Klischee aus der illegalen Druckerei
des Roten Frontkämpferbundes in Berlin-Moabit, um 1930

Delegationen knüpften in Berlin enge Bande solidarischer Verbundenheit. Literatur, Filme und Ausstellungen, insbesondere
zum 10. Jahrestag der Großen Sozialistischen Oktoberrevolution
1927, propagierten das große Beispiel UdSSR. Viele Berliner,
auch Intellektuelle, schlossen sich der Gesellschaft der Freunde
des neuen Rußland, dann dem im November 1928 in Berlin gegründeten Bund der Freunde der Sowjetunion an und wirkten
unermüdlich gegen Antikommunismus und Antisowjetismus.
Die KPD lernte aus den Erfahrungen der KPdSU in der Auseinandersetzung mit dem Imperialismus, beim Aufbau der sozialistischen Gesellschaft.

Auf Initiative der KPD nahm im Winter 1926/1927 die Marxistische Arbeiterschule (MASCH) in der Schicklerstraße ihre
Arbeit auf; später eröffnete sie in mehreren Stadtbezirken Bil-

Käthe Kollwitz, Demonstration. Lithographie, 2. Fassung, 1931

dungsstätten. Sie vermittelte Grundlagen der marxistisch-leninistischen Theorie sowie naturwissenschaftliche und kulturelle
Kenntnisse. Neben führenden Kommunisten wie Eduard Alex-

ander, Philipp Dengel, Hermann Duncker, Edwin Hoernle, Theodor Neubauer, Johann-Lorenz Schmidt, Walter Stoecker hielten Wissenschaftler und Künstler wie Albert Einstein, Walter Gropius, Hanns Eisler, Alfred Kurella, Erwin Piscator Vorlesungen und gestalteten die MASCH zu einem Zentrum des progressiven geistigen Lebens der Arbeiterklasse.

Aktive Solidarität übten Berlins revolutionäre Arbeiter mit vom Faschismus Verfolgten aus Ungarn, Italien, Bulgarien und anderen Ländern. Unter der Losung »Hände weg von China« verteidigten sie die chinesische Revolution 1927; sie protestierten energisch gegen die Ermordung der Gewerkschaftsfunktionäre Sacco und Vanzetti durch die USA-Justiz; im Sommer 1927 unterstützten sie Österreichs Werktätige in ihren Kämpfen.

Die vom Thälmannschen Zentralkomitee und der Berliner Bezirksleitung der KPD unter Leitung Wilhelm Piecks verfochtene Arbeiterpolitik fand Zustimmung und aktive Unterstützung durch eine wachsende Anzahl Arbeiter und anderer Werktätiger. Bei den Reichstagswahlen am 20. Mai 1928 gaben 611 317 Berliner der KPD ihre Stimme, fast 25 Prozent der gültigen Stimmen und etwa 63 Prozent mehr als bei den letzten Reichstagswahlen im Dezember 1924. Die Linksentwicklung führte auch zur Erweiterung der Massenbasis der SPD; sie erhielt 816 196 Stimmen. Die bürgerlichen Parteien verloren Stimmen, sie vereinigten zusammengenommen 977 640 Stimmen.

Um einem weiteren Aufschwung der revolutionären Arbeiterbewegung entgegenzuwirken, bildeten bürgerliche Parteien und SPD unter Kanzler Hermann Müller (SPD) eine Regierung der Großen Koalition. Sie verstärkte die Militarisierung und Rüstung (Panzerkreuzer A). Am 13. Dezember 1928 verbot der Berliner Polizeipräsident Karl Zörgiebel (SPD) auf unbeschränkte Zeit alle Demonstrationen und Kundgebungen unter freiem Himmel. Die Reformisten versuchten mit Maßregelungen und Ausschlüssen, mit Abspaltung ganzer Verbände den Einfluß der Kommunisten in den proletarischen Massenorganisationen zurückzudrängen. Sie vertieften die Spaltung der Arbeiterklasse.

Höhepunkt des sich verschärfenden Klassenkampfes waren die Ereignisse am 1. Mai 1929. Die Polizei ging brutal gegen die etwa 200 000 Demonstranten vor und eröffnete unter anderem im Wedding, in Prenzlauer Berg das Feuer. 31 Tote und mehrere hundert Verletzte fielen dem Polizeiterror zum Opfer. 1 200 Arbeiter wurden verhaftet. »Die Rote Fahne« und örtliche Zeitungen der KPD wurden bis zum 23. Mai, dann erneut vom 26. Mai bis 22. Juni verboten. Am 3. Mai verbot die Regierung den RFB in Preußen, dann im ganzen Reich. Am 2. und 3. Mai kam es in Berlin, im Reich sowie im Ausland zu Proteststreiks und Kundgebungen gegen die blutige Niederdrückung demokratischer Rechte und Freiheiten, die nur der Reaktion dienen konnte. Am 8. Mai sprach Ernst Thälmann in Friedrichsfelde an den Gräbern der Ermordeten. Ein von Carl von Ossietzky geleiteter Ausschuß wies die alleinige Verantwortung der Polizei für den »Blutmai 1929« nach.

Vom 8. bis 15. Juni 1929 tagte in den Pharus-Sälen im Wedding der 12. Parteitag der KPD. Er stellte fest, daß die relative Stabilisierung des Kapitalismus zu Ende ging, die Monopolbourgeoisie auf den Abbau der bürgerlich-parlamentarischen Demokratie hinarbeitete und faschistisch-diktatorische Herrschaftsmethoden anzuwenden begann. Die KPD warnte vor der faschistischen Gefahr und suchte die Mehrheit der Arbeiterklasse zum Kampf gegen Unternehmeroffensive und drohenden Faschismus zu gewinnen.

Berlin in der Krise (1929–1932)

Schon um die Jahreswende 1927/1928 machten ein Rückgang der Konsumgüterproduktion und Überproduktionserscheinungen deutlich, daß der zyklische Wirtschaftsaufschwung sein Ende nahm. Lediglich die Produktionsgüterindustrie profitierte noch vom international anhaltenden Aufschwung. Die Zahl der 1927 in der Berliner Industrie, im Handel und Verkehr 990 000 Beschäftigten wuchs noch auf 1,085 Millionen 1929; aber schon im April 1929 betrug die Zahl der Arbeitslosen bereits 223 000. Als deutliches Zeichen einer krisenhaften Entwicklung stieg die schwebende Schuld Berlins, das heißt die kurzfristigen Kredite mit einer Laufzeit von 3 bis 6 Monaten, im Verlauf des Jahres von 200 auf über 500 Millionen Mark. Im Juni beschloß die Stadtverordnetenversammlung, nicht begonnene öffentliche Bauten zurückzustellen, im September wurden Neu- und Umbauten bei U- und Straßenbahn, dann auch Krankenhaus-, Schul-, Altersheim- und Kinderheimbauten eingestellt. So traf der Ausbruch der Weltwirtschaftskrise, die mit dem Börsenkrach in den USA im Oktober ihren weltweit sichtbaren Anfang nahm, Berlin bereits im krisenhaften Zustand. Die Krise entfaltete sich auf der Grundlage der allgemeinen Krise des kapitalistischen Systems und wirkte sich auf alle Bereiche des gesellschaftlichen Lebens aus, erfaßte Ökonomie und Politik, Kultur und Ideologie. Die Ereignisse um den 1. Mai 1929 signalisierten die Verschärfung des Klassenkampfes. Im Herbst offenbarte der Sklarek-Skandal, eine Bestechungsaffäre, in die Oberbürgermeister Gustav Böß und Magistrat verwickelt waren, die Verquickung von Kapital und Bürokratie und die Tendenz zur politischen Krise in der Stadt. Sie führte zur Beurlaubung und schließlich, im Oktober 1930, zur Amtsenthebung von Böß; seine Vertretung übernahm bis Frühjahr 1931 Bürgermeister Arthur Scholtz (DVP).

Die weitere Polarisierung der Klassenkräfte zeigte sich in den Wahlen zur Stadtverordnetenversammlung am 17. November 1929.

Die Arbeiterparteien konnten ihre Mehrheit auf 120 Sitze ausweiten. Die KPD gewann im Vergleich zu den Wahlen am 25. Oktober 1925 fast 220 000 Stimmen und 13 neue Mandate – ein sichtbares Ergebnis erfolgreicher Massenpolitik. Die SPD erhielt fast 50 000 Stimmen mehr als 1925, verlor aber 9 Sitze, konnte sich trotzdem mit 64 Abgeordneten als stärkste Partei im Rathaus behaupten. Stimmengewinne der rechtsbürgerlichen Parteien waren auf eine höhere Wahlbeteiligung zurückzuführen und gingen zu Lasten der Deutschen Demokratischen Partei. Erstmals gewann die Nazipartei über 132 000 Stimmen und 13 Mandate, ein ernstes Signal für die heraufziehende faschistische Gefahr. 1925 stand die NSDAP mit 137 Stimmen an allerletzter Stelle, war aber seit 1926 unter Führung des »Gauleiters« Joseph Goebbels durch maßlose nationalistische und soziale Demagogie, terroristische Aktionen und mit Unterstützung aus monopolistischen Kreisen, namentlich durch den Pianofabrikanten Carl Bechstein, den Kaffeefabrikanten Richard Frank, die Industriellen Ernst von Borsig und Carl Friedrich von Siemens, in vorwiegend bürgerliche Bevölkerungsschichten eingedrungen.

Die Mehrheit von SPD und KPD in der Stadtverordnetenversammlung kam politisch kaum zur Geltung, da die rechten sozialdemokratischen Führer an der prinzipiellen Zusammenarbeit mit den bürgerlichen Parteien DDP, Zentrum und DVP, zeitweilig unterstützt durch die Wirtschaftspartei und den Christlich-Sozialen Volksdienst, festhielten und nur in Teilfragen mit den Kommunisten stimmten.

Der Ausbruch der Weltwirtschaftskrise im Herbst 1929 traf die Berliner Wirtschaft schwer, wenngleich die einzelnen Zweige unterschiedlich. Der Stagnation der Konsumgüterproduktion folgte der Rückgang der Anlageinvestitionen, durch den besonders der Berliner Maschinenbau als Produzent von Produktionsgütern betroffen war. Da gleichzeitig der Export zurückging, war der verminderte Inlandsabsatz nicht auszugleichen. Eine Ausnahme bildete der Handel mit der UdSSR, das »Russengeschäft«. Die Firma A. Borsig GmbH in Tegel erhielt 1929 Aufträge durch die UdSSR in Höhe von 1,093 Millionen Mark, 1931 beliefen sie sich sogar auf 7,388 Millionen Mark. Die Umsätze des »Technischen Büros Ost« der Siemens-Werke mit der Sowjetunion betrugen 1929 fast 11 Millionen Mark und stiegen bis 1932 auf über 29 Millionen. Dadurch wurden Tausende Arbeitsplätze erhalten. Insgesamt aber sanken bei Siemens & Halske die Umsätze 1932/1933 im Vergleich zu 1928/1929 auf 50,8 Prozent. Die Zahl der Beschäftigten ging

Ergebnisse der Wahlen zur Stadtverordnetenversammlung 1919–1933

23. Februar 1919   Wahlbeteiligung 57,46 Prozent

	Stimmen	Plätze
USPD	263 440	47
SPD	253 420	46
DDP	115 681	21
DNVP	84 099	16
Christliche Volkspartei Zentrum	45 101	8
DVP	36 423	6

20. Juni 1920   Wahlbeteiligung 64,73 Prozent

	Stimmen	Plätze
USPD	633 657	87
SPD	283 386	40
DVP	275 664	40
DNVP	188 207	25
Wirtschaftliche Vereinigung	68 638	19
DDP	116 657	16
Zentrum	61 388	8

16. Oktober 1921   Wahlbeteiligung 66 Prozent

	Stimmen	Plätze
SPD	353 075	46
USPD	329 378	44
DNVP	311 629	42
DVP	266 771	35
KPD	162 575	20
DDP	126 696	17
Wirtschaftspartei	86 808	12
Zentrum	63 163	8
Deutsche Soziale Partei	12 302	1

25. Oktober 1925   Wahlbeteiligung 63,7 Prozent

	Stimmen	Plätze
SPD	604704	73
DNVP	385326	47
KPD	347382	43
DDP	171969	21
DVP	111432	14
Wirtschaftspartei des deutschen Mittelstandes	73254	10
Zentrum	63265	8
Deutschvölkische Freiheitspartei	27534	3
USPD	14608	1
sonstige	53666	5

17. November 1929   Wahlbeteiligung 70,3 Prozent

	Stimmen	Plätze
SPD	651735	64
KPD	565277	56
DNVP	404632	40
DVP	154250	16
DDP	138456	14
NSDAP	132097	13
Reichspartei des deutschen Mittelstandes	100329	10
Zentrum	81404	8
Christlicher Volksdienst	30087	3
Deutschvölkische Freiheitspartei	7385	1
sonstige	28162	–

12. März 1933   Wahlbeteiligung 75,9 Prozent

	Stimmen	Plätze
NSDAP	984467	86
SPD	566001	50
KPD	500943	44
Kampffront »Schwarz-Weiß-Rot«	311281	27
Zentrum	119896	11
Deutsche Staatspartei	52708	4
Christlich-Sozialer Volksdienst	17773	1

1931/1932 in den Stammfirmen des Konzerns auf 54,4 Prozent gegenüber 1928/1929 zurück. Gleichzeitig war der Konzern durch seine Monopolposition auf dem Markt und durch die Breite des Produktionsprofils in der Lage, die Produktion stillgelegter Betriebe zu übernehmen. In ähnlicher Weise konnte die Knorr-Bremse-AG ihre Monopolstellung nutzen, Auslandsaufträge realisieren und auch 1932, als die Krise ihren Tiefpunkt erreichte, 2,2 Millionen Mark Profit realisieren. Die Firma Orenstein & Koppel expandierte 1928 durch den Erwerb der Aktienmehrheit der Dessauer Waggonfabrik AG und der Gothaer Waggonfabrik AG, war aber 1930 nicht in der Lage, die Aktionäre auszuzahlen, und erlitt erhebliche Verluste. Die AEG erzwang 1930/1931 die Fusion mit den Borsig-Lokomotivwerken in Tegel. Die Gesamtzahl der Berliner Industriebetriebe verminderte sich von 24 873 im Juli 1928 auf 18 323 im Jahre 1932.

Nachhaltig erfaßte die Krise die Betriebe der Eisen- und Metallgewinnung, der Herstellung von Eisen-, Stahl- und Metallwaren, der Leder- und Linoleumindustrie, der Holzverarbeitung, der Musikinstrumenten- und Spielwarenproduktion, die Industrien der Steine und Erden. In diesen Branchen ging die Zahl der Beschäftigten und die Zahl der Betriebe von 1928 bis 1932 um über 50 Prozent zurück. Etwas geringer war der Rückgang im Maschinen-, Apparate- und Fahrzeugbau, in Elektrotechnik, Feinmechanik und Optik, in der Textilindustrie und im Baugewerbe. Relativ glimpflich, aber doch auch mit erheblichem Produktionsrückgang, mit Bankrotten, Stillegungen und Massenentlassungen überstanden die Chemieindustrie, die Papierindustrie und das Druckgewerbe, Nahrungs- und Genußmittelindustrie, Konfektionsindustrie, Betriebe der Wasser-, Gas- und Elektrizitätsversorgung, des Handels und Verkehrs die Krise. Die ganze Stadt erschütterten so markante Krisenereignisse wie die Schließung der Schalter der Danat-Bank am 13. Juli 1931, die einen panikartigen Sturm auf Banken und Sparkassen auslöste, der Bankrott der Bank für Handel und Grundbesitz im Dezember 1931 und der Zusammenbruch der Handelsbank AG, die auch

kleine und mittlere Gewerbetreibende ruinierten und den faktischen Zusammenbruch des gesamten Kreditsystems bedeuteten.
Gleichzeitig nahm die Konzentration und die Zentralisation des
Kapitals zu. Schon im Herbst 1929 hatten sich Deutsche Bank
und Disconto-Gesellschaft zu einer mächtigen Zentrale des Finanzkapitals vereinigt, eng mit Siemens, IG-Farben und den
Ruhrmonopolen verknüpft. Die Dresdner Bank übernahm im
März 1932 die Danat-Bank, was vom Staat gestützt wurde. Die
staatsmonopolistische Entwicklung verstärkte sich.

Am härtesten traf die Krise Hunderttausende Werktätige, vor
allem Arbeiter, aber auch Angestellte, Beamte und Intellektuelle,
kleine Gewerbetreibende und Händler; sie verloren Arbeit und
Brot. Die Zahl der Beschäftigten fiel von 1 067 457 Mitte 1928
auf 258 459 im Jahre 1932. Im April 1931 registrierte man
456 000, ein Jahr später 603 000 Arbeitslose. Die sogenannten
Wohlfahrtserwerbslosen, also diejenigen, die nach 26- oder (ab
Oktober 1931) 20wöchiger Arbeitslosigkeit nur noch reduzierte
Arbeitslosenunterstützung erhielten oder schließlich ohne Anspruch auf diese waren, zählten 320 000. Nach der erneuten Kür-
zung der Arbeitslosen- und Krisenunterstützung durch Notverordnung betrug die Wohlfahrtsunterstützung pro Monat für
Ehepaare 51 Mark. Das offizielle Existenzminimum belief sich
für eine Familie (2 Erwachsene, 3 Kinder) im Oktober 1931 auf
43,85 Mark wöchentlich. Von allen deutschen Städten hatte Berlin (mit Breslau) die höchste Arbeitslosenquote. Hinzu kamen
zahlreiche Kurzarbeiter.

Das Großkapital mißbrauchte das Heer der Arbeitslosen als
industrielle Reservearmee, es verschärfte Ausbeutung und Disziplinierung in den Betrieben und baute Sozialleistungen und
Löhne ab. So fiel der Nettowochenlohn für Metallarbeiter in der
elektrotechnischen Industrie von 49,63 (Zeitlohn) im Oktober
1928 auf 39,54 Mark 1931; für weibliche Arbeiter betrug er
24,75 (1928) und 21,13 Mark (1931); selbst die Löhne der Facharbeiter sanken unter das Existenzminimum.

Wie die privatkapitalistische Wirtschaft, so erfaßte die Krise auch die kommunalen Betriebe, die Finanzen und alle Bereiche des städtischen Lebens. Sie erreichte für die Stadt schon Ende 1929 einen ersten Höhepunkt, als ein 40-Millionen-Mark-Kredit fällig wurde und man nur durch neue Kreditaufnahme zahlungsfähig blieb. Die unmittelbare Erhöhung des BVG-Tarifs von 20 auf 25 Pfennige pro Fahrt, des Elektrizitätstarifs von 16 auf 20 Pfennige pro Kilowattstunde, des Wassergeldes von 16 auf 20 (1931 gar auf 25) Pfennige pro Kubikmeter 10 Tage vor Weihnachten brachte für die werktätigen Massen erhebliche Belastungen. Die städtische Selbstverwaltung, das Recht, über Einnahmen und Ausgaben selbst zu entscheiden, schränkte der Oberpräsident drastisch ein. Trotzdem blieb die Finanzkrise permanent und verschärfte sich durch wachsende Sozialausgaben bei steigender Arbeitslosigkeit, durch sinkende Einkommens-, Körperschafts- und Gewerbesteuereinnahmen sowie durch Rückgang der Reichssteuerüberweisung an die Stadt. Die Schulden wuchsen von über 550 Millionen Mark Anfang 1930 auf über 600 Millionen Mark 1931. Die Gesamtausgaben mußten von 1,012 Milliarden Mark 1929 auf 767 Millionen Mark 1932 gesenkt werden. Von der Minderung der Ausgaben waren insbesondere die Schulen, das Gesundheits- und das Bauwesen betroffen. Die städtischen Ausgaben für die Schulen sanken von 1929 bis 1932 um über 40 Prozent. Es wurden fast alle Schulneubauten eingestellt, 52 Schulen geschlossen, die Zahl der Lehrer von 15 134 auf 12 855 vermindert, die Frequenzen in den Volksschulklassen von 31,7 auf 37,5 Schüler erhöht, Ausgaben für Lehrmittel, Werterhaltung, Wanderungen, Sport und anderes radikal gekürzt. Die Etatausgaben im Gesundheitswesen fielen von 120 Millionen Mark für 1929 auf 83 Millionen Mark für 1932. Die Zahl der Krankenhausbetten wurde von 16 152 auf 13 595 reduziert. Erreichte die Zahl der mit Hauszinssteuermitteln geförderten Wohnungsbauten 1930 die Rekordhöhe von 40 625, so fiel diese 1931 auf 26 874. 1932 wurde die Hauszinssteuer nicht mehr für den Wohnungsbau verwendet, die Zahl der Neubauten betrug nur noch 5 181 Wohnungen. Die Wohnungsnot wuchs.

Tausende Arbeiterfamilien konnten die Mieten nicht aufbringen, wurden exmittiert, zogen in Notwohnungen, Baracken, Gartenlauben und Elendsquartiere. Durch Notverordnungen wurden die Gehälter der städtischen Beamten und Angestellten mehrfach reduziert, bis 1932 um 30 bis 40 Prozent. Die städtischen Betriebe entließen 1930–1932 bei der GASAG 13 Prozent, bei der BEWAG 16 Prozent und der BVG 24 Prozent der Beschäftigten. Die BVG stellte auf mehreren Linien den Verkehr ein. Dennoch belief sich die schwebende Schuld der Stadt Anfang 1932 auf 620 Millionen Mark. Der Magistrat versuchte schon Anfang 1930, die Haushaltsdefizite durch Verkauf der Aktien des Kraftwerkes Südwest an die Gesellschaft für Elektrische Unternehmungen – also durch Verkauf städtischen Eigentums an die Monopole – zu decken. Als die Stadtverordnetenversammlung den unausgeglichenen Etat 1930 mit 64 Millionen Mark Defizit nicht verabschiedete, entschied der Oberpräsident den Etat, setzte zwei Staatskommissare ein, die die durch Notverordnung des Kanzlers Heinrich Brüning eingeführte neue Bürgersteuer, die erhöhten Tabak- und Biersteuern sowie den Grundsteuerzuschlag, der eine Mieterhöhung von 3 Prozent nach sich zog, durchsetzten. Damit wurden die bürgerlich-demokratischen Selbstverwaltungsorgane der Stadt bei grundlegenden Entscheidungen ausgeschaltet und die wachsenden Krisenlasten auf die Werktätigen abgewälzt.

Am 31. März 1931 trat das »Gesetz über die vorläufige Regelung verschiedener Punkte des Gemeindeverfassungsrechts der Hauptstadt Berlin« in Kraft. Es vermehrte die Befugnisse des Oberbürgermeisters, der an Stelle des Magistrats neue Rechte als Gemeindevorstand, als Exekutive, als »Führer« der Verwaltung erhielt. Er war für die Organisation der Verwaltung allein zuständig und nicht an die Beschlüsse des Magistrats und der Stadtverordnetenversammlung gebunden. Mit dem Stadtgemeindeausschuß entstand ein neues Organ neben und zum Teil an Stelle der Stadtverordnetenversammlung. Seine Beratungen waren nicht öffentlich, der Oberbürgermeister stimmberechtigter Vor-

Veranstaltungen zum 1. Mai 1931

sitzender. Auf diese Weise wurden die Rechte der gewählten Volksvertretung, der Stadtverordnetenversammlung, stark eingeschränkt. Der Magistrat bestand jetzt aus Oberbürgermeister, zwei Bürgermeistern, neun besoldeten und sechs unbesoldeten Stadträten, war also in ein Kollegium von Berufsbeamten umgewandelt. Auch die Bezirksversammlungen, deren Vorsitz die Stadtbezirksbürgermeister übernahmen, tagten nicht mehr öffentlich. Das ganze Gesetz entsprach dem Kurs der herrschenden Klasse auf Abbau der bürgerlich-parlamentarischen Ordnung, hin zu präfaschistisch-diktatorischen Regierungsformen.

Zum neuen Oberbürgermeister wurde der frühere Danziger Senatspräsident Heinrich Sahm gewählt, der der DVP nahestand; SPD und DDP stellten die Bürgermeister, die SPD zudem den Stadtkämmerer. Die SPD-Fraktion lehnte die Wahl des KPD-Kandidaten Wilhelm Pieck zum Oberbürgermeister ab, die angesichts der Mehrheitsverhältnisse in der Stadtverordnetenversammlung möglich gewesen wäre. Die rechten Sozialdemokraten hielten an ihrer antikommunistischen Grundposition und an der Zusammenarbeit mit bürgerlichen Parteien fest, auch nachdem sie im März 1930 aus der Reichsregierung verdrängt waren, die Regierung Brüning mit Notverordnungen die bürgerlich-parlamentarische Ordnung abbaute und die faschistische Gefahr deutlich wuchs. Gegen die Politik der SPD- und Gewerkschaftsführung verstärkte sich im Berliner Bezirksvorstand der SPD, mit über 55 000 Mitgliedern der stärkste in der Gesamtpartei, die Opposition. Unter Leitung des Bezirksvorsitzenden Franz Künstler lehnte der Bezirk Berlin 1929 die »Richtlinien zur Wehrpolitik« des Parteivorstandes, die die Wiederaufrüstung begünstigten, ab. Im März 1931, als 9 sozialdemokratische Reichstagsabgeordnete die KPD in ihrer Ablehnung der weiteren Subventionen für den Panzerkreuzerbau offen unterstützten, fand dies die Billigung der SPD-Organisationen in Neukölln und Charlottenburg.

Am 4. Oktober 1931 wurde auf einer Reichskonferenz linker, zum Teil aus der SPD ausgeschlossener Sozialdemokraten unter Leitung von Kurt Rosenfeld, Max Seydewitz und Georg Lede-

KPD-Plakat zum 1. Mai 1931

bour in Berlin die Sozialistische Arbeiterpartei (SAP) gegründet. Statt Tolerierungspolitik propagierte die SAP den Kampf gegen Finanzkapital und Faschismus, konnte jedoch antikommunistische Vorbehalte nicht überwinden. Sie trug zur Verwirrung klassenbewußter Sozialdemokraten bei und blieb eine Splitterpartei, die in Berlin nur begrenzten Einfluß gewann. Manche ihrer Mitglieder entschieden sich wenig später für die KPD.

Die KPD wies mit ihrer »Programmerklärung zur nationalen und sozialen Befreiung des deutschen Volkes« vom August 1930 die Alternative zum Kurs der reaktionärsten Kräfte des Finanzkapitals auf die Errichtung ihrer offenen terroristischen Diktatur. Sie forderte die Entmachtung von Monopolkapital und Großgrundbesitz als den wirklich Schuldigen an Krise, Not und Elend, als Urheber der faschistischen Gefahr. Friede, Freiheit und Wohlstand für die Arbeiterklasse und die anderen Werktätigen könnten dauerhaft nur im Sozialismus gesichert werden, wie der anhaltende Aufstieg der Sowjetunion bewies. Die KPD enthüllte den imperialistischen Klassencharakter des Faschismus und führte die Auseinandersetzung mit dem drohenden Faschismus als Kampf gegen die Herrschaft des Monopolkapitals. Alle Kraft konzentrierte sie gegen die Nazipartei als den gefährlichsten Stoßtrupp des Finanzkapitals.

Die KPD trat in der Stadtverordnetenversammlung und in den Betriebsversammlungen der Abwälzung der Krisenlasten auf die Werktätigen entgegen und organisierte Massenbewegungen gegen die Arbeitslosigkeit und den Abbau der politischen und sozialen Rechte. So beschloß die Stadtverordnetenversammlung auf Vorschlag der KPD im Dezember 1929 eine Winterhilfe für notleidende Berliner; der Magistrat legte sein Veto ein. Am 19. Dezember unterstützte eine Massenversammlung vor dem Rathaus die kommunistische Initiative. Eine von der KPD organisierte Erwerbslosenversammlung am 6. März 1930 wurde von der Polizei attackiert, sie erschoß zwei Demonstranten und verletzte 15 schwer. Bei der Antikriegskundgebung am 1. August schlug die Polizei auf die Demonstranten ein. Energisch wandte sich die KPD-Fraktion gegen die Verschleuderung städtischen Eigentums an die Monopole, so gegen den Verkauf der BEWAG. Zusammen mit der SPD-Fraktion trat sie dafür ein, daß die stadteigene Reklamefirma BEREK, der Stadtfuhrpark und die Brennstoffgesellschaft Eigentum Berlins blieben. Beide Parteien setzten sich für Fortführung der Verkehrsbauten ein. Sie lehnten die verschiedenen Notverordnungssteuern der Regierung ab, die schließlich nur durch Staatskommissare durchgesetzt werden konnten. Für die städtischen Arbeiter und Angestellten forderte die KPD die 40-Stunden-Woche mit vollem Lohnausgleich, für Schul- und Gesundheitswesen die Erhöhung der städtischen Ausgaben. Die KPD-Fraktion protestierte gegen die schrittweise Herabsetzung der städtischen Wohlfahrtsunterstützung weit unter das Existenzminimum.

Wie in dem vom ZK der KPD 1931 vorgelegten Arbeitsbeschaffungsplan angeregt, schlug die Berliner Parteiorganisation vor, in der Stadt jährlich 50 000 Wohnungen, Schulen, Straßen, Verkehrswege, Sport- und Spielplätze sowie Turnhallen zu bauen. Dagegen wandten sich die Fraktionen der bürgerlichen Parteien, aber auch die SPD-Fraktion. Das bürgerlich-kapitalistische System zog enge Grenzen für den Kampf gegen die Krise.

Den wachsenden Einfluß der KPD in Berlin bewiesen die Reichstagswahlen am 14. September 1930. Mit fast 740 000 Stimmen wurde die KPD zur wählerstärksten Partei in der deutschen Hauptstadt. 1 141 weniger Stimmen als die KPD erhielt die Sozialdemokratie. Alle bürgerlichen Parteien büßten Stimmen ein, die der Nazipartei zuflossen, für die rund 396 000 Stimmen abgegeben wurden. Sie blieb zwar mit 12,8 Prozent weit hinter ihrem Reichsdurchschnitt von 18,3 Prozent zurück, war aber auch in Berlin schon tief in bürgerliche, kleinbürgerliche, durch die Krise getroffene Schichten eingedrungen und zur bevorzugten Bourgeoispartei avanciert. Die KPD nahm ihren Wahlerfolg als Ansporn, um im weiteren täglichen Ringen eine faschistische Diktatur zu verhindern und die Auswirkungen der Krise auf die Werktätigen zu mindern. Ihr Kampf wurde erschwert, da rechte

Das rote Berlin begrüßt

den

Bezirks-Kongreß der Erwerbslosen

Sonnabend, 31. Oktober, 19 Uhr
i. d. Unionsbrauerei, Hasenheide

Aus dem Programm:

Proletarische Musikgemeinschaft
Sprech- und Bewegungs-Chor
Schnellzeichner ●
Erich Weinert rezitiert
Revolutionärer Arbeiter-Chor
Referat: **E. SCHNELLER**, M.d.R.

Eintritt: Betriebsarbeiter **60** Pf.
Erwerbslose **25** Pf.

Es sprechen Vertreter aus den Betrieben und Delegierte aus der Provinz

KPD-Plakat zum 31. Oktober 1931

Führer der SPD und der Gewerkschaften alle Streiks und Aktionen ablehnten. So leiteten den Streik der 130 000 Berliner Metallarbeiter vom 14. bis 31. Oktober gegen achtprozentigen Lohnabbau revolutionäre Gewerkschafter, von der KPD unterstützt; der Arbeitskampf mußte aber schließlich wegen der streikbrecherischen Haltung rechter Funktionäre beendet werden. Als hinderlich erwies sich auch die jahrelang geübte Praxis, Kommunisten aus den reformistisch geführten Gewerkschaften auszuschließen. Von den etwa 20 000 Berliner Kommunisten wirkten 8 200 in 341 Betriebszellen; ihre Zahl nahm ab, da sie bei Entlassungen zuerst auf die Straße flogen.

Die Gründung selbständiger revolutionärer Gewerkschaftsorganisationen, die die ausgeschlossenen und andere klassenbewußte Arbeiter zusammenfaßten, komplizierte die Durchsetzung einer konsequenten Arbeiterpolitik, weil sie von der Masse der Gewerkschaftsmitglieder getrennt agierten; die RGO-Verbände konnten sich in Berlin nicht zu wirklichen Massenorganisationen entwickeln. Der Gewinnung von Sozialdemokraten und anderen demokratischen Kräften für die antifaschistische Einheitsfront wirkte die Teilnahme der KPD am Volksentscheid für die Auflösung des preußischen Landtages im August 1931 entgegen. Obgleich die KPD völlig selbständige, demokratische Forderungen formulierte, vermochte sie es nur unzureichend, ihre den Zielen des Stahlhelms, der die Abstimmung eingeleitet hatte, und der NSDAP, der DNVP und der DVP, die diese unterstützten, diametral entgegengesetzten Absichten massenwirksam zu verdeutlichen. In Berlin stimmten 32,8 Prozent für die Auflösung des Landtages. Bürgerliche und rechtssozialdemokratische Kreise verstärkten ihren antikommunistischen Kurs und verbreiteten die Lüge, Kommunisten würden wie Faschisten die Demokratie bedrohen.

Trotz ständiger antikommunistischer Hetze und Provokationen – so wurde die KPD-Fraktion im Herbst zeitweilig aus der Stadtverordnetenversammlung ausgeschlossen – verteidigte die Partei unermüdlich die Rechte der Massen und trat dem vordringenden Faschismus entschieden entgegen. Große Verdienste um die revolutionäre Berliner Arbeiterbewegung erwarben sich der Vorsitzende der KPD, Ernst Thälmann, der langjährige Politische Sekretär der Berliner Parteiorganisation und Vorsitzende der Stadtverordnetenfraktion der KPD, Wilhelm Pieck, sowie Walter Ulbricht als Politischer Sekretär von Ende 1929 bis Ende 1932 und Wilhelm Florin, der diese Funktion Ende 1932 übernahm. An ihrer Seite standen Martha Arendsee, Adolf Deter, Hans Jendretzky, Michael Niederkirchner, Paul Peschke, Paul Schwenk und andere bewährte Funktionäre. Als im ersten Halbjahr 1932 mit der neuerlichen Wahl Hindenburgs zum Reichspräsidenten, der erheblichen Zunahme der faschistischen Stimmen bei dieser Wahl, dem Überfall der Nazis auf die KPD-Fraktion im preußischen Landtag Ende Mai und der Bildung der Papen-Regierung Anfang Juni der Übergang zur faschistischen Diktatur direkt drohte, rief die KPD zur Bildung der Antifaschistischen Aktion. Bei der BVG und der AEG bildeten sich Einheitsausschüsse der Antifaschistischen Aktion, insgesamt etwa 70 im Bezirk Berlin-Brandenburg-Lausitz-Grenzmark. Über 300 Selbstschutzformationen aus Kommunisten und Sozialdemokraten wirkten dem wachsenden Terror der Faschisten entgegen. Trotz Ablehnung der Vorschläge der KPD-Bezirksleitung zum gemeinsamen antifaschistischen Kampf durch die Leitungen der SPD, des ADGB und des Reichsbanners im Juni 1932 setzte die Partei ihre Anstrengungen um die Einheitsfront fort. Am 3. Juli demonstrierten 100 000 Berliner im Lustgarten im Zeichen der Antifaschistischen Aktion; am 8. Juli beriet Ernst Thälmann im Karl-Liebknecht-Haus, dem Sitz des ZK der KPD am Bülowplatz, mit 20 Sozialdemokraten. Am 10. Juli beschloß der Kongreß der Antifaschistischen Aktion im Gebäude der Philharmonie den gemeinsamen Kampf gegen den drohenden Faschismus. Käthe Kollwitz, Heinrich Mann und Albert Einstein appellierten an die Arbeiterführer, die antifaschistische Einheit zu schaffen. Als am 20. Juli die Reichsregierung die sozialdemokratisch geführte Preußen-Regierung durch einen Staatsstreich beseitigte und den Ausnahmezustand über Berlin und die Provinz Brandenburg verhängte, schlug die KPD der SPD und den Gewerkschaften vor, gemeinsam den Generalstreik gegen diesen bis dahin schwersten Schlag der Reaktion gegen die bürgerlich-demokratische Ordnung zu organisieren. Während man in Berliner Arbeitervierteln für den KPD-Vorschlag demonstrierte, lehnten die rechten Führer den Generalstreik, die entschiedene Verteidigung der Reste der bürgerlichen Demokratie ab und überließen der Reaktion kampflos wichtige Machtpositionen im preußischen Staat und in der Hauptstadt. Sie appellierten lediglich an den Staatsgerichtshof. Dieses Zurückweichen verschlechterte die Positionen der Arbeiterklasse und bürgerlich-demokratischer Kräfte.

Die Faschisten dagegen traten immer skrupelloser auf; so überfielen sie am 30./31. Juli das Gewerkschaftshaus in Reinikkendorf, ermordeten ein Mitglied der SAJ und verletzten acht Arbeiter schwer. Die Reichstagswahlen am 31. Juli brachten den Nazis gegenüber den Wahlen 1930 eine Verdoppelung ihrer Stimmen. Sie nutzten die in bürgerlichen und kleinbürgerlichen Schichten sowie unter den werktätigen Massen verbreitete Verzweiflungsstimmung und die tiefe Unzufriedenheit mit den politischen, wirtschaftlichen und sozialen Zuständen für ihre schamlose antidemokratische und antikommunistische Hetze aus. Sie suchten ihre Massenbasis zu verbreitern, um so mit »legalen« Mitteln des bürgerlichen Parlamentarismus die offene Diktatur der reaktionärsten Elemente des Finanzkapitals zu errichten. Sie waren sich der überragenden politischen Bedeutung der Hauptstadt längst bewußt, konzentrierten hier ihre Mittel und wurden jetzt, im Sommer 1932, auf Kosten der anderen bürgerlichen Parteien zur wählerstärksten Partei. Beide Arbeiterparteien erlitten leichte Stimmenverluste, vereinigten aber zusammen die Mehrheit der Wähler. Eine Funktionärkonferenz der Berliner Sozialdemokratie verlangte am 9. August eine Veränderung der politischen Position der Parteiführung; diese hielt jedoch am einheitsfeindlichen, antikommunistischen Kurs, an der Politik des

»kleineren Übels«, fest. Die KPD organisierte Einheitsfrontaktionen gegen die Papen-Diktatur, gegen Verelendung, Lohnraub und Notverordnungspolitik, die bei Sozialdemokraten und Gewerkschaftern Unterstützung fanden.

Den Höhepunkt der sich entwickelnden Streikbewegung im Herbst 1932 bildete der Streik der Berliner Verkehrsarbeiter (BVG-Streik) vom 3. bis 7. November. Über 22 000 BVGer beantworteten die Ankündigung weiteren Lohnabbaus von durchschnittlich 220 auf 160 Mark monatlich mit dem Streik, der von der RGO vorbereitet und geleitet wurde. An der Urabstimmung beteiligten sich 18 500 (85 Prozent) der Arbeiter, für den Streik stimmten 14 500 (79 Prozent). Den Streik führten kommunistische, sozialdemokratische, freigewerkschaftlich organisierte Werktätige, auch die faschistische Betriebsorganisation war beteiligt. Der Streik legte den Verkehr in Berlin lahm. 1 500 Arbeiter der Berliner Müllabfuhr unterstützten ihn. Solidaritätsaktionen, Geld- und Lebensmittelsammlungen in den Arbeitervierteln stärkten die Streikfront. Die Reaktion setzte Polizei ein; sie verhaftete Streikführer und -posten und ermordete drei Arbeiter. »Die Rote Fahne« und andere Arbeiterorgane wurden verboten. Rechte Führer erreichten den Abbruch des Streiks durch einen Teil der Arbeiter, sie anerkannten den Schiedsspruch, der die Lohnsenkung sanktionierte. Am 7. November mußte die zentrale Streikleitung den Kampf abbrechen. 2 500 BVGer wurden entlassen. Trotz alledem: Der Streik hatte aufgezeigt, daß es möglich war, Massenkämpfe zu führen.

Einen weiteren Schlag gegen die Reaktion brachten auch die Reichstagswahlen vom 6. November 1932. In Berlin wurde die KPD mit 860 837 Stimmen deutlich zur stärksten Partei. Die Nazipartei verlor gegenüber der Juliwahl mehr als 36 000 Stimmen, damit bestätigte sich ihr allgemeiner Rückgang. Die SPD büßte erneut Stimmen ein. Von den zahlreichen bürgerlichen Parteien blieben nur noch die DNVP, die sich zum Bündnis mit der Nazipartei bereit hielt, und das Zentrum von Bedeutung.

Die Wahlniederlage der Nazis und den Rücktritt der Papen-

Ergebnisse der Reichstagswahlen in Berlin 1924–1932

Jahr	Wahlbe- rechtigte	Wahl- betei- ligung (in Prozent)	DNVP	SPD	KPD
4. 5. 1924	2 904 914	76,6	499 521	449 627	396 229
7. 12. 1924	2 978 738	78,0	549 266	697 281	375 038
20. 5. 1928	3 167 378	78,9	440 132	816 196	611 317
14. 9. 1930	3 345 523	81,4	351 277	738 094	739 235
31. 7. 1932	3 345 936	81,6	219 356	722 064	721 983
6. 11. 1932	3 461 229	81,0	315 421	646 644	860 837

* Seit 1931 Deutsche Staatspartei.

Regierung beantworteten auf Initiative des Reichsbankpräsiden-
ten Hjalmar Schacht führende Vertreter des deutschen Finanzkapitals und Großgrundbesitzer mit der Forderung an den
Reichspräsidenten vom 17. November, Hitler, den sie als Führer
der größten nationalen Gruppe bezeichneten, zum Reichskanzler
zu berufen! Der Bezirksparteitag der KPD am 19. und 20. November 1932 schlug Alarm vor der drohenden Hitler-Koalitions-
regierung. Die KPD rief erneut zu gemeinsamen antifaschistischen Aktionen, zugleich zum Kampf gegen Hunger und Frost,
für Arbeit und Brot auf. Ernst Thälmann wies auf die besondere
Verantwortung des hauptstädtischen Proletariats für den Kampf
der ganzen deutschen Arbeiterklasse hin. Mit 37 875 Mitgliedern, die in 26 Unterbezirken mit 894 Straßenzellen und
30 Ortsgruppen sowie in 374 Betriebszellen organisiert waren,
stellte die Berliner Parteiorganisation eine bedeutende Abteilung
in der marxistisch-leninistischen Avantgarde, die ihren wachsenden Masseneinfluß gerade in den Kämpfen des Jahres 1932 bewiesen hatte.

Der außerordentliche Bezirksparteitag der SPD-Berlin am
26. November 1932 sprach von der Bedrohung, die von Hitler als
Reichskanzler ausgehen würde, erklärte es aber zur Hauptaufgabe, den Kommunisten das gewonnene Terrain wieder abzurin-
gen. In der Debatte wurden die Tolerierungspolitik und die streik-

DDP	DVP	USPD	NSDAP	Wirtschafts- partei des deutschen Mittelstandes	Zentrum
196 632	186 098	56 653	–	87 775	84 139
249 983	149 316	14 036	46 371	78 331	90 657
190 520	159 866	3 545	39 052	65 771	82 299
145 260	99 112	2 095	395 988	65 527	97 997
41 024*	19 798	–	756 745	5 615	130 346
39 314	30 704	–	720 613	2 541	122 558

feindliche Position maßgeblicher Führer der SPD und der Gewerkschaften kritisiert.

Mit von der RGO organisierten Kurzzstreiks im November, von der KPD einberufenen Versammlungen und Kundgebungen im Dezember 1932 und Anfang Januar 1933 protestierten Tausende Berliner gegen die präfaschistische Schleicher-Regierung, gegen Abbau der Löhne und Unterstützung, gegen Teuerung und Naziterror. Am 3. Januar bildeten in Lichtenrade nach einer Protestversammlung drei Kommunisten und drei Sozialdemokraten einen Kampfausschuß gegen den Faschismus.

Am 15. Januar sprachen Wilhelm Pieck für die KPD und Maurice Thorez für die Französische Kommunistische Partei vor Zehntausenden Werktätigen an den Gräbern von Karl Liebknecht und Rosa Luxemburg in Friedrichsfelde. Mit einer Massendemonstration beantworteten am 25. Januar 130 000 Arbeiter den provokatorischen, von der Polizei geschützten SA-Aufmarsch vor dem Karl-Liebknecht-Haus am 22. Januar. Ihre Entschlossenheit, den faschistischen Generalangriff, die Bildung der Hitler-Regierung, zu verhindern, erklärte die KPD erneut am 29. Januar; sie wiederholte das am 20. Juli 1932 vorgeschlagene Einheitsfrontangebot an die Sozialdemokratie. Kundgebungen der Berliner SPD und der Eisernen Front an diesem Tag standen im Zeichen des Willens, die faschistische Gefahr abzuwenden.

Die Gewerkschaften appellierten an Reichspräsident von Hindenburg, er solle auf einer verfassungsmäßigen Lösung der Krise bestehen. Die entscheidenden Kräfte des Finanzkapitals, Militärs und Junker hatten jedoch längst auf die Errichtung der offenen faschistischen Diktatur gesetzt.

Die Errichtung und Festigung der faschistischen Herrschaft in Berlin (1933–1935)

Am 30. Januar 1933 berief Reichspräsident Paul von Hindenburg in Berlin eine faschistische Regierung. Sie bestand aus den Führern der faschistischen Partei mit Adolf Hitler als Reichskanzler und anderen extremen Sachwaltern des Monopolkapitals. Damit errichteten die reaktionärsten, am meisten chauvinistischen, aggressivsten Teile des deutschen Finanzkapitals ihre offene, terroristische Gewaltherrschaft. Der deutsche Imperialismus wollte seine politischen Gegner vernichten und Kurs auf die Kriegsvorbereitung nehmen, um seine Vorherrschaft in Europa und der Welt aufzurichten und vor allem die sozialistische Sowjetunion zu vernichten. Als einen der ersten Schritte zur Konsolidierung der Diktatur löste der Reichspräsident Reichstag und preußischen Landtag (1. Februar) auf und ließ Neuwahlen für den 5. März ausschreiben. Am 2. Februar folgte die Auflösung der Stadtverordneten- und Bezirksversammlungen, deren Neuwahl für den 12. März festgesetzt wurde. Von diesem Vorgehen erhofften die Faschisten eine Sicherung ihrer Herrschaft. Zugleich begannen sie, den offenen und brutalen Terrorfeldzug gegen alle fortschrittlichen Kräfte, hauptsächlich gegen die revolutionäre Arbeiterbewegung, vorzubereiten.

Der 30. Januar 1933 traf die Arbeiterklasse nicht unvorbereitet. Insbesondere die KPD stand seit Jahren in einem heftigen Abwehrkampf gegen die drohende faschistische Diktatur. Konsequent diesem Weg folgend, machte sie noch am Abend des

30. Januar ein Angebot an alle Arbeiterorganisationen, in einem Generalstreik die noch nicht gefestigte Diktatur zu stürzen. Der Parteivorstand der SPD lehnte ein Zusammengehen mit der KPD sowie den Generalstreik ab und vertröstete Mitglieder und Anhänger auf die Wahlen.

Ungeachtet dessen kämpften auch in Berlin viele Funktionäre der SPD und der Gewerkschaften an der Seite der KPD und anderer aufrechter Antifaschisten für die Auslösung des Generalstreiks. Ihre Aktivitäten auf den verschiedensten Ebenen konnten ebensowenig wie zahlreiche organisierte und spontane Demonstrationen in Berliner Arbeiterbezirken die Vorstände von SPD und Gewerkschaften zur Aufgabe ihrer abwartenden Haltung bewegen. Als sich am 7. Februar 200 000 Berliner Antifaschisten im Lustgarten zu einer Manifestation versammelten, verhinderte der Vorsitzende der SPD, Otto Wels, das Verlesen eines Einheitsfrontaufrufes der KPD.

Währenddessen entfalteten die Faschisten in Berlin eine infame Mordhetze gegen die Kommunisten und anderen Antifaschisten und verübten Terrorakte gegen Arbeiterlokale und Treffpunkte der Arbeiterbewegung. Der »SA-Sturm 33« (der sich selbst »Mördersturm« nannte) überfiel in der Nacht zum 31. Januar die Wallstraße in Charlottenburg, eine Hochburg des antifaschistischen Widerstandes, um die Bewohner zu provozieren. Die SA-Männer schossen blindlings in die Straße und auf die Fenster. Dabei töteten sie ihren eigenen Anführer und einen Polizisten. Beide Morde lasteten sie eilfertig der KPD an und nutzten sie, um die Kommunisten zu diskreditieren und von der Bevölkerung zu isolieren. Einem ähnlichen Ziel diente die Durchsuchung des Karl-Liebknecht-Hauses am 2. und 23. Februar. Mit den dort angeblich gefundenen Beweisen für eine hochverräterische Politik wurde ein Demonstrationsverbot der KPD begründet; die »Beweise« wagten die Faschisten nicht der Öffentlichkeit anzubieten.

Auf der Tagung des ZK der KPD im Sporthaus Ziegenhals bei Berlin, die am 7. Februar unter Bedingungen der Illegalität stattfand, analysierte Ernst Thälmann die Situation nach der Einsetzung der faschistischen Regierung und entwickelte die Strategie und Taktik der KPD zur Organisierung des antifaschistischen Kampfes. Besonders nachdrücklich betonte er die Notwendigkeit, die Aktionseinheit der Arbeiterklasse zu schaffen, um alle Kräfte zu mobilisieren und den Faschismus niederzuringen. Zugleich wandte er sich gegen jeglichen Schematismus und hob hervor, daß es unumgänglich sei, die Massen im Ringen um demokratische und soziale Teilforderungen an die entscheidenden Klassenauseinandersetzungen heranzuführen. Die Berliner Bezirksparteiorganisation der KPD unter Leitung von Wilhelm Florin stemmte sich in den folgenden Wochen mit aller Kraft gegen die faschistische Diktatur. Auf der letzten legalen Kundgebung (23. Februar) rief Wilhelm Pieck im überfüllten Sportpalast vor 15 000 Werktätigen zur Einheitsfront im Kampf gegen den Faschismus auf.

Stufenweise gruppierten die Faschisten ihre Kräfte. Am 17. Februar verpflichtete der Reichskommissar für das preußische Innenministerium und spätere Ministerpräsident, Hermann Göring, die Polizei, rücksichtslos die Schußwaffe gegen Antifaschisten, insbesondere Kommunisten, einzusetzen. Am 22. Februar wurden 5 000 Angehörige der Berliner SA, der SS und des Nationalen Frontbanns, einer paramilitärischen Truppe der Deutschnationalen Volkspartei, zu Hilfspolizisten ernannt. Vor ihnen bezeichnete der am 17. Februar als Polizeipräsident eingesetzte Magnus von Levetzow die Antifaschisten als »Giftpflanzen asiatischer Provenienz«[3].

Als auslösendes Moment und zugleich als Rechtfertigung für den offenen Terrorfeldzug zündeten faschistische Brandtrupps am 27. Februar das Reichstagsgebäude an, und die faschistischen Führer verkündeten auf einer an der Brandstätte eilig zusammengerufenen Pressekonferenz, das sei das Werk der Kommunisten, ein »Fanal zum Aufstand«.

---

3 Berliner Lokal-Anzeiger, Sonnabend, den 18. Februar 1933, Morgenausgabe.

Antikommunistische Hetze im »Völkischen Beobachter«

Eine von langer Hand vorbereitete Verhaftungswelle wurde ausgelöst. Ihr fielen noch in der Nacht zum 28. Februar in Berlin mehr als 1 500 (im ganzen Reichsgebiet 10 000) Kommunisten, Sozialdemokraten und bürgerliche Antifaschisten zum Opfer, unter ihnen Ernst Schneller, Walter Stoecker, Carlo Mierendorff, Egon Erwin Kisch, Erich Mühsam, Carl von Ossietzky, Ludwig Renn. Am 3. März traf die KPD ein schwerer Schlag: Ernst Thälmann, der Vorsitzende der KPD, wurde verhaftet.

In dieser Situation fanden am 5. März die Wahlen zum Reichstag und zum preußischen Landtag statt. Der KPD war insbesondere in Berlin jede Möglichkeit der Wahlpropaganda genommen, und auch der SPD-Wahlkampf unterlag Einschränkungen. Zwar wurde die NSDAP stärkste Partei in Berlin (1 032 342 Stimmen), aber selbst zusammen mit ihrem Koalitionspartner Kampffront Schwarz-Weiß-Rot (326 285 Stimmen) – unter diesem Namen versuchte die DNVP, alle außerhalb der faschistischen Partei stehenden konterrevolutionären Splittergruppen zusammenzufassen und Wähler zu gewinnen – überbot sie die Stimmen der Arbeiterparteien (KPD: 729 902; SPD: 647 892) nicht. Der Stimmenzuwachs für die faschistische Partei erfolgte auf Kosten der Parteien der bürgerlichen Mitte und der Rechten, deren bisherige Anhänger jetzt faschistisch wählten. Die Wahlergebnisse warfen ein bezeichnendes Licht auf die Verteilung der Klassenkräfte in Berlin und belegten, welche große Kraft im gemeinsamen Handeln beider Arbeiterparteien gelegen hätte.

Das proletarische Berlin bezeugte seinen Widerstand gegen den Faschismus. Das zeigte auch die Stadtverordnetenwahl vom 12. März. Zwar enthielten sich angesichts des brutalen Terrors viele Wähler der Arbeiterparteien der Stimme. Trotzdem erhielten die KPD 500 943 und die SPD 566 001 Stimmen. Die NSDAP blieb mit 948 467 Stimmen wie bei den Reichstagswahlen wiederum unter den Stimmen für beide Arbeiterparteien. Allerdings erreichte die Kampffront Schwarz-Weiß-Rot 311 281 Stimmen. Die bürgerlichen Parteien kapitulierten und lösten sich Ende Juni/Anfang Juli auf. Sie forderten ihre Mitglieder und Anhänger auf, die Regierung Hitler zu stützen; ein Schritt, der sich lähmend auf den Widerstand bürgerlich-demokratischer Kreise auswirkte.

Im Laufe des Jahres 1933 verhaftete die Gestapo in Berlin mindestens 10 000 Personen und ermittelte gegen sie wegen antifaschistischer Tätigkeit.

Gestützt auf eine »Notverordnung« – nach dem Reichstagsbrand erlassen und Verfolgung und Mord legalisierend –, handelten Polizei und SA-Hilfspolizei gemeinsam. Arbeiterquartiere wurden durchsucht, politische Gegner und Verdächtige verschleppt und in Polizeigefängnissen sowie mehr als 100 SA-Fol-

Verhaftungen von Antifaschisten durch die politische Polizei,
später Gestapo, in Berlin im Jahre 1933

März (3. 3.–31. 3., ohne 19., 21. und 26. 3.)	2 031
April (1. 4.–2. 5., ohne 6. 4.)	1 215
Mai (2. 5.–31. 5., ohne 17.–21. 5.)	847
Juni (31. 5.–30. 6., ohne 18. 6.)	940
Juli	1 052
August	(keine Angaben)
September	740
Oktober	836
November	1 521
Dezember	409

terhöhlen und Konzentrationslagern grausam gequält, viele wurden ermordet. Für das gesamte Jahr 1933 kann die Zahl derjenigen, die in Berlin von Staatsorganen und SA-Hilfspolizei für unterschiedliche Zeiträume in Haft gehalten wurden, auf etwa 30 000 Personen geschätzt werden. Wie aus den Akten ermittelt werden konnte, verhaftete die Gestapo in Berlin 1934 mindestens 6 000 und 1935 mindestens 5 000 Menschen. Diese wenigen Angaben belegen den Umfang des Terrors in Berlin und weisen auf die Quantität des antifaschistischen Widerstandes hin. Sie dokumentieren, daß der Terror das wesentliche Element der Politik der Faschisten zur Sicherung imperialistischer Herrschaft war.

Nach den Wahlen vom 12. März begann die Umstrukturierung der städtischen Behörden nach dem »Führerprinzip«. Die Mandate der KPD wurden für ungültig erklärt, die gewählten Abgeordneten durften das Stadthaus nicht betreten. Am 14. März wurde der Vorsitzende der NSDAP-Fraktion der Stadtverordnetenversammlung, Julius Lippert, als Kommissar zur besonderen Verwendung dem Oberbürgermeister und dem Magistrat vorgesetzt. Lippert sollte den Faschisierungsprozeß in Berlin beschleunigen. Er stieß auf keinen prinzipiellen Widerstand des Oberbürgermeisters Heinrich Sahm (seit 1933 Mitglied der NSDAP). Innerhalb der nächsten Wochen wurde mit Verhaftungen, Entlassungen und Beurlaubungen die Faschisierung in den städtischen Behörden vollzogen. Demokratisch gewählte Vertreter der Bevölkerung und leitende Angestellte erhielten Hausverbot und konnten nicht an ihren Arbeitsplatz. Am 18. März folgte die Entlassung aller Stadträte, die nicht der NSDAP angehörten.

Die faschistischen Führer gaben am 1. April in einem Boykott gegen Geschäfte, deren Besitzer jüdischer Herkunft waren, ihrem Anhang eine zweite Zielgruppe terroristischen Wütens. Damit sollten die mit antikapitalistischer Phraseologie vollgestopften SA-Leute vom Wesen der sich etablierenden Diktatur der reaktionärsten Kreise des deutschen Finanzkapitals abgelenkt werden.

Zu den Maßnahmen der Faschisten gehörte auch die Verfälschung von Traditionen der Arbeiterbewegung. Mit großem Aufwand ließen sie den 1. Mai als »Tag der nationalen Arbeit« begehen und raubten der Arbeiterklasse ihren Kampftag. Der erzwungene Massenaufmarsch am 1. Mai sollte demonstrieren, daß die Faschisten sich mit der Arbeiterklasse verbündet hätten. Der Ort – das Tempelhofer Feld – war nicht zufällig gewählt, damit wurde an die Kaiserparaden aus der Zeit vor 1914 angeknüpft. Mit bezahlter Freistellung, Druck und Gewalt wurden die Berliner zu einer Großkundgebung zusammengeholt. Am 2. Mai besetzten Rollkommandos der SA in einer konzentrierten Aktion alle Häuser der Gewerkschaften und zerschlugen die mächtige Organisation der Arbeiterbewegung, die – unter reformistischem Einfluß stehend – sich zu keiner kämpferischen Haltung gegen die Faschisten hatte aufraffen können.

Am 21. Juni steigerten die Faschisten ihren Terrorfeldzug nochmals. Im Stadtbezirk Köpenick ging die SA brutal gegen Kommunisten, Sozialdemokraten und Gewerkschafter vor (Köpenicker Blutwoche). Bis zum 27. Juni verschleppte sie 500 Antifaschisten, viele von ihnen wurden viehisch ermordet und grausam verstümmelt. Zu den Ermordeten gehörten die Kommunisten Erich Janitzky, Karl Lange, die Sozialdemokraten Paul von Essen, Johannes Stelling, die Parteilosen Dr. Eppenstein und Karl Pokern. Die KPD nahm diese Mordaktion zum Anlaß, alle

Berliner Bürger aufzufordern, das faschistische Mordregime nicht zu unterstützen und diesen Verbrechen durch den Sturz der Hitlerdiktatur ein Ende zu setzen.

Am 22. Juni folgte mit dem Verbot der SPD der nächste Schritt. Alle Reste legaler sozialdemokratischer Organisationen wurden zerschlagen. Unter den sofort verhafteten 3 000 Funktionären befand sich auch der Vorsitzende des Berliner Bezirksvorstandes der SPD, Franz Künstler. Die Berliner Arbeiterklasse sah sich der Situation gegenüber, daß die Arbeiterparteien verboten und die Gewerkschaften zerschlagen waren, sie hatte eine schwere Niederlage hinnehmen müssen. Ähnlich erging es in Berlin den zahlreichen pazifistischen, christlichen und bürgerlich-demokratischen Institutionen und Vereinigungen: Sie wurden aufgelöst.

Mit Amtsenthebungen, Vertreibungen, Mord sowie einer antikommunistischen Hetzkampagne schritt der Faschisierungsprozeß in der Berliner Verwaltung voran. Am 21. Mai wurde die Funktion eines Staatskommissars geschaffen, der das Einspruchsrecht gegenüber den Anordnungen des Oberbürgermeisters erhielt. Damit war die rechtliche Stellung der Stadt, über die sie nach dem Gesetz von 1920 verfügte, zerstört und die bürgerlich-demokratische Stadtverwaltung beseitigt. Staatskommissar wurde am 13. Juni Julius Lippert. Der Magistrat erhielt die Bezeichnung »Stadtverwaltung Berlin«. Weitere Gesetze vom 27. September forcierten die Faschisierung. Die Zuständigkeiten der Stadtverordnetenversammlung erhielt der Stadtgemeindeausschuß und die der Bezirksversammlungen wurden den Bezirksämtern übertragen. Die Stadtverordnetenversammlung tagte am 12. November zum letztenmal. Am 15. November entließ der preußische Ministerpräsident die Stadt Berlin aus der Staatsaufsicht durch den Oberpräsidenten der Provinz Brandenburg und unterstellte sie sich direkt. Die Aufsicht übte in seinem Auftrag der Staatskommissar aus.

In Berlin wurden zahlreiche neue Machtorgane des faschistischen Imperialismus gebildet, mit denen dieser seine diktatori-

Stadtwappen von Groß-Berlin, endgültige
Version nach einem Entwurf von 1934

sche Herrschaft sicherte und die Vorbereitungen auf einen geplanten Krieg intensivierte. Am 26. April entstand aus der
Abteilung I – politische Polizei – des Berliner Polizeipräsidiums
das Geheime Staatspolizeiamt (Gestapa). Damit war ein einheitliches Lenkungsorgan des staatlichen Terrorismus für den Staat
Preußen installiert, das mit verbrecherischer Willkür die Unterdrückung des antifaschistischen Widerstandes betrieb. Das Gestapa behielt Zuständigkeiten für Berlin und baute darüber hinaus am Sitz der Provinzialregierungen regionale Organe auf.

Zusammen ergaben sie die Geheime Staatspolizei (Gestapo).
Über mehrere Stufen entwickelte sich aus dem Gestapa zuerst de
facto (20. April 1934) und dann de jure (10. Februar 1936) die
Zentrale der Unterdrückungspolitik des faschistischen deutschen
Imperialismus für das gesamte Staatsgebiet.

Aus dem Reichswehrministerium ging mit veränderter Aufga-
benstellung ein Reichskriegsministerium hervor, neu entstanden
ein Reichsministerium der Luftfahrt und die Dienststelle des
Oberbefehlshabers der Luftwaffe. In der Stadt wurden nachge-
ordnete militärische Erfassungsorgane und Kommandobehörden
gebildet, zentrale militärische Ausbildungseinrichtungen und
Stäbe bekamen hier ihren Sitz.

Intensiv widmeten sich die Faschisten dem Aufbau eines Apparates zur demagogischen Beeinflussung der Volksmassen.
Vornan stand die Einrichtung eines »Reichsministeriums für
Volksaufklärung und Propaganda« (13. März) unter Leitung von
Joseph Goebbels. Seine Tätigkeit richtete sich auf eine totale
Kontrolle über Film, Rundfunk, Kunst- und Kulturleben sowie
über ein straff geleitetes Pressewesen, um zum einen die marxistische und sozialistische Weltanschauung, Humanismus und Demokratie zurückzudrängen und gänzlich auszuschalten und zum
anderen die Basis zur Verbreitung der faschistischen Ideologie mit
Antikommunismus, Rassismus und Chauvinismus auszudehnen.

Damit im Zusammenhang stand die Verbannung namhafter
und anerkannter Künstler und Wissenschaftler aus ihren Wir-
kungsstätten und auch deren Vertreibung aus Deutschland. Zu
ihnen gehörten Max Liebermann, Albert Einstein, Bertolt
Brecht, Heinrich Mann, Arnold Zweig, deren Wirken Berlin zu
einem herausragenden Platz des europäischen Geisteslebens gemacht hatte. Ihre Verdrängung aus der Öffentlichkeit veränderte
nachhaltig das Ansehen Berlins in den Augen der Weltöffent-
lichkeit. In der barbarischen Bücherverbrennung (10. Mai) vernichteten die Faschisten Werke der Theoretiker der Arbeiterbewegung und fortschrittlicher Geistesschaffender wie Karl Marx,
Friedrich Engels, Heinrich Heine, Alfred Döblin, Egon Erwin

Kisch, Stefan Zweig, Maxim Gorki, Ernst Toller, Erich Maria Remarque, Arthur Schnitzler. Rolltrupps trugen aus Bibliotheken Bücher verfemter Schriftsteller zusammen und verbrannten sie öffentlich auf großen Scheiterhaufen. Dazu wurden Parolen gebrüllt wie: »Gegen Frechheit und Anmaßung, für Achtung und Ehrfurcht vor dem unsterblichen Volksgeist!« Mit diesen Worten wurden Bücher von Kurt Tucholsky und Carl von Ossietzky in das Feuer geworfen.

Die Berliner Theater sowie das gesamte Kunstleben der Stadt gerieten in den Würgegriff der Faschisten. Am 30. Juni wurden die weltbekannten Direktoren der Staatlichen Museen Wilhelm Waetzoldt (Generaldirektor), Max J. Friedländer (Kaiser-Friedrich-Museum) und Ludwig Justi (Nationalgalerie) von ihren Posten vertrieben.

Die Presse in der Zeitungsstadt Berlin unterlag ebenfalls grundlegenden Veränderungen. Der Zeitungskonzern der NSDAP (später Deutscher Verlag) erhielt durch den organisierten Raub der Verlage und Zeitungen der KPD, der SPD und der Gewerkschaften die Grundlage für seinen Aufbau. Andere Zeitungen wurden verboten oder der Kontrolle der Nazis unterworfen; bürgerliche Zeitungsverlage, zum Beispiel Ullstein, kamen durch erzwungenen Verkauf in deren Besitz; all das erweiterte die Möglichkeiten der faschistischen Propaganda. Das neue Medium Rundfunk und auch schon das Fernsehen – beides Entwicklungen, an denen die Berliner Industrie wesentlich beteiligt war – bauten die Faschisten systematisch aus. Die Einweihung eines neuen Senders in Berlin-Tegel und die Einführung eines relativ billigen Allstromgerätes – im Volksmund »Goebbels-Schnauze« genannt – erweiterten das Netz zur Verbreitung der faschistischen Ideologie. Am 1. April 1933 besaßen 43 Prozent der Berliner Haushalte ein Rundfunkgerät, am 1. April 1943 waren es über 85 Prozent. Im Filmwesen vollzog sich der Übergang auf die Positionen faschistischer Filmpolitik nahtlos. Die UFA hatte bereits vor 1933 Filme produziert, die sofort in das ideologische Konzept der Faschisten aufgenommen werden konnten.

Mit der Einsetzung eines »Generalrats der Wirtschaft« begann der Ausbau der staatsmonopolistischen Organe der Industrie. Auf dem Bankplatz Berlin, dessen überragende Position innerhalb des Geld- und Aktiengeschäfts unbestritten war, belebte sich das Geschäft. Die Aktienkurse stiegen, und der Bedarf an Investitionen für die anlaufende Rüstung versprach einträgliche Geschäfte. Die Bilanzsumme der 17 wichtigsten Berliner Großbanken wies am Jahresende einen Umfang von 20 Milliarden Mark aus, und die Deutsche Bank AG eroberte eine eindeutige Spitzenposition. Ihre Bilanzsumme von mehr als 3 Millarden Mark belegte, daß sie die größte deutsche Privatbank geworden war; der Umfang ihrer Geschäfte wurde nur noch von der Deutschen Reichsbank AG (mehr als 9 Milliarden Mark) übertroffen.

Die Berliner Industrie, die seit 1925 eine zunehmende Rationalisierung ihres Produktionsapparates vollzogen hatte, konnte diesen nicht nur ohne wesentliche Verluste über die Weltwirtschaftskrise bringen, sondern sogar noch weiter modernisieren. Die Struktur des Wirtschaftsraumes Berlin blieb durch die Elektroindustrie, den Maschinenbau und die chemische Industrie geprägt, und nicht sofort drückte sich die beginnende Aufrüstung in einer Steigerung des Auftragseinganges aus. Ab Herbst 1933 und verstärkt seit dem Frühjahr 1934 profitierte auch die Berliner Industrie von der Aufrüstung, die nach und nach alle Bereiche der Wirtschaft erfaßte. Aktivitäten wurden ausgelöst und Investitionen getätigt, um den Produktionsapparat zu vergrößern und stillgelegte Produktionsstrecken wieder in Gang zu bringen.

Die kapitalistische Rationalisierung der Berliner Industrie hatte bereits vor der Weltwirtschaftskrise eine beträchtliche Zahl von Arbeitskräften freigesetzt. In der Zeit der Konjunktur war diese Freisetzung nicht auffällig gewesen, in der Krise aber führte sie zu einem unverhältnismäßig hohen Anstieg der Arbeitslosigkeit. Nach Errichtung der faschistischen Diktatur sank die Zahl der Arbeitslosen in Berlin zunächst im Vergleich mit anderen Regionen nur sehr langsam. Ende Februar 1933 gab es mehr als 675 000 Erwerbslose (etwa 29 Prozent der Erwerbsper-

sonen). Dem stand ein Angebot von 2 946 offenen Stellen gegenüber.

Am 16. Juni 1933 fand eine Volks- und Berufszählung statt.
Berlin besaß 4 242 501 Einwohner (2 286 486 weibliche und
1 956 015 männliche). 7,5 Prozent waren 65 Jahre und älter,
596 448 oder 13,4 Prozent unter 14 Jahren, im produktiven Alter
zwischen 30 und 50 Jahren lebten 1 516 643 oder 35,7 Prozent;
insgesamt besaß die Stadt eine überaus günstige Altersstruktur.
53 Prozent der Einwohner waren Arbeiter und deren Familien,
12,8 Prozent Selbständige und 8,6 Prozent Beamte. Die Mehrzahl der Arbeiter war in Großbetrieben tätig, von denen es in
Berlin 2 465 mit 549 391 Beschäftigten gab. Trotz verbreiteter
Arbeitslosigkeit bestand immer noch eine hohe Konzentration
der Arbeiter in Großbetrieben.

Dem in der sehr beträchtlichen Arbeitslosenzahl liegenden
Element sozialer Unruhe in einem Zentrum der Arbeiterbewegung versuchten die Faschisten mit verschiedenen Aktivitäten zu
begegnen. Sie entfachten zum Beispiel eine Kampagne gegen
»Doppelverdiener«, das heißt, sie drängten die Frauen aus dem
Berufsleben, wenn beide Ehepartner Arbeit hatten. Bis zum Jahresende 1933 ließen sich 33 000 weibliche Arbeitskräfte nicht
mehr als Arbeitsuchende registrieren. Gleichzeitig wurden Notstandsarbeiten aus der Zeit der Weimarer Republik fortgesetzt.
Insgesamt profitierten die Faschisten von der Tatsache, daß die
Weltwirtschaftskrise abflaute und sich die Nachfrage nach Indu-
strieprodukten erhöhte. Allerdings zeigten sich Wirkungen auf
dem Berliner Arbeitsmarkt nur sehr langsam. Eine grundlegende
Veränderung der angespannten sozialen Situation trat in Berlin
im Jahre 1933 nicht ein. Bis zum Juni 1933 sank die Zahl der Ar-
beitsuchenden um 50 000 und bis zum Jahresende nochmals um
80 000. Die Entwicklung des Umsatzes im Handel belegte den
insgesamt kritischen Zustand; er ging zum Beispiel im Waren-
hauskonzern Wertheim von 128,4 Millionen Mark 1929 auf den
Tiefstand von 68,5 Millionen Mark im Jahre 1933 zurück.

Erst im Frühjahr 1934 sank die Zahl der Arbeitslosen in bemerkenswertem Umfang, etwa 150 000 bisher als arbeitslos Registrierte konnten eine Arbeit finden. Das war auf die Aufnahme der Rüstungsproduktion, die zahlenmäßige Verstärkung der Wehrmacht usw. zurückzuführen. Die Lebenslage der Bevölkerung aber veränderte sich kaum im Vergleich zu den Krisenjahren.

Angesichts dieser Situation verkündeten die Faschisten einen »Göring-Plan«, dessen Kernstück der Abzug von Erwerbslosen war. Insbesondere junge Arbeiter sollten in anderen Regionen im Bausektor (Autobahnbau) sowie in der Landwirtschaft eingesetzt werden. Dahinter verbarg sich zugleich die Absicht, in größerem Umfang die Berliner Bevölkerung auszutauschen und auch dadurch die Klassenkampfbedingungen in Berlin zu verändern.

Die Stabilisierung der faschistischen Diktatur war mit gesteigertem Terror verbunden, der aber raffinierter angewandt wurde; die Machtorgane nutzten verstärkt die Gerichte als Mittel der Unterdrückung und Verfolgung. Durch eine Amnestie zu Weihnachten 1933 wurden Widerstandskämpfer aus den Konzentrationslagern entlassen. Zugleich wurde in Berlin die Struktur der Terrororgane auf regionaler und zentraler Ebene verändert. Das Gestapa gab einen Teil seiner Tätigkeitsfelder an eine am 20. Dezember neu gebildete Gestapostelle Berlin ab. Weiterhin kam es zur Bildung des sogenannten Volksgerichtshofes (24. April 1934), eines Gerichtes, das bis zum Ende seiner mörderischen Existenz die Strafgesetze und die neu geschaffenen Ausnahmegesetze als Formen des gerichtlichen Terrors brutal anwendete.

Die anhaltende soziale Spannung und die gleichbleibend schlechte Lebenslage wirkten in unterschiedlichem Maße auch auf den Anhang der Faschisten. Zum einen drängten die durch die antikapitalistische Phraseologie eingefangenen lumpenproletarischen Elemente auf die Weiterführung der »nationalen Revolution«, das heißt auf die Einlösung der gegebenen antikapitalistischen Versprechen. Zum anderen wurde die kleinbürgerliche Anhängerschaft unruhig, da sich ihre Lebenslage nicht verbesserte. Insbesondere unter den kleinen Geschäftsleuten, Gewerbetreibenden und Handwerkern nahm die Mißstimmung zu. Die

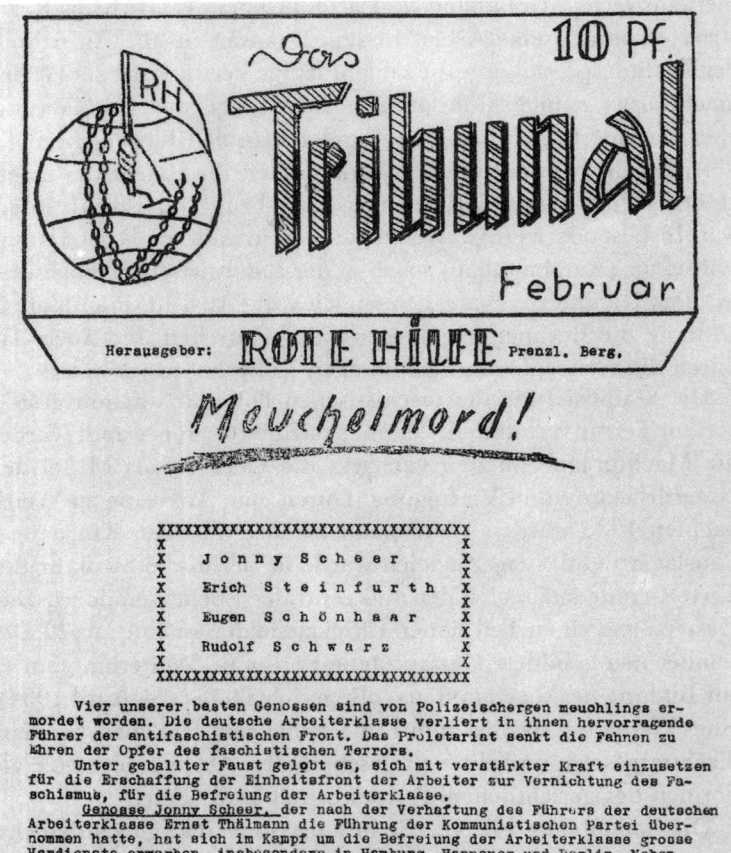

Zellenzeitung der Roten Hilfe Prenzlauer Berg

faschistische Herrschaft befand sich in einer labilen innenpolitischen Situation, die sich durch das Drängen des Monopolkapitals und der Wehrmachtspitzen nach forcierter Aufrüstung zu-

nehmend verschärfte. Die Faschisten gingen im Einvernehmen mit den extrem aggressiven Kreisen des deutschen Finanzkapitals und der Reichswehrführung am 30. Juni 1934 gegen mehr als 1 000 ihrer Anhänger aus der SA vor. In Berlin-Lichterfelde und im KZ Lichtenburg ließen Hitler und seine Clique Exponenten und Wegbereiter der faschistischen Herrschaft ermorden, darunter den Stabschef der SA, Ernst Röhm, sowie regionale Führer. In Berlin waren das unter anderen der SA-Gruppenführer Karl Ernst, der Stabsführer der SA-Gruppe Berlin Oberführer Wilhelm Sander sowie zahlreiche SA-Schläger und Mörder, die zu jenen gehörten, die grausame Exzesse gegen Antifaschisten verübt hatten, so der SA-Gruppenarzt Dr. Villian, der durch eine ganze Serie von Bestialitäten maßgeblich an der »Köpenicker Blutwoche« beteiligt war, und der Leiter des KZ Columbiahaus (Tempelhof), ein gewisser Toifl. Das Vorgehen gegen sie sollte auch den Anschein erwecken, daß sie für ihre Mordtaten hätten büßen müssen. Aus den dem Massaker zugrunde liegenden Auseinandersetzungen innerhalb des Monopolkapitals gingen die Kräfte, die den innenpolitischen Terror und die Kriegsvorbereitungen am weitesten vorangetrieben hatten, gestärkt hervor.

Gegen die sich stabilisierende Diktatur stemmten sich auch in Berlin Antifaschisten aus allen Klassen und Schichten. Der bürgerliche Widerstand vereinigte in sich diejenigen Kreise, die aus christlicher, humanistischer Gesinnung im Widerspruch zum faschistischen Staat standen. Andere Motive hatten ihren Ursprung in bürgerlich-demokratischen und legalistischen Positionen. All das reichte, um sich in losen Gruppen zusammenzufinden, zur Bildung fester Organisationen kam es jedoch nicht. Antikommunistische Vorbehalte verhinderten ein Zusammengehen mit der KPD.

Die SPD stand mit Errichtung der Diktatur vor völlig neuen Bedingungen ihrer Existenz. Gegen den Willen ihrer rechten Führer war die Partei in eine eindeutige Frontstellung zum imperialistischen Staat gekommen. Die emigrierten Mitglieder des Parteivorstandes ließen sich im Mai/Juni 1933 in Prag nieder und bemühten sich, Verbindung zu illegal kämpfenden Funktionären in Deutschland aufzunehmen. Sie orientierten zunächst darauf, jeden Kontakt mit den Kommunisten zu vermeiden. Nach dem Verbot der SPD zerfiel diese Partei in Berlin als einheitliche Organisation (Mitgliederstand Januar 1933: 81 002). Viele Gruppen kamen in Opposition zum Parteivorstand in Prag. Sozialdemokraten, die bereits gegen die drohende Diktatur gekämpft hatten, organisierten sich im illegalen Widerstand. So entstand zum Beispiel aus der 34. Abteilung der SPD in Friedrichshain eine aktive Widerstandsgruppe, die sich »Roter Stoßtrupp« nannte. Sie verfügte über eine breite Basis unter Jungsozialisten, christlichen Sozialisten, bürgerlichen Demokraten, Künstlern und Studenten. Von der illegalen Zeitung »Der Rote Stoßtrupp« erschienen von April bis November 1933 26 Nummern in einer Auflagenhöhe von je etwa 100 bis 125 Exemplaren. Sie informierte unter anderem über den Reichstagsbrand, über die Verbrechen der Faschisten und den antifaschistischen Kampf. Ende November wurden 240 Mitglieder dieser Organisation verhaftet und von der Nazijustiz hart bestraft.

Im Sommer 1933 gelang es dem Prager Parteivorstand, in Berlin eine illegale zentrale Leitung für Deutschland durch seinen Beauftragten Erich Rinner aufzubauen. Diese Berliner Zentrale war bis 1935 der wichtigste Stützpunkt des Prager Parteivorstandes. Darüber hinaus war beabsichtigt, in Berlin eine illegale sozialdemokratische Organisation zu schaffen. Das aber gelang nicht, da die Berliner Zentrale es nicht vermochte, die verschiedenen Gruppierungen auf einer neuen politischen Linie zu organisieren, die den Bedingungen des Kampfes zum Sturz des Faschismus entsprochen hätte.

Aufopferungsvoll und konsequent kämpfte die Bezirksorganisation der KPD in Berlin gegen die faschistische Diktatur. Mit ihrer zielklaren Führung stellte sie den organisierten Vortrupp des Kampfes gegen den deutschen Faschismus. Die Stadt wurde ein Zentrum des antifaschistischen Kampfes in Deutschland. Die KPD orientierte auf Festigung der Organisation, auf die antifaschistische Propaganda über das Wesen der faschistischen Diktatur, auf Aktionen zur Aufklärung der Berliner Bevölkerung, um ein breites Bündnis aller Klassen und Schichten zum Sturz dieser Diktatur herzustellen. Die Arbeitsfähigkeit der Bezirksleitung der KPD war zu keinem Zeitpunkt unterbrochen. An ihrer Spitze stand seit Mai 1933 als Politischer Sekretär Lambert Horn. Nach seiner Verhaftung im November übernahm Hans Jendretzky die Leitung. Als dieser im Februar 1934 verhaftet wurde, trat Robert Stamm auf diesen Posten, den er bis zum Jahresende 1934 innehatte. Auf Beschluß des ZK der KPD arbeitete er dann in der illegalen Landesleitung der KPD, und Anton Akkermann wurde Politischer Leiter der Berliner Parteiorganisation. Immer wieder und auf allen Ebenen traten Kommunisten an die Stelle der von der Gestapo Verhafteten, was für die Lebensfähigkeit und die Kampfkraft der KPD spricht.

Im Sommer/Herbst 1934 vereinte die illegale Parteiorganisation der KPD in Berlin in ihren Reihen rund 6000 Mitglieder, die in 363 Straßenzellen und 69 Betriebszellen organisiert waren. Sie gaben mindestens 78 illegal erscheinende Unterbezirks-, Stadtteil- und Betriebszeitungen in einer jeweiligen Auflage zwischen 300 (»Spandauer Echo«) und 1500 Exemplare (»Friedrichshainer Rote Fahne«) heraus.

Nach unvollständigen Angaben waren rund 5000 bis 7000 Berliner Kommunisten in Zuchthäusern und Gefängnissen eingekerkert, eine große Anzahl wurde in Konzentrationslagern terrorisiert. Viele mußten emigrieren. Ein nicht unbeträchtlicher Teil der Berliner Kommunisten lebte infolge der »Arbeitsbeschaffung« der Nazis in anderen Gegenden Deutschlands. Die Zahl der Unterbezirke der KPD war auf 36 vergrößert, das von ihnen betreute Territorium verkleinert worden. Als Maßstab der Mitgliedschaft galt die Entrichtung des Parteibeitrages, der zur Führung des antifaschistischen Kampfes verwandt wurde.

Im September 1934 orientierte die Bezirksleitung Berlin der KPD alle Berliner Kommunisten in dem »Memorandum der BL Berlin-Brandenburg an die Bezirksorganisation der KPD«

auf die Schaffung von gemeinsamen Einheitsfrontverbänden, auf die gemeinsame antifaschistische Arbeit von Kommunisten und Sozialdemokraten in der Deutschen Arbeitsfront, der größten nazistischen Organisation, sowie auf die Gewinnung der Jugend und der Mittelschichten. Das bedeutsame Dokument zeigte auf, daß die Parteiführung sich in Berlin auf erfahrene, leninistisch geschulte Funktionäre stützen konnte, die bereit waren, mit aller Kraft den Kampf für die Herstellung der antifaschistischen Einheitsfront der Arbeiterklasse und zur Entwicklung neuer Formen und Methoden der Massenarbeit fortzusetzen.

Einen konzentrierten Eindruck von den Lebens- und Kampfbedingungen der antifaschistischen Kämpfer vermitteln die Erinnerungen von Erich Hanke, Mitglied des Unterbezirks Nordring der KPD und seit Januar 1935 in der Bezirksleitung verantwortlich für die Herstellung, den Transport und die Verteilung illegaler Schriften (technischer Leiter): »Außerordentlich schwierig war die finanzielle Lage aller illegal arbeitenden Genossen. Als Mitglied der Unterbezirksleitung erhielt ich zum Beispiel fünf Mark wöchentlich für Fahrgeld. Das war nicht einmal für die zahlreichen Treffs in den verschiedensten Gegenden ausreichend. Ich bemühte mich daher, sie zu Fuß zu erreichen ... Für meinen Lebensunterhalt bekam ich wöchentlich ebenfalls fünf Mark, sofern nicht die Parteiorganisation oder auch die Rote Hilfe durch Verhaftungen so stark beeinträchtigt waren, daß sie nicht helfen konnten. Von diesen fünf Mark konnte man sich weder ein Kleidungsstück kaufen noch die abgelaufenen Schuhsohlen erneuern. Sie reichten nicht einmal für das nötigste Essen.

Ein einfaches Mittagessen ohne jedes Getränk, ohne Vorspeise und Nachtisch kostete damals in einem Restaurant etwa 1,00 bis 1,20 Mark. Darum konnte ich mir im allgemeinen nur wöchentlich dreimal eine warme Mahlzeit leisten. An anderen Tagen der Woche fiel sie aus, und ich ersetzte sie durch einige trockene Brötchen.« An anderer Stelle betonte Erich Hanke: »Enormen Belastungen waren die Genossen ausgesetzt, die nicht nur illegal arbeiteten, sondern – weil sie von der Polizei gesucht wurden –

auch illegal leben mußten, getrennt von Frau und Kindern. Der Wunsch, die Familie nur einmal, wenn auch nur für kürzeste Zeit, wiederzusehen, führte oft zur Verhaftung.«[4]

Der antifaschistische Kampf der KPD und anderer Widerstandsgruppen konnte sich nach wie vor auf eine Ablehnung der faschistischen Herrschaft in der Arbeiterschaft Berlins stützen. Zwar lähmte die Angst vor den Repressalien der Nazis die Kampfbereitschaft vieler, und immer mehr Menschen nahmen abwartende Positionen ein, doch das Ergebnis der Volksbefragung über die Vereinigung der Ämter des Reichspräsidenten und des Reichskanzlers in der Person Hitlers am 19. August 1934 belegte: Trotz offensichtlicher Wahlfälschungen, Manipulationen und gesteigerten Drucks lehnten Hunderttausende Berliner das Regime ab. 494 359 Neinstimmen wurden bekanntgegeben, besonders viele in den Arbeiterbezirken: Wedding 44 152, Kreuzberg 44 074, Neukölln 42 712, Prenzlauer Berg 40 290 und Friedrichshain 38 435. Die Zahl der ungültigen Stimmen betrug 75 772, 516 015 Berliner enthielten sich der Stimme. Das waren insgesamt 1 086 146 Berliner Einwohner, die ihre antifaschistische Haltung bekundeten und deren Stimme nicht hatte unterdrückt werden können. Im Vergleich zu den offiziell bekanntgegebenen Jastimmen waren das 44,1 Prozent oder 31,2 Prozent der Wahlberechtigten.

Aufrüstung, Terror und Kriegsvorbereitung in Berlin. Der antifaschistische Widerstand (1935–1939)

In einem Staatsakt in der Oper Unter den Linden verkündeten die Faschisten im März 1935 das Gesetz über die Wehrpflicht. Damit war ein wesentlicher Schritt getan, um zur konkreten Kriegsvorbereitung zu gelangen. Mit nationalistischer Demagogie und allgemeinen Friedensbeteuerungen bei einer enorm ge-

---

4 Erich Hanke: Erinnerungen eines Illegalen, Berlin 1980, S. 50/51 u. 54.

steigerten antikommunistischen und antisowjetischen Hetze versuchten sie, auch die Berliner Bevölkerung stärker in ihren Bann zu ziehen. Der faschistische Ungeist war nicht nur die vorherrschende, sondern die fast ausschließlich auf die Bevölkerung wirkende Ideologie. Das Gift der rassistischen, chauvinistischen und antikommunistischen Verhetzung begann zersetzend unter immer größer werdenden Teilen der Bevölkerung zu wirken.

Die Einführung der Wehrpflicht zog sichtbare Veränderungen in der Stadt nach sich. Die Industrie stellte sich voll auf die Kriegsproduktion um, begann verstärkt von der Aufrüstung zu profitieren. Die Zahl der Arbeitslosen sank zunehmend. Die Großindustrie baute ihre Positionen aus und konnte ihren Einfluß gegenüber den kleinen und mittleren Betrieben ausweiten. Verschiedene Großbetriebe legten gleichartige Produktionssparten, zum Beispiel die Motorenherstellung, zu neuen Betrieben zusammen und entwickelten sie unter großem finanziellem Aufwand. Der staatsmonopolistische Charakter der Wirtschaftslenkung prägte sich weiter aus.

Damit wandelte sich in kurzer Zeit die Produktionsstruktur. Die Stadt wurde – bei Beibehaltung der traditionellen Industriezweige – ein Zentrum der Luftrüstung. Die bedeutendsten Konzerne dieser Art im Raum Berlin waren die Brandenburgischen Motorenwerke AG, die Heinkel-Flugzeugwerke AG, die Focke-Wulf AG und die Argus-Flugzeugwerke. Ihre Betriebe zogen das Territorium der Mark Brandenburg in immer stärkerem Maße in den Bereich der Berliner Wirtschaft. Zahlreiche neue Werke entstanden, so das Opel-Werk in Brandenburg, die Kurmärkische Zellwolle und Zellulose AG in Wittenberge sowie im Kreis Königsberg/Neumark Fabriken zur Herstellung von Zellwolle als Ausgangsstoff für die Sprengstoffproduktion.

In einer Studie vom 12. Juni 1937 stellten zentrale Behörden fest, daß »das Schwergewicht der k-(riegs) und l-(ebenswichtigen) Betriebe in Berlin«[5] läge. Eine statistische Erhebung von Mai

---

5 Archiv des Ministeriums für Post- und Fernmeldewesen, Akte 40/83.

1939 ergab, daß die Stadt mit 8,5 Prozent an der Gütererzeugung des Reichs beteiligt war. In der Elektroindustrie waren es 37,1 Prozent, in der Feinmechanik-Optik 11,8 Prozent. Der Gesamtwert der Industrieproduktion wurde für 1939 auf 4 Milliarden Mark geschätzt.

Die Industrie- und Handelskammer Berlin berichtete mit Stand Ende 1938, daß im Kammerbezirk (Berlin und Regierungsbezirk Potsdam) ein Sechstel der deutschen Gesamtproduktion in den Grenzen von 1937 erzeugt worden sei. Der rüstungswirtschaftliche Anteil wurde mit 40 Prozent dieser Industrie Deutschlands bewertet. Abschließend hieß es: »Trotz der Ausweitung der Rüstungsproduktion im Reich nach 1938 hat sich an der Bedeutung Berlins als Rüstungszentrum Deutschlands nichts Wesentliches geändert.«[6]

Aufrüstung und wirtschaftliche Entwicklung veränderten das Leben in Berlin. Die objektiven Bedingungen für den antifaschistischen Widerstandskampf wurden komplizierter. Die Zusammensetzung der Arbeiter in den Großbetrieben unterlag Veränderungen. Neue Arbeitskräfte strömten in die Berliner Betriebe. Zum Teil kamen sie aus ländlichen Gebieten, zum Teil waren es ruinierte Handwerker und Gewerbetreibende. Hinzu kamen Jugendliche, die durch die Hitlerjugend gegangen waren und unter dem Einfluß der faschistischen Ideologie standen. Diese sozialen Wandlungen und das Maß, in dem der Terror gesteigert wurde, Verhaftungen und Vertreibungen in die Emigration zunahmen sowie das faschistische Gift des Rassismus und Chauvinismus tiefer in die Mehrheit des deutschen Volkes eindrang, veränderten insbesondere das Kräfteverhältnis auch in Berlin zugunsten des Faschismus.

Die Bereitschaft bürgerlicher Kreise zum Widerstand hatte in der Stadt nachgelassen. Es gab eine Vielzahl von kleinen Kreisen und Gruppen, die in ihrer politischen Zielstellung zwar vielfach

---

6 Stadtarchiv Berlin, Hauptstadt der DDR, Bestand Gauwirtschaftskammer, unverzeichnet.

übereinstimmten, aber sich scharf vom Kampf der Arbeiterklasse abgrenzten und sich eindeutig auf Verbindungen nach Großbritannien orientierten. Die Kreise verfügten nach wie vor nicht über eine feste Organisation, bemühten sich aber, untereinander in Verbindung zu stehen, und wollten insbesondere in den Jahren 1937/1938 Kontakt zu gleichgesinnten militärischen Führern herstellen. Christliche Kreise wandten sich vor allem gegen die menschenverachtende Rassenpolitik und daraus resultierende faschistische Untaten. Für Berlin waren es in erster Linie die Bekennende Kirche mit Pastor Martin Niemöller und die Gruppe um den katholischen Kaplan Josef Rossaint. Ihr Wirken bekundet die Existenz einer Ablehnungsfront, die sich unter den Bedingungen des offenen Terrors jedoch nicht zu gemeinsamen Aktionen gegen den Faschismus zusammenfand.

Auch für die in Berlin lebenden Sozialdemokraten veränderten sich die Kampfbedingungen. Infolge der Verhaftungsaktionen wuchs die Bedeutung der sozialdemokratischen Vereine, die sich nicht am aktiven Widerstand beteiligten. Zahlreiche ehemalige Sozialdemokraten hatten sich in Gesangsvereinen, Kegelklubs usw. zusammengefunden und bewahrten ihre Mitglieder vor dem zersetzenden Einfluß faschistischer Ideologie. Die Beerdigung für verstorbene Kampfgefährten zum Beispiel sowie die anschließenden Zusammenkünfte machten es einem großen Kreis möglich, Gedanken auszutauschen. Oftmals stand solcher Zusammenhalt unter Beobachtung der Gestapo. Aktiven Sozialdemokraten, so zum Beispiel Max Fechner, bot ein Verein wie die »Berliner Liedertafel« die Möglichkeit, illegale Verbindungen aufzubauen und wichtige Nachrichten weiterzugeben.

Viele aktive Sozialdemokraten erkannten unter den Bedingungen der faschistischen Diktatur, daß die Einheit der Arbeiterparteien auf revolutionärer Grundlage erforderlich ist. Sie traten entgegen der Orientierung des Prager Parteivorstandes in Kontakt zu den Berliner Kommunisten. Für die Organisierung koordinierter Aktionen der Arbeiterklasse waren die auf Initiative der KPD und der Roten Hilfe Deutschlands getroffenen Einheitsfrontabkommen von Bedeutung. Ein solches Abkommen zwischen Kommunisten und Sozialdemokraten ist auch in Berlin-Brandenburg geschlossen worden. Es forderte den gemeinsamen Kampf gegen den gemeinsamen Feind und die Unterstützung der Opfer des Terrorismus. Das Einheitsfrontabkommen wurde als illegales Flugblatt veröffentlicht, und in einem Aufruf zum internationalen Thälmann-Kampftag forderten beide Leitungen die Herstellung der Einheitsfront aller Hitlergegner. Das Abkommen war selbst ein erster Schritt dazu. Das Zusammenwirken von KPD-Organisationen, noch existierenden SPD-Gruppen, Gewerkschaftern und Parteilosen festigte sich, die Kontakte zwischen Kommunisten und Sozialdemokraten dehnten sich aus.

Anton Ackermann, der Politische Leiter der Berliner Parteiorganisation, berichtete über diese und weitere Erfahrungen aus der illegalen Massenarbeit in Berlin auf dem VII. Kongreß der Kommunistischen Internationale. Die Ergebnisse des antifaschistischen Kampfes in Berlin flossen in die Analyse der konkreten Kampfbedingungen der internationalen kommunistischen Bewegung ein. Der Kongreß, der vom 25. Juli bis zum 20. August 1935 in Moskau stattfand, bezeichnete als nächstes strategisches Ziel die Verteidigung der demokratischen Rechte und Freiheiten der Werktätigen gegen die Angriffe der faschistischen Kräfte. Der Verhinderung eines neuen Krieges und der Sicherung des Friedens widmete der Kongreß große Aufmerksamkeit und orientierte die Mitglieder aller kommunistischen Parteien, ihre ganze Kraft für dieses Ziel einzusetzen. Dazu war der Sturz der faschistischen Herrschaft und die Schaffung antifaschistisch-demokratischer Verhältnisse unter einer Regierung der Einheits- oder Volksfront eine notwendige Voraussetzung; diese Regierung sei eine der möglichen Übergangsformen zur Errichtung der Macht der Arbeiterklasse im Interesse breitester Volksmassen. Die Berliner Kommunisten erhielten auf diesem Kongreß neues Rüstzeug für den antifaschistischen Kampf.

Auch auf der sich an den Weltkongreß anschließenden Brüsseler Konferenz der KPD (3.–15. Oktober) schlugen sich die Er-

"Einheit im Kampf gegen faschistischen Terror"

Gemeinsamer Appell der Bezirksleitungen
der SPD und Roten Hilfe Berlin-Brandenburg

Eine Terrorwelle unerreichten Ausmasses rast über Deutschland hinweg. Massenverhaftungen, Misshandlungen, Morde sind an der Tagesordnung. Matern, Krüger, Fiete Schulze hingerichtet; Husemann (SPD), Jürgensen (KPD) in Fuhlsbüttel erschossen; Helene Glatzer (KPD), Jakobs (SPD) im Gefängnis ermordet; Brandes (Gewerksch.), Maddalena, Stamm, Rembte in Lebensgefahr. Das sind nur einige Namen der weit über hundert allein in den letzten Wochen Ermordeten und der Zehntausende, die täglich im Kerker vom Tode bedroht sind.

HAMBURG MELDET:

Jede Woche ermordet die Gestapo 2 Antifaschisten!
Ueber tausend Verhaftungen! Prozess gegen 74 Arbeiter wegen gemeinschaftlichem Mord!

WESTDEUTSCHLAND MELDET:

Ueberall neue Massenverhaftungen! Berliner Gestapo mordet im Wuppertal.

SACHSEN MELDET:

Grosse Erregung wegen Reinsdorfer Explosion! Gestapo verhaftet wahllos hunderte Männer und Frauen.

BERLIN MELDET:

Blindwütiges Toben der Gestapo in allen Bezirken! Massenverhaftungen von ehemaligen SPD- und KPD-Anhängern und christlichen Werktätigen! Wiederaufrollung des Richardstr.-Prozesses, Todesurteile drohen!

Was ist mit Ernst Thälmann? Was ist mit Mierendorff? Was ist mit Ossietzki?

Riesengrosse Gefahren drohen den Führern der Arbeiterschaft und allen anderen Antifaschisten, die in den Kerkern des Hitlerfaschismus sitzen. Der brutale Terror soll den Widerstand der Werktätigen gegen die kriegstreiberischen Massnahmen der Hitlerdiktatur brechen und ist somit ein Teil der direkten Kriegsvorbereitung. Der Kampf gegen den faschistischen Terror und die Hilfe für die Opfer dieses Terrors werden zu wichtigen Kampfhandlungen zur Erhaltung des Friedens.

In der Erkenntnis, dass die Lage äusserst ernst ist und nur einheitliche Aktionen der Arbeiterklasse erfolgreich sein können, sind die unterzeichneten Leitungen

Einheitsfrontappell aus dem Jahre 1935

fahrungen des antifaschistischen Kampfes in Berlin in vielfältiger Weise nieder. Der Konferenz lag ein Bericht vor, in dem die verschiedenen Formen des antifaschistischen Kampfes in der SPD und der Roten Hilfe ein Abkommen eingegangen, in dem sie sich unbeschadet ihrer sonstigen politischen und weltanschaulichen Einstellung verpflichten:

a) zu gemeinsamen Kampfmassnahmen gegen faschistischen Terror und gegen Spitzel und Provokateure,

b) zur gemeinsamen Unterstützung der Opfer des faschistischen Terrors ohne Rücksicht auf Parteizugehörigkeit und Weltanschauung,

c) zu gemeinsamen Massnahmen zur Aufbringung der Mittel für die Unterstützungen,

d) zur Schaffung organisatorischer Voraussetzungen für die Durchführung der Arbeiten.

Indem die unterzeichneten Leitungen dieses bekanntgeben, verpflichten sie die ihnen untergeordneten Gruppen und Leitungen, alle Anweisungen der bezirklichen Instanzen inbezug auf die gemeinsame Arbeit Folge zu leisten und auch ihrerseits die grösstmöglichste Initiative auf dem Gebiet einheitlicher Kampfmassnahmen zu entfalten.

An alle Gegner des faschistischen Terrors über den Rahmen der unterzeichneten Organisationen hinaus richten diese den Appell, nicht abseits zu stehen, sondern auch ihrerseits mit allen Kräften mitzuhelfen, die einheitliche Front gegen den faschistischen Terror noch mehr zu verbreiten.

Es lebe der Kampf der geeinten Arbeiterklasse und aller Werktätigen gegen faschistischen Terror und Kriegsvorbereitung, für die Befreiung Thälmanns, Mierendorffs, Brandes, Ossietzkis und anderen eingekerkerten Antifaschisten!
Berlin 29. 6. 35.

Bezirks-Vorstand der R. H. D.   **Bezirks-Leitung der S. P. D**
Bez. Berlin-Brandenburg   Bezirk Berlin-Brandenburg
Unterschrift.   *Unterschrift.*

✳

Ein neuer ernster Schritt auf dem Wege der Schaffung der Einheitsfront der Solidarität ist vollzogen. Der **Zentralvorstand der R. H. D.** hat in Berlin zu diesem Abkommen Stellung genommen und begrüsst die Initiative der Unterzeichnenden Organisationen, die den Kampf um die Erleichterung der Lage der antifaschistischen Gefangenen und um ihre endgültige Befreiung, die Hilfe für alle Opfer des Terrors und für ihre Familien wesentlich verstärken wird. Das umsomehr, als auch die Bezirksleitung der **Kommunistischen Partei Berlin-Brandenburg** mitgeteilt hat, dass das Abkommen ihre vollste Anerkennung, Zustimmung und Unterstützung findet. Die nächsten Schritte müssen auf die Einbeziehung **aller** antifaschistischen und antihitlerisch eingestellten Organisationen und Kräfte gerichtet sein. Ihr in der Deutschen Arbeitsfront, in der NS-Volkswohlfahrt, Ihr oppositionellen SA-Leute und christlich Gesinnten, die Ihr gegen braunen Terror und Gesinnungszwang seid:

Folgt dem Rufe, der an Euch ergeht! Schliesst die Front der Solidarität!

Schluss mit den Morden und Hinrichtungen, Schluss mit den Folterungen! Fordert die Aufhebung der Konzentrationslager!

Heraus mit allen Opfern des braunen Terrors, helft ihren Familien!

Deutschland dokumentiert waren. Er enthielt unter anderem Faksimiles illegaler Zeitungen der Unterbezirke Berlins. Für Berlin sprachen Anton Ackermann zur Arbeit unter der Jugend und

Walter Talgenberg zu der Aufgabe, die Aktionseinheit aller Teile der deutschen Arbeiterklasse herzustellen und die antifaschistische Volksfront aller Werktätigen zu schaffen. Die Brüsseler Konferenz nahm zu den Ergebnissen des Weltkongresses der KI Stellung und wandte seine Beschlüsse auf die konkreten Bedingungen des Kampfes gegen den deutschen Faschismus an. Die KPD entwickelte ihre Strategie und Taktik für den umfassenden Zusammenschluß aller Hitlergegner zum Sturz der Nazidiktatur und zur Errichtung einer antifaschistischen, demokratischen Ordnung weiter. Hauptthema auf der Konferenz war die Schaffung der Einheitsfront der Arbeiterklasse als zentrale Aufgabe und Voraussetzung für die Bildung der Volksfront.

Die Orientierung der Brüsseler Konferenz zog Veränderungen in der Tätigkeit und der Organisation des illegalen Kampfes nach sich. Anton Ackermann wurde in das ZK der KPD gewählt. In Berlin wurde die Parteiorganisation entsprechend den Bedingungen des illegalen Kampfes dezentralisiert. Elli Schmidt übernahm die politische Leitung des Bezirks Berlin. Eine neu gebildete operative Auslandsleitung mit Sitz in Prag leitete den illegalen Kampf an. Unbeugsam in ihrem Ringen um die Gewinnung breiter Volksschichten für den Kampf gegen die faschistische Diktatur und den drohenden Krieg, stellten die illegalen Parteieinheiten in den Betrieben und Stadtbezirken den zielklaren und führenden Kern der antifaschistischen Widerstandsbewegung in Berlin dar. Das ZK der KPD stand über die Auslandsleitung in Prag in fester Beziehung mit den einzelnen Berliner Parteiorganisationen und übte über diese Verbindungen die Führungstätigkeit aus; häufig führte ihr Weg Beauftragte, Instrukteure und Materialkuriere des ZK der KPD nach Berlin.

Wie aus den Quellen weiter ersichtlich, gliederten sich die Unterbezirke in Stadtteil- und Betriebszellen, zum Beispiel der UB Friedrichshain II in die Stadtteilzellen Schlesischer Bahnhof, Löwen-Böhmisch, Leiser, Barnim und Andreas sowie in die Betriebszellen Schlacht- und Viehhof, Schuhfabrik Leiser, Brauerei Löwen-Böhmisch und Pintsch-Apparate- und Maschinenfabrik.

Organisationsstruktur des Bezirkes Berlin der illegalen KPD
nach der Brüsseler Konferenz

Abschnitt K 5	Gebiet 731	UB 261 Reinickendorf
		UB 262 Borsigwalde
		UB 263 Spandau
	Gebiet 732	UB 264 Siemens
		UB 265 Charlottenburg
		UB 266 Wilmersdorf
	Gebiet 733	UB 267 Moabit
		UB 268 Wedding-West
		UB 269 Wedding-Ost
Abschnitt M 6	Gebiet 734	UB 270 Süd-West
		UB 271 Steglitz
		UB 272 Schöneberg
	Gebiet 735	UB 273 Tempelhof
		UB 274 Kreuzberg
		UB 275 Süd-Ost
	Gebiet 736	UB 276 Neukölln
		UB 277 Hermannstraße
		UB 278 Britz
	Gebiet 737	UB 279 Schöneweide
		UB 280 Köpenick
		UB 281 Adlershof
		UB 282 Rudow
Abschnitt S 7	Gebiet 738	UB 283 Zentrum
		UB 284 Stettiner Bahnhof
		UB 285 Gesundbrunnen
	Gebiet 739	UB 286 Nordring
		UB 287 Pankow-Vineta
		UB 288 Pankow-Land
	Gebiet 740	UB 289 Weißensee
		UB 290 Friedrichshain II
		UB 291 Prenzlauer Berg
	Gebiet 741	UB 292 Friedrichshain I
		UB 293 Lichtenberg I
		UB 294 Lichtenberg II

Die Zusammensetzung der Bezirksleitung und der Unterbe-
zirksleitungen veränderte sich fortwährend, manche Unterbezirksleitung mußte achtmal neu aufgebaut werden. Doch die faschistischen Terrororgane konnten auch in den Jahren

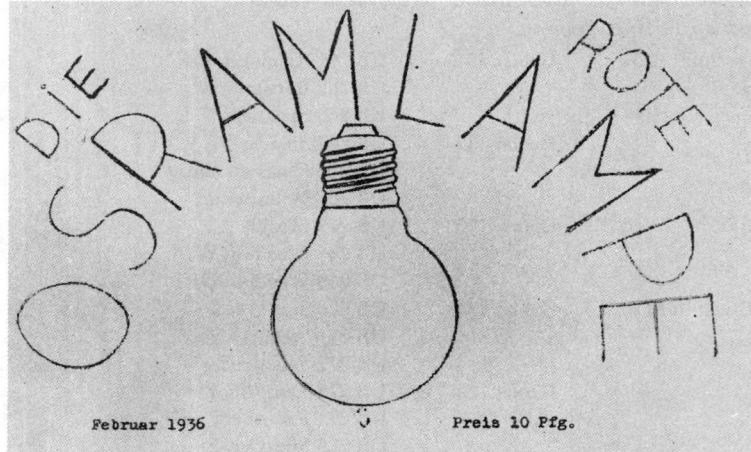

Illegale Betriebszeitung

1935/1936 trotz unablässiger Verfolgung und ständig steigenden
Terrors nicht verhindern, daß die Berliner Kommunisten organisiert den Kampf fortsetzten.

Der vom VII. Weltkongreß der KI und der Brüsseler Konferenz der KPD ausgehende Aufschwung des antifaschistischen Kampfes führte zu einer Verbreiterung der Basis. Im Spätherbst 1935 wollte zum Beispiel der Siemens-Konzern von der wöchentlichen Lohnzahlung zur Monatsabrechnung mit dreimaliger Abschlagszahlung übergehen. Begründet wurde das mit einer weiteren »Entproletarisierung« der Arbeiter. Die Unterbezirksleitung der KPD der Siemens-Betriebe dagegen wies auf die allgemeine Teuerung bei einsetzender Lebensmittelknappheit hin. Sie verstärkte die politische Aufklärungsarbeit über den Zusammenhang solcher Maßnahmen mit der Aufrüstung und stellte sich an die Spitze der Arbeiter, die diese Form der Lohnauszahlung ablehnten, da sie mit dem Geld noch schlechter auskommen würden. Die Mißstimmung griff um sich und auch auf andere Betriebe des Konzerns über, in einzelnen Abteilungen wurde ein Tag lang nicht gearbeitet. Eine Versammlung der DAF wurde genutzt, um die berechtigten Forderungen der Arbeiter zu artikulieren. Die Konzernleitung mußte ihre Maßnahme zurücknehmen.

Die Parteiführung der KPD maß diesem Erfolg, der aus der Initiative kommunistischer und sozialdemokratischer Arbeiter hervorgegangen war, große Bedeutung bei und wertete ihn für die gesamte antifaschistische Widerstandsbewegung aus. Sie zog wichtige Schlußfolgerungen für die Verbindung von legalen mit illegalen Kampfmethoden.

Zum Jahreswechsel 1935/1936 machte die Einheits- und Volksfrontpolitik der KPD auch in Berlin wichtige Fortschritte. Aus ehemaligen Funktionären der SPD und der Gewerkschaften ging seit 1935 unter der Leitung von Otto Brass, Hermann Brill, Oskar Debus, Franz Petrich und Fritz Michaelis die sozialdemokratische Berliner Volksfrontgruppe hervor, die seit Jahresende 1935 im ständigen Kontakt zur KPD stand. Anfang 1936 stellte Elli Schmidt als Mitglied des ZK der KPD eine persönliche Verbindung zu Otto Brass her und erläuterte ihm die Beschlüsse des VII. Weltkongresses der KI und der Brüsseler Konferenz der

KPD. Es kam zur Ausarbeitung eines gemeinsamen 10-Punkte-Programms, das der Mobilisierung breiter Kreise der Bevölkerung gegen Faschismus und Krieg diente. Otto Brass und weitere Funktionäre der Gruppe legten das Programm nach einem illegalen Grenzübertritt dem Prager Parteivorstand der SPD vor. Dieser lehnte erneut jede Zusammenarbeit mit der KPD ab; den Vertretern der Berliner Volksfrontgruppe wurden wegen ihres Zusammengehens mit Kommunisten heftige Vorwürfe gemacht. Trotzdem wurde das Programm von der Volksfrontgruppe verbreitet. Auf der Grundlage dieses 10-Punkte-Programms gaben KPD und Volksfrontgruppe gemeinsame Flugblätter heraus und diskutierten über die weitere Arbeit zur Herstellung der Einheitsfront im Kampf gegen die Hitlerdiktatur. Diese Zusammenarbeit gestaltete sich über drei Jahre sehr fruchtbar und wurde ein Beispiel für das Wirken weiterer Gruppen in Berlin und in ganz Deutschland.

Die faschistischen Führungsorgane gingen mit unterschiedlichen Methoden gegen die breite Ablehnungsfront in Berlin vor und suchten immer neue Möglichkeiten zur Verbreitung ihrer Ideologie sowie zur Verfeinerung ihrer terroristischen Konzepte. An der Spitze ihrer Maßnahmen stand die Einrichtung eines neuen Konzentrationslagers in Sachsenhausen bei Oranienburg im Juli 1936, in das insbesondere Widerstandskämpfer aus Berlin verschleppt wurden. Gleichzeitig gelang es ihnen, immer weitere Bereiche des öffentlichen Lebens für ihre Politik der Volksverhetzung und -verdummung verstärkt zu nutzen oder einzubeziehen, so den Film und die zahlreichen Museen in Berlin. Waren nach den Entlassungen der Direktoren die Staatlichen Museen zunächst in ihren Beständen und im Ausstellungsbetrieb im wesentlichen unberührt geblieben, so erging es den städtischen Sammlungen und den Ausstellungen, die einzelnen Gesellschaften und Stiftungen unterstanden, anders. Das Antikriegsmuseum in der Parochialstraße, das Lessing-Nicolai-Museum und das Deutsche Arbeitsschutzmuseum wurden geschlossen. Im weiteren begannen die Faschisten, dem Ausstellungsbetrieb andere Schwerpunkte zu setzen, nutzten sie die großartigen Bestände und herausragenden Werke der Weltkultur, um ihre Ideologie zu verbreiten. Zum Beispiel begleitete die Olympiade 1936 eine Ausstellung der Werke Lucas Cranachs, die den Künstler als Schöpfer einer neuen künstlerischen – »germanischen« – Richtung verfälschte.

Das Zeughaus wurde aus dem Bestand der Staatlichen Museen ausgegliedert und einem Admiral der faschistischen Marine unterstellt. Damit kamen die Sammlungen und Bestände in direktere Beziehungen zur faschistischen Wehrmacht. Das Ausstellungskonzept wurde verändert und eine partielle Neuordnung des Sammlungsgutes vorgenommen; im Ergebnis dessen entstand eine Ausstellung zur Verherrlichung des Krieges, der Tapferkeit der deutschen Soldaten im Weltkrieg, wurde Frankreich als »Erbfeind« Deutschlands dargestellt. Während des zweiten Weltkrieges stellte das Zeughaus dann erbeutete Waffen, Fahnen und andere Trophäen aus, die insbesondere die Jugend für den Krieg begeistern sollten. Das Museum stand an der Spitze der Besucherstatistik aller Berliner Museen. Gleichzeitig begann der Aufbau neuer Sammlungen, so der Luftfahrtsammlung im Universum-Landesausstellungspark, die durch einmalige und attraktive Flugobjekte ein angeblich herausragendes deutsches Erfindertum propagierte.

In der Aktion »Entartete Kunst« der Jahre 1938/1939 vernichteten oder verkauften die Faschisten große Werke der deutschen und der europäischen Malerei des 20. Jahrhunderts. Die Kunstwerke, die dem Humanismus verpflichtet waren, paßten nicht zur faschistischen Ideologie. Die Bilder Max Liebermanns wurden entfernt, weil er Jude war. Werke von Ferdinand Hodler, Edvard Munch, Vincent van Gogh und vieler anderer Künstler wurden beschlagnahmt. Die Nationalgalerie verlor 164 Gemälde, 27 Skulpturen, 326 Zeichnungen und Aquarelle. Dagegen wurde Gemälden, Grafiken und Plastiken, die Nationalismus propagierten, sich gegen Internationalismus und Völkerverständigung richteten und den Krieg verherrlichten, in Ausstellungen breiter

Raum gewährt, versprach man sich doch davon Willfährigkeit, in einem Krieg »Lebensraum für den deutschen Menschen« zu erobern.

Für die Universitäten, Hochschulen und wissenschaftlichen Forschungseinrichtungen begann eine eindeutige Ausrichtung auf Bedürfnisse des geplanten Krieges, die zugleich eine Phase des allgemeinen Niedergangs dieser Einrichtungen und der Pervertierung einzelner Wissenschaftsdisziplinen einleitete. Die Berliner Universität verlor ihren Ruf als internationales Zentrum der Wissenschaften, 234 Wissenschaftler mußten ihre Lehr- und Forschungstätigkeit aus politischen oder rassischen Gründen niederlegen. Ähnliches traf auf die anderen bedeutenden wissenschaftlichen Lehr- und Forschungseinrichtungen Berlins zu. Auch sie verloren an wissenschaftlichem Ansehen, und die Faschisten degradierten sie zu Werkzeugen ihrer Politik. Die Forschungskapazitäten hatten der Rüstung zu dienen, den Nachwuchs für die Streitkräfte – insbesondere im medizinischen und veterinärmedizinischen Bereich – zu garantieren, die faschistische Rassentheorie pseudowissenschaftlich zu untermauern und die ideologische Kriegsvorbereitung voranzutreiben. Neben einer Konzentration der Bildungseinrichtungen (zum Beispiel wurden die Landwirtschaftliche sowie die Veterinärmedizinische Hochschule 1934 an die Universität angeschlossen) zeitigte die Hinwendung der Forschung auf die Rüstung zwar bemerkenswerte Einzelleistungen auf dem Gebiet der Raketenentwicklung und anderer technischer Teildisziplinen, insgesamt aber war der allgemeine Rückgang des Niveaus typisch. Das drückte sich unter anderem in der Zahl der Studierenden an allen Berliner Bildungsstätten aus. Im Wintersemester 1931/1932 studierten an der Berliner Universität 13 933 Studenten, im Wintersemester 1938/1939 nur noch 6 194. Die Bildungsfeindlichkeit wurde deutlich auch im Absinken der Zahl der Studentinnen, die sich im gleichen Zeitraum von 3 142 auf 842 verringerte.

Im Bereich des Berliner öffentlichen Schulwesens zeigte sich ebenfalls ein Abbau auf das geringste Maß. Im Vergleich zum

Jahr 1930 gingen bis 1938 22 höhere Schulen, 84 Volksschulen und 15 Sonderschulen ein. Unterrichtsinhalte waren von faschistischer Ideologie, von Nationalismus und Chauvinismus bestimmt.

Der Verwirklichung reaktionärer Absichten dienten in den Jahren 1936/1937 zwei weitere herausragende Ereignisse. Zum einen die Olympischen Spiele 1936, zum anderen die 700-Jahr-Feier der Stadt Berlin 1937. Vom 1. bis 16. August 1936 waren Berlin und Kiel Schauplätze für die Spiele der XI. Olympiade; die Hitlerregierung mißbrauchte die olympische Idee der Völkerfreundschaft und des Friedens zur Stärkung ihres außenpolitischen Prestiges. Alle sportlichen Veranstaltungen und solche zur Information und Unterhaltung der Teilnehmer und Gäste stellten die Friedfertigkeit des deutschen Faschismus heraus. Aber nicht ungehindert konnten die Faschisten ihr Unwesen treiben. Antifaschistische Widerstandskämpfer verteilten Flugblätter und Broschüren, die den friedensbedrohenden und volksfeindlichen Charakter der faschistischen Diktatur nachwiesen.

Mit einem pompösen Festumzug, einer Großveranstaltung im Berliner Olympiastadion, einer Ausstellung »700 Jahre Berlin« im Ausstellungsgelände am Funkturm und zahlreichen Publikationen wurde 1937 die Geschichte Berlins unter das Motto gestellt: »Vom kleinen Vorposten des Deutschtums im Osten zur Weltstadt und zur Hauptstadt eines fest begründeten und zum ersten Male in seiner Geschichte wahrhaft einheitlichen Volkes.«[7] Die Heimatliebe und den Stolz der Berliner auf ihre Stadt mißbrauchend, nutzten die Faschisten die 700-Jahr-Feier für die Verbreitung ihrer Ideologie von einem germanischen Siedlungsraum. Hinter der These von Berlin als Kolonisationszentrum verbarg sich die ideologische Vorbereitung auf den geplanten Krieg; sie richtete sich gegen fortschrittliche, demokratische und humanistische Entwicklungen und negierte die Klassenkämpfe in der

---

7 700 Jahre Berlin. Im Auftrage der Stadtverwaltung zur 700-Jahr-Feier der Reichshauptstadt dargestellt von Hans Grantzow, Berlin 1937, S. 32.

Geschichte der Stadt. Alles das zielte auf die politische Entmündigung der Bevölkerung, die zum Statisten des öffentlichen Lebens degradiert wurde. Die Faschisten konnten große Teile der Berliner Bevölkerung mit antikommunistischer und antisowjetischer Verhetzung, mit sozialer und nationaler Demagogie in die Irre führen.

In einem Netz verschiedener Organisationen und Verbände fesselten die Faschisten die Bevölkerung der Stadt.

Mitgliederzahlen faschistischer Organisationen in Berlin

Bezeichnung der Organisation	1. Januar 1937	1. Januar 1939
NSDAP (1. 1. 1935)	138 117	keine Angaben
NS-Rechtswahrerbund	11 175	12 613
NS-Lehrerbund	15 184	15 058
NS-Volkswohlfahrt	keine Angaben	683 481
NS-Kriegsopferversorgung	65 865	71 584
Reichsbund der Deutschen Beamten	120 317	143 563
NS-Bund Deutscher Technik	15 888	rd. 16 000
NS-Deutscher Ärztebund	1 402	1 930
Reichsluftschutzbund	880 648	1 052 073
Volksbund für das Deutschtum im Ausland	33 000	rd. 40 000
Reichskolonialbund	keine Angaben	117 275

Gegenseitiges Mißtrauen als Ausdruck der Angst vor Folgen terroristischer Willkür bestimmte immer mehr das Leben der Berliner, deren ideologische Haltung widersprüchlich blieb. Sie ließen sich zunehmend von nationalistischem Taumel vernebeln und gaben – wenn auch zögernd – Widerstände auf. Das zeigte sich insbesondere bei den Vorgängen am 9./10. November 1938, als SA- und SS-Horden in einer später euphemistisch »Kristallnacht« genannten Aktion Berliner Synagogen in Brand steckten, Geschäfte jüdischer Bürger plünderten und Berliner jüdischer Herkunft terrorisierten. Es gab Aktionen einzelner, die sich dem entgegenstellten. Das ZK der KPD nahm in der »Roten Fahne« mit der Erklärung »Gegen die Schmach der Judenpogrome« ein-

deutig Partei und rief zur Solidarität auf: »Helft unseren gequäl-
ten jüdischen Mitbürgern mit allen Mitteln!« Die Kommunisten
stellten fest: Es ist kein Zufall, »daß in Hitlerdeutschland, wo das
ganze Volk von einem Klüngel von Großkapitalisten beherrscht
wird, der Antisemitismus und das Judenpogrom eines der wichtigsten Mittel der Nazidiktatur zur Verteidigung der Ausbeuter-
herrschaft und zur Inszenierung der Kriegshetze gegen andere
Völker geworden ist. Der Kampf gegen die Judenpogrome ist
deshalb ein untrennbarer Teil des deutschen Freiheits- und Frie-
denskampfes gegen die nationalsozialistische Diktatur.«[8]

Insgesamt blieb der Widerstand gegen den Pogrom gering. Es
begann eine Phase der systematischen Verfolgung und Enteignung jüdischer Bürger (»Arisierung«). Alle Zeitungen und Publikationsorgane der Jüdischen Gemeinde wurden verboten,
Grund- und Hausbesitz enteignet oder zwangsweise versteigert
sowie verkauft.

Die Faschisten funktionierten Berlin systematisch für die
Zwecke der Kriegsvorbereitung um. Das ergab sich aus der zentralen Stellung der Stadt im Gefüge imperialistischer Macht sowie der herausragenden Stellung der Berliner Industrie. Die faschistische Diktatur verschob unter anderem die Struktur des
Berliner Bauwesens deutlich zugunsten der Ausweitung der Rüstungsindustrie, der militärischen Anlagen und der Machtreprä-
sentation und zuungunsten des Wohnungsbaus. In den Jahren
1933–1937 wurden jährlich 22 500 Wohnungen durch Neu- und
Umbau oder Wohnungsteilungen geschaffen gegenüber durchschnittlich rund 21 000 neu gebauten Wohnungen pro Jahr in
der Zeit von 1925 bis 1932.

Seit Sommer 1936 inoffiziell und seit dem 30. Januar 1937 öffentlich entstand unter maßgebender Leitung Albert Speers das
Projekt der »Welthauptstadt Germania«, zu der die Stadt Berlin

---

8 Zit. nach: Geschichte der deutschen Arbeiterbewegung in acht Bänden, Bd. 5:
Von Januar 1933 bis Mai 1945, Berlin 1966, Dokument 50, S. 510. – Kennzeichen J. Bilder, Dokumente, Berichte zur Geschichte der Verbrechen des Hitlerfaschismus an den deutschen Juden 1933–1945, Berlin 1981, S. 123.

verändert werden sollte. Die Vorstellung dieser Pläne nutzten die Faschisten zu einer bis dahin nicht gekannten Friedensdemagogie. Der Bau großer Wohngebiete – jeweils voneinander abgetrennt – sollte am Stadtrand, weit außerhalb der traditionellen Wohngebiete, am Autobahnring als totaler Neubau vor sich gehen. Damit sollte auch der hohen Konzentration der Arbeiterklasse in Berlin begegnet werden. Entscheidend an diesen Planungen blieb der Ausbau der Berliner Rüstungsindustrie in mehr als 42 Industriegebieten; er wurde bis 1943 systematisch vorangetrieben.

Um alle diese Planungen zu realisieren und um die innere Funktionsfähigkeit des großen Wirtschaftsraumes besser zu gewährleisten, trat am 1. April 1938 ein umfangreicher Gebietsaustausch zwischen den Berliner Verwaltungsbezirken in Kraft. Er beseitigte durch die Veränderung der Bezirksgrenzen Ungereimtheiten aus dem Jahre 1920 und schuf übersichtliche Verwaltungseinheiten, die den Bedingungen der Kriegsvorbereitung besser entsprechen sollten.

Nach außen bot der Berliner Alltag 1937/1938 das Bild eines beschaulichen Friedens, in Illustrierten und Wochenschauen verstärkt herausgestellt. Es gab kaum noch Arbeitslose, im Gegenteil, die Aufrüstung hatte zu einer gesteigerten Nachfrage nach Facharbeitern geführt. Ein Gefühl sozialer Sicherheit entwickelte sich bei vielen Familien, die die Schrecknisse der Weltwirtschaftskrise hinter sich wähnten. Die Strukturwandlung der Industrie, Rationalisierung und Modernisierung erzwangen eine Veränderung bisheriger Lebensgewohnheiten. Mehr Entspannung für die zunehmende Arbeitsleistung war gefordert. Die moderne Produktion stellte neue Anforderungen an die gesundheitliche Betreuung, zur besseren Versorgung der Beschäftigten in der Produktion und am Arbeitsplatz, denen partiell zu entsprechen die Unternehmer bereit waren; so wurden Dusch- und Waschräume eingerichtet, sportliche Betätigung ermöglicht, konnte in Betriebskantinen gegessen werden. Die veränderten Arbeits- und Lebensbedingungen in der hochspezialisierten Ber-

672

liner Industrie dienten dem objektiven Bedürfnis der Industrie nach Effektivierung der Ausbeutung. Die dabei erbrachten Verbesserungen wurden von den Faschisten in der Aktion »Schönheit der Arbeit« demagogisch als ihre Leistung herausgestellt.

Die Möglichkeiten der Entspannung in der Freizeit nahmen zu. Dampferfahrten »ins Grüne«, Familienausflüge mit Kartoffelsalat und Bouletten bekamen als harmlose Freizeitvergnügungen eine wichtige Funktion, ebenso Urlaub und Urlaubsreisen für einen insgesamt größer gewordenen Bevölkerungsteil. Dazu gehörten auch die Ferienlager der Hitlerjugend für die Schüler, die der Jugend aus der Berliner Arbeiterklasse sowohl Fahrten als auch militärische Ausbildung brachten. Die breiter werdenden Anwendungsmöglichkeiten des elektrischen Stroms im Haushalt (Warmwasserspeicher, Haushaltskühlschrank, Leuchtstoffröhre, deren Einsatz begann), ein schnelleres und leistungsfähigeres Nahverkehrsnetz über weite Strecken durch den Ausbau der S-Bahn sowie ein vermehrtes Unterhaltungsangebot für breiteste Bevölkerungskreise ließen für viele das Leben leichter erscheinen. Bei alledem veränderten sich die grundlegenden Lebensverhältnisse kaum. Nach Schätzungen staatlicher Behörden fehlten 1938 in Berlin etwa 170 000 Wohnungen. Weiterhin wurde mit einem weiteren Verlust von rund 30 000 Wohnungen (zumeist qualitätsvollen) durch die Umgestaltung gerechnet. Damit bezifferte sich der Fehlbedarf auf mehr als 200 000 Wohnungen. Ende 1938 wurden die Wohnverhältnisse in Berlin eingeschätzt. Danach hausten 45 000 Familien in Lauben, 20 000 Familien, teilweise bis zu 9 Personen umfassend, in Kellerwohnungen. Weitere 84 000 Familien mußten in primitiv ausgebauten Dachgeschossen leben. 130 000 Familien lebten beengt in 1- und 1 ½-Zimmer-Wohnungen, darunter viele mit 8 und mehr Personen. Zusammen mit weiteren 28 000 Wohnungen, deren Benutzung als unzumutbar galt, waren es mehr als 300 000 Wohnungen (Gesamtbestand etwa 1,5 Millionen), deren Nutzung als asozial angesehen wurde. Der Gesamtbedarf an neu zu bauenden Wohnungen belief sich Ende 1938 auf 500 000 Wohnungen. Das und eine Reduzierung der Nettolöhne pro Woche im Vergleich zu 1932 bei gleichzeitiger Steigerung der Preise der Grundnahrungsmittel und notwendiger Bedarfsartikel um 20 Prozent hatten die Lebensbedingungen der Bevölkerung objektiv weiter verschlechtert. Eine im Frühjahr 1939 durchgeführte allgemeine Lohnerhöhung um 15 Prozent konnte nur eine notdürftige Angleichung an die gestiegenen Lebenshaltungskosten bringen. Durch die fast restlose Beseitigung der Arbeitslosigkeit infolge der Aufrüstung und durch den zunehmenden Facharbeitermangel rückte dieser Tatbestand nicht so deutlich in das Bewußtsein der Bevölkerung.

Die Faschisten orientierten auf die Befriedigung trivialer Bedürfnisse, um die Massen von der Realität abzulenken. Die Unterhaltung hatte im Film, Theater, im Varieté, in den Zeitschriften und im Rundfunk vorzuherrschen, um das Denken in einem Meer von Belanglosigkeiten zu ertränken. Veranstaltungen der Superlative wie »Menschen, Tiere, Sensationen« dienten ebenso diesem Zweck wie die Propagandaausstellung »Gebt mir vier Jahre Zeit« (1938). Die Hetzausstellung im unzerstörten Teil des Reichstagsgebäudes »Der ewige Jude« (1939) träufelte antisemitisches Gift in die Bevölkerung.

Die Zeitungen verloren ihre überragende Position bei der Nachrichtenvermittlung an den Rundfunk. Insgesamt machten die Zeitungskonzerne, die Rundfunkanstalten und die UFA die Stadt zur Zentrale der faschistischen Meinungsmanipulation. Das Kino war bevorzugter Ort der Freizeitgestaltung. Die in Berlin und Babelsberg ansässige Filmindustrie formte dieses Bedürfnis durch eine Produktion von mehr als 1 000 Filmen in der Zeit 1933–1945 weiter aus. Es herrschten seichte Unterhaltungsfilme vor, die in einer zeitlosen Atmosphäre ohne soziale und politische Probleme spielten. Die insgesamt etwa 40 Filme mit eindeutig politischem Charakter nahmen sich dagegen bescheiden aus, wurden aber durch intensive Propaganda besonders herausgestellt. Die Presse war gleichgeschaltet, und die verschiedenen Zeitungen wandten sich jeweils an eine bestimmte Bevölkerungsgruppe; wichtig und interessant blieb für die Mehrzahl der Leser vor allem die Sportberichterstattung. Die faschistische Führung versuchte mit Betriebsappellen und dem gemeinsamen Anhören der Übertragung der Reden Hitlers im Rundfunk, die Mehrheit der Bevölkerung immer fester an sich zu binden.

Eine Welle chauvinistischer Begeisterung rief die Annexion Österreichs (März 1938) und von Teilen der ČSR (Oktober 1938) hervor, zugleich aber wuchs eine allgemeine Besorgnis vor einem drohenden Krieg. Die Verkündung des Großdeutschen Reiches mit seiner Hauptstadt Berlin (März 1938) verdeckte propagandistisch die allgemeine Verschlechterung der Lebenslage und die Kriegsangst.

Die Volkszählung am 17. Mai 1939 belegte mit ihren Ergebnissen, daß sich die Sozialstruktur nicht wesentlich verändert hatte (Gesamtbevölkerung: 4 338 756). Zwar manipulierten die Behörden einige Werte – man veränderte Berufsbezeichnungen oder nutzte veränderte Berufsbezeichnungen, um die Zahl der Arbeiter zu verkleinern und die der Angestellten zu vergrößern –, aber nach wie vor waren mehr als 50 Prozent der Berliner Bevölkerung Arbeiter mit ihren Familien. Unter den qualifizierten Arbeitern behaupteten die Metallarbeiter die erste Stelle.

Einteilung der Berliner Bevölkerung nach Gewerbezweigen 1939

		Prozent
Land- und Forstwirtschaft	29 400	0,7
Industrie und Handwerk	1 774 500	41,1
Handel und Verkehr	1 066 400	24,7
Öffentliche Dienste und private Dienstleistungen	672 200	15,5
Häusliche Dienste	109 300	2,5
Selbständige	669 700	15,5

Der antifaschistische Widerstandskampf in Berlin wurde von den faschistischen Führungsorganen aufmerksam beobachtet und pausenlos verfolgt. Eine geheime Analyse für die Spitzen der Staatsführung von Juli 1935 ging von einer Zunahme der antifaschistischen Aktivitäten aus, an denen in Berlin etwa 20 000 Personen beteiligt gewesen waren. Ende 1935 erging an die regionalen Terrororgane der Auftrag, mit gesteigerter Intensität den Widerstandskämpfern in Berlin nachzustellen. Aus Furcht, die Bemühungen in Spanien zur Errichtung der Volksfront gegen die Reaktion könnten den antifaschistischen Kampf in Deutschland stimulieren, und im Hinblick auf die Olympischen Spiele 1936 und die 700-Jahr-Feier der Stadt Berlin 1937 sollte der Widerstand in der Stadt gebrochen werden. Der Gestapo fielen im Verlauf des Jahres 1936 insgesamt 2 223 Widerstandskämpfer (davon 2 130 Kommunisten, 96 Sozialdemokraten und 7 Mitglieder der SAP), 31 Leitungen von Unterbezirken der KPD (zum Teil 2 in einem UB) und 44 Redaktionen von illegalen Zeitungen in die Hände.

Verfolgt und gehetzt, fanden die Kommunisten immer wieder neue Wege und Möglichkeiten, den Kampf fortzusetzen. Unter der Leitung von Elli Schmidt und später Paul Peschke bildeten die Kommunisten für eine Reihe von Gebieten Berlins wieder Parteileitungen. Abgerissene Verbindungen wurden in mühevoller Kleinarbeit wiederhergestellt, neue geknüpft. Entsprechend den Beschlüssen der Brüsseler Konferenz und den Lehren des antifaschistischen Kampfes schuf sich die Berliner Parteiorganisation eine dezentralisierte Struktur, deren einzelne Einheiten in direkter Verbindung mit der Abschnittsleitung Mitte in Prag verbunden waren. Etwa 5 000 Berliner Kommunisten standen im Sommer 1938 im aktiven antifaschistischen Kampf. In den Reihen der Internationalen Brigaden bewährten sich auch Berliner Antifaschisten, die für Spaniens und Deutschlands Freiheit kämpften.

Vom 30. Januar bis 1. Februar 1939 tagte die Berner Konferenz der KPD und analysierte die Lage im faschistischen Deutschland, die Aufgaben der Partei im Kampf gegen Faschismus und Krieg wurden formuliert. Die von der Brüsseler Konferenz gefaßten Beschlüsse wurden weiterentwickelt und umfassend das Programm der neuen deutschen demokratischen Republik, die aus dem gemeinsamen Kampf der deutschen Arbeiterklasse und aller Antifaschisten hervorgehen mußte, ausgearbeitet. Angesichts des drohenden Krieges orientierte die Konferenz darauf, alle Kräfte einzusetzen, um den Krieg zu verhindern. Sollte das nicht gelingen, mußte die rasche Beendigung des Krieges und der Sturz der Hitlerdiktatur das Kampfziel des antifaschistischen Widerstandes sein. Auf der Konferenz sprach Karl Mewis unter anderem über die Erfahrungen im Widerstandskampf in Berlin und über die kameradschaftlichen Beziehungen »zu ehemaligen Demokraten, zu Katholiken und Bekenntnischristen«, die »u. a. in Berlin dazu führten, daß im Zusammenhang mit dem Widerstand gegen die Kriegspolitik eine lebhafte Tätigkeit gegen die Wucherer und Schieber, gegen die Steuerpolitik und die Kommunalpolitik der Nazis begann«[9].

Nach der Berner Konferenz wurde der Kampf gegen die faschistische Diktatur auf höherer Stufe fortgeführt. Für die Berliner Parteiorganisation der KPD stand die Aufgabe, die Voraussetzungen für eine einheitliche Leitung der KPD für ganz Deutschland mit Sitz in Berlin zu schaffen. Der Prozeß der Herausbildung dieser Leitung stellte einen Schwerpunkt der illegalen Arbeit dar.

Anton Ackermann, Kandidat des Politbüros des ZK der KPD, konnte am 4. Mai 1940 in einer Analyse über die Entwicklung der KPD seit der Berner Konferenz einschätzen, daß in Berlin »die fortgeschrittenste Parteiorganisation« bestand.[10] Im Sommer 1939 besaß Berlin eine Organisation der KPD, die über die Voraussetzungen verfügte, den weiteren Ausbau einer schlagkräftigen Organisation mit einer einheitlichen zentralen Berliner Leitung sowie die Bildung einer in Deutschland tätigen Landesleitung für den Widerstandskampf der KPD voranzutreiben. Heroisch kämpften Antifaschisten aus allen Klassen und Schich-

---

9 Die Berner Konferenz der KPD (30. Januar –1. Februar 1939), Berlin 1974, S. 100.
10 Institut für Marxismus-Leninismus beim ZK der SED, Zentrales Parteiarchiv, 3/1/462.

ten, allen voran die Kommunisten, gegen Faschismus und Krieg; Berlin war das Zentrum des antifaschistischen Kampfes im Lande, und die antifaschistischen Kämpfer bewahrten die großen revolutionären und demokratischen Traditionen der Stadt im Kampf gegen den Feind der gesamten Menschheit.

Berlin im zweiten Weltkrieg (1939–1945)

Am 1. September 1939 überfielen die Truppen der faschistischen Wehrmacht Polen. Der deutsche Imperialismus entfesselte den zweiten Weltkrieg, der aus den antagonistischen Widersprüchen des imperialistischen Systems entstand; Hauptaggressor war der faschistische deutsche Imperialismus.

Bereits vor dem 1. September hatten sich für die Berliner Bevölkerung die Anzeichen dafür verstärkt, daß »etwas los sei«. Lebensmittelkarten wurden ausgegeben, verstärkt wurde zur Wehrmacht einberufen. All das mehrte die Besorgnis der Berliner Bevölkerung. Trotzdem überraschte die Bekanntgabe des Überfalls auf Polen die Mehrheit der Berliner. Es gab keine Kriegsbegeisterung, Erinnerungen an den ersten Weltkrieg lebten auf und verstärkten sich, als am 3. September Großbritannien und Frankreich dem Deutschen Reich den Krieg erklärten. Die Angst um die Angehörigen, Furcht vor dem Zweifrontenkrieg und die angespannte Versorgungslage bildeten zentrale Punkte der Gespräche. Als am 1. September die Sirenen irrtümlich Fliegeralarm gaben, mußte die Berliner Bevölkerung zum erstenmal in die Luftschutzkeller; das erhöhte die Spannungen. Die Besitzenden tätigten Angstkäufe auf dem Antiquitätenmarkt, um im Fall einer Geldentwertung über Sachwerte zu verfügen. In Berliner Großbetrieben häuften sich Arbeitsverweigerungen. Es zeigte sich, daß die Aussage Ernst Thälmanns »Wer Hitler wählt, wählt den Krieg!« nicht vergessen war. Die illegal kämpfende KPD klärte mit Flugblättern die Berliner Bevölkerung auf und wies auf den Zusammenhang zwischen Faschismus und Krieg hin.

Beispielhaft war die Aktivität von Heinz Kapelle, der als Mitglied des KJVD gemeinsam mit anderen jungen Kommunisten, Sozialdemokraten, Katholiken antifaschistische Flugblätter herstellte und verbreitete, so auch das Flugblatt »Ich rufe die Jugend der Welt«.

Nach der faschistischen Aggression gegen Polen setzte zunächst eine Phase der Beruhigung ein. Die Ablehnung des Krieges aber blieb und äußerte sich in einer allgemeinen Stimmung und in Bemerkungen, die von der Friedenssehnsucht bei Teilen der Berliner Bevölkerung zeugten. So nach dem demagogischen »Friedensangebot« an Frankreich und Großbritannien in der Rede Hitlers am 6. Oktober 1939. In Berlin traten wie in anderen Teilen Deutschlands auf Grund des Gerüchts, England habe Hitlers Angebot angenommen, die Belegschaften verschiedener Betriebe zusammen, um die neue Lage zu diskutieren. Auf Straßen und Plätzen kam es zu spontanen Zusammenkünften. Die Angehörigen von Wehrmachtstransporten, die in Berlin Station

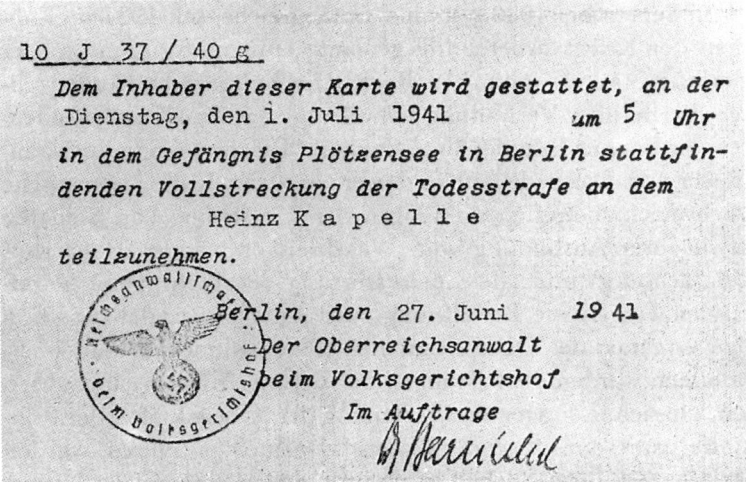

Genehmigung, an der Hinrichtung
des Jungkommunisten Heinz Kapelle teilzunehmen

machten, wurden mit den Worten begrüßt: »Ihr könnt nach Hause fahren, der Krieg ist aus!«

Die faschistischen Führungsorgane reagierten mit Terror und Demagogie, um ihr Hinterland zu stabilisieren. Seit langem geplante Maßnahmen auf innenpolitischem Gebiet traten in Kraft. Die »Grundsätze der inneren Staatssicherheit während des Krieges« vom 20. September und andere Weisungen erweiterten die Möglichkeiten der willkürlichen Verhaftung von Antifaschisten und ihre Ermordung. Am 27. September ordnete Heinrich Himmler, Reichsführer SS und Chef der deutschen Polizei, an, die Behörden des faschistischen Terrorismus zu zentralisieren und sie als »Reichssicherheitshauptamt« (Sitz: Prinz-Albrecht-Straße) zusammenzufassen. Es entstand ein neues Organ zur verstärkten Beobachtung, Bespitzelung und Terrorisierung des deutschen Volkes und der vom deutschen Imperialismus unterjochten Völker. Aus den Mauern Berlins ergingen die Weisungen zur Fortführung der Aggression und zur systematischen Ausrottung ganzer Bevölkerungsgruppen.

Im September 1939 trat eine umfangreiche, seit 1937 im Rahmen der Kriegsvorbereitung geplante Umstrukturierung in der Berliner Stadtverwaltung in Kraft. Die Kriegsgesetze unterstellten die Berliner Verwaltung teilweise wieder dem Oberpräsidenten der Provinz Brandenburg, da dieser Reichsverteidigungskommissar war. Das bedeutete in der Praxis, daß alle die faschistische Wehrmacht betreffenden Fragen der Einziehung von Soldaten sowie ihrer Ausbildung vom Wehrkreiskommando III (Berlin-Brandenburg) und alle die Ausrüstung der Wehrmacht betreffenden Fragen wie Bewaffnung oder Arbeitseinsatzlenkung von den Organen des Oberpräsidenten (Hauptwirtschaftsamt) übernommen wurden. Auf Drängen der Berliner Rüstungsindustriellen, die sich in Fragen der Verteilung der Arbeitskräfte, der Rohstoffe usw. vom Oberpräsidenten benachteiligt fühlten, wurden im Sommer 1940 ein Landesarbeitsamt Berlin sowie ein Hauptwirtschaftsamt für Berlin gebildet.

Am 18. September 1939 erließ der »Ministerrat für Reichsver-

teidigung« eine Verordnung über den sogenannten Kriegssteuer-
beitrag, nach der die Abwälzung der Lasten des Krieges auf die
Bevölkerung organisiert wurde. Aus dem Steueraufkommen
mußten immer größere Anteile für die Kriegsfinanzierung bereitgestellt werden. Berlin traf das doppelt: Einmal hatte die Stadt
als Gemeinde und einmal als Provinz zu zahlen. Für den gesamten Zeitraum des Krieges entzogen die faschistischen Behörden
Berlin als Gemeinde 1 034 694 062 Mark und als Provinz
32 954 960 Mark, die für Erhaltung, Pflege und Wartung sowie
Neuanschaffung kommunaler Einrichtungen vorgesehen waren.
Der Nichteinsatz dieser Mittel für den eigentlichen Zweck über
eine längere Zeit ließ Berlin zunächst unmerklich, aber in Verbindung mit den alliierten Luftangriffen deutlich und nachhaltig
verkommen.

Eine erste optimistisch gehaltene Einschätzung des Verhaltens
der Berliner Bevölkerung zum Krieg mußten die faschistischen
Behörden sehr bald revidieren. Zwar hielten sie die Bevölkerung
in ihrer terroristischen und demagogischen Fessel, trotzdem kam
es zu neuen Formen des passiven Widerstandes. Zunehmend re-
gistrierten die Ämter Arbeitsunlust und Arbeitsverweigerung. So
berichteten zentrale Behörden, daß in Berlin allein im Januar
und Februar 1940 jeweils mehr als 1 500 Fälle von Arbeitsverweigerung angezeigt und daß die vorher gemeldeten Zahlen viel zu
niedrig gewesen seien.

Der Winter 1939/1940 traf die Berliner Bevölkerung hart. Die
mangelnde Leistungsfähigkeit des Verkehrsnetzes bei gleichzeitiger Überbelastung durch die Wehrmachtstransporte verschlechterte die Kohlen- und Kartoffelversorgung der Stadt katastro-
phal. Die Faschisten versuchten mit Schließung der Schulen und
dann im Februar 1940 mit Großeinsätzen von SA-Leuten und
einer bevorzugten Belieferung Berlins diesen Zustand zu verbessern, aber die Angst vor der mangelnden Versorgung in Erinnerung an den Kohlrübenwinter 1916/1917 blieb und verstärkte
sich.

Die Bedingungen des Krieges stellten neue Forderungen an

den antifaschistischen Kampf. Bis zum Kriegsbeginn waren in Berlin Gebietsorganisationen der KPD tätig, die auf der Grundlage der Beschlüsse der Berner Konferenz arbeiteten.

In den ersten Monaten des Krieges wirkte in Adlershof und in anderen südöstlichen Stadtteilen Berlins eine Gebietsorganisation unter Leitung von Willi Gall, einem Instrukteur der Abschnittsleitung Mitte der KPD, und Otto Nelte, einem Mitglied der Unterbezirksleitung Berlin-Treptow der KPD. Sie nahmen die Aufgaben einer Berliner Leitung der KPD wahr. Die organisatorische Basis dieser Parteiorganisation waren ihre Zellen in Betrieben des Maschinenbaus, der Chemie- und Elektroindustrie. Zur Schulung und Anleitung der antifaschistischen Kämpfer wurden ein Informationsdienst und andere Materialien herausgegeben. Kurt Seibt, der eng mit den beiden Genossen zusammenarbeitete, berichtete, wie es gelang, eine kleine Druckpresse zu beschaffen und die »Berliner Volkszeitung« herzustellen; Ende Oktober 1939 erschien als erste und einzige Nummer eine mehrseitige Ausgabe in 2 000 Exemplaren, aber schon die für Dezember vorbereitete Zeitung konnte nach der Verhaftung der leitenden Funktionäre nicht mehr gedruckt werden.

Eine weitere Parteiorganisation existierte unter Leitung von John Sieg und stand in engen Verbindungen zu antifaschistisch gesinnten Angehörigen der Intelligenz, so zu dem Schriftsteller Adam Kuckhoff, zum Regierungsrat im Reichswirtschaftsministerium Arvid Harnack und zu Harro Schulze-Boysen, Oberleutnant im Reichsluftfahrtministerium. Deren 1938 beginnende Zusammenarbeit war Ausgangspunkt für den Zusammenschluß mehrerer antifaschistischer Kreise zu einer Widerstandsorganisation, die sich zu einer der bedeutendsten in den ersten Jahren des zweiten Weltkrieges entwickelte. Zur großen Schar der Widerstandskämpfer zählte Wilhelm Guddorf, bis zu seiner Verhaftung 1934 Mitarbeiter der Bezirksleitung Berlin der KPD; nach seiner Entlassung aus der Haft nahm er sofort Verbindung mit ihm bekannten Kommunisten, zum Beispiel mit Robert Uhrig, und anderen Hitlergegnern auf und stellte auch Kontakte nach

Sonderausgabe

Berliner Volkszeitung

Für Frieden, Freiheit, Demokratie!

Unser Volk will den Frieden!

Wen erfüllt der Gedanke an Frieden nicht mit neuer Hoffnung und Zuversicht — Aber denkt dabei nicht an die Wochen größter Sorge und Bangigkeit? Wochen in denen Frauen und Mütter um das Schicksal ihrer Männer und Söhne zitterten. Nächte, die ihnen in peinigender Angst die Ruhe zum Schlaf raubten.

Mit Beendigung des Krieges in Polen hofften viele, daß Frieden werden würde. Aber der Glaube hat sich als trügerisch erwiesen Selbst die Naziführer, die die Hoffnung auf baldigen Frieden nährten, können sich nicht mehr getrauen, die Wahrheit zu verschweigen.

Ley erklärte auf der Handelstagung:

Wie lange der Krieg dauert, weiß niemand. Aber, daß das deutsche Volk am Ende dieses Krieges in der gleichen Verfassung sein wird, ist uns allen eine Selbstverständlichkeit.

Hitler sagte in München:

Wie lange der Krieg dauert, spielt keine Rolle. Was immer auch im einzelnen uns an Opfern zugemutet wird das wird vergehen und ist belanglos.

Hat der Krieg in Polen noch nicht genug Opfer gekostet? Hat er unserm Volk noch nicht genug Leid und Not gebracht? In Wahrheit wurden bereits nach zwei Wochen Krieg im Kriegsministerium 72300 Tote gemeldet. Aber die Führer, weit vom Schusse, sprechen vom Durchhalten.

Wofür das alles mußte das so sein?

Diese Frage drängt sich unserem Volke auf. — [Hitler, der nicht Frau und Kind hat und nicht den Schmerz zerstörten Familienglückes kennt, gab den Marschbefehl. Er behauptete, es ginge um die Heimholung Danzigs und der ehemaligen deutschen Gebiete zum Reich. Man frogt sich, dafür mußten Hunderttausende Söhne unseres Volkes ihr Leben lassen Und dafür muß ein Land in Trümmer gelegt und seine Bewohner zu Hunderttausenden abgemetzelt werden.]

Titelblatt der ersten und einzigen Nummer, Ende Oktober 1939

Hamburg her. Die parteilosen Ärzte John Rittmeister und Helmut Himpel bewährten sich im antifaschistischen Kampf ebenso wie die junge Kommunistin Ursula Goetze.

Die Mitglieder aller illegalen Parteiorganisationen aktivierten ihre Arbeit. Sie widmeten sich dem Studium der Werke der Klassiker des Marxismus-Leninismus, diskutierten sie und gaben illegale Schriften heraus, die die Situation im faschistischen Deutschland kenntnisreich und treffend analysierten. Dazu gehörten 1940 die mit »Agis« unterzeichneten Flugschriften sowie die seit 1941 regelmäßig im Laufe von zweieinhalb Jahren erscheinende Zeitung »Die innere Front«. In den Artikeln wurde die Orientierung der KPD propagiert, den Krieg durch Sturz des Hitlerfaschismus zu beenden und ein freies, demokratisches Deutschland zu errichten. Nach Kriegsbeginn bildeten sich in wichtigen Berliner Rüstungsbetrieben Widerstandsgruppen, denen Kommunisten, Sozialdemokraten, Gewerkschafter und parteilose Arbeiter angehörten. Die Verbindungen, die zwischen Robert Uhrig, John Sieg und Wilhelm Guddorf entstanden, waren die Grundlage, auf der sich 1940 eine Leitung der Bezirksorganisation der KPD herausbildete.

Wesentliche Unterstützung erhielt die Berliner Parteiorganisation durch erfahrene Funktionäre, die nach mehrjähriger Haft entlassen worden waren. Sie hatten als Mitarbeiter des ZK der KPD, als Sekretäre oder als Mitglieder von Bezirksleitungen, als Reichs- und Landtagsabgeordnete der KPD vor 1933 gearbeitet. Unter Beachtung der Bedingungen des illegalen Kampfes und der Konspiration reihten sie sich wieder in die Parteiarbeit ein. Zu ihnen gehörte Anton Saefkow, der als Sekretär der Bezirksleitung Wasserkante Anfang 1933 verhaftet worden war und 1939 nach Berlin entlassen wurde.

Die Parteiorganisation in Berlin stellte unter anderem antifaschistische Schriften in jeweils 50 bis 250 Exemplaren her, die unter der Bevölkerung verbreitet wurden. Die Gestapoleitstelle Berlin registrierte ihr Erscheinen aufmerksam. Die überlieferten Angaben belegen auch auf diesem wichtigen Feld – der Auseinandersetzung mit den faschistischen Lügen –, daß die KPD ihren Kampf ungebrochen fortsetzte.

Bis Mitte 1940 hatte die KPD die politischen und organisatorischen Voraussetzungen geschaffen, um mit einer Landesleitung von Berlin aus den antifaschistischen Kampf der KPD in ganz

Deutschland weiterzuführen. Die Parteiarbeiter Arthur Emmerlich und Kurt Steffelbauer nahmen seit Herbst 1940 die Funktion dieser Leitung wahr. In engem Kontakt mit der Leitung der Bezirksorganisation Berlin der KPD bereiteten sie ihre Arbeit vor und stellten zum Beispiel das zentrale Organ »Die Rote Fahne« her; in der Berliner Parteiorganisation hatten sie den notwendigen Rückhalt.

Immer mehr sozialdemokratische Funktionäre und Mitglieder reihten sich in den antifaschistischen Kampf ein. Dabei blieb die politische Wirksamkeit des sozialdemokratischen Widerstandes gering, während der ideologische Klärungsprozeß vorankam. Es reifte in diesen Kreisen die Erkenntnis, daß es lebensnotwendig war, die unselige Spaltung der Arbeiterklasse zu überwinden. Sozialdemokraten wirkten in von der KPD geleiteten zentralisierten Widerstandsorganisationen mit. Zu diesen Sozialdemokraten gehörten in Berlin unter anderen Kurt Düttchen und Leo Tomschik.

Die bürgerlichen Widerstandskreise behielten ihre Orientierung auf die bürgerliche Demokratie bei und sammelten Kräfte, um in einem Staatsstreich Hitler zu stürzen. Konservative Politiker hatten sich mit Militärs zusammengefunden, Wissenschaftler der Berliner Universität, wie der Chirurg Ferdinand Sauerbruch, der Geograph Albrecht Haushofer, der Volkswirtschaftler Jens Jessen und andere, trafen sich in der »Mittwochsgesellschaft«, um über die weitere politische Entwicklung zu diskutieren. Es war eine vielschichtige Bewegung, zu der auch aktive frühere Parteigänger des faschistischen Regimes gehörten. Dem Kreis gehörten weiterhin der preußische Staatsminister und Reichsminister a. D. Johannes Popitz, der ehemalige Chef des Generalstabes Ludwig Beck und der Botschafter Ullrich von Hassel an.

Die Entfesselung des Krieges, die tief in das Leben der Berliner eingriff, veränderte auch die Planung zur »Neugestaltung« der Stadt. Zunächst sollten alle Arbeiten gestoppt und die geschaffene Bauorganisation zum Ausbau der Rüstungsindustrie und zum kleineren Teil für die Beseitigung der Bombenschäden genutzt werden. Nach dem militärischen Sieg über Frankreich (Sommer 1940) setzte eine Planungseuphorie ein. Hitler bestimmte in einem Erlaß vom 25. Juni 1940 die Beschleunigung der Arbeiten und befahl ihren Abschluß für das Jahr 1950. Gleichzeitig entstand die Idee einer »Weltausstellung 1950«, in deren Verlauf die Umbenennung Berlins in »Welthauptstadt Germania« vorgenommen werden sollte.

Die Planungen griffen tief in den kommunalen Bereich der Stadt ein. Die Stadtverwaltung sträubte sich, da sie die Kosten der Bauvorhaben zu tragen gehabt hätte und sie die täglichen Auseinandersetzungen wegen der Zuteilung von Ersatzwohnraum mit der Bevölkerung führen mußte. Der Generalbauinspektor für die Neugestaltung Berlins, Albert Speer, ließ mit einer Weisung vom 19. Juli 1940 antworten, die die Stadtverwaltung mit Julius Lippert an der Spitze beseitigte und ihm selbst volle Verfügungsgewalt über den Planungs- und Bausektor in Berlin einräumte.

In der ersten Periode des zweiten Weltkrieges wurde Berlin nur in geringem Maße von britischen Bombenflugzeugen angegriffen. Aber schon zu diesem Zeitpunkt erwies sich der Luftschutz der Bevölkerung und der Industrie als unzureichend. Die Faschisten hegten die Auffassung, daß ihre Luftwaffe in der Lage sein werde, durch schnelles Hineintragen des Krieges in das Territorium des Gegners das eigene von Kampfhandlungen frei zu halten. Die Niederlage der faschistischen Luftwaffe in der Luftschlacht um England (Herbst 1940) und insbesondere die Vorbereitung des verbrecherischen Überfalls auf die Sowjetunion veränderten die Situation grundlegend. Die Faschisten waren gezwungen, ihre Maßnahmen der Luftverteidigung und des Luftschutzes der Zivilbevölkerung zu verstärken. Als Folge der ersten Luftangriffe auf Berlin am 26. August 1940 wurde eine Entscheidung Hitlers über den Bau von Luftschutzbunkern herbeigeführt. Den Auftrag zum Bau der Luftschutzbunker erhielt Speer, der innerhalb von drei Monaten 1 000 Luftschutzbunker errichten lassen wollte. Die Planung erwies sich angesichts der viel zu geringen Mittel als unreal. Von den schließlich etwa 400 vorgesehenen Bauten waren bis 1941 120 Objekte als Tief-, Flach- oder Hochbunker errichtet worden. Drei von ihnen – Bunker Friedrichshain, Zoobunker und Bunker am Humboldthain – entstanden 1940/1941 als Flaktürme für die Luftverteidigung. Im August 1943 existierten schließlich 413 Bunker, die 200 000 Personen (5 Prozent der Gesamtbevölkerung) Unterkunft bei Bombenangriffen boten. Im Herbst 1940 hatte auch der Bau öffentlicher Schutzräume begonnen und war mit Mauerdurchbrüchen angefangen worden, damit bei Zerstörung eines Hauses eine Flucht durch das Nachbarhaus möglich war. Alle Projekte konnten die Unzulänglichkeit des Schutzes der Zivilbevölkerung nicht verbergen.

Die Luftangriffe des Jahres 1940 auf Berlin ließen in den Spitzengremien des faschistischen Regimes den Gedanken aufkommen, durch eine großzügige Regelung der Schadenersatzansprüche die Berliner Bevölkerung für sich einzunehmen. Eine »Sachschädenfeststellungsverordnung« vom 8. September 1939 regelte bisher nur die Schadensfälle, die die Industrie erlitt, und nicht einmal in vollem Umfang. Die Neuregelung vom 30. November 1940 ermöglichte der Rüstungsindustrie, ihre Produktionsanlagen schnell wiederherzurichten, mehr Finanzmittel wurden für die Bevölkerung bereitgestellt. Diese Maßnahme mußte im weiteren Verlauf des Krieges bei der Zunahme und Heftigkeit der alliierten Luftangriffe wieder zurückgenommen werden, da bei dem Umfang der eingetretenen Schäden und der weitestgehenden Stillegung der zivilen Produktion kein Ersatz für verlorengegangenen Hausrat gestellt werden konnte. Die ausgezahlten Geldbeträge waren von wenig Wert, da es dafür immer weniger zu kaufen gab.

Der materielle Schaden, den die Luftangriffe verursachten, kann nur grob geschätzt werden. Nach den wenigen erhaltenen Unterlagen gelangten auf Grund der Kriegssachschädenverordnung vom 30. November 1940 Summen in folgender Höhe zur Auszahlung (nur Schäden der Industrie und von Einzelpersonen,

Eigentum des Staates und der Stadt wurde nicht berücksichtigt): 1940 7 376 040 Mark, im folgenden Jahr 40 560 061 Mark, 1942 wurden 42 183 580 Mark ausgezahlt.

Der Umfang des Gesamtschadens für die Bevölkerung und die Industrie kann – bei Beachtung aller Faktoren – vorsichtig auf etwa 4 Milliarden Mark geschätzt werden. Berücksichtigt man, daß ab etwa Ende 1943 nur noch festgestellt wurde, welche Verluste Privatpersonen erlitten hatten, das Geld aber nicht mehr ausgezahlt wurde, kann mit einiger Berechtigung gesagt werden, daß die Stadt und ihre Bewohner durch den vom deutschen Finanzkapital entfesselten Krieg Schäden in Höhe von mindestens 5 Milliarden Mark hinnehmen mußten.

Am 22. Juni 1941 überfiel der faschistische deutsche Imperialismus ohne Kriegserklärung heimtückisch die Sowjetunion. In der sozialistischen Sowjetunion sah er das Haupthindernis bei der Verwirklichung seiner Eroberungs- und Vorherrschaftspläne. Der Überfall auf die Sowjetunion war das schwerste Verbrechen des deutschen Imperialismus sowohl an den Völkern der UdSSR als auch am deutschen Volk. Mit diesem Angriff beschwor die deutsche Monopolbourgeoisie eine neue große Katastrophe für das deutsche Volk herauf. Dieser Schritt, der den Klassenzielen der reaktionärsten Kräfte des Weltimperialismus entsprach, spitzte alle negativen Züge in der Entwicklung Berlins zu.

Wie überall im faschistischen Deutschland, profitierten die Rüstungsindustriellen und Bankiers auch in Berlin von der von ihnen errichteten offenen Diktatur und vom Krieg. Die Ausbauphase der neuen Rüstungswerke war in der Stadt 1941/1942 im wesentlichen abgeschlossen; deren Kapazitäten wurden nunmehr in die Kriegswirtschaft eingebracht. Allerdings wurde die weitere Entwicklung dieser Werke durch das sich immer mehr verringernde Arbeitskräftepotential gebremst. Einziehungen zur Wehrmacht und Einsatz von Arbeitskräften in den zeitweilig okkupierten Gebieten ließen die Zahl der zur Verfügung stehenden Arbeitskräfte sinken. Durch rigorose Stillegung ganzer Betriebszweige für den Zivilbedarf und die Umsetzung der Potentiale in

115 Magnus Zeller, Der Hitlerstaat. Ölgemälde, 1938/1939. Zeller, während der Nazizeit als »entartet« diffamiert, erlangte besondere Bedeutung durch seine antifaschistischen visionären Darstellungen

116 Sozialdemokratische Funktionäre im Konzentrationslager Oranienburg. Zweiter von links Friedrich Ebert

117 Umschlag einer
antifaschistischen
Broschüre gegen die
Olympischen Spiele
in Berlin 1936

118 Vor der Deutschen Bank in der Behrenstraße stehen täglich
Tausende an nach Eintrittskarten für die Sportwettkämpfe

119 Parade
der faschistischen
Wehrmacht
am 20. April 1939
auf der sogenannten
Ost-West-Achse
zwischen Siegessäule
und Brandenburger Tor

120 Sommerlicher Hochbetrieb im Strandbad Wannsee
am Vorabend des Weltkrieges, August 1939

121 Im Laufe
des Krieges nimmt
die Zahl der in
der Rüstungsindustrie
arbeitenden Frauen
und Mädchen
ständig zu

122 KZ-Außenlager der Siemens AG in Berlin-Lichtenrade

123 Carl Hofer, Der Rufer. Ölgemälde, 1935.
Hofer wurde bereits 1934 zum »entarteten« Künstler erklärt

124 Modellaufnahme von 1942 des Großen Platzes
an der geplanten Nord-Süd-Achse mit der Großen Halle,
die mit 290 Meter Höhe das größte Bauwerk der Welt werden sollte

125 Berliner Straße nach einem Bombenangriff am 22. März 1945

126 Straßenkämpfe im Berliner Zentrum, Ende April/Anfang Mai 1945. Soldaten der Roten Armee befreien Berlin vom Hitlerfaschismus

127 In der Straße Unter den Linden weht im Mai 1945 das sowjetische Siegesbanner

die Rüstung, durch Konzentrations- und Rationalisierungsmaß-
nahmen sowie die Einbeziehung dienstverpflichteter deutscher
und ausländischer Zwangs- und Fremdarbeiter in die Produktion
versuchten die Konzernherren, das große Rüstungsgeschäft zu
machen.

Die Bilanzen der Rüstungswerke belegen dies eindeutig. Bis
zum 30. September 1941 vergrößerte sich das Anlagekapital zum
Beispiel bei der Askania AG auf 14 Millionen Mark gegenüber
3 Millionen Mark im Jahre 1933, bei der Siemens & Schuckert
AG stieg es auf knapp 80 Millionen Mark gegenüber 64 Millionen Mark im Jahre 1933. Die Reingewinne stiegen zum Beispiel
bei der AEG auf 13 Millionen Mark im Jahre 1942 gegenüber
7 Millionen Mark im Jahre 1939, bei der Reichsbank von
105 Millionen Mark im Jahre 1939 auf 379 Millionen Mark im
Jahre 1942. Auf dem Bankplatz Berlin bewegten die 17 größten
deutschen Banken im Jahre 1943 knapp 98 Milliarden Mark
(1933 waren es 20 Milliarden). Die Deutsche Bank AG erhöhte
ihren Umsatz von 98 Millionen Mark im Jahre 1934 auf
201 Millionen Mark im Jahre 1943, und die AEG, der größte
deutsche Elektrokonzern mit Sitz der Verwaltung und den wichtigsten Betrieben in Berlin, wies Ende 1943 eine Bilanzsumme
von 1 049 957 001 Mark (1933: 472 221 378) aus.

Im Sommer 1944 erreichte der Ausstoß an Rüstungsgütern in
den Berliner Rüstungsbetrieben seinen größten Umfang. Für die
Berliner Konzernherren wurde die Frage der Beschaffung der für
die Produktion benötigten Arbeitskräfte ein wichtiges Problem.
Immer mehr deutsche Facharbeiter schieden durch Einziehung
zur Wehrmacht aus dem Produktionsprozeß aus. In der Zeit von
Oktober 1940 bis September 1942 mußte die Berliner Kriegswirtschaft 414 807 Arbeitskräfte (224 275 weibliche und 190 532
männliche) abgeben, die auch im Wehrmachtsgefolge, so bei
Reichsbahn und Post, zum Einsatz kamen oder aus Gesundheits-
und Altersgründen zu arbeiten aufhörten.

Im Einsatz ausländischer Arbeitskräfte in der Kriegswirtschaft
sahen die Berliner Konzernbetriebe einen Ausweg, der ihnen zu-

Plakat mit Aufforderung zur verstärkten Rüstungsproduktion

gleich ein lohnendes Geschäft in Form von Extraprofit bescherte. Der für die Konzerne profitabelste Einsatz begann 1939/1940; in Berlin verzögerte sich dieser Einsatz, weil die regionalen Machtorgane befürchteten, daß sich die ausländischen Arbeiter sehr schnell mit den deutschen im Widerstand verbinden würden.

Alle vom faschistischen deutschen Imperialismus überfallenen Völker mußten Arbeitskräfte stellen, die mit Verlockungen, vor allem aber mit Zwang in das faschistische Deutschland verschleppt wurden. Die Zahl der ausländischen Arbeitskräfte betrug in Berlin am 1. Januar 1941 19 000 (1 Prozent aller in der Stadt beschäftigten Personen) und am 25. April 1941 68 840 (3,6 Prozent).

Nach dem Überfall auf die Sowjetunion drängten Berliner Industrielle immer mehr auf den Einsatz von Zwangsarbeitern; Monopolvertreter wurden im November/Dezember 1941 beim Landesarbeitsamt Berlin vorstellig, um ihrem Wunsche nach Facharbeitern aus der Sowjetunion Nachdruck zu verleihen.

Nach den Unterlagen der regionalen faschistischen Organe waren Ende Juni 1944 381 500 ausländische Zwangs- und Fremdarbeiter in der Berliner Industrie zum Einsatz gekommen. Der größte Teil von ihnen mußte in mehr als 600 Lagern in Berlin und außerhalb der Stadt hausen.

Verschleppung ausländischer Zwangs- und Fremdarbeiter nach Berlin

	Neu verschleppt	Abmeldungen infolge Tod, Flucht und Rücktransport
Bis 31.12.1941	116 841	
31.12.1942	173 595	8 647
30. 6.1943	111 979	52 951
31.12.1943	60 017	65 989
30. 6.1944	45 238	66 746
	507 670	194 333

In der Zahl der Abgemeldeten sind auch diejenigen Ausländer erfaßt, die unter den brutalen Arbeits- und Lebensbedingungen verstarben und verhungerten, bei Luftangriffen umkamen, sich durch Flucht und Untertauchen den barbarischen Arbeits- und Lebensbedingungen entzogen oder von den Faschisten ermordet wurden, so die etwa 300 sowjetischen Kinder, die verhungerten.

Im Sommer 1942 begann auch in Berlin der verstärkte Einsatz von Häftlingen der faschistischen Konzentrationslager in der Rüstungsindustrie. Große Konzerne wie Siemens verlegten entweder einen Teil der Rüstungsfertigung in das KZ Ravensbrück oder errichteten in Berlin Außenlager der Konzentrationslager Sachsenhausen und Ravensbrück, in denen unter Aufsicht von Firmenangehörigen antifaschistische Kämpfer aus vielen Ländern Europas und aus Deutschland Rüstungsgüter produzieren mußten. Das war für die Monopolbetriebe ein einträgliches Geschäft und für die Faschisten die Möglichkeit, ihr Konzept der »Vernichtung durch Arbeit« zu realisieren.

Die bereits im April 1933 begonnenen Maßnahmen gegen die

Berliner jüdischer Herkunft steigerten die Faschisten während des Krieges. Den Einschränkungen der Bewegungsfreiheit (November 1938) folgten die Aufhebung des Mieterschutzes (April 1940), die Verkürzung der Einkaufszeiten (Juli 1940), die Kennzeichnung mit dem »Judenstern« an der Kleidung (September 1941) und an der Wohnung (26. März 1942). Die Faschisten nutzten die Ablenkung durch das Kriegsgeschehen, um diesen Teil der Berliner Bevölkerung zu vernichten. Von den etwa 150 000 im Jahre 1933 in der Stadt lebenden Deutschen jüdischer Herkunft vertrieben die Faschisten bis 1940 etwa 90 000. Zugleich aber zogen aus anderen Teilen Deutschlands jüdische Bürger nach Berlin, um sich in der großen Stadt gegenseitig zu unterstützen und zu helfen.

Die Situation verschärfte sich grundlegend, als nach der berüchtigten »Wannsee-Konferenz« (20. Januar 1942) die Faschisten zum Völkermord übergingen und die physische Vernichtung des jüdischen Bevölkerungsteils systematisch betrieben. Mit psychischem und physischem Terror und Mord vernichteten die Faschisten eine Berliner Bevölkerungsgruppe, die durch ihr Wirken für die Stadt und in ihr in mehr als 250 Jahren durch wissenschaftliche, künstlerische, schriftstellerische und ökonomische Tätigkeit einen wesentlichen Beitrag für die Entwicklung und herausragende Position Berlins geleistet hatte.

Am 2. September 1941 lebten noch 54 866 Bürger jüdischer Herkunft in Berlin. Etwa 20 000 von ihnen mußten in der Rüstungsindustrie in geschlossenen Bereichen arbeiten. Im Oktober 1941 begannen die faschistischen Behörden in Berlin mit der Deportation in die Vernichtungslager. Die in der Rüstungsindustrie Beschäftigten wurden davon zunächst ausgenommen. Über die verschiedensten Schritte nahm der verbrecherische Plan, Berlin »judenfrei« zu machen, immer konkretere Formen an. Am 18. Oktober 1941 ging vom Bahnhof Grunewald der erste von insgesamt 63 Transporten mit 35 738 Berlinern jüdischer Herkunft in die Vernichtungslager ab. Diese Menschen waren vorher in Lagern in der Großen Hamburger Straße, in der Iranischen

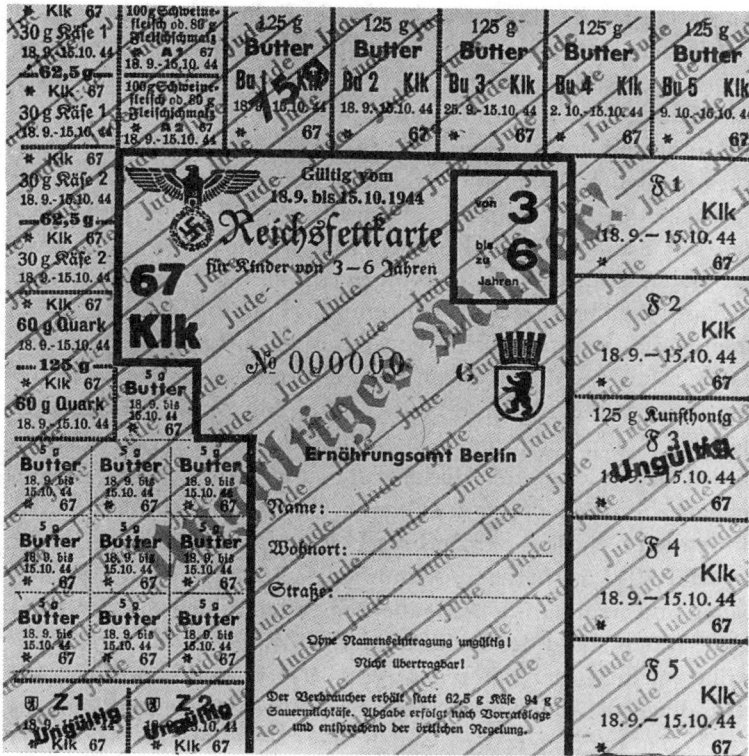

Lebensmittelkarte für jüdische Kinder von 3 bis 6 Jahren

Straße und an anderen Orten zusammengetrieben worden. Am
6. Juni 1942 begannen »Alterstransporte« in das Ghetto There-
sienstadt. In 117 Transporten dieser Art wurden 14 797 jüdische
Bürger deportiert.

Am 27. Februar 1943 verhaftete die Gestapo 40 000 noch in
der Stadt lebende Berliner jüdischer Herkunft. Damit erreichte
der Völkermord der deutschen Faschisten in Berlin seinen Höhepunkt. 4 000 von den 11 000 zu diesem Zeitpunkt noch in der
Rüstungsindustrie eingesetzten Personen wurden von Arbeitskol-
legen gewarnt und tauchten als sogenannte »U-Boote« unter.

Antifaschisten Berlins versteckten sie in Kellern, Lauben und auf Friedhöfen und versorgten sie – oft unter Einsatz des eigenen Lebens – mit Lebensmitteln, so daß viele von ihnen die faschistische Diktatur überleben konnten.

Mutig und entschlossen stellten sich antifaschistische Kämpfer aus allen Klassen und Schichten gegen die Verbrechen der Faschisten. An der Spitze der Bezirksorganisation der KPD standen seit Frühjahr 1940 Robert Uhrig, Wilhelm Guddorf, Kurt Lehmann, Franz Mett und John Sieg. Sie hatten Verbindungen zu Parteiorganisationen in Dortmund, Hamburg, Leipzig, München sowie zu antifaschistischen Gruppen in Breslau, Duisburg, Essen, Mannheim und in anderen Städten sowie nach Thüringen. Engen Kontakt unterhielt die Leitung zu Anton Saefkow, der mit Kampfgefährten neue Zellen in Berliner Betrieben zu bilden begonnen hatte. Guddorf und Sieg festigten die Zusammenarbeit mit der Schulze-Boysen/Harnack-Organisation. Die führenden Genossen der Berliner Leitung traten an die Stelle der im Mai 1941 verhafteten Arthur Emmerlich und Kurt Steffelbauer und nahmen die Aufgaben einer Landesleitung der KPD wahr. Ihnen stand der Beauftragte des ZK der KPD Alfred Kowalke zur Seite, der sich seit August 1941 in Berlin aufhielt. Auf Grundlage der Beschlüsse und Direktiven des Zentralkomitees war es der Landesleitung möglich, die Organisationen der KPD und die von ihnen geführten Widerstandsorganisationen einheitlich zu führen. Anfang 1942 gehörte auch Wilhelm Knöchel, der am 8. Januar 1942 illegal nach Berlin gekommen war, der Landesleitung an.

Robert Uhrig und die eng mit ihm zusammenarbeitenden Funktionäre verstärkten nach dem Überfall auf die Sowjetunion ihre Verbindungen zu Widerstandsgruppen in Berliner Betrieben. Sie gewannen kampfbereite Sozialdemokraten, parteilose Arbeiter und Angehörige der Intelligenz als Mitstreiter. 1941 bestand ein Netz von Verbindungsleuten in mehr als 60 Rüstungsbetrieben und vereinigte über 1 000 Arbeiter, Angestellte und Vertreter der technischen Intelligenz. Das wichtigste Organ war

Bekanntmachung über die Ermordung
antifaschistischer Widerstandskämpfer

der seit Oktober 1941 zweimal im Monat erscheinende »Informationsdienst«. Immer wieder forderte er auf, alle Möglichkeiten zu nutzen, um die Kriegsproduktion zu stören, und es sind eine Vielzahl von Fällen nachweisbar, in denen Widerstandsgruppen gemeinsam mit ausländischen Zwangs- und Fremdarbeitern die Rüstungsproduktion sabotierten. Die Führung der KPD handelte im Geiste des proletarischen Internationalismus, wenn sie darauf orientierte, jede Gelegenheit zu nutzen, um den ausländischen Zwangsarbeitern und Kriegsgefangenen zu helfen.

Am 4. Februar 1942 setzten die Verhaftungen von Angehörigen der von Robert Uhrig geleiteten Widerstandsorganisation ein. Gegen die antifaschistischen Kämpfer der weitverzweigten Widerstandsorganisation wurden zahlreiche Prozesse geführt, in deren Ergebnis die Nazirichter gegen mehr als 100 Angeklagte – unter ihnen 15 Frauen – folgende Urteile fällten: 40 Todesurteile, 4mal lebenslängliche Zuchthausstrafe, 220 Jahre Freiheitsstrafen, 7 Freisprüche; jedoch wurden diese Freigesprochenen in Konzentrationslager übergeführt. Im Urteil gegen Robert Uhrig ist formuliert, daß die Angeklagten die Absicht gehabt hätten, »die durch die kommenden Kriegsereignisse ... erwartete Schwächung der nationalsozialistischen Führung zu deren Beseitigung auszunutzen und an deren Stelle eine Volksfrontregierung zu setzen«[11].

Die Verhaftungen waren ein schwerer Schlag für die Berliner KPD-Organisation und die mit ihr verbündeten Hitlergegner. Es war der Gestapo aber nicht gelungen, die gesamte Parteiorganisation in ihre Fänge zu bekommen. Durch ihr Schweigen in den grausamen Verhören und den Folterungen bei der Gestapo ermöglichten die Verhafteten, daß die Bezirksorganisation ihren Kampf fortsetzen konnte; so auch die antifaschistische Widerstandsgruppe um Herbert Baum, die sich überwiegend aus jungen Menschen jüdischer Herkunft zusammensetzte. Die Wurzeln dieser Gruppe lagen in der Organisation des Kommunistischen Jugendverbandes und charakteristisch war die ungewöhnliche Kontinuität ihrer Widerstandtätigkeit, die am Tage der faschistischen Machtübernahme begann. In ihr wirkten auch parteilose Arbeiter und Angestellte gegen den verhaßten faschistischen Staat. Als überzeugte und treue Freunde der Sowjetunion erinnerten sie in ihren illegalen Schriften an die Traditionen der Freundschaft zwischen der deutschen und der sowjetischen Arbeiterklasse. Im Mai 1942 brachten zwölf Mitglieder der Gruppe in der Hetzausstellung im Lustgarten gegen die Sowjetunion, die das antikommunistische und antisowjetische Gift unter der Berliner Bevölkerung verbreiten sollte, Spreng- und Brandsätze an. Der Gestapo gelang es, fast alle Mitglieder dieser Widerstandsorganisation festzunehmen. Herbert Baum ließ als erster sein Leben. Am 11. Juni meldete das faschistische Sondergericht den »Selbstmord« von Herbert Baum. Mehr als 20 Angehörige dieser

---

11 Zit. nach: Luise Kraushaar: Berliner Kommunisten im Kampf gegen den Faschismus 1936 bis 1942. Robert Uhrig und Genossen, Berlin 1981, S. 292.

Gruppe wurden hingerichtet, etwa 50 erhielten hohe Zuchthaus-
und Gefängnisstrafen. Die zu Haftstrafen Verurteilten verschleppte die Gestapo in die Gaskammern der Vernichtungslager
und ermordete sie.

Nach dem Überfall auf die Sowjetunion gestaltete sich die Zusammenarbeit zwischen Funktionären der Berliner Organisation
der KPD und der Schulze-Boysen/Harnack-Organisation immer
enger. In Gemeinschaftsarbeit von kommunistischen Funktionären und fortschrittlichen Intellektuellen entstanden illegale
Schriften, die sowohl in den Reihen der Schulze-Boysen/Har-
nack-Organisation als auch innerhalb der Berliner Organisation
der KPD verbreitet und darüber hinaus Antifaschisten in anderen Städten Deutschlands zugeleitet wurden. Die Einheit von
Wort und Tat der Mitglieder der Schulze-Boysen/Harnack-Or-
ganisation und ihre Treue gegenüber der Sowjetunion äußerten
sich in vielfältigen Aktionen. Seit dem Frühjahr 1941 gaben sie
wertvolle militärische, wirtschaftliche und politische Informationen an die Sowjetunion weiter.

Nach verstärkter fieberhafter Tätigkeit der Gestapo und des
militärischen Abwehrdienstes begannen am 31. August 1942 die
Verhaftungen von Mitgliedern der Schulze-Boysen/Harnack-Or-
ganisation sowie der Parteiorganisation der KPD in Berlin, die
bis Anfang 1943 währten. Mehr als 130 Antifaschisten wurden
allein in Berlin festgenommen. Im Herbst 1942 traten Anton
Saefkow und Franz Jacob an die Spitze der Bezirksorganisation
Berlin der KPD. Obwohl durch Verhaftungen im Herbst 1942
und Anfang 1943 die Widerstandsfront geschwächt wurde, gelang es der Gestapo nicht, die Organisation der KPD und die unter ihrer Führung kämpfenden Widerstandsgruppen und -organi-
sationen aus dem politischen Leben Berlins auszuschalten. Die
von der Gestapo nicht aufgespürten Kommunisten taten alles,
um die illegale Parteiorganisation neu zu festigen und neue
Kämpfer zu gewinnen. Umsicht und höchste Einsatzbereitschaft
gewährleisteten, daß die Berliner Parteiorganisation 1943 erneut
stabilisiert wurde. Durch Zusammenführung der Parteikader, die

den Verhaftungen entgangen waren und die in Kontakten zu Sozialdemokraten und parteilosen Antifaschisten standen, festigte sich die Berliner Parteiorganisation erneut. Sie legte das Schwergewicht ihrer Arbeit auf den Ausbau der illegalen Organisation in den Berliner Rüstungsbetrieben. Die Mobilisierung der Arbeiter war wichtige Voraussetzung für erfolgreiche Aktionen und für die Gewinnung von Hitlergegnern aus anderen Bevölkerungsschichten. Zugleich boten die Betriebe ein günstiges Betätigungsfeld für verschiedene Sabotageakte gegen die Kriegsproduktion.

Durch den Kriegsverlauf, vor allem infolge der Niederlagen der Faschisten in den Schlachten bei Stalingrad (von November 1942 bis Februar 1943) und Kursk (Sommer 1943), verstärkte sich auch in der Berliner Bevölkerung die Überzeugung, daß dieser Krieg nicht zu gewinnen sei. Das drückte sich in Bemerkungen aus wie »Wir und unsere Gegner werden froh sein, wenn wir uns am Ende gegenseitig weiter leben lassen«, oder »Wenn wir den Krieg verloren haben, dann haben wir ihn gewonnen«. Derartige Meinungsäußerungen führten aber nicht zu konkreten Handlungen, sie signalisierten jedoch auch Kriegsmüdigkeit, der die Faschisten durch weiter gesteigerten Terror und durch Demagogie zu begegnen suchten.

Die alliierten Luftangriffe beeinträchtigten zunehmend das Leben auch der Berliner und ihren Alltag. Die Angriffe auf Berlin waren im Vergleich zu denen auf andere Städte und Orte Deutschlands bis zum Jahresende 1942 von relativ geringem Umfang. 1942/1943 intensivierten die britischen Fernbomber ihre Offensive gegen die deutschen Städte und bombardierten das Ruhrgebiet sowie die westlichen und nördlichen Städte Deutschlands. 1943 begannen auch die Luftangriffe auf Berlin an Intensität zuzunehmen. Bis zum Jahresende 1942 verloren 449 Menschen ihr Leben. Die Angriffe von Januar bis März 1943 forderten bereits 1 164 Menschenleben.

Das britische Bomberkommando plante mehrere großangelegte Angriffe, die die Stadt zerstören sollten, um − entsprechend der im britischen Bomberkommando vorherrschenden Theorie

Macht Euch selbst luftschutzbereit!

Je sorgfältiger Ihr die Luftschutzgebote befolgt, desto mehr seid Ihr in der Lage, Euch und Euer Hab und Gut zweckmäßig zu schützen.

Jeder muß jeden Raum und jeden Winkel, jeden Zugang und jeden Ausgang im Hause kennen.

Nehmt Verbindung auf mit Euren Nachbarluftschutzgemeinschaften und unterrichtet Euch wechselseitig über die Lage und Beschaffenheit der Luftschutzräume, der Brandmauerdurchbrüche und der Rettungswege!

Pflegt Eure Volksgasmaske! Gewöhnt Euch durch ständige Übung an das längere Tragen der Gasmaske und nehmt sie bei Fliegeralarm mit in den Luftschutzraum! Die Volksgasmaske schützt Euch gegen Rauch, Phosphordämpfe und Trümmerstaub.

Schutz gegen Rauch und Staub bieten im Notfalle auch angefeuchtete Tücher, über Mund und Nase gelegt.

Kleidet Euch zweckmäßig! Derber Stoff und derbe Schuhe schützen Euch am besten gegen Hitze und Funkenflug. Leichte seidene oder kunstseidene Kleidung (auch Strümpfe) ist stark brennbar und deshalb gefährlich.

Unterrichtet den Luftschutzwart, wenn Ihr nachts nicht im Hause seid oder wenn Ihr Gäste beherbergt!

Meldet Euch zurück, wenn Ihr bei kürzerer Abwesenheit von einem Fliegeralarm überrascht worden seid! Ihr erleichtert damit die Rettungsarbeiten.

Beachtet bei Fliegeralarm folgende Gebote!

Sucht unverzüglich den Luftschutzraum auf! Helft dabei alten und gebrechlichen Volksgenossen und den Müttern kleiner Kinder! Löscht das Licht in den Wohnungen, auf Fluren und Treppen, damit bei Zerstörung von Fenstern kein Lichtschein nach außen dringt! Überwacht Euer Haus während des Fliegerangriffs sorgfältig auf den Einschlag von Brandbomben und nehmt sofort ihre Bekämpfung auf! Bewahrt Ruhe und Besonnenheit bei der Brandbekämpfung! Habt keine Furcht vor Phosphor!

Die Gerüchte über das Abregnen von Phosphor sind falsch. Der geringe Zusatz von Phosphor in der Phosphorbrandbombe dient nur als Zündmittel für die Brandmasse. Diese kann mit Wasser und Sand — wie jede Stabbrandbombe — gelöscht werden, da die beim Einschlag der Bombe starke Feuererscheinung schnell nachläßt.

Habt Ihr das Feuer niedergekämpft, entfernt den glühenden Brandschutt! Überwacht die Brandstelle auf versteckte Brandnester und Phosphorreste, die erneut aufflammen können! Achtet sorgfältig auf den Funkenflug, der von anderen brennenden Gebäuden kommt und Euer Haus gefährdet!

Haltet die gefährdeten Stellen naß!

Könnt Ihr trotz aller Anstrengungen des Feuers nicht Herr werden und Euer Haus nicht mehr halten, so verlaßt es und bringt Euch in Sicherheit! Aber auch hierbei bewahrt Ruhe und Besonnenheit! Folgt den Anordnungen Eures Luftschutzwartes!

Meldet sodann Euer Verbleiben unverzüglich bei der zuständigen Polizeidienststelle oder Sammelstelle, damit Ihr nicht vergeblich gesucht werdet! Wenn möglich, vermerkt auch durch Aufschrift an der Hauswand, daß Ihr gerettet seid und wo Ihr Euch befindet! Solltet Ihr durch eine unglückliche Verkettung der Umstände in Eurem Luftschutzraum eingeschlossen sein, so müßt Ihr auch dann Ruhe bewahren.

Es wird zu Eurer Rettung alles getan. Gebt in regelmäßigen Abständen Zeichen (Klopfen, Rufen, Pfeifen usw.). Das erleichtert die Arbeit der zu Eurer Rettung eingesetzten Kräfte.

Laßt den Mut nie sinken! Wenn Ihr auf Euch selbst vertraut und Euch bewußt seid, daß einer für den anderen mit einstehen muß, dann werdet Ihr gemeinsam auch der Schwierigkeiten Herr werden!

Herausgegeben vom Reichsminister der Luftfahrt und Oberbefehlshaber der Luftwaffe — September 1943   M/0194

Flugzettel zum Luftschutz vom September 1943

über den Luftkrieg, wonach die Luftangriffe im Hinterland des Feindes den Krieg entscheiden – das faschistische Deutschland auf die Knie zu zwingen. Diese Luftangriffe begannen am 18. November 1943 und dauerten eine Woche; 3 901 Menschen wurden getötet und 450 000 verloren ihr Obdach. Von nun häuften sich die Angriffe, seit dem 6. März 1944 auch am Tage, durch die britischen und amerikanischen Luftflotten, die große Teile der Stadt nach und nach in Schutt und Asche legten. Der Krieg griff nach Berlin und vernichtete unersetzliche Werte. Insbesondere die Angriffe im Jahre 1945 – so der am 3. Februar – zerstörten das historisch gewachsene Stadtbild im Zentrum fast völlig.

Die anglo-amerikanischen Luftangriffe bestimmten mehr und mehr den Alltag, den Lebensrhythmus der Bevölkerung. Jeden Abend erwartete eine Millionenbevölkerung einen möglichen Luftangriff, bereitete den »Alarmkoffer« mit den wichtigsten Papieren und den notwendigsten Bekleidungsstücken vor. Ertönte das Sirenensignal »Voralarm«, begann nach hastigem Ankleiden der nächtliche Zug von Hunderttausenden in den Hauskeller, der zum Luftschutzraum erklärt worden war, oder in die Bunker und U-Bahnhöfe. Die ständige Angst um das Leben und die Befürchtung, nach dem Angriff vor dem Nichts zu stehen, die Hast und Unruhe versetzten die Menschen in einen permanenten Zustand der Überreizung. Im Keller saßen sie zusammengedrängt und lauschten nervös und gebannt den Einschlägen der Bomben, hoffend, daß das eigene Haus auch diesmal nicht getroffen werde.

Aber immer häufiger zerrann diese Hoffnung, sank in Schutt und Asche, wofür sie gearbeitet und gespart hatten. Vielen blieb nur, was sie am Leibe trugen. Zwar setzte eine demagogisch herausgestellte Betreuung ein, wurden Lebensmittel und Kleidungsstücke verteilt, Ersatzunterkünfte zugewiesen oder die Evakuierung organisiert, aber je länger die Angriffe dauerten und je heftiger sie wurden, um so geringer wurden bei der allgemeinen Kriegslage die Möglichkeiten solcher Betreuung. Immer mehr Menschen irrten durch die Straßen, suchten ihre Angehörigen und wühlten verzweifelt in den Trümmern, wenn aus den verschütteten Kellern noch Klopfzeichen tönten. Die Stadt zerbrach materiell, und ihre Bewohner verkamen in ihrer Mehrzahl körperlich und wurden zusehends apathisch.

Es war insbesondere die arbeitende Bevölkerung, die unter den Luftangriffen zu leiden hatte. Sie verlor Wohnung und Habe. Die Rüstungsbetriebe konnten – trotz Beeinträchtigung durch Zerstörungen – relativ rasch wieder die Produktion aufnehmen, zumal ihre Wiederherstellung Priorität genoß. Zunehmend begann auch eine Verlagerung von Produktionseinrichtungen in weniger gefährdete Gebiete beziehungsweise in Bunker, Stollen usw. außerhalb Berlins. Seit dem August 1943 forcierten die faschistischen Behörden die Evakuierung der Berliner Bevölkerung. Zwischen diesem Zeitpunkt und dem August 1944 verließen etwa 1,8 Millionen Berliner ihre Stadt. Die Einwohnerzahl ging aber nur um 1,2 Millionen zurück. 300 000 ausländische Zwangs- und Fremdarbeiter und etwa 300 000 dienstverpflichtete deutsche Arbeiter füllten die Lücke. Sie standen unter Sonderrecht; dies und die Tatsache, daß sie mit den konkreten Klassenkampfbedingungen nicht vertraut waren, erleichterten die Absicht der Faschisten, diese Menschen ihrer Herrschaft zu unterwerfen.

Eindeutige Angaben über den Umfang der Menschenopfer infolge der Luftangriffe können noch nicht vorgelegt werden. Vom 1. September 1939 bis zum 31. Dezember 1943 verloren 8 310 Berliner ihr Leben, 723 wurden vermißt, 19 769 verwundet und 655 477 obdachlos. Für die ersten drei Monate des Jahres 1944 legte die Stadtverwaltung folgende Zahlen vor: 3 427 Tote, 4 569 Vermißte, 5 560 Verwundete und 195 667 Obdachlose. Zu diesem Zeitpunkt standen die großen Tagesangriffe der US Air Force noch aus. Man kann nach vorsichtigen Berechnungen die Zahl der Menschen, die den anglo-amerikanischen Luftangriffen auf Berlin zum Opfer fielen, mit etwa 29 000 bis 30 000 angeben; nicht wenige der Toten waren ausländische Zwangs- und Fremdarbeiter, Kriegsgefangene und KZ-Häftlinge.

Der Kriegsverlauf und die drohende Niederlage lösten neue Aktivitäten der faschistischen Führungsorgane für Berlin aus, deren Handlungen auch vom Wissen bestimmt wurden, daß die revolutionären Traditionen in der Arbeiterklasse noch lebendig waren; auch sollte ein »9. November 1918« unbedingt vermieden werden. Die Faschisten suchten ihr Heil in der brutalen Verfolgung Andersdenkender, aber auch jeder Äußerung von Mißmut und Unzufriedenheit. So entstand am 15. April 1940 das »Arbeitserziehungslager Wuhlheide«. Hier wurden Arbeitskräfte – deutsche und ausländische –, die durch langsames Arbeiten, durch Arbeitsverweigerung und andere Handlungen den Versuch unternahmen, sich der Arbeitshetze oder der Arbeit in der Rüstungsindustrie zu entziehen, kurzfristig brutalen Bedingungen unterworfen, um sie mit Gewalt zu disziplinieren. Etwa 60 000 Arbeitskräfte aus Berlin wurden im Lager Wuhlheide und dem im Sommer 1941 eingerichteten zweiten Lager in Großbeeren drangsaliert; etwa 5 000 Häftlinge wurden in diesen Lagern ermordet.

Die Monatsstatistiken der Gestapoleitstelle Berlin – nur bruchstückhaft überliefert – geben Einblick in den Gesamtumfang des faschistischen Terrors. Nach ihnen unterlagen in der Zeit von Juni 1941 bis März 1942 8 081 Personen (davon wegen Arbeitsniederlegungen 6 457), von Mai bis August 1942 6 591 Personen (davon wegen Arbeitsniederlegungen 5 835) und von Januar bis September 1943 22 024 (davon wegen Arbeitsniederlegungen 16 381) Terrormaßnahmen. Insgesamt waren in diesen 23 Monaten, über die Angaben vorliegen, 36 696 Personen in Berlin dem faschistischen Terrorismus direkt ausgeliefert. Ein großer Teil der vor allem wegen Arbeitsniederlegungen verhafteten Personen waren Ausländer; allein die Zahl der Sowjetbürger betrug im August 1942 705 und in den ersten neun Monaten des Jahres 1943 insgesamt 4 237 Personen.

Aber keine Form terroristischer Unterdrückung konnte die antifaschistischen Widerstandskämpfer von ihrem konsequenten und zielgerichteten Kampf abhalten. Ihr Kampfeswille war geboren aus tiefer Verantwortung für das Schicksal der Stadt und ihrer Bürger. Durch aufopferungsvolle Arbeit gelang es den Kommunisten und ihren Verbündeten im ersten Halbjahr 1943, ein dichtes Verbindungsnetz zu knüpfen. Sie organisierten gemeinsam mit sowjetischen, französischen und polnischen Kriegsgefangenen und Zwangsarbeitern die Störung der Rüstungsproduktion. Große Anstrengungen wurden unternommen, um zu Widerstandsgruppen und einzelnen Kommunisten im Raum Berlin-Brandenburg Verbindung aufzunehmen. Dadurch dehnte sich der Einflußbereich erneut über den Rahmen der Stadt aus. Auf einer illegalen Zusammenkunft im August 1943 wurden die Aufgaben beraten, die sich nach der Gründung des Nationalkomitees »Freies Deutschland« für die antifaschistische Tätigkeit in Berlin ergaben. Als »entscheidende Aufgabe« wurde die »Sammlung aller antifaschistischen Kräfte unter einem Ziel: Fort mit Hitler – Schluß mit dem Krieg«[12] formuliert. Jede Möglichkeit wurde genutzt, Aufklärungsarbeit zu leisten und die Kriegsproduktion zu stören. Verbindungen zu Handwerkern und der Intelligenz konnten erweitert werden, und es bestanden Kontakte zu politischen Häftlingen im KZ Sachsenhausen. Ein wesentlicher Teil der Anstrengungen richtete sich darauf, mit Widerstandsgruppen ausländischer Zwangsarbeiter und mit Soldaten, die in und um Berlin stationiert waren, in Verbindung zu kommen. Nach Mitte 1943 ging die Leitung der Berliner Parteiorganisation unter Anton Saefkow daran, sich in vier Abschnitten territorial zu untergliedern. Das diente der weiteren Festigung der Parteiorganisation als einer wesentlichen Voraussetzung für die breiteste antifaschistische Widerstandsfront. In einzelnen Berliner Betrieben bestanden oder entstanden Widerstandsgruppen mit mehr als 50 Antifaschisten, so in den Askania-Werken Berlin-Mariendorf. Aber viel war noch zu tun. Im von Anton Saefkow und Franz Jacob im Februar 1944 verfaßten »Rundbrief an

---

12 Zit. nach: Deutschland im zweiten Weltkrieg, Bd. 4: Das Scheitern der faschistischen Defensivstrategie an der deutsch-sowjetischen Front (August bis Ende 1943), Berlin 1984, S. 537.

die illegalen Parteikader« hieß es, alle Anstrengungen seien darauf zu richten, »die Arbeiter aus ihrem Stumpfsinn, mit dem sie heute noch den Krieg ertragen, wachzurütteln und die Kriegsproduktion Hitlerdeutschlands so empfindlich wie möglich zu schädigen und zu sabotieren«[13]. Die Kommunisten wurden aufgefordert, sich an die Spitze aller Solidaritätshandlungen mit den ausländischen Zwangsarbeitern zu stellen.

Auf der Grundlage dieser Orientierung gelang es, in unermüdlicher konspirativer Kleinarbeit im Frühjahr 1944 eine beträchtliche Zahl neuer Partei- und Widerstandsgruppen zu bilden und die Kontakte zu weiteren illegalen Gruppen und Antifaschisten auszubauen, so in den AEG-Betrieben Berlin-Treptow, bei der Osram GmbH. Hier und in anderen Betrieben und Orten arbeiteten auch KPD-Gruppen und Widerstandsorganisationen, die bisher nicht in Verbindung zur Bezirksleitung gestanden hatten. In der sich immer weiter verzweigenden Widerstandsfront nahm die Zahl der Sozialdemokraten, Gewerkschafter und parteilosen Werktätigen zu. Was für Berlin zutraf, zeigte sich ebenfalls im weiteren Ausbau der Verbindungen in die Mark Brandenburg. Durch Umsicht und viel Eigeninitiative, durch verstärkte mündliche und schriftliche Agitation festigte die von der KPD-Bezirksleitung geführte Organisation ihren politischen und organisatorischen Einfluß. Die Anzahl der von der illegalen Berliner Leitung der KPD herausgegebenen Flugblätter nahm seit Anfang 1944 sprunghaft zu.

Wichtige neue Verbindungen zu Soldaten, die in Dienststellen der faschistischen Wehrmacht tätig waren oder in Lazaretten dienten, entstanden neu und konnten ausgebaut werden. Die Kontakte zu den illegalen Organisationen der Zwangsarbeiter und Kriegsgefangenen festigten sich. So gelang es der bei den Bergmann-Elektrizitätswerken AG tätigen Widerstandsgruppe um den Kommunisten Willy Hielscher, Verbindungen zu den

13 Zit. nach: Deutschland im zweiten Weltkrieg, Bd. 5: Der Zusammenbruch der Defensivstrategie des Hitlerfaschismus an allen Fronten (Januar bis August 1944), Berlin 1984, S. 277.

Zwangsarbeitern und Kriegsgefangenen in den Lagern Wilhelmsruh, Schönholz, Blankenfelde und Wittenau zu knüpfen. Am 22. Juni 1944 berieten Anton Saefkow und Franz Jacob mit den sozialdemokratischen Funktionären Julius Leber und Adolf Reichwein über ein Zusammengehen der patriotischen Kräfte zur Beseitigung der faschistischen Diktatur. Anfang Juli aber verhaftete die Gestapo zahlreiche Mitglieder der KPD-Organisation. In mehreren Prozessen fällte die Blutjustiz der Faschisten über 400 Todesurteile.

Die sich um die Jahreswende 1943/1944 abzeichnende Niederlage Hitlerdeutschlands löste auch in Kreisen des Bürgertums und Kleinbürgertums Zweifel am »Endsieg« aus. Die bürgerlich-militärische Opposition aktivierte ihre Tätigkeit. Auf dem progressiven Flügel dieser antinazistischen Kreise stand der Oberst Claus Graf Schenk von Stauffenberg mit seinen Freunden, die durch einen Staatsstreich das Hitlerregime stürzen und an seine Stelle einen Staat antifaschistisch-demokratischen Charakters setzen wollten. Stauffenberg befürwortete Verbindungen zum Nationalkomitee »Freies Deutschland« und zur Landesleitung der KPD. In diesem Kreis wuchs die Entschlossenheit, Hitler und seine Clique durch ein Attentat zu beseitigen.

Die Aktionen vom 20. Juli 1944 hatten einen ihrer Schauplätze in Berlin. Stauffenberg zündete die Bombe im »Führerhauptquartier« bei Rastenburg in Ostpreußen, die Hitler aber nicht tötete. Es gelang Stauffenberg, nach Berlin zurückzukehren; er versuchte mit seinen Mitstreitern, durch militärische Aktionen die Hitlerregierung zu stürzen. Goebbels konnte Gegenkräfte mobilisieren, unentschlossene und wankelmütige Offiziere der in Berlin stationierten Stäbe gegen Stauffenberg und seine Freunde aufbringen.

Die patriotisch gesinnten Offiziere starben unter den Kugeln eines faschistischen Exekutionskommandos. Damit war eine große Chance vorbei, das faschistische Regime zu stürzen, sich von ihm selbst zu befreien und eine demokratische Regierung zu bilden, die den Interessen des Volkes diente.

Im zeitlichen Zusammenhang mit dem 20. Juli, aber ursächlich durch die Vorbereitungen der Faschisten auf das nahende Kriegsende bedingt, wurden Massenverhaftungen ausgelöst. Ihnen fielen im Monat Juli etwa 1 000 Angehörige der großen KPD- und Widerstandsorganisationen zum Opfer. Am 18. August folgte die Verhaftung früherer Reichstags- und Landtagsabgeordneter sowie der Stadtverordneten von KPD und SPD, außerdem ehemaliger sozialdemokratischer Partei- und Gewerkschaftsfunktionäre. Eine Anweisung vom 21. August richtete sich gegen frühere Zentrumspolitiker. Die Verhaftungen betrafen etwa 5 000 Personen und hatten das Ziel, angesichts der sich abzeichnenden militärischen Niederlage alle potentiellen antifaschistischen Kräfte zu »beseitigen« und nach Möglichkeit zu ermorden.

Das Datum des 20. Juli setzte auch eine Zäsur bei der Zerstörung Berlins. Von Kriegsbeginn bis zu diesem Zeitpunkt starben ebenso viele Menschen bei Bombenangriffen und wurden ebenso viele materielle Zerstörungen angerichtet wie in der Zeit von diesem Tage bis zum Kriegsende.

Die faschistische Führung setzte in der zweiten Jahreshälfte 1944 mit noch rigoroseren Maßnahmen die Mobilisierung von militärischen und zivilen Kräften fort; mit der Stillegung weiterer Betriebe für den zivilen Bedarf, mit der Schließung von Theatern und Gaststätten, mit Beschlagnahme technischer Geräte in Privathaushalten und anderen Äußerungsformen des »totalen Krieges« sollten Zeit und neue militärische Mittel gewonnen werden, um der Niederlage zu entgehen. Der Gauleiter von Berlin, Goebbels, seit dem 25. Juli »Reichsbevollmächtigter für den totalen Kriegseinsatz«, heizte in einer Versammlungswelle die innenpolitische Situation unter anderem durch die Wunderwaffenpropaganda an. Zugleich hatte diese Propagandawelle eine besondere Berliner Variante, da sie eine totale Kontrolle über alle kommunalen Organe Berlins durch Goebbels brachte. Es entstand eine »Regierung Berlin«, der alle für die Stadt zuständigen Machtorgane (Polizeipräsidium, Stadtverwaltung, Stadtpräsi-

Disziplin ist die wichtigste aller Kriegstugenden an der Front wie in der Heimat. Nur in eiserner Geschlossenheit können wir die riesigen Probleme des Krieges meistern.
Ein Bruch der Disziplin ist ein Bruch der Kriegsmoral und verstößt gegen alle Gesetze des Krieges.
Jede Lockerung des Zusammenhalts unseres Volkes im Kriege ist ein Verbrechen gegen die Gemeinschaft.
In der festen Geschlossenheit und harten Entschlossenheit unseres Volkes liegen unsere großen Chancen zum Endsieg.

Kriegsartikel 22
von Reichsminister Dr. Goebbels

Plakat mit Kriegsartikel 22

dium, Bau- und Finanzdirektion usw.) unterstellt wurden. Damit war eine bis dahin nicht gekannte Zusammenfassung der für Berlin zuständigen Machtbereiche zuwege gebracht.

Im März/April 1945 erfaßten die Kampfhandlungen des Krieges einen bedeutenden Teil Deutschlands. Von Osten griffen die sowjetischen, von Westen die Truppen ihrer Verbündeten an. Es entstanden entscheidende Voraussetzungen für die völlige und endgültige Zerschlagung der faschistischen Wehrmacht.

Die Erkenntnis bei Vertretern der herrschenden Klasse Deutschlands, daß dieser Krieg nicht mit dem Sieg des deutschen Imperialismus enden konnte, hatte sie nicht gehindert, sich an Beratungen mit Mitarbeitern des Speer-Ministeriums über eine europäische Wirtschaftsplanung »unter deutscher Führung« zu beteiligen, zum Beispiel im Arbeitskreis »Europakränzchen«, der erstmals am 16. Dezember 1943 im Hotel Esplanade zusammentrat. Auch dem Arbeitskreis »für Außenwirtschaftsfragen«, der im März 1944 in den Räumen der Industriebank AG am Schinkelplatz gebildet wurde, gehörten unter anderen Vertreter der Deutschen Bank AG und der IG-Farben-AG an. In dem Bestreben, sich starke internationale Positionen zu sichern und mit einem von ihnen geplanten Übergang vom imperialistischen Krieg zum imperialistischen Frieden ihre Herrschaft zu retten, begannen einflußreiche Kreise des Monopolkapitals ihre Vermögen und Aktien außer Landes zu bringen. Ihnen folgten die großen Industriebetriebe, die »aus Luftschutzgründen« Produktionskapazitäten aus Berlin verlagerten.

Der »Volkssturm«, am 19. Oktober 1944 gebildet, sollte im örtlichen Bereich die Truppen der verbündeten Armeen aufhalten. Er wurde in Berlin erstmals am 19. Januar 1945 aufgeboten, einige Einheiten transportierte man zum Einsatz nach Oberschlesien. Fieberhaft ließen die Faschisten auch von Volkssturmmännern Schanzarbeiten (»Aktion Spitzhacke« und »Aktion Roter Adler«) ausführen, um Berlin als Schlachtfeld vorzubereiten. Sie dachten nicht daran, die Stadt kampflos aufzugeben, und planten die weitere Zerstörung ein.

Die am 16. April 1945 mit einer Offensive der sowjetischen Streitkräfte begonnene Berliner Operation war die letzte große Schlacht des zweiten Weltkrieges in Europa.

Verhältnis der Kräfte und Mittel zu Beginn der Berliner Operation der Sowjetarmee

Kräfte und Mittel	Sowjetarmee und Polnische Armee	Wehrmacht	Verhältnis
Soldaten	2 500 000	1 000 000	2,5:1
Geschütze und Granatwerfer	41 600	10 400	4,0:1
Panzer und Selbstfahrlafetten/Sturmgeschütze	6 250	1 500	4,1:1
Kampfflugzeuge	7 500	3 300	2,3:1

Der Krieg war an seinen Ausgangspunkt zurückgekehrt. Berliner Kommunisten und andere Antifaschisten griffen durch Flugblattpropaganda, Verhinderung von Brückensprengungen sowie

W A S   M Ü S S E N   W I R   T U N ? ? ?

In den Betrieben sofort Verbindung mit den Ausländern
aufnehmen, und die Kriegslage mit ihnen besprechen.
Bildet sofort Gruppen die folgende Parolen ausgeben.

1) Die Arbeit so einzuteilen, dass das Pensum nicht
erreicht wird.

2) Später zur Arbeit zu kommen, da ihr die Nächte,
wegen des Alarmes nicht richtig schlafen könnt.

3) Versucht früher nach Hause zu gehen, da ihr euch
krank fühlt. (Kommt am nächsten Tage dann garnicht)

4) Sammelt unter euch Geld, damit die Strafe nicht der
Einzelne zu tragen hat.

5) Stellt die Adressen der Unternehmer , Meister und Betriebd-
obleute genau fest, die sich als Antreiber besonders
hervortuen.

6) Stellt die Verbindung mit anderen Betriebsgruppenher.

(Weitere Anweisungen folgen.)

RETTET DEUTSCHLAND !   NIEDER MIT HITLER !

Nationalkomitee freies Deutschland
Ortsgruppe Berlin

I.A. Hartmann Stahl

Hektographierter Flugzettel
des Nationalkomitees »Freies Deutschland«, Ortsgruppe Berlin,
von Anfang 1945

durch ihren Widerstand gegen andere sinnlose Zerstörungen in
die Kampfhandlungen ein.

Noch während die Kämpfe tobten, begannen sowjetische Offiziere in den schon befreiten Gebieten Berlins sich um die Siche-

Illegales, mit Gummimatrize vervielfältigtes Flugblatt vom April 1945

rung der Versorgung der Zivilbevölkerung zu kümmern. Sowjetische Soldaten teilten ihr Essen mit Kindern, Frauen und alten Menschen. Die Antifaschisten aller Klassen und Schichten nutzten die Chance und stellten sich für die demokratische Aufbauarbeit zur Verfügung. Am 2. Mai 1945 gegen 15 Uhr schwiegen in Berlin die Waffen.

Mit der Zerschlagung der Macht des Faschismus in seinem Zentrum war Hitlerdeutschland praktisch zusammengebrochen: »Am 8. Mai 1945 kapitulierte in Berlin-Karlshorst das faschistische Deutschland bedingungslos vor den Mächten der Antihitlerkoalition. Die rote Fahne auf dem Reichstag war das Symbol des Sieges über den Hitlerfaschismus, der Befreiung des deutschen Volkes und auch der Berliner vom faschistischen Joch.« Weiter heißt es in den »Thesen« des Komitees der DDR zum 750jährigen Bestehen von Berlin:

»Am 8. Mai 1945 wurde in der vielhundertjährigen Geschichte Berlins ein völlig neues Kapitel aufgeschlagen. Sein Inhalt ver-

NACHRICHTENBLATT
für die deutsche Bevölkerung

3. Mai 1945 · Nr. 15

BERLIN GENOMMEN

(Aus dem Bericht des Informationsbüros der Sowjetunion vom 7. Mai 1945)

Die Truppen der 1. Bjelorussischen Front unter dem Kommando des Marschalls der Sowjetunion Shukow, schlossen mit Unterstützung der Truppen der 1. Ukrainischen Front unter dem Kommando des Marschalls der Sowjetunion Konew nach hartnäckigen Straßenkämpfen die Zerschlagung der Berliner Kräftegruppe der deutschen Truppen ab und besetzten heute, am 2. Mai, vollständig die Hauptstadt Deutschlands, die Stadt BERLIN, das Zentrum des deutschen Imperialismus und die Brutstätte der deutschen Agression.

Die die Stadt verteidigende Berliner Besatzung stellte um 15 Uhr des 2. Mai mit dem Befehlshaber der Verteidigung von BERLIN, General der Artillerie Weidling und seinem Stab an der Spitze, den Widerstand ein, streckte die Waffen und gab sich gefangen.

Bis 21 Uhr des 2. Mai nahmen die Sowjettruppen in Berlin mehr als 70 000 deutsche Soldaten und Offiziere gefangen. Unter den Gefangenen befinden sich die Generale z. b. V. bei dem Befehlshaber der Verteidigung von Berlin Generalleutnant Kurt Wetsach und Generalleutnant Walter Schmidt-Dankwart, der Vertreter des Hauptquartiers, Vizeadmiral Voss, der Stabschef der Verteidigung von Berlin, Oberst Hans Rechior, der Stabschef des XXVI. Panzerkorps, Oberst Theodor von Diffwing. - Es wurden auch der erste Stellvertreter von Goebbels für Propaganda und Presse, Dr. philos. u. phil. Fritsche, Presseleiter Dr. philos. u. phil. Klick sowie Regierungsrat Dr. philos. u. phil. Heinrichdorff gefangen. Fritsche sagte bei seinem Verhör aus, daß Hitler, Goebbels und der neue Generalstabschef, General der Infanterie Krebs, Selbstmord begangen haben.

Südöstlich von BERLIN schlossen die Truppen der 1. Bjelorussischen und der 1. Ukrainischen Front die Liquidierung der eingekesselten deutschen Kräftegruppe ab.

In den Kämpfen vom 24. April bis 2. Mai wurden in diesem Raum mehr als 120 000 deutsche Soldaten und Offiziere gefangen genommen. In derselben Zeit verloren die Deutschen allein an Gefallenen über 60 000 Mann. Unter den Gefangenen befinden sich der Stellvertreter des Oberbefehlshabers der 9. Armee, Generalleutnant Bernhardt, der Kommandeur der V. SS-Korps, Generalleutnant Ekkel, der Kommandeur der 21. SS-Panzerdivision, Generalleutnant Marx, der Kommandeur der 169. I.D., Generalleutnant Ratschi, der Festungskommandant von FRANKFURT a. O., Generalmajor Biel, der Artillerie-Kommandeur des XI. SS-Panzerkorps, Generalmajor Strammer und General der Luftwaffe Stein. In derselben Zeit wurde von unseren Truppen folgende Kriegsbeute eingebracht: 304 Panzer und Sturmgeschütze, über 1500 Feldgeschütze, 2180 MG's, 17 600 Kraftfahrzeuge und zahlreiche andere Waffen und Kriegsgut.

Nordwestlich BERLIN entwickelten die Truppen der 1. Bjelorussischen Front die Offensive weiter und nahmen die Städte NEURUPPIN, KYRITZ, WUSTERHAUSEN, NEUSTADT, FEHRBELLIN, FRIESACK.

Die Truppen der 2. Bjelorussischen Front entwickelten ihre Offensive weiter und nahmen am 2. Mai die Städte ROSTOCK und WARNEMÜNDE - bedeutende Häfen und wichtige deutsche Marinestützpunkte an der Ostsee und besetzten die Städte BIEBNITZ, MARLOW, LAAGE, TETEROW, MIEROW sowie die bedeutenden Ortschaften ALTENPLEN, RECHTENBERG, FRANZBURG, TRIEWSESS, SÜLZE, DARGUN, TÜRKOW, JABEL, ZEOHLIN, HERZSPRUNG. In den Kämpfen des 1. Mai nahmen die Truppen dieser Front 5450 deutsche Soldaten und Offiziere gefangen und erbeuteten 78 Flugzeuge und 178 Feldgeschütze.

Die Truppen der 4. Ukrainischen Front entwickelten ihre Offensive in den Waldkarpaten und nahmen die bedeutenden Ortschaften PASSKOW, ORLOWA, DEMBOWETZ, GORDSISCHUW, TURSOWKA, DULGE POLE, WELIKOJE ROWNE, STAWNIK, POPRADNO, MODLATIN. In den Kämpfen des 1. Mai nahmen die Truppen dieser Front 5000 deutsche Soldaten und Offiziere gefangen und erbeuteten 196 Geschütze.

Die Truppen der 2. Ukrainischen Front entwickelten ihre Offensive östlich BRÜNN und nahmen die bedeutenden Ortschaften BRUNOV, WALASCHSKE, KLOBOUKI, SLAWITSCHIN, LUGATSCHOWIZE, BRSHASUWKI, UGEREŚKI, GRADISCHTEW, NAPAJEDLA.

An den übrigen Frontabschnitten keine besonderen Veränderungen.

37 deutsche Panzer wurden am 1. Mai vernichtet oder außer Gefecht gesetzt. In Luftgefechten und durch Flakartillerie wurden 10 Feindflugzeuge abgeschossen.

Sowjetisches Nachrichtenblatt für die deutsche Bevölkerung

bindet sich unlöslich mit den gewaltigen Veränderungen im revolutionären Weltprozeß unserer Zeit. Die Befreiung vom Faschismus durch die Sowjetunion und ihre Verbündeten bot dem deutschen Volk die Chance, die Macht der Monopolbourgeoisie und der Großgrundbesitzer zu zerschlagen und die Herrschaft der Arbeiterklasse im Bündnis mit den werktätigen Bauern und den anderen werktätigen Schichten zu errichten.«[14]

---

14 750 Jahre Berlin. Thesen, Berlin 1986, S. 51 u. 52.

Anhang

Bibliographien[1]

Badstübner-Gröger, Sibylle: Bibliographie zur Kunstgeschichte von Berlin und Potsdam, Berlin 1968.

Berlin-Bibliographie (bis 1960). Bearb. von Hans Zopf und Gerd Heinrich, Berlin [West] 1965.

Berlin-Bibliographie (1961–1966). Bearb. von Ursula Scholz und Reinald Stromeyer, Berlin [West] 1973.

Berlin-Bibliographie (1967–1977). Bearb. von Ursula Scholz und Reinald Stromeyer, Berlin [West] 1984.

Berlin, Hauptstadt der DDR in Buch und Zeitschrift. Hrsg. von der Berliner Stadtbibliothek. Jg. 1 (1955) – Jg. 29 (1984).

Bibliographie zur Geschichte der Mark Brandenburg und der Stadt Berlin. 1941–1956, Berlin 1961.

Das demokratische Berlin 1948–1958. Eine Zusammenstellung literarischer Materialien zur Demokratisierung in Berlin. T. 1–2, Berlin 1958.

600mal Berlin. Die wichtigste Berliner Heimatliteratur aus den Beständen der Berliner Stadtbibliothek und der Ratsbibliothek, Berlin 1956.

Straubel, Ralf: Bibliographien und Nachschlagewerke zur Geschichte Berlins, Berlin 1978.

Quellen

Amtsblatt der Stadt Berlin 1860–1945 (Jg. 1–29 u. d. T.: Communal-Blatt der Haupt- und Residenzstadt Berlin. Jg. 30–77 Gemeindeblatt).

Das älteste Berliner Bürgerbuch 1453–1700. Hrsg. von Peter von Gebhardt, Berlin 1927.

Berlin in Zahlen 1945, Berlin 1947.

Berlin in Zahlen 1946–1947, Berlin 1949.

Berlinisches Stadtbuch. Hrsg. von Paul Clauswitz, Berlin 1883.

Die Bürgerbücher und die Bürgerprotokollbücher Berlins von 1701–1750. Hrsg. von Ernst Kaeber, Berlin 1934.

Dokumente aus geheimen Archiven. Übersichten der Berliner politischen Polizei über die allgemeine Lage der sozialdemokratischen und anarchistischen Bewegung 1878–1913. Bd. 1: 1878–1889. Bearb. von Dieter Fricke und Rudolf Knaack, Weimar 1983.

Fidicin, Ernst: Historisch-diplomatische Beiträge zur Geschichte der Stadt Berlin. T. 1–5, Berlin 1837–1842.

---

[1] Die bibliographischen Angaben sind reduziert auf die zur Auffindung notwendigen Mitteilungen.

Gebhardt, Peter von: Die Bürgerbücher von Cölln an der Spree 1508–1611 und 1689–1709 und die chronikalischen Nachrichten des ältesten Cöllner Bürgerbuches 1542–1610, Berlin 1930.

Gemeindeblatt (seit 1928 Amtsblatt) der Stadt Berlin.

Girgensohn, Joseph: Die ältesten Berliner Kämmereirechnungen 1504–1508. – Erich Thaus: Das Kassen- und Schuldenwesen Berlins und Cöllns in der zweiten Hälfte des 16. Jahrhunderts, Berlin 1929.

Das Hamburgische Schuldbuch von 1288. Hrsg. von Erich von Lehe, Hamburg 1956.

Historisches Ortslexikon für Brandenburg. Teil IV: Teltow; Teil VI: Barnim, Weimar 1976; 1980.

Das Landbuch der Mark Brandenburg von 1375. Hrsg. von Johannes Schultze, Berlin 1940.

Ribbe, Wolfgang: Quellen und Historiographie zur mittelalterlichen Geschichte von Berlin-Brandenburg, Berlin [West] 1977.

Das Stadtbuch des alten Kölln an der Spree aus dem Jahre 1442. Mit geschichtlicher Einleitung und Erläuterungen von Paul Clauswitz, Berlin 1921.

Statistisches Jahrbuch der Stadt Berlin 1869–1939 (1869–1875 u. d. T.: Städtisches Jahrbuch für Volkswirtschaft und Statistik).

Statistisches Jahrbuch der Hauptstadt der DDR. 1961–1963, 1972–1975.

Urkundenbuch zur Berlinischen Chronik. Bearb. von Ferdinand Voigt und Ernst Fidicin, Berlin 1880.

Allgemeine Darstellungen

Die Bau- und Kunstdenkmale in der DDR. Hauptstadt Berlin. T. 1. 2. Hrsg. vom Institut für Denkmalpflege, Berlin 1983; 1986.

Berlin. 800 Jahre Geschichte in Wort und Bild. Von einem Autorenkollektiv unter Leitung von Roland Bauer und Erik Hühns, Berlin 1980.

Berlin und seine Bauten, Bd. 1–3, Berlin 1876–1896.

Berlin und die Provinz Brandenburg im 19. und 20. Jahrhundert, Berlin [West], New York 1968.

Berlin. Zehn Kapitel seiner Geschichte. Hrsg. von Richard Dietrich, Berlin [West] 1981.

Bleyer, Wolfgang; Drechsler, Karl; Förster, Gerhard; Hass, Gerhart: Deutschland von 1939 bis 1945. Deutschland während des zweiten Weltkrieges, 2., überarb. Aufl., Berlin 1975.

Brandenburgisches Namenbuch. T. 3: Die Ortsnamen des Teltow; T. 5: Die Ortsnamen des Barnim. Von Gerhard Schlimpert, Weimar 1972; 1984.

Dehio, Georg: Handbuch der deutschen Kunstdenkmäler, Bezirke Berlin/DDR und Potsdam. Bearb. vom Institut für Denkmalpflege, Berlin 1983.

Deutsche Geschichte in zwölf Bänden, Bd. 1–4, Berlin 1982–1984.

Dörrier, Rudolf: Pankow, Chronik eines Berliner Stadtbezirks, Berlin 1971.

Engelberg, Ernst: Deutschland von 1871 bis 1897. Deutschland in der Übergangsperiode zum Imperialismus, 2., durchges. Aufl., Berlin 1979.

Gandert, Otto-Friedrich [u. a.]: Heimatchronik Berlin, Köln 1962.

Geist, Johann Friedrich; Kürvers, Klaus: Das Berliner Mietshaus. 1. 1740–1862, München 1980. 2. 1862–1945, München 1984.

Geschichte der deutschen Arbeiterbewegung in acht Bänden, Bd. 1–5, Berlin 1966.

Grundriß der deutschen Geschichte. Von den Anfängen der Geschichte des deutschen Volkes bis zur Gestaltung der entwickelten sozialistischen Gesellschaft in der Deutschen Demokratischen Republik. Klassenkampf – Tradition – Sozialismus, Berlin 1979.

Hartkopf, Werner: Die Akademie der Wissenschaften der DDR. Ein Beitrag zu ihrer Geschichte, Berlin 1975.

Hartkopf, Werner: Die Akademie der Wissenschaften der DDR. Biographischer Index, Berlin 1983.

Holmsten, Georg: Die Berlin-Chronik: Daten. Personen. Dokumente, Düsseldorf 1984.

Kiaulehn, Walter: Berlin, Schicksal einer Weltstadt, München, Berlin [West] 1962.

Kiewitz, Werner: Berlin in der graphischen Darstellung. Handbuch zur Ansichtenkunde Berlins, Berlin 1937.

Klein, Fritz: Deutschland von 1897/1898 bis 1917. Deutschland in der Periode des Imperialismus bis zur Großen Sozialistischen Oktoberrevolution, 4., bearb. Aufl., Berlin 1977.

Löschburg, Winfried: Unter den Linden. Gesichter und Geschichten einer berühmten Straße, 3. Aufl., Berlin 1976.

Müther, Hans: Berlins Bautradition, Berlin 1956.

Paterna, Erich; Fischer, Werner; Gossweiler, Kurt; Markus, Gertrud; Pätzold, Kurt: Deutschland von 1933 bis 1939. Von der Machtübertragung an den Faschismus bis zur Entfesselung des zweiten Weltkrieges, Berlin 1969.

Rachel, Hugo; Papritz, Johannes; Wallich, Paul: Berliner Großkaufleute und Kapitalisten, Bd. 1–3, Berlin 1934–1939.

Ruge, Wolfgang: Deutschland von 1917 bis 1933. Von der Großen Sozialistischen Oktoberrevolution bis zum Ende der Weimarer Republik, 4. Aufl., Berlin 1982.

Rüger, Adolf [u. a.]: Humboldt-Universität zu Berlin. Überblick 1810–1985, Berlin 1985.

Schneider, Wolfgang; Gottschalk, Wolfgang: Berlin – Eine Kulturgeschichte in Bildern und Dokumenten, 2. Aufl., Leipzig 1983.

Schultze, Johannes: Die Mark Brandenburg, Bd. 1–4, Berlin [West] 1961–1969.

Schulz, Joachim; Gräbner, Werner: Architekturführer – Berlin. Hauptstadt der DDR, Berlin 1981.

750 Jahre Berlin. Thesen, Berlin 1986.

Streckfuß, Adolf: 500 Jahre Berliner Geschichte. Vom Fischerdorf zur Weltstadt. Bd. 1, 2, 4. Aufl., Berlin 1896.

Vogler, Günter; Vetter, Klaus: Preußen. Von den Anfängen bis zur Reichsgründung, 7., überarb. Aufl., Berlin 1984.

Volk, Waltraud: Berlin, Hauptstadt der DDR – Historische Straßen und Plätze heute, 7., bearb. Aufl., Berlin 1980.

Weise, Klaus; Dochow, Bernd: Berlin, Hauptstadt der DDR, A bis Z, 5. Aufl, Berlin 1983.

Zeitschriften/Jahrbücher

Beiträge zur Geschichte der Berliner Arbeiterbewegung. Hrsg. von der Bezirksleitung Berlin der SED. H. 1–13, 1969–1986.

Berliner Geschichte. Hrsg. vom Stadtarchiv Berlin, Hauptstadt der DDR. H. 1–7, 1980–1986.

Berliner Heimat, 1955–1961.

Jahrbuch des Märkischen Museums. Berlin, Bd. 1–9, 1975–1983.

Miniaturen zur Geschichte. Kultur und Denkmalpflege Berlins. Hrsg. vom Kulturbund der DDR. Nr. 1–21, Berlin 1977–1986.

Schriftenreihe des Stadtarchivs Berlin. Beiträge, Dokumente, Informationen. Jg. 1–14, 1964–1977.

Erstes Kapitel

Gandert, Otto-Friedrich: Älteste Geschichte des Berliner Raumes. In: Heimatchronik Berlin, Köln 1962.

Gandert, Otto-Friedrich: Die vor- und frühgeschichtliche Besiedlung von Berlin. In: Archaeologia Geographica 7, 1958.

Geisler, Horst: Die Jungsteinzeit in Brandenburg. In: Bodenfunde und Heimatforschung 4, 1970.

Gramsch, Bernhard: Das Mesolithikum im Flachland zwischen Elbe und Oder, Berlin 1973.

Herrmann, Joachim: Köpenick. Ein Beitrag zur Frühgeschichte Groß-Berlins, Berlin 1962.

Herrmann, Joachim: Siedlung, Wirtschaft und gesellschaftliche Verhältnisse der slawischen Stämme zwischen Oder/Neiße und Elbe, Berlin 1968.

Herrmann, Joachim: Einwanderung und Wohnsitze der slawischen Stämme in Deutschland. In: Die Slawen in Deutschland, Berlin 1970.

Herrmann, Joachim: Germanen und Slawen in Mitteleuropa, Berlin 1984.

Horst, Fritz: Zur bronzezeitlichen Besiedlung des unteren Spree-Havel-Gebiets. In: Zeitschrift für Archäologie 16, 1982.

Kahl, Hans-Dietrich: Slawen und Deutsche in der brandenburgischen Geschichte des 12. Jh. Die letzten Jahrzehnte des Landes Stodor, Köln, Graz 1964.

Kiekebusch, Albert: Die Ausgrabung des bronzezeitlichen Dorfes Buch bei Berlin, Berlin 1923.

Kirsch, Eberhard: Ein Grab der Kugelamphorenkultur von Berlin-Friedrichsfelde. In: Ausgrabungen und Funde 25, 1980.

Kirsch, Eberhard; Plate, Friedrich: Zwei mittelneolithische Fundplätze bei Buchow-Karpzow. In: Veröffentlichungen des Museums für Ur- und Frühgeschichte Potsdam 18, 1984.

Leube, Achim: Die römische Kaiserzeit im Oder-Spree-Gebiet, Berlin 1975.

Mey, Werner: Spätpaläolithische Fundplätze im Berliner Raum. In: Berliner Blätter für Vor- und Frühgeschichte 11, 1965/1966 (1967).

Müller, Adriaan von: Völkerwanderungszeitliche Körpergräber und spätgermanische Siedlungsräume in der Mark Brandenburg. In: Berliner Jahrbuch für Vor- und Frühgeschichte 2, 1962.

Müller, Adriaan von: Die jungbronzezeitliche Siedlung von Berlin-Lichterfelde, Berlin [West] 1964.

Müller, Adriaan von: Berlins Urgeschichte, 2. Aufl., Berlin [West] 1971.

Nekuda, Vladimir: Das altslawische Dorf in Berlin-Mahlsdorf. In: Ausgrabungen in Berlin 6, 1982.

Reinbacher, Erwin: Eine vorgeschichtliche Hirschmaske von Berlin-Biesdorf. In: Ausgrabungen und Funde 1, 1956.

Seyer, Heinz: Die Burg in Berlin-Blankenburg und die altslawische Besiedlung des niederen Barnim. In: Archäologie als Geschichtswissenschaft, Berlin 1977.

Seyer, Heinz: Germanische und slawische Brunnenfunde in der Siedlung von Berlin-Marzahn. In: Zeitschrift für Archäologie 14, 1980.

Seyer, Heinz: Siedlung und archäologische Kultur der Germanen im Havel-Spree-Gebiet in den Jahrhunderten vor Beginn u. Z., Berlin 1982.

Seyer, Heinz: Zur Besiedlung Berlins in den Jahrhunderten vor Beginn u. Z. In: Zeitschrift für Archäologie 17, 1983.

Seyer, Rosemarie: Zur Besiedlungsgeschichte im nördlichen Mittelelb-Havel-Gebiet um den Beginn unserer Zeitrechnung, Berlin 1976.

Seyer, Rosemarie: Zur Besiedlung Berlins in der Kaiser- und Völkerwanderungszeit. In: Zeitschrift für Archäologie 17, 1983.

Umbreit, Carl: Neue Forschungen zur ostdeutschen Steinzeit und frühen Bronzezeit. Die Ausgrabung des steinzeitlichen Dorfes zu Berlin-Britz, Leipzig 1937.

Zweites Kapitel

Assing, Helmut: Herrschaftsbildung und Siedlungspolitik in Teltow und Barnim während des 12. und 13. Jahrhunderts. In: Jahrbuch für Geschichte des Feudalismus 9, 1985.

Barthel, Rolf: Neue Gesichtspunkte zur Entstehung Berlins. In: Zeitschrift für Geschichtswissenschaft 30, 1982.

Fidicin, Ernst: Die Territorien der Mark Brandenburg, Bd. 1–3, Berlin 1857; 1860.

Helbig, Herbert: Gesellschaft und Wirtschaft der Mark Brandenburg im Mittelalter, Berlin [West] 1973.

Herrmann, Joachim: Köpenick. Ein Beitrag zur Frühgeschichte Groß-Berlins, Berlin 1962.

Holtze, Friedrich: Das Berliner Handelsrecht im 13. und 14. Jahrhundert, Berlin 1880.

Holtze, Friedrich: Die Berliner Handelsbesteuerung und Handelspolitik im 13. und 14. Jahrhundert, Berlin 1881.

Kaeber, Ernst: Die Beziehungen zwischen Berlin und Cölln im Mittelalter und der Konflikt der beiden Städte mit Kurfürst Friedrich II. In: Hansische Geschichtsblätter 54, 1929.

Kaeber, Ernst: Die Gründung Berlins und Köllns. In: Forschungen zur brandenburgischen und preußischen Geschichte 38, 1926.

Müller, Adriaan von: Edelmann … Bürger, Bauer, Bettelmann. Berlin im Mittelalter, Berlin [West] 1979.

Müller-Mertens, Eckhard: Berlin und die Hanse. In: Hansische Geschichtsblätter 80, 1962.

Müller-Mertens, Eckhard: Die Entstehung der Stadt Berlin. In: Berliner Heimat 1, 1960.

Müller-Mertens, Eckhard: Hufenbauern und Herrschaftsverhältnisse in brandenburgischen Dörfern. In: Wissenschaftliche Zeitschrift der Humboldt-Universität, Gesellschafts- und sprachwissenschaftliche Reihe 1, 1951/52.

Müller-Mertens, Eckhard: Untersuchungen zur Geschichte der brandenburgischen Städte im Mittelalter. In: Wissenschaftliche Zeitschrift der Humboldt-Universität, Gesellschafts- und sprachwissenschaftliche Reihe 5, 1955/56; 6, 1956/57.

Müller-Mertens, Eckhard: Die Unterwerfung Berlins 1346 und die Haltung der märkischen Städte im wittelsbachisch-luxemburgischen Thronstreit. In: Zeitschrift für Geschichtswissenschaft 8, 1960.

Müller-Mertens, Eckhard: Zur Städtepolitik der ersten märkischen Hohenzollern und zum Berliner Unwillen. In: Zeitschrift für Geschichtswissenschaft 4, 1956.

Reinbacher, Erwin: Die älteste Baugeschichte der Nikolai-Kirche in Alt-Berlin, Berlin 1963.

Sello, Georg: Die Gerichtsverfassung und das Schöffenrecht Berlins bis zur Mitte des 15. Jahrhunderts. In: Märkische Forschungen 16, 1881.

Sello, Georg: Zur Geschichte Berlins im Mittelalter. In: Märkische Forschungen 17, 1882.

Seyer, Heinz: Ausgrabungen in der Cöllner Pfarrkirche. In: Zeitschrift für Archäologie 3, 1969.

Seyer, Heinz: Die Ausgrabungen in der Nikolaikirche und die Anfänge Berlins. In: Altertum 28, 1982.

Slawenburg – Landesfestung – Industriezentrum. Untersuchungen zur Geschichte von Stadt und Bezirk Spandau. Hrsg. von Wolfgang Ribbe, Berlin [West] 1983.

Witkowski, Theodolius: Berlin – ein baltischer Name. In: Zeitschrift für vergleichende Sprachforschung 80, 1966.

Drittes Kapitel

Beeskow, Hans-Joachim: Das Edikt von Potsdam und seine Vorgeschichte. In: Standpunkt. Evangelische Monatsschrift 13, 1985. H. 2, 4, 5, 10.

Faden, Eberhard: Berlin im Dreißigjährigen Krieg, Berlin 1927.

Berliner Leben 1648–1806. Erinnerungen und Berichte. Hrsg. von Ruth Glatzer, Berlin 1956.

Gut, Albert: Das Berliner Wohnhaus des 17. und 18. Jahrhunderts, Neuaufl., von Waltraud Volk erw., Berlin 1984.

Jersch-Wenzel, Stefi: Juden und »Franzosen« in der Wirtschaft des Raumes Berlin/Brandenburg zur Zeit des Merkantilismus, Berlin [West] 1978.

Krüger, Horst: Zur Geschichte der Manufakturen und der Manufakturarbeiter in Preußen. Die mittleren Provinzen in der zweiten Hälfte des 18. Jahrhunderts, Berlin 1958.

Mittenzwei, Ingrid: Preußen nach dem Siebenjährigen Krieg. Auseinandersetzungen zwischen Bürgertum und Staat um die Wirtschaftspolitik, Berlin 1979.

Nicolai, Friedrich: Beschreibung der Königlichen Residenzstädte Berlin und Potsdam, 3. Aufl., Bd. 1–3, Berlin 1786.

Preußen in der deutschen Geschichte vor 1789. Hrsg. von Ingrid Mittenzwei und Karl-Heinz Noack, Berlin 1983.

Rachel, Hugo: Das Berliner Wirtschaftsleben im Zeitalter des Frühkapitalismus, Berlin 1931.

Sagave, Pierre-Pau: Berlin und Frankreich 1685–1871, Berlin [West] 1980.

Skoda, Rudolf: Wohnhäuser und Wohnverhältnisse der Stadtarmut (ca. 1750–1850). Erläutert anhand von Beispielen aus Quedlinburg, Halle, Hamburg und Berlin. In: Jahrbuch für Volkskunde und Kulturgeschichte 17, 1975.

Anhang

Viertes Kapitel

Baar, Lothar: Die Berliner Industrie in der industriellen Revolution, Berlin 1966.

Berlin im März 1848. Faksimiledruck eines anonymen Berichts »Die Gegenwart«, Leipzig 1849. Hrsg. von Laurenz Demps, Berlin 1978.

Berliner Leben 1806 bis 1847. Erinnerungen und Berichte. Hrsg. von Ruth Köhler und Wolfgang Richter, Berlin 1954.

Clauswitz, Paul: Die Städteordnung von 1808 und die Stadt Berlin, Berlin 1908. Neudr. Leipzig 1986.

Clauswitz, Paul: Zur Geschichte Berlins, Einleitung zu R. Borrmann: Die Bau- und Kunstdenkmäler von Berlin, Berlin 1896.

Kaeber, Ernst: Das Weichbild der Stadt Berlin seit der Steinschen Städteordnung. In: Forschungen zur brandenburgischen und preußischen Geschichte. T. 1. 2. 40. 1927; 49. 1937.

Miller, Sepp; Sawadzki, Bruno: Karl Marx in Berlin, Berlin 1956.

Schmidt, Walter [u. a.]: Illustrierte Geschichte der deutschen Revolution 1848/49, Berlin 1973.

Wernicke, Kurt: Geschichte der revolutionären Berliner Arbeiterbewegung 1830–1849, Berlin 1978.

Wolff, Adolf: Berlin Revolutions-Chronik, Bd. 1–3, Berlin 1851–1855. Neudr. Leipzig 1979.

Fünftes Kapitel

Baudis, Klaus: Die Entwicklung der Organisationsstruktur der Berliner Sozialdemokratie vom Ausgang des Sozialistengesetzes bis zum ersten Weltkrieg. In: Berliner Heimat 1–3, 1959.

Berliner Leben 1870–1900. Erinnerungen und Berichte. Hrsg. von Ruth Glatzer, Berlin 1963.

Bernstein, Eduard: Die Geschichte der Berliner Arbeiter-Bewegung. Ein Kapitel zur Geschichte der deutschen Sozialdemokratie. T. 1. Vom Jahre 1848 bis zum Erlaß des Sozialistengesetzes, Berlin 1907. T. 2. Die Geschichte des Sozialistengesetzes in Berlin, Berlin 1907. T. 3. Fünfzehn Jahre Berliner Arbeiterbewegung unter dem gemeinen Recht, Berlin 1910.

Brachmann, Botho: Russische Sozialdemokraten in Berlin 1895–1914, Berlin 1962.

Deutschland im ersten Weltkrieg, Bd. 1–3. Von einem Autorenkollektiv unter Leitung von Fritz Klein, Willibald Gutsche und Joachim Petzold, 2. Aufl., Berlin 1970.

Fricke, Dieter: Bismarcks Prätorianer. Die Berliner politische Polizei im Kampf gegen die deutsche Arbeiterbewegung (1871–1898), Berlin 1962.

Gemkow, Heinrich: Paul Singer, ein bedeutender Führer der deutschen Arbeiterbewegung. Mit einer Auswahl aus seinen Reden und Schriften, Berlin 1957.

Glatzer, Dieter und Ruth: Berliner Leben 1914–1918. Eine historische Reportage aus Erinnerungen und Berichten, Berlin 1983.

Hegemann, Werner: Das steinerne Berlin. Geschichte der größten Mietskasernenstadt der Welt, Berlin 1930.

Kaeber, Ernst: Berlin im Weltkriege, Berlin 1921.

Lange, Annemarie: Berlin zur Zeit Bebels und Bismarcks. Zwischen Reichsgründung und Jahrhundertwende, Berlin 1980.

Lange, Annemarie: Das Wilhelminische Berlin. Zwischen Jahrhundertwende und Novemberrevolution, Berlin 1980.

Laschitza, Annelies; Radczun, Günter: Rosa Luxemburg. Ihr Wirken in der deutschen Arbeiterbewegung, Berlin 1971.

Maur, Hans: Lenin in Berlin, Berlin 1970.

Pardemann, Gerhard: Zur Geschichte der Arbeiterbewegung im Reichstagswahlkreis Niederbarnim 1871 bis 1910 unter besonderer Berücksichtigung der Tätigkeit des Reichstagsabgeordneten Arthur Stadthagen, Diss. Potsdam 1970.

Rößler, Johannes: Zur Lage der Berliner Arbeiter und ihrer sozialistischen Bewegung vom Gründerkrach bis zu den Reichstagswahlen im Jahre 1881, Diss. Berlin 1957.

Rückert, Otto: Zur Geschichte der Arbeiterbewegung im Reichstagswahlkreis Potsdam-Spandau-Osthavelland (1871–1917) unter besonderer Berücksichtigung der Tätigkeit Karl Liebknechts. T. 1–3, Potsdam 1965.

Schröder, Wolfgang: Wirtschaftsorganismus und Bevölkerungsstruktur Berlins in den »Gründerjahren«. In: Jahrbuch des Märkischen Museums 6/7, 1980/81.

Wohlgemuth, Heinz: Karl Liebknecht. Stationen seines Lebens, Berlin 1977.

Teske, Hermann: Berlin und seine Soldaten, Berlin [West] 1968.

Sechstes Kapitel

Antifaschistischer Widerstandskampf in der Provinz Brandenburg 1933–1939. T. 1. 2, Potsdam 1978.

Antifaschistischer Widerstandskampf in der Provinz Brandenburg 1939–1945. T. 1. 2, Potsdam 1985.

Die Befreiung Berlins. Hrsg. u. eingel. von Klaus Scheel, 2. Aufl., Berlin 1985.

Büsch, Otto: Geschichte der Berliner Kommunalwirtschaft in der Weimarer Epoche, Berlin [West] 1960.

Czada, Peter: Die Berliner Elektroindustrie in der Weimarer Republik, Berlin [West] 1969.

Demps, Laurenz: Die Luftangriffe auf Berlin. In: Jahrbuch des Märkischen Museums 4, 1978; 8, 1982; 9, 1983.

Demps, Laurenz: Zwangsarbeiter und Zwangsarbeitslager in der faschistischen Reichshauptstadt Berlin, Berlin 1986.

Deutschland im zweiten Weltkrieg, Bd. 1–6, Berlin 1974–1985.

Engeli, Christian: Gustav Böß, Oberbürgermeister von Berlin 1921 bis 1930, Stuttgart [u. a.] 1971.

Gough, Edward: Die SPD in der Berliner Kommunalpolitik 1925–1933, Diss. Berlin [West] 1984.

Groehler, Olaf: Berlin im Bombervisier, Berlin 1982.

Hortzschansky, Günter [u. a.]: Ernst Thälmann. Eine Biographie, Berlin 1980.

Hortzschansky, Günter [u. a.]: Illustrierte Geschichte der deutschen Novemberrevolution 1918/1919, Berlin 1978.

Kraushaar, Luise: Berliner Kommunisten im Kampf gegen den Faschismus 1936 bis 1942. Robert Uhrig und Genossen, Berlin 1981.

Mann, Willy: Berlin zur Zeit der Weimarer Republik, Berlin 1957.

Materna, Ingo: Geschichte der revolutionären Berliner Arbeiterbewegung 1917–1919, Berlin 1978.

Materna, Ingo: Der Vollzugsrat der Berliner Arbeiter- und Soldatenräte 1918/19, Berlin 1978.

Pikarski, Margot: Geschichte der revolutionären Berliner Arbeiterbewegung 1933–1939, Berlin 1978.

Reichhardt, Hans J.: Berlin in der Weimarer Republik. Die Stadtverwaltung unter Oberbürgermeister Gustav Böß, Berlin [West] 1979.

Voßke, Heinz; Nitzsche, Gerhard: Wilhelm Pieck. Biographischer Abriß, Berlin 1975.

Weber, Stefan: Geschichte der revolutionären Berliner Arbeiterbewegung 1919–1923, Berlin 1982.

Wehner, Günther: Geschichte der revolutionären Berliner Arbeiterbewegung 1939–1945, Berlin 1985.

Wimmer, Ruth: Die Wirtschaftspolitik des Berliner Magistrats unter der Amtsführung des Oberbürgermeisters Gustav Böß (1921–1928), Diss. Berlin 1965.

Wimmer, Walter: Das Betriebsrätegesetz von 1920 und das Blutbad vor dem Reichstag, Berlin 1957.

1 Das Register enthält die Namen aller im Text erwähnten Personen, auf Berlin in den Grenzen von 1920 bezogene geographische Bezeichnungen sowie die Titel der Presseorgane. Berlin und Kölln sind nicht erfaßt. Das Register wurde von Bärbel Holtz erarbeitet.

Anhang

738

413 418(Nr. 74) 419(Nr. 75) 423(Nr. 81) 426 434 450 452 454 455 458 459 460
461 465 535 551 563 576 587 604 607 612 613 626
Märkisches Museum, Berlin; Foto: Heinz Seyer: 37(Nr. 8)
Märkisches Museum, Berlin; Zeichnung: Bernd Fischer, Foto: Christel Leh-
mann: 12 19 20 46
Ehemals Museum des Kreises Teltow in Zossen (Kriegsverlust); Zeichnung:
Bernd Fischer: 27
Museum für Deutsche Geschichte, Berlin: 689(Nr. 116)
Museum für Deutsche Geschichte, Berlin; Foto: Doris Nagel: 519
Senat der Freien und Hansestadt Hamburg, Staatsarchiv: 88(Nr. 24)
Heinz Seyer: 37(Nr. 9)
Ehemals Staatliches Museum für Vor- und Frühgeschichte (Kriegsverlust);
Zeichnung: Bernd Fischer: 15
Stadtarchiv Goslar: 78/79
Zentrales Staatsarchiv, Dienststelle Merseburg: 116

Schutzumschlag: Perspektivplan von Berlin im Jahre 1688 von Johann Bernhard
Schultz. Stadtarchiv Berlin; Foto: Dietz Verlag Berlin/Renate und Horst Ewald

Reproduktionsaufnahmen: Dietz Verlag Berlin/Renate und Horst Ewald (8),
Horst Joessel (1), Christel Lehmann (59)

Farbaufnahmen:
Deutsche Staatsbibliothek: 180(Nr. 40) 181(Nr. 42)
Domstiftsarchiv Brandenburg (Havel) – Aufnahme: Hartmut Hilgenfeldt, Bran-
denburg (Havel): 82(Nr. 18)
Märkisches Museum, Berlin – Aufnahme: Dieter Breitenborn: 262(Nr. 52)
Märkisches Museum, Berlin – Aufnahme: Dietz Verlag/Renate und Horst
Ewald: 417(Nr. 73)
Märkisches Museum, Berlin – Aufnahmen: Christel Lehmann: 34(Nr. 3)
86(Nr. 22) 146(Nr. 28) 177(Nr. 36) 178(Nr. 37) 262(Nr. 53) 264(Nr. 56)
338(Nr. 59) 340(Nr. 64) 341(Nr. 65) 343(Nr. 68) 420(Nr. 76) 422(Nr. 80)
488(Nr. 98) 689(Nr. 115)
Märkisches Museum, Berlin – Aufnahme: Museum für Vor- und Frühgeschichte
Schloß Charlottenburg, Berlin (West): 39(Nr. 12)
Märkisches Museum, Berlin – Aufnahmen: Wolfgang Schönborn: 258(Nr. 48)
337(Nr. 57)
Museum für Deutsche Geschichte, Berlin – Aufnahme: Doris Nagel:
594(Nr. 102)
Sächsische Landesbibliothek, Abt. Deutsche Fotothek Dresden/Steuerlein:
486(Nr. 94)
Stadtarchiv Berlin – Aufnahmen: Dieter Breitenborn: 147(Nr. 29) 150(Nr. 33)
Von der Heydt-Museum, Wuppertal: 693(Nr. 123)

Anhang

Die Karten auf den Seiten 53, 68, 72/73, 125, 507, 552/553 wurden an Hand von Vorlagen aus unterschiedlichen Publikationen angefertigt und im Sinne einer Vereinheitlichung des Schriftbildes neu gestaltet. Bei der Begutachtung haben die Professoren Ingo Materna und Eckhard Müller-Mertens mitgewirkt.

Inhaltsverzeichnis

755

Geschichte Berlins von den Anfängen bis 1945 / Autoren:
Laurenz Demps u. a. Bildredaktion: Wolfgang Gottschalk. –
Berlin : Dietz Verl., 1987. – 755 S. : 288 Abb., Kt.

ISBN 3-320-00829-3

Mit 288 Abbildungen
Karten: Annelies Dallmer
© Dietz Verlag Berlin 1987
Lizenznummer 1 · LSV 0269
Lektor: Elisabeth Lange
Korrektoren: Petra Hahn, Sigrid Puhan
Typographie: Maxi Groche, Horst Kinkel
Einband und Schutzumschlag: Harry Temme
Printed in the German Democratic Republic
Gesamtherstellung:
INTERDRUCK Graphischer Großbetrieb Leipzig,
Betrieb der ausgezeichneten Qualitätsarbeit, III/18/97
Best.-Nr. 738 266 7

02150